书有道 · 阅无界

粤军志略

杨广盐 —— 著

惠州市档案馆
惠州市地方志办 编

中国文史出版社
CHINA CULTURAL AND HISTORICAL PRESS

图书在版编目（CIP）数据

粤军志略 / 杨广盐著；惠州市档案馆，惠州市地方
志办编 . — 北京：中国文史出版社，2024.6. — ISBN
978-7-5205-4708-6

Ⅰ . E296

中国国家版本馆 CIP 数据核字第 2024U9V467 号

责任编辑：程　凤

出版发行：中国文史出版社

社　　址：北京市海淀区西八里庄路 69 号　邮编：100142

电　　话：010-81136606　81136602　81136603（发行部）

传　　真：010-81136655

印　　装：深圳市精彩印联合印务有限公司

经　　销：全国新华书店

开　　本：1 / 16

字　　数：776 千字

印　　张：44.25

版　　次：2024 年 10 月北京第 1 版

印　　次：2024 年 10 月第 1 次印刷

定　　价：238.00 元

杨广盐

近代历史研究者，地方文史专家。多年来致力民国期间国共两党军事史的思考与研究，尤其重点研究粤军40年的历史，6年多时间，数易其稿，写成《粤军志略》。另有《旧粤军最后坚守者刘志陆》《许崇智和孙中山、蒋介石的关系论析》等十多篇文章发表。

作者简介

序

李吉奎

（中山大学历史系教授、孙中山研究专家）

    2021 年 1 月，我应邀到惠州东江书院参加一次讲座，机缘巧合，结识了当地学者杨广盐先生。杨先生告诉我，十多年来，他一直致力于研究陈炯明及粤军，已写 50 多万字的《粤军志略》，修改之后，拟请我看一下，提些意见。日前，我收到了杨先生邮来的书稿，拜读之后，深感书稿资料繁富，征引赅博，章节安排严谨，统系清楚。近年来注意粤军史研究的人渐多，但如杨先生所撰《粤军志略》之规模与内容，则属罕见，故此书稿之编成，洵为可喜，但愿能早日问世，向世人展示粤军及粤系部队在近代中国的作为。

    近代中国军队以省域名军，起于太平天国时期，若湘、淮、楚军及英瀚的皖军。武昌起义之后，首设鄂军都督，光复各省纷纷效法，广东北伐部队第一次出现粤军名号。粤人正式自称粤军，应是 1917 年末组建"援闽粤军"之后。1924 年，许崇智部建国粤军（由陈炯明任总司令的援闽粤军第二军发展而来）成立。1925 年 7 月，国民革命军成立，许部建国粤军拟改编为国民革命军第四、五、六军，但"廖（仲恺被刺杀）案"发生，蒋介石乘"廖案"处理瓦解了许部粤军，驱逐许崇智离粤（所部部分缴械遣散，部分编入蒋系第一军）。许崇智离粤后，原拟编为国民革命军第六军的建国粤军第一师和第十三旅，正式编为国民革命军第四军。及第二次东征结束，粤军名号消亡。后有称李济深第四军及四军衍生或余绪为粤军者，从严格意义上说是不妥当的，称之为粤系军或粤系部队，或者说得过去，也大体符合事实。

    粤军的源头及粤系部队的终结，即研究粤军的时空上限与下限，《粤军志略》书稿规范为清末黄花岗起义至 1950 年海南岛解放。对这种说法，似有可议之处。众所周知，1921 年粤军"援桂"（即平定广西）结束，陈部粤军声势登峰造极后，其主力逐渐发展为三大部分：惠潮嘉集团、洪兆麟集团与林虎"三黄散"集团，而这个洪兆麟集团，是清末为加强海防，朝廷指令从湖南调来广东的湘军余绪，驻粤东沿海。实际上，这支部队长期驻粤，已粤化，参加辛亥革命惠州起义，其成军在"三二九"起义之前。另外，庚戌广东新军起义失败后，广东军政当局为惩罚与防患，将之拆散，一部由黄士龙带往高州。辛亥广东光复，黄士龙奉命调返广州，任广东都督府参都督（都督胡汉民、副都督陈炯明以下第三人），后不安于位，赴京，所部编入广东陆军第一师。广东新军，也早于黄兴领导的进攻督署的反清起义部队。这种算法，意义不大。粤军溯源，应以陈代督组织广东北伐军——"北伐粤军"开始。

粤军在中国近代军事史上占有重要一页，与它相关联的若干重大事件，还影响了中国近代史进程，但到目前为止，尚无一部"粤军志"。《粤军志略》一书还不是"粤军志"，但它分述各部粤军的史事，分纂各部粤军将领的传记，多少带史志性质。总体而言，它详编制，简战纪，征引资料堪称全面，然百密一疏，尚有待征引而未入著者法眼者。因为全书未作注（书中有"链接"置于正文行间，介绍相关人、事，可作"说明"，但非注文），故重要史事行文及著者从档案馆中新发现史料用于该书者无法显示，而读者加以引用亦颇为难。原本是严肃的学术著作，因无注文，易被视作历史掌故或史话一类作品，未免可惜。

研究粤军，不能不涉及孙中山与粤军、陈炯明的关系。1917年，孙中山联络部分海军从上海南下护法（维护《临时约法》），在广州第一次开府（建立海陆军大元帅府）。大元帅没有成编制的陆军，先后受制桂系陈炳煜、莫荣新两名广东督军，政令不出帅府之门，派人去招兵，招来的新兵都给控制广东的桂系军阀枪杀了。所以，当不安于位的广东省省长（北京政府任命的）朱庆澜计划脱身、拟将四十营警卫军之半交给孙中山的时候，孙当然乐意，经过艰难争取，于是由1917年底任命陈炯明为"援闽粤军"总司令接收、整顿这批部队，由广州、惠州出发开往潮梅入闽之举。粤军援闽时期，是孙、陈交往史上唯一一段政治"蜜月期"，其间，彼此各居一方，孙对粤军爱护有加，对陈有求必应；陈对居处沪上的朋友们生活上亦多有支持。然而，当1920年10月返旆的粤军占领广州，逐走桂系，11月孙中山重返羊城、再建军府以后，孙、陈矛盾便日益尖锐起来。陈任粤军总司令、广东省省长、中国国民党广东支部长，俨然南天一柱。但是，在他头上还有一个层次——西南护法军政府，头领先是大元帅、后是非常大总统。这个军政府和非常国会、粤军和滇赣黔等各式军队总数达10万多人，全是靠广东供养的。"督抚同城"，居无宁日。孙、陈同党，有共性，但分歧恐怕更多：一、孙提倡"三民主义"，陈主民治，据笔者所查，陈公开谈"三民主义"，不超过两次；二、孙主北伐统一，陈主联省自治，建设广东模范省；三、孙搞"孙段张三角反直联盟"，陈则与直系吴佩孚交好；四、孙主亲日，1895 年重阳起义至 1924 年 11 月北上，除个别时刻，身不能入香港，陈则获港英谅解，来去自由；五、孙要求选举大总统、援桂、北伐，陈消极对待。还有，孙为医学士，陈为"土秀才"，孙陈各有人事系统。加上经济极端困难，筹措无计，借无可借（军政府国际上不承认，没有信用），卖无可卖（广州拆城墙、卖地皮，卖道观、佛寺、旗地等）。据陈炯明 1921 年底呈省议会的当年收支是，总收入 1388 万多元，总支出 3740 万多元，其中陆军费支出 3250 万多元，相抵不敷 1862 万多元。陈又坚决禁赌，至谓"粤军可倒，赌不可开"，少了一条财路。在此状况下，孙还要北伐，请问饷款从何而来？及 1922 年 3 月邓铿被刺，孙陈间已无可供沟通之人，终于酿成"六一六"陈部兵变，导致双方分裂，粤军分家，同袍转成仇敌。孙更引杨希闵、刘震寰滇桂乞食军入境讨陈，连年征战，徒苦粤人。陈炯明是不同意兵变的，因为作为主官，无论成败，他都要负道义上的责任。但叶举们所谓"送鬼出门"，歪打正着，成就了孙中山的一番大事业。古人说，否极泰来。孙中山的经历，验此不爽。兵变使他吃尽苦头，待援无望，乃遄返上海。在举目无亲、徒众星散之际，中共找上门来，终于第三次开府广州，形成联俄容共局面，改组中国国民党，创办黄埔军校，统一广东，建立国民革命根据地，得以开展北伐。

1925 年 3 月 12 日孙中山在北京去世时，广州政府的第一次东征已经占领除惠州城以外的整个粤东惠潮梅地区，被击败的陈部粤军分别退往闽西南和赣南。然而，新的严重问题很快就接踵而来。

当第一次东征时，大元帅府在代帅胡汉民的主持下，东征联军以滇桂粤军为主力（开始时蒋介石领导的黄埔校军并未加入右路军序列），分左、中、右三路并进，但左中两路迟迟未有动作。在孙中山死讯传出后，原来被推为副帅但拒绝就任的唐继尧，突然要从昆明赴粤，且在香港与滇杨桂刘密议，意欲何为，路人皆知。其时粤军主力在西江，谭延闿湘军无可指望，广州李福林等部更谈不上战斗力。胡代帅困处危城，形势岌岌。东征粤军等部（含黄埔校军）远在潮梅，要救广州，东征军必须回师。于是省方派廖仲恺、朱培德、加伦等人先后三次赴汕头，与许崇智、蒋介石等人商议回师及撤军后的安排。商议结果是由蒋介石任回师平定杨刘叛军的东路军总指挥，许部主力稍后撤退，由其与谢文炳（陈方代表）谈判。1925 年 6 月 16 日，许崇智在汕头发出布告："本总司令为巩固粤局起见，决以潮梅收入交与林、洪、叶各部粤军，公开分配，而以彼此合作为条件，自本月 16 日起实施。"（15 日，杨刘叛乱已平定）省陈双方议定的当然不止这些，还议定陈军返驻后，惠潮梅地区原设党政机构不变，且将陈军军费纳入 1925 年 7 月 1 日起至 1926 年 6 月 30 日止的广东省政府财政年度预算。广州当局为"粤人治粤"作全面考虑，1925 年 5 月 2 日，胡汉民为寻求广东商团的支持，在沙面会见陈廉仲（陈廉伯之弟），解释上年平定商团之事，请陈氏兄弟帮助政府，陈答以彼兄弟无问题，唯商团会友难于谅解；同月中旬，吴铁城、魏邦平在香港宴请港商，谋驱逐客军和反对共产党。上述举措表明，在孙中山去世后，广州本土大佬有所谓"粤人大合作"，驱逐非本土势力，以湔多年"亡省"之痛的图谋。然而，为夺取权力，另外一些活动也在加紧策划之中。

在孙中山去世前后，汪精卫与苏联顾问鲍罗廷之间建立了密切的关系。汪延至 5 月间才南返，径往潮州与蒋密会，然后才至汕头见许崇智。蒋、汪潮州密会，蒋氏在日记中留下记载，二人惺惺相惜，汪建议蒋尽快就任粤军参谋长——抓刀把子——其用意至明（按：1924 年 6 月 26 日，大本营公报已刊核复蒋介石就职日期，唯蒋氏同一日记，不提委任参谋长及就职事，未悉何故）。不论陈部粤军还是许部粤军，其将领与蒋之间，关系历来紧张。蒋所考虑的，恐非急于就任参谋长，尽管许对部将训诫："服从许总司令，就要服从蒋参谋长。以后由许崇智名义签署的命令，下面盖的是许崇智的图章或是蒋介石的印章一样有效。"但粤军将领对蒋这个外江佬仍另眼相看。所以，在东莞常平车站蒋想夺取二师师长张民达的东征军右路军总指挥目的未达时，心殊恨恨。许本来与吴铁城等人赴东莞是去劳军的，遇此冲突，难以摆平，只得亲自出征，以粤军总司令兼任右路军总指挥。故而完成东征后的张民达在潮州湘子桥遇水厄时，蒋在日记中不无兴奋地写道："粤军师长张民达，淹死于潮安湘子桥下。"张之死，使许崇智失去其最得力的师长（张师参谋长为叶剑英），也使蒋蒙大福，天丧其最强劲的对手。如张在，蒋未必能当上平定杨刘叛乱的东路军总指挥，其后的事，就更难说了。

杨刘叛乱被快速平定后，帅府任命蒋介石为广州卫戍司令，蒋从而控制了广州城。此时，鲍罗廷、蒋介石和汪精卫之间已结成特殊关系。1925 年 8 月"廖案"发生后，组成了汪精卫、许崇智、蒋介石三人"特别委员会"，负责全权处理军政事务和有关"廖案"工作。乘此机会，以涉嫌"廖案"为由，蒋利用许崇智处理了一些粤军部队和逮捕了部分粤军将领（其中几个后被蒋枪决），并逼走了胡汉民。9 月 18 日，军事委员会令蒋"全权处理粤局"；19 日，驱逐许崇智离粤，同时将许部剩余部队 2 个师缴械，1 个师改编为国民革命军第一军（军长先为蒋，后为何应钦）第三师，师长谭曙卿。军委会又令粤军参谋长蒋介石处理粤军未了事宜。许部粤军至此成为历史。

在处置许部粤军过程中，拟由粤军第一师（师长李济深）扩编的国民革命军第六军军长李济深，与蒋密切合作，得以酬庸，许崇智被驱逐后，第六军撤销，改番号为第四军，李为军长，所属含第十师陈铭枢、第十一师陈济棠、第十二师梁鸿林（后张发奎），后增编第十三师徐景唐。第十、十二师由副军长陈可钰率领参加北伐，第十一师、十三师由李带领留守广东。李济深本籍广西苍梧，最早在广东北伐军时期，即在广东部队中服务；1921 年回到粤军第一师后再未离开。李属于保定系，对蒋而言，任用李济深接管粤军余绪，是最为合适的人选，原粤军将领难于公开异议。蒋对李畀倚甚专，还任命他为国民革命军总参谋长、黄埔军校副校长；李氏支前稳后，亦颇用心，及蒋介石在上海发动四一二反革命政变，李氏即跟着在广州发动"四一五"政变，屠杀中共成员和进步人士，不遗余力。

如前所述，"廖案"发生后，控制广州的鲍汪蒋密切合作，直至 1926 年"三二〇"中山舰事件发生前，事实上存在一个治粤的三角框架。但汪精卫似乎不知道，均势政治是政客的生存之道。互存则互生，孙中山统领既已不在，廖仲恺又死，其亲信汪胡廖已缺一角。汪氏与粤军关系至浅，对粤军的存亡并无所爱惜。殊不知，粤军在，则粤中大佬尚有所倚恃，一旦粤军解体、覆亡，则非但粤人日子难过，即新旧大佬，亦难免俯伏于外来强权之下。汪助蒋收拾了粤军，逐走了胡、许，唯汪独存，这只"软脚蟹"，孤立无援，自不难被蒋氏玩弄于股掌之上；况汪又助蒋发动第二次东征和南征，了结陈军残部，统一广东，蒋卒之发动"中山舰事件"，逐走汪氏，通过"整理党务案"，蒋氏已以"总理唯一忠实信徒"的地位，控制广东的党政军大权，再无势力足于镇制他了。

1925 年 6 月 16 日许崇智在汕头发布布告后，似预示曾经敌对的省陈双方开始和解，但是，双方都未能珍惜这个机会。陈军回驻以后，破坏原有秩序。省方极端分子则不顾大局，行刺廖仲恺，引发"廖案"，从而帮了蒋介石的大忙，给了蒋独大的机会。"廖案"处理完毕，10 月 5 日，以蒋介石为总司令，国民革命军举行第二次东征，至 12 月结束，彻底打垮了省境内的陈部粤军。退出广东的陈部粤军七八千人，由粤军主任刘志陆带领投奔吴佩孚；未几，转投张宗昌，其最后归宿，可见本书稿第一章《尾声：最后的旧粤军》。

凡事有始必有终，但际遇各有不同，善始未必善终。承续粤军传统的国民革命军第四军，在第一次北伐期间派生出多支部队，其后经十年内战、十四年抗战、三年解放战争，纷繁复杂，在战火中衍生更多部队，或生或灭，变化迭出，本书著者制为图，读者可以看出其走向线路，按图索骥。

平实而言，广东人并不排外。广府、潮州、客家三大民系的先民，主体是北方移民。清代广州有"捕属"者，是外省人士商宦来粤未正式落籍的人口。这批人中的精英及其后代，在近代中国历史上占有相当地位，如陈澧、詹天佑、叶恭绰、胡汉民、汪精卫、朱执信家族，等等。海纳百川，有容乃大，粤军的将领、兵卒固多为本土之人，谈吐间口不离粤语"三字经"，但许多重要将领，如洪兆麟、林虎、李济深、蒋介石、黄大伟、戴戟、吴忠信、吴仲禧等，彼等之作为，均见诸史册。粤军将领，虽因历史原因不断参加内战，以同袍相残、胜之不武见讥，但在抗日救亡战争中，激于民族大义，在淞沪抗战、兰封会战、万家岭大捷、长沙会战等多次大战役中顽强作战，功勋彪炳，而靦颜事敌、充当汉奸者，则屈指可数。粤军、粤系军的当年战将，在三年解放战争开始后，部分人相继站到人民一边，迎接新中国成立，为国家建设尽力。即使留居海外者，亦多与大陆有关方面互通情愫，若许崇智、张发奎然。陈济棠之子陈树柏回国旅游，邓公曾予接见，谓令尊治粤，确有建树。李汉魂夫妇回国观光，叶帅在京亦与叙旧。昔日同袍皆已白首，国家尚未统一，瞻望前路，未免感慨系之！"六一六"陈部兵变的总指挥叶举之子叶葆定，在美国创业颇有成就，捐巨款为中山大学建造了一座教学大楼，誉之者称为"父债子还"。放下历史恩怨，迎面便是春风。

世人讨论历史问题，一定要了解真相，不应以个人或党派认定的是非为是非。因为党派、个人，它（他）本身就是被研究的对象。对待粤军、粤系军历史，同样要实事求是，否则，有些人和事，将永世以讹传讹，难有是非明白之日。

广盐先生要我为他的著作写序，盛情难却。对他的意向，我领会得不太深，拉杂布陈，不知是否说到点子上。失当之处，祈为赐正；若蒙采纳附骥，则不胜感幸之至。

2022 年 6 月于中山大学

自序

　　本书所称粤军，狭义上是指以相对独立的广东人主导的广东政权所辖属的，或者以广东人为总司令（总指挥）、军官以广东人为主体的军队，包括正式自称为粤军、被政权命名为粤军和被民间认同为粤军等三种情形，具体包括：辛亥革命后在广东建立的广东北伐军、广东陆军和警卫军；龙济光、陆荣廷两个外省人据粤时期的魏邦平、李福林、李耀汉等人的本土粤军；陈炯明讨逆共和军发展而来的援闽粤军、粤军、救粤军、定粤军；许崇智的东路讨贼军和建国粤军；李济深粤军第一师扩编的国民革命军第四军（实际上被称作粤系军，又细分为中共领导的叶挺独立团系列、张发奎第四军系列、陈铭枢蒋光鼐蔡廷锴十九路军系列、陈济棠第八路军、第一集团军和余汉谋第四路军、第十二集团军系列）；广义上还包括在广东组建、发展和驻防的所有军队，具体指龙济光、陆荣廷两个外省人据粤时期成立的广东陆海军，孙中山大元帅府的各种正规番号驻粤客军，孙中山创办的黄埔军校校军发展起来的国民党中央军黄埔系初期部队，叶挺独立团及其发展而来的东江和琼崖红军、东江纵队和其他广东抗日部队、人民解放军闽粤赣和粤赣湘及琼崖纵队等。

　　粤军是中国同盟会的产物，起源于辛亥革命，是黄花岗起义军余部的传承，是武昌起义后最早建立的地方军之一。粤军是所有地方军中与中国同盟会、中华革命党和中国国民党关系最密切的部队，是革命先驱孙中山先生悉心培养，甚至亲自指挥的一支正规军，它建立的广东革命根据地是改组国民党、设立黄埔军校及成立国民革命军的依托，是孙中山最为信任和作为依靠的部队。

　　早期的粤军广东陆军在"二次革命"后解体，在龙济光统治时期被改组，进入陆荣廷统治后的1917年，在孙中山的护法大旗下，粤军（时称援闽粤军）正式重建，经过援闽、回粤、援桂、北伐，共攻占了广东和广西两个全省和福建、江西二省的近半，为同盟会发展而来的国民党撑起了一片天；从中分离出来听从孙中山指挥的建国粤军，为国民党的改组和黄埔军校的建立提供了一块根据地，从而孕育出国民革命军。粤军精华改编成国民革命军第四军（第四军及其发展的部队被称为"粤系军"）后，在1926—1927年参加北伐，成为"铁军"，问鼎中原，打败了当时国内三大军阀。第四军的一支发展而来的第十九路军，在成军之前的1930年中原大战中，与桂军、晋绥军和西北军等三大集团军的交手中获胜；在1932年"一·二八"淞沪抗战中，以寡敌众，与日军血战33天仍能坚守阵地。第四军留守广东发展而来的第八路军（1931年改称第一集团军，1936年改称第四路军，抗战全面爆发后改称第十二集团军）在抗战中参与了淞沪会战等16次较大的战役，足迹几乎遍布整个中国南方。粤军直到1950年5月海南岛战役后才彻底失败，是最后退出历史舞台的地方军。因此，它应该与晋军、奉军、桂军、湘军、滇军、川军齐名，甚至比它们更出色。

粤军是近代国民党军队的摇篮。它从中孕育出来的黄埔军校，培养造就了大批军事人才，以这些军官为基础，从1924年底组建黄埔军校教导团起，在第一次东征中扬名后，逐步建成了一支在中国纵横驰骋20多年的国民党中央军嫡系部队，构成了国民革命军的核心；从粤军改编而来的第四军发展起来的部队，也成为国民革命军的重要组成部分。许多国民革命军的显赫人物皆在粤军中脱颖而出。据不完全统计，从职务上看，这里出了1位总统，3位参谋总长，3位陆军总司令，6位战区司令长官，2位"剿匪"总司令部总司令，9位陆军总指挥，15位集团军司令，4位兵团司令；从军衔上看，这里出了26员上将，上百员中将，难以计数的少将。

粤军也是人民解放军的最初起源。中共广东区委在1924年9月改编成立"建国军大元帅府铁甲车队"，这是人民解放军的最早起源；1925年底以大元帅府铁甲车队为基础组建的国民革命军第四军叶挺独立团，经过北伐的洗礼，发展并控制了6个团，作为骨干发动了南昌起义，失败后像种子一样撒向全国，组织了一系列的起义，组建起一支又一支的红军；叶挺独立团抽调骨干组建的第二方面军警卫团作为主力发动了湘赣边界秋收起义，这两次起义的余部构成了井冈山上红四军的筋骨，也是红一军团、红一方面军的脊梁，以后发展成东北、华北和华东人民解放军。发动广州起义的主力第四军教导团也是粤军部队，只不过后来撤退到海陆丰经过艰苦战斗最后余部分散到各地去了。

粤军培育了党派创始人或党首6人：国民党党首蒋介石、致公党首任党首陈炯明、农工党创始人邓演达和党首黄琪翔、民革首任党首李济深、生产人民党创始人陈铭枢。

粤军是一支特有情谊的部队。从一开始建立至退出历史舞台，一直有默默传承下来的"兄弟情结""袍泽之谊"。尽管兄弟常有相争，在战场上打得你死我活，但更多是一笑泯恩仇。

从这些辉煌的历史看，粤军是近代所有地方军队中最杰出、最无与伦比的一支地方军。

本书主要分两部分：一是详述粤军发展历史，从1911年辛亥革命中循军起义作为起源，至1950年海南岛战役结束止，共40年历史，分三个阶段：陈炯明粤军（1911—1928）、许崇智粤军（1922—1926）和李济深铁军（1925—1950）。其中李济深铁军又分为四大派别：叶挺系中共红色部队，张发奎第四军，陈铭枢、蒋光鼐、蔡廷锴十九路军，李济深、陈济棠第八路军及余汉谋第十二集团军。二是将各时期和各系统的主要人物立小传，次要人物建人物录，但主要是记录在粤军段内的事迹，方便大家从另一个角度更加深入了解粤军历史。

本书主线是粤军正规军的发展史，包括粤军所处的广东省其时发生的政治和军事大事，每支主要粤军部队的来龙去脉；副线有三条，一是孙中山创立的同盟会在黄花岗起义后的沿革（它从政治上影响粤军）；二是粤军地方军的发展（它是粤军正规军的辅佐和补充、发展的来源之一）；三是驻粤客军的演变（它们时而是粤军的敌军，时而是友军，有时还转化改编为粤军）。

本书的价值主要是，针对现存粤军资料零碎且错误较多的情况，用了32万字首次把民国前后40年广东大地上发生的重大军事和行政事件基本展现出来，把每一支粤军部队的来龙去脉基本交代清楚，"填补了国内粤军研究的空白"（林振武教授语）；把民国粤军的大部分将领名单都包含在内，用了20余万字把其中的重要主将简历挖掘完整后进行立传，为他们的后人寻找相关历史带来便利。

习近平总书记在纪念孙中山150周年诞辰大会上说："孙中山先生是伟大的民族英雄、伟大的爱国主义者、中国民主革命的伟大先驱。"因为粤军是革命先驱孙中山先生悉心培养，甚至亲自指挥的一支正规军，是孙中山最为信任和作为依靠的部队，所以粤军史是孙中山文化的重要组成部分。当前，广东各地正在贯彻落实《粤港澳大湾区发展规划纲要》，从其第八章第二节"共建人文湾区"看，国家支持中山深度挖掘和弘扬孙中山文化资源。

广东是中国红色革命的策源地之一，广东也是新民主主义革命的圣地。在中国共产党领导下，广东坚持23年武装斗争，红旗一直不倒。本书清晰完整的粤系军资料，可为广东各地开展红色研究和展览提供准确完整的敌方资料，更方便了解我党我军在广东阶段性斗争中失利的原因，通过军事力量对比更能感知我党我军在武装斗争中的坚定顽强，避免一些以讹传讹的错误。

目录

第一部分　粤军沿革

第二部分　粤军将帅

第一部分

粤军沿革

广东是辛亥革命及 20 世纪 20 年代国民革命之策源地，是国共两党崛起与合作的摇篮。孙中山先生赖以推动国民革命的粤军及由粤军、驻粤滇桂湘军发展形成的国民革命军也创建于广东，特别是名震中外的广州黄埔军校，更是孕育培养了民国一代将才。由此，产生了中华民国史上一代著名的粤籍将领。

早期的粤军，在孙中山及其革命政府领导下，平定了广州商团叛乱，消灭了陈炯明及驻粤各路军阀，统一了广东。还积极支持黄埔军校建立，输送了大批军事骨干，改编为国民革命军的粤军是国民党军队的重要组成部分。粤军之精华——国民革命军第四军，在北伐战争中披荆斩棘，屡克劲敌，创立奇功，是国民革命军的主力之一。抗日战争时期的粤军，转战于豫中、南浔和广大的华南地区，在正面战场上抗击和抵御着日军主力。特别是由粤军一部分组成的第十九路军，在淞沪抗战中痛击日寇，名震中外。

——李洁之：《民国广东将领志·序》，载陈予欢编著：《民国广东将领志》，广州出版社 1994 年版，"序"第 1—2 页

第一章　陈炯明粤军

起源：循军（1911）

一、黄花岗起义——粤籍同盟精英建军预演

　　中国同盟会是 1905 年 8 月 20 日，在日本东京由兴中会、华兴会、光复会等革命团体合并成立的，其政纲为孙中山提出的"驱除鞑虏，恢复中华，创立民国，平均地权"，是一个全国性资产阶级革命政党，选举孙中山为总理。其内设机构有 3 个部：执行部庶务（负责人）黄兴，评议部议长汪精卫，司法部判事长为邓家彦、检事长为宋教仁等。计划在国内设东（上海）、西（重庆）、南（香港）、北（烟台）、中（汉口）5 个支部，并确定了各省分部负责人；在国外设南洋、欧洲、美洲、檀岛 4 个支部。

　　同盟会在粤港澳的发展路径是：1905 年 9 月派冯自由等人赴香港、广州、澳门联络同志；10 月，以当地原兴中会为基础建立同盟会香港分会，推陈少白为会长。香港分会是中国同盟会在日本以外建立的第一个分会。1906 年，冯自由接任会长后会务发展很快。1907 年，总部又派胡汉民、汪精卫到香港加强工作，同时派孙眉到广州湾（今湛江市）主持成立了广州湾支部。1908 年底，香港支部已拥有千余名会员。1909 年 3 月，建立广州和潮州分会；10 月，香港支部扩大为南方支部（主管华南各省会务和起义，以胡汉民为支部长，汪精卫为书记，林直勉为司库）；接着成立了海口支部、番（禺）花（县）分会。1910 年，

成立澳门支部。广州湾支部派人相继成立化州、廉江、吴川、高州、遂溪等分会。1911 年黄花岗起义后，成立高要支部，然后迅速遍布全省。

同盟会在 1906—1910 年间利用会党、民军、新军等人员组织了 10 次起义（其中 5 次在广东），却接连遭到失败，少数革命党人对前途失去信心，转而走上暗杀道路。孙中山、黄兴等人在失败面前不气馁，决定集中主要革命力量，在广州发动一次更大的起义，以此推动全国革命形势的发展。1910 年 11 月，孙中山、黄兴等在（马来西亚）槟榔屿召开会议开始筹划起义。1911 年 1 月，在香港设立"统筹部"作为领导机关，部长黄兴，副部长赵声，下设一处七课：调度处处长姚雨平、储备课课长胡毅生、交通课课长赵声、秘书课课长胡汉民、编辑课课长陈炯明、出纳课课长李海云、调查课课长罗炽扬、总务课课长洪承点。

派人分头联络新军、防营和民军，并计划挑选 500 名优秀的革命党人为"选锋队"（即敢死队，后增至 800 名）。至 3 月下旬，共筹集到 15 万多元捐献。4 月 8 日议定起义时间为 4 月 13 日，分十路进攻：第一路由黄兴带领南洋、福建同志 100 人进攻两广总督衙门；第二路由赵声率领江苏、安徽同志 100 人攻打水师行台；第三路由莫纪彭、徐维扬率领广东北江队伍 100 人进攻督练公所；第四路由胡毅生、陈炯明率领广东东江健儿 100 人堵截旗界，占领归德门与大南门；第五路由黄侠毅、梁逸率领广东东莞队员 100 人攻打巡警道，守大南门；第六路由姚雨平率领 100 人占领飞来庙，攻小北门，迎新军；第七路由李文甫领军 50 人攻旗界、军械局；第八路由张醁村率领 50 人占领龙王庙；第九路由洪承点领军 50 人破西槐二巷炮营；第十路由罗仲霍领队 50 人破坏电信局（上述领队人物除黄兴、赵声、洪承点 3 人外余皆广东人）。

因同盟会会员、南洋华侨温生才 4 月 8 日单独行动枪杀了广州将军孚琦及吴镜运炸药被捕，引起清军加强防范，也造成在日本所购枪械大部分未能及时运到，致使原定起义被迫改期。

4 月 23 日，革命党人在两广总督署附近小东营设立起义总指挥部，赵声任总指挥（暂留守香港），黄兴任副总指挥，决定 4 月 27 日发动起义。因发现配合的新军的机枪被收缴且有外地巡防营不断调入，使如箭在弦的起义陷入进退两难之中。4 月 26 日晨，指挥部按多数人的主张决定暂缓举行起义，但黄兴认为改期等于取消，近半年的努力将全部付诸东流，特别是以往多次起义的失败已使革命党人在海外募款的信用日益不佳，如果一无所成就自行解散，以后将无颜面对那些资助革命的海外华侨，且会断了筹款之路，表示不愿退却只愿战死在此；而选锋队员中有不少是远涉重洋潜返内地，抱着必死的决心，他们也极力赞成起义如约举行；加上又传来调入广州的巡防营中也有革命党人准备响应的消息，因此黄兴决心拼死一搏。26日晚，黄兴决定率领留剩在广州的一部分选锋战士孤注一掷，将原定十路进军计划改为四路：黄兴率一路攻两广总督衙门，姚雨平率第二路攻小北门，陈炯明率第三路攻督练公所，胡毅生率第四路守南大门，于次日下午5时半同时发起。

4月27日（农历三月二十九）下午5时30分，因联络问题其他三路并没有按时前来，黄兴决定集中全部130多名敢死队员分二路合力攻打两广总督衙门，其中徐维扬领北江党人约40人为后队，其余由黄兴亲率为前队。经过激战，打死敌军管带金振邦等卫队人员，于7时左右率队攻入总督衙门，入搜总督张鸣岐，不得，拟焚署但未找到纵火材料。闻敌军将至，遂退出，时遇到李准派来的胡令宣、吴宗禹两军赶来围攻，冲出时牺牲二三十人，余部分三路继续战斗。黄兴一路准备出大南门去接应前来响应的巡防营，走到文明书局时遇到一大队巡防营，因未见对方缠臂号，方声洞立即发枪击毙哨官温带雄，双方发生混战，方声洞在战斗中牺牲；该路最后30多人在源盛酒米铺战死，只有黄兴一人脱险。刘梅卿等带着华侨、福建、四川和广西同志为第二路，分别从正背面进攻督练公所，后因不敌清军火力而撤下转移；路遇去接应新军未成退回的徐维扬率领的第三路突围的北江同志，以决定合力攻打观音山敌军，又未能攻下，后遇大队清兵围攻，被打散。混战一夜，方声洞、林文等45人战死，喻培伦、林觉民等34人被俘就义或撤退途中被捕杀（加上其他相关死难人员共86名烈士，其中广东籍占59%），有黄兴、朱执信、莫纪彭、徐维扬、洪承点、何克夫、熊克武、但懋辛、张云逸、刘梅卿、刘古香、严骥、郑坤、梁镜球、陈得平、冯熙周、欧阳俊、陈敬岳等四五十人逃脱。

这次在广州举行的武装起义，史称辛亥"三二九"起义。又因事后由同盟会会员潘达微设法收殓烈士遗骸72具合葬于城东黄花岗，故又称黄花岗起义。

"黄花岗起义"虽经充分准备却以惨烈失败收场，但是影响深远。它打响了辛亥革命的"第一枪"，以资产阶级革命党人大无畏的献身精神和前仆后继的英雄气概震撼了全国，林觉民等留学生精英的大量牺牲，唤醒了中国人的良知，唤起了"国魂"，引领了资产阶级民主革命高潮的来临。

---

* 链接：黄花岗七十二烈士墓园

又称黄花岗公园，位于广州市区北面的白云山南麓先烈中路，是为纪念

1911 年孙中山先生领导的同盟会在广州"三二九"起义战役中牺牲的烈士而建。始建于 1912 年，现占地面积 16 万平方米。正门为高 13 米的牌坊，上面镌刻着孙中山先生的亲笔题词"浩气长存"四个大字。园内有墓亭、陵墓、纪功坊、记功碑等。纪功坊由 72 块青石叠成，象征 72 位烈士，这些青石分别刻上当时国民党海外各支部名称和个人的名字，作为纪念他们捐款建设墓园有功的"献石"；纪功坊上的横额——"缔结民国七十二烈士纪功坊"，由著名的革命党人章炳麟书写；献石堆顶上屹立着自由女神像，表达了要为建立自由平等国家而奋斗的革命思想。记功碑上刻有历史缘由和全部烈士英名（1919 年查出烈士 56 名，1922 年查出烈士 16 名，这 72 名刻在第一碑；1932 年查出烈士 13 名，刻在第二碑；同年又查出烈士 1 名，未列碑，共 86 名）。墓旁是孙中山先生手植的松树。

另有"中国航空之父"冯如、"粤军之神"陆军上将邓仲元、"中国革命空军之父"杨仙逸，还有冒死收葬烈士的潘达微先生等也安葬于此。

该墓园于 1961 年被国务院公布为第一批全国重点文物保护单位。

二、组织五路民军起义，光复广东全省

10 月 10 日武昌起义爆发后，各省纷纷响应。同盟会南方支部自感落后他省，决定急遣同志潜入各属发难响应，议定广东分五路发动民军起义：广州及附近由胡汉民和朱执信负责，其余地方分 4 军：东江为第一军，由陈炯明负责；北江为第二军，由徐维扬负责；西江和南路为第三军，由苏慎初负责；韩江为第四军，由姚雨平负责。总机关仍在香港，由邹鲁负责统筹。

在广州及附近：从 10 月中旬起，陆领、何江、何梦等人在顺德县（今佛山市顺德区）乐从，周康在顺德陈村，张炳、邓江在顺德县龙江，陆兰清、黎义等人在南海县（今佛山市南海区）西樵，李福林等人在番禺县（今广州市番禺区），谭义在新会县（今江门市新会区），何克夫在花县（今广州市花都区），李就成在香山县（今中山市）小榄，郑昭杰在东莞县（今东莞市）石龙，相继起义。黄明堂在新会成立"明字顺军"，下辖谭义等 3 个标，拥有 2000 多人，光复新会，进驻江门。李海云等人光复新宁县（今台山），温德尧光复恩平，谢沃波光复鹤山。王慎堂和王百宸组织民军光复增城和龙门。王和顺、石锦泉、关仁甫、谭瀛等民军首领举众数千人在惠州府属归善、博罗、东莞等地起义，组成"惠军"，攻克石龙镇，进军广州，光复了花县、四会。在林君复的策动下，

新军九十八标第三营队长任鹤年，在排长何振、黄祺祯的协助下，于香山县前山（今珠海市香洲区前山街道办事处）率全营反正，与其他各路义军组成"香军"，任鹤年任司令，莫纪彭任参谋长。"香军"首先开进广州城，随后陆续有几万大军进入。

在北江：有徐维扬等人在花县组织的起义，龙裔桢在连州，莫辉熊在连山分别起义。南韶连兵备道台、总兵和韶州知府逃走后，被广东省民团总局局长刘永福委任为粤北区南韶连民团总长的王拔林带数十人来韶州（曲江）设立民团分局，收编三点会武装为3个营，巡防营统领朱福全仍率兵3个营驻韶州。

在西江：11月9日，在同盟会的策动下，巡防营统带隆世储率驻肇庆府3个营，驻新兴县巡防营管带李耀汉1个营，还有革命党人组织发动的民军颜启汉3个营、熊长卿2个营和孔祥辉的二三百人共同在肇庆举事，宣布独立。隆世储任肇罗军政分府都督，曾传范任总参议。11月13日，林树巍和陆匡文等人在信宜县（今信宜市）率先发难，兵分三路攻入高州县（今高州市）道台衙门，成功光复高州。11月29日，高州军政分府成立，林云陔为都督，苏慎初为司令长。此外，有彭瑞海在化州县（今化州市），谭宝桓在阳江县（今阳江市），罗侃廷、苏乾初、丁守臣和卜汉池在廉州（今广西合浦县），唐浦珠在钦州（今广西钦州市）与防城（今广西防城港市）相继起义，其中钦防光复后遭郭人漳余部冯相荣突袭失败。

在韩江：11月10日，张醁村、孙丹崖等人组织汕头起义取得成功，成立第四军，正司令张醁村，副司令孙丹崖，参谋长谢鲁倩，军务处处长陈励吾；14日，第四军光复潮州。还有曾涌甫、温翀远、李思唐等人光复梅州，肖惠长等人光复兴宁，萧文赏等人光复大埔县。

在东江：有陈炯明、王和顺、石锦泉、关仁甫等人在归善（今惠阳区）、博罗县、东莞县（今东莞市）和宝安县（今深圳市宝安区）等地相继组织起义；梁镜球、林激真、丘耀西等光复博罗；欧阳俊在河源蓝口起义，光复河源、龙川、连平、和平等地；周锋光复永安县（今紫金县），钟景棠和刘镜清等光复海丰县，罗应平、曾享平等光复碣石镇总兵所在地碣石城，陈月波、曾享平等光复陆丰县（今陆丰市）。

* 链接：陈炯明参加"支那暗杀团"

陈炯明，字竞存，广东省海丰县人，1878 年出生于海丰县城一个绅商之家。1906—1908 年就读于广东法政学堂，1909 年当选为广东省咨议局议员，同年加入同盟会。1910 年参加广州新军起义的准备工作，因提前发动未能参加。1911 年 1 月任领导机关统筹部的课长，参加组织著名的"三二九"广州起义，任第四路指挥。因联络不顺擅作主张提前退出城外，事败后受到指责，愤而参加"支那暗杀团"。该团于 1911 年 8 月炸伤广东水师提督李准，10 月炸死了广州将军凤山，为以后李准、两广总督张鸣岐和镇统制龙济光反正起了一定的作用。

在香港东江诸同志起义筹划会上，陈炯明被推举为总司令，林激真为总参谋长，邓铿为西江司令，严德明为东江司令，丘耀西为博罗司令，其余同志担任各方运动，议定分路出发。其中陈炯明率邓铿等先入淡水，筹划进攻惠州，严德明、钟鼎基由水口率队助之；罗应平、曾享平等占据碣石城，梁镜球、林激真、丘耀西等攻占博罗，分别从东西二路扼制潮州和广州的援军。

陈炯明和邓铿组织了一支 100 多人的民军，于 11 月 1 日攻占淡水警署，缴枪 30 余支、子弹千余发，队伍扩大到 500 多人；加上严德明在水口各乡发动的起义军 600 余人；陈经在白芒花发动的起义军约 400 人；丘耀西在麻庄发动的起义军 300 余人；还有陈焯廷、谢子瑜、黄德修等 3 人分别发动的起义军 3 队，每队有三四百人。上述各支起义民军共约 3000 人，枪支有千余杆。起义民军称"循军"（取惠州是古循州之义），扛着"井"字旗（意为耕者有其田），共编成 7 个大队，陈炯明为循军司令，邓铿、严德明、陈经、丘耀西、陈焯廷、谢子瑜、黄德修 7 人为大队长，其中邓铿兼司令部参谋长。5 日从平潭向惠州进发，在马鞍与清军激战（陈经牺牲）。因又有翁式亮三多祝民军和钟鼎基下沙村民军等加入，清军退入惠州城。8 日，归善县城绅商开门迎接民军入城。9 日，驻守惠州西南面佛子凹和飞鹅岭的清军巡防营管带洪兆麟被策反投诚，加上广东水师提督兼巡防营统领李准派员劝说，驻守惠州的广东陆路提督秦炳直献城投降，将 8 营军队交由陈炯明接管，于是惠州光复。陈炯明将 7 个大队民军和 6 营降军及陆续进城的民军一起整编成 7 个旅，旅长分别是原大队长升任（其中陈经部由陈月桥接任，洪兆麟是邓铿旅团长），共有 1 万多人，陈炯明仍任总司令，邓铿兼任参谋长。而早在 11 月 6 日，梁镜球、林激真、丘耀西等在苏村、响水集中民军 3000 人，已攻下博罗，并成功阻击了从东莞石龙支援惠州的清军 2 个营。

在民军进攻、会党新军负责人起义和革命党人联络的清军负责人反正同时进逼下，两广总督张鸣岐无奈于 11 月 8 日宣布广东独立，各界代表推张鸣岐为广东都督，推第二十五镇统制龙济光为副都督。9 日，将印信送抵时发现张鸣岐已逃走，且朱执信、胡毅生鼓动的绿林、草莽组成的各路民军高举"革命"旗帜涌向广州，于是各界代表重新推举胡汉民为都督，龙济光仍为副都督，并由蒋尊簋任临时都督。同日，李准宣布反正，并电促胡汉民从速就职。10 日清晨，胡汉民从香港到达广州，在广东省咨议局宣布就任广东都督（龙济光不敢就任）。

* 链接：辛亥革命前的胡汉民

胡汉民，1879 年出生于广东番禺，祖籍江西吉安，幼名胡衍鹍，后改名胡衍鸿，字展堂，汉民是《民报》上用的笔名。祖父来粤做官落籍番禺（即广州），父亲靠当师爷为生。从小能文能诗，十多岁时父母双亡。1901 年中举人。1902 年赴日本留学，不久愤而退学回国。先后担任广西梧州中学总教习、梧州师范讲习所所长、香山隆都学校校长。1904 年冬再次东渡日本，入法政大学速成法政科，系统研读政治学。同行的有汪精卫、朱执信、陈融等人，其间还结识了廖仲恺。1905 年 9 月加入同盟会，任评议部议员、书记部书记，《民报》主编，从此成为孙中山主要助手之一。1907 年起跟随孙中山组织同盟会于华南和西南边境，发动多次武装起义，主要担任筹饷、运械等工作。1908 年赴新加坡任同盟会南洋支部长。1909 年调到香港任同盟会南方支部长，与黄兴、赵声等策划在广州新军中发动起义。1911 年 4 月参与组织"黄花岗起义"，为统筹部负责人之一。

三、成立广东军政府，着手清理军队

涌入广州的 48 支十几万民军一边向胡汉民要官要权，一边又向老百姓要钱要粮，广州市秩序十分混乱。11 月 17 日，省城各团体在咨议局召开代表大会，推举陈炯明为副都督，黄士龙为参都督，并根据胡汉民的提议，选出军政府各部部长、副部长，正式组成广东军政府。

---

* 链接：辛亥年广东军政府

广东军政府于1911年11月17日组成，下设8部，分别为：

军事部　部长蒋尊簋，副部长魏邦平（后分设陆军司和海军司，司长分别是邓铿和胡毅生，副司长分别是赵士槐和萧楚璧）；

财政部　部长李煜堂（后廖仲恺），副部长廖仲恺（后张树棠）；

民政部　部长黎国廉（后钱树芬），副部长伍藉磬；

司法部　部长王宠惠（任南京临时政府外交部部长后罗文干接、后陈融），副部长汪祖泽；

外交部　部长伍廷芳（任南京临时政府司法部部长后陈少白接），副部长陈少白（后罗泮辉）；

实业部　部长王宠佑（后关景燊），副部长利寅；

教育部　部长丘仓海（即丘逢甲，后饶芙裳、钟荣光、李翰芬），副部长叶夏声（后杨寿昌）；

交通部　部长梁如浩（后李纪堂），（后）副司长容星桥。

（后）警察厅　厅长陈景华。

又设枢密院，由朱执信、李纪堂、廖仲恺、李君佩、李茂之、李海云、黄世仲、陈少白、陈协之、杜应坤、刘古香、胡毅生、姚雨平、谢良牧、谢鲁倩、谢适群、毛文明17人组成，负责赞助都督处理政务；又以何启、韦玉为顾问官。

不久改部为司；后司又有增减，并另增设了若干厅、处、院、局，包括1912年12月任命林炳章为两广盐运使、胡铭槃为粤海关监督。

12月18日，根据临时省会审定的"组织法"选出140名议员正式组成省议会，选举黄锡铨为议长。后又由执法司起草了临时法律，交省议会议决后生效（1913年1月任命伍藉磬为高等审判厅厅长，黄兆珪为高等检察厅检察长）。

广东军政府是广东资产阶级按照西方三权分立制度建立起来的地方民主共和政权。至1913年8月4日陈炯明潜逃时解体，存在大约21个月。军政府组成人员中同盟会员占大多数，其中多是留学回来的知识分子。

军政府建立后，开始着手清理整顿军队。

一是编成广东北伐军，支援武汉。以新军第九十八标（欠第三营）加部分民军扩成第一协，调肇庆起义的巡防营大部加新军第九十七标编成第二协，再加上新军炮工马辎等特种部队。

二是扩编广东新军，将九十九标和九十八标第三营起义后组成的"香字顺军"分别扩编成广东陆军第一镇第一协和第二协。

三是调陈炯明循军进广州，增强可靠力量。

四是安抚龙济光济军（有巡防营14个营约5000人），不久调赴高雷钦廉琼崖剿匪，驻合浦县北海。

五是接管李准水师6个营2000多人，后改编为广东海军。

六是改编八旗新军4个营为警卫军（司令刘钊），后缩编成3个营调驻潮州、雷州和高州；改八旗军10个营为"粤城军"（统领董赞清），于11月底缴械解散。

七是控制巡防营（约60个营），后部分改编成省警卫军。

八是设立民团督办处，管理进城民军；以刘永福为民团总长，何克夫为副。不久又组织广东军团协会，以陈炯明为会长，周之贞为副。

陈炯明受命率循军精锐6000多人，以"广东革命陆军第一军"名义，于11月29日抵达广州，整编成第一混成协。

协统邓铿，参谋官叶举，参军官罗翼群，军需官李吐麟，执事官刘志陆、罗惠群，下辖：

第一标（以二营投降清军为主），标统洪兆麟；

第二标（以二营投降清军为主），标统李济民；

第三标（以一营投降清军为主），标统丘耀西。

12月，改编成北伐军第三混成协，下辖洪兆麟第五标、李济民第六标和炮工辎机关枪队等。

陈炯明任命林激真为岭东镇守府司令，率部留守惠州，下辖：骆凤翔亲军标，陈卓廷旅，林海山、钟子廷、温子纯和陈洁4个独立营，共3000多人。林激真率部去汕头后，由林海山担任惠州军务处督办，陈卓廷任帮办。

当时分布在全省各地民军共96支，总14.84万人，其中聚集在广州的民军48股，较大的有王和顺"惠军"约1万人，陆兰清"兰字军"8000余人，练演成"澳字军"6000余人，黎萼"建字军"和周康"康字营"各有4000余人，任鹤年"香字顺军"、黄明堂"明字顺军"、关仁甫"仁字军"、张禄"禄字军"、严经一"经字营"、谭沄"瀛字营"等各有3000余人，陆领"领字军"、李福林"福字军"、石锦泉"石字军"、杨万夫"协字军"、何侣侠"侠字营"、麦锡"锡字营"、刘肇槐"东新军"等各有 2000 余人，徐维扬"扬字营"、谭义"谭字营"、黎炳球"黎字营"、何江"江字营"、李就成"就字营"、邓刚"邓字营"、欧阳俊"俊字营"、杨兆山"兆字营"、陈春魁"海字营"、刘世杰"杰字营"、冯国威"威字营"、梁鹏展"展字营"、何瑞芹"瑞字营"、姚立亭"秉字营"、江斌"鸿字营"、邝敬川"敬字营"、顾启汉"启字营"、李肇南"劲武军"等各有 1000 余人，袁带"带字营"、张炳"炳字营"、何梦"梦字营"、黎志荣"荣字营"等各有几百人。

军政府为稳定地方秩序，向各县委派县长，并先后向比较混乱的北海、河口、汕头等地派出军队。11 月，派赵士槐为琼崖安抚使，因兵少被拥兵 3 营的琼崖兵备道范云梯打败；军政府再派黄明堂率"明字顺军"精锐前往（以区金鳌为民政总长），终于控制了海南岛。12 月，派黄济川率"协字军"2 个标到北海、廉州镇压投诚后叛乱的清军。

---

* 链接：辛亥革命时广东新军的编制与去向

广东新军是清政府陆军部所辖国家正规军队，自 1903 年由两广总督岑春煊开始建立，至 1906 年初步建成 1 个混成协；1910 年准备成立"镇"时，爆发新军起义，经整顿后只剩下 7 个营。张鸣岐接任两广总督后急于扩编成镇。

1911 年 10 月广东新军的编制是：

第二十五镇　统制龙济光，共约 9000 人，下辖：

第四十九协　协统蒋尊簋，下辖：

第九十七标（由龙济光部巡防营挑选 3 个营编成），标统何猛，驻广州；

第九十八标（由原新军第二标编成），标统陶懋榛，驻广州；

第五十协　协统李万祥，下辖：

第九十九标（由原新军第一标第一、二营和第三标第一营编成），标统黄士龙，驻高州；

第一百标（由原新军第一标第三营和钦州郭人漳训练的新军 1 个营编成），标统叶成林，驻钦州；

炮兵第二十五标（3 个营），标统秦觉；

工程兵第二十五营，管带萧祖康；

辎重兵第二十五营，管带许嘉树；

马队2个队。

辛亥革命中，这些部队先后起义或反正。后来去向是：

第九十七标编成广东北伐军第二协第三标。

第九十八标（不含第三营）扩编成广东北伐军第一协，其中任鹤年第三营在香山反正后先扩编为"香字顺军"，后再改编为广东陆军第一镇第二协。

第九十九标由黄士龙带到广州，扩编为广东陆军第一镇第一协。

第一百标1700余人由林虎率领护送钦廉边防督办郭人漳北上，到广州后留下原新军第一标第三营（编入第一镇），其余与黄兴卫队模范营合编为南京临时政府陆军部警卫混成团。1913年扩充为江西陆军第一师第一旅，后在湖口参加反袁举义后战败遣散。

炮标、工兵营、辎重营、马队编入广东北伐军。

第一节 广东陆军（1912—1913）

一、广东北伐军——最早的粤军

胡汉民就任都督后，接受了姚雨平力主立即北伐支持武汉的建议，从速组建广东北伐军。于12月8日在广州誓师，旋即分3批乘船出发，开赴南京。月底整编后编制如下：

总司令姚雨平（广东平远县人，广东陆军速成学堂肄业），副司令马锦春（江苏人，原广东新军二标二营管带，因联络黄花岗起义被撤职，后因意见相左自行离职），参谋长黄慕松（广东梅县人，广东黄埔陆军小学校长；出发后改由陈雄洲接任，到南京后陈雄洲以"丁忧"名义去职，再改由广东梅县人张文继任），副参谋长杨刚（即杨幼敏），副官长李民雨，机要课长丘徽五，秘书长叶楚伧，经理部部长（后改为经理局局长）邹鲁（广东大埔县人），军需部部长姚海珊（广东平远县人），管理部部长姚右军（原新军司务长，广东平远县人），军法部部长陈耿夫（广东宝安县人），军医部部长陈任梁，交通部部长郭健霄。

第一协（由起义的新军第九十八标欠第三营扩编） 协统林震（广东平远县人，广东陆军速成学堂毕业，曾任广东陆军小学校领队长；后张我权继任），参军何其雄，下辖：

第一标（由起义的新军第九十八标欠第三营扩编） 统带张我权（广东五华县人，广东陆军速成学堂毕业生，武昌学生军队长，后张桓杰，原新军军官）；

第二标（由新募的敢死队员编成，多为旧军人） 统带吴庆恩；

第二协（由新军第九十七标和肇庆反正的隆世储统领所部巡防营3个营等扩编） 协统隆世储（湖南人），参军林烈（广东高要县人），下辖：

第三标（由新军第九十七标编成） 统带张定国；

第四标（由隆世储统领所部巡防营3个营改编） 统带曾传范（湖南人，字绍欧，广东陆军速成学堂毕业生，肇庆军政分府总参议）；

炮兵营　营长陈佑卿［战后扩成标，统带罗炽扬（广东兴宁县人，原新军排长），副统带陈佑卿］，有管退炮18门；

机关枪营（战后扩成标）　营长（后统带）谢达文（广东平远县人，广东和保定陆军速成学堂毕业生），有24挺机关枪；

炸弹队（后改营）　队长周达（广东梅县人，到南京后因炸弹自炸牺牲，后一致推举其父亲周辉浦继任队长）（后管带钟良材），300多人；

工程营　管带徐演群（广东大埔县人）；

地雷队　队长汪克宽；

辎重营　管带杨其伟。

另外，还有卫队营（主要由大埔起义民军组成）、宪兵队、卫生队、女子北伐队（队长徐慕兰、宋铭黄）等，共约8000人。

战前在蚌埠车站设立了前敌指挥所，林震为前敌总指挥。

陈炯明力请将第一混成协编为广东北伐军第三协，并自请担任北伐军司令，未成。民军黎萼的"建字营"一度也称广东北伐军第三协。

1912年1月中旬，广东北伐军受临时政府总统孙中山之命沿津浦铁路北上，驱逐威胁南京政府的安徽清军张勋部，从1月26日至2月10日，接连取得固镇、宿州、徐州三次大捷，将张勋部赶到山东济南，成为迫使清帝退位的重要力量。

这支由反正的广东新军和巡防营改编的广东北伐军，由广东军政府全权组建，主要指挥官是广东人，故说它是"最早的粤军"；其战斗力强、功绩丰伟，却只存在半年时间，在近代史上昙花一现，十分令人惋惜！

---

*链接：南京市粤军阵亡将士墓

广东北伐军回师南京后，将阵亡将士61人收葬南京市莫愁湖畔。1912年3月，孙中山特地亲笔敬书"建国成仁"4个大字，镌刻成碑立在众墓之前，旁边还竖有辛亥革命元勋黄兴亲笔题写的"粤军殉难义士之碑"，墓碑祭文由时任广东北伐军总司令姚雨平撰写。

1948年，国民政府曾拨款予以重修，并将当时粤军出发前因制造弹药而身亡的炸弹队队长周达与原先61位将士遗骨合葬于一个大墓茔中。而一旁竖立的《重修建国粤军阵亡将士墓记》石刻碑文，则由国民党要员邹鲁撰写。1966年该墓遭到毁坏；在邓颖超、廖承志等人的关怀下，1979年又重新予以修复。

二、广东陆军——正规省军

1911年11月，新军协统黄士龙率第九十九标到高州镇压革命，黄士龙被迫反正后又率部返回广州，所部与任鹤年"香字顺军"、新军第一百标第三营等部合并扩编为广东陆军第一镇，由黄士龙任镇统，车驾龙任参谋长。

12月5日，广东参都督兼第一镇镇统黄士龙因不孚众望，在临时省议会结束后弃职离粤。邓铿等人接收了第一镇，调入循军翁式亮团等部队，重组成新的第一镇，镇统钟鼎基。

12月21日，胡汉民被从欧洲返国途经香港的孙中山说服跟随北上（后任南京临时政府秘书长），将广东都督一职交由陈炯明代理。

---

* 链接：南京临时政府陆军第四军

1912年2月南北和谈达成协议后，广东北伐军退驻南京，根据总统令更名为"广东讨虏军"。3月，又改编为南京临时政府陆军第四军。

陆军第四军　军长姚雨平（中将，加上将衔），副军长隆世储，参谋长张文，副参谋长杨刚，副官长曾传范，军需司司长姚海珊，兵站正长邹鲁，下辖：

第二十二师（广东讨虏军编成）　师长林震（中将），参谋长李济深，驻南京，下辖：

步兵第四十三旅（原第一协）　旅长罗炽扬，下辖：

步兵第八十五团　团长张桓杰（广东兴宁县人，原新军军官）；

步兵第八十六团　团长吴庆恩；

步兵第四十四旅（原第二协）　旅长张我权，下辖：

步兵第八十七团　团长张定国（后谢达文）；

步兵第八十八团　团长刘灏（广东兴宁县人，广东陆军速成学校毕业生）；

炮兵第二十二团　团长陈佑卿；

骑兵第二十二团（由俘获的 800 多匹战马组建）　团长李庭良；

机关枪团（后缩编为营）　团长谢达文（营长何林）；

工兵第二十二营　营长徐演群（后李华）；

辎重兵第二十二营　营长杨其伟。

第二十四师（由广东陆军第一镇改称）　师长钟鼎基，驻广东，下辖：

步兵第四十七旅　旅长王肇基，下辖：

第九十三团　团长莫擎宇；

第九十四团　团长谢昭；

步兵第四十八旅　旅长任鹤年，下辖：

第九十五团　团长何振；

第九十六团　团长黄祺祯。

宪兵营　营长吴江左。

1912 年初，陈炯明以第三混成协为基础，加入高州民军一部，编成广东陆军第二镇，镇统邓铿。后由高州军政分府司令苏慎初接任。

后又将民军黎萼的"建字营"4000 多人改编为第五协，后改称独立旅。

至此，陈炯明在代理都督期间，以反正新军、"循军"精锐、黎萼的"建字营"民军为基础，建立了广东陆军，共 2 个师 1 个独立旅，另有 3 个警备营，2 个宪兵营，共 2.52 万多人。编制如下：

代理都督（后为广东陆军军长）陈炯明（中将加上将），参谋长魏邦平（日本士官学校毕业，中将；后覃鎏钦，日本士官学校毕业，中将；后张我权，原广东北伐军旅长，少将，后升中将；后邓铿暂代），副官长谢昭（日本士官学校毕业，1940 年投日），（后）兵站总监林震（中将），军需司司长钟德贻。下辖：

第一师（由第一镇改称）　师长钟鼎基（日本士官学校毕业，原北洋陆军标统，中将），正参谋谭沄（11 月改称参谋长，由孔昭度任），驻惠潮嘉，下辖：

第一旅　旅长王肇基（日本士官学校毕业，少将，1940 年投日），下辖：

第一团　团长莫擎宇（日本士官学校毕业，原新军军官）；

第二团　团长谢昭（后车驾龙、孔昭度，皆日本士官学校毕业）；

第二旅　旅长任鹤年（少将，原新军管带；后魏邦平；1913 年 1 月陈元泳，日本士官学校毕业，原新军军官，少将），下辖：

第三团　团长何振（原新军排长；后萧祖康，日本士官学校毕业，新军管带；后翁式亮）；

第四团　团长黄祺祯（原新军排长；后李济民、陈国强）；

炮兵第一团　团长陈佑卿（原广东北伐军炮兵团团长）；

独立团　团长黄祺祯；

工兵营　营长郭恢唐；

辎重营　营长游起泰。

第二师（由第二镇改称）　师长苏慎初（广东陆军速成学堂毕业，原新军军官，中将），正参谋李民欣（11月改称参谋长，由陈自先任），驻西、北江，下辖：

第三旅　旅长叶举（广州将弁学堂毕业，原新军军官，少将），下辖：

第五团　团长洪兆麟（原巡防营管带）；

第六团　团长李济民（广东陆军速成学堂毕业，原巡防营军官；后苏汝森，原化州义军负责人）；

第四旅　旅长陈自先（广东陆军速成学堂毕业，少将；1913年1月罗炽扬，广州将弁学堂和武备学堂毕业，原新军排长，少将），下辖：

第七团　团长徐维扬（广州将弁学堂毕业，同盟会陆军分会主盟人；后李杰夫，字雄伟，广东陆军速成学堂毕业）；

第八团　团长陈励吾（广东武备学堂毕业，原新军军官，民军第四军军务处处长）。

炮兵第二团　团长徐锡勋（号军雁，广东陆军速成学堂毕业）；

独立团　团长欧阳干；

工兵营　营长陈得平；

辎重营　营长陈已。

独五旅（第五协改称）　旅长黎萼（原新军军官，少将；后张我权，原广东北伐军旅长，少将，后升中将），参谋长邓警亚，下辖：

第九团　团长邓承昉；

第十团　团长李楼云（后谢达文，原陆军第四军第八十七团团长，后官其彬）；

独立营　营长蔡炳寰。

宪兵队司令　杨刚（少将），下辖2个营（营长郭甲春、周达）；

虎门要塞司令　饶景华（日本士官学校毕业，少将，后升中将）。

如果按派系分，第一师是士官派，第二师和独立旅是速成派。

* 链接：光复广州的联络指挥人黎萼

黎萼，字建侯，湖南长沙人。1884年出生，其父曾任前清总兵，少年时与陈天华、谭人凤等相善。成年后就读江西材官学堂，是同盟会会员。1907年投身广州新军，1909年因密谋反清事泄被捕入狱。

1911年武昌起义爆发后，黎萼在狱中秘密联络狱卒与被囚各方。11月8日出狱后，往抚署附近侦察龙济光军行动，见其戒备森严，深恐中计，与各同志协商，临时又约绅商，再开紧急会议，决定迎胡汉民、蒋尊簋为正副都督，即速独立。黎萼于深夜召保亚、自强、中华等会主干同志，决定翌日正午发难，并以朱永汉所带之绥靖营，加上各衙署之卫队，共计数百人，连夜分遣，或与龙济光联络，暗中探其态度，或与省城附近民军首领及党人暗通消息，以备同时并举，另派人赴肇庆、香山、惠州联络起义军队。

9日黎明，以民军统领名义，命令朱永汉率所部严密监视龙之济军，亲率诸人，至水师衙门，收缴卫兵枪械，树起义旗；又命诸同志分途收缴警局、衙署枪支。得知龙济光军抢劫藩库后立率步骑兵驰往截击，见乱兵已把外库洗劫一空后逃遁，黎萼亲督马枪营守内外库，并在藩署成立民军统领部，亲将内库加封。另外还收编了湘籍之巡防营、广安、韶安和惠安水军。

10日，闻惠州各属同时光复，黎以全省大势已定，一面召集绅耆及七十二行商会、九善堂商决，公推陈景华为警察厅厅长，恢复警察，维持市面治安；一面派人迎接胡汉民就任都督。广东军政府成立后，黎萼呈请财政部廖仲恺等前往内库提取银千万余元。后将所部自称"建字军"。

1912年初，因黎萼护库有功，所部"建字军"素质较高，因此被改编为广东陆军第五协，黎萼任协统，后兼任潮梅绥靖会办；11月，被授予陆军少将军衔。

1913年因拟配合越南光复军反法被免职。"二次革命"时在广州参加反袁活动，在粤家产悉被抄没净尽。1914年在香港加入"中华革命党"，3月底参加攻克潮州战役。1916年，与陈其美等策动肇和舰起义和进攻江南制造局。1917年，护法运动时任征闽靖国军警备司令。1918年，被授陆军中将衔。1920年秋，被任命为粤军游击司令。1923年，任中央直辖第二军第三师师长。1947年病逝。

因临时大总统孙中山辞职让位袁世凯，胡汉民于1912年4月27日回到广东，28日由省议会正式选举为广东都督（广东军政府改称广东都督府），并兼省行政公署民政长。胡汉民任命副都督陈炯明兼任广东省总绥靖经略（12月，又被袁世凯任命为广东陆军军长），总揽军权。

5月，因南京政府经费困难，姚雨平与粤督胡汉民达成协议准备率军回驻广东高、廉一带，因陈炯明从中阻挠，军部和第二十二师被迫解散，只保留炮兵一营。1万多支枪，18门大炮，1000多匹马，由兵站监杨其伟押运回粤。

12月，裁撤陆军司，陆军由都督府直辖，邓铿调任都督府参谋长；裁撤海军司，改组为海防和水上警察厅，以黄伦苏为海防总办、李和为帮办，陈景华兼（后魏邦平）任水上警察厅厅长。

1912年初，都督府先设立军官讲习所，培训基层军官；后继续开办广东陆军小学堂（校址在黄埔），以翁式亮（少将）为堂长；11月，又创办广东陆军速成学校（校址在广州大东门外北横街），校长孔昭度（后林震）。

三、广东警卫军——省地方军

广东警卫军主要有两大来源：

一是巡防军改编。光复前广东有约100个营，大约50个营改编为警卫军（包括龙济光济军、李耀汉肇军）。

二是民军改编。光复后民军有14万余人，其处置方向有：

1. 改编为北伐军，如任鹤年"香字顺军"。

2. 改编为广东陆军，如黎萼"建字军"。

3. 武力解散。部分民军因对政府裁汰民军心有不甘，潜图反抗，见政府军武器犀利，遂密筹巨款在外订购武器，当运抵虎门时被当局扣压。2月24日，民军司令石锦泉带兵前往虎门交涉、强取。陈炯明获讯后马上派魏邦平带队到虎门，将石锦泉擒获后，当日押回广州，以私取、扣压枪械的罪名立即枪决（石以桀骜不驯著称，曾手提土制炸弹强闯都督府要求立即发饷），解散其"石字营"。3月9日，政府陆军与实力最雄厚的王和顺"惠军"及其结盟的关仁甫"仁字军"、杨万夫"协字军"3支民军在广州城发生冲突，经4天激战，将其逐出广州；16日，接管了惠军占领的长洲、虎门炮台，将在广州惠军全部遣散。

4. 自行解散。如民军首领叶源、邓妹所部，千人以下的民军大都效仿。

5. 限期遣散。都督府规定是1912年2月底前。如郑昭杰的"昭字军"，肇庆的颜启汉、熊长卿、孔祥辉民军。

6. 改编为警卫军，如"循军"8 个营、陆兰清"兰字军"6 个营、"惠军"3 个营、"明字顺军"3 个营、何侣侠"侠军"3 个营等 20 多营编为正式警卫军；李福林"福军"6 个营、张禄"禄字军"6 个营、周康"康字军"3 个营、陆领"领字军"等 30 余营编为民军警卫军；另外，还有谭义海军司游击队 3 个营和卫旅保商营 2 个营。

1912 年 5 月，由巡防营和 8 支民军改编成的广东警卫军，编成 86 营，总 3.96 万人（另有民军警卫军约 2 万人），分区驻防全省各地。胡汉民又任命陈炯明兼任广东警卫军总司令。

经略全省总绥靖处　督办陈炯明（中将加上将），会办龙济光（中将加上将）。下辖 11 个绥靖处（5 月先设 4 处，8 月增设 7 处，后合为 9 处）：

1. 广阳绥靖处，督办朱执信（中将；后何侣侠代理），下辖何侣侠、谢鲁倩、梁鸿洸等统领，共 9 个营；（9 月撤销，广属划归新成立的广肇罗绥靖处，阳属由总部直辖）

2. 肇罗绥靖处，督办周之贞（中将；后汪道源），下辖李耀汉、贺蕴珊、赵定国 3 个统领，共 11 个营；（9 月升格为广肇罗绥靖处）

3. 南韶连绥靖处，督办陈仲宾（少将），会办朱福全，帮办张禄，下辖朱福全、丘耀西、田乔等统领，共 12 个营；

4. 琼崖绥靖处，督办古应芬，帮办李福隆，下辖 3 个营；

5. 潮州（后为潮梅）绥靖处，督办吴祥达（少将，原清军南韶连镇守使、高州总兵），帮办黎萼，下辖陈晓鸿统领，共 4 个营（1913 年解散）；

6. 惠州绥靖处，督办钟鼎基〔兼，后谭沄（即谭联甫少将）、隆世储少将〕，帮办陈卓廷，下辖吴镜如、林干材等统领，共 11 个营；

7. 梅州绥靖处（1913 年 1 月撤，并入潮梅绥靖处），总办钟景棠；

8. 高州绥靖处，总办李济民（原第六团团长率 1 营陆军赴任。1912 年 9 月升格设立高雷阳绥靖处，督办马遂良；1913 年夏钟景棠帮办）；

9. 雷州绥靖处（1912 年 9 月撤），总办陈炳焱，下辖 1 个营；

10. 钦州绥靖处，总办冯相荣（冯子材第三子，原清军镇南关监督及左江兵备道），下辖冯相荣、冯铭楷统领，共 6 个营；

11. 廉州绥靖处（1912 年 9 月撤），总办徐维扬〔第七团团长（兼）〕，帮办马遂良。

总绥靖处直辖 29 个营：

1. 龙济光率济军 4 个统领（黄恩锡、马存发、王纯良、段尔源）12 个营；

2. 八旗新军改编的罗炎统领指挥的粤城警卫军 5 个营；

3. 刘钺、陆兰清、陆兰福、饶章甫 4 个统领 12 个营。

1912 年 3 月龙济光济军调回广州协助解散民军，后因要被裁减成 3 个营，遂投靠袁世凯，于 1913 年 1 月调往粤桂边梧州并恢复 12 个营建制。

---

* 链接：光复后"城头变幻大王旗"的汕头

1911 年 11 月 10 日汕头光复后，在汕全部武装力量统称粤省第四军，张酥村任司令长，孙丹崖任副司令兼执法官，谢鲁选为参谋长。高绳芝被推举为"全潮民政财政长"。因 13 支革命军 13 个司令各树一帜，相互争夺地盘，陈炯明任命陈宏萼（原驻虎门清军管带）为潮汕安抚使，率兵 600 人于 1912 年 1 月 10 日到达汕头，成立了安抚使署（后改治安局），组织了一支 4000 多人的部队，地方稍安。驻惠州的岭东镇守府司令林激真，因惠州粮饷难筹意欲移镇潮州，于 2 月 14 日率装备精良的骆凤翔亲军标 1500 人乘军舰到汕头，因陈炯明有避免武装冲突的指示，当遭到英国军舰阻止后折回陆丰碣石登陆，进占潮阳，后在陈沄生、许雪秋等支持下，赶走陈宏萼部，3 月 27 日占领汕头。因各界连电反对，在"保护外国权利"的要求下，陈炯明只好将林激真撤职，并任命吴祥达为潮州绥靖督办。3 月 30 日，吴祥达率原巡防营蓝蔡芳、朱瑞华 2 个营和韶关民军 3 个营共 2500 人乘英国军舰到达汕头，与林军对阵。在高绳芝的调停下，林激真在 5 月底从商会获得巨款后，带着 20 万元引退独往香港（几天后被杀）；骆凤翔标分得一笔钱后于 6 月初由军舰运到广州，上岸即被陈炯明解散。接着，吴祥达在潮汕大肆解散民军，捕杀许雪秋、陈沄生、陈涌波、余永泰等革命党人。

1912 年 12 月，裁撤"经略全省总绥靖处"，设立广东护军使署。

护军使　陈炯明　　　　护军副使　龙济光

参谋长　覃鎏钦　　　　副参谋长　陈自先

副官长　黄强（后谢昭）

秘书长　汪兆铨

军务处处长　张我权

经理处处长　钟德贻

不久，陈炯明又被任命为兼广东陆军军长。

1913年3月，撤销琼崖绥靖处，设立琼崖镇守使署，任命邓铿（广州将弁学堂毕业，中将）为镇守使，主任参谋熊略，主任副官陈可钰，军务科科长陈国伦。下辖马永平、邓拔2个警备营等。

因同盟会推翻清政府的宗旨已不适应辛亥革命后的形势，且为了实行政党政治，成立责任内阁，在时任农林总长宋教仁的联络下，1912年8月25日，同盟会与以本会成员为主组建的统一共和党、国民公党、国民共进会、共和实进会4个党，在北京宣布合并为国民党。9月，国民党理事会（由孙中山、黄兴、岑春煊、蔡锷、吴景濂、张凤翙、宋教仁7人组成）选举孙中山为理事长，孙中山旋即委任宋教仁为代理理事长。1913年1月，同盟会广东支部改名为国民党广东支部，以胡汉民为支部长。在3月的全国选举中，国民党在参议院与众议院皆获得最多席次，成为国会最大党。

1913年3月20日，从上海准备去北京组阁的宋教仁被人暗杀。次日，孙中山获悉后立刻从日本回国，于3月25日返抵上海，当晚在黄兴家召开国民党高级干部会议，决议起兵讨袁，史称"二次革命"（也称第一次讨袁之役、癸丑之役）。11月4日，国民党被袁世凯以"参与叛乱"为由下令解散。

6月14日，袁世凯撤销胡汉民的广东都督职务，同时任命陈炯明继任都督，龙济光任广东护军使。

陈炯明在孙中山和黄兴等人的催促下，而且得知部属将领正在不断地被收买、岑春煊又正在说服其老部下广西都督陆荣廷和广东护军使龙济光反袁，遂于7月18日宣布广东独立。此时广东陆军有1.4万人，警卫军36个营约1.62万人。

7月26日，袁世凯任命龙济光为广东宣抚使，令其率军5000人由广西梧州向广东进攻。同时又派人收买了师长钟鼎基、苏慎初、旅长张我权、都督府参谋长覃鎏钦、副官长谢昭、虎门要塞司令饶景华等。7月30日，龙济光率龙觐光、王纯良、马存发、段尔源共4个统领12个营及广西国民军陈德春、黄志桓、古日光3个营，共15个营由梧州沿西江顺流东下。因得到李耀汉和翟汪所部7个营、汪道源所部10艘军舰的归附，龙济光当晚进入肇庆。8月1日，陈炯明在广州燕塘举行讨袁誓师大会。8月3日，袁世凯又任命龙济光为广东都督兼署民政长。同日，龙济光部进占三水县城。陈炯明严令钟、苏、张，限时各派一团兵力向石围塘出发御敌，但钟鼎基公然拒从军令，被陈下令撤职逃港，张我权亦逃港，留苏慎初与陈炯明虚与周旋。只有邓铿、叶举、洪兆麟在三水至花县组织防御，与济军发生激烈战斗。8月4日，苏慎初师长的代表和2个炮兵团长到商会宣布，取消广东独立，各界代表推选第二师师长苏慎初为临时广东都督兼民政长。驻燕塘炮兵营营长冯德辉下令向都督府开炮，陈炯明得知兵变后乘坐法国炮艇逃往香港。8月6日，独立旅旅长张我权带兵将苏慎初赶下台，接任临时都督兼民政长。11日，龙济光率部抵达广州，占领各要点；济军只在强迫广东陆军移出观音山时遭反抗，两军激战3天，最后广东陆军因群龙无首、寡不敌众，被缴械改编。

第二节　讨逆共和军（1915—1916）

一、龙济光入穗治粤

龙济光，1868 年出生于云南蒙自土司之家，接任土司后在家乡办团练，后因率部协助清兵剿灭云南的"彝乱"有功，被任命为广南县团总；1903 年，率 5000 兵投效两广总督岑春煊，因镇压会党有功，被任命为广西右江道尹。1907 年，率部会同陆荣廷部镇压孙中山领导的镇南关起义，因功擢升广西提督。1908 年，又派兵协助镇压了河口起义，部队扩充为 30 个巡防营，拥兵 1.6 万多人，被称为"济军"。1911 年，被调任广东陆路提督兼二十五镇统制。辛亥革命爆发后广东宣布独立，龙济光被推举为副都督但不敢就任，后被任命为高雷钦廉宣慰使，率"济军"移驻高雷地区；1912 年，兼任全省总绥靖处会办和警卫军副司令。袁世凯上台后，龙济光立即投靠，被调往广西梧州，并得到大量武器装备补充，部队保持 12 营 5000 多人。

1913 年 8 月，龙济光率"济军"和广西国民军共 15 个营进入广州后，迅速将其"济军"12 个营扩充成 4 个旅，旅长段尔源、马存发、杨发贵（后王纯良）、朱福全（后黄恩锡）；原有广东陆军 2 师又 1 旅余部整编成第一师，辖 2 个旅 7 个团（后再缩编成 4 个团 4200 人），由其兄龙觐光任师长；并不断收编扩大警卫军。

广东从此进入龙济光统治时期（1913—1916）。

龙济光夺取广东政权后恣意残杀革命党人，当年 9 月以到都督府中秋赏月为名诱杀了广东警察厅厅长陈景华和南韶连镇守使陈仲宾。

1913 年 9 月，因 6 月任命的省行政公署民政长陈昭常一直未到任，改由李开侁继任（1914 年 6 月改称巡按使公署巡按使，1914 年 5 月李国筠、1915 年 7 月张鸣岐接任、1916 年 6 月龙济光兼），任命：政务司司长伍庄（后厅长郑谦、罗树森），实业司司长罗普，教育司司长李翰芬，财政厅厅长严家炽（后蒋继伊），（后）警察厅厅长邓瑶光，两广盐运使区濂，粤海关监督宋寿征，高等审判厅厅长张学璟（后林蔚章），高等检察厅检察长陈官桃（后叶镜湜）。

1914年按照中央规定将广东分设6个道，置道尹公署。

1. 粤海道，治番禺，道尹蒋继伊（后朱为潮、郑燊）；

2. 岭南道，治曲江，道尹梁迈（后朱纶）；

3. 潮循道，治潮安，道尹王运嘉（后鲁国斌、费尚志）；

4. 高雷道，治茂名，道尹王典章（后杨晋）；

5. 钦廉道，治钦县，道尹朱为潮（后冯相荣）；

6. 琼崖道，治琼山，道尹姚春魁（后王寿民、郑燊、朱为潮）。

济军（1914年6月龙济光被授振武上将军后改名振武军）编制如下：

第一师（先将原广东陆军10个团整编成7个团，其中二、三、四团并成四团，六、七团并成六团，后再缩编成4个团，最后剩1个团又2个营）　师长龙觐光（兼），（后）参谋长陈宏萼，共4200人，下辖：

　　第一旅　旅长陈宏萼，驻广州，下辖：

　　　　第一团　团长莫擎宇，驻汕头；

　　　　第二团　团长苏汝森（被龙囚禁杀害后赵越接），驻广州；

　　第二旅　旅长郑开文（后黄恩锡），驻广州，下辖：

　　　　第三团　团长李嘉品（后黄恩锡、李文富），驻惠州；

　　　　第四团　团长陆朝珍，驻广州；

　　　　炮兵团　团长张耀山（后李文富、王传善），驻广州。

　　第一混成旅　旅长马存发（后李文富、纳洪顺），驻广州，2100人，下辖：

　　　　第一团　团长陈德春，驻潮州；

　　　　第二团　团长纳洪顺（后王传善），驻香山；

　　　　炮兵团　团长田春发，驻广州。

　　第二混成旅　旅长段尔源，驻广州，2100人，下辖：

　　　　第一团　团长马汝珍，驻广州；

　　　　第二团　团长李文运，驻江门；

　　　　炮兵团　团长伍敦仁，驻广州。

　　陆军模范团（1915年组建）　团长龙觐光（兼），600人。

龙济光撤销各地绥靖督办，改设7个镇守使署和惠州清乡督办署。

1. 广惠镇守使　龙觐光（1914年2月任，1916年2月龙裕光接），下辖李雍、冯添、陆兰清、袁带、赵月修、颜启汉、徐连胜、梁永燊、杨发贵（后陈福祥）、贺文彪、潘斯凯、黄志桓、吴宗禹（后关国雄、劳国材）、颜德璋等统；

2. 肇阳罗镇守使　李耀汉（1914年3月任），参谋长苏缓图，下辖第一统领翟汪、第二统领李华秋、第三统领邱可荣（第一至三统由原李耀汉统3个营扩编）、三罗统领陈均义、二阳统领古日光共5个统；

3. 南韶连镇守使　朱福全代（1914年10月任，1915年3月至1916年3月吕鉴熙任，后朱福全任），下辖朱福全、刘炳刚、蔡炳寰等统；

4. 潮梅镇守使　吴祥达（1914年3月任，1915年4月卒后马存发接），下辖刘国翔、吕焕章、刘绍基、蓝揆芳、朱瑞华、邓承昉等统；

5. 高雷镇守使　马存发（1913年10月任，1914年10月李嘉品接、1914年12月王纯良接），后下辖王典章、车驾龙等统；

6. 钦廉镇守使　隆世储（1914年12月任），下辖胡汉卿、吴振纲、潘成秀、冯铭锴、冯相荣等统；

7. 琼崖镇守使　黄恩锡（1914年10月任，邓铿1913年9月离职后相继由琼崖督办陈世华、黄志桓管辖，1915年6月胡令宣接、黄志桓代，1916年10月陆兰清任，1918年2月龙裕光接任），下辖车驾龙警备团等；

惠州清乡督办署　隆世储（后李嘉品），下辖李嘉品、林干材、成国学、曹鼎钟等统；

虎门要塞司令　黄恩锡。

至1914年12月，警卫军扩编成119个营，另有行署亲军营2个营、亲军队28个。1915年警卫军减编成85个营，另有行署亲军营5个营、亲军卫队2个营，宪兵营2个。

1915年，龙济光共有军队3.86万人（其中振武军0.9万，警卫军2.96万），占当时全国军队总数的8%；1916年还增编李次臬、李朝兴等游击军统领。

广东海防办事处（后改广东舰队司令部）　总办（司令）龙觐光（兼），帮办（副司令）黄伦苏，辖广海、宝璧、广金、广庚4大舰和海军学校等。

水上警察厅　厅长魏邦平（后蔡春恒），辖江大、江汉、江巩、江固、广元、广亨、广利、广贞、龙骧等大小84艘舰艇，陆战队（统领蔡春华）。

二、陈炯明建军讨袁

1914年2月，陈侠农策动万宁县兴隆黎团总长钟启桢等起义，攻克万宁、陵水，旋退至定安、榆林一带。后陈侠农被迫逃亡，由陈继虞与孙中山联系，以

"琼崖（讨袁）护国军总司令"名义，建立民军，继续反龙。孙中山派邓铿回粤主持，掀起一波军事讨龙活动。在邓铿的策动下，潮州黄冈驻军营长吴文华于3月10日率军反龙，洪兆麟在惠州响应，均遭失败。4月28日，邓铿又策动梅州邓承昉统领举事反龙。营长王国柱自称"广东讨龙军潮梅总司令"，并以"革命军大都督陈炯明"的名义出示布告，带领讨龙部队于29日攻入潮州城。不久，讨龙军被济军击败，王国柱阵亡，邓承昉败走经江西时被捕杀。9月，邓铿在香港成立讨龙统一领导机构，朱执信负责广东西南方向，以发动民军为主；邓铿负责东北方向，以运动军队反正为主。10月下旬，增城、龙门民军首先起义，洪兆麟策动惠州驻军反正，均因驻军失信而失败。11月10日，朱执信率南海、顺德民军3000人分3路进攻佛山，鏖战4天，毙敌300余，因闻惠州起义失败，加之力量相差悬殊，乃撤出战斗。16日，李海云、林拯民率高州民军3000人，响应佛山起义，一举攻占电白县城，据城4天，因孤立无援，被迫撤退。与此同时，朱执信、邓铿策动广州驻军倒戈，因被龙济光查获，官兵数十人惨遭杀害。

1915年由于袁世凯图谋恢复帝制，各地反袁活动风起云涌。9月，陈炯明到香港与邹鲁等人召开广东反袁人士联合会议，决定：邹鲁负责潮梅，陈炯明负责东江，苏慎初负责高雷钦廉，姚雨平负责广惠。

1915年12月12日，袁世凯申令接受"推戴"为中华帝国皇帝，准备元旦登基。12月25日，唐继尧、蔡锷、李烈钧等向全国发出通电，宣布云南独立，反对帝制，组织护国军，武力讨袁。以蔡锷、李烈钧为护国第一、二军总司令，统兵出征，分别进入四川、广西等地；唐继尧兼任护国第三军总司令，留守云南。护国运动（又称护国战役、护国战争、护国之役、洪宪之役、第二次讨袁之役）正式开始。

1915年底，陈炯明潜入惠阳、博罗，召集严德明、叶柏质、林海山等旧部1000多人，组成"讨逆共和军"，并担任总司令，任叶匡为参谋长。洪兆麟从香港释放回来了，运动了驻惠州的金国治、罗绍雄两个湖南人连长率部起义。

1916年1月5日，刘济权、黄道强率部起义，攻占河源、龙川县城；1月6日，陈成章率部起义，占领博罗县城；同日，陈炯明在惠州淡水誓师讨袁，林海山率部攻占惠州城外马鞍山；1月7日，黄伯群、叶匡率部攻占淡水城。惠州清乡督办李嘉品连续六次电请龙济光增派救兵，至8日只得到广州救兵2营。"讨逆共和军"将惠州城重重包围，由于武器不精屡攻不下，与守城部队相持日久。

3月，陈炯明在惠州附近的马鞍山设立了"粤军总司令部"，自任总司令，将部队整编成10路、18个支队，1万多人。

第一路：由惠阳（今惠东）平山进攻惠州

第二支队司令林海山（前惠州绥靖处督办）；

第三支队司令陈国强（前广东陆军第三团团长）；

第二路：由惠阳（今惠东）白芒花进攻惠州

第四支队司令陈月桥（前警卫军统领）；

第三路：由惠阳淡水进攻惠州

第五支队司令黄伯群（前广东工兵局总办，日本留学生）；

第六支队司令叶匡（原吴淞要塞司令，日本留学生，1916年2月病逝）；

第四路：由惠阳（今惠城）横沥、水口进攻惠州

第七支队司令严德明（前惠州绥靖处督办）；

第八支队司令温子纯（前警卫军统领）；

第十三支队司令钟德贻（前都督府军需司司长，陆大毕业生）；

第五路：第十二支队进攻博罗城，其他两个支队进攻东莞石龙

第十二支队司令陈成章（光复时参与克复博罗城，日本留学生）；

第十六支队司令杨实夫（日本留学生）；

第十九支队司令杨一清（光复时民军营长）；

第六路：第八支队进攻河源城，第十一支队在河源响应

第八支队司令刘济权（光复时民军统领，惠州中学堂毕业）；

第十一支队司令曹鼎钟（时任龙济光部统领）；

第七路：由惠州附近起事，占领飞鹅岭炮台

第十七支队司令罗伟疆（惠州中学堂毕业生）；

第八路：由宝安县龙冈（今深圳市龙岗区）起事，进扼平湖

第十四支队司令张杰（光复时民军统领）；

第九路：进攻龙川

第十支队司令张化如（前龙川县督学局局长）；

第十路：分赴东江上游紫金、连平、和平、长宁（今新丰县）等县，西出与北路共和军接应

第十五支队司令曾汉波（光复时民军统领）；

第十六支队司令邓绍良（前陆军营长）；

第十七支队司令李怀清（光复时民军营长）。

三、反袁军遍布全省

在陈炯明重新"崛起"拥兵自重的同时，还有两大股力量在广东大地上轰轰烈烈地反袁：一是中华革命军系统，二是岑春煊联系的护国军系统。

中华革命党是孙中山"二次革命"失败后流亡到日本后，鉴于国民党内部思想混乱、人心涣散的情况，整顿党务后重新组建，于1914年7月8日在日本东京宣布正式成立的，由孙中山亲任总理的党。其中总部人选为：

总务部正副部长为陈其美、谢持；

党务部正副部长为居正、冯自由；

财政部正副部长为张静江（后邓泽如）、廖仲恺；

政治部正副部长为胡汉民、杨庶堪（未就职）；

军务部正副部长为许崇智、周应时（后邓铿）。

孙中山于1915年夏末委任陈其美、居正、胡汉民、于右任分别为中华革命军东南军、东北军、西南军、西北军总司令。

12月，委任朱执信为中华革命军广东司令长官，邓铿为副，罗翼群为参谋长，下辖：广肇区司令陆领，惠阳区司令邓子瑜，潮梅区司令罗翼群，高雷区司令林树巍（后李海云、陆任宇）。

1915年，被孙中山委任参加过黄花岗起义的冯熙周为琼崖讨袁军总司令，不久改由中华革命军琼崖分部部长陈侠农担任。陈侠农在琼山和文昌县交界处，组建了司令部，任命陈得平为参谋长，发动民军先后攻下万州（今万宁市）、陵水县、三亚港和崖州，部队战斗到护国战争结束后解散。陈侠农派出的陈继虞，回到玉琼山县，组织了"琼山讨龙民军"，一直坚持战斗（1916年底，还与撤到海南的振武军发生万宁、陵水保卫战）。

1916年2月，中华革命军组织了三路进攻广州，打死振武军炮兵团团长田春发。3月，由陈策、杨虎、孙祥夫等人策划，由张民达组织敢死队进行武装劫持肇和舰的战斗。4月，罗翼群派出的中华革命军第七路先遣队队长罗立志组织在汕头的华侨十余人及临时募集的三四十人组成的敢死队，携带手枪及炸弹夜袭潮梅镇守使署；潮梅镇守使马存发措手不及，狼狈逃亡，使署卫队悉被缴械。次日早上，第七路司令李思辕适由港抵汕，举行中华革命军第七路司令就职仪式。第三天，在约定配合起义的蓝揆芳部到达前，被驻潮州的团长莫擎宇率部前来击败。6月初，受邓铿策动的增城驻军统领徐连胜率兵两个营占领东莞石龙，迎接邓铿前来就任中华革命军东江总司令，罗翼群任参谋长；邓铿率徐连胜部，与广州、惠州和东莞三面来犯之敌苦战月余，后有路过的胡汉卿部 2 个营加入作战，坚持至 7 月初受命收束。整个广东的中华革命军最后发展到 1.7 万多人。

护国战争结束后国会恢复，孙中山将中华革命党总部由东京迁至上海，并鉴于形势变化，认为"破坏既终，建议设始，革命名义已不复存在"，遂下令中华革命党各地支部停止一切活动。

原两广总督岑春煊委任徐勤为广东都督，但徐勤自称广东护国军总司令，由王和顺任副司令，以香港和澳门为基地，下辖：南路司令吕仲明，中路司令王伟，北路司令陆炳，东路司令关仁甫，西路司令周之贞，东路攻城司令魏邦平，南路攻城司令何侠。

1916 年袁世凯称帝后，龙济光被授予一等公加郡王衔，其长兄龙觐光被授予临武将军兼云南查办使。

2 月，龙济光派龙觐光率领"征滇军"第三路军 4000 多人进攻云南，加上在广西南宁募集的新兵，共约 8000 人，以李文富部为第一路，作为主力从百色正面进攻；黄恩锡部为第二路司令，进攻广南；以朱朝瑛部镇守百色；还派龙体乾潜入蒙自，招募土司武装为主，作为内应。3 月 14 日，第一路在滇桂边富宁县皈朝被李烈钧滇军打败后投降，龙觐光在百色的司令部被陆荣廷桂军包围缴械（在滇南的第二路和内应于 3 月底也被歼灭）。

3 月 15 日，陆荣廷在广西柳州宣布广西讨袁独立，并兼任两广护国军总司令。滇桂军将联手进军广东，护国战争形势大变。

3 月 28 日，钦廉镇守使隆世储和道尹冯相荣宣布独立，冯相荣任钦州总司令，隆世储、熊长卿分任粤省军政府安边都护使、副使。接着肇罗阳镇守使李耀汉宣布讨袁。

3 月中旬，南路护国军在代司令黄任寰的指挥下，赶走振武军李文运部，占领江门；3 月 27 日，广东护国军总司令徐勤组织民军进攻省城，失败撤回。4 月 4 日，广东护国军策动的宝璧舰二副丁守臣和副舰长周天禄、江大舰副舰长冯廷灿反正，控制了两舰并开往澳门，由魏邦平到澳门指挥。4 月 5 日，起义军舰进入广州白鹅潭，威胁、迫使龙济光表示愿意下野；后驶入西江，进驻肇庆，归都司令部指挥，至此已俘获或控制了 18 艘军舰。

4 月 5 日，桂、粤、滇、黔四省军警同盟会向龙济光发出最后通牒，限 24 小时决定大计。4 月 6 日，龙济光被迫宣布广东"独立"（没提护国讨袁）。

第三节　广东（东路）警卫军（1916—1917）

一、护国军围攻广州

因广东宣布独立后龙济光振武军仍然与各路讨袁民军相互对峙，1916 年 4 月 8 日，广西都督陆荣廷和总参谋梁启超应龙济光及讨袁民军各方之请，由南宁启程赴粤，并令莫荣新率桂军先行入粤。4 月 12 日，发生"海珠事变"。

---
* 链接：海珠事变

1916 年 4 月 12 日，龙济光邀请两广各界代表、民军首领在广州海珠岛水上警署集会，讨论广东独立后的善后问题。出席会议的有陆荣廷与梁启超的代表汤觉顿（前中国银行行长）、龙济光的代表谭学夔（将军府顾问、陆军少将，广东护国军海军司令）、广东护国军总司令徐勤（进步党广东省支部长）、广东警察厅厅长王广龄（进步党骨干）、广东护国军中路民军司令吕仲铭、北路民军司令王伟、商团团长岑伯著、李福林的代表何福桥及龙济光的警卫军统领颜启汉、潘斯凯、贺文彪、蔡春华等。会谈中，颜启汉等及卫士突然开枪，汤觉顿、谭学夔和卫兵十多人当场被打死，王广龄、吕仲铭、岑伯著、何福桥、贺文彪等受重伤不治而亡，徐勤、王伟负伤装死后逃走。这就是震动一时的"海珠事变"。

事变发生后，革命党人和进步党人都认为它是龙济光假独立、指使爪牙故意制造事端、妄图施压护国军的政治谋杀案。孙中山、朱执信、陈炯明等皆力主用武力驱逐龙济光出广东（陈炯明于 1918 年 4 月在汕头捕获蔡春华并枪决）。

龙济光贴出布告解释称"当场言语冲突，开枪互击"所致，劝人民勿要惊疑，并立即派张鸣岐到梧州向陆荣廷、梁启超解释，"自咎保护无状"，"是徐勤操之过激"造成，最后议定四款：（一）查办海珠祸首；（二）请陆荣廷、梁启超到粤维持粤局；（三）陆、梁电饬广东省内各路护国军暂停进攻，静待解决；（四）严办土匪，保卫地方。

究竟是谁先开枪？至今成一疑案，因为刚刚宣布独立 6 天的龙济光没有导演谋杀的必要。但确定的是，它促成了"两广护国军都司令部"的建立。

因龙济光放任"海珠事变"祸首颜启汉潜匿上海，13 日抵达梧州的陆荣廷、梁启超得知"海珠事变"情况，认为龙济光毫无诚意，于是派浔梧镇守使莫荣新率部沿西江向广东进军，会同肇罗阳镇守使李耀汉所部向三水推进，陆荣廷则进至肇庆。

4 月 19 日，龙济光再派张鸣岐到肇庆同陆、梁进行解释和谈判，最后达成五项协议：（一）龙济光暂仍任粤督；（二）在肇庆设立都统府，以岑春煊为都统；（三）查办蔡乃煌（袁世凯派驻广东代表）；（四）实行北伐；（五）民军待岑春煊到粤后设法抚绥，并自三水划清防界，以马口为界，西南以上归魏邦平、李耀汉、陆兰清防守，西南以下归龙军防守。

同日，岑春煊带着装载 100 万元现款和价值 100 万元的军械（步枪 14500 支、山炮 20 门、重机枪 8 挺，弹药一批）的商船到达肇庆。

4 月 24 日，龙济光下令枪决蔡乃煌（因曾受他陷害丢官的岑春煊强烈要求）。

* 链接："无罪可科"的杀人布告

"海珠事变"后，龙济光把惨案祸首推在蔡乃煌、颜启汉（已逃匿）身上。4 月 24 日，蔡乃煌被谭学夔（事变中牺牲）之兄、广东治河督办谭学衡押至长堤枪决。杀人布告只有 13 个字："蔡乃煌无罪可科，国人皆曰可杀。"堪称创意无限，可以与"莫须有"相媲美。

蔡乃煌出生于 1861 年，广东番禺人，1891 年举人。年轻时才名远播，学问、诗文俱佳，与江孔殷、钟荣光、刘学询并称广东文坛"四大金刚"，颇为张之洞所赏识。曾任湖南候补道、邮传部左参议、上海道台等。1907 年，帮忙扳倒岑春煊成为袁世凯亲信。1915 年，任皖赣苏三省禁烟督办。1916 年初，被袁世凯派到广东任鸦片专事局局长，一边筹款一边监视龙济光的动静。

1916 年 4 月底，与肇庆岑春煊早有联系的驻潮州团长莫擎宇率部扣留了汕头的中华革命军第七路正副司令，被推举为护国军潮梅总司令；不久被任命为广东陆军第一师师长兼潮梅镇守使。

4 月 29 日，民军 4 万人拟改编为广东北伐军 3 个军，分别由朱执信、邓铿、周之贞率领。因无人按计划提供军饷、弹药而未能成行。

5 月 1 日，陆荣廷和龙济光"合伙"组建的"两广护国军都司令部"在肇庆正式宣告成立，统辖广东、广西 2 省军队，管理一切军务，并兼筹政务及财政。

都司令　岑春煊（原两广总督，陆荣廷和龙济光是其广西部下）

都参谋　梁启超　　　副都参谋　李根源

秘书长　章士钊（原讨袁军秘书长，卢铸代）

参议厅　厅长冷遹

外交局　局长温宗尧（文群兼代）

财政厅　厅长杨永泰

饷械局　局长曾彦

盐务局　局长张习

副官处　副官长唐绍慧（后杨其礼）

将校团　团长孔昭度

直辖：

第一师（由潮梅护国军编成）　师长莫擎宇；

第二师（由肇军编成）　师长李耀汉；

第三师（由桂平镇守使部队编成）　师长莫荣新（兼卫戍司令）；

第四师（在高雷招收部队编成）　师长林虎；

第一混成旅　旅长程子楷；

第二混成旅　旅长魏邦平；

独立团　团长张习。

鉴于两广护国军都司令部的设立只能解决两广统一领导的问题，而其他独立的各省还没有统一领导的机构，为此，梁启超提出设立军务院。经过多方的活动，滇、黔、桂、粤四省的护国军代表于 5 月 8 日在肇庆举行联席会议，宣布成立统一指挥南方护国军的"中华民国军务院"，内设政务委员会、秘书厅、参议厅、编撰处、两广都司令部等，直辖滇、桂、粤、黔 4 省护国联合军。

抚军长　唐继尧　　　抚军副长　岑春煊（代抚军长）

抚军　刘显世　陆荣廷　龙济光　梁启超　蔡锷　李烈钧　陈炳焜　戴戡罗佩金　吕公望　刘存厚　李鼎新

秘书长　章士钊

政务委员会委员长　梁启超

外交专使　唐绍仪　副专使王宠惠、温宗尧

滇桂粤联合军副都参谋兼摄都参谋　李根源。

直辖：

第一军（滇军）　总司令蔡锷（在四川作战）

第二军（滇军）　总司令李烈钧，参谋长何国钧（后成桄），参谋副长成桄，参谋处处长严骥，副官长李炳荣，瞭望所所长李明扬，副所长卓仁机，下辖：

第一梯团　梯团长张开儒，参谋长成桄（兼），下辖：

第一支队　支队长钱开甲；

第二支队　支队长盛荣超。

第二梯团　梯团长方声涛，参谋长李炳荣（兼），下辖：

第三支队　支队长黄永社；

第四支队　支队长马为麟。

第三军（桂军）　总司令兼第三师师长莫荣新，参谋长刘世鼎，下辖：

第五旅　旅长邓文辉，下辖：

第九团　团长稳玉廷；

第十团　团长莫正聪（莫荣新之子）；

第六旅　旅长申葆藩，下辖：

第十一团　团长江永隆；

第十二团　团长刘志陆（莫荣新义子）。

第四军（肇军）　总司令兼第二师师长李耀汉，参谋长彭华绚，下辖：

第三旅　旅长李华秋，下辖：

第一团　团长温其锴；

第二团　团长邱可荣。

第四旅　旅长翟汪，下辖：

第三团　团长古日光；

第四团　团长陈均义。

炮兵团　团长黎章鸿。

第五军（桂军，由广西陆军抽调部队编成，后拆编）　总司令兼广西第二师师长谭浩明，副总司令韦荣昌，参谋长陈继祖，下辖：

第一支队　司令蒙仁潜（后改为广东陆军游击营帮统）；

第二支队　司令农有兴（1918年初与振武军作战中牺牲）；

第三支队　司令陆长胜。

第六军（粤桂军，后编为镇守使署部队）　总司令兼第四师师长林虎，参谋长余维谦（后梁史），军需处处长黎仲丹，下辖：

第七旅（林虎召集旧部编成）旅长李思广（原江西陆军团长），下辖：

第十三团　团长周毅夫；

第十四团　团长苏世安。

第八旅（由化州民军编成）旅长陈自先（原广东陆军旅长），下辖：

第十五团　团长明绍贞；

第十六团　团长周扬亚（后杨鼎中）。

独一团（钦廉民军编成）　团长刘梅卿；

独二团（粤军，原黄明堂召集旧部编成，不久扩编脱离）　团长黄明堂；

独三团　团长伦国才；

独四团　团长陈敬。

第一师（粤军，后编入镇守使署）　师长莫擎宇，参谋长孔昭度，下辖：

第一旅（由济军莫擎宇、陈德春团编成）　旅长陈德春，下辖：

第一团　团长何家瑞；

第二团　团长陈德春（兼）。

第二旅（驻潮州的警卫军两个统编成）　旅长蓝撰芳，下辖：

第三团　团长朱瑞华；

第四团　团长蓝撰芳（兼）。

第五师（民军编成的独立团扩编）　师长张习，参谋长徐军雁，驻肇庆，下辖第九旅旅长曾彦，下辖3个营。

第六师（粤军，在高雷招募民军编成）　师长车驾龙（兼高雷镇守使），驻高雷，下辖第十旅旅长车渭英（1917年4月被林虎部在海康城缴械解散）。

第七师（钦廉镇守使隆世储率部反正编成）　师长隆世储，驻钦廉（部分被调离，余部在讨龙战役中战败溃散），下辖胡汉卿、杨开运、周桂森等团。

第一混成旅（民军编成，后改编为湖南独立旅）　旅长程子楷，参谋长许公武，下辖3个营：

第十七团（雷州民军编成）　团长杨学伸；

第十八团　团长唐义彬。

第二混成旅（粤军，林虎部独二团扩编，1917年编为广东陆军第二统领，1918年改编为琼崖要塞部队，1919年改编为广东省省长公署卫队）　旅长黄明堂。

第三混成旅（粤军，魏邦平在江门收编民军3营编成，再在南海和顺德又收编2营，后解散） 旅长魏邦平，参谋长杨其伟，下辖魏觊明、马毓藩2团。

警卫军 反正警卫军，统领吴良兆、袁带，帮统钟金祥，共下辖9个营；新建警卫军，统领夏述唐，下辖3个营；

武卫军（由马济游击营加收降的龙觊光部编成） 司令马济，下辖10个营。

飞机队，队长谭根；

江防司令部 司令魏邦平，副司令周天禄，下辖宝璧、江大、江固等10艘舰。

振武军 司令龙济光，下辖段尔源、李鸿祥、马存发和郑开文4个军。

军务院决定分湘、赣、闽三路北伐，陆荣廷率桂军及湖南护国军总司令程潜部负责主攻湖南，龙济光部配合作战；李烈钧、莫荣新、李耀汉、林虎部主攻江西；莫擎宇部进攻福建。

陆荣廷则以湘粤桂联军总司令名义，派谭浩明、陆裕光、马济、林俊廷、沈鸿英等率部向湖南挺进，于1916年5月15日开进衡阳。湖南各地纷纷组织民军讨袁，以程潜为湘军总司令。湖南被迫于5月29日宣布独立。桂军马济、韦荣昌等部和讨袁湘军继续向长沙挺进，陆荣廷也于5月底到达衡阳。

6月6日袁世凯去世，龙济光以此为借口下令南韶连镇守使朱福全关闭城门，不给北伐军滇军张开儒部经过，双方爆发冲突，滇军获胜，朱福全逃走。

* 链接：滇军"三炮定韶关"

李烈钧率领张开儒、方声涛两个梯团，于1916年5月12日开到肇庆。这时袁世凯还未死，龙济光内心极不情愿出兵北伐，又拒绝滇军通过广州，他所持的理由是害怕引起误会，造成主客两军自相冲突。陆荣廷同意对龙妥协，并和龙商定滇军假道广东的路线——由肇庆经三水到琶江口，转乘火车到韶关。但是6月7日张开儒梯团到达韶关时，袁已去世，龙借此理由，电令韶关镇守使朱福全闭门不纳，迫使滇军露宿城外，且无法购买到食物，又遇大雨；再协商仍不开门，遂起冲突，龙军在城上架炮轰击，因此爆发了北江战争。

张开儒梯团长得知敌军的战略要地分布后，命令炮兵连长鲁梓材亲自上阵。鲁梓材毕业于云南讲武堂炮兵科，3月，在滇桂边界与龙觊光广东陆军第一师交战时，亲自操炮将一发炮弹准确无误射入敌炮炮口，将敌炮炸飞，使济军受惊逃窜，护国军趁机反攻取得全胜。夺得头功的鲁梓材得一绰号"鲁大炮"。

鲁梓材受命后决定用大炮攻打敌军 3 个目标——帽子峰弹药库、韶关城门和镇守使署。结果弹无虚发，朱部士兵死亡上百人，成了惊弓之鸟，无心再战，当天城门被突破。镇守使朱福全本无心恋战，见此主动与李烈钧谈判，随即离城北上。从此有了张开儒（或鲁梓材、李烈钧）"三炮定韶关"的说法。

1916 年 6 月 9 日，龙济光宣布取消独立，密电北京政府请段祺瑞内阁三路出兵"援粤"。段祺瑞电令江西督军李纯就近调遣北洋军第六师全部开往赣南；福建督军李厚基率军开往闽南；并派萨镇冰率海军开往广州。但李纯和李厚基皆对段的命令阳奉阴违，只是象征性地派兵，其目的是防堵滇军侵入赣、闽。

7 月 3 日，李烈钧部滇军在源潭大败振武军，桂军谭浩明、莫荣新部和粤军李耀汉部乘机攻入三水，两面夹攻，迫使龙济光退守广州。

二、振武军撤离广东

1916 年 4 月 6 日龙济光宣布广东独立后，"讨逆共和军"决定再次发动进攻。4 月 9 日，叶匡率部再次占领淡水；12 日，共和军占据惠州城西南之飞鹅岭；13 日，占领惠阳县城；16 日，攻下永湖；17 日，陈炯明亲自策动海丰的警卫军统领林干材率 3 营士兵响应共和军；18 日，黄福芝部攻陷马鞍；27 日，严德明由潮州率 2 营军队援惠，占领龙川、和平。

5 月 5 日，惠州守军得到龙济光拨发的机关枪 12 挺、子弹 20 箱。5 月 9 日，陈炯明亲督所部攻城，不意战马为流弹所中，坠马逃回。6 月 6 日，因河源城守军被龙济光调回广州，共和军进占河源县城。6 月初，在高州反正的陈炯明旧部统领胡汉卿率熊佐成、杨开运 2 营开到博罗参加陈部共和军。7 月 17 日，洪兆麟策动驻惠州的罗绍雄、金国治各率 1 个连起义，共同攻占平潭墟。

7 月 6 日，北京政府任命陆荣廷为广东督军，朱庆澜为广东省省长，龙济光任两广矿务督办，李烈钧调到北京"另有任用"；同时又任命陆荣廷暂署湖南督军，陆未到广东前仍由龙济光暂署广东督军。

因湖南情况复杂且不及广东富饶，陆荣廷舍湖南而取广东，于 7 月 10 日不理睬北京命令他暂署湖南督军的命令，由衡州班师回桂，集中主力开赴广东。

7月14日，正式宣布撤销"中华民国军务院"和"两广护国军都司令部"。广东护国军由陆荣廷收编解散。

8月17日，李烈钧通电解职，驻粤滇军两个梯团扩编为两个师，由唐继尧直接指挥，张开儒任第三师师长，驻粤北；方声涛任第四师师长，驻广州。

* 链接：民国初期四次革命运动的重要参与人——李烈钧

李烈钧，字协和，号侠黄，1882年出生于江西省武宁县。

1901年，李烈钧被武宁县令录取选送江西武备学堂，后又以学术两科兼优于1904年被选赴日本陆军士官学校炮科第六期学习。1907年加入同盟会。1908年毕业回国任江西混成协第五十四标第一营管带，因进行革命活动被下令逮捕而逃走。后通过冯国璋与云贵总督李经义等人介绍，于1909年春到昆明任云南讲武堂教官兼兵备提调，不久接任陆军小学总办。

1911年10月武昌起义爆发后，李烈钧接江西同志电促返赣，被任命为九江军政分府总参谋长，随即部署占领长江要塞金鸡坡炮台和马当炮台，阻住了由武昌东下的清海军13艘舰艇，经交涉逼其起义，事后被推为海陆军总司令。11月，李烈钧应安徽革命党人之请派一个团长率部支援光复安庆，不意士兵掠夺洗劫，李烈钧闻讯亲率军赶赴安庆镇压，将团长关押，为首肇事者正法，掠夺财物悉数归还，因受各界欢迎被推任为安徽都督。不久冯国璋派重兵进攻武昌，李烈钧接求援电后率领海陆军西上武昌，被黎元洪任命为五省联军总司令。

1912年1月，应江西省临时参议会申请，被孙中山委任为江西都督。1913年5月，李烈钧因通电反袁被免职；6月至上海，在孙中山主持的讨袁会议上被公推为讨袁总司令；7月，回至江西湖口，被省议会一致推举为江西讨袁军总司令，随即宣布独立，率部与袁军激战，后退守南昌，继而转移丰城；8月底撤离江西。

因不理解孙中山加入中华革命党的规定，于1914年1月离开日本赴欧洲考察；11月，在新加坡与部分国民党人组织了反袁团体——欧事研究会。1915年5月，加入中华革命党；12月初，入昆明任"护国军"第二军总司令，率部进军两广。1916年2月，在滇桂边境与桂军一起包围消灭了振武军龙觐光第一师，5月沿江直下广东肇庆，6月占领韶关；7月，被授予陆军中将加上将衔和勋二位；

8月，因不受调北京遭诬"好战"和"糜烂广东"而辞职。

1917年1月，被北京政府授予"桓威将军"；8月，被孙中山任命为军政府参谋总长。1918年3月，任"讨龙军"总司令，率军打败龙济光收复粤西；5月，又组织"援赣军"打败北洋军，收复南雄。1920年3月，受唐继尧之命与莫荣新支持的李根源争夺驻粤滇军领导权，收回大部滇军移驻湘南；8月，率部出兵粤北。1921年5月，任孙中山大总统府总参谋长；7月，任"滇黔赣讨陆联军"总司令，率部占据桂林。1922年5月，任北伐军总司令兼中路指挥，率滇、赣军北伐；7月，受命回师平乱受阻后转赴上海。1923年3月，任孙中山大元帅府参谋总长。

1924年初，李烈钧参加国民党"一大"被选为中央执行委员；11月，随孙中山北上，随侍至孙病逝，并参与主持丧事。后去张家口会晤冯玉祥，被聘为国民军总参议。1926年11月，被国民政府任命为江西省政府主席。1927年4月，任南京国民政府常委兼军委会常委。1946年，因病在重庆逝世，终年64岁。

李烈钧是民国初期辛亥革命、二次革命、护国运动、护法运动4次活动的重要参与者，还是国民党"一大"和孙中山逝世的见证人。曾被孙中山称赞云："协和先生上马能武，下马能文，诚不可多得之当代儒将。"李烈钧的独特之处在于，他是那个动荡时代少见的有资格当军阀却耻于那样做的人。

1916年8月23日，朱庆澜到广州就任广东省省长。8月25日，北京政府任命的闽粤巡阅使萨镇冰到了广州，和广东省省长朱庆澜一起调停粤局。

9月1日，龙济光将留广东的警卫军80余营（肇军、冯相荣、吴振纲、车驾龙、林干材、曹鼎钟、黄志桓、陆兰清、袁带、吴良兆、朱福全部等40多营已起义或投降，余李福林、关国雄等约40营）移交省长朱庆澜接收。

9月底，讨到饷款的龙济光将所部振武军和亲军编成3个旅1万余人和部分警卫军，开始从东莞虎门撤往琼州（海南岛）。10月5日，龙济光离开省城。

巡按使公署改为省长公署后，朱庆澜陆续任命罗树森为政务厅厅长，严家炽署理财政厅厅长，周廷劢为实业厅厅长，符鼎升为教育厅厅长，王顺存为全省警务处处长兼省会警察厅厅长；维持道、县体制不变，仍下设6个道，分别是：

1. 粤海道，治番禺，道尹杨觐东（后王典章、朱为潮、张锦芳、张炯）；
2. 岭南道，治曲江，道尹朱纶（后杨晋）；
3. 潮循道，治潮安，道尹费尚志（后黄孝觉、吕一夔、李国治）；
4. 高雷道，治茂名，道尹杨晋（后朱为潮、范云梯、朱为潮）；

5. 钦廉道，治钦县，道尹冯相荣（后陆杏林、陈家兰）；

6. 琼崖道，治琼山，道尹朱为潮（后梁迈、周沆、饶芙裳）。

后任命丁乃扬为两广盐运使，梁澜勋为粤海关监督，范贤方为高等审判厅厅长，张仁普为高等检察厅检察长。

三、共和军接受改编

由于新的北京政府要求"收束军队"，且革命党人没有掌握政权无力维持民军开支，广东的民军和地方实力派掌握的军队不是被解散，就是依附于桂系。

广东"中华革命军"在振武军撤琼后宣布解散。中华革命军西南军总司令胡汉民于 1917 年 1 月被北洋政府特任为"智威将军"。

陈炯明一是派人去与省长朱庆澜谈判，以"军中多属粤省退伍军官，略事改编，即成劲旅"为由，要求把"讨逆共和军"全部改编成正式陆军；二是加紧团团包围驻惠州振武军，既展现力量又拖延龙济光撤军计划，给陆荣廷施加压力。

由于桂系初入广东，立足未稳，加上省长朱庆澜的支持，陆荣廷只好妥协。陈炯明将共和军及划归其指挥的警卫军 1 万余人编成 34 营交由朱庆澜省长接收。9 月 17 日，陈炯明离开惠州，北上北京。

9 月 20 日，任命张天骥（朱庆澜亲信）、洪兆麟（代表陈炯明）分任惠州军务善后总办和帮办，共同主持"讨逆共和军"的改编工作。

"讨逆共和军"整编后，部分编入广东警卫军胡汉卿 4 个营、熊略 3 个营、林幹材（后洪兆麟）2 个营、徐连胜 2 个营、劳国材 2 个营、夏述唐 1 个营共 14 个营，其余编入东路警卫军陈淑芬 3 个营、吴镜如（后邓本殷）2 个营、罗绍雄 2 个营、王佳 2 个营共 9 个营，共 8000 多人。后大部并入"广东省省长公署警卫军"。

9 月底，因"讨逆共和军"让路，振武军李嘉品部得以撤回广州。

陆荣廷于 10 月 2 日在肇庆就职广东督军，10 月 14 日，率桂军进入广州。广东从此进入桂系军阀统治时期（1917—1920）。

* 链接：两广巡阅使陆荣廷

陆荣廷，原名陆亚宋，字干卿，广西武鸣县人。自幼父母双亡；13 岁踏入社会从事偷盗，遭官府悬赏缉拿而逃往龙州，在龙州衙门号役送公文，后因造成法国人死亡而被迫投入绿林，专门在中越边境骚扰法国人。1882 年中法战争爆发后参军抗法，任把总，练就一手好枪法，还加入了"三合会"。因停战后清政府裁撤抗法之兵，陆荣廷成为游勇的头目之一，该部因纪律严明被称为"义盗"。后在那兰之役中打死法军 22 人和俘虏 1 人而一举成名，得到了广西提督苏元春的赏识。

1893 年受招抚，所部编为一营，任管带。1905 年，升为巡防营统领。1906 年被派往日本东京考察军事时秘密会见孙中山，并加入同盟会。1907 年，参加镇压孙中山、黄兴发动的镇南关之役，升右江镇总兵，旋改左江镇总兵，拥兵数十营，成为广西最大的实力派。1911 年，擢广西提督。

辛亥革命爆发后，陆荣廷宣布"附和共和"，在 1911 年 11 月 7 日广西宣告"独立"后被推为副都督，在南宁组织军政分府。旋因都督离职而转正，将省会由桂林迁至南宁，逐步扩充兵力，将全省军队编成 2 个师和 6 个巡防队。"二次革命"时通电宣称"只知有国，不知有党"，镇压刘古香等革命党人领导的柳州起义。1914 年被袁世凯授予"宁武将军"；1915 年晋授"耀武大将军"称号。

陆荣廷内心不赞成帝制，因此袁世凯派心腹王祖同为广西巡按使会办广西军务争夺其权力，加上封赏龙济光的军衔和爵位都高于他，又有其恩人、原两广总督岑春煊多次劝导反袁，陆荣廷在袁世凯改制称帝后称病回武鸣老家休养，暗中纠集反袁势力。1916 年 3 月 14 日晚，在取得袁世凯拨给的步枪 5000 支和军饷 100 万元后，陆荣廷率部将龙济光派出的借道广西进攻云南的龙觐光师 4000 余人突然包围缴械，于 3 月 15 日在柳州通电宣布广西独立，参加护国军并与云南护国军并肩派兵入粤。5 月，肇庆军务院成立，当选抚军，实际掌握军务院实权。6 月，派兵入湘占领长沙，署理湖南督军。10 月，正式接任广东督军。

1917 年 3 月中旬，应总统黎元洪邀请陆荣廷进京。4 月，被段祺瑞政府任为两广巡阅使，荐部将分任广东和广西督军。7 月，段祺瑞宣布废除旧约法后，陆荣廷授意下属两个督军宣布独立，不久被孙中山广州护法军政府选为元帅。11 月，虽被改授"宁威上将军"，还是派兵入湘参加第一次"护法战争"。

因 1920 年 8 月陈炯明粤军攻占广东，1921 年 6 月陆荣廷为夺回广东发动第二次粤桂战争，不料各部在粤军反攻下相继溃败，遂通电下野，赴上海寓居。

陈炯明部粤军从广西撤兵后，陆荣廷应旧部邀请于 1922 年 9 月回到广西，就任北洋政府委任的"广西边防军务督办"。1924 年 6 月，以出巡为名率部滞留并占领桂林。1925 年 2 月，受北洋政府特令任"广西军务督办"。3 月下旬，被旧部沈鸿英部围困在桂林城中，后经调停得以退至全州。9 月，闻知在南宁的旧部或被消灭，或接受收编，只好再次通电下野，逃往上海，后移居苏州。1928年，因去南京交涉被蒋介石没收的苏州房子而突发心脏病，不久病逝于上海。1929 年春，葬于武鸣狮啸山。1936 年，由章太炎写墓表。1940 年，获国民政府明令褒扬"追念其援湘、援粤、护国、护法诸勋绩，明令宣付国史"。

陆荣廷有三大功绩：一是脱离清廷独立，二是倒袁护国攻粤，三是出兵入湘护法。特别是参加护国攻粤，成为倒袁战争中一个承上启下继往开来的关键节点，成为"再造民国"的功臣（梁启超评语）。

陈炯明交出军队后，即上京谒见总统黎元洪和总理段祺瑞，1917 年 1 月获得"定威将军"的封号。

1917 年 4 月，陆荣廷被段祺瑞政府任为两广巡阅使后，荐部将陈炳焜任广东督军。6 月，陈炳焜聘请回到广东的陈炯明充当督军府高等顾问。

✳ 链接：广东督军陈炳焜

陈炳焜，字舜琴，广西马平县人，1868 年出生于仕宦家庭，粗通文墨。1885 年前往龙州，在广西提督衙门当卫士。1891 年，因事被提督苏元春斥责，一气之下愤然离去，到统领马盛治镇南营某哨任职。1894 年与管带陆荣廷结拜为把兄弟，因功升至管带。1904 年，陆荣廷升任统领后成为陆的副手。1907 年，参与镇压了镇南关起义。1908 年春，被陆荣廷保送广西陆军讲武堂受训；毕业后被陆保荐为龙州新军第二标标统。

1911 年 11 月 7 日广西宣布独立不久，广西都督沈秉堃辞职，陈炳焜急电桂林拥陆荣廷为都督，省议会乃选陆继任。陆荣廷即派陈炳焜率部赴桂林驻守。1912 年 2 月，调任都督府军政司司长，12 月被授予陆军少将衔。1913 年，升任广西陆军第一师师长。"二次革命"爆发后，受命逮捕杀害发动武昌起义时的主要人物蒋翊武；接着带兵进攻刘古香、刘震寰发动的柳州起义；8 月，被授予陆军中将衔。1914 年，兼任桂林镇守使。1915 年，陆荣廷称病避居武鸣休养期间，陈炳焜受命到督军署代拆代行，以应付巡按使王祖同。1916 年 3 月，跟随陆荣廷联名通电讨袁护国；10 月，陈炳焜继陆荣廷任广西督军兼省长，加陆军上将衔。1917 年 4 月，陆荣廷升任两广巡阅使后，陈炳焜调任广东督军；7 月，段祺瑞废弃《临时约法》和解散国会后，根据陆荣廷授意与谭浩明联名宣布两广独立；对孙中山南下广东组织护法军政府口头上欢迎，实质上多方阻挠和破坏，采取"釜底抽薪"的办法，不让孙中山在广东拥有军队，同时极力阻挠广东省省长朱庆澜将警卫军 20 营拨给陈炯明。在争夺警卫军领导权过程中，陈炳焜则拉拢接近桂系的粤籍军人李耀汉，与李结为儿女亲家，并推荐李耀汉为广东省省长，逼朱庆澜去职，对省议会选举胡汉民为广东省省长不予承认。又因在广州包烟包赌，为广东各界和孙中山革命党人所不满，1917 年冬被陆荣廷调回广西任督军。1918 年 6 月任广西省省长，1919 年辞职。

1921 年元旦，陈炳焜在柳州家中召集沈鸿英及旧部多人议论时局，陈劝以内部不宜分裂，应团结向外发展，在场者多主张兴兵入粤，重占广东。陈遂赴邕，与陆荣廷商定进攻广东之计，被陆保荐为广西护军使，在梧州设护军使署。陆决定分中、左、右三路军向广东进攻，其中陈炳焜统率韦荣昌、刘震寰等部为中路军。是年 6 月粤军分三路进攻广西时，刘震寰率部在梧州前线倒戈，韦荣昌也被收买反水，中路军顿时溃散，左路和右路桂军相继溃败。陈见大势已去，匆匆跑回柳州，逃往天津，不久迁居香港。家道中落后返回柳州居住，1927 年病死。

第四节　援闽粤军（1918—1919）

一、收回旧部

（一）"府院之争"催生护法军政府

1917 年 5 月，北京政府发生"府院之争"，孙中山在上海倡议护法运动。

---

*　链接："府院之争"

1916 年 6 月袁世凯死后，原副总统黎元洪依法继任大总统，段祺瑞任国务总理。段以北洋正统派首领自居，掌握军政大权，与黎元洪分庭抗礼。

先是在国务院秘书长人选问题上，黎元洪和段祺瑞发生了争执，最后由徐世昌出面了结。一波未平一波又起，在要不要参加第一次世界大战对德国宣战问题上，双方斗争更趋激烈。为达目的，段祺瑞将手下十几个督军叫到北京，组成"督军团"，对黎元洪施加压力，但未获成功。后来段祺瑞又写了对德宣战书要总统盖印，黎元洪为了平息风波，勉强在文件上盖了章。段祺瑞仍不满足，在国会开会讨论时，又大肆干涉。恰在这时，段祺瑞私自向日本借款一事被揭露。1917 年 5 月 21 日，黎元洪瞅准时机下令撤销了段的总理职务。段祺瑞愤然离京去津，根据《临时约法》总统无权撤销总理职务，所以不承认黎元洪的免职令。因一方为总统府，一方为国务院，所以它们间的争斗被称为"府院之争"。

《临时约法》是实行内阁制，国务总理应处理具体政务，对议会负责，总统只是虚位元首；但又保留了总统制体制下国家元首享有的若干权力，据此总统应总揽政务，导致总统、总理权责不清，使得总统、总理都据法认为自己才是最终决断者。同时，内阁应是国会中占据多数席位的党派来组织，以期稳定。但是在国会中占多数席位的是国民党，而不是总理段祺瑞所代表的北洋派。段祺瑞以强大的北洋军为后盾，而黎元洪的支持者却是没有军权的国会议员。

督军团团长张勋于 6 月 14 日入京后，先逼使黎元洪下令解散参众两院，然后拥立废帝溥仪复辟。7 月 1 日，黎元洪被迫逃走；12 日，段祺瑞组成讨逆军讨伐张勋。复辟结束后，黎元洪辞去总统职，改由副总统冯国璋继任，段祺瑞续任总理。（第一次）"府院之争"告一段落。

支持黎元洪总统的海军总长程璧光授意第一舰队司令林葆怿于 6 月 22 日发表"海军独立宣言"，主张恢复旧约法和国会。程璧光到上海后与孙中山联系，孙中山即给予海军 10 万元作为活动费。黎元洪总统被赶下台后，驻上海的海军主要将领在程璧光带领下于 7 月 3 日到孙中山寓所开会，决议讨伐张勋。因孙中山答应捐助 30 万元开拔费（会后即送达）和在华侨中为海军筹集军饷，正好解决了程璧光和林葆怿领导的海军舰队脱离北京政府后军饷无着的困境。但孙中山在上海附近没有找到合适的护法基地，正好陈炯明到上海向孙中山表示"竭诚拥护"，并建议以广东为护法根据地。孙中山考虑到曾任广东都督的陈炯明在广东有一定的势力，且两广督军在国会被解散后不久宣布"自主"，于是派胡汉民去广东游说，结果驻粤滇军第三师师长张开儒、广东省省长朱庆澜等表示欢迎孙中山南下。于是程璧光派军舰护送孙中山到广东开展护法运动。

国务总理段祺瑞重新上台后，认为旧国会已被解散，《临时约法》不再有效，于是与梁启超等人组织了临时参议院。一再通电"拥护约法、恢复国会"的孙中山于 7 月 6 日偕朱执信、许崇智、陈炯明等人，乘坐海军"应瑞"号军舰南下，到汕头停留后改乘"海琛"号军舰到广州，开始了第一次护法运动。随后部分国会议员也相继来粤，于 8 月 25 日至 9 月 1 日召开非常国会。会议通过以"护法"为核心的《中华民国军政府组织大纲》，选举孙中山为中华民国军政府大元帅，唐继尧、陆荣廷为元帅。

9 月，经孙中山提议，国会非常会议通过，任命军政府各部总长，名单如下：

外交总长　伍廷芳（王正廷、林森代）　次长王正廷（戴季陶代、伍朝枢）

财政总长　唐绍仪（廖仲恺代）　次长邹鲁

陆军总长　张开儒（10 月至次年 1 月许崇智代）　次长崔文藻（次年 4 月）

海军总长　程璧光（后林葆怿）

内政总长　孙洪伊（居正代）　次长居正（叶夏声代）

交通总长　胡汉民（马君武代）　次长崔文藻（吴承斋代）

大元帅还任命若干军政长官，名单如下：

军政府海军总司令　林葆怿

军政府卫戍总司令　方声涛（徐绍桢代）　参谋长高尔登

军政府参谋总长　李烈钧

大元帅府秘书长　章炳麟（汪精卫代、徐谦代、古应芬代、戴季陶代）

大元帅府参军长　许崇智（10月黄大伟代）

大元帅府亲军总司令　李福林

军政府第一军总司令　陈炯明

因对护法方式的分歧，唐继尧、陆荣廷、伍廷芳、唐绍仪、程璧光、李烈钧等人都没有就职。

这是孙中山第一次在广东建立政权，与北洋军阀控制的北京政府相对抗。但当时统治两广的桂系军阀陆荣廷认为"自无另设政府之必要"，对孙中山的活动不敢公开对抗，但凡事"虚与委蛇"，让孙中山"有府无军，有政无权"。

护法军政府驻粤部队序列如下：

海陆军大元帅　孙中山，下辖：

大元帅行营卫队　司令李安邦，参谋长马伯麟，副官长冯义。

驻粤滇军（由南方护国军第二军改编）总司令部　总司令李烈钧［兼（1918年2月李根源接）］，参谋长何国钧（后赵德恒、许崇灏），副参谋长成桄，副官长李炳荣，下辖两个军（师）（各约7000人）：

靖国军第五军（兼第三师，由护国军第二军第一梯团加俘虏的"征滇军"第一、三路军3500人编成）　军长兼师长张开儒（后被禁锢，先后由李天保、郑开文、杨晋接任师长），参谋长张惟圣（后赵德恒），副官长毛本良（后何国良），下辖：

第五旅　旅长戴永莘（后盛荣超），下辖：

第十一团　团长王树藩（后杨为模、洪锡龄、李朝阳）；

第三十一团　团长杨其礼（后卫秉钧、曹浩森、李根澧）。

第六旅　旅长李天保（后李凤岐、鲁梓材），参谋长鲁梓材，下辖：

第六团　团长周永祚（后胡国秀、李开运、张沛泽、胡国秀）；

第三十六团　团长李凤岐（后刘明义、周汝康、杨青圃）。

炮兵团　团长鲁梓材（兼）。

靖国军第六军（兼第四师）　军长兼师长方声涛［兼广州卫戍司令，后李根源（兼）、朱培德］，参谋长林仲埙，副官长金仲显，驻广州，

下辖：

　　第七旅（留粤）　旅长朱培德（留粤，后张怀信），下辖：

　　　　第二十五团　团长赵德裕（后杨宜春）；

　　　　第三十八团（振武军俘虏编成）　团长张怀信（后王均）；

　　第八旅（征闽）　旅长伍毓瑞，下辖：

　　　　第三十三团（留粤）　团长杨益谦（后胡思舜）；

　　　　第三十四团（云南新兵编成，征闽）　团长董靖华；

　　第九旅（由广东警卫军5个营编成，征闽）旅长夏述唐，下辖；

　　　　第四十团　团长周朝宗；

　　　　第四十三团　团长李世藩；

　　（后）第二十旅（由第八旅第三十三团扩编），旅长杨益谦，下辖第三十三团（团长杨益谦，后胡思舜）和第四十一团（新编，团长董靖华，后孙绍虞）。

　　护法舰队（原第一舰队）　总司令林葆怿，下辖海圻（舰长汤廷光）、海琛（舰长程耀垣，后魏子浩）、飞鹰（舰长李国堂）、永丰（舰长魏子浩，后毛仲芳）、永翔（舰长张曾存）、楚豫（舰长郑祖怡）、福安（舰长周思贤）、同安（舰长温树德，后饶鸣銮）、豫章（舰长吴志馨，后潘文治）、舞凤（舰长邬宝祥）等10艘军舰（1918年增加肇和号，舰长林永谟）。

　　广东督军署　督军陈炳焜（1917年11月由莫荣新代），参谋长钮永键（后郭椿森），下辖7个镇守使和1个师：

　　1.广惠镇守使　莫荣新（1916年10月任，1917年10月李福林接任），辖原南方护国军第三军兼第三师邓文辉、申葆藩两个旅，李福林所属李雍、李芳等统领，袁带和陆兰清等统领；

　　2.惠潮嘉镇守使　莫擎宇（1916年7月任），参谋长孔昭度，辖陈德春、何家瑞、蓝揆芳、朱瑞华4个统和莫衡警卫团；1918年初刘志陆任潮梅镇守使，后参谋长杨刚，辖卓贵廷、林良彝、关澄芳、卢德统、苏理中等统领；

　　3.高雷镇守使　林虎（1916年9月任，1917年8月隆世储、1918年夏陈德春、1920年5月林俊廷接），参谋长梁史（后林绍棠），辖原南方护国军第六军兼第四师李思广、陈自先两个旅，黄业兴（即黄统才）统领；后辖隆世储第七师所属胡汉卿、吴振纲等统领；

　　4.钦廉镇守使　沈鸿英（1916年9月任，1918年6月黄志桓接，后陆兰清），辖沈荣光、韩彩凤两个旅6个团等；

　　5.肇罗阳镇守使　李耀汉（1917年9月翟汪接，1918年9月古日光代，

1919 年 6 月林虎接），先下辖第四军改编的肇军 10 个统（统领翟汪、李华秋、邱可荣、古日光、陈均义、温其锴、黎章鸿、余六吉、苏广、陆领），后下辖林虎部两个旅和李华秋、邱可荣、温其锴、杨鼎中 4 个统；

6. 南韶连镇守使　隆世储（1916 年 10 月任，因张开儒要挟未到任，由张暂代，1918 年 5 月李根源接，1920 年 3 月沈鸿英接），下辖滇军第三师盛荣超、李天保两个旅，后加第四师朱培德、杨益谦两个旅；

7. 琼崖镇守使　黄志桓（1918 年 3 月任，4 月沈鸿英接，1920 年 3 月李根源接），辖陈继虞、钟继业等统领，沈荣光旅；后下辖海疆军李根澐、梁说、周兴权 3 个旅，蔡炳寰独立团和张鉴桂炮兵团；

广东陆军第一师（收编原龙济光广东陆军第一师余部加入部分桂军编成）师长谭浩明（后陈焜培），参谋长秦一民，下辖两个旅：

第一旅　旅长马济（后卢炎山），下辖何其多、卢炎山（兼）两个团；

第二旅　旅长潘甘霖（后唐绍慧），下辖农乃圣、卓贵廷两个团。

广东海防司令部　司令莫荣新（兼，后周天禄），副司令周天禄，下辖宝璧、广海、广金、广玉、广庚、广福（待考）军舰 6 艘，舰长分别是黄炳全、陈庆云、丁福、丁守臣、吕沧隐、冯廷灿。

广东水上警察厅　厅长申葆藩（兼，后马济），下辖内河军舰 30 余艘。

广东虎门要塞司令部　司令姜登选（后潘甘霖、丘渭南）。

（1918 年 2 月）航空处　处长李一谔，副处长张惠长，下辖飞机 2 架。

广东省省长公署警卫军　朱庆澜初任广东省省长时警卫军共有 140 多个营，包括起义陆军及其扩编、起义警卫军及其扩编、龙济光移交、军务院新编、护国军改编、共和军改编等，后部分被缴械或遣散，部分被编入各镇守使署，余 40 个营由省长直辖，其中与陈炯明旧部有关联的有 22 个营，统领有徐连胜、夏述唐、谢昭、熊略、劳国材，帮统有关国雄、邓本殷、罗绍雄等；原龙济光部警卫军自动留粤的有 18 个营，统领有王铸人、王得庆、唐维炯、龚得胜，帮统有关澄芳等。

（二）陈炯明就任"省长亲军"司令

军政府成立后，孙中山想建立一支由军政府直接指挥的军队，派人与省长朱庆澜多次密谈，希望收回陈炯明旧部 20 多营警卫军。此时朱庆澜受桂系排挤，他挑选夏述唐、谢昭、熊略、王得庆 4 个统 20 个营警卫军组成"省长公署亲军"，并任命陈炯明为司令，作为省长警卫部队。陈炯明为尽早掌握兵权，立即受命。

* 链接: 朱庆澜为何主动交出 20 营警卫军?

朱庆澜, 1874 年出生在山东省济南府。1893 年入清军巡防营从军, 1907 年升任第三十三混成协协统, 次年升十七镇统制并调防四川。辛亥革命时率部反正, 被举为四川省大汉军政府副都督。1912 年后, 历任黑龙江督署参谋长、黑龙江护军使兼署民政长、黑龙江省督军兼巡按使。1913 年 1 月, 被授陆军上将衔。

1914 年 6 月, 被授予"镇安右将军"; 年底, 因应允孙中山反袁事泄, 被迫离职出走, 后遭扣押。1916 年 6 月黎元洪继任大总统后, 广东督军龙济光与桂军陆荣廷、滇军李烈钧之间对峙严重, 遂将朱庆澜释放并任命为广东省省长, 改授其"卓威将军", 令其南下调解。朱只身入广州, 说服龙济光接受命令调驻海南岛, 使粤局得以和平解决。

1917 年 7 月"府院之争"后黎元洪去职, 赞成共和的朱庆澜上受段祺瑞压迫, 下受桂系军阀掣肘, 地位动摇, 萌生去意。适逢孙中山倡议护法, 朱庆澜先是致电欢迎孙中山南下, 后主动要胡汉民转达向孙中山建议将广东警卫军 20 营改为护法军以徐图发展。当时有人对此举不解说: "目前, 各省割据, 拥兵者无不在扩充自己的实力, 你却把武力送人舍身相陪, 实为不智之极!" 朱回答说: "做大事的, 不能以一己的利害为利害, 孙先生从事革命, 热心为国, 我能助他一臂之力, 感到十分荣幸。我一文官, 何须军旅, 但愿革命成功, 人民安居乐业, 足矣!" 另外原因是在 1916 年收束军事时, 陈炯明对朱全力支持, 彼此感情融洽, 因此朱对陈假以亲军司令之名义, 奉还旧部。

6 月, 广东督军陈炳焜先是任命林虎为警卫军接收专员, 接收了 20 个营 (其中 3 个营拨给警察厅厅长魏邦平), 并在督军署内设立"广东省警卫军总司令部", 任命林虎为参谋长; 8 月 26 日, 又出兵缴去陈炯明的关防、印信, 迫其出走香港。

因朱庆澜已辞职离开, 8 月 26 日, 广东省议会选举胡汉民为省长; 但陈炳焜驻兵广东省议会, 逼迫议会于 9 月 6 日改选李耀汉为广东省省长。

经孙中山运作, 新任海军总司令林葆怿于 9 月 2 日向陈炳焜发出正式公文: "前省长亲军现已改为海军陆战队, 请即查照备案。"

二、组建粤军

（一）陆荣廷派兵参加护法

因掌握北京政府实权的总理段祺瑞在日本的支持下推行武力统一政策，布置消灭西南政权。1917年10月3日，陆荣廷与程璧光、陈炳焜、谭浩明（广西督军）在南宁开会决定：一是出兵援湘，由谭浩明任联军总司令；二是省长亲军20个营交陈炯明接管，改编为海军陆战队，由程璧光控制；三是海军月饷10万元，由粤库领支；四是陈炳焜仍任粤督；五是联名通电罢免段祺瑞。

段祺瑞准备由湖南进攻两广。10月6日，南、北军战于湖南衡山、宝庆一带，第一次护法战争开始。10月20日，两广护法联军组成，谭浩明就任总司令，钮永键任总参谋长，陈继祖任参谋长，计划两广合计出兵75个营（桂粤分别抽兵45个营和30个营）共5.4万人，组成第一、二、三、四、五军，分别由韦荣昌、林俊廷、陆裕光、马济、林虎任军长，每军辖15个营。10月24日誓师出征，12月12日进入长沙（因林虎留广州，只派1个团参加，实际出征人数4.4万人）。

1917年8月，就任代总统的冯国璋与国务总理段祺瑞在西南军阀及广东护法军政府的政策上产生了矛盾。段祺瑞主张"武力统一"，借此扩充皖系势力；冯国璋主张"和平统一"，借此讨好西南护法政府，保护直系的利益。这就是"第二次府院之争"。11月，因冯国璋指使前线部将通电停战，护法战争暂停。12月，陆荣廷提出恢复国会、停止湘粤进兵和拥护冯国璋继任总统，作为取消两广独立的条件。12月25日，冯国璋发布"弭战布告"，要求南北两军"于军事上先得各方之结束，于政治上乃徐图统一之进行"。但辞职的总理段祺瑞策动北方十位督军在天津举行督军团会议，联名电请冯国璋明令讨伐西南护法政府。12月，冯国璋被迫再次任命段祺瑞担任国务总理。

因1918年1月底护法军攻占岳阳，刺激到北洋团体意识，于是2月护法战争重起，在30多万北洋军的追击下，两广护法联军退守湘南。5月，直系将领吴佩孚与桂军军长马济谈判停战；6月通电言和；8月正式停战结束战争。

（二）莫荣新组织"平潮""讨龙"

段祺瑞在"征湘"的同时布置"乱粤"。10月12日，北洋军阀派出梁士诒、钟鼎基、张我权、黄士龙策动惠州军务总办张天骥"独立"，宣布脱离桂系。10 月 23 日，潮梅镇守使莫擎宇宣布"独立"，派兵援助惠州，配合张天骥叛乱。

10 月 27 日，段祺瑞免去陈炳焜广东督军职务，令省长李耀汉署理；免去莫荣新广惠镇守使职务，由李福林接任；任命潮梅镇守使莫擎宇为广东省军务会办，组织"讨粤军"；任命张天骥为惠州镇守使。11 月 8 日，任陆荣廷为宁威上将军调京任职，任命驻琼州的龙济光接任两广巡阅使。福建督军李厚基派汀漳镇守使兼北洋军第十四混成旅旅长臧致平率部到汕头援助莫擎宇。

因广东警卫军系统和护法海军都一致推选程璧光接任广东督军，而陈炳焜在陆荣廷示意下又不愿卸任，造成内部粤桂军对垒，而外部又受到东西夹击，形势严峻。11 月 10 日，陆荣廷在广西梧州召开包括孙中山、桂军、滇军、警卫军、海军代表和非常国会议长参加的两广军事会议，决定：一是广东督军陈炳焜卸任（原拟任讨龙军总指挥，后调回广西接任督军），由陆荣廷兼任，暂指派莫荣新代理，作为交换条件，将警卫军 20 个营（其中 10 个营是驻惠州原陈炯明旧部）交给军政府作为攻闽部队；二是组建"讨闽军"，程璧光（原拟任广东督军，不就）任"讨闽军"陆海联军总司令，林葆怿任海军总司令，陈炯明任粤军总司令，方声涛任滇军总司令，共同进攻福建，以牵制南下北洋军。

---

* 链接：广东督军莫荣新

莫荣新，字日初，广西桂平县人，原籍广东东莞，1853 年出生。务过农、帮过工，做过小贩。1871 年前往百色投靠族兄任哨兵。因镇压苗民起义有功，于 1885 年升充副哨官；后被广西边防督办苏元春调为督办署亲兵右哨哨官，长达十余年。1900—1901 年奉命率队进攻游勇和会党，接连升充帮带、管带。1907 年升为两营督带。1909 年晋升为广西巡防队帮统，驻兵梧州。

辛亥革命爆发后，莫荣新在庆远宣布独立，被广西军政府委为庆远府长。1912 年 5 月受陆荣廷委派，任梧州府长，旋即兼梧州关监督。1913 年擢升广西中区第一正司令；11 月，被授予陆军少将军衔。1914 年又升任广西陆军第一师第二旅旅长兼苍梧道尹；12 月，被授予陆军中将军衔。1915 年 9 月，任桂平镇守使。1916 年春，参与密谋响应讨袁护国，率部进驻广东肇庆；5 月，任护国军两广都司令部第三师师长兼肇庆卫戌司令；6、7 月，与龙军大战于广州外围；

10 月，兼广惠镇守使。

1917 年 11 月，莫荣新代理广东督军（同月实任）。1918 年初，调兵平定了粤东莫擎宇、粤西龙济光和粤北北洋军的进攻；4 月，莫荣新拉拢国会议员通过《修改军政府组织法案》，取消了孙中山大元帅职务；8 月，兼任护法军政府陆军总长。1919 年 2 月，被军政府授予陆军上将军衔。

莫荣新能任督军数年，首先是坚持以陆荣廷的亲信、政学系骨干郭椿森为督军署参谋长。其次是以原籍广东相标榜，利用乡土观念，与广东地方实力派周旋。他依次推荐粤籍军人魏邦平为第五军总司令兼广东警务处处长及省会警察局局长、李福林为广惠镇守使，省长李耀汉去职后依次推荐广东人翟汪、张锦芳、杨永泰为省长。再次是极力扩大桂系在粤的军事势力，除奏请陆荣廷任命马济（陆荣廷义子）、林虎、沈鸿英（亲家）为广东第一、二、三军总司令外，还成立了第四军，以其义子刘志陆为总司令。最后是在督军署设立"军警同袍社"，收买人心。

1920 年春，面对陈炯明的回粤压力，莫荣新感到自己年老力衰，难以支撑，屡请陆荣廷准其辞职，并推荐亲家沈鸿英继任广东督军，但未获同意；8 月，派军征闽；10 月，所部被粤军打败，莫荣新到达清远县与沈鸿英会晤后，因担心回广西会受陆荣廷责备，便由沈鸿英派人护送，取道江西到上海居住，并化名高崇民。1922 年 2 月，被北京政府授予"腾威将军"和陆军中将军衔。因经济困难靠朋友接济为生，1928 年秋不得不离开上海回老家桂平终老。1930 年病逝。

11 月 21 日新督军莫荣新接印后，即派惠州督办刘志陆组织"平潮军"，方声涛派两个团协助攻揭阳，陈焜培率第一师和沈鸿英协同攻梅县。同时将 20 个营警卫军如约交出，令其组建"援闽粤军"。又委派李福林接任广惠镇守使。

11 月 27 日，李烈钧、程璧光、张开儒、方声涛、陈炯明、莫荣新的参谋长郭椿森、胡汉民和汪精卫在广州海珠召开会议，推举李烈钧为征闽联军总参谋长兼征闽滇军总指挥，决定：

第一路：陈炯明率粤军 20 个营，攻漳州；

第二路：李烈钧率驻粤滇军 2 个师，攻汀州；

第三路：沈鸿英率"平潮军"12 个营，攻上杭；

第四路：刘志陆率"平潮军"15 个营，攻诏安；

第五路：程璧光率海军，攻福州。

12 月 7 日，李烈钧在广州组织誓师大会，指挥五路联军出发。旋因获悉龙军攻粤，改方声涛军长为征闽滇军总指挥，率第四师开赴潮汕（后抽一半讨龙）。

刘志陆率"平潮军"陆军10个营、炮兵3个营前往惠州平叛，到达东莞樟木头时，得到惠州军务帮办洪兆麟及统领罗绍雄等人的配合，直接开入惠州城。张天骥得知洪兆麟等人倒戈，仓皇逃往香港转奔汕头。

不久，刘志陆"平潮军"与"讨粤军"在海丰接战，后接连进占汕尾、普宁、潮阳等地。沈鸿英率领的另一路"平潮军"沿东江经龙川县老隆向东进攻，其间反正的莫擎宇部营长金国治被潮梅军司令邹鲁委任为前敌司令兼第一支队队长后，率部很快攻占五华县城；接着沈军占领兴宁、梅县。12月13日，桂滇联军与莫擎宇和臧致平联军在潮州决战，莫擎宇失败逃往厦门，陈德春陆军游击统被收编，其他3个警卫军统解散。刘志陆率部进占汕头，署理潮梅镇守使。

---

* 链接：迁葬黄花岗的烈士金国治

金国治，出生于1883年，字济涛，湖南省沅陵县人。毕业于江南武备学校。入赵声炮团，举义不成后赴粤。辛亥广州光复后加入黎萼旅。1916年1月在洪兆麟策动下率1个连起义投陈炯明"讨逆共和军"，亲率20余人克复济军据守的飞鹅岭，被誉为神勇并旋擢营长。1917年在莫擎宇部任营长，在莫叛乱后被解职。不久被潮梅军司令邹鲁任命为前敌司令兼第一支队队长，出师先后克复铁场、蓝关等地，收复五华县城，被誉为神将；反遭违约按兵不动的沈鸿英诬告"先攻逆军破坏计划"。但在沈鸿英进攻兴宁遇险时，金国治星夜驰救；后接受沈鸿英"当会师攻揭阳"的建议，率部前往，不意遭沈鸿英包围缴械。不久在梅县被杀害，时年34岁。市民哀之，为之安葬。1920年底粤军回粤后，移葬黄花岗。

12月10日，龙济光在琼州就任两广巡阅使职，立即率振武军2万余人分三路渡海北上，李嘉品为第一路进攻阳江，段尔源第二路和马存发第三路一起攻打茂名，很快占领了雷州半岛沿海数县及阳江、阳春和恩平，造成全省震动。

12月20日，护法舰队在阳江县沿海俘获龙济光派出的由6艘船载运的1个营先锋部队。为防御振武军，莫荣新于30日任命：

钦廉镇守使沈鸿英为讨龙军第一军司令，率所部 12 个营在化州迎敌；

原高雷镇守使林虎为讨龙军第二军司令，率所部 12 个营在恩平迎敌；

高雷镇守使隆世储任前敌总指挥，率部暂留当地防守。

（原计划林虎带兵入湘参加护法战争，因马济劝陆荣廷留下林虎在广东与国民党周旋，又自告奋勇愿单独率部入湘，陆荣廷从之，林虎遂留粤）

（三）陈炯明组建"援闽粤军"

在护法军东征西讨的同时，"援闽粤军"开始组建。12 月 2 日，孙中山以大元帅名义任命陈炯明为援闽粤军总司令，并派中华革命党军务部正副部长许崇智、邓铿及党员蒋介石（原中华革命军东北军参谋长）和吴忠信等参加援闽粤军。

陈炯明在广州的惠州会馆设立援闽粤军总司令部，参谋长邓铿，副官长黄强（后任留守处主任，由罗翼群代），（后）参谋处处长叶举，副官处处长翁式亮，军务处处长张醁村，军需处处长钟秀南，军法处处长江侠菴，军械处处长莫昌藩，秘书长缪霖雨，政治顾问马育航。全军总约 6000 人枪。

由邓铿参谋长主持编组。因驻惠州（属刘志陆部）罗绍雄 4 个营、熊略 2 个营、邓本殷 2 个营共 8 个营加林虎部梁鸿楷营已先行进军潮州，其余 11 个营先编组成 5 个统。

第一统领李炳荣，辖一、二、三营；

第二统领李次臬，辖四、五营；

第三统领劳国材，辖六、七营；

第四统领关国雄，辖八、九营；（以上 9 个营原属于林虎部警卫军）

第五统领洪兆麟（驻惠州），辖十、十一营（属刘志陆部）。

---

* 链接：孙中山二次炮击督军署

1917 年 9 月初，孙中山建立军政府后，陆荣廷致电"非常国会"，反对另组政府，未就任元帅一职。广东督军陈炳焜公开表示对护法运动既不赞成也不干涉，广东不能负担军政府和非常国会的经费开支。广东省省长朱庆澜将 20 个营警卫军改编为省长亲军并委任陈炯明为亲军司令后，陈炳焜把朱庆澜排挤走，并包围省长亲军司令部，收走关防印信，逼走陈炯明。

为了驱除粤督陈炳焜，孙中山于 1917 年 11 月 15 日密令海军驻省河舰只做好战斗准备，同时命令朱执信直接指挥驻河南的李福林部，命令罗翼群秘密联络驻广州周围的黄明堂部、魏邦平部及林虎部属梁鸿楷营等各部，约定同时向陈炳焜的督军署发起攻击，并约罗翼群带炮兵学员劫夺大炮掩护步兵进城。当晚，孙中山亲自到中流砥柱炮台指挥发炮。不料这些火炮是 30 年前晚清为抵抗法军所铸造的旧炮，加上火药包潮湿轰不着火，只好改期再举。

这件事发生 5 天后陈炳焜去职离省，代理粤督莫荣新将省长亲军 20 个营交给军政府指挥，委任陈炯明为援闽粤军总司令，事情告一段落。

莫荣新公然表示："孙某之政府，空头之政府也，彼无兵无饷，吾辈但取不理之态度，彼至不能支持之时，自然解散而去。"11 月 28 日，军政府组织的潮梅军第一支队司令金国治被桂系诱杀，部队被缴械遣散。为防范孙中山发展武装，莫荣新还通令各县将军政府派出的招兵人员一律以"土匪"罪名枪决，仅在增城就枪杀 69 人。12 月下旬，莫荣新派人拘捕军政府卫戍部队连排长及新募士兵 50 余人，在孙中山去信要求保释的情况下仍以"土匪"罪名全部枪决。

为了教训莫荣新，孙中山筹划第二次炮轰督军署。准备期间，孙中山命朱执信等运动驻穗各路军队响应海军，合击桂军，派许崇智、邓铿督促陈炯明响应。但驻穗各军大都反对武力解决。孙中山曾商请程璧光派海军讨伐，但程认为"海军南来是为护法不是来自相残杀"拒绝出兵。

1918 年 1 月 3 日晚，孙中山率黄大伟、马伯麟等及少数卫队登上同安舰，并令豫章舰随行。当两舰驶至中流砥柱炮台时，孙中山指挥开炮，向督军署驻地观音山轰击。两舰长不敢答应，孙中山便亲自发炮，又督促炮手连发 50 余炮。

炮声响后，游击司令李安邦按照约定计划率小兵舰巡江，向长堤桂军江防司令部等处用机枪扫射，但军政府下辖的其他陆军部队均未遵约响应（陈炯明认为粤军刚成立，仅靠一纸命令恐难执行，不应该去冒险），桂军方面也没有还击。原来莫荣新事先已得密报，其参谋长郭椿森认为："还击则彼众我寡（当时驻广州城桂军不过四五千人，而滇军及粤军共约 1.5 万人），绝无胜算，不还击，人将谓曲在中山，彼将更成孤立。"莫荣新听从建议，命令将灯火熄灭，避免目标暴露，不许开炮还击。同时给在海珠的海军总长办公室打电话，向海军总长程璧光报告遭受海军舰只轰击情况，请求紧急调处。

程璧光急忙派海琛舰前往传达"停止炮击，开回省城"的命令。同安、豫章二舰长温树德和吴芝馨接到命令后只得返回省城（后被程璧光撤职）。

炮轰观音山第二天，莫荣新亲自到帅府"谢罪"。孙中山怒斥莫执掌广东军政大权，弄得民不聊生，现在广东民众派代表来，要求严惩他，所以才有炮轰之事。莫荣新闻后，赶紧认错，表示回去后定要大加整顿。孙中山趁机命参军祁耿寰向莫荣新说明军政府的财政困难情况，让他从广东财政收入中拨出一部分作为军政府经费。莫当场表示应允，说大元帅的命令，他一定服从（随即落实）。

炮轰督军署后，孙中山还向桂系提出了五项条件：承认军政府为护法各省的最高领导机构；承认大元帅有统率军队全权；承认广东督军由广东人选任，必要时大元帅得加以任免；被捕民军代表，交由军政府处理；广东外交人员由军政府任命。莫荣新除了口头上对孙表示歉意外，实际上并未接受各项条件。

莫荣新收买李福林所派的大元帅府卫兵连连长胡新，指使其行刺孙中山。后李福林派人搜查胡新住宅查获被收买的确凿证据后，将胡枪毙。

暗杀不成，桂系又采取收买议员的方式，串通非常国会中政学系和益友社两派议员及众议院正副议长吴景濂、褚辅成，于 5 月 4 日通过了《修正军政府组织法案》，改大元帅一人制为总裁七人合议制，桂系"合法倒孙"取得了胜利。

三、整顿扩编（粤军第一次扩编）

（一）龙济光被驱逃离广东

1918 年 1 月，龙济光振武军相继占领廉江、化州、高州等地。率 3000 人在化州防守的原高雷镇守使隆世储在兵败后溺水殉职，统领吴振纲、农有兴战死，统领胡汉卿重伤逃走，所部大部牺牲，一部被俘。林虎经苦战后夺回恩平，与魏邦平部共克阳江。2 月，振武军陆朝珍统又陷广东阳江，进逼四邑（今江门所属），而林虎因炮轰督军署事件奉命抽兵回广州护卫而退守，讨龙形势恶化。

* 链接：海军总长程璧光之死

程璧光，字恒启，号玉堂，广东香山县（今中山市）人。1875 年，考入福州船政学堂学习驾驶，毕业后历任南洋水师帮带、管带、福建水师学堂教习、广东水师广甲快船帮带、广丙舰管带等。1894 年 5 月，以朝鲜局势紧张请留北洋备战；9月，率广丙舰参加北洋舰队与日本联合舰队的黄海大东沟战役，击伤日舰西京丸，其本人腹部被弹片击伤。1895年2月，在提督丁汝昌等拒降自杀后，被派往日本旗舰递交投降书。

程璧光被革职回乡后常向孙中山请教治疗海战留下的伤病，加上其任广东水师镇涛舰管带的弟弟、兴中会会员程奎光介绍，程璧光加入了兴中会。1895年，兴中会发动广州起义失败，程璧光逃往南洋。1896年，李鸿章去欧洲途经槟榔屿时接见了程璧光，因欣赏他在甲午之役的表现，邀请他回国参与重建海军。复职后历任军舰监造专员、北洋营务处会办、陆军部海军处船政司司长、海军部第二司司长。1909年，任巡洋舰统领。1911年5月，指挥大清海军最先进的战舰海圻号从上海起航，经地中海进入大西洋。在参加了英皇加冕仪式后，又出访古巴、墨西哥、美国。这次海军外交制止了当时古巴、墨西哥等国的排华现象，让墨西哥政府就排华事件向清政府赔礼道歉，偿付受害侨民生命、财产损失。在回国的途中，程璧光听到辛亥革命的消息，动员全舰300多名官兵参加起义。12月，尚在回国途中就被在上海的起义海军代表们票选为革命政府海军总长。

民国成立后，程璧光一度远离军界。1913年，任海军顾问、参议。1916年6月，程璧光被在广东水师广甲舰时的部下、继任总统黎元洪任命为海军总长。

1917年6月，程璧光因反对张勋"复辟"南下上海，后与孙中山合作于8月率领第一舰队7艘军舰南下广州；9月，被非常国会任命为军政府海军总长。

程璧光是为护法而来，作为广东人他要尽力避免护法军内部相互残杀以免糜烂家乡，因此当孙中山要求海军炮轰督军府时未予执行，事后撤掉了参与执行炮击的两舰长职务且坚决禁止海军介入各派军事冲突。程璧光还积极参与护法军政府改组工作，因此被中华革命党视为妨碍护法事业的人物。

1918年2月26日晚，程璧光被朱执信组织的张民达、萧觉民、李汉斌3人小组刺杀于广州海珠码头，时年59岁。因此前多方要求由程璧光接任广东督军，故长期以来被误认为是桂系暗杀。国会一致议决为程璧光举行国葬典礼。1919年被军政府追授为海军上将，1922年再被黎元洪政府追授为海军上将。

军政府再次调整"讨龙"部署。除沈鸿英、林虎第一、二军（各12个营）外，再增调刘志陆部15个营、魏邦平部3个营编为第三、四军，由刘志陆、魏邦平分任军长；调驻粤滇军第四师第七旅三十三团、三十八团和第八旅二十五团组成"讨龙靖国军"，由李根源任总司令，全部共50多个营、2万多人，还有海军3艘军舰配合。1918年3月7日，护法军政府任命李烈钧为"讨龙军"总指挥；11日在江门召开军事会议；14日开展全面反攻，当日收复恩平；25日克复阳江；29日全线追击。4月上旬，双方集中电白县决战，"讨龙军"获胜，后相继收复电白、高州、化州、廉江、遂溪。振武军大部溃散，一部坚守雷州城，龙济光率1000多人逃入广州湾（法国租借地，现湛江市）被法国军队缴械，李嘉品率2000余人退往海南岛。林虎收编了黄任寰、黄业兴和王定华3个团，魏邦平收编了陈章甫统和李杰夫团。"讨龙军"只留沈鸿英第一军包围雷州并准备渡海进攻海南岛，端掉龙济光老巢。5月10日，龙济光逃经香港转往北京。

* 链接：从广东败退北上后的龙济光

龙济光被冠以"祸粤多年"，成为广东落后残暴势力的代表。一是镇压革命，充当袁世凯的爪牙，大肆残杀革命党人；二是摧残民主，大量封禁报纸，恢复封建伦理；三是横征暴敛，肆意勒索。

龙济光回琼州后乘轮于1918年5月底到达北京去投段祺瑞请援，得到小站驻地一块，月支银圆30万，编制4个旅。6月到山东、安徽招募土匪，组成"振武新军"。9月，开赴福建之振武新军在山东齐河晏城哗变。10月，驻安徽宿州之新编振武新军又哗变。1920年7月直皖战争后，残部被奉军缴械后遣散。1921年，龙济光被北京政府免去两广巡阅使职务，授为"隆威上将军"。1925年病逝。

（二）李烈钧指挥滇军援赣

讨龙战役即将结束前的4月18日，江西督军陈光远派赣南镇守使吴鸿昌率两个旅1万多人从江西南犯，占南雄、始兴。滇军第三师星夜由广州赶赴韶州，增援南雄，但进攻受挫。4月21日，李根源被护法军政府任命为"粤赣湘边防军务督办"后，立即率领驻粤滇军第四师一部赶往韶州，抵御北洋军。自4月下旬起，双方在南雄附近展开拉锯战。第七旅旅长朱培德率所部从讨龙前线星夜兼程赶回广州后，又立即转赴仁化一带威胁北洋军的右翼。

5月3日，李烈钧奉命赴粤北组织防务，并由广州运重炮及其他各种器材到韶州加强防御力量。6月3日，滇军分三路向南雄北洋军发动全面进攻：

左路由第七旅组成，朱培德率领；

中路由第三师组成，成桄率领；

右路由第二十旅（由第八旅第三十三团编成）组成，杨益谦率领。

6月4日滇军收回南雄，北洋军退回江西（以上统称"南雄战役"）。

李根源在韶关创建云南讲武堂韶州分校，校长张怀信兼，教育长张鉴桂。

李烈钧接着任命成桄、朱培德、杨益谦、伍毓瑞为"援赣军"第一、二、三、四军军长，准备在湖南护法军配合下全面进攻江西。后因军政府改组和南北和谈而罢。此后驻粤滇军除第八、九旅在潮汕准备攻闽外，其余4个旅驻粤北。

（三）陈炯明率部进驻潮梅

1.粤军第一次整编（1918年初）

1918年1月12日，陈炯明在广州东郊举行援闽誓师大会；18日，率全体将士出发东征；29日，进驻汕头，被任命为代理潮梅镇守使。再次整编部队，将第三统领改徐连胜，第五统增辖第12营，先期到达3支部队编成第六、七、八统。

第一统领李炳荣，辖一、二、三营；

第二统领李次枭，辖四、五营；

第三统领徐连胜，辖六、七营；

第四统领关国雄，辖八、九营；

第五统领洪兆麟，辖十、十一、十二营（梁鸿楷营）；

第六统领罗绍雄，辖十三、十四、十五、十六营；

第七统领熊略，辖十七、十九营；

第八统领邓本殷，辖二十、二十一营。

援闽粤军是中华革命党的"遗腹子"，是孙中山经过多次艰难困苦的交涉才获得的，所以无论在财力上还是在人才上都全力支援。因督军署拨给援闽粤军30万元开拔费后，月定额7.8万元无法满足，经孙中山交涉，督军署于2月委任陈炯明为"惠潮梅三属军务督办"。陈炯明又任命邓铿为潮梅镇守使、钟景棠为惠州军务处司令，使援闽粤军有了扩编整顿的基地，每月截留税款十几万元。

2月初，援闽粤军和援闽滇军（方声涛部）分别在闽粤边界的大埔和汾水关与闽军小规模交战，闽军缩回福建。

3月15日，蒋介石受孙中山之命到达粤军总部，任作战科主任。

2.粤军第一次扩编（1918年春）

因20营援闽粤军装备低劣，且编制不足，每营仅有二三百支枪，陈炯明向广东督军署申请扩军10营，但只获批扩充3营，且分文不给。为增强实力，采取系列措施：一是筹集经费。孙中山尽力争取经费，包括向华侨募捐，5个月内共获得近30万元。二是增配枪械。通过实行"借枪办法"，陈炯明向地方人士借枪2000多支，子弹几万发。三是扩编部队。除收编到自愿参加的驻潮州警卫军第五营杨坤如部外，大量招聘补充青壮，裁撤老弱病残，扩编至30营，其中23营以外用警备营名义。四是建立兵工厂。任命黄强兼兵站总监，利用其是广东工艺局局长职务的便利，命工艺局赶制一套设备，运到汕尾建立起一个子弹厂。

新招聘成立9个营地域分布如下：

惠阳，共招募到叶柏质、李绍金、田乔、钟祝树4个营，后以田乔为统领；

龙川，招募到张化如1个营；

海陆丰，共招募到陈小岳、陈炯光两个营，以黄凤伦为统领；

潮州，共招募到纪泽波、刘学修两个营。

至5月初，以8个统编成4个支队及警备队、预备队，下辖23个营，总数约1万人。调整后编制如下：

总司令陈炯明，参谋长邓铿，下辖：

第一支队　司令李炳荣，副司令李次枭，参谋长李荫轩，下辖：

　　第一统领　李炳荣（兼），下辖第一营饶寿平、第二营刘亚威、第三营许廷杰3个营；

　　第二统领　李次枭，下辖第四营李兆、第五营陈秀华两个营；

　　炮兵连　连长黄昭棠；机枪连　连长文斌。

第二支队　司令许崇智，副司令关国雄，参谋长罗翼群，副官长许济，下辖：

　　第四统领　关国雄（兼），下辖第八营关道、第九营刘茂唐两个营；

　　第十二营　营长邹武（后徐军雁）；

　　第二十五营（新）　营长谢文炳；

　　炮兵连　连长梁若谷；机枪连　连长林威；卫士连　连长邓刚。

第三支队　司令罗绍雄，副司令邓本殷，下辖：

　　第六统领　罗绍雄（兼），下辖第十三营李汉隆、第十四营叶克毅（后李可简）、第十五营卢振球、第十六营钟毓灵4个营；

第八统领　邓本殷（兼），下辖第二十营邓本殷、第二十一营杨坤如两个营；

炮兵连　连长春伯；机枪连　连长××。

第四支队　司令洪兆麟，副司令李云复，参谋长尹骥，副官长罗献祥，下辖：

第五统领　洪兆麟（兼），下辖第十一营洪兆麟、第十八营李云复、第二十八营（新）纪泽波3个营；

炮兵连　连长××；机枪连　连长叶冠华。

警备队　司令徐连胜，军事委员徐汉臣，参谋长邓瑶光，下辖：

第三统领　徐连胜（兼），下辖第六营何国标、第七营麦彬、第十营梁鸿楷3个营。

预备队　司令熊略，下辖：

第七统领　熊略（兼），下辖第十七营熊子勋、第十九营关文淞两个营。

直辖：炮兵连　连长王惺庵；机枪连　连长王升平；警卫连　连长陈炯光；

留在东江的叫预备军，下辖7个营，营长分别是叶维夏、刘质光、黄福芝、陈宪章、马永平、赖发等，分属第九统领田乔、第十一统领黄凤伦等。后在潮梅新编警备军4个营，隶属第十统领赵光。后再在东江和潮梅分别成立了警卫军7个营和游击军6个营。部队增至47个营。

但陈炯明在汕头踌躇不前，原因是：一是前有强敌，北洋军增援部队正准备开进福建；二是后有斗争，桂系、滇军、振武军、广东地方实力派斗争复杂交织；三是旁有掣肘，莫荣新任命刘志陆兼惠潮梅三属税务督办，从经济上钳制。

＊ 链接：援闽粤军借枪办法

援闽粤军因财力困难、枪弹不足，在向省督莫荣新呼吁无效的情况下，向惠潮梅地方人士实施"借枪办法"。规定能募得人枪200即任营长，人枪60即任连长，人枪20即任排长，其不愿当军职者或零星枪支则估定枪价，借用后如有损坏则照价赔偿。借枪办法实施了3个月，共借到枪2000多支，子弹几万发。

在岑春煊的策划下，政学会国会议员发起改组军政府，变大元帅制为政务总裁制。1918年5月20日，国会非常会议选举孙中山、唐绍仪、伍廷芳、唐继尧、林葆怿、陆荣廷、岑春煊七人为总裁。孙中山见大元帅实权被篡夺，遂于5月21日离开广州赴上海。8月，陆荣廷、唐继尧推岑春煊为主席总裁。孙中山于1919年8月辞职，接着唐绍仪、伍廷芳宣布辞职。1920年5月，补选熊克武、温宗尧、刘显世为总裁。

内务部　部长任可澄，次长冷遹；

司法部　部长徐谦（后徐傅霖），次长谢持；

外交部　部长伍廷芳（后温宗尧），次长伍朝枢；

财政部　部长伍廷芳，次长吴涤宣；

陆军部　部长莫荣新，次长林虎；

海军部　部长林葆怿，次长汤光廷，下辖军备司（司长李国堂），军务司（司长魏子浩），军衡司（司长郑祖怡）；

交通部　部长赵藩，次长梁士模；

秘书厅　厅长章士钊；

总务厅　厅长伍朝枢（朱履和代）。

1919年3月，增设大理院（院长赵士北，后陈洪道、徐傅霖）、总检察厅（总检察长林翔，后沈钧儒）。

军事委员会　委员长李烈钧，由26名委员组成，下辖参谋部：部长李烈钧，次长蒋尊簋，内设：第一局局长胡谦，第二局局长周应时，第三局局长毛仲芳。

护法军政府下辖在广东的军队有（还辖云桂黔川湘闽鄂豫陕等省部队）：

护法舰队　司令林葆怿（兼），参谋长饶鸣銮，下辖11艘军舰和海军陆战队1个统［统领饶鸣銮（兼）］3个营；

广东督军署　督军莫荣新，参谋长郭椿森，下辖7个镇守使和1个师；

两广护法联军（攻湘）　总司令谭浩明，参谋长钮永键，下辖护法军第一、二、三、四、五军，其中第四军马济、第五军林虎部是广东部队；

征闽滇军　总指挥方声涛，下辖2个旅；

援闽粤军　总司令陈炯明，下辖7个支队；

警卫司令部　司令官陈焜培，参谋长甘尚贤。

四、进攻闽南

1918年4月，段祺瑞任命福建督军李厚基为"援粤军"总司令，准备率领1师又1旅进攻潮汕。此时护法军政府已把振武军主力赶出雷州半岛，广东督军为督促援闽粤军早日离粤攻闽，已不再把关税和盐税拨给援闽粤军使用，并唆使方声涛的滇军（辖第八、九旅）与援闽粤军争夺潮汕后方基地。

5月初，陈炯明召集会议，制定作战部署，决定兵分三路，马上进攻福建。

左翼：由许崇智指挥，由第二支队4个营组成，由蕉岭向武平、上杭进攻，目标长汀、连城；

中翼：由陈炯明坐镇指挥，分两路。一路由李炳荣第一支队和熊略预备支队共8个营组成，从大埔进攻永定，威胁龙岩；一路由叶举指挥，由罗绍雄第三支队6个营组成，从饶平进攻松柏关，威胁平和。

右翼：由邓铿指挥，由洪兆麟第四支队和徐连胜游击支队共5个营组成，集中澄海、黄冈，以监视诏安、云霄之闽军及方声涛的滇军。

征闽滇军总指挥方声涛，下辖第八、九旅和1个补充团共10个营，分驻潮属潮安、饶平、黄冈、大埔及福建诏安。

福建方面部队是：福建第一旅（旅长姚建屏，5月扩编成福建第一师）驻福州；北洋第十混成旅（旅长唐国谟）驻厦门（后调永定、上杭）；北洋第十一混成旅（福建本土部队，旅长王麒）驻上杭、长汀；北洋第十四混成旅（旅长臧致平，10月扩编成福建第二师）驻诏安；正规军共4个旅8个团。还有闽省清乡队（总司令张清汝）驻延平（今南平市）；总计2.2万余人。

5月9日，粤闽双方小规模接战。17日，"援闽"战争全面爆发。

第一期作战：充分准备，初战告捷

5月17日，许崇智指挥第二支队由蕉岭向武平进攻，因许崇智任过辛亥革命福州起义前敌总指挥、福建第一师师长、福建北伐军总司令，在福建军界享有崇高声望，策反工作卓有成效，谢某的省防军1个营首先起义（编为第三十一营，不久该营与新扩编的谢宣威第三十二营组成1个统，统领吴忠信），接着又有两个民兵大队响应，其余部队不战而退，第二支队仅3天就占领了武平、上杭。

中路军在进攻永定时受挫，指挥部调许崇智率谢文炳、徐军雁2营和杨坤如1营支持，因此士气大振，激战一昼夜后，守敌逃走，克复永定。因在永定战役中缴获丰厚，许崇智部扩编3个营，杨坤如部扩编1个营，营长谢文炳和杨坤如因功都被陈炯明提拔为统领。

叶举进攻松柏关告捷，邓铿也击溃偷袭海澄敌军。

第一期作战宣告结束，部队扩编了6个营，达到50多个营。取胜原因主要是粤军破釜沉舟志在必得，而闽军战斗力较弱。

孙中山先生也一直关注粤军攻闽，在离职赴沪途中于5月26日来到大埔三河坝援闽粤军总司令部视察，还亲往松口、梅县等地慰问部队将士。

第二期作战：先胜后败，全力反攻

5月底，童葆暄率浙军第一师赶到后，北洋政府任命李厚基为"闽浙援粤军"总司令，童葆暄为副。6月4日，闽浙联军分兵三路全线反攻：以臧致平旅为左路，进窥潮汕；童葆暄师为中路，从平和进攻松柏关，威胁粤军总指挥部所在地三河坝；唐国谟旅为右路，收拢溃兵，拟攻取龙岩、上杭、永定后改取守势，牵制粤军左翼兵力。闽浙联军反攻之总兵力约1.5万人。因方声涛滇军消极怠战，兵少力弱、饷弹不继的粤军右路只好放弃黄冈，退守汕头。陈炯明急调许崇智左路军一部增援右路后，闽军右路军乘虚而入攻占永定，许崇智部退守岩前。粤军中路防线也被浙军突破。激战月余，粤军在初期攻取的闽西南要地又全部丧失。

7月，闽浙联军攻占饶平，18日攻占大埔。援闽粤军主力全线后退，一直退到三河坝。当时陈炯明拟从梅县撤退，但作战科主任蒋介石不以为然，认为援闽粤军稍有动摇，将无立足之地，他向陈炯明领了一排宪兵，赶往前线并扼守要道，下令："总司令有令不准后退，后退者枪毙！"第一支队司令李炳荣被蒋介石说服后竭力压住阵脚。闽浙联军不明粤军虚实不敢轻进。童葆暄师长在保定军校同学黄强策动下停滞不前；加上潮梅镇守使刘志陆率军来援，双方休战。

8月初，陈炯明集中中路粤军反攻大埔，激战两昼夜。闽军不支，弃城溃逃。

这时，驻守饶平的浙军第一师第一团团长陈肇英，在前浙江督军吕公望等人的策动下宣布易帜，成立"援闽浙军"总司令部，司令吕公望，陈肇英升任第一混成旅旅长。浙军师长童葆暄仓皇率余部撤离前线，退往厦门。

---

* 链接：童葆暄师长与陈肇英易帜

童葆暄1907年考入保定陆军速成学堂，入学途中由革命党人吕公望介绍，

参加光复会。1910年在浙江新军任职。1911年11月3日杭州新军起义时，被公推为临时都督，杭州光复后自知资历浅薄，立即辞职，转任团长，兼讲武学堂堂长。1914年任第十二旅旅长等。护国运动时极力劝说都督朱瑞独立未获同意，遂于1916年4月发动兵变逐走朱瑞。后又迫使暗中迎合袁世凯的继任都督屈映光辞职，推吕公望为都督兼省长，童葆暄也升任浙江护国军第一师师长。1917年北洋军师长杨善德率兵入浙，接任督军。1918年初，杨善德以调虎离山之计，命童葆暄为援闽浙军总司令，赴闽援助李厚基。童葆暄进军途中节节胜利，后因被保定军校同学黄强和汪精卫谈判代表策动，停滞不前，议定待获得北洋政府补充的军械和兵员后即投粤。但吕公望因对童葆暄有所顾忌，且急于单独掌握一支部队，竟然背着童葆暄暗中活动，派蒋百里、徐培根深入潮州凤凰墟，说服其保定军校同学、童师第一团团长陈肇英单独投粤，成立"援闽浙军"总司令部，使童葆暄处于进退维谷的境地。尔后，北京发来的军械在途中被劫，派往接收的一排骑兵亦全部阵亡，童葆暄气愤不已，退兵厦门，心中郁郁寡欢，于次年病逝。

粤军乘势全线反攻，分五路会攻漳州。

第一路，由粤军第三、四支队和第九统领田乔部、浙军陈肇英旅组成；

第二路，由滇军第八、九旅和桂军统领卓贵廷部组成；

第三路，由粤军第五支队和第三统领梁鸿楷部、丘耀西营和民军黄得珍统组成；

第四路，由粤军第一、二支队和第十三统领蒋国斌（原许崇智部闽军旅长，所部由省防军组成）部、饶寿平部和民军杨福田统组成；

第五路，由粤军第十统领赵光部组成。

右翼邓铿部连克诏安、云霄、漳浦等城，直逼漳州，其中第十四营营长李可简在黄岗战斗中牺牲，游击支队司令徐连胜在永定县下洋战斗中阵亡。左翼许崇智部乘势向闽西进攻，连占武平、上杭、龙岩等地，与主力部队会攻漳州。

8月31日，援闽各军会师漳州，第二期作战胜利结束。

---

* 链接：粤军高级将领战死疆场第一人

徐连胜，字名渊，号捷卿，湖南省桂阳县人。早年常去广东挑盐谋生，后入伍。1911年任广东新兵巡防营管带。陈炯明、邓铿组织东江起义后，徐连胜率部参加循军，因与清军作战连战连胜，故名"连胜"，后以军功升为广东陆军第三旅第五团营长，补陆军中校。1913 年 7 月参加"二次革命"，随邓铿赴三水作战，失败后率部退至增城。1914 年被龙济光收编为驻增城警卫军统领。因不发一弹解决"湘南兵变"，1915 年 7 月被授予陆军少将、四等文虎勋章。1916年 6 月初在石龙举兵讨袁护国，迎接邓铿前来就任中华革命军东江总司令，与龙军苦战月余；桂系陆荣廷部据粤后解甲返乡。1917 年底，徐连胜奉孙中山急电返粤，任援闽粤军游击支队司令。1918 年任援闽粤军警备队司令，领少将衔，6月，率部参加援闽战役；8 月，在福建永定战斗中中弹殉职，年仅 38 岁。

徐连胜牺牲后，邓铿上书孙中山："今捷卿因克复永定阵亡，失此良将，非仅粤军不幸，本党亦失一健将也。"孙中山闻耗，特派员护送其遗体回乡，并立碑纪念。后国民政府拨抚慰金 1 万银圆，后又每月发 300 元家属抚恤费，颁发"少将第"镀金匾。徐妻从香港回桂阳创办了捷卿中学（今湖南省桂阳县第三中学）。

第三期作战：长驱直入，停战和谈

9 月，援闽粤军兵分二路，先后攻占了永定、建宁、长泰、同安、安溪、将乐、顺昌等地。闽浙联军一直退到厦门。因援闽粤军无法渡海作战，两军进入相持局面。

此时蒋介石突发奇想，自告奋勇，请求率兵偷袭福州。陈炯明付兵梁鸿楷、丘耀西、杜起云 3 个统领所部 6 个营 1000 多人编成第二支队，任命蒋介石为支队长。蒋介石率部攻占了离福州仅 120 里的永泰，但遭闽方全力反攻，只得放弃。此后双方皆停止进攻，第三期作战基本结束。

五、整军建武（粤军第二次扩编）

（一）粤军第二次扩编（1918 年秋）

经过半年战斗，援闽粤军以阵亡将士 1500 多人的代价，消灭了敌军 1 个旅又 1 个多团和民军 20 多个营共 1 万多人。由于沿途招募敌人溃兵数千人，加上孙中山源源不断地经济支持和大量的干部补充，援闽粤军得以不断扩编。1918

年9月扩为两个军，下辖8个支队、3个预备队，共28个统，序列如下：

总司令陈炯明，参谋长邓铿，副官长罗翼群代，参谋处处长叶举，军需处处长李钟（宗）岳（后钟秀南），军务处处长张酴村，军械处处长莫昌藩，军法处处长江侠毫，政务处处长徐桴（后陈演生），秘书处处长缪霖雨，总参议黄强，下辖：

第一军　军长陈炯明（兼），参谋长邓铿（兼），下辖：

第一支队　司令李炳荣，下辖第一统领许廷杰、第二统领饶寿平；

第二支队（新编，后拆）　司令蒋介石，下辖第三统领梁鸿楷、第十六统领丘耀西（原循军旅长）、第二十五统领杜起云（原福建民军旅长）等；

第三支队　司令罗绍雄，下辖第九统领李汉雄；

第四支队　司令洪兆麟，下辖第四统领（由第五统领改称）洪兆麟、第二十二统领尹骥、第二十三统领李云复；

第六支队　司令邓本殷，下辖第八统领邓本殷（兼）；

第一预备队　司令熊略，下辖第六统领（由原第七统领改称）熊略、第七统领张化如；

第二预备队（新编）　司令林祖密（兼孙中山任命的闽南军司令）；

第三预备队（新编）　司令龚振鹏；

兴永司令部　司令朱德才（原福建护法军旅长），下辖第二十六统领张乃武、第二十七统领吴威（原福建护法军军长）、第二十八统领刘汉臣（原福建护法军头目），后增辖第二十五统领杜起云（原福建护法军头目）；

第一军警备队（警卫连扩编）　司令陈炯光；

直辖：第五统领陈小岳（陈炯明堂兄）、第十统领钟景棠（原总部参议，所部由惠州警卫军编成）、第十一统领黄凤纶、第十七统领杨坤如、第十九统领马永平、第二十一统领杨秉为（原总绥靖处护弁长）；

民军支队　司令李次皋。

第二军　军长许崇智，参谋长黄国华，副官处处长邓刚，军法处处长雷继森，军械处处长梁翰昭，辖：

第五支队（原第二支队）　司令关国雄；

第七支队（新编）　司令吴忠信；

第八支队（新编）　司令蒋国斌，下辖第十三统领蒋国斌（兼）、第二十统领徐岳嵩；

直辖：第十二统领罗翼群、第十四统领谢文炳、第十五统领许济、第十八统领张国桢（原总部参谋）、第二十四统领孙本戎（原民军支队司令）。

9月，广州军政府任命陈炯明为福建省省长和福建宣慰使，免去其惠潮梅三属军务督办（目的是使陈炯明失去在粤驻军和征税的名义）。陈炯明辞职不受。

1918年9月，安福系控制的国会选举徐世昌为大总统，冯国璋代总统和段祺瑞总理同时下野，但段祺瑞仍任"参战督办"，这就是"第二次府院之争"的最后结果。从第一次世界大战中腾出手来的英美列强，为了对抗日本支持皖系，指使直系军阀与桂系议和。11月，总统徐世昌和护法军政府总裁岑春煊先后下令停战。段祺瑞转而与被桂系排斥的孙中山联合。12月6日，陈炯明与李厚基达成休战协议，规定各后撤20里，划界而治。经过浴血奋战的援闽粤军，终于在闽南夺取了26个县的立足之地。

陈炯明任命会攻漳州中战功最著的洪兆麟、熊略分别兼汀漳镇守使和汀漳道尹，在孙中山的指导和经济援助下，开始励精图治建设"闽南护法区"。

（二）粤军第二次整编（1919年底）

自从1918年6月护法运动失败后，孙中山总结教训，认识到南北军阀"如一丘之貉""救亡之策，必先事吾党之扩张，故亟重订党章，以促使党务发达"，着手改组中华革命党。1919年10月10日，孙中山将中华革命党改组为中国国民党（党名加"中国"两字，以区别于原国民党）。设总理1人，代表全党总揽党务，本部设在上海，下设总支部、支部、分部。党本部（部长由孙中山指定）设：

总务部主任（后改部长）居正（后彭素民，副部长林祖涵）；

党务部主任（后改部长）谢持（后陈树人，副部长孙镜）；

财务部主任（后改部长）廖仲恺（后杨庶堪、林业明，副部长周佩箴）；

（后增）宣传部部长张继（后叶楚伧，副部长茅祖权）；

（后增）交际部部长张秋白，副部长周颂西。

至1919年底，经过1年多训练的援闽粤军整编为两个军8个支队24个统，再加上两个警备队4个统，共计28个统76个营，共2万多人，序列如下：

总司令陈炯明，参谋长邓铿，参谋处处长叶举，下辖：

第一军（未另建军部，由总部兼）　军长陈炯明（兼），下辖5个支队及多个直属统，驻闽南漳州、龙岩等地。（第一军将领多为陈炯明旧部）

第一支队　司令李炳荣，下辖第一统领许廷杰、第二统领饶寿平；

第二支队（原第一预备队）　司令熊略，下辖第六统领熊略（兼）、第七统领张化如；

第三支队　司令罗绍雄，参谋长王若周，下辖第九统领李汉隆；

第四支队　司令洪兆麟，副司令李云复，下辖第四统领洪兆麟（兼）、第二十二统领尹骥、第二十三统领李云复（兼）；

第六支队　司令邓本殷，下辖第八统领邓本殷（兼）；

第一军警备队　司令陈炯光，下辖第一统领陈炯光（兼）、第二统领李荫轩。

直属：第三统领梁鸿楷、第五统领陈小岳、第十统领钟景棠、第十一统领黄凤纶、第十六统领丘耀西、第十七统领杨坤如、第十九统领马永平。

第二军　军长许崇智，（后）参谋长蒋介石，军需处处长陈永惠，下辖3个支队及多个直属统，驻闽西汀州等地。（第二军将领多是中华革命党党员）

第五支队　司令关国雄；

第七支队　司令吴忠信；

第八支队　司令蒋国斌，下辖第十三统领蒋国斌（兼）、第二十统领徐岳嵩；

第九支队　司令林祖密（兼闽南军司令）；

第三预备队（新编）　司令龚振鹏；

兴永司令朱德才，下辖：第二十五统领杜起云、第二十六统领张乃武、第二十七统领吴威、第二十八统领刘汉臣；

直辖：第十二统领罗翼群（刘峙为营长）、第十四统领谢文炳、第十五统领许济、第十八统领张国桢、第二十一统领杨秉为、第二十四统领孙本戎等；

第二军警备队　第一统领万黄棠、第二统领陈国华。

卫队司令张国桢（兼），护士（警卫）营营长许崇年。

炮兵司令蒋介石（未就职）

炮兵第一团　团长翁式亮；

炮兵第二团　团长徐军雁；

飞机队　队长陈应权，总指挥杨仙逸，下辖飞机6架；

工兵营　营长吴柏；

骑兵营　营长许宗武；

宪兵营　营长罗辉堃；

地雷队　队长岑寿彰；

水雷队　队长梁士钿；

电信队　队长苏锋。

* 链接：方声涛

方声涛，字韵松，福建侯官（今福州市区）人，1885年出生。少年时在天津水师学堂肄业，1902年入日本振武学校。1903年，参加留日学生组织的拒俄义勇队，被推为代表回国联络被捕，获救后受聘到侯官高等小学堂任教习。1905年，再到日本入士官学校第四期骑兵科学习，同年与弟方声洞、姐方君瑛、嫂曾醒、妻郑孟勤先后加入同盟会，因被清驻日公使获悉而被除名勒令回国。

方声涛回国后到保定速成学校第一期补习。1909年，派任云南讲武堂教习。1910年改任广西督练公署兵备处会办兼学兵营管带。1911年春，方声涛因密谋响应广州新军起义，被广西巡抚生疑而免职，后去四川任第十七镇参谋。武昌起义后因受本地人排斥回到福州。

1913年3月，应李烈钧之邀到江西任独三旅旅长；6月，在湖口组织讨袁军司令部时任右翼军司令，作战失利后部队星散，本人流亡日本。1915年9月间抵达昆明，与唐继尧等密商讨袁；12月参加云南独立，任护国军第二军李烈钧部第二梯团梯团长。1916年初率军在滇桂边境阻击北洋军龙觐光部，胜利后经广西赴广东肇庆；6月袁世凯卒后，方声涛被推为南北和议代表赴北京；8月回广东任驻粤滇军第六军军长兼第四师师长，驻扎广州，后又被孙中山护法军政府任命为（兼）广州卫戍司令；10月，被授予陆军中将衔。1917年12月，代理征闽滇军总指挥，率两个旅进驻潮汕。方声涛派人赴福建各地联络民军，组织福建靖国军。1818年5月率滇军一个旅进驻闽南诏安等地，但留守潮汕的另一个旅大部被桂系缴械。1919年，由于与驻在漳州的陈炯明粤军在收编民军问题上冲突甚烈，方声涛部力量损失严重，只好于年底离开福建去上海。

1920年8月，陈炯明率粤军回师广东，方声涛在上海和张贞等人组织福建自治会，呼吁"闽人治闽"，并派人潜回福建组织自治军；11月，其嫡系部队夏述唐旅被李厚基消灭，计划受挫。1924年春，方声涛回福建联络各地民军，成立闽军总司令部，自任总司令；同年9月，方声涛赴韶关任孙中山北伐大本营参谋长。1927年1月至1932年夏三次代理福建省主席职务。1934年在上海病卒。

第五节　粤军之一：回粤（1920）

1918 年 7 月 23 日，桂军沈鸿英部收降坚守广东雷州 80 多天的振武军黄承北部。10 月 4 日，桂军攻克围攻多时的儋县。11 月 13 日，桂军攻克琼州城及秀英炮台，肃清了龙济光在海南的残部。沈鸿英挑选振武军俘虏编成 4 个营。

1918 年 9 月，陈炯明援闽粤军攻占闽南，桂系在广东的统治已趋于巩固。从国内形势看，第一次护法战争已经停止。因此，桂系重点开始整理内部，驱逐或消灭异己势力成为桂系的主要目标。将部队统称"广东护国军"。下辖：

第一军（原护法军第四军）　军长马济，仍驻湘南（直到 1919 年才回粤）；

第二军（原护法军第五军、讨龙军第二军）　军长林虎（部队分驻湘粤）；

第三军（原讨龙军第一军）　军长沈鸿英，率部驻琼崖，兼任琼崖镇守使；

第四军（原讨龙军第三军）　军长刘志陆，率部驻潮汕，兼任潮梅镇守使；

第五军（原讨龙军第四军）　军长魏邦平（兼广东警察厅厅长），驻广州；

第六军（原讨龙军第五军）　军长刘达庆，驻惠州。

1918 年 9 月，军政府免去李耀汉的广东省省长兼肇军总司令职务（以后相继由翟汪、张锦芳、杨永泰继任），任命莫荣新为广东督军。

1919 年 6 月，军政府派沈鸿英借道肇庆时突然包围肇庆，并下令通缉李耀汉；同时令省长翟汪离职。驻肇庆的肇军邱可荣、李华秋和温其楷等 3 统被林虎收编；驻罗定的陈均义兼统的新编 3 营，由林虎兼统（后由杨鼎中统领）；驻广州的黎章鸿统由申保藩收编，陈均义统作张锦芳省长公署卫队，统领由张驻云（张锦芳之子）担任；一部被沈鸿英收编，残部由李耀汉带到云浮县（后回到新兴）。于是广东最大的地方力量肇军被肢解。1920 年 3 月，莫荣新派林虎部从肇庆进攻新兴，追剿李耀汉残部至其老家天堂镇。李耀汉只身逃往香港。

* 链接：绿林出身的广东省省长李耀汉

李耀汉，原名北泉，别字子云，广东省新兴县天堂区（今天堂镇）内垌朱所村人。念过几年私塾，做过塾师；后到阳春贩油，因赌博输光本钱，加入绿林李北海部。

1904年冬，清军广东水师提督李准率兵到新兴县天堂墟剿匪，从投诚的人中挑选80名编为先锋队，李北海任哨官。因李耀汉不想编入先锋队，称愿"戴罪立功"，李准感其诚，遂将他为首的10人编入自己的亲军营。后李耀汉挑拨李准杀了昔日"上司"李北海，自己当上了哨官；1907年先后任把总、水师巡防营管带兼东安县守备。

武昌首义后，李耀汉被同盟会员说服，于1911年11月9日在隆世储率领下，率部参与肇庆独立；12月，进驻新兴县城，经朱执信批准，李将所部扩充为标。1912年3月，所部编为肇军第一标，驻防高要等地。

1913年7月，李耀汉和德庆县知事梁迈一起反对广东独立，助龙济光经肇庆进入广州，升任肇军总司令，并将肇军扩充成5个团；8月，被北洋政府授予陆军少将加中将军衔。1914年任肇阳罗镇守使，公开打出"肇军"旗号。

1916年护国军兴，陆荣廷宣布广西讨袁独立；3月底，李耀汉接受策动宣布讨袁；5月，被任命为两广护国军第二师师长，旋又升第四军总司令；10月，"中华民国军务院"解散后仍任肇阳罗镇守使，将所部扩编为10个统。

1917年7月，孙中山南下组织护法军政府，时任广东省省长的朱庆澜积极响应。广东督军陈炳焜迫使朱庆澜辞职后，派兵逼迫广东省议会于9月6日改选李耀汉为广东省省长；10月，北洋政府特任李兼署广东省督军，又授予陆军中将加上将军衔。1918年春，北洋政府令龙济光进攻"护法"军政府，双方都派人拉拢李耀汉。军政府击败龙济光后，首鼠两端的李耀汉受到猜忌，同年9月被迫辞职。1919年6月，桂军沈鸿英率部借道肇庆时发动突袭，李耀汉兵败逃走，肇军被分解改编。

1920年8月，陈炯明率粤军回粤驱桂时，李积极拥护，被任命为新编粤军第六军军长。年底，第六军被裁撤，李任省长公署高级顾问。1923年4月，沈鸿英率部叛变后，充任桂军第五军军长，但很快失败，李仓皇逃往香港；6月，被北洋政府授予"捷威将军"。1942年1月李耀汉在香港病逝，终年64岁。

李耀汉长期充任军界头目，并官至省长，积累了大量钱财、土地和店铺，在广州还有码头。相传从1920年至1926年，李耀汉雇佣400名民工，在老家天堂建造一座"李务本堂"（俗称省长大屋），大屋占地面积 1.6 万平方米，主体分为两座大屋和"捷威楼"。

"火烟相盖两省长，一河两岸九统领"是指民国初年，新兴县天堂内峒出了李耀汉和他的部下瞿汪两位广东省省长，还有 9 个团级以上的统领。

1919 年，征闽滇军总指挥方声涛除率所部滇军进驻诏安、东山、永春、仙游各地外，还派张贞联络民军，组织"福建靖国军"，因此与驻在漳州的陈炯明粤军在收编民军问题上发生激烈冲突，方声涛部实力发展缓慢。

1920 年 3 月，广东督军莫荣新怀疑滇军方声涛第四师伍毓瑞第八旅扩编的驻潮州援赣军第四军（下辖 4 个支队）与陈炯明援闽粤军联合，令潮梅镇守使刘志陆将其吞并，伍毓瑞只身逃走，所部除赖世璜支队逃往福建外其余被缴械改编。3 月，莫荣新将驻北江滇军（靖国联军第六军，辖第三师和新第四师）改编，造成在粤滇军再次分家：不愿接受改编的滇军新第四师张怀信、杨益谦旅和第三师盛荣超、鲁梓材旅 4 个旅 5 个团 8000 多人，在李烈钧、朱培德带领下退入湘南郴县，整编为张怀信、鲁梓材和胡国秀 3 个旅；服从李根源的滇军第三师李根澐团、第四师赵德裕团、十一团何福昌营、警卫军蔡炳寰统、炮兵连、讲武堂（近 800 人）、督署警卫营，共 5000 多人则被改编为"海疆军"，下辖李根澐、梁说、周兴权 3 个旅和张鉴桂炮兵团、蔡炳寰独立团，移驻海南。至此，解除了驻粤滇军对桂系的威胁，但因此与唐继尧结怨。

护法舰队的实际领导人程璧光于 1917 年 2 月被暗杀后，林葆怿继任海军总长，在 5 月的军政府改组中成为七个总裁之一，已基本听命于桂系控制的军政府。

一、战役策划

（一）桂军准备攻闽

1920 年 7 月，以段祺瑞为首的皖系军阀和以吴佩孚、曹锟为首的直系军阀为争夺北京政府控制权爆发了"直皖战争"，直系迅速取得胜利。与直系早有联系的护法军政府主席总裁岑春煊和陆荣廷通电取消独立，承认北京政府。

这时军政府驻广东军队编制如下：

广东督军　莫荣新，参谋长郭椿森，下辖：

广东护国军第一军　军长马济，参谋长廖轰，下辖第一混成旅（旅长卓瀛洲，下辖曾其新、张韬两个团）、第二混成旅（旅长邱渭南，下辖陈良佐、邱渭南两个团）、第三混成旅（旅长唐绍慧，下辖陈树庭、谭占荣两个团），驻广州；

广东护国军第二军　军长林虎（兼肇罗阳镇守使），副司令黄业兴、陈德春，参谋长杨祖时，下辖第五混成旅［旅长林虎（兼），下辖苏世安、黄任寰、周毅夫团］、刘梅卿混成团，黄业兴、邱可荣、陈德春、杨鼎中统，共1.5万多人；

广东护国军第三军　军长沈鸿英（兼粤赣湘边防督办、南韶连镇守使），参谋长邓瑞征，下辖第一旅（旅长沈荣光，下辖邓佑文、李时芳、黄俊三团）、第二旅（旅长吕春琯，下辖何才杰、吕春琯、余××团）、第三旅［旅长邓瑞征（兼），下辖两个团］（二、三旅为开战后扩编部队）、炮兵团，黄日高、杨锦龙、吕定国等统，共1万多人；

广东护国军第四军　军长刘志陆（兼潮梅镇守使），参谋长杨幼敏，副司令卓贵廷，下辖卓贵廷（兼）、林良彝、关澄芳3个统，魏炯球独立营，饶富护士营，余鹰扬炮兵营，另有援赣军第四军改编的苏理中统和临时拨归的旧肇军改编的张驻云统，共5个统；

广东护国军第五军　军长魏邦平（兼广东警察厅厅长），副司令郑润琦，参谋长吴飞，下辖第一、二司令部，司令分别是郑润琦、陈章甫；

广东护国军第六军（驻惠州桂军编成）　军长刘达庆（兼惠州警备督办），前敌总指挥陈天泰，下辖刘茂棠、吕定祥、刁其昌、吴镜如等统领，共8000多人；

海疆军　军长李根源（兼海疆督办、琼崖镇守使），参谋长许崇灏（后改任兵站总监），副官长李朝阳，秘书长卢铸，下辖：第一旅（旅长李根澐，下辖张润生、周汝康两个团）、第二旅［旅长梁说，下辖赵德裕、李根澐（兼）两个团］、第三旅（旅长周兴权，下辖何福昌、李朝阳两个团）3个旅6个团，蔡炳寰独立团，张鉴桂炮兵团，卫队营，共约9000人；

广东陆军第一师　师长陈焜培（陈炳焜弟），参谋长莫鲁，下辖第一旅卢炎山（下辖一团曾植铭、二团何其多、三团甘尚贤3个团）、第四混成旅莫正聪（下辖一团李易标、二团吴雄镳、三团区日京3个团）两个旅6个团；

广惠镇守使李福林，下辖李雍、李芳两个统14个营；

高雷镇守使林俊廷，下辖胡汉卿等两个统；

钦廉镇守使黄志桓，清乡督办陆兰清，下辖陆兰清、冯铭锴等 4 个统；

第一路游击司令申葆藩，副司令江永隆，下辖喻炳伦、申少仪等 3 个统；

第二路游击司令邓文辉，下辖邓文辉、古日光、黄卷舒 3 个统；

广东海防司令部　司令周天禄，下辖军舰 6 艘；

广东江防司令部　司令申葆藩（兼），参谋长黄伦苏，下辖军舰 30 多艘；

广东海军陆战队　司令钮永键；

虎门要塞司令部　司令丘渭南（兼），下辖 1 个统；

广东飞机队　队长谭根；

卫队　司令陆日新，下辖 4 个营；

宪兵　司令谢卓英，下辖 2 个营。

共计约 40 个团（统）八九万人，号称 10 万。

（军政府）护法舰队　司令林葆怿，下辖海圻、海琛、肇和、飞鹰、永丰、永翔、同安、福安、舞凤、楚豫、豫章 11 艘军舰。

陆荣廷召开龙州军事会议后，通过军政府责成陈炯明攻打皖系的福建督军李厚基。因陈炯明不从，莫荣新调刘志陆部在闽粤边境布防，不久任命刘志陆为"征闽军"总司令，下辖 2.5 万人，分三路进攻。

第一路（中路）总司令卓贵廷，副司令关澄芳，从梅县和大埔进攻；

第二路（左路）总司令刘达庆，副司令刘梅卿，从平远进攻；

第三路（右路）总司令沈荣光，副司令邓瑞征，从饶平进攻；

直辖：江永隆副司令指挥的 4 个营。

8 月 11 日，护法军政府下达进攻福建的动员令，任命林葆怿为海陆军总司令、沈鸿英为"攻闽军"总司令，李根源为前敌总指挥，分三路进攻：

方声涛率靖国滇军为左路，从福建诏安进攻；

刘志陆率桂军为中路，从潮汕进攻；

吕公望率浙军为右路，从饶平黄冈进攻；

林葆怿率海军配合，从汕头向闽海前进（1918 年 11 月已任命林为福建督军）。

攻闽军总司令沈鸿英在接受任命后却"在粤北按兵不动"，只派其儿子沈荣光率 1 个旅赴前线归刘志陆指挥。

（二）粤军策划回粤

面对护法军政府头目岑春煊通电取消独立，孙中山马上通电否认统一，命令陈炯明立即回师攻粤，并提供 15 万元出发费，另派人做了大量辅助工作：

一是与福建督军李厚基谈判，以战胜后让出闽南为条件换取军费 50 万元和子弹 600 万发，解决了后顾之忧。

二是派人回广东组织一系列扰乱活动，派朱执信、徐绍桢、吴铁城、李朗如等人到珠三角地区联络旧部和民军，组织起义；策动前省长李耀汉和前潮梅镇守使莫擎宇组织旧部响应，还策反潮汕刘志陆部的广东籍将领。任命：

徐绍桢为救国军总司令，下辖：

第一军总司令周之贞，在四邑和肇属；

第二军总司令邹鲁，在东江；

第三军总司令何克夫，在北江；

第四军总司令黄明堂，在钦廉；

第五军总司令林警魂、任鹤年，在香山和顺德；

第六军总司令陆绍裘；

第七军总司令邓耀；

第八军总司令陈自先。

吴铁城为广东讨贼军总司令，下辖：

第一军总司令李安邦；

第二军总司令李绮庵；

海军陆战队司令陈策。

首先策动了江大、江固两舰逃出广州，驻江门的第二军陈得平营长宣布倒戈。

三是电请唐继尧调在湘的滇、赣军攻击桂军。因为年初在争夺驻粤滇军的领导权中桂系得罪了唐继尧后，唐曾相约援闽粤军东西夹击桂系。

地处狭小贫瘠、主客矛盾重重的闽南，时时不忘打回老家的陈炯明，接令后积极准备，首先抽调主力部队由许崇智率领，袭击了与岑春煊、莫荣新有联系的陈肇英浙军和张贞、杨子明等方声涛靖国军，迫其讲和，解决了后顾之忧。

得知桂军下达攻闽动员令，陈炯明于 8 月 12 日在漳州组织援闽粤军举行回粤誓师大会。此后援闽粤军取消"援闽"二字，改称"粤军"。此时编制如下：

总司令陈炯明，参谋长邓铿，参谋处处长叶举，下辖：

第一军（未另建军部，由总部兼）　军长陈炯明（兼），下辖：

第一支队　司令李炳荣，下辖第一统领许廷杰、第二统领饶寿平、第×统领王春林；

第二支队　司令熊略，下辖第三统领梁鸿楷（后扩为第十支队）、第六统领熊略（兼）、第十六统领丘耀西；

第三支队　司令罗绍雄，参谋长王若周，下辖第九统领李汉隆、第 ×统领罗绍雄（兼）；

第四支队　司令洪兆麟，副司令李云复，下辖第四统领洪兆麟（兼）、第二十二统领尹骥、第二十三统领李云复（兼）（全支队后扩编成 16个营）；

第六支队　司令邓本殷，下辖第八统领邓本殷（兼）（后以该部陈修爵营扩编为 1 个统）；

第一军警备队　司令陈炯光，下辖第一统领陈炯光（兼）、第二统领李荫轩、第三统领罗炎。

直属：第十统领钟景棠、第十一统领黄凤纶、第十七统领杨坤如（后扩为第十一支队）、第十九统领马永平、第二十一统领杨秉为；

第二军　军长许崇智，（后）参谋长蒋介石，副官长俞××，军需处处长陈永惠，军法处处长雷维森，下辖：

第五支队　司令关国雄，下辖 3 个营；

第七支队　司令吴忠信，下辖 10 个营；

第八支队　司令蒋国斌，下辖第十三统领温彦斌、第二十统领徐岳嵩；

第九支队（后留闽缩编）　司令林祖密，下辖 6 个营；

第十支队（后留闽缩编）　司令朱德才，下辖第二十五统领杜起云、第二十六统领张乃武、第二十七统领吴威、第二十八统领刘汉臣（后增编第二十九统领张兆鹏），下辖 15 个营；

直辖：第十二统领罗翼群、第十四统领谢文炳（后扩为第九支队）、第十五统领许济、第十八统领张国桢、第二十四统领孙本戎等；

第二军警备队（后留闽）　第一统领万黄棠、第二统领陈国华。

卫队司令张国桢（兼），护士（警卫）营营长许崇年。

第一预备队　司令翁式亮，下辖第七统领张化如；

第二预备队　司令陈小岳，下辖第五统领陈小岳（兼）；

第三预备队（后改为东江挺进队）　司令龚振鹏，下辖 3 个营；

炮兵第一团　团长翁式亮；

炮兵第二团　团长徐军雁；

飞机队　队长陈应权，总指挥杨仙逸，下辖飞机 6 架；

工兵营　营长吴柏；

骑兵营　营长许宗武；

宪兵营　营长罗辉堃；

地雷队　队长岑寿彰；

水雷队　队长梁士钿；

电信队　队长苏锋。

全部粤军共2个军10个支队30个统，再加上2个警备队5个统，计35个统145个营，共3万多人，其中留闽28个营。

8月16日，粤军分三路进攻桂军：

左路军：邓铿指挥，由洪兆麟支队、丘耀西统领等部组成，进攻潮安（今潮州）、汕头；

中路军：陈炯明指挥，由李炳荣、熊略支队、梁鸿楷支队、杨坤如统领等组成，进攻饶平、大埔高陂；

右路军：许崇智指挥，由第二军全部组成，进攻大埔、蕉岭、平远、梅县、兴宁。滇军（赣军）赖世璜支队随本路军前进。

以张醁村为兵站总监，留守漳州。

二、战役过程

第一期作战：轻取潮梅

粤军左路军开展进攻后，桂军纷纷溃退。桂籍统领张桂云枪杀粤籍帮统车渭英后，粤军官兵崩溃。8月19日，桂军前线总指挥刘志陆的卫队哗变，要求独立。接着，受姚雨平、邹鲁运动的刘部帮统周辉浦（前广东北伐军炸弹队队长）、率部3个营和独立营营长魏炯球（即魏耀奎）及炮兵营营长余膺扬宣布起义，刘志陆乘坐军舰逃往广州后饶富营长也宣布起义。20日，邓铿率部攻占汕头，并设立汕头卫戍司令部，由姚雨平任司令，下辖周辉浦、魏炯球两个统筹部队。

中路军17日克饶平，进至大埔高陂后与桂军激战数天直到其溃退。21日占潮安，准备进攻紫金。

右路军一路势如破竹，自16日克蕉岭后，接连陷大埔、占梅县、定兴宁，锋芒直指龙川、河源。

孙中山获攻占潮梅捷报，急汇3.5万元奖励粤军。

面对势如破竹的粤军攻势，方声涛靖国滇军不战而退，其嫡系夏述唐部先退至福建东山岛，吕公望浙军（即陈肇英部）按兵不动，林葆怿海军保持中立。

第二期作战：苦战东江

莫荣新惊闻潮梅前线丧师失地，2.5万人只剩下3000多人，急忙从后方调拨马济广东第一军大部（约1万人）、林虎广东第二军大部（1.5万人）、沈鸿英广东第三军2个旅又3个统（七八千人）、李根源海疆军3个旅（6000人赴前线，另任命原副官长李朝阳为琼崖卫戍司令、提拔赵德裕为旅长共同指挥留守部队）等部队共计4万余人直奔惠阳、河源前线。以林虎第二军为右翼；沈鸿英第三军、刘达庆部第六军、第一师卢炎山旅为左翼；马济第一军和卓贵廷部为中翼，在惠州策应；李根源海疆军到达后加入左翼，全部兵力共五六万人。同时向陆荣廷和广西督军谭浩明求援，获广西部队韦荣昌、陆裕光等部七八十营来援。

8月底，唐继尧令杨益谦部滇军（原李烈钧、朱培德部）袭扰滇桂边。

8月底，许崇智指挥右路军一马当先，进攻桂军重兵把守的东江上游重镇——龙川老隆（时非县城）。桂军第一路游击副司令江永隆指挥的4个营大部分被缴械，只率二三百人逃走。9月2日，粤军占老隆，旋即下龙川城。粤军第十七路统领杨坤如在石公神（今紫金县临江镇）截击乘船西下的桂军第一路司令卓贵廷部，预先在山头插满粤军旗帜，使桂军不知虚实不敢应战，俘获桂军路司令卓贵廷、统领刘传忠、帮统陈雷以下几千人枪。9月7日，粤军进占惠州屏障——河源。但桂系调沈鸿英第三军和李根源海疆军反攻，10日重占河源。粤军又集结兵力包围河源，沈鸿英再派兵增援。

与此同时，粤军中路军和左路军也先后攻克紫金县及蓝塘墟、惠阳横沥墟和三多祝墟等地。

陈炯明以蒋介石代替得病的许崇智指挥第二军，会合中路熊略、左路邓铿等部，合围惠州城。从9月15日起发起战斗，因惠州有桂军第六军司令、惠州警备督办刘达庆的重兵坚守，周边有马济、林虎等大量援军，在此来回拉锯了一个多月，其中林虎部曾反攻至三多祝，一度逼近海丰县城。

陆荣廷令谭浩明调30个营桂军东下支援，自率陆福祥旅等8个营奔赴肇庆。

湖南谭延闿派陈嘉祐率部和李明扬赣军联合出击北江，到达坪石。9月22日，身兼南韶连镇守使的沈鸿英听闻根据地受到威胁，加上看到电报署"督军马"，误认为与他争抢了多时的马济当上了督军，下令星夜从河源撤军。李根源苦劝无果，只好跟随撤退到龙门县。已打到海丰边境的林虎为保全本部，也向增城撤退。据守博罗县城的第一师师长陈焜培见各路军撤退，也撤往东莞石龙。

* 链接："督军马"非"马督军"

1920 年春，粤桂两方厉兵秣马，战争一触即发。莫荣新感到自己年老力衰（莫比陆荣廷长 5 岁，比沈鸿英长 17 岁），难以胜任，请求陆荣廷准其辞职，并推荐其儿女亲家沈鸿英继任督军。陆的义子马济，时任督军署参谋长兼广东护国军第一军总司令，以军纪整肃自诩，屡向陆密报沈部军纪废弛和沈的贪污行为，因此，陆对沈印象不佳，不同意莫荣新的推荐。陆拟以马济继任广东督军，但马年轻任性，不孚众望，陆未敢发表。此事为沈所知，沈与马济及陆荣廷的矛盾急剧增加。粤桂双方正在惠州激战时，军中盛传莫荣新即将退职马济将继任。9 月 22 日，沈鸿英接到"督军马"电报，沈不知"马"是"21 日"的代字，误认为马济已经当了广东督军，气愤地说："还打我个卵，替人家打天下。"随即下令撤军。李根源闻讯驰来劝阻，声泪俱下，但沈不听，迫得李根源、林虎两部只好跟着撤军。另一说法是马济未到前线，留在莫荣新身边策划军事并发号施令，擅用"督军莫荣新，马济代"，甚至用"莫荣新、马济"或"马济代"签署，引起不满。

粤军又打败沈鸿英和莫正聪援军，俘虏团长孙协荇等 3000 多人，于 10 月 16 日重新占领河源，整个河源战役共计歼敌约 1.5 万人。10 月 17 日，粤军向惠州发动全面进攻，22 日占领惠州，随即又占领博罗。

在粤军节节胜利的鼓动下，各地的广东地方实力派接二连三起义。9 月 11 日，原护国军第二混成旅旅长黄明堂召集旧部在雷州起义；14 日，魏邦平部广东第五军副司令郑润琦在香山起义；16 日，虎门要塞司令丘渭南在李耀汉和朱执信策动下起义；18 日，原高雷镇守使、时任五邑清乡督办兼广东第二军副司令陈德春宣告独立；26 日，广东第五军司令兼广东警察厅厅长魏邦平和广惠镇守使李福林在广州珠江南岸率部独立，李福林拥兵 34 营 1.2 万多人，魏邦平拥兵 19 营 8000 多人，军舰十余艘，并组织了"李魏联军"司令部。北江、西江、南路、琼崖也有不少县独立。其中代理帮统陈铭枢率广东第二军 3 个营在阳江独立，被编为李耀汉第六军第一纵队；钦廉镇守使黄志桓在钦廉、统领陆兰清在三水分别独立。9 月 30 日和 10 月 1 日，海疆军团长何福昌、蔡炳寰在琼州分别宣布独立。这些活动大大动摇了桂军的军心。

10 月初，皖系徐树铮将 25 万元汇至上海银行转给陈炯明，以补充军费。

* 链接：“革命圣人”、民军领袖朱执信

朱执信，1885 年出生于广东番禺（今广州市豪贤路），原名大符，笔名蛰伸、县解，祖籍浙江萧山。父亲是当地有名学者，曾任两广总督张之洞的幕僚。1902 年，朱执信入教会学堂。1904 年夏，考入京师大学堂预科班，并以广东第一名成绩考取留日官费生，入读东京法政大学法政速成科，其间结识了孙中山。

1905 年加入孙中山领导的同盟会，任评议部议员兼书记。1906 年大学毕业后，奉孙中山之命回国在广东高等学堂、法政学堂等地任教，在《民报》上连续发表文章介绍马克思、恩格斯的事迹，翻译《共产党宣言》和《资本论》部分内容，成为中国早期介绍传播马克思主义的重要人物之一。1908 年，参与策划巡防营起事。1910 年，在广东顺德一带发动民军响应广州新军起义。1911 年，任《中国日报》主笔和广州《可报》编辑，鼓吹革命，联络民军，先后联络和发动的会员有顺德的陆领，南海的陆兰清，番禺的李福林，新会的谭义，香山的林义顺，惠州的陈炯明、王和顺，钦州、防城的黄明堂等；4 月，亲自参与黄花岗起义进攻两广总督署之役，在激战中负伤而到香港休养。

武昌起义后，负责接洽李准反正事宜，联络并指挥民军响应起义，促成广东光复。11 月广东军政府成立，出任广东都督府总参议，负责拟定《广东省临时议会组织法》；帮助姚雨平从民军中挑选精英组织“北伐军”。1912 年南北和议达成后，任广东军政府执法处处长、核计院院长兼广（州）阳（江）军务处（后改称绥靖处）督办，被授予中将军衔。朱执信任核计院院长 1 年多时间内，大刀阔斧肃整财经纪律，“全省的纲纪，就此肃然”。（胡汉民语）。

1913 年参加“二次革命”，失败后前往日本。1914 年 9 月返港协助邓铿讨袁，11 月领导惠州、博罗、佛山起事。1915 年 11 月加入中华革命党，12 月受命为中华革命军广东司令长官。1916 年 2 月，指挥 4000 民军袭击番禺石湖兵工厂；4 月，指挥民军攻占新宁（今台山）等地；10 月，被北洋政府恢复陆军中将军衔；年底，奉命结束中华革命军后前往上海。1917 年 7 月随孙中山南下广东，担任护法军政府军事联络和掌管机要文书工作，负责协助孙中山撰写《建国方略》。1918 年 2 月，认为程璧光已倒向桂系，成为护法阻碍人物，遂组织志士将其刺杀；5 月，军政府改组后跟随孙中山专门从事党务工作及著述。

1920 年 8 月，朱执信返粤联络民军响应粤军回粤，劝桂军虎门要塞司令丘渭南脱离桂军独立得到应允，同时策动当地民军头领邓钧配合起义并承诺事成后将任要塞司令。9 月 16 日，虎门炮台守兵在丘渭南逃遁后宣布正式独立，派军舰到

香港迎接朱执信于 19 日到达虎门。因要塞部队曾经"围剿"过绿林，因此与民军势同水火，坚决不同意邓钧接任要塞司令。朱执信于 9 月 21 日约请邓钧到要塞司令部商议调解，宣布司令另委他人，邓钧等人另行安排职位。散会后，邓钧纠集部众袭击要塞司令部，邓钧被要塞部队打死，朱执信也被乱枪击中遇难。

孙中山得知后，沉痛地说："执信是革命的圣人""执信忽然殉折，使我如失左右手"。[1] 在朱执信遇难一周年纪念会上，时任中国共产党总书记的陈独秀送一副挽联："失一执信，得一广东，得不偿失；生为人敬，死为人思，死犹如生。"

朱执信遇难当日，其灵柩从虎门运抵香港。当年 12 月 15 日，军政府将其灵柩由宝璧兵舰运回广州。1921 年 1 月 16 日葬于广州东郊驷马岗（今先烈路）。公祭大会由孙中山与唐绍仪、伍廷芳、唐继尧四总裁联名致祭文，决定建立执信学校（今广州执信中学）以为纪念。1923 年在虎门镇海军医院内（今执信公园）立朱执信纪念碑，碑上有胡汉民手书的碑名和撰书的碑文。1936 年，因驷马岗墓地有白蚁，朱执信遗骸被迁到执信中学内，原墓则为衣冠冢。

第三期作战：席卷全省

莫荣新不甘失败，紧急部署石龙决战：一是命申葆藩率本部及邓文辉部、卫队和宪兵等共 20 营守卫广州，并监视广州河南"兵谏"的魏李联军；二是命林虎率部退至增城，作为左翼；三是命广东陆军第一师师长陈炯培指挥所部（欠卢炎山旅）协同原驻石龙之申葆藩部及广西来援部队守卫石龙；四是命广西来援的莫正聪旅第一团团长李易标和帮统苏廷有各率部潜于东莞、石龙之间；五是命马济军及卢炎山旅置于石滩策应；六是命沈鸿英、李根源整顿所部，回师截击。

10 月 23 日，陈炯明在惠州召开军事会议，部署进攻广州，仍是兵分三路：

左路：扫除东莞之敌，沿广九路左方前进，进攻广州东南；

中路：扫除东莞石龙之敌，沿广九路右方前进，进攻广州东部；

右路：扫除增城之敌，进攻广州西北部。

杨仙逸率领的飞机队在陆军部队控制虎门后，杨仙逸亲自驾机从虎门起飞空袭莫荣新的广东督军公署。

桂军的石龙决战计划尚未部署到位，粤军各部就发起进攻。桂军在东莞石龙前线的最高指挥官第一师师长陈炯培，被各部推举为总指挥，但陈炯培不敢就

[1] 中国国民党中央委员会党史委员会编订：《国父全集》（第 3 册），中国国民党中央委员会党史委员会 1973 年版，第 355 页。

任，还带头逃跑，造成全线崩溃。因拥挤无法过桥，桂军团长李易标、帮统苏廷有和原肇军改编的彭智芳营长宣布阵前起义。粤军 25 日克石龙，27 日占增城。

督军莫荣新看到败局已定，将督军印交汤廷光后率部离开广州，经粤汉路逃往上海。28 日，粤军进占广州。11 月 2 日，汤廷光将印转交陈炯明。

退入广州市的申葆藩部，根据陆荣廷和莫荣新授意，向粤军投降。沈鸿英部经从化退往北江其原防区，然后退入广西北部。马济、林虎二军主力则绕过广州，由增城石滩出增城，经从化、花县，在清远越过粤汉铁路，在石角墟渡过北江，到达四会，会合邓文辉、韩彩凤等部及督军署卫士队、宪兵等直属部队，共三四万人，向构筑有坚固阵地的肇庆进发。但在四会去肇庆的莲塘口，遭到李福林、魏邦平、陈铭枢和陈德春部的阻击，经过激战才冲破。回到肇庆后感觉大势已去决定继续西撤，在高要禄步墟又被粤军叶举部阻击，激战两天才突破阵地，后一直被追击至德庆。广东梅县人、团长黄任寰因不愿随军撤往广西，其上司林虎发现后主动告诉他可设法投靠粤军，遂向策反的钟景棠宣布起义。

李根源率部撤回广州后只身逃往香港；参战的海疆军余部约 4000 人滞留广州，交由旅长梁鉴桂以参谋长名义统辖。梁鉴桂与梁说等人将海疆军改名"护法滇军"，迎请刚刚释放的原滇军军长张开儒回任总司令。陈炯明恨海疆军助桂为虐，且恐其日后坐大为患，派熊略将在广州的"护法滇军"包围、缴械、遣散。"第一次驻粤滇军"历史结束。（11 月，退守厦门的方声涛部靖国军第六军第一旅旅长夏述唐受邀去李厚基督军署谈判时被杀，所部解体，方部滇军基本结束。）

11 月 21 日，陆荣廷通电桂军全部退出广东。月底，桂军全部撤回广西。桂系对广东的统治宣告结束。

援闽浙军陈肇英部不守信义，与福建靖国军旅长张贞组织"浙闽联军"，10 月底乘虚南下，打败了据守潮汕的姚雨平部，但被从广州来援的黄任寰率部追击至潮安，最后被迫投降缴械。陈肇英"援闽浙军"就此结束。

这次粤军回粤驱桂战役，也称为"第一次粤桂战争"。

接着黄明堂收复钦廉，黄大伟收复高雷，邓本殷进驻已被民军光复的琼崖。

粤军在 3 个月内，以 2.5 万人打败 10 万桂军，取得胜利的原因有四个：

一、粤军士气高涨，深得人心。一是士气高涨。粤军将士思乡心切，破釜沉舟。二是百姓支持。因桂系治粤四年，作恶多端，广东人民恨之入骨，纷纷破坏交通，坚壁清野，甚至直接组织民军参战。三是盟军众多。除赣督中立外，皖系支持财力，闽督支持弹药，滇军在桂北、湘军在粤北出兵袭扰，还有湘南的驻粤滇军杨益谦和鲁梓材部、驻湘赣军李明扬部、原援赣军赖世璜支队直接参战。

二、粤军善捕时机，策略正确。首先提出"粤人治粤""广东人不打广东人"的口号，师出有名；成功策反广东地方实力派独立，动摇敌人军心，潮汕前线许多中下层军官都被策反；其次是抓住最佳出兵时机，待桂系屯兵潮梅时迅速出兵一举歼灭。

三、桂军内部不和，战斗力弱。首先是桂军内部派系林立，互相争斗，指挥不灵，各自为战。其次是桂军官兵在粤多年已"大有所获，财多命贵"；"长官畏粤军如虎"，士兵亦不想客死他乡。最后是桂军中不少粤籍士兵普遍以不杀广东人为戒。

四、桂军轻敌麻痹，策略失当。首先是桂军领导层自认为兵多粮足，稳操胜券，轻视粤军，根本不把粤军看在眼里，没有全盘计划，下达攻击命令后总指挥不在前线，后方部队也没有动员。其次是策略消极，坐等粤军进攻，兵力分散处处设防，没有着眼于消灭有生力量。最后是一线兵力薄弱（才2万人），且是以粤籍人为主的刘志陆军，甚至对很多官兵被策反也浑然不觉。

三、建政整军（粤军第三次扩编）

（一）孙中山恢复军政府

1920年11月28日，孙中山偕唐绍仪、伍廷芳等抵达广州；29日，通电宣布恢复军政府（加上唐继尧共四总裁已超半数）。新军政府第一次政务会议通过：

任命：孙中山为军政府首脑；

推选：孙中山为内务部部长（兼），谢持为次长；

唐绍仪为财政部部长（未接受，由伍廷芳兼代），廖仲恺为次长；

唐继尧为交通部部长（王伯群署理）；

伍廷芳为外交部部长，伍朝枢为次长；

徐谦为司法部部长；

陈炯明为陆军部部长，程潜为次长；

汤廷光为海军部部长，林永谟为次长；

李烈钧为参谋部部长（蒋尊簋代理），蒋尊簋为次长；

马君武为总统府秘书长；

林永谟为护法舰队司令。

这是孙中山第二次在广东建立政权。因控制北京中央政府的直、奉军阀没有恢复国会和《临时约法》，因此孙中山又开始了第二次护法运动。

（二）裁署废道，设立善后处

1920年11月1日，孙中山在上海以中国国民党总理名义任命粤军总司令陈炯明兼任广东省省长（后兼国民党广东支部长），废除广东督军一职。陈炯明11月10日就任广东省省长，陆续以邹鲁（后古应芬、郭泰祺）为政务厅厅长，廖仲恺（后马育航、钟秀南）为财政厅厅长，陈独秀为教育委员长（后符鼎升为教育厅厅长），魏邦平为全省警务处处长兼省会警察厅厅长；邹鲁为两广盐运使。另外，粤海关监督仍为林鹃翔，高等审判厅厅长仍为黄用中，高等检察厅检察长仍为张仁普。

1921年1月撤7个镇守使署和6个道，设12个（后并成10个）区善后处。

1. 第一区（广州）善后处　处长李福林；
2. 第二区（东宝增龙）善后处　处长熊略；
3. 第三区（五邑）善后处　处长陈德春；
4. 第四区（花从清）善后处（未任命处长）；
5. 第五区（南韶连）善后处　处长谢文炳（后何克夫）；
6. 第六区（惠州）善后处　处长邓铿（后李炳荣）；
7. 第七区（潮梅）善后处　处长洪兆麟（原梅州善后处已并入）；
8. 第八区（肇罗阳）善后处　处长叶举（后翁式亮）；
9. 第九区（高雷）善后处　处长胡汉卿（后黄强、钟景棠）；
10. 第十区（钦州）善后处（后并入钦廉善后处）　处长黄明堂；
11. 第十一区（廉州）善后处（后改钦廉善后处）　处长黄志恒；
12. 第十二区（琼崖）善后处　处长熊略（后邓本殷）。

（三）粤军第三次扩编（1920年底）

陈炯明将粤军和回粤战争中发展的部队进行整编，序列如下：

总司令陈炯明，参谋长邓铿，参谋处处长叶举，副官长马育航，军务处处长张醵村，军需处处长吴小铭，军械处处长莫昌藩，军法处处长江侠菴，军医处处长黄仲文，政务处处长陈演生，前方兵站站长钟秀南，秘书处处长张国华（后舰务处处长周天禄）。

第一军　军长陈炯明（兼），下辖：

第一师　调梁鸿楷第十支队（战中由第三统扩编）和邓本殷第六支队第一统陈修爵部合编，师长邓铿，下辖1个旅又1个团共9个营；

第二师　由第四支队扩编，师长洪兆麟，下辖2个旅4个团12个营；

第三师　由起义的广东护国军第五军改编，师长魏邦平，参谋长杨言昌，副官长孔昭度，下辖1个旅又1个团和1个统，共12个营；

独一旅　由第一支队缩编，旅长李炳荣，下辖2个团6个营；

独二旅　由第二支队缩编，旅长熊略，下辖2个团6个营；

独三旅　由第六支队加收编桂军扩编，旅长邓本殷，参谋长陈丹书，副官长梁家干，下辖2个团6个营；

独五旅　由起义的五邑清乡督办兼广东护国军第二军副司令陈德春所部编成，旅长陈德春，参谋长林乾初，下辖2个团6个营。

第一路　收编部队编成，司令黄大伟，（后）副司令潘乃德，参谋长张唯圣，下辖3个统9个营；

　　第一统　由桂军莫正聪旅第二统大部加潘乃茂营改编，统领张韬；

　　第二统　由原马济的石井兵工厂卫队2个营加原桂军陈得平部起义军改编，统领陈得平；

　　第三统　由方振武的海军陆战队改编，统领温树德。

第二路　第一军警备队改编，司令陈炯光，下辖3个统9个营；

第三路　起义军和投诚土匪合编，司令陈觉民，副司令潘乃德，下辖3个统12个营（后在援桂战役中叛变、解体）：

　　第一统　由雷州土匪李福隆部改编，统领李福隆（旋被暗杀，部队解体）；

　　第二统　由桂军林俊廷部颜作彪统改编，统领颜作彪（1921年5月叛变，9月在灵山被缴械）；

　　第三统　由陈觉民在高州招募新兵编成，统领黄舜生。

第四路　招集旧部及民军编成，司令黄明堂，下辖5个统；

警备游击第一司令杨坤如，参谋长何彬，下辖4个统18个营，由第十一支队扩编；

警备游击第二司令陆兰清，下辖4个营，由起义投靠桂系粤军改编；

警备游击第三司令钟景棠，下辖4个营，由起义部队合编；

警备游击第四司令陈小岳，下辖4个营，由第二预备队扩编；

第一预备队司令翁式亮，下辖6个营，由张化如统加收编桂军扩编；

第二预备队司令罗绍雄，下辖6个营，由第三支队改称。

炮兵第一团　团长黄照荣，下辖3个营；

炮兵第二团　团长王惺庵，下辖3个营。

第二军　军长许崇智，参谋长蒋介石，下辖：

独四旅　由第五支队加收编桂军杨锦龙部3个营扩编，旅长关国雄，下辖2个团6个营；

第七支队　司令吴忠信，下辖6个营；

第八支队　司令蒋国斌，下辖2个统6个营；

第九支队（由第十四统领扩编）　司令谢文炳，下辖4个营；

直辖：第十五统领许济、第十八统领张国桢、第二十四统领孙本戎等。

第二军警备队　第一统领万黄棠、第二统领陈国华。

炮兵团　团长梁若谷（从韶关回广州投陈）。

福军　总司令　李福林，下辖34个营（随即整编成18个营）。

（以上步兵共计约200个营，总约4.5万人）

总司令部警卫团　团长马永平（由第十九统改编）。

广东宪兵　司令罗翼群（由第十二统改编）。

广东航空局　局长朱卓文（后张惠长副局长代），下辖：

第一飞机队　队长张惠长，副队长陈庆云，有水上飞机5架；

第二飞机队　队长陈应权，副队长林安，有陆机4架。

广东水上警察厅（由海防和江防舰队合编）　厅长魏邦平（兼，后龙荣轩），下辖舰艇30多艘。

虎门要塞司令部　司令何振。

在战争期间临时编成的部队有新编第四至六军及浩字营，战后全部改编或解散：

新编粤军第四军（先给魏邦平部，后由联络的驻东莞等部队编成），军长钟鼎基，下辖：第五支队司令钟生贻等；

新编粤军第五军（先给李福林福军，后给莫联络驻潮汕旧部），军长莫擎宇；

新编粤军第六军（联络驻肇罗阳部队编成），军长李耀汉，参谋长陈元泳，下辖：第一支队司令胡汉卿（后余六吉）、第二支队司令陈钧义（其中第一纵队司令陈铭枢）、第三支队司令李火庆等部。

粤军浩字营，总司令翟汪，下辖苏广支队、冯德辉、温良臣等部（后解散）。

赣军 司令邓文辉，驻韶关，（1921年3月）共3000多人，下辖：

第一梯团（由原李烈钧参谋部警卫团改编的李明扬支队扩编） 梯团长李明扬，下辖第一、二支队，支队长分别是陈金瑞、卓仁机，共1300多人；

第二梯团（由赖世璜支队在韶关扩编） 梯团长赖世璜，参谋长易简，下辖第三、四支队，支队长分别是吴建中、谢杰，共1000多人。

滇军（1921年初海疆军留驻海南2个团扩编，后调驻雷州） 司令赵德裕，参谋长蒋超青，下辖9个营：

第一梯团 梯团长何福昌（1921年5月被邓本殷扣押缴械并杀死）；

第二梯团 梯团长蔡炳寰（1921年5月被黄大伟收编为第四统）。

第六节　粤军之二：援桂（1921）

一、援桂战争起因

（一）孙中山就任非常大总统

孙中山重组护法军政府后，列强驻中国的外交团借口军政府权力只及广东一省不能代表西南，停止以前约定的将关税余款 13% 交付军政府的拨款。军政府外交部部长伍廷芳曾屡次提出抗议，并威胁武力接收海关，但列强出动大批炮舰驶入白鹅潭。孙中山认为北京徐世昌是总统，在国际上就比广州军政府叫得响，所以南方也必须成立一个名正言顺的政府。但陈炯明认为西南各省已树自治旗帜，在广东的旧国会议员距离选举总统的法定人数甚远。

孙中山在 1921 年元旦庆典上表示护法不能解决问题，希望在广东组织正式政府。4 月 4 日，孙中山宴请在广州的国会议员，正式要求国会从速选举总统。4 月 7 日，在广州的国会参众两院联合举行"非常会议"，共有 220 余名议员出席，由参议院议长林森主持，通过了《中华民国政府组织大纲》，并以 218 票选举孙中山为中华民国非常大总统。

＊　链接：孙中山"五五就职"大总统

陈炯明曾草拟"联省自治"、废除大总统名义改称执政的草案，征求段祺瑞意见并得到同意，后又征求各省的意见，且已得到唐继尧、赵恒惕、卢永祥等人的默契。大总统选出后，陈炯明又提出了暂缓就职的提议，认为最好的办法是："孙先生暂不就职，即便就职，也尽可以大总统的名义赴欧美各国作政治活动。"

有一天，孙中山找到正在省长公署午餐的陈炯明，笑说："竞存（陈的别字）你回粤来做了很多事情，同时大家都有了差事，不过独我一人还在向隅，望你委任委任吧。"陈敷衍一番。4月底，孙中山召粤军总部参议兼省长公署参议罗翼群至，曰："我由国会选出为大总统已逾半月，决不能不就职，形同儿戏。尔告竞存，我必须于4月内就职。"[1]罗述告陈炯明，陈蹙然曰："我已商之各将领，皆谓中山先生必欲就任大总统，亦不过是一时的广东总统而已。万一北京政府及邻省借词出师声讨，我等实难负战守之责。"罗回复孙中山先生后，孙乃曰："我被选为大总统，举国皆知。只要我一出师，长江及华北军民甚多欢迎归附者，北洋军阀决无力来犯粤省，桂军残部惩于侵粤之败，哪还敢再向粤谋？请竞存放心。我必须于本月内就职并速行北伐。成功自不用说，万一事败，则我出走，粤省任由竞存去和人家妥协，我可不管。这样好吧？"罗复将孙话原原本本转告陈炯明。

次日，陈炯明乃语罗曰："中山先生必要做广东总统，请其于5月5日就职如何？盖距国会选出之期亦尚未逾一个月。中华民国国庆为'双十'，今孙总统就职为'双五'，亦是恰好之纪念日也。"罗遂走报孙中山。孙笑曰："我是广东总统，竞存是广东皇帝，皇帝开了金口，我遵命就是。"遂定于"五五"就职。

孙中山就职大总统后，立即发布人事命令：

外交部总长伍廷芳，次长伍朝枢；

财政部总长唐绍仪（后由伍廷芳兼），次长廖仲恺；

内政部总长陈炯明（兼），次长吕志伊，下辖实业、交通局；

陆军部总长陈炯明，次长程潜；

海军部总长汤廷光，次长李国堂；

参谋部总长李烈钧；

总统府参军长徐绍桢（后林修梅、吕超）；

秘书长马君武（后谢持）；

大理院院长徐谦，下辖司法局；

总检察厅检察长林翔；

总参议兼文官长胡汉民。

军事委员会，隶属大总统，由参军长，参谋部总长、次长，陆、海军部总长、次长，云、桂、川、粤、湘、桂、赣省总司令组成，直辖：

---

[1]中国人民政治协商会议全国委员会文史资料研究委员会编：《文史资料选辑：合订本》（第七册），中国文史出版社1986年版，第52页。

粤军　总司令陈炯明，下辖第一、二2个军；

赣军　总司令彭程万，下辖2个梯团；

驻桂滇军（李烈钧旧部）　总指挥杨益谦，下辖3个旅；

靖国黔军　总司令卢焘，下辖5个旅；

中央直辖黔军　总司令谷正伦，下辖3个旅；

湖南讨贼军　总司令赵恒惕，下辖2个师10个旅；

（6月）广西陆军第一师　师长刘震寰，下辖2个旅；

（7月）四川讨贼军　总司令刘湘，下辖2个军；

（10月）云南北伐军　总司令顾品珍，下辖8个旅；

护法舰队　总司令林永谟，下辖海圻、海琛、飞鹰、永丰、永翔、同安、福安、舞凤、楚豫、豫章、肇和11艘军舰。

广东航空局　局长朱卓文（后张惠长副局长代），下辖：

　　第一飞机队　队长张惠长，副队长陈庆云，有水上飞机5架；

　　第二飞机队　队长陈应权，副队长林安，有陆机4架。

（10月）大本营警卫团（从粤军一师抽调部队编成）　团长陈可钰。

（二）桂军再次攻粤

第一次粤桂战争结束后，桂系约3万部队溃退返回贫瘠的广西，防区难以安排，财政无力支撑。加之各实力派首领的权力地位难以平衡，部分人野心勃勃，为避免内部分裂走向崩溃，桂军不得不再次铤而走险向外扩张。陆荣廷认为云南唐继尧被顾品珍驱逐后已无后顾之忧（陆、顾同属政学系），在粤西有一批可"反正"配合的投粤桂军；北京政府也十分支持，于5月20日任命陆荣廷为"粤桂边防督办"，并支持资金、枪弹一批（枪弹被皖系扣压）。年初序列如下：

1.粤桂边防督办　陆荣廷，驻贵县，下辖：

广西陆军第一师　师长陆裕光；

广西边防第一师　师长马鋆；

粤桂边防第一路　总司令林虎，下辖12个营，驻郁（玉）林；

粤桂边防第二路　总司令马济，下辖38个营，驻贵县、桂平等；

粤桂边防第三路　总司令韦荣昌，下辖17个营，驻梧州。

2. 广西护军使　陈炳焜，驻梧州，下辖：

粤桂边防第四路　总司令沈鸿英，下辖 16 个营，驻贺县；
荣字军　正司令韩彩凤，下辖 9 个营，驻苍梧。

3. 广西督军　谭浩明，驻南宁，下辖：

广西陆军第一混成旅　旅长李祥禄，下辖 10 个营，驻梧州；
巡防游击正司令秦步衢 3 个营，驻桂林；
巡防游击正司令蒙仁潜 5 个营，驻田南。

全军共 6 万余人，其中从广东撤回 3 万人改称"粤桂边防军"，原驻广西陆军和边防军约 3 万人。后将"粤桂边防军"改称"广西边防陆军"，重新整编：

广西边防陆军第一路，由粤桂边防第一路林虎部改编，总司令林虎（4 月黄业兴代），原辖正司令黄业兴、副司令苏世安，苏世安、李宗仁等统 12 个营，拟编 3 个支队 6 个统 12 个营，仍驻郁（玉）林；

广西边防陆军第二路，由粤桂边防第四路沈鸿英部改编，总司令沈鸿英，下辖沈荣光、何才杰、邓瑞征、杨子德 4 个旅 8 个团 16 个营，驻贺县；

广西边防陆军第三路，由粤桂边防第二路马济部改编，总司令马济（陆荣廷义子），原辖：陈良佐旅，正司令林俊廷、副司令吕春瑄，正司令刘达庆、副司令刘震寰，正司令刘炳宇，支队长唐绍慧，共 38 个营，驻贵县、桂平、容县等；改辖翟翰华、陈良佐 2 个旅 6 个团 12 个营，驻横县、贵县等；

广西边防陆军第四路，由粤桂边防第二路刘炳宇部改编，总司令刘炳宇，下辖陈天太、韦肇隆、刘玉山 3 个支队 6 个统领 12 个营，驻桂平、武宣；

广西边防陆军第五路，由马济第一混成旅卓瀛洲（卓锦湖）部改编，总司令卓锦湖，下辖黄超武等 3 个支队 8 个营，驻贵县；

广西边防陆军第六路，由粤桂边防第二路唐绍慧支队改编，总司令唐绍慧，下辖 3 个支队 11 个营。

广西陆军第一师（师长陆裕光，陆荣廷之子），下辖翟翰华、贲克昭等 2 个旅，陆云高等 4 个团加 1 个炮团；

广西陆军第一混成旅（旅长李祥禄），下辖李祥禄、韦冠英、马毓骝 3 个团 10 个营，驻梧州；

广西边防第一师（师长马鋆），原辖黄桂培、卢炎山 2 个旅 6 个团加 1 个炮团，拟调整为辖马鋆、陆福祥（陆荣廷义子）2 个旅 6 个团；

拟新编广西边防第二师（师长彭玉胜）和广西陆军新编旅（旅长陈焜培）；

原粤桂边防第三路总司令韦荣昌，改任桂平镇守使兼中区巡防队总司令，下辖正司令李子清、副司令刘震寰等共18个营，驻梧州；

荣字军正司令韩彩凤（陆荣廷义子），仍辖9个营，拟调整为辖3个旅8个团，驻苍梧；

龙州镇守使黄桂培所辖和秦步衢、蒙仁潜、林俊廷、吕春琯、申葆藩、江永隆、刘日福等其他巡防游击部队也在调整，还有卫戍司令高成忠。

拟再新招2万人，但实际未完成改编，所以部队不满编，且多仍按原称。

1921年6月13日，陆荣廷正式下令攻粤。桂军兵分三路：以陈炳焜部为中路出梧州攻肇庆，沈鸿英部为左路攻粤北以图韶关，林虎（黄业兴代）部为右路攻高、雷。谭浩明部驻郁（玉）林策应，并派人在粤西策动投靠粤军的旧部起事。

左路沈鸿英率先行动，派兵进攻连山和阳山。右路黄业兴和申葆藩部攻占化县、茂名等地，俘虏高雷善后处处长胡汉卿（后释放），洗劫了高州城。

（三）粤军分路迎战

陈炯明原本主张"联省自治"，与桂系签订互不侵犯条约，不赞成孙中山的西征计划，但面对桂军攻势被迫反击。6月20日，陈炯明抵达肇庆，命令兵分三路，迎战桂军。这次粤军"援桂"战役，也称为"第二次粤桂战争"。

左路：由翁式亮指挥，下辖第一预备队翁式亮部8个营，警备游击第五路司令丘耀西部4个营，第六路司令余六吉部3个营，第七路司令罗绍雄部4个营，独立团黎生部3个营，由高州出发；

中路：由叶举指挥，下辖第三师魏邦平部6个营，独二旅熊略部6个营，警备游击第一路司令杨坤如部18个营，江防司令魏邦平部舰艇30余艘，水兵1000多人，水上飞机2架，由肇庆进攻梧州；

右路：由许崇智指挥，下辖第一师邓铿部10个营，第九支队谢文炳部，许济团，由四会、广宁攻贺县、桂林。

二、援桂战役经过

1921年6月23日，粤军中路军三面抵达广西咽喉和税源重地、陈炳焜率1万多人防守的梧州。6月25日，正当粤桂两军在梧州近郊开战时，因事先受国民党运动的刘震寰部突然阵前倒戈，被重金收买的韦荣昌也乘机率部撤离梧州，沿西江向桂平方向退去，不久即宣布就任粤方委派的"广西善后督办"之职。陈炳焜无奈，仓皇沿抚河北遁，至平乐时即通电辞职。26日，粤军进占梧州。陈炯明将粤军总司令部移至梧州，并委任刘震寰为广西陆军第一师师长。

6月27日，孙中山任命陈炯明为"援桂"粤军总司令，率军攻击桂军。同时令总统府参谋总长李烈钧与云南唐继尧、贵州卢焘组成"滇黔赣讨陆联军"并兼任总司令，从桂西、桂北直捣桂林、柳州，配合粤军作战。联军下辖：

第一路 赣军，总指挥彭程万，下辖李明扬、赖世璜2个旅；

第二路 滇军（李烈钧原驻湘南旧部），总指挥杨益谦（后朱培德），下辖朱培德（第七旅）、杨益谦（后胡思舜，第二十旅）、胡国秀3个旅；

第三路 滇军（随唐继尧逃离云南），总指挥李友勋，下辖胡若愚、李友勋2个旅；

第四路 黔军（为追捕叛将而进入广西的卢焘部），总指挥谷正伦，1个旅；

第五路 黔军（为追捕叛将而进入广西的卢焘部），总指挥胡瑛，1个旅。

在粤军和联军的凌厉攻势下，广西边防军第三军军长沈鸿英不战而退，并于7月9日在贺县宣布"与陆荣廷脱离关系"，并将所部改成"救桂军"；在高州的粤桂边防第一路军司令黄业兴部顶不住进攻退回郁（玉）林；防卫浔州的第六军总司令刘达庆因怀疑被陆荣廷监视也于7月15日宣布与陆荣廷脱离关系；桂林秦步衢、韩彩凤和柳州贲克昭等守军将领也宣布"自治"。

右路军占领贺县后直指桂林时，已宣布"反正"的沈鸿英企图抵抗，粤军在滇、黔、赣军配合下猛攻，于7月13日占领桂林。沈鸿英率部逃往湘东。

7月16日，粤军占领浔州。18日，陈炯明率司令部到达浔州，并督师分三路水陆攻打南宁防卫要冲——贵县。守军主将谭浩明闻讯逃跑，部下竞相溃逃。粤军拿下贵县后，左右二路会合挺进南宁。7月19日，陆荣廷通电宣布解职。7月25日，孙中山任命马君武为广西省省长，刘震寰为广西全省绥靖副主任。

8月4日，粤军占领南宁，陆荣廷、谭浩明等逃往龙州。8月8日，陈炯明抵达南宁，成立善后处。

9月11日，陈炯明下令对聚集在龙州不愿投降的2万多桂军进行总攻击。桂军土崩瓦解，纷纷投降，陆荣廷、谭浩明等逃往越南。

历时3个多月的"第二次粤桂战争"至此结束，双方各伤亡万余人。

桂军失败原因一是将才缺乏，主将多是绿林出身；二是军心不稳，士兵对上年失败记忆犹新皆无斗志；三是战略失宜，重点聚于两翼，而中路薄弱，致梧州被占饷源断绝，根本动摇；四是军实不充，乞援子弹被扣，本身不会制造，致子弹告罄；五是失道寡助，招惹滇黔赣军与粤军一起进攻。

三、粤军完成整编（粤军第四次扩编）

平定广西后，粤军达到鼎盛时期，全军总数已达八九万人。其编制是：

粤军总司令陈炯明，参谋长邓铿（后张醁村代），总参议黄强，参谋处处长叶举，副官处处长翁式亮（后练演雄），军务处处长张醁村，军需处处长吴小铭（后练锡祺、李宗岳），军法处处长黄其藩，军医处处长陈云舒，舰务处处长周天禄，前方兵站站长钟秀南，秘书处处长张国华。

第一军　军长陈炯明（兼），参谋长邓铿（兼），下辖：

第一师　师长邓铿（兼），参谋长陈可钰（调任警卫团团长后李济深接），副官长李济深，下辖：

第一旅（由梁鸿楷支队改编）　旅长梁鸿楷，下辖：

第一团　团长谢毅；

第二团　团长徐汉臣。

第二旅　旅长杨秉为（未到职），下辖：

第三团（第五支队第一统改编）　团长陈修爵；

第四团（原新六军李耀汉部陈铭枢统改编）　团长陈铭枢。

第二师　师长洪兆麟，参谋长杨云昌，副官长孔昭度（后洪兆康），军械处处长伍树楠，军法处处长黄宗宪，下辖：

第三旅（第二十二统为主扩编）　旅长尹骥，下辖：

第五团　团长林一足（后贺瑞廷）；

第六团　团长罗献祥（后邓桂生）。

第四旅（第二十三统为主扩编）　旅长李云复（后姜汉翘），下辖：

第七团　团长纪泽波；

第八团　团长姜汉翘（后王昌期）。

第三师　师长魏邦平，参谋长杨言昌，参谋处处长胡铭藻，副官长孔昭度（后马毓藩），军需处处长俞则民，下辖：

第五旅（第五军第二司令部改编）　旅长陈章甫，参谋长李奇（字辉南），下辖：

第九团　团长巫琦；

第十团　团长李杰夫（字雄伟）。

第六旅（后由第五军第一司令部改编）　旅长郑润琦，下辖：

第十一团　团长魏觊明；

第十二团（原第十二统）　团长郑润琦（兼，后李如枫）。

独一旅　旅长李炳荣，下辖：

第一团（第一统改编）　团长许廷杰，驻东莞；

第二团（第二统改编）　团长饶寿平，驻惠阳。

独二旅　旅长熊略，下辖：

第一团（第六统改编）　团长林烈；

第二团　团长陈已（后林国光）；

（后）第三团（起义桂军改编）　团长苏廷有。

独三旅　旅长邓本殷，参谋长邓承荪，驻海口，下辖：

第一团（第八统改编）　团长陈凤起；

第二团（投诚桂军编成，后缴械重建）　团长施少卿（后林捷之）。

独五旅　旅长陈德春，参谋长林乾初，下辖：

第一团　团长王定华；

第二团　团长陈家威（字汝严）；

第三团　团长黄其胜。

独六旅（由第一预备队改编）　旅长翁式亮，下辖：

第一团（原桂军刘梅卿团）　团长黎笙，驻广西；

第二团（第七统改编）　团长张化如，驻新兴；

（后）第三团　团长陈绍鹏。

第三支队（第二预备队）　司令罗绍雄，下辖：

第一统领朱尚武；

第二统领李汉隆。

另将招抚、收编、兵运而来但又不宜编入其他旅的部队，按地区先后编成7路和7个警备队，属地方军性质，地位相当于旅，但兵员多寡不一。

第一路　司令黄大伟，参谋长陈雄洲（后张唯圣），下辖：

第一统领王懋功（原统领张韬在高州与桂军作战中投降）；

第二统领陈得平；

第三统领温树德（后邱鸿钧）；

第四统领张唯圣（兼）（原滇军蔡炳寰团，后缩为赵相如独立营）。

第二路　司令陈炯光，参谋长谢婴白，下辖：

第一统领林子云；

第二统领严胜（四营营长翁辉腾）；

第三统领谭启秀。

第四路　司令黄明堂，后驻廉州，下辖：

第一统领罗汉初（剿匪战死后杨弼臣即黄志恒部统领杨廷光接）；

第二统领黄日权（黄明堂之子，后黄乔荪接）；

第三统领丁守臣（后一度叛黄投靠苏慎初，后又反正回来）。

第五路（警备游击第三司令部加黄任寰起义部队、惠州警卫军编成）　司令钟景棠，（后）副司令黄任寰，下辖：

第一统领罗应平（后苏世安）；

第二统领黄任寰（兼，后李子青）；

第三统领陈自先（后吴庆恩）。

（后收编福军2个营编成）第四统领　刘维汉。

第六路（桂军高雷镇守使率部起义编成）　司令胡汉卿，参谋长胡钦柏，驻高州，下辖：

第一统领杨开运；

第二统领周桂森。

第七路（粤桂边防军第一路第一支队6个营等投诚部队编成）　司令黄强（后黄业兴），副司令黄业兴，共6000多人，驻雷州，下辖：

第一统领黄其祥；

第二统领吴葆公；

第三统领翟崇亮。

独立团（后编）　团长黄冠西。

第一警备队（警备游击第一司令部改编）　司令杨坤如，参谋长骆凤翔，下辖：

第一统领邓乃忠（原桂军营长）；

第二统领杨腾芳（后余宏锦）；

第三统领杨坤如（兼，后钟子廷）。

（后）新编队统领　丘国忠。

第二警备队（警备游击第二司令部改编）　司令陆兰清，驻鹤山，
下辖：

第四统领×××（不久缩编为1个营）；

第五统领×××（不久缩编为1个营）。

第三警备队（钦廉镇守使率部起义编成）　司令黄志恒，驻廉州，
下辖：

第六统领杨廷光；

第七统领林国佩。

第四警备队（警备游击第四司令部改编）　司令陈小岳，驻两阳，
下辖：

第八统领喻炳伦（原申葆藩部统领起义，后撤职，养子喻
英奇）；

第九统领陈小岳（兼）；

第十统领李安邦（收编北江土匪组成），辖2个营，驻北江；

第十一统领黄凤纶，辖2个营，驻东莞；

第十二统（由香山护沙队改编成）统领郑润琦（后编为第三
师十二团）。

第五警备队（第十六统加起义桂军扩编）　司令丘耀西，下辖：

第十三统领陈汉洲；

第十四统领邱可荣（原肇军团长，后被林虎收编）；

第十五统领余六吉（率驻虎门要塞肇军2个营起义编成），
驻罗定；

第十六统领袁带（起义民军编成），辖3个营，驻广宁（后
编为第八警备游击队）；

第十七统领徐东海（土匪改编），3个营，驻两阳；

第十八统领黄汉（江门陈德春收编桂军部队编成），辖3个
营（后裁）；

第十九统领陈继虞（原琼崖国民义勇军总司令，拥有4个支
队，已光复琼崖全境），辖3个营，驻海南岛乐会（后由吴
伯年接统领）；

第二十统领杨秉为（原第二十一统改称，后裁）。

第六警备队（广惠镇守使率领福军起义缩编成）　司令李福林，

副司令李壅，下辖6个统18个营（后以李壅、李芳为第一、二司令，各辖3个统）：

第二十一统领李湛，帮统吴近；

第二十二统领李壅（兼，后李芳），帮统袁德墀（稚）；

第二十三统领郑咏深；

第二十四统领李群，帮统刘超常（驻广州）；

第二十五统领何荣洲；

第二十六统领林驹。

钦防军司令冯铭楷（原钦州督办），辖4个营，驻钦州东兴。

第一警备游击统领卢华龙（桂军改编，后被邓本殷缴械），辖2个营。

第二警备游击统领朱德才（原第十支队司令所部缩编），驻福建。

炮兵第一团　团长黄照荣，下辖3个营；

炮兵第二团　团长王惺庵，下辖3个营。

第二军　军长许崇智，参谋长蒋介石，副官长张宗英，军需处处长陈永惠（后万黄棠），下辖：

独四旅　旅长关国雄，参谋长李毅，下辖：

第一团　团长杨锦龙；

第二团　团长吕春荣。

独七旅（第七支队改编）　旅长吴忠信，下辖：

第一团　团长陆学文（后张海洲）；

第二团　团长吴忠信（兼，后林声扬）。

第七旅（第九支队改编）　旅长谢文炳，下辖：

第十三团　团长谢宣威；

第十四团　团长何梓林。

第八旅（由第十五、十八、二十四统合编）　旅长张国桢，下辖：

第十五团　团长许济；

第十六团　团长孙本戎。

第九旅（第八支队扩编）　旅长黄国华，驻广西，下辖：

第十七团（第十三统改编）　团长刘志达；

第十八团（第五十七营和第二十统合编）　团长张民达。

警备队第一、二统领李奇、陈国华，各下辖3个营（后裁撤）；

南顺警备司令陆领，下辖2个团6个营，驻南海、顺德（后编为第五警备游击队）。

广西讨贼义勇军（2月民军组成） 司令莫国华，下辖2个团（10月解散）。

炮兵团 团长梁若谷。

总司令部警卫团 团长马永平，下辖3个营。

宪兵司令罗翼群，下辖2个营。

以上合计共约200个营（在整编中已裁撤部队30多个营）。

广东水上警察厅 厅长龙荣轩，下辖江字和广字系列舰艇等30多艘。

虎门要塞司令部 司令吴礼和；

长洲要塞司令部 司令陈策。

广东军械局 局长周子禄（后叶采南）。

广东陆军测量局 局长罗惠群。

广东（石井）兵工厂 总办朱卓文（后陈永善）。

粤军军官讲习所，所长张国桢，驻黄埔。

1922年1月，孙中山电令各将领分头剿匪：叶举负责南宁等地；许崇智负责桂林、平乐等地；刘震寰负责思恩、柳州、庆远等地；何国梁负责龙州等地；魏邦平负责浔州（今桂平）、梧州等地。孙中山任命叶举为广西全省绥靖主任。

1922年3月，广西省省长马君武发出通告：从4月1日起，除陆军第一师外，其余桂军军队一律改编为警备军，共分8路。

广西陆军第一师 师长刘震寰，副师长周毅夫，参谋长冯焯勋，副官长黎鼎鉴，下辖：

第一旅旅长韦冠英，下辖王达材、曾玉珠2个团；

第二旅旅长严兆丰，下辖熊镐、张建2个团；

第一统领黎鼎鉴（兼），第二统领谭毓藩，第三统领何中权，第四统领刘权中，第五统领李谓清，独立团团长宋洪星（除第一统领其余先后脱离）。

广西省警备军，总指挥由省长马君武兼，下辖：

第一路司令兼梧州警备司令部司令黄昭荣；

　　　副司令兼武宣警备司令部司令贲克昭；

第二路司令兼浔州警备司令部司令陈景虞；

第三路司令兼武鸣警备司令部司令吕春琯；

第四路司令兼百色警备司令部司令莫昌藩；

第五路司令兼郁林警备司令部司令李宗仁，辖李石愚、何武2个支队；

第六路司令兼柳州警备司令部司令刘玉山；

第七路司令兼田南警备司令部司令马晓军，辖白崇禧、黄绍竑 2 个统领；

第八路司令兼桂林警备司令部司令许宗武。

5 月，叶举率粤军回师广东后，孙中山任命刘震寰为广西绥靖处督办。所改编的桂军部队纷纷脱离关系，变成互不统属的自治军，总数有三四万人。

自 1921 年 9 月"第二次粤桂战争"结束至 1922 年"六一六事变"，是陈炯明粤军的鼎盛时期。

第七节　粤军之三：分裂（1922）

一、孙中山督师北伐

（一）设立桂林大本营（孙中山第一次北伐）

桂局基本平定时，湘鄂战争爆发，赵恒惕率湘军攻鄂。孙中山认为这是北伐良机。非常国会于 1921 年 8 月 10 日通过出师北伐案。10 月 15 日，孙中山出巡广西，24 日到达南宁，29 日回到梧州，开始设立大本营，先后任命参谋长李烈钧、总参议兼文官处处长胡汉民、参军处处长吕超、军法处处长蒋作宾（后孔庚）、宣传处处长田桐、军务处处长张孝淮、兵站处处长吴介璋、建设处处长陈少白、度支处处长林云陔、军粮局局长赵士觐、无线电局局长冯伟、卫士长卢振柳、侦察队队长李天德、警卫团团长陈可钰。12 月 4 日，孙中山到达桂林。抽调滇、黔、赣、粤军共 16 个旅（后余 13 个旅）3 万多人，准备北伐。

1922 年 2 月 3 日，孙中山发布北伐动员令：

第一路：总司令李烈钧，攻江西，统率：

　　彭程万部赣军 2 个旅（旅长李明扬、赖世璜）；

　　朱培德部滇军 3 个旅（旅长王均、胡思舜、胡国秀，不久胡国秀回滇）；

　　唐继尧部滇军 2 个旅（旅长李友勋、胡若愚，不久被唐利诱回滇）；

　　谷正伦部黔军 2 个旅（旅长彭汉章、王天培，不久回黔投靠袁祖铭）。

第二路：总司令许崇智，联合湘军攻湖北，统率：

　　本部粤军第二军 5 个旅 1.4 万人；

　　李福林福军 2 个支队 5 个统。

（二）夺取舰队稳后方

1922年3月21日，粤军参谋长兼一师师长邓铿在广州大沙头火车站被暗杀。

粤军参谋长由张醁村暂代，一师师长先由陈炯明兼，旋即由梁鸿楷代理。

因湖南方面反对北伐军过境，孙中山决定改道江西北伐，为避免陈炯明阻挠，命令各军秘密返粤。但北伐军先遣司令、粤军第二军第七旅旅长谢文炳发电报向陈炯明告密，陈炯明调动驻广西浔州附近的叶举部回粤。

陈炯明因主张"联省自治"，不热心北伐。孙中山在梧州和肇庆两度电召陈炯明前来会晤，要求其筹款500万元并参加北伐。陈炯明本已上船，因部属反复劝告，最终未成行，遂提出辞职。孙中山于4月21日下令免去陈炯明广东省省长、粤军总司令及内务部总长三职（任命伍廷芳继任省长、徐绍桢继任内务部部长、魏邦平兼任广州卫戍司令）。陈炯明于即日宣布下野，离开广州回惠州，下野前任命参谋处处长叶举为粤军总指挥，军务处处长张醁村调充参谋处处长、代参谋长。

为避免引起内战和促陈炯明回心转意，4月22日孙中山下令各军不入广州，经三水、清远直赴韶关集中。23日，孙中山回到广州，派伍朝枢前往惠州迎接陈炯明回省共商北伐大计，并电陈劝其以陆军总长名义率军北伐，但陈炯明没有从命，仅对陆军部进行改组，下设总务厅厅长练演雄，副官长林贤绍，军需司司长吴少铭，军务司司长陈觉伦，军学司司长胡兆鹏，军法司司长钟×，秘书陈炎、莫纪彭。

4月26日晚，根据孙中山的授意，长洲要塞司令陈策、广东水鱼雷局局长温树德及护法舰队非闽籍军官吴志馨、田士捷、李毓藩等人，密商以武力夺取护法舰队各舰，驱逐控制舰队的闽系力量。27日中午，由温树德率领敢死队向驻泊黄埔的护法舰队各舰发起突袭；陈策则率部突袭驻省河白鹅潭的护法舰队军舰。至下午4时，夺取护法舰队的11艘军舰及攻破海珠司令部，拘捕舰队司令林永谟和参谋长毛仲芳，驱逐闽籍海军官兵1100余人（后分批资遣回籍）。

4月30日，孙中山任命：

温树德任护法舰队司令，常光球为舰队参谋长；

孙祥夫接任海军陆战队司令，马伯麟接任长洲要塞司令；

后又任命陈策为航政局局长兼广东海防舰队司令，何振为虎门要塞司令。

温树德兼海圻舰舰长，吴志馨任海琛舰舰长，田士捷任肇和舰舰长，欧阳格任飞鹰舰舰长，冯肇宪任永丰舰舰长，丁培龙任永翔舰舰长，招桂章任楚豫舰舰长，林若时任福安舰舰长，田炳章任同安舰舰长，何翰澜任豫章舰舰长，袁良骅任舞凤舰舰长，去除闽籍人，粤籍人占半数以上。

5月，孙中山令陈炯明以陆军总长名义接收广东总司令职权，并派古应芬等到惠州迎接陈炯明回省，但陈炯明回电向孙请假。孙中山同时委任：

叶举为粤桂边防督办，以粤西和梧州为其驻地；

关国雄为第二军第四师师长兼大本营梧州陆海军总司令（下辖何梓林第七旅和自兼旅长的独四旅），冯轶裴为参谋长，驻梧州；

何梓林为第二军第七旅代旅长（原旅长谢文炳叛变并回湖南老家），许济为第八旅旅长（原旅长张国桢辞职），黄国华为第九旅（新成立）旅长。

陆学文接任第二军独七旅旅长（因原旅长吴忠信辞职）。

许崇灏为粤汉铁路警备司令，夏重民为广三铁路警队司令。

同时决定增调粤军第一师和第一路军参加北伐。

（三）改道北伐占赣南（孙中山第二次北伐）

因第一次直奉战争已于1922年4月29日爆发，参加了"反直三角联盟"（亦称粤皖奉三角同盟）的孙中山急于发动北伐。5月6日，孙中山离开广州赴韶关督师，随即任命李烈钧为北伐军总司令，许崇智为总指挥，全军约13个旅大约4万人。5月8日，发布总攻令。

左路：指挥黄大伟，率粤军第一路王懋功、陈得平、邱鸿钧3个统四五千人，从仁化攻崇义、上犹；

中路：指挥李烈钧，率朱培德的滇军王均、胡思舜2个旅五六千人、彭程万赣军李明扬、赖世璜2个旅三四千人，从南雄攻大庾（余），共9000人；

右路：指挥许崇智，率粤军第二军（除第四师独四旅外4个旅）约1万人、第一军第一师4个团约8000人、李福林福军李芳、李雍2个支队共5个统四五千人，从南雄攻信丰；

总预备队：陈嘉祐部湘军1300人；

飞机队　队长张惠长，副队长陈庆云，下辖飞机6架和飞机掩护团；

炮兵团　团长梁若谷；

护士营　营长梁士锋。

北伐军于6月13日攻克赣州，15日前锋进入万安，19日占领泰和。战败的江西督军陈光远已于6月8日通电辞职。

二、粤军炮轰总统府

1922年5月5日，第一次直奉战争结束，奉系军阀张作霖兵败退至关外，北京政府为直系军阀头子曹锟、吴佩孚控制。曹、吴提出恢复第一届国会和黎元洪复职的主张。6月1日，以旧国会议长吴景濂为首共203人联名发表宣言，宣布徐世昌为非法总统；2日，徐世昌总统被迫辞职；3日，由蔡元培领衔教育文化界知名人士200余人致电孙中山，吁请停止北伐，与徐世昌同时下野；10日，黎元洪总统上台，宣布恢复法统。这导致孙中山倡导的"护法"运动失去目标。

5月8日，叶举率领驻桂粤军50多个营2万多人到达肇庆，赴惠州谒见请示陈炯明后，于5月18日率部乘虚入驻广州，提出了"清君侧""除宵小"等口号。5月20日，叶举等公开联名致电孙中山，要求复任陈炯明为广东总司令。因叶举部按日向财政部滋闹索饷，财政部部长廖仲恺请孙中山暂时返穗震慑。5月27日，孙中山下令"陈炯明以陆军总长办理两广军务，所有两广军队悉归节制调遣"。陈炯明接到这道命令后不置可否，但回电说："已饬叶举等回防，并以人格生命担保叶举必不发生轨外行动。"6月1日，孙中山自韶关返广州，打算召集叶举等当面谈话解决军饷和移防问题，但是叶举不见并避往石龙去。6月12日，孙中山召集广州各报记者举行谈话会说："我现时决定处置的方法，下命令要他们全数退出省城三十里之外。他们若不服从命令，我不难以武力压服。"[1] 14日，叶举召开会议，决计将孙中山驱离广州。攻打总统府的总指挥是熊略。部署是：钟景棠部攻击鱼珠、牛山炮台，监视黄埔各舰；洪兆麟部以一旅攻击粤秀楼的总统卫士队，以一旅配合罗献祥旅攻击总统府正面的警卫团；熊略旅担任沙河、大沙头、长堤一带的戒备；陈炯光部担任西关一带的戒备；江防司令周天禄和炮兵司令王惺庵配合进攻。15日，叶举领衔数十粤军将领联名通电孙中山请他与徐世昌同时下野。16日凌晨3时，洪兆麟率部2000多人围攻总统府和孙中山的住地观音山粤秀楼，后增加熊略部1000多人，合计4000多人，而守卫这两处的部队只有陈可钰率领的警卫团第二营和第一营一部及姚观顺率领的卫士大队，共八九百人。

因收到熊略、魏邦平等人预先传送即将攻打总统府的消息，在大家的劝说下孙中山在敌人发起进攻前化装离开粤秀楼，后到达码头登上宝璧舰，受到江防司令陈策的迎接，随即亲拟号召各军平叛电稿交陈策用无线电发出。6月16日拂

---

[1] 中山大学历史系孙中山研究室、广东省社会科学院历史研究所、中国社会科学院近代史研究所中华民国史研究室合编：《孙中山全集》，中华书局1981年版。

晓，孙中山率 3 舰到长洲。海军司令温树德来谒见，并请孙中山转登他的座舰永翔舰上指挥军事行动。

进攻总统府的部队因遇重机关枪和手提机枪（30 挺，由杨仙逸从檀香山所购）积极抵抗，伤亡三四十人，叶举下令开炮助攻。战至午后，警卫部队弹药将尽，伤亡十余人。黄惠龙、马湘掩护宋庆龄从粤秀楼来到总统府，适熊略派人来谈判，陈可钰同意缴械解散。

叶举遂在广州城张贴布告曰："国会恢复，护法告终；粤军将士，一致赞同。请孙下野，表示大公；诸色人等，安居勿恐。"这就是"六一六事变"。

* 链接：孙中山的忠诚"卫士"林树巍

林树巍，字拯民，出生于 1889 年，广东信宜县（今信宜市）镇隆镇人。

清末考入广东陆军速成学堂步兵科学习，不久加入同盟会。1910 年参加广州新军起义，失败后回信宜与陆匡文秘密组建同盟会南方支部信宜分部。1911 年 4 月参加广州黄花岗起义，失败后回信宜筹集枪支、弹药；10 月，武昌起义爆发后，林树巍在信宜团防局挑选人员组织了一支选锋队首先响应，向高州城挺进，同高雷部分新军和民军一起从四面八方包围了高州城，使高雷起义获取成功。

1913 年"二次革命"爆发后，奉朱执信之命任高雷两阳四邑司令，后改任高雷总司令，参与讨袁驱龙；后被广州湾（今湛江市）法国租界当局逮捕，因孙中山致电法国政府提出强烈抗议，才被押解往越南河内囚禁、释放。

1921 年 5 月，任孙中山总统府中将参军。1922 年 6 月 15 日下午叶举发动兵变前，得到粤军陈德春部连长赖达秘密报告后，林树巍和林直勉、陆志云迅速奔到粤秀楼向孙中山报告，并力劝孙中山离开，但孙中山不肯。16 日凌晨 1 时，兵变已经开始道路戒严之际，三人拿白布长衫给孙中山披上，用力挽着孙中山离开粤秀楼。走到惠爱路时被叛军哨兵拦阻盘问："往何处去？干什么的？"林树巍指着孙中山说："我的母亲患了重病，不得不深夜请这位医生到家里诊治。"但没能允许通过。林树巍又说："我们住在高第街，你们如若不信，就请同我们到家里看看。"哨兵看见孙中山穿了件白夏布长衫，戴墨晶眼镜，十足像个医生，才予放行。到靖海路时，又遇到叛军，四人从容镇定，得以安全通过。他们沿长堤走到江边，雇小艇渡江，陪同孙中山登上了楚豫舰。

1923 年 1 月出任高雷讨贼军总司令，兴师讨贼，打败陈军胡汉卿部。2 月，被任命为高雷绥靖处处长，不久所部改编为中央直辖第二军第四师，任师长；率部打败了申葆藩部。10 月，受邓本殷率领的八属联军万余人进犯，林树巍战事失利退出高州，余部改编为西路讨贼军第五师，仍任师长。1925 年 6 月，"杨刘叛乱"发生后，宣布脱离刘震寰指挥，被编为建国桂军第一师；8 月，廖仲恺被刺杀后，因受牵连在广州的后方办事处被缴械，林树巍闻讯逃往香港。

1931 年，曾出任中山县公安局局长。抗战时期居住在香港，因拒绝汉奸林柏生的拉拢出任香港维持会会长，秘密回到家乡。抗战胜利后，出任信宜县参议会议长。1949 年病逝。

6 月 17 日，孙中山从长洲率 7 艘军舰向白云山等地叛军炮击，二次共炮击 4 个多小时；但广州卫戍司令兼第三师师长魏邦平所部因被叶举所部监督，没有遵命配合。孙中山转移到可靠的永丰舰上，即率舰队折返黄埔。19 日，陈炯明请省长伍廷芳劝孙中山下野，伍廷芳于 23 日忧愤而死（后由魏邦平暂代）。此后，魏邦平多次上舰替双方调解，均无结果。由于炮击造成平民伤亡和房屋损失及商业停滞，广州商界请出汤光廷进行调解，19 日，海军司令温树德与粤军达成停战协议。

7 月 1 日，鱼珠、牛山为钟景棠占领；8 日，3 大舰驶离黄埔；9 日，海军陆战队司令孙祥夫投降，长洲要塞司令马伯麟擅离职守；同日，孙中山写"令各军迅速回粤平乱"的手令派罗翼群携带入赣送给李烈钧，并动员第一师参加平叛（罗经香港、汕头、兴宁，沿粤赣边境至南雄、始兴，找到胡汉民、许崇智，但并未见到梁鸿楷）。10 日，孙中山亲率永丰等 5 舰与车歪炮台激烈炮战后进入省河白鹅潭；16 日，任命欧阳格为海军驻省河舰队临时总指挥。

三、北伐军回师靖难（粤北会战）

1922 年 6 月 18 日，胡汉民看到电报不通、车路断绝，判断情况有异，就将留守部搬到南雄。得到孙中山被困信息的李烈钧和许崇智，于 1922 年 6 月 23 日和 27 日在赣州召开 2 次军事会议，最后决定除李烈钧率赣军留守赣州外，其余部队即行回粤靖乱；27 日晚上各部开始南进。第一师师长梁鸿楷鉴于内部分歧严重，恐造成自相残杀，遂决定既不随许崇智回粤靖乱，也不表示拥陈，而在北伐军回师行抵信丰时脱离大军，转入东江龙川、河源暂住，以待时局发展。7月2日，北伐大军到达粤境，决定分三路进攻被翁式亮占领的韶关。

一路滇军朱培德部，经仁化攻韶关东翼；

二路粤军李福林部，经始兴攻韶关南翼马坝；

三路许崇智率粤军第二军陆学文独七旅、许济第八旅、孙本戎第五旅（由第八旅第十六团扩编）、谢宣威第七旅第十三团，正面攻韶关。

另以粤军黄国华第九旅攻翁源。

粤军第二军第七旅（欠第十三团，旅长何梓林）、黄大伟粤军第一路、陈嘉祐部湘军等为预备队。

陈部粤军早已于6月23日攻占了韶关，并很快构筑了坚固防线。以翁式亮为总指挥，下辖本部独三旅2个团、独五旅陈德春部2个团、第五路钟景棠部2个统、第一警备队杨坤如部的邓乃忠统、第三警备队黄志恒部的林国佩统，共约30个营。7月10日，双方开始在韶关地区展开激战。鏖战多日形成僵局后，北伐军集中主力，并派飞机轰炸翁式亮的后方基地英德，于18日攻下翁源。

因翁源威胁英德，叶举马上调集援军20多个营，派熊略、李炳荣、尹骥部增援翁源，派陈炯光、李云复、黄任寰、黄业兴、苏世安部增援韶关。吴佩孚调湘南的沈鸿英入赣攻打北伐军。

7月19日，陈部粤军反攻占领翁源。20日，许崇智部复占翁源。此后二军一直苦战，直至27日湘军第七混成旅旅长陈嘉祐驰援助攻，陈部粤军全线退却，北伐军乘胜追击。不料28日装备精良的第一师第三团突然出现在陈军马坝前线，原来是团长陈修爵自动向叶举请缨，将第三团从东江坐电船运往广州转乘火车而来。陈团联合黄任寰、王定华、苏世安等团在大肚岭激战中取胜，然后攻占李福林部据守的火山，接着陈团又与陈家威团攻陷朱培德部据守的黄岗岭。30日，北伐军全线退守始兴。

8月3日，北伐军在南雄召开军事会议。因滇军朱培德部、湘军陈嘉祐部为河川阻隔退南雄不易，且二部原就驻在湘西南，于是向湘桂边境退却，李烈钧便主张各军全部退桂林。但许崇智因为与驻福建延平旅长王永泉有同学关系及和福建多年的历史渊源，主张退福建。结果分道扬镳，许崇智军、李福林军及黄大伟部偕同经江西东部退福建，李明扬、赖世璜二部赣军随朱培德之滇军、陈嘉祐之湘军退往湘桂边，李烈钧则赴上海养病。4日，北伐军全部撤离。

8月9日，孙中山得知北伐军回师失利，且在舰上越来越不安全，决定离开广州，后经香港赴上海。

* 链接："永丰"舰

"永丰"舰是 1910 年由清朝海军大臣载洵和北洋海军提督萨镇冰在日本长崎三菱工厂订造的一艘炮舰，舰长 65.8 米，宽 8.8 米，排水量 780 吨，造价 68 万银圆。1913 年 1 月，军舰开抵上海吴淞，编入海军第一舰队，命名为"永丰"号。

1915 年，在第一舰队司令林葆怿率领下在上海通电起义，加入护国军行列。1917 年 8 月，在海军总长程璧光率领下抵达广州参加孙中山领导的护法运动。12 月 20 日，永丰等舰在阳江海面截获了龙济光军 6 艘运兵舰及 1 个营兵力；23 日，又在海上俘获龙济光的"平南"舰。1918 年 1 月 5 日，"永丰"等舰在程璧光率领下开抵海口，摧毁了秀英炮台及军事设施。1922 年 6 月 16 日，粤军陈炯明部下围攻总统府，孙中山撤出总统府，在舰长冯肇宪的护卫下，登上"永丰"舰。从 6 月 16 日到 8 月 9 日，孙中山在舰上饮食起居，指挥平叛，坚持了 55 天。

1923 年，孙中山夫妇再度登上"永丰"舰以示对救驾的感激。1925 年 3 月孙中山与世长辞后，广州大元帅府为了纪念孙中山，由代理大元帅胡汉民于 4 月 16 日下令将永丰舰命名为"中山"舰。

1925 年 6 月，杨希闵、刘震寰部在广州叛乱，代理大元帅胡汉民迁至"中山"舰办公。"中山"舰还护送廖仲恺到黄埔军校，后配合平息杨、刘叛乱。1926 年 3 月，蒋介石控制了"中山"舰，制造"中山舰事件"。1927 年 6 月，"中山"舰经江南造船所大修后编入南京政府海军部的第一舰队。

1937 年抗战全面爆发后，"中山"舰被调入长江内。1938 年秋，"中山"舰奉命参加武汉保卫战，"中山"舰主、副炮已拆下装在岸边几个要塞上。1938 年 10 月 24 日下午 3 时许，"中山"舰在湖北金口江面巡航时，突遇 6 架日本飞机轮番攻击。舰长萨师俊等 25 人在作战中牺牲，另有 20 多人负伤，"中山"舰最后沉没。

1996 年 11 月 12 日孙中山诞辰 130 周年纪念日时，"中山"舰打捞工程正式启动。1997 年 1 月，"中山"舰被打捞出水；2 月，"中山"舰被运至湖北造船厂修复，恢复了 1925 年前后的整体面貌。1999 年 12 月，位于武昌白沙洲湖北造船厂的"中山"舰博物馆成立。2008 年 5 月，"中山"舰正式落户武汉市金口镇中山舰博物馆。

四、陈炯明重整粤军（粤军第五次扩编）

1922 年 8 月 15 日，陈炯明从惠州回到广州；9 月 16 日，复任粤军总司令，后任命叶举为参谋长。粤北会战结束后，粤军完全分裂，陈炯明对留粤各部粤军加以整编，并调整防地。整编计划是：全省编国防军 25 个旅，7.18 万人，警备队 9 个，3 万人。具体是：废除"路司令"，一律改成独立旅；除原 4 个师不动外，其余各路司令和此次粤北战役中战功卓著者，共编成 16 个旅。

粤军总司令陈炯明，参谋长叶举，副官处处长陈国伦，军法处处长吕心镜，军需处处长吴小铭，舰务处处长周天禄，兵站总监罗应平。下辖：

第一师　师长梁鸿楷，参谋长李济深，驻肇庆，下辖：

 第一旅　旅长谢毅（团长升任），下辖：

  第一团　团长梁鸿林（营长升任）；

  第二团　团长徐汉臣（后卓仁机）。

 第二旅　旅长陈修爵（团长升任），下辖：

  第三团　团长沙世祥（营长升任）；

  第四团　团长陈济棠（营长升任）。

 工兵营　营长邓演达。

第二师　师长洪兆麟，参谋长黄维藩，驻潮汕，下辖：

 第三旅　旅长尹骥，下辖：

  第五团　团长贺瑞廷；

  第六团　团长邓桂生。

 第四旅　旅长李云复，下辖：

  第七团　团长纪泽波；

  第八团　团长王昌期。

第三师　师长陈章甫，副师长郑润琦，参谋长伍观淇，下辖：

 第五旅　旅长陈章甫兼（后李雄伟），参谋长李奇（字辉南），下辖：

  第九团　团长巫琦；

  第十团　团长李杰夫（字雄伟）（后麦翰文）。

 第六旅　旅长郑润琦，下辖：

  第十一团　团长魏规明；

  第十二团　团长李如枫（后何彤）。

第四师　师长熊略（11 月），参谋长冯轶裴（后刘经画），驻梧州，下辖：

第八旅（原独四旅改称，待考）　旅长吕春荣，下辖：

　　第十五团（原第一团）　团长杨锦龙；

　　第十六团（原第二团）　团长吕春荣（兼）；

　　补充团　团长杨胜广。

第七、八旅指挥陈德春，参谋长林乾初，副官长王光海，下辖：

　　第七旅（由独五旅第一团扩编）　旅长王定华；

　　第八旅（由独五旅第二团扩编）　旅长陈家威。

第九、十旅指挥李炳荣，下辖：

　　第九旅（由独一旅第一团扩编）　旅长许廷杰；

　　第十旅（由独一旅第二团扩编）　旅长饶寿平，下辖：

　　　　第十九团　团长×××；

　　　　第二十团　团长颜国华。

第十一、十二旅指挥钟景棠，下辖：

　　第十一旅（原第五路第二、三统改编）　旅长黄任寰；

　　第十二旅（原第五路第一、四统扩编）　旅长苏世安。

第十三、十四旅指挥陈炯光，参谋长叶国章，副官长丘国珍，下辖：

　　第十三旅（原第二路第一统等扩编）　旅长陈炯光（兼），下辖：

　　　　第二十五团　团长林子云；

　　　　第二十六团　团长严胜。

　　第十四旅（原第二路第二统等扩编）　旅长谢婴白，下辖：

　　　　第二十七团　团长陈耀寰；

　　　　第二十八团　团长萧组。

第十五、十六旅指挥杨坤如，下辖：

　　第十五旅（原第一警备队第二统扩编）　旅长骆凤翔；

　　第十六旅（原第一警备队第三统扩编）　旅长钟子廷。

第十七旅（原第五警备队欠第十一统扩编）　旅长丘耀西。

第十八旅（原第七路改编）　旅长黄业兴，下辖：

　　第三十五团　团长黄其祥；

　　第三十六团　团长翟崇亮。

第十九旅（原独六旅第三团扩编）　旅长何国梁（原钦廉命令传达所所长），下辖：

　　第三十七团（原独六旅第三团）　团长陈绍鹏；

　　第三十八团　团长×××。

独二旅　旅长熊略（兼），下辖：

第一团　团长林烈；

第二团　团长林国光；

第三团　团长苏廷有。

独三旅　旅长邓本殷，下辖：

第一团　团长陈凤起；

第二团　团长林捷之。

独四旅（原独七旅十三团谢宣威部扩编）　旅长谢文炳，下辖：

第一团　团长罗镇湘；

第二团　团长颜仁毅；

第三团　团长黄紫丰。

独六旅　旅长翁式亮（原拟任与何国梁部组成第十九、二十旅指挥），下辖：

第一团　团长黎笙；

第二团　团长张化如；

第三团（原杨坤如部第一统）　团长邓乃忠（后涉嫌"通孙"被杀）；

炮兵团　团长梁若谷。

不久又调整了第四师编制（原计划是独二旅扩成第二十一、二十二旅）。

第四师　师长兼第二十、二十一旅指挥熊略，下辖：

第二十旅（原独二旅欠第三团改称）　旅长林烈，下辖：

第三十九团　团长林烈（兼）；

第四十团　团长林国光。

第二十一旅（原独二旅第三团扩编）　旅长苏廷有，下辖：

第四十一团　团长苏廷有（兼）；

第四十二团（收编福军李群统，后脱离）　团长李群。

第八旅（二十二旅？待考）　旅长杨锦龙，下辖3个团不变。

琼崖善后处处长兼独三旅旅长邓本殷受命固守琼崖，奏准将本旅非嫡系第二团施少卿部和第一警备统领卢华龙部2个营调离琼崖（后被缴械），并趁机将自己所部扩编成2个旅，进一步加强了对琼崖的控制。

琼崖善后处处长邓本殷，参谋长邓承荪，下辖：

第二十三旅（原独三旅第一团扩编）　旅长陈凤起；

第二十四旅（原独三旅新编第二团扩编）　旅长邓承荪（兼）。

后将洪兆麟第二师撤销（熊略第四师改称第二师），所辖2个旅升独立旅。

独一旅　旅长李云复，下辖：

　　第一团　团长纪泽波；

　　第二团　团长李子青；

　　第三团　团长钟绍斌。

独八旅　旅长尹骥，下辖：

　　第一团　团长贺瑞廷；

　　第二团　团长邓桂生。

其余部队整编成9个警备游击队，司令分别是：

第一警备游击队（新编）　司令练演雄；

第二警备游击队（原第二警备队改称）　司令陆兰清；

第三警备游击队　司令黄志恒（后加入八属联军）；

第四警备游击队（原第四警备队改称）　司令陈小岳；

第五警备游击队（原驻南顺警备司令部改编）　司令陆领；

第六警备游击队（第一师第二团扩编）　司令徐汉臣；

第七警备游击队（由第三支队改称）　司令罗绍雄；

第八警备游击队（原第十六统领改编）　司令袁带；

第九警备游击队（原第六警备队改编）　司令余六吉。

航空局　局长陈应权，副局长林安，下辖：航空队　队长余百炯，飞机5架；

广东（原护法）舰队　司令温树德，下辖海圻舰、海琛舰、肇和舰（以上三舰长不变）、飞鹰舰（舰长何翰澜）、永丰舰（舰长常光球）、永翔舰（舰长田炳章）、楚豫舰（舰长潘文治）、福安舰（舰长赵梯崐）、同安舰（舰长胡文溶）、豫章舰（舰长张汉）、舞凤舰（舰长吴熹�）11艘军舰。

江防司令部　司令陈永善，下辖：

　　西江舰队　司令周汉铃；

　　江防陆战队　司令陈永善（兼），下辖：

　　　　第一统领　余宏锦；

　　　　第二统领　张祖荣（由1921年组织的新会游击支队4个营改编）。

虎门要塞司令部　司令黄凤伦。

后再调2个警备队改编成2个独立旅和补充2个警备游击队：

　　独二旅（原第三警备游击队改编）　旅长黄志恒，参谋长吴光荣，下辖：

　　　　第一团　团长杨廷光（后投奔黄明堂）（后何荦）；

　　　　第二团　团长林国佩。

独七旅（原第七警备游击队改编）　旅长罗绍雄，下辖：

第一团　团长朱尚武；

第二团　团长李汉隆。

（新）第三警备游击队　司令朱德才（由第二警备游击朱德才部改编）；

（新）第七警备游击队　司令黄凤伦（由第十统领改编）。

宪兵司令　陈已。

1922年11月，将徐汉臣第二团扩编为第六警备游击队（后改独立旅）；以收编的李明扬旅卓仁机支队和张发奎营、郭学云营重建第二团，团长卓仁机。

至此，原粤军除参加北伐的许崇智第二军（欠独四旅）、黄大伟第一路和李福林福军外，未改编的只有两支部队：一是第四路，司令黄明堂就任孙中山的南路讨贼军总司令；二是第六路，司令胡汉卿已被拥护孙中山的高雷讨贼军总司令林树巍等部打散。此时陈炯明部粤军编制是：正规军3个师（辖7个旅）、5个指挥（辖10个旅）、1个善后处（辖2个旅）、6个独立旅、3个步兵旅，共28个旅，地方军9个警备游击队。

8月28日，在陈炯明的推荐下香港富商陈席儒被选举为广东省省长。陆续以陈觉民（后何蓬洲）为政务厅厅长，钟秀南为财政厅厅长，陈宗岳为教育厅厅长，刘玉麟为盐运使。

陈炯明时刻担心孙中山回粤讨伐，在粤北驻重兵防守。翁式亮守韶关，杨坤如守南雄，谢文炳守乐昌，罗绍雄守翁源，陈炯光守始兴。

许崇智于1922年10月攻占福建后，陈炯明将防御重点调整为福建方面，担心许部循他的回粤之路而来，所以于10月任命洪兆麟为"援闽粤军"总司令。11月中旬，北京政府派兵进攻闽北，洪兆麟派尹骥占领闽南上杭、龙岩、永定等县。12月，闽军张清汝旅在泉州向东路讨贼军投降，尹骥率部撤回广东。

第八节 粤军之四：内斗（1923—1924）

一、陈军败退东江

为了安定四分五裂的广西，陈炯明决定用"桂人治桂"，考虑到刘震寰威望不足，派人从上海把林虎请回来，将其旧部拨回，调往三罗地区集结，并令驻梧州的熊略粤军第四师和刘震寰桂军第一师均归林虎节制指挥。刘震寰早有取得广西总司令的想法，对此举大失所望，遂秘密到香港与孙中山的代表邹鲁接洽。

广西境内有一支由张开儒率领的滇军，是顾品珍的残部，战斗力较强。陈炯明希望滇军回滇，滇军也扬言即日取道柳州回滇。陈炯明为了借此去掉腹心之患，所以派人送了2万套军服和广东毫洋10万元给在桂滇军，表示送行之意。

---

* 链接：护国、护法名将张开儒

张开儒，字藻林，云南巧家县人。1869年出生于一个小商贩家庭。1885年考中秀才，在家乡设馆授课。1901年，受到当地地主的殴打凌辱，被迫远赴昆明，得到五华书院山长罗瑞图的同情，进入书院读书。后"见所习文艺无裨世用，慨然入武备学堂"。1904年秋，张开儒被选赴日本留学，入振武学校学习。1905年8月，加入中国同盟会。1907年12月，升入日本陆军士官学校第六期步兵科学习。1908年12月毕业。1909年春归国，任云南讲武堂教官。次年升任提调。

1911年10月，参与密谋发动新军在昆明举行"重九起义"，率领讲武堂学生开城门迎起义军，并配合攻下云贵总督署；11月1日成立了大汉军政府后，任军务部机械局局长。旋任西进支队支队长，率部到楚雄处理叛军，接着又任援蜀军第一梯团副梯团长兼联队长，率部进占四川叙府。1912年5月撤回云南。

1913 年 3 月，被任命为滇军第二师步兵第三旅旅长；10 月，任云南陆军迤南边防第一旅旅长，授陆军少将。1915 年 12 月 25 日，云南宣布独立后任护国军第二军第一梯团梯团长。1916 年 3 月，率部抵达云桂边界，全军共歼济军 1 个旅，接着进军广东；6 月初在韶关与济军的冲突中亲自选择了有利的地形，命鲁子才亲自操炮，有"三炮定韶关"之说；10 月，任护国滇军第三师师长兼任南（雄）韶（州）连（县）镇守使，授陆军中将。1917 年 7 月，积极响应支持孙中山掀起"护法运动"；8 月，任靖国军第五军总司令；9 月，被护法军政府大元帅孙中山特任为陆军部总长，授陆军上将，又兼靖国军第五军军长和第三师师长。1918 年 2 月，通电宣布就任陆军总长；5 月 11 日，在广州西村火车站被桂系逮捕囚禁。

1920 年 11 月，粤军回师广东驱逐桂系后被释放；旋被海疆军迎接为总司令。张开儒把海疆军改编为"护法滇军"，下辖 3 个旅，但旋被粤军突袭并解除武装，只好回到云南。1921 年 10 月，任云南北伐军副总司令。1922 年 3 月，顾品珍在抗击唐继尧回师云南中战死后，张开儒率残部撤往贵州；6 月"六一六事变"后，张开儒响应孙中山号召率部向广东进军；7 月，占领广西柳州。

因大部分将领主张以广西为立足点待机再回云南，意见不合的张开儒于 12 月 6 日被解除滇军总司令职。1923 年 4 月，张开儒被孙中山任命为广州大元帅大本营参谋长；10 月，张开儒改任广州大元帅府上将参军长。

1924 年，因病辞职后定居澳门。1927 年秋回昆明定居，任云南省政府高级顾问。1935 年 7 月，张开儒在昆明病逝；10 月，被国民政府追赠为陆军上将。

1922 年 12 月 6 日，杨希闵与范石生、张开儒、朱培德、刘震寰、沈鸿英等将领在广西梧州白马庙召开军事会议，决定联合讨伐陈炯明。陈炯明感到西江局势紧张，遂调一师和三师前往梧州，升熊略为右翼纵队指挥官，驻封川县（今封开县），指挥第一、三、四 3 个师固守梧州；以林虎为左翼纵队指挥官，驻三罗地区，指挥原桂军的投诚起义部队。同时调杨坤如部到德庆策应。不久命令叶举为西江前敌总指挥，移驻郁南县都城。

12 月 28 日，杨希闵滇军和沈鸿英、刘震寰桂军会师梧州，组成"西路讨贼军"。粤军第四师第八旅第十六团一营营长兼梧州卫戍司令莫雄首先响应，通电就任孙中山任命的第一独立旅旅长，指挥原第四师第十六团第一、三营等部队反正。原第四师第八旅旅长吕春荣接受刘震寰命令，任粤军第四师师长。熊略率余部退守封川。12 月 31 日，滇桂粤军联合誓师讨伐陈炯明，然后合兵沿西江东下。

1923年1月2日，邓演达率工兵营到达封川江口，与滇桂讨贼军取得联系后，宣布反正；第一师第二、四团随后也反正，第三师向江门撤退。第四师第八旅补充团被沈鸿英收编。熊略率领一师第一、三团和四师第十五团（杨锦龙部）后撤。云浮县辣头沙激战中一师第三团被歼大部，第一团退往江门，四师第十五团后被东路讨贼军军长张国桢收编为独一旅。至此，熊略指挥的第一、三师和第四师原关国雄部全部脱离陈军。

陈炯明见所部士气不振，以"客军入境，广东亡省"口号鼓励粤军加强团结，抵抗外军。陈炯明寄望于湖南的赵恒惕出兵北江、云南的唐继尧出兵桂西，但都没有答应。陈想撤回"援闽军"以自救，但为时已晚。

1月4日，孙中山发出讨伐陈炯明的通电。9日滇桂粤联军攻克肇庆，10日占领三水，独七旅罗绍雄部被缴械或溃散，第九、十旅指挥官李炳荣部全军覆没。陈炯明在广州召开紧急军事会议，决定如果河口不守，即放弃广州退往惠州，同时电请魏邦平回广州共支危局，一面派李炳荣为省会保安司令留守广州。13日，三水等地响应讨贼军通电讨陈，粤军第一师师长梁鸿楷、第三师师长陈章甫通电拥戴魏邦平主持粤局，河口又告不守；驻三水的第二警备游击队司令陆兰清被邓演达说服参加讨陈，被任命为第一师团长（东进途中得重病脱离部队）。14日，广州附近的陈炯光统领谭启秀举事响应，驻白云山炮队哗变并炮轰粤军总部。

1月15日，陈炯明看到大势已去，宣布下野，下令叶举、熊略、杨坤如率部退往惠州，林虎部退往兴宁、梅县等粤赣边。16日，陈炯明率陈炯光部返回惠州。李炳荣离开前将下属4个营保安部队交海军改编为海军陆战队。月底，陈炯明离开海丰避走香港。

陈炯明迅速失败原因：一是失民心。提倡"粤人治粤"，但徒有虚名，百姓不买账。二是失军心。不肯开赌，军饷不足，军官不满。三是失外援。没有宣布服从中央，取憎于吴佩孚。

叶举率一师陈修爵旅残部编成的彭智芳第三团，二师洪兆麟部，四师熊略部第二十旅林烈部，第十五、十六旅指挥杨坤如部，十三、十四旅指挥陈炯光余部，第七警备游击队司令黄凤伦部共2万多人退往东江惠阳和潮汕。林虎率第十一旅黄任寰部、第十八旅黄业兴部、第七旅王定华部、第十二旅苏世安部、独六旅所属黎笙、张化如等部共2万多人退往东江河源、龙川和兴宁、梅县。

独二旅黄志恒部先在参谋长率领下向滇军投诚编成独立旅，3月被缴械，后部分官兵与原驻南路的第二十一旅苏廷有部（欠李群团）和第九警备队司令余六吉部加入琼崖善后处处长邓本殷组织的"八属联军"。独六旅翁式亮部主力划归刘志陆。第七、八旅指挥陈德春部（欠王定华旅）投奔孙中山。第十三、十四旅指挥陈炯光部谭启秀团起义，林子云团独立。第二警备队陆兰清部被桂军第二路总司令刘震寰收编为独二旅。第四警备队陈小岳部3个营由李克诚率领投靠杨坤如，另3个营由陈小骏率领编入陈修爵旅为第四团，解体不存。第十七旅丘耀西部战败后被梁鸿楷收编为1个支队。

琼崖善后处处长邓本殷于1923年1月率部在西江下游抵抗滇桂军失败后，退回琼崖，依靠琼州海峡这一天然屏障，自立门户，脱离了陈炯明系统。

驻潮汕的洪兆麟得知许崇智率10个旅从福建入粤，虑遭前后夹击，1月15日通电宣布与陈炯明脱离关系，欢迎孙中山和许崇智回粤。19日，惠州杨坤如宣布独立；洪兆麟和翁式亮也联合致电孙中山表示"绝对服从"。2月初，大本营参谋长李烈钧受命赴汕头收抚，任命尹骥、李云复、翁式亮、赖世璜（驻闽南，原李烈钧部赣军）为中央直辖陆军一、二、三、四师。

第一师（原独八旅扩编）　师长尹骥，参谋长王振绪，下辖：

　　第一旅　旅长贺瑞庭；

　　第二旅　旅长邓桂生。

第二师（原独一旅扩编）　师长李云复，参谋长陈佑卿，下辖：

　　第三旅　旅长纪泽波；

　　第四旅　旅长钟绍斌。

第三师（原独六旅余部）　师长翁式亮，1000多人。

第四师（原彭程万的赣军第二混成旅）　师长赖世璜，2000多人。

3月11日，孙中山任命的中央直辖警备军司令姚雨平受命去惠州，拟收编熊略及杨坤如部。姚设司令部于惠州城旧提署，以熊略为第一师师长，杨坤如为第二师师长。熊徘徊不定。杨则听命受编，由河源回至惠城，将所部整编为第三、四、五3个旅。姚雨平运动陈炯光所部营长翁辉腾等来惠，暂以翁为纵队司令，统辖5个营，拟改编为旅，进驻县城。

3月，听命孙中山的林树巍会同吕春荣等攻占高州城，南路形势改变。

为阻止陈炯明部全面倒向孙中山，1923年3月20日至4月30日，北京政府先后任命：

叶举为惠威将军；

林虎为潮梅护军使兼粤军总指挥；

陈炯光为广东陆军第一师长；

钟景棠为广东陆军第二师师长；

洪兆麟为洪威将军、广东陆军第三师师长兼汕头防务督办；

陆宗宇为广东陆军第四师师长兼罗阳镇守使；

尹骥为广东陆军第五师师长；

李云复为广东陆军第六师师长；

赖世璜（原赣军李烈钧部旅长）为广东陆军第七师师长；

苏世安为广东陆军第八师师长；

杨坤如为广东陆军第九师师长兼惠州清乡督办；

翁式亮为广东陆军第十师师长；

黄业兴为第一混成旅旅长；

王定华为第二混成旅旅长；

李根沄为第三混成旅旅长；

关澄芳为第四混成旅旅长；

温树德为广东海军舰队司令；

李易标为广惠护军使；

申葆藩为钦廉镇守使；

邓本殷为琼崖镇守使。

二、陈军重创东路军

退入江西东部的北伐军，在皖系军师徐树铮携带 80 万元的运动下，与王永泉联合进攻福州，赶走背皖投直的福建督军李厚基，改编为"东路讨贼军"，扩大到 12 个旅 2 万余人。1923 年 2 月 1 日许崇智受命率"东路讨贼军"10 个旅约 1.6 万人从福建分两路入粤，进军潮梅。

3 月上旬，陈炯明部获直系控制的北京政府的大批款项援助，与沈鸿英签订反孙协定，布置三面围攻许崇智部。

4 月 6 日，洪兆麟部尹骥师在大埔县高陂与许崇智部发生冲突，经李烈钧反复协商后同意调驻闽南，许崇智遂进占潮梅。17 日，洪兆麟部经饶平向上杭、武平和永定移驻。

4 月 15 日，沈鸿英在花县（今广州市花都区）就任"广东军务督理"；16 日，率部向广州大举进攻，滇桂粤军在北江和西江反击叛军。趁此机会，5 月初，洪兆麟部向大埔、饶平的"东路讨贼军"发起突袭，林虎部攻占梅县、大埔县高陂，共同将许崇智部赶出潮州、汕头。接着，林虎部和黄大伟部又在揭阳设伏，重创许崇智部，一路追击至龙川县老隆、河源，消灭许崇智部七八千人，获大量枪械。

三、孙陈东江拉锯战

1923 年 4 月下旬，杨坤如已暗中受命，决心附陈。杨将翁辉腾部缴械后，遣人送姚雨平离惠。杨遂扩编队伍，除将原 2 个旅改编成骆凤翔、钟子廷和李祥第三、四、五旅外，还编成第六旅，旅长李克成；第七旅，旅长叶柏质；第八旅，旅长李子先；收编钟月初、温宗和等部，共计约 8000 人。

5 月 10 日，叶举、洪兆麟进入惠州，设立总司令部，"遥尊"陈炯明为总司令，洪兆麟代理总司令，叶举为总指挥，杨坤如为前敌总指挥。对部队进行了重新编组，总数约 5 万人，准备进攻广州。序列如下（分三部分）：

（一）各路军总指挥林虎，辖属以旧桂军为主，驻兴宁，辖：

第一军 军长林虎（兼），参谋长陈文，驻兴宁，1.5 万人，下辖：
第一师（原钟景棠部黄任寰旅、苏世安旅加上第七旅王定华部编成） 师长黄任寰，下辖：
第一旅 旅长黄任寰，下辖伍汉屏、黄嵩南、王熙 3 个团；
第二旅 旅长苏世安；
第三旅 旅长王定华。
第二师（原黄业兴第十八旅扩编成） 师长黄业兴，下辖：
第五旅 旅长翟崇亮；
第六旅 旅长黄其祥；
游击司令吴葆公。
第二军 军长刘志陆，驻五华，7000 人，下辖：
第五师（原独六旅翁式亮部主力扩编） 师长黎笙，下辖：
第九旅（原独六旅第一团扩编） 旅长华振中；
第十旅（原独六旅第二团扩编） 旅长张化如。
第四军 军长李易标（李原为沈鸿英部第一军军长，5 月沈败后投林虎），参谋长宋鸣武，驻龙川，6000人，下辖：

    第一师（原本部）　师长黄广其，下辖麦胜芳等2个旅；后发展

为第七师　师长麦胜芳，参谋长杨云藻，副官长姜运权；

    第二师　师长胡汉卿（原第六路司令）；

    第三师　师长洪兆康（原第二师副官长）；

    第四师（原李云复第二师第三旅扩编）　师长纪泽波；

    第十二师　师长黄福芝（原陈炯明部侦探队队长）；

    独立旅　旅长李少如。

（二）潮梅军总指挥洪兆麟，参谋长周麓泉，副官长周海涛，总参议张慎藩，行营参谋长邝经恒，辖属军官以湖南人为主，驻汕头，辖：

    第三军　军长尹骥，参谋长林一足，驻潮安，1.3万人，下辖：

    第一师（原中央直辖第一师）　师长贺瑞庭，参谋长王振绪，

下辖：

        第一旅　旅长贺瑞庭（兼）；

        第二旅　旅长邓桂生。

    第二师（原中央直辖第二师）　师长李云复，总参议陈佑卿，

下辖：

        第四旅　旅长钟绍斌；

        炮兵团　团长陈佑卿（兼）。

    独十师（原独四旅扩编）　师长谢文炳，下辖罗镇湘、颜仁毅旅。

（三）总指挥叶举，辖属以客家人为主，驻惠阳县平山（今属惠东县），辖：

    第五军　军长熊略，驻河源，下辖：

    第一师（原第四师第二十旅扩编）　师长林烈，下辖林国光1个旅；

    第十一师　师长陈修爵，驻龙门，下辖：

        第二十一旅　旅长彭智芳，下辖彭智芳、陈小骏2个团；

        第二十二旅　旅长赖冠卿；

    警备司令练演雄（原第一警备游击队扩编），驻惠阳龙岗；

    第十三旅（原陈炯光部1个团扩编，后扩编为独十三师，师长林

子云，辖林子云、谢婴白旅）　旅长林子云，下辖丘国珍团等；

独一旅（原第十七统领部扩编）　旅长罗献祥，驻惠阳县淡水；

独二旅（二十团扩编）　旅长颜国华，下辖颜寿生、叶操 2 个团，驻连平；

独 × 旅（谢毅召集旧部组成）　旅长谢毅，驻龙门；

第一支队（由陈炯光部一部编成）　司令翁辉腾；

第二支队（原第十九路统领马永平召集旧部组成）　司令马永平；

第七警备游击队　司令黄凤伦（被刺杀后该部解体）。

第六军　由原警备军第一军第二师整编，军长杨坤如，参谋长梁仲宾（李守平代），副官长陈鹤年，秘书长张可廷，驻惠州，8000 人，下辖：

第一旅（原第三旅改编）　旅长骆凤翔，下辖黄世华、黄振熙、张英 3 个团；

第二旅（原第四旅改编）　旅长钟子廷，下辖徐武东、杨廷芳、韩俊升 3 个团；

第三旅（原第五旅改编）　旅长李祥，下辖李祥（兼）、黄 ×、刘学修 3 个团；

第四旅（原第四警备队陈小岳部 3 个营编成的第六旅改编）　旅长李克成，下辖刘济权（原讨逆共和军支队司令）、李道轩 2 个团。

独三旅（原第七旅改编）　旅长叶柏质，驻惠阳县淡水；

挺进支队　司令钟月初，驻博罗县观音阁；

游击支队　司令温宗和。

第七军　军长黄大伟（被孙免职后投陈，1924 年 2 月被赖世璜等人驱逐，所部解体），驻漳州，约 6000 人，辖：

闽粤边防第一师（原"东路讨贼军"第十三旅扩编）　师长张毅；

广东陆军第七师（原中央直辖陆军第四师）　师长赖世璜。

独二师（原第二路残部）　师长陈炯光（1923 年夏病死后部队解体）；

独三师（原独六旅残部）　师长翁式亮。

琼崖镇守使邓本殷下辖第二十三旅陈凤起和第二十四旅邓承苏 8000 人。

李耀汉部约 2000 人。

沈鸿英桂军被赶出北江、西江后，孙中山命令滇桂联军向东江进攻，并于 5 月 30 日到东莞石龙设立行营督战。5 月 26 日，桂军刘震寰部和滇军一部肃清博罗残敌后向惠州攻击前进；28 日，占领惠州城外之飞鹅岭。陈军杨坤如部 4 个旅退入城内，开始了第一次守城。惠州城的攻守十分激烈，直至11月才解围。

6月6日，孙中山由石龙到博罗观察阵地；7日，赴惠州前线视察慰问。至11月初为止，孙中山共九赴东江督战，其中多次到博罗和惠州。

陈炯明于6月22日从香港赴汕头，部署援助惠州。7月1日，亲率林虎部8000人经兴宁去救援惠州。8月1日，陈军夺回淡水。

为配合惠州城攻守，双方在博罗等地还进行了长期的争夺战；此外，还在宝安平湖，增城石滩，龙门龙华，惠阳龙岗、淡水、平山、横沥等进行了争夺战。

7月初，臧致平联合闽南讨贼军总指挥何成浚指挥的东路军留闽余部，分占粤闽边境的饶平、黄冈，进迫潮汕。7月中旬，赖世璜和海军司令温树德到达汕头加入陈部粤军阵营。8月初，陈部粤军分三路反攻臧、何联军，以林虎任中路，赖世璜为左翼，洪兆麟为右翼，占闽边，向诏安、云霄推进。8月8日，林虎部攻入漳州，何、臧退入厦门。陈军因保护后方的目的已达，急于回师解救惠州之围，遂开始陆续撤回粤境。此役史称"闽南战役"。

8月24日，陈军侦知孙中山再到东江督战，决定乘林虎和洪兆麟部已从闽南开返东江，决定先发制人，分三路反攻。9月7日，陈军选3000敢死队反攻平山，双方各死伤千余人。孙中山调滇军一部和粤军第一师支援后，博罗解围。

10月1日，河源被东路讨贼军攻陷。

四、陈军反攻广州城

因北京政府接济的大量饷银和军械运到汕头，陈炯明部将领于1923年10月2日在汕头开会商讨援惠方略，策划全面反攻。

右路：林虎指挥第一、二、四军和陈修爵独立师，约1万人，沿龙门、博罗、增城向广州进攻；

左路：洪兆麟指挥第三军，约1万人，沿淡水、樟木头、广九路进攻广州；

中路：叶举指挥第五、六军约1万人，待左路到达惠州时加入。

10月24日，林虎部在博罗柏塘、派尾被联军打败，被缴枪千余支；25日，林虎部分三路进攻龙门；27日，洪兆麟部进抵马鞍和惠阳城郊；28日，陈炯光部占领平山；30日，驻惠州飞鹅岭的刘震寰决定撤退，历时半年多的第一次惠州守城战结束。滇粤军随后也跟着迅速从东江撤离。

11月13日，洪兆麟占领石龙，被宝安回撤的滇军范石生部打败；18日，当左路追击至广州东郊石牌、黄埔一带时，洪兆麟未等在增城被阻而绕道的右路军，急于攻打广州城，恰遇樊钟秀豫军和谭延闿湘军乘火车赶到，败退回来，在龙眼洞遇到林虎部，只好一起撤退。此次反攻，陈部总共损失约1万人。

广州近郊之役，陈部粤军本是节节推进，势如破竹，但最后未能一举攻下广州，功败垂成，原因有二：一是轻敌冒进，各军未经集中，即行抢攻，没能协同并进，变成以数千之兵进攻数万之众；二是当两军筋疲力尽，形成相持之局时，忽遭湘、豫两支生力军加入。

五、孙陈和谈息兵

因闽南讨贼军总指挥何成浚又联合臧致平打败闽军张毅占领漳州，1924年2月，陈炯明在河源召开军事会议；3月，洪兆麟受命指挥本部、熊略部、王汝为滇军第一师（原滇军第四师师长1月率部来投）等援助漳州，与北洋军一起赶走王永泉、臧致平和何成浚部（何部后绕道江西回广州）。

3月，孙中山发布东江总攻击令。4月7日，湘滇桂粤联军趁陈军主力援闽之机分三路进攻东江，相继占领博罗、河源、紫金等地，再次围攻惠州，陈军杨坤如部开始了第二次惠州守城战；28日，杨希闵到惠州督师，滇军和桂军刘震寰部联合总攻，依然不克。5月，调豫军樊钟秀部参加惠州攻坚战，亦然。

5月18日，北京政府任命林虎为广东军务督理，叶举为广东省省长，洪兆麟为潮梅护军使，沈鸿英为粤桂边防督办。

6月，湘军攻占新丰、连平、龙川老隆。洪兆麟、李云复率部由平山反攻龙岗。此后陈军因北京政府调派的配合部队未到位，孙军因许崇智回粤任建国粤军总司令后主客军矛盾增加，双方都因内部原因停止攻击，战事趋于沉寂。

7月，湘军第三军第六师王得庆率部投奔林虎。

7月底，张民达率粤军第二师奇袭连平李易标部，李易标第四军第七师师长麦胜芳被击毙。麦胜芳是粤军在战场上战死的第一个师长。

9月，直奉战争爆发后，加入了孙段（祺瑞）张（作霖）"反直三角联盟"的孙中山应邀组织北伐，加上孙陈（炯明）和解有所进展，13日，孙中山发布从东江撤兵命令。滇、桂、湘、豫军遵命撤到东莞石龙。

10月，陈炯明在海丰的粤军总司令部行营撤销。

六、邓本殷自成系统

1923年4月，独二旅旅长、原钦廉善后处处长黄志恒赴海口游说琼崖镇守使邓本殷出兵占领高、雷、钦、廉。邓本殷和部下商量后与黄志恒共同电请申葆藩（原两广护国军旅长、广东江防司令，后为钦防守备司令）和冯铭楷（原钦防军司令）及苏廷有（熊略部旅长）等人到海口开会，商讨组建"八属联军"。会议一拍即合，获一致同意。

会后，申葆藩指挥苏廷有部并联合桂军姚之荣等部由钦州进攻黄明堂讨贼军据守的廉州，40天后收降守军旅长杨廷光，占领廉州。然后继续向化州、高州进攻，打败高雷讨贼军林树巍部，迫使中央直辖粤军第四师师长吕春荣部从高州退往信宜。邓本殷率部进驻高州后，降伏了吕春荣（其中莫雄旅撤回广州）。8月，邓本殷、申葆藩联名发出通电，宣布成立"八属（高州、雷州、钦州、廉州、琼州、崖县、罗定、阳江）联军指挥部"。

总指挥邓本殷（1924年2月，被北京政府任命为琼崖护军使），副总指挥申葆藩，总参谋长黄志恒，主任参谋廖轰，副官长梁家干，军务处处长沈重熙，舰务处处长林恒，民政处处长陆开梅，财政处处长凌霄（后总参议苏慎初），下辖：

第一军　军长邓本殷（兼，原琼崖镇守使），约八九千人，下辖：

第一师（原粤军第二十三旅扩编）　师长（后改第一、二旅指挥，以下类推）陈凤起（后兼高州善后处处长），驻钦廉，下辖：

第一旅　旅长李国华；

第二旅　旅长邓继堂（后黄文龄）。

第二师（原粤军第二十四旅扩编）　师长邓承荪（后兼雷州善后处处长），参谋长王鸿饶，驻雷州，下辖：

第三旅　旅长何家瑞；

第四旅　旅长陈锦春（后刘朱华）。

第三师　师长冯铭楷（后兼琼崖善后处处长），以所部钦防军4个营扩编成，驻高雷边（后移驻琼崖），下辖：

第五旅　旅长曾鉴；

第六旅　旅长彭华林；

独立旅（1925年初增编）　旅长杨腾辉（原林俊廷部投诚）。

第二军　军长申葆藩（兼，后又兼钦廉善后处处长），约4000人，下辖：

第一师（由广西自治军陆云桂旅扩编，同时也是林俊廷、陆荣廷部）　师长陆云桂，驻钦县、防城，下辖：

第七旅　旅长张瑞贵；

第八旅　旅长申绍仪（申葆藩之弟）。

第二师（原驻钦州熊略部第二十一旅苏廷有团扩成林恒杰、裴道泗、秦德光3个团，攻占化州后收编杨廷光部梁传伟团扩编）师长苏廷有，驻二阳，下辖：

第九旅　旅长陈德昌（后姚之荣），下辖林恒杰、秦德光（后姚之荣、姚范规）团；

第十旅　旅长杨廷光（原黄明堂部），下辖梁传伟、裴道泗团；

（后）独立旅（林俊廷部姚之荣团编入第九旅后，由秦德光团升格为独立团，不久补入阳江民军扩编成旅）　旅长秦德光，下辖洪敦耀、李家严团。

（后）第一警备司令部　司令徐东海（原粤军第十七统领），驻阳春。

（后）第二警备司令部　司令罗元标，驻阳江电白边。

（后）第一路　司令余六吉（原第九警备队司令），驻阳春、新兴。

（后）第二路　司令苏计开（原余六吉部营长）。

第三师（后编，将第二师独立旅2个团扩成2个旅编成师）　师长陈章甫（当时因辞职在原籍阳江定居），驻罗定，下辖：

第五旅　旅长阮朝光（原龙济光部）；

第六旅　旅长陈文广。

第三军（由原独二旅欠1个团扩编）　军长黄志恒（兼），驻化州，约1000人，下辖：

第十三旅　旅长黄星堂（待考）；

第十四旅　旅长钟继业。

第四军　军长陈德春（原中央直辖第四军军长），后发展到2000多人。

第五军　军长邓文辉（原桂军旅长），驻茂名，约1000人，辖：

第十一旅　旅长邓文辉（兼）（待考）；

第十二旅　旅长申宪文（待考）。

高州善后处　处长吕春荣（原师长），驻信宜、吴川、化县、茂名，下辖：

第十五旅（原讨贼军第四师第八旅叶大森团扩编）　旅长叶大森；

第十六旅（由收编的原胡汉卿部第二统领所部扩编）　旅长周桂森。

第十七旅（后编）　旅长陈家威（原陈德春部旅长）。

第十八旅（后编）　旅长吕春荣（兼）。

独立旅（东路讨贼军第八师师长徐汉臣被免职后率部投诚编成）　旅长徐汉臣。

1924年，"八属联军"继续向阳江用兵，打败了徐汉臣旅并将其俘虏及建国粤军旅长梁鸿林，赶走了第一警备司令部司令梁士锋，又相继收编余六吉、苏计开、徐东海等部为第一、二、三路司令，一统广东南路八属（八属行署驻高州）地盘几乎占广东全省的一半，总兵力3万多人，成为广东境内与广州大元帅府及东江陈炯明所部三足鼎立的一支军事力量。邓本殷表面对政治持中立态度，声称"既不帮孙中山，也不助陈炯明"，暗中却与陈炯明保持着密切联系。

第九节　救粤军（1925 年上半年）

一、重立山头

广东商团曾许诺助饷 150 万元邀请陈炯明进攻广州。1924 年 10 月，商团武装被消灭后，商团成立的"救粤会"继续邀请，急于寻找出路的陈军部下也不断催促；12 月 27 日，陈炯明在汕头就任"救粤军"总司令，拟趁孙中山北上不在广州之机组织反攻。救粤军总约 6 万人，序列如下：

总司令陈炯明，参谋主任黄强，副官主任陈国伦，下辖：

（一）东路军总指挥林虎，驻兴宁，下辖：

第一军　军长林虎，约 1.5 万人，驻兴宁，下辖：
第一师　师长黄任寰，下辖：
第一旅　旅长黄任寰（兼）；
第二旅　旅长苏世安（待考）。
第二师（原独十三师改编）　师长林子云，下辖：
第三旅　旅长林子云（兼）（待考）；
第四旅　旅长谢婴白。
第三师（原第二师改称）　师长黄业兴，下辖：
第五旅　旅长翟崇亮；
第六旅　旅长黄其祥。
独一旅　旅长罗献祥；
独二旅　旅长杨秉为（原第二十一路统领）；
独三旅（原第一师第三旅改称）　旅长王定华；
独七旅（原第十九旅）　旅长陈绍鹏；
独一团　团长覃贵一；
独二团　团长王伦；

滇军第一师（1924 年春投诚）　师长王汝为；

湘军第四师（湘军第十二旅 1924 年 7 月投诚后改编）　旅长王得庆。

第二军　军长刘志陆，（后）参谋长华振中，约 7000 人，驻五华，下辖：

第五师　师长黎生，下辖第九旅旅长华振中，参谋长陈铭勋；

独四旅　旅长蔡坤中，下辖王济中团等；

独五旅（原第五师第十旅）　旅长张化如；

警备司令　王伟；

第一师　师长钟景棠（原第五路司令），2000 多人，驻海陆丰。

第四军　军长李易标，约 6000 人，驻龙川，下辖：

第一师　师长黄广其，下辖 1 个旅，李亿荣、黄燕、巫剑雄 3 个团；

第二师　师长胡汉卿，下辖杨开运旅；

第三师　师长洪兆康；

第四师　师长纪泽波，下辖王昌期旅（待考）；

独立旅　旅长李少如。

军士教导队　队长曾举直，1000 多人，驻五华。

（二）东路军副总指挥洪兆麟，副官长吴懋松，驻汕头，约 1.6 万人，下辖：

第三军　军长尹骥，约 1.3 万人，驻潮安，下辖：

第一师（第一师第一旅扩编）　师长贺瑞庭，下辖：

第一旅　旅长倪寿麟（待考）；

第二旅　旅长陆学文（原东路讨贼军第四旅旅长）。

第二师　师长李云复，下辖：

第三旅　旅长钟绍斌；

第四旅　旅长秦贵荣；

独立团　团长李春芳。

第三师（第一师第二旅扩编）　师长邓桂生，下辖：

第五旅　旅长刘乾甫（待考）；

第六旅　旅长王振绪（待考）。

独十师　师长谢文炳，参谋长李硕襄，驻龙门平陵，下辖：

第十九旅　旅长孟伯棠；

第二十旅　旅长姜寿南。

独立旅　旅长刘志达（原东路讨贼军第十四旅旅长）。

（三）各路军总指挥叶举，驻惠阳（今惠东）平山，约 1.8 万人，下辖：

第五军　军长熊略，驻河源，下辖：

第一师　师长林烈，辖林国光第一旅（下辖张寿、陈佑卿等团）；

第十一师　师长陈修爵，驻龙门，下辖：

第二十一旅　旅长彭智芳；

第二十二旅　旅长赖冠卿。

第十二师（原警备司令部改编）　师长练演雄，参谋长练锡祺，驻惠阳龙岗，下辖：

第二十三旅　旅长马雄韬。

独 × 师（原独二旅）　师长颜国华，2000 多人，驻连平和龙门；

独 × 师（原独立旅）　师长谢毅，800 多人，驻增城正果；

警备司令吴柏，下辖陈玉钟、陈章 2 个统领，2000 多人，驻东莞；

第一支队　司令翁辉腾；

第二支队　司令马永平。

第六军　军长杨坤如，参谋长骆凤翔，约 7000 人，驻惠州，下辖：

第一旅　旅长骆凤翔（兼）；

第二旅　旅长钟子廷；

第三旅　旅长李祥；

第四旅　旅长李克诚；

独三旅　旅长叶柏质；

挺进支队和游击支队。

第七军（1924 年 2 月原辖二师脱离）　军长黄大伟，约 1000 人，在闽粤边；

赣军　军长赖世璜，参谋长刘士毅，副官长陈国屏，军需处处长赖巨川，约 1 万人，驻赣粤边（该军不完全听命）。下辖：

第一师　师长谢杰；

第二师　师长吴建中；

独立旅　旅长易简。

二、反攻广州

　　1925年1月2日林虎受江西临时督办方本仁之邀率部合围聚集在赣南谭延闿指挥的孙中山北伐军，先后派李易标、黄业兴、王定华、王得庆各部进入粤北之连平、翁源，赣南之信丰、龙南、定南、全南、寻邬（今寻乌）等地，分途袭北伐军之后路，消灭了部分北伐军（残部退回韶关），为陈炯明反攻广州解除了后顾之忧；7日，陈炯明在汕头下令洪兆麟率部克日出发，到惠州待命；林虎从赣南沿北江南下，会攻广州，陈炯明也赴惠州设立指挥部。1月底，陈炯明在惠州召开军事会议，决定三路进攻广州：

　　北路，分三路：

　　　　一路：李易标第四军和刘志陆第二军由赣南进军北江；

　　　　二路：林虎率第一军从龙门经从化进军北江；

　　　　三路：黄任寰师和王定华旅由龙门进逼增城。

　　中路，分左右二路：

　　　　左路又分二路：

　　　　　　一路由胡汉卿师出新塘控制广九线；

　　　　　　二路由练演雄部和翁辉腾部出东莞攻虎门。

　　　　右路也分二路：

　　　　　　一路由石龙攻增城；

　　　　　　二路由洪兆麟指挥杨坤如第六军和陈修爵师由石龙、铁场攻石滩。

　　南路，总指挥邓本殷，分二路：

　　　　一路：陈章甫部由二阳攻恩平；

　　　　二路：吕春荣部由三罗攻肇庆。

　　2月1日，北路黄业兴师突袭韶关外围，打败了湘军。

三、败退闽赣

正当救粤军准备反攻时,大元帅府组织第一次东征,1925年2月初双方在东莞相遇。救粤军中路军在东莞遇到东征的许崇智建国粤军和黄埔校军后不断败退,守卫博罗的旅长张化如在滇军包围下开门迎降。在惠阳淡水之战中救粤军又损失了马雄韬旅等三四千人。

2月16—17日,陈炯明在汕头召开作战会议,最后决定保存实力固守各线。

但在东征军凌厉攻势下,救粤军在惠阳平山、多祝等地一败再败。第五军第一支队司令翁辉腾和第六军独三旅旅长叶柏质各率1000余人向东征军投诚。叶举因肺病前往香港治疗,所部交由熊略指挥。

3月初,陈炯明和洪兆麟都将家属送离汕头;7日,汕头被东征军占领,第三、五残部退往福建,剩余只有1.8万多人,后被改编为30个营。

3月13日,林虎率军进至揭阳棉湖,歼灭黄埔校军教一团一部,后遇大量援军只好退却。这场战役是此次东征作战中最为惨烈的战斗。3月19日,林虎的后方基地兴宁也被占领,林虎率残部退到江西省定南县,剩余1万多人。

3月初,困守惠州的杨坤如派员与滇军洽谈投诚。3月19日,参谋长兼第一旅旅长骆凤翔联合第二旅旅长钟子廷,解除杨坤如卫队武装,树旗起义,杨坤如逃往香港。惠州守军7000人后被改编为建国滇军第八、九师,师长分别为骆凤翔和钟子廷。

第十节　定粤军（1925 年下半年）

一、陈军死灰复燃

1925 年 5 月，因滇桂军准备叛乱，建国粤军总司令许崇智要率部从潮梅回师广州，于是与陈炯明残部协商改编，允许其有条件回驻潮梅各地，实现"粤军大联合"。6 月，救粤军各部纷纷派出代表到汕头向许崇智表示"投诚"。6 月10 日，许崇智委任：

杨坤如为建国粤军第五军军长，驻惠州，下辖 2 个师；

熊略为建国粤军六军军长，驻梅县；

刘志陆部驻兴宁和五华；

洪兆麟部驻大埔。

6 月 17 日，许崇智和建国粤军第二师离开汕头。月底，整个韩江流域和东江的龙川、惠州皆被救粤军占领。

杨坤如在许崇智部护送下返抵惠州，骆凤翔因不愿受杨坤如指挥，率部近4000 人开往广州，到东莞樟木头时李详旅脱离骆部回归杨部；沿途又散失部分，到广州近郊驻扎 3 周后被许崇智派兵缴械，挑 1 个团拨梁士锋，其余归杨坤如。

7 月 1 日，救粤军各部将领在梅县松口开会，决定成立"粤军临时办事处"，推刘志陆为主任，办事处暂设潮安（今潮州），并确定潮汕由洪兆麟部驻防，梅属由林虎部驻防，叶举所部暂由总部统辖。

8 月，英国为破坏省港大罢工，允诺给陈炯明枪 1 万支和款 300 万元，支持其东山再起。陈炯明遂致函各部改名"定粤军"，自任总司令，任刘志陆为粤军主任兼参谋长。旋委洪兆麟、林虎、熊略为左、中、右翼司令，相机进攻广州。定粤军大约 3 万人。

总司令陈炯明，粤军主任兼参谋长刘志陆，军务处处长陈国伦，下辖：

左翼司令洪兆麟，下辖：

第三军　军长尹骥，驻潮安、饶平、大埔，下辖：

第一师　师长贺瑞庭，下辖倪寿麟旅等；

第二师　师长李云复，下辖：第三旅钟绍斌，第四旅秦贵荣，补充旅李春芳；

第三师　师长邓桂生，下辖刘乾甫旅等；

独立旅　旅长陆学文。

独十师　师长谢文炳，下辖：第十九旅孟伯棠，第二十旅姜寿南。

独三旅　旅长刘志达。

中翼司令林虎，前敌总指挥李易标，驻兴宁、五华、龙川，下辖：

第一军　军长林虎，下辖：

第一师　师长黄任寰，下辖第一旅苏世安，1000多人；

第二师　师长林子云，下辖谢婴白旅，700多人；

第三师　师长黄业兴，下辖第五旅翟崇亮、第六旅黄其祥，共1000多人；

独三旅　旅长王定华，600多人。

第二军　军长刘志陆，下辖：

第五师　师长黎生，下辖第九旅华振中，1200多人；

独四旅　旅长杨秉为，600多人；

独六旅　旅长张化如，700多人；

独七旅　旅长陈绍鹏，500多人。

第四军　军长李易标，下辖约3000人；

第七师　师长黄广其，1000多人；

（湘军）王得庆旅，600多人。（以上合计约1万人）

右翼司令熊略，驻梅县、平远、蕉岭，下辖：

第五军　军长熊略（兼），下辖：

第一师　师长林烈，下辖第一旅罗献祥、第二旅林国光；

第十一师　师长陈修爵，下辖第二十一旅彭智芳；

第十二师　师长练演雄，下辖第二十三旅马雄韬；

独三旅　旅长叶柏质；

警备司令　吴柏；

第一支队　司令翁辉腾；

第二支队　司令马永平。

第六军　军长杨坤如，政治部主任徐天琛，驻惠州，下辖：

第十一师（驻梁化杨启明部约千人，加温、钟2个支队编成）　师长杨启明，下辖第二十一旅温宗和，第二十二旅钟月初；

第十二师（原第九师）　师长徐武东，驻博罗、龙门，下辖第二十三旅张廷贻，第二十四旅陈思明；

独立旅　刘济权、梁桂平、李汉棠、赖汉初4个。

9月，定粤军进占潮阳、惠来、揭阳、普宁、海丰、陆丰、紫金、河源等地。杨坤如接收被蒋介石缴械时逃出来投奔的建国粤军第二、三师各1个营。

10月4日，刘志陆委任从揭阳、普宁退往惠阳淡水驻防的建国粤军2个旅长为师长（实为假投降）。

定粤军第二军第八师　师长张和（原建国粤军第二师第四旅旅长）；

定粤军第二军第九师　师长余鹰扬（原建国粤军第十一旅旅长）。

二、定粤军一路溃散

1925年10月，蒋介石率国民革命军3万多人分三路进行第二次东征。13日，东征军开始攻打惠州城。15日，城破，杨坤如逃走，部队大部被歼。

中旬，李易标、李云复共率部1万余人在惠阳（今惠东安敦）热汤墟与张发奎独立旅激战1天，后遇敌增援退走；月底，在五华县华阳歼灭东征军第一军第三师大部，差点活捉蒋介石，取得"华阳大捷"；最后在五华县双头（今双华）被二路东征军包围，大部被歼灭，突围部队撤往福建。

洪兆麟率部反攻揭阳河婆失败，本人也被打伤，率部撤往福建。

熊略率林烈、陈修爵师和罗献祥、叶柏质旅等部经老隆向河源进攻，打败左路东征军程潜部。但程潜避开正面直奔陈炯明的总司令部驻地兴宁城，熊略部衔尾追击失败。林虎将余部交刘志陆后只身前往武汉，陈炯明逃往香港。

11月3—7日，梅县、潮安、饶平先后被东征军占领。熊略部第一支队司令翁辉腾率部1000多人在平远被罗翼群收编，编为潮梅军第一支队，接着叶柏质旅和马雄韬旅也被收编为第二、三支队，3个支队共3000多人。其余第五军林国光旅、罗献祥旅，陈修爵师及第六军徐武东、杨启明残部等，共四五千人，则撤往龙川贝岭附近的粤赣边。熊略认为陈修爵不听命令，自己本部不多，于是离队前往香港，他的师长林烈和旅长林国光也继之离队，残部归陈修爵统率。

11月中旬，东征军三路攻闽。刘志陆和李易标部五六千人先在永定被东征军歼灭1000多人，后撤退到龙岩。洪兆麟余部在平和被东征军歼灭几百人，辗转退到漳州。

11月下旬，洪兆麟将所部交李云复、谢文炳接收，经厦门去香港。后在转往上海途中被刺杀。洪兆麟部李云复、谢文炳等自洪死后，知不容于闽南，遂思联合赣南刘志陆等部入湘，要求马济、林虎收容。途中遭赖世璜截击，李云复部被缴2000余支，余3000多人，随谢文炳进入赣南。

12月10日，林虎派人到龙岩召集各军开军事会议，拟由长汀入赣，转入湖南，归马济收编。此时3个军共有近6000人一起开往赣南。

黄业兴在蕉岭收容残部1800余人，经上杭到达江西省安远县，后将枪支交杨如轩和杨池生后，将官兵资遣。

留在福建平和的洪兆麟所属刘志达部，被闽军第一师张毅收编为第一支队（下辖2个团），李春芳部被闽军第三师李凤翔收编为1个团，两部在1926年5月和6月分别被缴械。

三、八属联军烟消云散

1925年10月11日，邓本殷在琼州海口召开军事会议，与所属各军将领商讨进攻广州计划，决定将各军改名为"定粤军"，拟以联军主力及徐汉臣旅攻肇庆，以苏廷有师联合前来投奔的国民革命军第四军十二师梁鸿林部攻江门，然后与东江陈炯明叛军夹攻广州。苏、梁所部共8000多人10月18日逼近江门，围攻第四军第十师陈铭枢部守卫的单水口达三天，后遭国民革命军第四军和广西李宗仁部联合反攻。11月7日，阳江被克，接着化州守军吕春荣率叶大森旅长投诚；20日，高州守军抵抗一阵后撤离；30日，申葆藩表示归顺广州政府。12月29日廉州被克。桂军胡宗铎部从广西灵山进占钦州，驻防钦廉的申葆藩弃军逃往越南，旅长杨腾辉投降。陈济棠又率第十一师进逼雷州，邓本殷只好率残部退守琼崖。早已被建国粤军收编为暂二师的陈章甫部再被国民革命军收编新二师（后编入第四军第十三师）；投诚的徐汉臣旅被编为独一旅（旋被缴械解散）。

邓本殷与潮州籍的第三、四旅指挥官邓承荪有矛盾，在黄志恒鼓动下将其枪杀于海口。邓承荪的参谋长王鸿饶将所部2000多人从雷州移驻到廉江、化州一带，向邓本殷提出三个条件，不但未获解决，反遭强兵相迫，遂举兵相抗。后主动联系张发奎部，被张发奎编为"攻琼别动队"（后编入张发奎部）。

邓本殷率部退守琼崖，将所部1万余人重新整编成3个师：

第一师　师长陈德春；

第二师　师长冯铭楷；

第三师　师长陈凤起。

1926年1月22日，琼州城和海口被国民革命军张发奎第十二师占领，邓本殷乘日本军舰逃往越南，所部大部投降，一部溃散，只有张瑞贵旅在山区坚持游击（后被国民革命军陈济棠第十一师收编为补充团）。

尾声：最后的旧粤军——直鲁联军第三路军

1926 年 1 月，刘志陆、李易标率粤军残部撤到福建省武平县，加上前来会合的熊部和洪部，遂在乌鸦坡召集缩编会议，以谢文炳、陈修爵 2 个师为主要骨干，将所有部队整编为 9 个团，总约七八千人，改称粤军，推刘志陆为主任。后经大家讨论决定投靠吴佩孚，刘遂命令谢文炳、陈修爵两师长率队由闽赣边境出发，横穿江西入湘。刘本人则伪装成商人，先至厦门鼓浪屿，转香港去上海与北方军阀联络。而编余军长熊略、李易标，师长黄业兴、黄任寰、练演雄、林子云、黄广其、黎生，旅长王定华、张化如、翟崇亮、黄其祥等皆自动离开部队到香港或去上海或回家乡。

2 月，因湘方不允其入湘，赣方又不肯容纳，亦不允其假道赣北入鄂，在湘赣粤之间辗转。5 月，终于得到吴佩孚拨给开拔费，并指定移驻赣西。谢、陈率部跋涉至江西莲花、永新县，改编为"讨贼联军援湘粤军"。

讨贼联军援湘粤军，总司令刘志陆，下辖 3 个旅 6 个团：

第一路，司令谢文炳，共 4000 余人。

　　第一旅，旅长陆学文，下辖：

　　　　第一团　团长刘乾甫；

　　　　第二团　团长王仁寿（待考）；

　　第二旅，旅长倪寿麟，下辖：

　　　　第三团　团长谭忠；

　　　　第四团　团长李炳寰（待考）。

第二路，司令陈修爵，共 3000 余人。

　　第三旅，旅长彭智芳。

1926 年 7 月，在湖南醴陵之战中，谢文炳率部与北伐的叶挺独立团对阵，被打败后退守江西万载。9 月，陈修爵部在江西安福与北伐的第二军激战三昼夜。10 月，谢、陈分向丰城和抚州撤退。12 月，撤到浙江常山，后到达安徽屯溪。

1927 年 1 月，因吴佩孚已败，刘志陆率部经皖南渡过长江到达安庆、宿县等地，投靠直鲁联军总司令张宗昌，所部被编为直鲁联军第十三军，驻守鲁西南。

直鲁联军第十三军，军长刘志陆，驻济宁，共1万多人，下辖：

第六十一师，师长谢文炳，共5000多人，下辖：

第一旅（后为一六一旅）　旅长陆学文；

第二旅（后为一七一旅）　旅长倪寿麟。

（2月新编）混成团。

第六十二师，师长陈修爵，共5000多人，下辖：

第三旅（后为一六二旅）　旅长彭智芳。

（2月收编）第一七二旅　旅长彭祖佑。

先在合肥与蒋介石第一集团军激战半个月，后与冯玉祥第二集团军在菏泽交战过二三次，守住了山东的西南门户。11月，直鲁联军三路进攻开封的冯玉祥第二集团军时，刘志陆任右路军总指挥，指挥5万多人在考城大战。

1928年初，刘志陆任直鲁联军第三路军总司令，下辖十三军扩编的粤军3个军和其他部队：

第十三军，军长刘志陆（兼）；

第十七军，军长谢文炳；

第十八军，军长陈修爵（后彭祖佑）。

1928年4月，国民革命军进行第二次北伐，刘志陆所部被击败后退往胶东。6月，向国民革命军投诚，被改编成国民革命军第十三路军。

第十三路军，总指挥刘志陆，下辖：

第四十八军（原第十七军），军长谢文炳，下辖第一、第二师；

第四十九军（原第十三军），军长刘志陆（兼，后彭智芳），下辖第一师（师长彭智芳）、第二师和教导师；

第五十一军（原第十八军），军长彭祖佑，下辖第一、第二师。

1928年9月，第五十一军调入徐州缴械。12月，第十三路军缩编为新编第二师，驻江苏海州，师长刘志陆（未就职，后谭曙卿），下辖2个旅4个团，谢文炳、彭智芳为旅长。3个月后被缩编为独四旅，后编入第五十二师中。

这支在北方又坚持了近3年的陈炯明余部，是旧式粤军最后的绝唱！

第二章　许崇智粤军

起源：援闽二支队

1922 年 6 月 16 日凌晨，叶举、洪兆麟率部围攻炮击总统府和孙中山的住地观音山粤秀楼，发动"六一六兵变"，标志着粤军已分化。拥护孙中山的主要有许崇智第二军、李福林福军等部。

许崇智粤军始于 1918 年援闽粤军第二支队，当时编制是：

司令许崇智，副司令关国雄，参谋长罗翼群，副官长许济，下辖：

第四统领　关国雄（兼），下辖：

第八营　营长关国雄；

第九营　营长刘茂棠（后投奔桂军）；

第十二营　营长徐军雁；

第二十三营　营长谢文炳。

炮兵连　连长梁若谷，机枪连　连长林威，卫士连　连长邓刚。

在援闽战役中，先收福建省防军 1 个营（编为第三十一营）和蓝玉田、钟大辉 2 个民兵大队；后以原许部闽军旅长蒋克诚（字国斌）招收旧部编成第十三统，再收编陆学文营、孙本戎民军等。第一期作战在克复永定后谢文炳因功提拔为第十四统领；第三期作战在攻占同安中受伤的许济伤愈后提拔为第十五统领。

1918 年底，第二支队扩编为第二军。

军长许崇智，参谋长黄国华，军械处处长梁翰昭，辖 3 个支队及 1 个统领：

第五支队（原二支队除谢文炳部外改编）　司令关国雄；

第七支队（新编）　司令吴忠信（原粤军总部上校参谋）；

第八支队（第十三统领扩编）司令蒋国斌，下辖第十三统领蒋国斌、第
二十统领徐岳嵩；

直辖：第十四统领谢文炳；第十五统领许济；第十八统领张国桢（原总
部参谋）；第二十四统领孙本戎（原民军支队司令）。

1919 年底，粤军整编，第二军略做调整。

第二军　军长许崇智，参谋长黄国华（1920 年 9 月蒋介石），副官长
俞××，军需处处长陈永惠，军械处处长梁翰昭，辖 4 个支队，驻闽西汀州等地。

第五支队　司令关国雄；

第七支队　司令吴忠信；

第八支队　司令蒋国斌，下辖第十三统领蒋国斌、第二十统领徐岳嵩；

直辖：第十四统领谢文炳、第十五统领许济、第十八统领张国桢、第
二十一统领杨秉为、第二十四统领孙本戎等；

第二军警备队　第一统领万黄棠、第二统领陈国华。

卫队司令张国桢（兼），护士（警卫）营营长许崇年。

1920 年 8 月，第二军参加回粤驱桂，胜利后编制是：

军长许崇智，参谋长蒋介石，下辖 22 个营。

独四旅　由第五支队扩编，旅长关国雄，辖 6 个营；

第七支队　司令吴忠信，辖 6 个营；

第八支队　司令蒋国斌，辖 2 个统 6 个营；

第九支队（由第十四统领扩编）　司令谢文炳，辖 4 个营；

直辖：第十五统领许济、第十八统领张国桢、第二十四统领孙本戎等。

第二军警备队　第一统领万黄棠、第二统领陈国华。（后裁撤）

炮兵团　团长梁若谷。

1921 年 5 月，第八支队支队长蒋国斌提任为总统府中将侍卫长，由原第二
军参谋长黄国华（福建陆军讲武堂毕业）接任。

1921 年 6 月，第二军作为右路在许崇智指挥下参加"援桂"战役，攻克桂
林。战后陆续整编成 5 个旅。

第二军　军长许崇智，参谋长蒋介石，副官长张宗英（后林振雄），军需处
处长陈永惠（后万黄棠），下辖：

独四旅　旅长关国雄，参谋长李毅，驻广西，下辖：

第一团　团长杨锦龙（原桂军统领）；

第二团　团长吕春荣。

独七旅（第七支队改编）　旅长吴忠信（后陆学文），驻广西，下辖：

第一团　团长陆学文（后张海洲）；

第二团　团长吴忠信（兼，后林声扬）。

第七旅（第九支队改编）　旅长谢文炳（后何梓林），驻广西，下辖：

第十三团　团长谢宣威（原吴忠信统营长）；

第十四团　团长何梓林（原援闽粤军营长）（后李文达）。

第八旅（由第十五、十八、二十四统合编）　旅长张国桢（后许济），驻广西，下辖：

第十五团（第十五统改编），团长许济（后许成）；

第十六团（第二十四统改编），团长孙本戎。

第九旅（第八支队改编）　旅长黄国华，驻广西，下辖：

第十七团（第十三统改编）　团长刘志达；

第十八团（第五十七营和第二十统合编）　团长张民达。

南顺警备司令陆领，下辖 2 个团 6 个营，驻南海、顺德（后编为第五警备游击队）。

义勇队司令莫国华，下辖 2 个团 6 个营（10 月解散）。

1922 年 4 月，独七旅旅长吴忠信因与蒋介石一样主张先解决陈炯明再北伐，建议未被采纳同时辞职，后由陆学文接任。5 月，因谢文炳不接受从桂林直出韶关的命令，率第七旅擅自移防梧州，还向陈炯明通风报信，且请假回湖南老家，孙中山任命何梓林为第二军第七旅代旅长；关国雄被孙中山任命为第二军第四师师长兼梧州陆海空总司令，冯轶裴为第四师参谋长，留驻梧州，下辖：

第七旅　代旅长何梓林，下辖第十三、十四团，团长谢宣威和何梓林；

独四旅　旅长关国雄（兼），下辖第一、二团，团长杨锦龙和吕春荣，不久增编补充团，团长杨胜广。

1922 年 5 月，孙中山任命李烈钧为北伐军总司令，许崇智为总指挥，率领 3 万余人分三路北伐。这是孙中山组织的"第二次北伐"（在桂林组织的北伐虽没有真正的战斗行为，也算是第一次北伐）。

左路：指挥黄大伟，率粤军第一路王懋功、陈得平、邱鸿钧 3 个统约 3000 人，从仁化攻崇义、上犹；

中路：指挥李烈钧，率朱培德滇军和彭程万赣军共约 1 万人，从南雄攻大庾（余）；

中央直辖赣军　总司令彭程万，下辖：

第一旅　旅长李明扬，下辖陈金瑞、卓仁机 2 个支队；

第二旅　旅长赖世璜，下辖吴建中、谢杰2个支队。

中央直辖滇军　总司令朱培德，下辖：

第一混成旅　旅长王均，下辖王均（兼）、李云楼2个团；

第二混成旅　旅长胡思舜，下辖胡思舜（兼）、杨青圃2个团。

右路：指挥许崇智，率粤军第二军主力七八千人、第一军第一师约8000人、李福林福军约3000人，从南雄攻信丰。

粤军第二军　军长许崇智，下辖陆学文独七旅、何梓林第七旅、许济第八旅、黄国华第九旅共4个旅和卫队正司令孙本戎部；

粤军第一军第一师　师长梁鸿楷，下辖谢毅、徐汉臣、陈修爵、陈铭枢4个团；

福军　总司令李福林，下辖李芳、李雍2个支队5个统15个营（李群率3个营留守）。

总预备队　陈嘉祐部湘军1300余人。

先遣军　司令余维谦；

别动军　司令胡谦。

飞机队　队长张惠长，副队长陈庆云，6架飞机，下辖3个小队，队长分别是陈庆云、周宝衡、胡汉贤；飞机掩护团　团长张振武。

水陆雷电队　队长马伯群；

炮兵团　团长梁若谷；

护士营　营长梁士锋；

卫士队　队长吴泽理。

北伐军5月8日出发，攻克了龙南、虔（全）南、崇义、信丰、南康、大庾（余）等地，经过三得三失，于6月13日占领赣州，其中第一路参谋长张唯圣在赣州城南唐江战役中阵亡。战败的江西督军陈光远已于6月8日通电辞职。北伐军分兵五路继续北伐，6月19日前锋部队已到达万安。

不料叶举在广州发动"六一六事变"。6月23日，得知孙中山被困的北伐军将领在赣州召开军事会议，主要两派意见（即刻回师救驾还是打下整个江西再回师）没有统一；27日，胡汉民到达赣州后再次召开会议，终于决定除李烈钧率部守赣南后方（后为沈鸿英和蔡成勋所败撤回南雄）外其余迅速回粤。会后连夜开拔。

7月2日，北伐大军到达粤境，除粤军第一师脱离外其余2万多人到达韶关附近，决定分三路进攻被陈炯明部翁式亮夺占且有9个团坚固设防的韶关（攻击出发前共同宣誓："三军一致，誓同生死，拥护孙大总统，平定粤省之乱，如有异心，天诛地灭！"）：

一路滇军朱培德部，经仁化攻韶关东翼；

二路粤军李福林部，经始兴攻韶关南翼马坝；

三路许崇智率粤军第二军独七旅陆学文、许济第八旅、孙本戎第五旅（由第八旅第十六团扩编）、谢宣威部（第七旅第十三团）正面攻韶关。

另以粤军黄国华第九旅攻翁源。

粤军第七旅（欠十三团）、黄大伟粤军第一路、陈嘉祐部湘军等为预备队。

7月10日开始，双方在韶关地区展开激战，粤北会战正式开始。鏖战多日形成僵局后，北伐军集中主力于18日攻下翁源。叶举增调兵力于19日反攻重占翁源。20日，在朱培德部攻占乐昌的配合下，许崇智部张民达团又再克翁源。此后二军一直胶着，24日许部再占翁源，直至26日陈军全线退却，北伐军乘胜追击。不料28日装备精良的第一师第三团突然出现在陈军马坝前线，原来是团长陈修爵自动向叶举请缨，将第三团全部运往广州转乘铁路而来。连续苦战疲惫不堪的北伐军遇此强敌，难于招架，独七旅陆学文部首先败退，李福林部2个梯团长及总参议李朗如皆离队出走，谢宣威团长被追击时率2个营投降。30日，北伐军全线退守始兴。留守赣州的赣军李明扬和赖世璜分别率部退守大庾和信丰。

8月3日，北伐军在南雄召开军事会议，决定分两路撤退，东路由许崇智、李福林、黄大伟率部1万多人退到江西瑞金休整，罗翼群任第二军代理参谋长；西路由李烈钧率领滇军朱培德部和赣军及滇军1万多人撤往湘桂边界。

历时20多天、双方共投入五六万人的粤军内部自相残杀战斗终于结束。

北伐军回师失利，孙中山离开广州，标志第二次护法战争宣告失败。

第一节　东路讨贼军（1922—1923）

一、袭取福州

（一）北伐军攻占福州

1922年8月14日，孙中山抵沪，北洋皖系代表徐树铮拜见孙中山，提出让江西许崇智部联合西北边防军驻福建第二十四旅王永泉部，一起驱逐叛段（祺瑞）投直（系）的福建督军李厚基的计划。孙中山认为许崇智部可借机整顿补充，随即派何成浚到瑞金向许崇智传达。由胡汉民赴延平（今南平市）与王永泉协商好攻取福州计划，9月7日，许崇智（与王永泉系日本士官学校同学）即率部向福建开进，另派第二路司令龚师曾（赣南收编之赣军）去泰宁与王永泉配合。许军冒着王部番号入闽，沿闽赣边境潜行北上闽北邵武县后，折向东到建阳县，然后受到建瓯警备司令、许崇智旧部徐镜清欢迎。

9月20日，王永泉在延平通电独立，并致电李厚基促其即日离闽。同日，许崇智亦通电声讨李厚基。10月2日，许崇智和王永泉从闽江右岸，李福林、黄大伟、龚师曾率部从闽江左岸，同时向福州进攻。12日，许、王二部在水口与李厚基部激战，许崇智部第九旅第十八团担任主攻，团长张民达身先士卒，虽伤亡众多，但经良久苦战，终于攻入水口，全歼守敌，缴枪2000多支。而王永泉久攻延平不下，伤亡惨重，许崇智加派何梓林旅支持后迅速攻下，但旅长何梓林不幸阵亡。李、黄、龚部乘虚攻入福州，黄部第三统领邱鸿钧部首先进入洪山桥兵工厂，夺获机关枪200余挺、步枪6000余支、大炮36门。李厚基逃走，残部被海军缴械。13日，从白沙败退下来的李厚基表弟、警务处处长史廷扬率部向福州城发动反攻，李、黄两部因人数不多，仓皇退走。幸得孙本戎部由白沙衔尾追击史廷扬，李、黄两部回师应战，将史廷扬所部3000余人全部缴械。

* 链接：第一位阵亡的粤军旅长何梓林

何梓林，又名何南熏，湖南省宁乡县人。1875 年出生于一户农家，是何叔衡的堂兄。少时读过 6 年私塾，后学中医谋生。1906 年得罪财主被迫远走他乡。

1908 年，被同乡推荐进入福建武备学堂学习，随后转到桃园岭军医学堂。1910 年冬毕业后，被派到驻闽新军第十镇第二十协许崇智部当军医。1911 年 4 月，加入同盟会。武昌起义爆发后，作为敢死队参加新军直捣总督府的战斗，并荣获福建光复云麾勋章。1913 年，参加"二次革命"。1914 年冬，加入中华革命党。1917 年 7 月，南下广州参加护法运动，后任大元帅府参军处副官。1918 年，随援闽粤军入闽作战。1920 年，因功由连长升任营长。1921 年 5 月，参加讨桂战役，在怀集等地大败敌军，后升任粤军第七旅第十四团团长；12 月，护送孙中山抵达桂林。在此期间，何南熏两次引见中共代表何叔衡（经常得到何梓林经费支持）拜会孙中山，商讨国共合作事宜。

1922 年 4 月，第七旅旅长谢文炳投靠陈炯明后，何梓林因表示听从孙中山和许崇智指挥，被提升为第七旅代旅长。5 月 8 日，被任命为北伐军前线支队司令官，率部进军江西。6 月，奉命返粤平叛，失利后撤退到赣东瑞金。10 月，率部担任进军福建的先锋，在水口镇附近与敌军重兵遭遇，激战中不幸中弹牺牲。

孙中山得知后亲自发来电令，曰："步兵第七旅旅长、前支司令官何南熏于援闽、援桂、北伐、东征诸役中，卓著战功。此次入闽水口之役，奋勇冲锋，中弹殒命，为国捐躯，殊深惋惜……"[1] 1923 年 1 月 26 日，东路军讨贼军总司令部为其在福州西湖公园举行隆重追悼大会。遗体后归葬宁乡县沙田乡故里，石碑上刻"陆军少将何公南熏之墓"，碑上方另有石横匾，上刻孙中山手书的"为国捐躯"四个大字。

（二）成立东路讨贼军

1922 年 10 月 19 日，受孙中山派遣，廖仲恺到达福州劳军。28 日，北伐到福建的粤军根据孙中山电令正式改为东路讨贼军，总司令许崇智，参谋长蒋介石（罗翼群代），副官长李章达（后冯次淇、顾祝同），参谋处处长罗翼群（后杨

---

[1] 梁建强、周里冰主编：《可爱的宁乡》，广西人民出版社 1992 年版，第 151—152 页。

子明），军法处处长雷荫棠，军需处处长万黄裳，秘书长江维华，总参议蒋国斌，下辖 3 个军 2 万多人。其中，孙中山派来了李章达、蒋光鼐、李扬敬、司徒非、韦就、叶剑英等，还有陈策、张惠长、陈庆云、林伟成等海空军人才（带飞机数架）。

第一军（由第一路军扩编） 军长黄大伟，参谋长陈雄洲（后张定璠），秘书长江和丰，下辖：

第一旅 由粤军第一路第一统扩编，旅长王懋功，主任参谋周朝宗，下辖陆福庭、陆瑞荣 2 个团；

第二旅 由粤军第一路第二统扩编，旅长陈得平，主任参谋徐坚，下辖陈定平、梁国一、徐天琛 3 个团；

第三旅 由粤军第一路第三统扩编，旅长丘鸿钧，主任参谋吴翰，下辖呆海澜、胡家弼 2 个团；

第四旅 由收编之赣军龚志谦营扩编，旅长龚师曾，主任参谋戴石孚，下辖张定璠、龚师曾 2 个团。

炮兵团 团长黄承羲，由原有炮兵营扩编。

警卫第一营 营长徐泽裔，第二营 营长金龙章。

第二军 军长许崇智（兼），参谋长罗翼群，副官长李章达（后顾祝同），下辖：

第五旅 由原第八旅改称，旅长许济，下辖刘桂标等 2 个团；

第六旅 由原第五旅改称，旅长孙本戎，下辖旷筱巽等 2 个团；

第七旅 由独七旅改编，旅长陆学文，下辖卫立煌等 2 个团；

第八旅 由原第九旅改编，旅长张民达，参谋长叶剑英，副官长徐建行，下辖：

第十五团 团长谭曙卿，下辖肖觉民、梁占鸿、张和 3 个营；

第十六团 团长张民达（兼，后薛岳、梁占鸿），下辖 3 个营。

第三军（由福军扩编） 军长李福林，参谋长练炳章，副官长邓彦华，参谋处处长邓雄，共 6000 多人，下辖：

第九旅（原二十六统扩编） 旅长林驹（绿林出身）；

第十旅（原二十一统扩编） 旅长吴近（绿林出身）；

第十一旅（原二十二统扩编） 旅长袁德稚（戏班出身）；

第十二旅（原二十三统扩编） 旅长郑咏深（军校毕业生，后病故）。

炮兵团 团长赵成烈。

福建民军司令官 黄国华。

护士（即卫队）团　团长许崇年（后林翊），下辖蒋光鼐、罗国裕2个营；

炮兵营　营长沈应时；

工兵大队　大队长曾则生；

飞机队　队长陈庆云，下辖飞机12架。

后许崇智任张国桢为东路讨贼军第四军军长，负责回粤收编叛军。

* 链接：黄大伟事件

许、黄、李三部队伍自进入福州后，喘息未定，便开始争权夺利。黄大伟是留学日本和欧洲的学生，富有朝气，但自视清高，野心勃勃，自封为国民军总司令，另立番号，将旗帜、关防做好颁发下去，准备宣布成立，并决定把4个旅长晋升为师长。他事前既不知会许崇智，也没有请示孙中山，弄到部下莫名其妙。各方对黄质疑电报如雪片飞来，其中许崇智因切身关系控诉最力。孙中山先生根据蒋介石建议下令将黄大伟撤职，以许崇智兼第一军军长。黄大伟愤而投奔陈炯明。

陈炯明应李厚基乞求于10月18日下令攻闽，派尹骥、李云复、黄凤纶、翁式亮、钟景棠五部入闽，进占闽西上杭、龙岩、永定等县。因11月中旬北京政府派常德盛师进攻闽北，福建第二师师长臧致平受到两面压力转而与讨贼军合作，联军不但将常德盛师赶出闽北，还将陈炯明部全部击溃。12月19日，东路讨贼军张民达旅与王永泉部、臧致平部三方会师，攻克泉州。李厚基部旅长陆清汝逃走，该旅5个营投降，被改编为东路讨贼军第十三旅，委张毅为旅长。

为安定地方，任命何成浚为福建兴（化）泉（州）永（安）警备司令兼闽南善后督办，许崇灏为参谋长，总指挥部设在泉州。又令孙本戎旅长兼任莆（田）仙（游）惠（安）福（清）警备司令，镇守闽东。后编成刘志达第十四旅，并继续收编了卢兴邦等一大批民军师、旅。

二、回师潮梅

（一）西路讨贼军攻占广州

孙中山为了重新建立广东革命根据地，在成立东路讨贼军的时候，也在筹划建立西路讨贼军。孙中山派邹鲁为驻港特派员，联络、策划粤、桂两省军队参加讨逆。10 月 31 日，邹鲁抵达香港。不久，滇、桂军将领杨希闵、刘震寰、蒋光亮、刘玉山等均派代表来港接洽。孙中山还亲函驻广西滇军将领张开儒、杨希闵把握时机，速图广东；并通过岑春煊的关系，把桂军沈鸿英、刘达庆也拉了过来。

---
* 链接：滇桂军为何愿意东下讨伐陈炯明？

刘震寰，1890 年出生，广西柳江县（今柳州市柳江区）人。在广州读书时由族叔刘古香介绍加入中国同盟会。1910 年被派回柳州工作。柳州独立后任民军第一支队司令。1913 年 3 月刘古香任广西第五军统领时，升任都统。9 月柳州独立，任广西讨袁军司令，兵败后逃往香港。1917 年投奔广西督军陈炳焜，被委任为巡防营副司令。1920 年 3 月，被军政府授予陆军少将军衔。1921 年 6 月粤军"援桂"讨伐陆荣廷进攻梧州时，刘震寰临阵倒戈，被任命为广西陆军第一师师长，后兼广西全省绥靖副主任。刘震寰收编了韦冠英团等 7 个营后编成 2 个旅 4 个团及 1 个支队。为了安定广西，陈炯明决定用桂人治桂，考虑到刘震寰威望不足，派人从上海请回林虎，把原属桂军的部队拨归林虎统辖。刘震寰早有取得广西总司令的野心，陈炯明把广西军权交给林虎，对刘来说等于是浇了一盆冷水，因此他借口接洽军火问题到广州，随即秘密到香港与孙中山委派的特派员邹鲁见面。

杨希闵，出生于 1886 年，云南宾川县人。1909 年入云南讲武堂学习。1911年参加昆明"重九起义"。1912 年入江西武备学堂。1913 年毕业后任江西第三旅参谋，参加湖口讨袁战役，失败后回滇任步兵连长。1915 年 12 月，参加云南"护国起义"讨袁，随蔡锷第一军入川作战，后升任营长、副团长。1917 年升任驻川滇军团长。1920 年升任第一梯团长。1921 年 2 月随军长顾品珍回滇，赶走督军唐继尧。1922年3月，顾品珍被唐继尧率领的回滇部队打死，余部"北伐滇军"约1万人，由副总司令张开儒率领，退往贵州盘县集结。张开儒致电孙中山表示愿为北伐前驱，并将所部整编为杨希闵、杨池生、杨如轩、范石生和蒋光亮5个旅，以范石生、杨希闵分统左右二路向桂林进发。进发至黔南镇宁时发生"六一六事变"，受孙中山先生电召讨陈。到达柳州后，滇桂联军总司令卢焘分别以广西省省长、柳州镇守使等职引诱范石生和杨如轩等旅长帮助收拾桂局。于是内部出现分歧，一部分人想留驻广西，以柳州为据点养精蓄锐，重整部队返滇倒唐，而张开儒等则力主东下讨陈。双方争执不决，稍后滇军诸将以张开儒年纪大、力不从心、不合时宜为由，推举杨希闵为滇军总指挥，同时将张开儒亲信艾立犀团长扣留，并将其所部肢解。杨就职后，一面与广西军方首领协商，一面派人到上海向孙中山请示机宜。孙中山电复成立讨逆军，委杨希闵为总司令，并令孙科从澳门拨款15万元，作为部队开拔之用。

沈鸿英，其祖先迁居广西雒容县城，1870年出生于广东恩平。1900年参加匪帮，因身体强壮、性狡黠、行动剽悍，被推为头目。1911年武昌起义后受广西同盟会招安，被国民军委任为管带，同年冬升为督带。1913年"二次革命"时，沈鸿英出卖上司刘古香，被陆荣廷升为帮统。1914年夏因剿匪有功升为统领。1916年参加讨袁护国运动，率部向广东进攻，被陆荣廷委为钦廉镇守使。1917年5月，被授予陆军少将加中将衔。1918年初被莫荣新任为第三军总司令，率部攻击龙济光，掠得龙在琼崖遗下的大批军械及财货，改任琼崖镇守使。沈在琼崖扩充军队，并与莫荣新结为姻亲。1919年冬调任南韶连镇守使。1920年8月被任命为攻闽军总司令，因想接任广东督军未获陆荣廷批准而故意拖延，直到9月上旬潮汕前线桂军大败时才率部急赴惠阳增援。9月22日，在激战中接到"督军马"电报误认为马济当了广东督军，遂气愤下令撤军，致使桂军全线败退。沈部从广东撤回广西八步一带驻防。1921年6月，沈按照陆荣廷部署进攻广东，遭遇粤军反攻，闻讯撤回。粤军入梧州后，沈于7月10日在八步通电自治，促陆下野，并自称救桂军总司令（沈鸿英两次拆台使陆荣廷旧桂系遭到致命打击，一失广东，二失广西）。因粤军恐沈有诈，遂继续进攻，沈部退至桂林，后再退湘南。沈恐湘军拉拢部下，又率部进驻平江，派人去上海求援于岑春煊，经协调得于居留平江数月。1922年6月，吴佩孚想以武力统一南北，利用沈部为前锋，进攻广东，推荐沈为陆军第十七师师长，并授予"协威将军"。沈领得一些饷械后即率所部经江西抵达大庾，遇陈炯明以重兵防守粤北，沈乃决定窜回广西，于11月到达广西八步，自称为广西陆军第一军军长，部队发展到1万多人。1922年12月，孙中山策动梧州一带的桂军刘震寰、滇军杨希闵入粤驱逐陈炳明，岑春煊遂向孙中山推荐沈鸿英率部会同滇、桂军一同驱陈，得孙中山同意并被委任为广西靖国军总司令。12 月底，被北京政府授予陆军中将衔。

被孙中山派驻香港负责联络的特派员邹鲁，任命杨希闵为中央直辖滇军总司令（辖属 5 个旅 1.5 万多人），沈鸿英为中央直辖桂军第一路总司令（辖属 3 个师 6 个旅 1 万多人），刘震寰为中央直辖桂军第二路总司令（辖 2 个旅又 1 个支队 7000 人），莫雄为第一独立旅旅长，组成"西路讨贼军"东下讨伐陈炳明。

无可置疑，他们结盟后快速东下的一个重要原因是，广东的富庶对流落在贫瘠桂北的军队具有难以抗拒的诱惑。

1922 年 12 月 6 日，杨希闵滇军和沈鸿英、刘震寰桂军及粤军第一、四师的代表在广西藤县"白马会盟"，决定讨陈军事计划，推举杨希闵为西路讨贼军前敌总指挥。

中央直辖滇军（原北伐滇军）　总司令杨希闵，参谋长周自得，下辖：

第一旅　旅长杨池生，下辖：第一团团长赵成梁，第二团团长曾万钟；

第三旅　旅长杨希闵，下辖：第五团团长陶汝钧，第六团团长杨岷；

第四旅　旅长杨如轩，下辖：第七团团长廖行超，第八团团长杜兴和；

第八旅　旅长范石生，下辖：第十五团团长杨复光（后杨右丞），第十六团团长杨廷培；

第九旅　旅长蒋光亮，下辖：第十七团团长朱世贵，第十八团团长朱润苍。

中央直辖桂军第一路（原广西边防陆军第二路）　总司令沈鸿英，参谋长邓瑞征，下辖：

第一师　师长沈荣光，下辖第一旅旅长李易标、第二旅旅长张耀廷；

第二师　师长何才杰，下辖第三旅旅长杨子德、第四旅旅长沈恩甫；

第三师　师长邓瑞征，下辖第五旅旅长张希栻、第六旅旅长黄振邦；

炮兵团　团长邓佑文。

中央直辖桂军第二路（原广西陆军第一师）　总司令刘震寰，下辖：

第一旅　旅长韦冠英，下辖第一团团长王达材、第二团团长曾玉珠；

第二旅　旅长严兆丰，下辖第三团团长熊镐、第四团团长张建；

第一支队　支队长黎鼎鉴。

中央直辖桂军第三路（原广西边防陆军第四路）　总司令刘达庆，下辖：

第一师（原第四路第二支队，由刘达庆第六军旧部改编，驻桂平）　师长刘炳宇（留广西），1000 余人；

第二师（源于 1921 年初为"援桂"在广东组织"广西国民军"第一军，后为第四路第三支队，驻柳州）　师长刘玉山（刘达庆堂弟），1000 余人；

第三师（原第四路第一支队，驻宣城）　师长陈天泰，800 多人。

孙中山还委派了一批讨贼军军官，大都实力不强，属于游击队。主要有：

中央直辖粤军第二独立旅旅长杨胜广（原第四师补充团团长）；

中央直辖游击总司令朱卓文（原广东航空局局长、广东兵工厂厂长）；

中央直辖警备军军长姚雨平（原广东北伐军总司令，后驻惠州）；

大元帅府直辖讨贼军司令李天德（原孙中山大本营侦察队队长）；

大本营义勇讨贼军总指挥何侠（原孙中山大本营元帅府参军）；

华侨讨贼军总司令方瑞麟（原南洋华侨宣慰使）；

广东讨贼军临时总司令邹鲁；

广东讨贼军北江（北路）总司令何克夫（原南韶连清乡督办，下辖民军 8 个团，所部后编成中央直辖滇军独一旅）；

广东讨贼军中路总司令谢良牧（原同盟会会计部部长）；

广东讨贼军西江司令周之贞（原罗肇绥靖处督办，所部后编成中央直辖第二军第二师）；

广东讨贼军第一纵队，纵队长廖湘芸（原湘西护国军纵队司令，1921 年 9 月在韶关招兵 4 个营成立北伐先锋队，所部后改编为西路讨贼军第六师）；

广东讨贼军第一路司令谭启秀（陈炯明部陈炯光旅团长，所部后改编为建国粤军第三路）；

广东讨贼军第二路司令李绮庵（后改编为中央直辖第二军第一师）；

广东讨贼军第三路司令林少梅；

广东讨贼军第七路司令李群（李福林部统领，北伐回师失败后被熊略收编为团长，所部后改编为建国粤军第十七旅）；

广东讨贼军第九路司令袁带（陈炯明部第八警备游击队司令，所部后改编为西路讨贼军第五师独一旅）；

广东讨贼军虎门要塞司令张鼎；

广东南路讨贼军总指挥申葆藩（原桂系第六旅旅长）；

东江讨贼军总司令王和顺（原惠军总司令，所部后改编西路讨贼军第十师）；

东路讨贼军第一路军司令吴铁城（由香山地方民军和武装团警组成，后改编为建国粤军第一路），参谋长欧阳驹；

东路讨贼军第二路司令吴泽理；

东路讨贼军第三路司令梁士锋；

南路讨贼军总司令黄明堂（陈部第四路司令，所部后改编为中央直辖第二军）；

南路讨贼军别动队队长欧阳丽文（黄明堂妻）；

北路讨贼军总指挥谢文炳（陈炯明部独四旅旅长）；

中路讨贼军总指挥杨直夫；

高雷讨贼军总司令林树巍（原孙中山大总统府参军长，后兼高雷绥靖处处长，所部下辖林时清、陆志云等3个梯团，后改编为中央直辖第二军第四师）；

钦廉讨贼军第一路总司令施正父；

讨贼军广东攻城总司令梁若谷（原炮兵团团长，所部后编为东路讨贼军第四师第八旅）；

讨贼第二军总司令徐照；

讨贼第九军总指挥朱晋经（孙中山护法军政府筹饷委员）；

讨贼军琼崖总司令陈继虞（原驻琼崖第十九统领）；

讨贼军中路第二军司令黄业兴（陈炯明部第十八旅旅长）；

讨贼军中路第三师师长成国学；

讨贼军广东海防司令陈策（原航政局局长兼江防舰队司令）。

汕头临时舰队司令田士捷，舰队指挥盛郇祺，统率肇和、楚豫、肇平3舰。

1922年12月28日，滇桂军会师梧州。

当时梧州前线驻防的是熊略指挥的一师、三师和四师，隶属于驻郁南县都城的西江前敌总指挥叶举。原粤军第四师第十五团一营营长兼梧州卫戍司令莫雄首先响应，宣布就任孙中山的中央直辖第一独立旅旅长（下辖关履初、温彦斌2个团），指挥原第四师十五团第一营和补充团等共4个营；第八旅旅长吕春荣接受刘震寰命令，任讨贼军第四师师长。第一师跟随熊略退往封川（今封开县）。

31日，滇桂粤军联合誓师讨伐陈炯明，然后合兵沿西江而下。

1923年1月2日，第一师工兵营在营长邓演达率领下在封川县江口首先反正，然后第二团在团长卓仁机率领下反正，第四团官兵见团长陈济棠去旅部开会大半天未回，在团副戴戟领导下撤离阵地（后陈济棠追上队伍参加反正）。一团团长梁鸿林带队跟着师部退到江门，第三团被歼大部后跟着陈修爵逃往惠州。

粤军第三师也脱离熊略指挥向罗定、新兴前进。退到新会的粤军第四师第十五团杨锦龙部后被东路讨贼军军长张国桢收编为第四军独一旅。南路讨贼军总司令黄明堂在粤桂边集结部队，从灵山向廉州挺进。

1月4日，孙中山发出讨伐陈炯明的通电。9日，滇桂粤联军攻克肇庆。10日，邓演达说服守卫三水河口的第二警备游击队司令陆兰清反正，并代表一师任命陆为团长；在陆兰清的帮助下，一师将独七旅罗绍雄部全部缴械。陆兰清随后率部随大军一起进逼广州。14日，广州附近的陈炯光部统领谭启秀举事响应，驻白云山的炮队哗变并炮轰陈炯明总部。15日，陈炯明通电下野，撤往惠州。16日，联军占领广州，粤军驻扎河南，滇桂军驻扎河北。

滇军将5个旅扩编成4个师，桂军刘震寰部2个旅1个支队扩编成4个师，桂军沈鸿英部扩编成5个军。

1月18日，粤军第一、三、四师，海军、江防舰队各长官在广州海珠开会，推举魏邦平为广东讨贼联军总司令兼海陆军警联合维持治安办事处主任。19日，魏邦平通电就职，在广州河南士敏土厂设立总司令部。驻江门的陈德春旅长宣布就任孙中山任命的中央直辖第四军军长。

1月19日，陈炯明见形势不利退出惠州后，驻惠州的杨坤如致电中央直辖警备军司令姚雨平，声称宣布独立，与陈军脱离关系，请姚来惠主持。姚令杨部改编为"警备军第一师"，在惠州集中，听候调遣，本人于26日到达惠州。

（二）东路讨贼军回师潮梅

1923年1月21日，孙中山任命胡汉民为广东省省长，魏邦平为广州卫戍司令。因滇桂军抢占广州市各机关，由胡汉民领衔电请孙中山来粤主持大计。

1月22日，沈鸿英部李易标公然派兵进攻观音山，收缴了由邹鲁指挥的讨贼粤军第一路司令谭启秀部的枪械，使主客军互相敌视更为严重。

*** 链接：江防事变***

沈鸿英向滇军宣称魏邦平联合粤军不日将解散滇桂军，所以滇桂军必须联合一致对付粤军，诱擒魏邦平，滇军因初到广东情况不明被说服。于是手握重兵的沈鸿英以召开协商驻地和分配防务会议为由，与杨希闵、刘震寰一起邀请各军首领于1月26日到长堤滇军旅长杨如轩驻地（原江防司令部）开会。

沈鸿英布下"鸿门宴"后，派出手下第一军军长李易标作代表，带着人数众多的卫队赴会。众人落座坐定后，李易标首先对魏邦平发难，魏邦平连忙解释，李易标拔出手枪对着魏邦平当胸便是一枪。站在他身旁的大会主持人滇军副官长夏声（代杨希闵参会）忙出手将李胳膊往上一托，魏邦平并没有被子弹打中，顺势倒地钻到桌子底下。胡汉民、邹鲁、陈策等人看形势不对，也躲到桌子底下，在刘震寰、刘玉山保护下脱险。李易标双手掀翻前面的桌子，抓住了魏邦平想带走，这时杨如轩带了几十名士兵进来，挡住李易标的去路。最后，魏邦平被押解到滇军总司令部。杨希闵、沈鸿英联名宣布魏邦平勾结陈炯明，要魏的第三师缴械解散作为释放魏的条件。魏亲笔函劝第三师师长陈章甫、广州市公安局局长吴飞不得进行抵抗。第三师（除留驻中山的魏规明第十一团外）接信后将枪械缴给滇军。沈鸿英派他的第二军军长古日光兼任广州市公安局局长，收缴了警察枪械。

但当晚沈部第四军军长黄鸿猷和桂军第一军军长刘达庆，同车前往商议魏邦平缴械投降事宜，没先行通知警戒士兵，车至永汉南路（今北京南路）时，被沈鸿英安排的伏兵误以为胡汉民而开枪射杀！正在后面行驶的胡汉民座车，听到枪声后立即掉头折回，躲过一劫。

孙中山本拟于1月27日由上海启程赴广州，因于26日晚获悉江防事变，乃临时中止行程。2月1日，孙中山致电杨希闵令其释放魏邦平，并致函各路陆海军司令，着其迅速讨伐沈鸿英。同时，令许崇智迅速率部回粤。

江防事变后，刘震寰率领所部移驻石龙，粤军集中江门，朱培德部滇军开抵梧州，许崇智的东路讨贼军由福建回师广东。

2月1日，许崇智将第一军第四旅龚师曾部（6月在厦门被臧致平旅缴械）、第二军第六旅旅长孙本戎、刘志达第十四旅（后战败投陈军）及其他一批民军编成的部队留下，率东路讨贼军11个旅出发回师广东，1.5万多人从福建分二路入粤，一路经漳州入饶平，另一路经龙岩入大埔。

洪兆麟担心遭到两面夹击，致电孙中山称"绝对服从"。孙中山派李烈钧以大本营参谋长名义，将洪兆麟部尹骥、李云复和翁式亮部及赣南的赖世璜部，收编为中央直辖陆军一、二、三、四师，并任命洪兆麟为潮汕绥靖主任。

2月4日，沈鸿英除发表宣言"援粤任务告终，应请孙、岑二老迅速回粤主持"外，又派人到上海迎接孙中山回粤，并请胡汉民回省主持政务。同时咨请滇军接收市内防务，部队开往北江，他所委派的行政人员也纷纷退职。广州情势逐渐恢复正常。2月6日，英、美、日三国领事联袂赴农林试验场把魏邦平接了出来。

2月16日，许崇智与洪兆麟部分别在饶平和大埔发生冲突，洪部自动退让。

（三）孙中山建立大元帅府

1923年2月3日，孙中山委任柏文蔚、吕超、黄大伟、蒋作宾、蒋中正、顾忠琛、朱霁青、路孝忱、叶荃、吴介璋、朱一鸣11人（旋增加熊秉坤、吴忠信）为国民党本部军事委员会委员；21日，孙中山回到广州，以陆海军大元帅名义统率军队。不再提"护法"二字，同时把所有军事力量改称为"讨贼军"，是因为直系军阀为了消除南方护法的借口，宣布恢复法统和旧国会，故孙中山回粤后不复任总统而改称大元帅，同时宣布进入讨贼时期。

大元帅任命：

大本营总参议胡汉民（与孙洪伊、汪兆铭、徐谦驻上海）；

参谋部部长李烈钧（后蒋介石、张开儒、李烈钧、方声涛代）；

参军处　参军长朱培德［后张开儒、吴铁城（兼）］；

参谋处　主任参谋蒋尊簋（后余维谦、张贞）；

秘书处　秘书长杨庶堪（后廖仲恺、谭延闿代）；

兵站总监部　总监罗翼群；

（10月）筹饷总局（次年1月撤）　总办廖仲恺（兼），会办邹鲁（兼）；

（1924年1月）军需总监部　总监蒋尊簋［后郑洪年、廖仲恺（兼）、古应芬、胡谦、罗翼群］；

航空局　局长杨仙逸（后陈友仁、李糜），下辖黄光锐、林伟成2个队；

鱼雷局　局长谢铁良（1923年9月谢牺牲后该局裁撤）；

广东兵工厂　厂长朱卓文（后朱和中、马超俊、黄骚代理）

广东陆军测量局　局长黄为材；

海军舰队　司令温树德，（后）参谋长赵梯崐，辖属海圻、海琛、肇和、飞鹰、永丰、永翔、楚豫、福安、同安、豫章、舞凤等11艘大型军舰。

广东海防司令　陈策（1924年1月冯肇铭代、3月林若时接），下辖广金、广玉等10多艘小型军舰，驻江门、中山；后增辖海防陆战队陈锡乾、徐天琛2个团；

广东江防司令　杨廷培（兼，后寸性奇代），下辖江固、江平、定海等舰；

虎门要塞司令部　司令马伯麟（后廖湘芸）；

长洲要塞司令部　司令苏从山（后马伯麟）；

海军陆战队　司令孙祥夫。

卫士队　队长姚观顺（后卢振柳、邓彦华、吴铁城）。

另设中央政府系统机构：

军政部　部长程潜［后许崇智（兼）］，次长邓泰中（后胡谦），内设军务局局长冯祝万（后胡谦、云赢桥），军衡局局长胡兆鹏，军需局局长周贯虹；

财政部　部长廖仲恺（后叶恭绰、廖仲恺、古应芬），次长邓洪年（后林云陔）；

建设部　部长邓泽如（后谭延闿、林森），次长伍学煜；

内政部　部长谭延闿（后徐绍桢、杨西岩代、谢适群代），次长杨西岩（后谢适群）；

海军部　部长汤廷光（继续留任）；

（6月）外交部　部长伍朝枢，次长郭泰祺；

法制局　局长古应芬；

审计局　局长刘纪文（后林翔）；

金库　主任（行长）林云陔（后黄昌谷）；

大理院　院长赵士北（后吕志伊）；

总检察厅　检察长卢兴原。

还陆续设立了部分地方行政机构：

广东省　省长徐绍桢（后由廖仲恺、杨庶堪、廖仲恺、胡汉民继任），以谢良牧（后陈树人、古应芬、李文范）为政务厅厅长、廖仲恺（后叶恭卓、邹鲁、梅光培、邓洪年、陈其瑗、廖仲恺）为财政厅厅长、许崇清为教育厅厅长。

广州（中央直辖）市　市长孙科（后李福林）。

两广盐运使　邓泽如（后伍汝康、邓泽如）。

粤海关监督兼广东交涉员　傅秉常（后范其务）。

中央银行　行长林云陔（后宋子文）。

这是孙中山第三次在广东建立政权。

2月23日，大元帅命令指定各军防地：

（一）中央直辖桂军第一路总司令沈鸿英率全部移驻西江肇庆及西江北岸至梧州各地（28日沈鸿英电称遵令移防西江，设司令部于肇庆）；

（二）中央直辖讨逆军（滇军）总司令杨希闵派滇军一部接防北江；

（三）中央直辖桂军第二路总司令刘震寰所部驻东莞、石龙、虎门各地；

（四）中央直辖讨贼军第四师吕春荣驻罗定。

此外，各部队就现在地点驻扎。自此，非奉大元帅命令不得擅自移动。

3月1日，在广州农林试验场设立中华民国陆海军大元帅府大本营（4月6日迁往广州河南士敏土厂）。孙中山陆续任命杨希闵为中央直辖滇军总司令兼广州卫戍总司令、刘震寰为中央直辖西路讨贼军总司令、沈鸿英为中央直辖桂军总司令、朱培德为大本营拱卫军司令。

此时大元帅府辖属部队有：

中央直辖东路讨贼军：总司令许崇智，参谋长蒋介石（罗翼群代、后张国桢），参谋处处长冯秩裴，副官处处长顾祝同，军需处处长叶少华，共3个军10个旅（第四、六2个旅留闽南），约1.5万人，驻潮汕；另（张国桢）在西江有2个旅。下辖：

第一军　军长许崇智（兼），下辖：

第一旅　旅长王懋功（后缩编为独二团，团长陆瑞荣）；

第二旅　旅长陈得平；

第三旅　旅长邱鸿钧［后缩编为独一团，团长冯轶裴（兼）］；

第二军　军长许崇智（兼），参谋长罗翼群，下辖：

第五旅　旅长许济；

第七旅（后改为第四旅）　旅长陆学文（后莫雄）（后以第四师第七旅莫雄部编入，原第七旅改为第四旅后不久由陆率领投奔陈炯明）；

第八旅　旅长张民达；

第三军　军长李福林，参谋长陈郁文，参谋处处长邓雄，副官长刘超常，下辖：

第九旅　旅长林驹；

第十旅　旅长吴近；

第十一旅　旅长袁德稚；

第十二旅　旅长郑泳深（后病故）。

第四军　军长张国桢，参谋长何振，副官长冯次淇，军械处处长萧樾，军务处处长叶少华，军需处处长李兰生，军医处处长梁次尹，下辖：

第十三旅（1923年9月由原吕春荣第四师第八旅改编）　旅长梁若谷，驻罗定（次年并入江门警备司令部），下辖卢超文、彭冕旒等团；

独一旅（原第四师第一团扩编）　旅长杨锦龙，驻新会，下辖林燊尧、杨锦堂（后余鹰扬）、陈慎荣3个团；

独二旅（1924年初增辖，海防陆战队改编）　旅长陈策，下辖陈锡乾、徐天琛2个团。

李福林在1923年1月到上海谒见孙中山后经香港先回到广州，将留守部队

3个营编成3个团；福军在粤东战败后，又扩成3个旅，约3000人，下辖：

第九旅　旅长余定中；

第十旅　旅长萧秉良；

独立旅　旅长李辉。

第四师　师长吕春荣（原为沈鸿英部师长，1923年2月投效，9月降于邓本殷后，莫雄被公推为师长），参谋长徐士辉，驻高州，下辖：

第七旅（原中央直辖第一独立旅到广州后改称独三旅，调南路作战时再改）　旅长莫雄，下辖李白、谢维屏、张炳×3个团约4000人（9月吕春荣叛变后返省，编为许崇智第二军第七旅）；

第八旅　旅长唐洪亮（旋改梁若谷）。

第八师（原陈炯明部第六警备游击队）　师长徐汉臣，约2000人，驻西江（3月，十五旅因违纪被撤销番号改编为独四旅，徐率余部投八属联军），下辖：

第十五旅　旅长黄定中；

第十六旅　旅长徐芳廷。

东路讨贼军前敌总指挥部　总指挥何成浚，驻泉州，指挥：第四旅（龚师曾）、第六旅（孙本戎）、第十四旅（刘志达）、金龙章支队和其他民军师旅。

中央直辖西路讨贼军（原中央直辖桂军第二路）：总司令刘震寰（1924年4月被孙中山任命为桂军总指挥），参谋长冯焯勋（后伍毓瑞），副官长翟念劬（后万荫臣），参谋处处长吴安伯，军需处处长郑茂村，军法处处长翟秋袈，军医处处长叶毅，基本部队是刚到广州时扩编的4个师，共约1.5万人，驻东莞、宝安等，下辖：

第一军　军长刘震寰（兼），下辖第一、二、三师；

第一师（第一旅扩编）　师长韦冠英，参谋长卜汉池，下辖：

第一旅　旅长王达材；

第二旅　旅长曾玉珠；

第二师（第二旅扩编）　师长严兆丰，参谋长李作励，下辖：

第三旅　旅长熊镐，下辖韦云辉、李文志2个团；

第四旅　旅长覃德，下辖罗星枢等2个团；

第三师（支队扩编）　师长黎鼎鉴，下辖：

第五旅　旅长冯启民，下辖冯启民、刘少波2个团；

第六旅　旅长胡迪镛，下辖覃友松等2个团。

第二军（1月宣布，2月解体不存）　军长魏邦平，下辖第四、五师：

第四师　师长吕春荣（原粤军第四师旅长，1922年12月在梧州由刘震寰委任为讨贼军第四师师长，后投沈鸿英），原驻罗定，后驻高州，下辖唐洪亮旅，由原粤军第四师二团主力与收编的胡汉卿部叶大森团等合编，3000多人。

第五师（原粤军第三师）　师长陈章甫，副师长郑润琦，参谋长伍观淇，下辖：

 第九旅　旅长李雄伟，下辖：

  第九团　团长巫琦；

  第十团　团长麦翰文。

 第十旅　旅长郑润琦（兼），下辖：

  第十一团　团长魏靓明；

  第十二团　团长何彤。

第四师（1923年3月新编）　师长伍毓瑞，参谋长张治中，下辖：

 第七旅　旅长伍毓瑞（兼，后万毅），下辖熊宝慈、万毅2个团；

 第八旅　旅长万毅（后龚师曾）。

第五师（1923年8月收编，后改归西江善后督办处管辖）　师长黄绍竑，参谋长白崇禧，下辖俞作柏、伍廷扬、夏威3个团，3000多人。

第五师（原高雷讨贼军，1923年10月被八属联军打败后余约1000人，退恩平县；1924年投靠）　师长林树巍，参谋长谭惠泉，下辖：

 第九旅　旅长司徒非，下辖谢维屏等2个团；

 第十旅（原建国粤军第三路改编）　旅长谭启秀，下辖张权中等2个团；

 新编独一旅（1924年由广东讨贼军第九路改编）　旅长袁华照。

第六师（原广东讨贼军第一纵队改编，1924年11月开赴韶关参加北伐，1925年5月被赣军周贯虹部缴械）　师长廖湘芸，下辖李武等2个团。

（1924年12月调整为：第一军军长韦冠英辖第一、二师，第二军军长伍毓瑞辖第四、六师，第三军军长刘震寰兼辖第三、五师。）

（后）第七师（由独十三旅改编，1924年在台山被建国粤军缴械）　师长李海云，下辖李捷等2个旅。

后来续编第八师朱卓文，第九师丘国志，第十师王和顺，第十一师陈天泰，第十二师黎尊，一般都是几百人；独一旅旅长叶楚藩，独三旅旅长邹武，独四旅旅长杨锦龙，独五旅旅长丁升堂，独八旅旅长任鹤年，独九旅旅长王兴中，独十旅旅长陆兰清（后萧秉良），独十一旅旅长胡文灿，独十二旅旅长吴兴，独十三

旅（原滇桂讨贼军第七路改编）旅长李海云。（1924年底裁撤了部分旅）

炮兵团　团长冯卓勋；

警卫团　团长刘震华。

中央直辖滇军：总司令杨希闵，参谋长周自得（后卢启泰），副官长夏声（后龚义方），秘书长姜松龄，军务处处长刘国祥，军需处处长李绍昌，军械处处长顾嘉荣，军法处处长保廷梁，军医处处长明增澜，驻广州、北江；4月，整编成杨池生、杨如轩、范石生、蒋光亮4个师；7月扩编为3个军，后发展到2.8万人。下辖：

第一军　军长杨希闵（兼），参谋长江映枢，副官长夏声，共2个师4个旅，8000多人，下辖：

第一师　师长杨池生（1923年7月被免职，10月投江西方本仁，赵成梁接任），驻广州，下辖：

第一旅　旅长赵成梁（后曾万钟），下辖张桃、梁謇2个团；

第二旅　旅长曾万钟（后韦杵），下辖和庆善、陈传文2个团；

第二师　师长杨如轩（1923年7月被免职，10月投江西方本仁，廖行超接任），驻东莞石龙（后驻广州西关），下辖：

第三旅　旅长廖行超，下辖李泰、游凤书（后萧希贤）2个团；

第四旅　旅长朱淮，下辖李春华、杜兴和（后萧维良）2个团；

独一旅　旅长陆领，下辖刘东业、张蔚周（洲）（又名张经枫）2个团（1924年5月由大元帅下令何克夫部将其缴械，分别被李群和何克夫收编）。

第二军　军长范石生，（后）参谋长李宗黄（后杨蓁、田钟谷），共1个师2个旅又2个独立旅，8000多人，驻广州，下辖：

第三师　师长杨廷培（1924年去世后徐德接任），下辖：

第五旅　旅长徐德（后王三珩），下辖王三珩、季树萱2个团；

第六旅　旅长甘芳（后朱泽民），下辖钟沐秋、朱泽民2个团；

独一旅　旅长杨蓁；

独二旅　旅长田钟谷（后李宗黄）。

第三军　军长蒋光亮（1924年8月胡思舜接任），参谋长禄国藩（后投敌，1924年6月李根澧接任），副官长萧学智，共2个师6000多人，驻佛山，下辖：

第四师　师长王秉钧，参谋长吴震东，驻清远（1924年1月一起叛变被免职，由王汝为接任，旋王又率4个营投陈炯明。后将杨青圃旅改为独立旅，第八旅扩编成独四师，师长朱世贵，归第一军），下辖：

第七旅　旅长王汝为〔后杨青圃、朱世贵（兼）〕，下辖王绍周（后叶照阳）、熊光楚（后是叶少荃等）2个团；

第八旅　旅长朱世贵（后万球），下辖罗振铨、万球2个团（万球是原南韶连公署督办何克夫下辖民团第三团团长）。

第五师（1923年6月从朱培德部胡思舜第二混成旅转隶扩编）　师长胡思舜（后曾曰唯），参谋长王寿南，驻增城，下辖：

第九旅　旅长曾曰唯，下辖曹仁恭、赵××等2个团；

第十旅　旅长罗廷标；

第六师（1923年9月增编）　师长胡思清，驻增城石滩，下辖：

第十一旅（1923年9月，原中央直辖桂军独一旅旅长率五六百人投滇军编成，后扩编为第七师）　旅长李根澐（重编后旅长祝鸿基，下辖祝鸿基、杨育涵2个团）；

第十二旅　旅长胡思清（后保荣光），下辖常旭、陈能庆2个团。

第七师（第六师第十一旅1923年底扩编）　师长李根澐，驻佛山，下辖：

第十三旅（1924年6月改为独三旅）　旅长温继盛；

第十四旅（1924年6月改为警卫部队）　旅长蔡炳寰，下辖二十七团欧阳洪烈（后黄子荣）和二十八团。

独一旅〔原中央直辖广东讨贼军北江（北路）总司令所属民军改编〕　旅长何克夫，下辖黄顺泰团等约1000人（1924年5月改为中央直辖第一混成旅）。

（后）独一旅（原第四师第七旅）　旅长杨青圃，下辖杨国安等2个团；

独二旅（收编部队编成）　旅长杨懋功，驻东江；

（后）独三旅　旅长温继盛。

警卫团　团长寸性奇；（后）警卫第二团　团长刘廷珍。

滇军干部学校，校长周自得（后兼教导团团长、广九铁路护路司令），教育长熊式辉，政治部主任包惠僧，驻韶关。

中央直辖桂军：总司令沈鸿英，参谋长黄鸿猷，秘书长邓瑞征，5个军，2万多人（总兵力达四五万人）。1923年4月叛乱，被撤销番号（1924年4月再投诚），驻花县，下辖：

（广东陆军）第一军　军长李易标，驻广州，下辖：

第一师（原第一师第一旅扩编）　师长黄广其；

独一旅（原炮兵团扩编）　旅长邓佑文；

第一混成旅（原炮兵团扩编） 旅长麦胜芳；

第二混成旅（抽调部队扩编） 旅长何才杰；

第三混成旅（抽调部队扩编） 旅长邓瑞征；

第四混成旅（收编粤军第二十一旅四十二团，后脱离） 旅长李群；

第五混成旅（收编粤军第八警备游击队，后脱离） 旅长袁带；

第六混成旅（收编讨贼军广东攻城总司令所属，后脱离） 旅长梁若谷；

独一旅（收编原海疆军，后投滇军） 旅长李根澐。

（广东陆军）第二军 军长沈荣光（沈鸿英之子），驻韶关，下辖：

第一师（原第一师第二旅扩编） 师长张耀廷，辖沈健飞、沈恩溥旅等；

第一混成旅（收编粤军第八旅补充团编成） 旅长杨胜广；

第二混成旅（抽调部队新编） 旅长吕定祥；

第三混成旅（抽调部队新编） 旅长沈荣光；

第四混成旅（平乐收编部队编成） 旅长冯葆初，驻梧州；

独一旅（新编） 旅长邓耀坤。

（广东陆军）第三军 军长古日光。

（广东陆军）第四军 军长黄鸿猷（兼），下辖：

第一旅 旅长黄公汉；

第二旅 旅长谢文炳（原独四旅，后投靠洪兆麟）；

第三旅 旅长黄鸿猷（兼）。

（广东陆军）第五军（李耀汉召集旧部组成），军长李耀汉。

桂军第一军 军长刘达庆，前敌总指挥陈天泰，下辖：

第一师（没到广东，仍驻广西） 师长刘炳宇；

第二师 师长刘玉山（兼）；

第三师 师长陈天泰（兼）。

（广西陆军）第一军 军长何才杰（沈鸿英妻弟），留守广西，下辖：

第一师（原第二师第三旅扩编） 师长杨子德，下辖：黄炳勋、麦胜广、刘月清（陈天泰部投诚）旅。

第二师（原第三师扩编） 师长邓瑞征，下辖：张希栻、黄振邦旅，后驻肇庆。

后增编第七旅（旅长蒙仁潜）、第八旅（旅长黄绍竑）等。

中央直辖第一军（7月由朱培德部拱卫军扩编，原辖王均、胡思舜2个混成旅）　军长朱培德，参谋长赵德恒（后黄实），约 3000 人，驻广州（1924 年 7 月调驻连山、阳山），下辖：

第一师　师长王均，下辖：

第一旅　旅长顾德恒，下辖邓孔芝、彭武扬团；

第二旅　旅长王均（兼，后张近德），下辖沈元镇、陈培根团。

（后）独立旅　旅长黄实。

中央直辖第二军（12 月由南路讨贼军总司令部所部编成，粤军）　军长黄明堂，参谋长黄乔荪（后唐颂南），副官长黄梦麟，驻北海、廉州、雷州，下辖：

第一师（原广东讨贼军第二路改编）　师长李绮庵，下辖：

第一旅　旅长杨廷光（字弼臣，原是陈炯明独二旅黄志恒部团长，后在廉州被围攻弹尽粮绝后向八属联军投降，投向申葆藩部）；

第二旅，旅长林伯翘（1925 年 4 月归梁鸿楷军）。

第二师　师长黄明堂（兼），下辖：

第三旅（由南路讨贼军别动队改编）　旅长欧阳丽文（黄明堂妻子）；

第四旅　旅长梁公达（后余耀华、黄日权），下辖黄日权（黄明堂之子）、黄日安（黄明堂养子）等团。

第三师　师长黎萼（后编为建国桂军第十二师）。

中央直辖第三军（原四川靖国军一部加收编济军残部）　军长卢师谛（原川军军长），参谋长明德恒（后卢师撰），约 3000 人，驻宝安，下辖 3 个旅：

第一旅　旅长饶勋，下辖饶勋、冯孝箴 2 个团；

第二旅　旅长王天佐（原李炳荣部），下辖李汉持、梁秉钧 2 个团；

第三旅　旅长谷春芳（后明德恒），下辖陈玉锟、杨伯康 2 个团。

中央直辖第四军（1923 年 2 月 6 日由粤军第七、八旅组成）　军长陈德春，参谋长林乾初，副官长王光海，下辖：

第七旅　旅长王定华（后投林虎）；

第八旅　旅长陈家威。

中央直辖第五军（即桂军沈鸿英部第一军，4 月叛变后撤销）　军长李易标。

中央直辖第六军（即桂军沈鸿英部第二军，4 月叛变后撤销）　军长沈荣光。

中央直辖第七军（原是沈鸿英部桂军第一军，1923 年 4 月沈鸿英叛变后由其代理军长刘玉山等人带领向大元帅府投效）　军长刘玉山，前敌总指挥陈天泰，参谋长周体仁，下辖 4 个师，约 7000 人，下辖：

第一师（后期新编）　师长刘茂棠，下辖：

第一旅　旅长刘茂馨；

第二旅　旅长 ×××；

第二师　师长刘玉山（兼），下辖：

第三旅　旅长徐颂平；

第四旅　旅长龙小凤；

第三师　师长陈天泰，参谋长李澜柱，约 3000 人（后扩为 5000 人，1925 年 1 月因想回师占领广西在西江都城被粤桂军联合缴械。后收集残部编为西路讨贼军第十一师，在杨刘叛乱中被消灭），下辖：

第五旅　旅长陈天泰（兼，后何瑞其）；

第六旅　旅长陈觉先。

第四师（新编）　师长张启荣（只辖收编的土匪 300 多人）。

中央直辖第二混成旅（粤军，1923 年初由原北伐飞机队飞机掩护团扩编）旅长张振武（后并入独四旅）。

中央直辖独立第四旅（1923 年 3 月东路讨贼军第八师徐汉臣部第十五旅改编，1924 年 6 月在恩平叛离投奔徐汉臣部）　旅长张振武，约 2000 人，驻江门，下辖：

第七团　团长彭在田；

第八团　团长徐明淑。

中央直辖广东讨贼军第四军（1923 年 4 月由广东讨贼军第一、三师等部组建）　军长梁鸿楷，参谋长李济深（后冯竹贤、郭学云），副官长黄范一，驻江门，1 万多人，下辖：

第一师　师长李济深，参谋长徐景唐，驻肇庆，下辖：

第一旅　旅长卓仁机，下辖梁鸿林、张弛 2 个团，约 3000 人；

第二旅　旅长陈济棠，下辖邓演达、缪培堃 2 个团，约 2700 人；

独立团　团长张发奎，1000 人。

第三师　师长郑润琦（2 月，魏邦平令第三师副师长郑润琦以驻守香山未被缴械的魏规明第十一团为基干，加上江防陆战队 4 个营，并召集前被缴械的旧部重建第三师，师长陈章甫；4 月陈辞职郑接任），参谋长胡铭藻（后巫琦、陈心篆），驻梧州，后移罗定，约 3000 人，下辖：

第五旅　旅长李杰夫（字雄伟）（后巫琦），下辖：

第九团　团长何彤（后周汉铃）；

第十团　团长王熙文（后麦翰文）。

第六旅（江防陆战队第二统3个营扩编）　旅长张祖荣（后何彤），下辖：

第十一团　团长刘壮（后何彤）；

第十二团　团长林敏雅。

独一旅　旅长梁振楷（梁鸿楷之胞弟），约2000人，驻台山，下辖：

第一团　团长徐文辉；

第二团　团长蔡炳南；

第三团（后撤销）　团长陈敏聪。

独二旅（收编阳江土匪徐东海部编成，后脱离）　旅长徐东海。

独一团（第三师退役军官冯敦尧收编民军组成）　团长冯敦尧。

独立支队（原粤军第十七旅）　司令丘耀西，驻新会。

警卫团　团长陈荃。

中央直辖广东讨贼军第二师（原中央直辖广东讨贼军西江总司令部所属于4月组成）　师长周之贞，后驻顺德，约1400人，下辖：

第三旅　旅长周之贞（兼）（后萧组）（其中五团团长张我东）；

第四旅　旅长陈煦和。

中央直辖广西讨贼军第一军　军长杨愿公，参谋长吴中柱，副官长彭竞武，下辖3个团（1923年秋编成，驻梧州，1924年4月被李济深收编）。

中央直辖广西讨贼军第二军　军长钟明阶（钟是孙中山于1921年10月任命的北伐第四军军长。该军1921年1月成立，驻信都县，同年4月被沈鸿英缴械）。

中央直辖警备军（粤军，3月11日收编，4月所属部队叛变）　司令姚雨平，参谋长林震、吴雨苍，副官长黄范一，秘书长黄炼伯、张可廷，财政处处长李益三，下辖：

第一师　师长熊略（未接受）；

第二师　师长杨坤如，驻惠州，下辖：

第三旅　旅长骆凤翔，下辖黄世华、黄振熙、张英3个团；

第四旅　旅长钟子廷，下辖徐武东、杨廷芳、韩俊升3个团；

第五旅　旅长李祥，下辖李祥（兼）、黄×、刘学修3个团；

独立纵队　司令翁辉腾（1923年4月在惠州被杨坤如缴械）。

中央直辖潮汕绥靖主任洪兆麟（李烈钧收编，1923年5月叛变），下辖：

中央直辖陆军第一师（原粤军独八旅）　师长尹骥；

中央直辖陆军第二师（原粤军独一旅）　师长李云复；

中央直辖陆军第三师（原粤军独六旅余部）　师长翁式亮；

中央直辖陆军第四师（原北伐赣军第二旅）　师长赖世璜。

中央直辖湘军（1923 年 11 月在湘战败入粤）　总司令谭延闿，参谋长石陶钧（后方鼎英、张辉瓒、岳森），副官长张瑶，秘书长姜济寰，军需处处长李藩国，军务处处长易绍英，军法处处长吴贞瓒，共 5 个军 7 个师 13 个旅，约 3 万人（1924 年参加东江之战后剩 2 万余人），驻北江。下辖：

第一军　军长宋鹤庚，下辖：

第一师　师长方鼎英，下辖：

第二旅　旅长汪磊；

第十三旅　旅长王钺；

第九师　师长张辉赞，下辖：

第一旅　旅长朱耀华；

独立旅　旅长王（黄）辉祖。

第二军　军长鲁涤平，下辖：

第二师　师长戴岳，辖第三旅　旅长戴岳。

第三军　军长谢国光，下辖：

第三师　师长谭道源，下辖：

第四旅　旅长谭道源；

第六旅　旅长成光耀；

第六师　师长王得庆（1924 年 7 月率部投林虎）。

第四军　军长吴剑学，下辖：

第四师　师长吴剑学，下辖：

第七旅　旅长吴家铨；

第八旅　旅长杨传烈。

第五军　军长陈嘉祐，下辖：

第八师　师长陈嘉祐，下辖：

第十五旅　旅长陈寅；

第十六旅　旅长张以祥。

第一纵队　纵队长廖家栋；

第二纵队　纵队长李韫珩；

警卫队　队长岳森。

中央直辖豫军讨贼军　总司令樊钟秀（1923 年 11 月投效孙中山大元帅府），参谋长严凤岗（后祁耿寰），约 7000 人，驻北江，下辖 4 个混成旅：

第一混成旅　旅长严凤岗，下辖李山林、王维汉 2 个团；

第二混成旅　旅长任应岐，下辖王德安、安永福 2 个团；

第三混成旅　旅长陈青云，下辖赵振江、张鸿宾 2 个团，

（后）第四混成旅　旅长王会九，下辖颜芝兰、赵天清 2 个团。

1924 年 11 月，分别任命任应岐、陈青云为第一、二师师长。

山陕讨贼军（护法战争时期南下的陕西军官为主组建）　司令路孝忱，下辖杨伯康、王英 2 个独立旅，几百人；

（1924 年）中央直辖赣军　总司令李明扬，副官长沈寅宾，约 1000 人，驻北江。下辖：

第一师　师长李思愬，下辖李思愬、黄承乾 2 个团；

警备团　团长李长江。

（1924 年 1 月）北伐讨贼第一军（奉军）　军长陈光遂，参谋长徐效师，下辖第一师（江西方本仁部中央陆军第三混成旅投诚改编，约 2000 人，师长高凤桂，4 月复归）及新招的 2 个团（后调归北伐第三军）；

（1924 年 1 月）北伐讨贼第二军（皖军）　军长柏文蔚（原安徽都督），参谋长端木，下辖杨虎、杨俊等师，是召集旧部编成，约 4000 人（1925 年 8 月，杨虎部并入第一独立师吴铁城部为第三团）；

（1924 年 2 月）北伐讨贼第三军（赣军）　军长胡谦（原援赣别动军总指挥），主要是由收编北伐第一军的 2 个团和大本营军政部警备队司令刘国勋部组成，约 3000 人；

（1924 年 5 月）北伐讨贼第四军（苏军）　军长顾忠琛，参谋长江天柱。

（1924 年 10 月）攻鄂军（湘军）　司令程潜，参谋处处长李铎，副官长黄培燮，军务处处长张振武，军需处处长宁坤，党务处处长林祖涵，秘书长王恒，下辖：以收编的湘南地方军等在韶关编成 3 个旅，旅长李国柱、王邦吉、胡兆鹏，后收编王得庆部下王茂泉团为第四旅，共 2000 多人，及军政部警卫团团长王邦吉等。

奉军　司令成珖，自称奉张作霖命来粤组织，下辖第一师，有 200 余人。

在大元帅府统辖下的部队共有 10 万多人，实际上成为"占领军"，多是占地收税，不肯用命，其中最骄横的是滇、桂军；特别是在广州城内，各军云集，出现"十三省司令部共存"的局面。

* 链接："独脚将军"陈策

陈策，字筹硕，1893年出生于广东省文昌县（今海南省文昌市）华侨家庭，3岁时随父到新加坡，8岁回国。1909年，考入广东黄埔水师工业学堂。1911年，加入同盟会，并被派往日本协助购买和运送武器，巧妙将手枪托运发往香港。辛亥革命后在光复海口战斗中受伤。

1913年"二次革命"后加入炸弹队，欲趁龙觐光视察海军学校时用炸弹刺杀未成，后又联络同学夺取龙觐光的座舰"宝璧"号，杀死了龙氏亲信舰长木全忠。1914年，加入中华革命党。1916年秋，复入广东海军学校并于当年毕业。

1917年，参与联络海军总长程璧光率部南下支持孙中山的护法运动，任大元帅府参议。1918年1月2日深夜，陈策卫护孙中山登上"同安"号驱逐舰，并带领"豫章"号炮舰，炮击观音山莫荣新督军署。同年底，以15名海军学校同学为骨干组织人员一举夺取了江大和江固两艘炮舰，后率两舰避入澳门，遭澳门当局关押。因孙中山指示其原配夫人卢慕贞入狱探望，并派孙科进行交涉，才得予释放。

1920年初，因夺取江大舰有功被孙中山任命为讨贼军第二路军副司令；8月，参与运动第二军陈得平营反正。1921年5月，任航政局局长。1922年初，任长洲要塞司令；4月27日，和温树德等人组织海军非闽籍官兵，按孙中山的密令展开武力夺舰行动，控制了护法舰队，任海军陆战队司令；旋升任广东海防舰队司令。

1922年6月16日凌晨兵变发生后，陈策火速奔赴舰队，指挥"宝璧"舰驶近长堤天字码头附近接应孙中山，后又设计将孙中山从温树德的座舰"永翔"舰"请"到比较可靠的"永丰"舰上。温树德叛变企图暴露后，陈策受命统一指挥海军，直至8月9日平叛无望，才护卫孙中山告别"永丰"舰登上英国军舰前往香港转赴上海。1923年初，陈策回广东收编海军舰艇；2月，被孙中山任命为广东海防舰队司令。自此，形成了一个新的海军派系——"粤系"，陈策成为"粤系"海军的主要首领。不料在讨伐沈鸿英的过程中，陈策左脚中弹负伤，留下残疾。1924年初，因违规收缴中山县驻军陈卓文部枪械被撤职。

1928年1月，被李济深任命为广东海军舰队司令。1929年4月广东海军被编为第四舰队，仍任舰队司令。1930年5月，兼任琼崖行政委员。1931年5月，海军第四舰队扩大为广州国民政府海军总司令部，任总司令，并当选国民党第四届中央执行委员。1932年4月，陈济棠下令裁撤海军司令部。陈策密令一部分军舰开往海南，组成"海军行营"。因陈济棠调动空军对海口港实施轰炸，并调派军队登岛解除了海军陆战队武装，陈策只好出走欧美考察。

1933 年，回国任军事委员会军令处处长。1935 年 7 月，被蒋介石派往香港说服并率领"海圻"和"海琛"二舰北上南京；11 月，当选国民党第五届中央执行委员。

1936 年 8 月，陈策出任虎门要塞司令。抗战全面爆发后数次击退日军攻击。1938 年 4 月，与李福林合演"反间计"，诱使日军登陆虎门，击毙其数百人。陈策因在这次战役中受伤且伤势恶化，遂辞职前往香港医治，最后截去左脚装上假肢。出院后出任了国民党驻港澳总支部主任委员兼国民政府驻港军事代表。

1941 年 12 月 25 日，英国香港总督决定向日军投降。陈策决定乘船突围，指挥英军 2 艘鱼雷艇，载运 10 多名英国高级军官及 30 多名其他官兵及情报人员，冲出日军炮火，率绝大多数官兵回到后方。1942 年 2 月，陈策飞抵重庆，被授予甲种二等干城奖章和海军中将军衔。英国政府授予他大英帝国爵士称号，并将他接到印度，专门为他制作了假肢。

1945 年春，陈策从重庆往广东兴宁，出任盟军联络专员、广州军事特派员等；5 月，当选国民党第六届中央执行委员。抗战胜利后担任了 1 年的广州市市长，后因病辞职。1948 年，任广州绥靖公署副主任。1949 年 8 月，在广州病逝。

（四）平定沈鸿英西北江叛乱

1923 年 3 月上旬，陈炯明获北京政府大批款项援助，与沈鸿英签订反孙协定，布置三面围攻许崇智部。3 月 18 日，孙中山命令陈策海军和广东讨贼军第一、三师将驻江门有叛乱迹象的中央直辖第四军陈德春部缴械。

4 月 6 日，洪兆麟部在大埔县高陂与东路讨贼军发生冲突，经李烈钧反复协商后同意调驻闽西。17 日，移驻上杭、武平和永定。23 日，东路讨贼军一路进驻潮安、汕头，一路经梅县松口向梅县、兴宁推进，其中许崇智率总部驻潮安。

4 月 15 日，沈鸿英在花县新街就任北京政府"广东军务督理"，发动叛乱。4 月 16 日，原留驻在白云山制高点的李易标部首先向广州进攻，沈鸿英率其余部队分三路从西江和北江向广州进攻。孙中山指挥滇桂粤联军于 4 月 19 日将其逐出广州，25 日占领清远，30 日攻克源潭；5 月 6 日，攻克英德后又继续追击；5 月 9 日占领韶关。沈鸿英率部退广西贺县八步，北洋援军 2 个旅退回江西。在西江，陈天泰受命率中央直辖第七军第三师于 4 月 22 日攻占肇庆，但次日又被沈军反攻赶出。4月22日，陈天泰部在陈策江防舰队和周之贞民军援助下再次攻打肇庆，但依然败回。5月6日，从北江调中央直辖广东讨贼军第四军参加三打肇庆，由李济深统一指挥，于5月18日攻克，俘虏沈鸿英守将黄振邦，迫使西江下游的沈军纷纷向梧州溃退。至此，北江、西江叛军全部肃清。李易标部因从白云山退出后，又在清远、英德一带战败，逃往江西龙南、定南；5月初，经连平到龙川投靠老上司林虎。5月中旬，被沈鸿英任命为第五军军长的李耀汉组织旧部攻陷恩平、开平、新兴县城。后在吕春荣第四师打击下逃往阳春县。

6月4日，得到江西北洋部队增援的沈鸿英重占韶关，8日入英德。中央直辖广东讨贼军第四军第二、四团和独立团、独立旅与东江回师的滇军一起于6月30日收复英德，7月占韶关，8月占始兴和南雄，由滇军驻守韶关，北江稳定。

6月10日，中央直辖广东讨贼军第四军第一、三团和邱耀西支队在都城与从梧州东下的沈军3个旅激战，后退守德庆，再退守高要县禄步墟。7月3日，双方在禄步激战。出征北江部队和驻江门第三师陆续到达后，中央直辖广东讨贼军第四军于7月11日开始反攻，7月18日在封川县江口大战，沈军败退梧州。7月20日沈军梧州守将冯葆初和黄绍竑反正，邓演达率部进驻梧州。在回广州前，邓演达协助真心投郊的黄绍竑将假意投诚的冯葆初部解决。7月19日，李济深在肇庆设立西江善后督办公署，西江从此稳定。

（五）东路讨贼军败退东江

1923年5月初，趁沈鸿英叛乱之机，洪兆麟部也如约叛变，向大埔、饶平的东路讨贼军发起突袭，然后进攻潮安；潜伏在粤赣边境的林虎部同时向兴宁、梅县进攻，打败了守卫梅县的李福林部。潮安守军王懋功旅和丘鸿钧旅在黄大伟策动下不战而退。进到普宁县的第十三旅张毅部受黄大伟策动脱离叛变。

东路讨贼军在大埔县高陂、丰顺县留隍等地失败后，放弃汕头等地，向揭阳退却，但9日又中林虎部和黄大伟部埋伏，遭受重大损失；驻守兴宁的部队撤退到丰顺。许崇智决定率部回师广州，然揭阳通往丰顺的要地言岭关（今称猴子栋）被刘志陆占领，幸张民达率部星夜反攻，挫敌破关，使全军得以退往梅县，又为林虎所部阻击，并被一路追击至龙川县老隆、河源。

6月中下旬，东路讨贼军返抵博罗，与西路讨贼军会师。后许崇智在博罗收容残部，只剩六七千人，其中第一军3个旅折损过半，第二军2个旅受损较少，第三军只剩下六七百人。

7月，东路讨贼军前敌总指挥（兼闽南讨贼军总指挥）何成浚受孙中山命令率第二军第六旅旅长孙本戎部和民军张贞等部，联合福建第二师师长臧致平进攻闽粤边的诏安、黄冈、饶平，兵临潮汕，11日被击退；23日，在闽南再次被林虎、赖世璜、洪兆麟等被打败，何成浚及臧致平撤退入厦门。

（六）高州争夺战

1月19日，革命党人林树巍任高雷讨贼军总司令，并说服粤军第六路司令胡汉卿部邹武合作，组织民军开进高州城。胡出走水东，后率部反攻高州。林部退守信宜。

3月，林树巍会同等由肇庆、罗定压来的吕春荣、莫雄部三路置围攻。胡汉卿留下部属周桂森守高城逃往香港。周桂森率部退出高城下化州、梅菉，后向吕春荣部投降。

5月，原肇军总司令李耀汉乘沈鸿英叛变之机兴兵作乱，余六吉复率部追随李耀汉，攻陷恩平、开平等县。孙中山调讨贼军反击，于5月31日克复恩平县城，余六吉率残部逃回阳春。

三、激战东江

（一）孙中山督师惠州博罗（孙中山第一次东征）

1923年5月，洪兆麟、叶举进入惠州，设立总司令部，对陈炯明部进行重新编组，准备进攻广州。

5月2日，孙中山命令桂军进攻博罗、惠州，孙中山组织领导的第一次东征（陈炯明部）战役正式开始。5月13日，中央直辖第七军刘玉山攻占博罗，次日复陷。孙中山调北江的滇军第三军胡思舜部到东江，并亲到东莞石龙巡视督战，任命程潜为"东江讨贼军总指挥"。5月20日，再克博罗。22日，克宝安。26日，桂军刘震寰部向惠州进攻。参加惠州战役的滇桂军共约1万人。

5月28日，熊略部又陷博罗；30日，进窥东莞石龙。孙中山率杨希闵到东莞石龙设立行营，开会决定分三路进攻博罗和惠州。6月4日，滇桂军联军克博罗后，桂军围攻惠州。

直系为援助陈炯明部命令沈鸿英部再犯韶关，于6月4日攻陷后继续南下。

6月6日，孙中山到达博罗视察；7日，到达惠州督战；11日，从潮汕败退回来的东路讨贼军回到博罗；18日，驻博罗滇军又全部被调入北江反击沈鸿英部。

6月27日，东路讨贼军与滇桂军组成联军第一次对惠州发起总攻，未克。因陈炯明亲率林虎部8000人从梅县救援惠州，7月4日，滇军再克韶关后，孙中山调滇军驰赴东江增援。16日，滇桂军和东路讨贼军第二次总攻惠州，仍然无果。

因滇军没领到克复韶关的赏钱，不肯用命，7月下旬，孙中山再赴博罗、惠州督师。23日，孙中山将大本营迁东莞石龙，部署东江作战。以许崇智任中路指挥驻博罗，杨希闵任右路指挥驻宝安平湖，胡谦任左路指挥驻增城，刘震寰部继续围攻惠州，并调中央直辖广东讨贼军第四军第一师第二旅陈济棠支援博罗，另增调航空局、鱼雷局和虎门要塞的武器来加强进攻惠州城。27日，东路讨贼军第八旅在第一、三旅配合下攻占惠阳县白芒花，其中第一旅主任参谋周朝宗阵亡。

8月25日，因博罗受到叶举部5000多人袭击，孙中山从台山调中央直辖广东讨贼军第四军第一师第一旅卓仁机增援，命令张民达旅全力进攻并占领惠阳平山、淡水，张民达旅团长萧觉民在攻打永湖时牺牲。

9月10日，博罗解围。孙中山命许崇智乘胜反攻河源。卓仁机旅、陈得平旅和张民达旅，在从南路调回的莫雄旅配合下，于10月3日攻占河源。

在南路，1923年8月黄明堂南路讨贼军据守的廉州受到申葆藩部进攻，40天后旅长杨廷光投降；10月，黄明堂撤出北海，经廉江县、阳江县到台山县。

接着，占据化州、高州的高雷讨贼军林树巍部也被击溃，中央直辖东路讨贼军第四师师长吕春荣部从高州退往信宜，不久被邓本殷降服并出任高州善后处处长，莫雄率领本旅和梁若谷第八旅撤回广州。

（二）大元帅府组织广州保卫战

1923年6月，曹锟派人对黎元洪总统进行恐吓，迫使黎元洪逃往天津。曹锟依靠大批收买或威胁国会议员，于10月6日当选为中华民国大总统。10月10日，由贿选国会起草并通过了一部《中华民国宪法》，由曹锟颁布实施。

10月17日，刘震寰部第三次总攻惠州，连续作战1周依然没有进展，孙中山到场督师也没攻下，桂军士气有所松懈。驻河源粤军因许崇智将指挥责任交参谋长张国桢后回广州，许多中上级军官跟着休假回广州，造成驻粤军士气低落。

这时陈军从北京政府取得大量援助，组织全军分三路进攻广州，首先攻陷河源。孙中山调粤军第一师师长李济深率陈济棠第二旅、杨希闵滇军、朱培德赣军增援博罗、河源，与攻陷河源的林虎部在博罗派尾、柏塘展开激战。参战粤军包括第一师李济深部 2 个旅、莫雄独七旅、东路讨贼军张民达、许济、陈得平、王懋功、邱鸿钧旅，共 8 个旅，取得了柏塘、派尾之役的胜利。

由于洪兆麟部将到惠州时桂军撤离飞鹅岭前线，11 月 8 日，博罗的联军稍作抵抗后也向东莞石龙撤退。11 月 10 日，孙中山发布反攻命令，但将士久征疲惫，军无斗志，命令几乎无人执行。11 日，联军 2 万人急欲过石滩铁路大桥时自相践踏，损失严重，一直退到广州。孙中山组织的第一次东征（陈炯明部）战役失败。

11 月 13 日，洪兆麟部占领石龙；18 日，追击至广州东郊石牌、黄埔一带，守军莫雄旅因被滇军夺去库存枪弹闹情绪不战而退，造成全城震动。驻衡阳的谭延闿 1 万多湘军星夜坐火车南下韶关接防，而原驻韶关的樊钟秀豫军 3 个旅四五千人接到孙中山电令后星夜坐火车南下，于 11 月 19 日赶到广州城增援，加上增城命令传达所所长胡谦部死守增城迟滞了林虎部，才得以打退洪兆麟部的进攻（此役东路讨贼军第二旅团长梁国一阵亡）。11 月 20 日，许崇智、李福林、杨希闵率部在广州东郊龙眼洞大败林虎部，并追击至增城以东（东路讨贼军第八旅团长梁占鸿阵亡）。联军取得了广州保卫战的胜利。

11 月下旬，北洋军乘滇、桂军主力调援东江之际，南犯始兴和南雄，为湘滇联军所败。月底，沈鸿英也乘虚犯连州和阳山，亦被湘军所败。

* 链接：谭延闿

谭延闿，字组庵，湖南茶陵县人，1880 年出生于浙江杭州。其父曾任陕甘、闽浙、两广总督和吏部尚书。谭延闿自幼聪明，1902 年中举人，1904 年中会元，被赐进士出身，入翰林，旋授编修。1907 年组织"湖南宪政公会"，成为立宪派首领。1909 年，任湖南省"咨议局"议长。

1911 年武昌起义后，任湖南军政府参议院议长、民政部部长。10 月底，被咨议局推举为湖南省都督。1912 年 7 月，被北京政府正式任命为湖南都督；9 月，兼湖南省民政长，加入国民党并任湖南支部长。1913 年参加"二次革命"，宣布湖南独立，被袁世凯撤职。1915 年，参与"护国运动"。1916 年 8 月后，复职湖南省省长兼督军、湖南参议院院长。1917 年，被段祺瑞免职。1918 年 7 月，在桂系陆荣廷的支持下，回到湘南重任湖南督军。1919 年 6 月，赶走程潜后重任湘军总司令。1920 年 6 月，湘督张敬尧逃走后，谭延闿进入长沙，身兼三职；7月，通电全国宣布湖南自治，成为全国首倡"联省自治"者；同月，被南方军政府授予陆军上将。

1920年11月，被最宠信的部下、湘军总指挥赵恒惕驱逐。到上海后被孙中山说服，再次加入中国国民党，并把前一年变卖田地的钱拿出5万光洋给孙中山作军饷。1923年，被任命为广州陆海军大元帅府大本营内政部部长、建设部部长。因赵恒惕依附北方军阀，谭延闿被孙中山任命为北伐军讨贼湘军总司令兼湖南省省长，入湘得到湘军第一、二师师长宋鹤庚和鲁涤平响应，在衡阳将所率湘军整编为6个军，向长沙进军，为赵恒惕和吴佩孚所败，撤到广东北江驻守。年底，广州面临危难之际电令所部驰援广州。1924年初调赴东江，与陈炯明部展开血战；9月，任孙中山组织的第二次北伐总司令，但战败，于次年1月撤回广东。

1925年7月，任广州国民政府常委兼军委会常委，国民革命军第二军军长。1926年3月代理广州国民政府主席；4月，任中央政治委员会主席；7月，又代理国民党中央党部主席。1927年9月，任宁汉沪三方的国民党中央特别委员会大会主席。1928年2月，任南京国民政府主席；10月，转任行政院院长，抱定了"三不"主义：一不负责；二不谏言；三不得罪人，每次开会都闭目养神，做一个"伴食宰相"。1930年9月因患脑出血病逝，年仅51岁，葬在中山陵东面。

谭延闿是民国"四大书法家"（谭延闿的楷书、于右任的草书、吴稚晖的篆书和胡汉民的隶书）之首。南京中山陵半山腰碑亭内巨幅石碑"中国国民党葬总理孙先生于此"两行大字和广州黄埔军校的校名"陆军军官学校"，皆为谭氏手书。

由于谭延闿生母出身低等遭歧视的缘故，谭誓不纳妾。谭妻是曾任四川总督的方汝翼之女，早亡。孙中山将宋美龄介绍给谭延闿，谭以"我不能背了亡妻"为由婉拒，但他认宋母为干妈。[1]1927年12月蒋介石和宋美龄结婚时，谭作为介绍人出席。后谭的女儿谭祥认宋美龄为干妈，[2]因谭延闿病中嘱托蒋氏夫妇在青年军官中为谭祥择夫，蒋介石遂安排嫁给陈诚。

对谭延闿的评价褒贬不一。孙中山称他为"一时人望"；蒋介石称颂他"文武兼资""党国英奇"；胡汉民赞赏他"休休有容，庸庸有度""和气中正""药中甘草"；于右任称他为"民国一完人"。青年毛泽东曾称之为"乡邦

---

［1］参许顺富：《民国政坛不倒翁：谭延闿的水晶球人生》，华文出版社2022年版，第351页。
［2］参刘建强编著：《谭延闿年谱长编》（下册），上海交通大学出版社2021年版，第1565页。

英俊"[1]。几十年后，毛泽东仍评价他是"一个聪明的官僚"[2]。

* 链接：首创"国父"尊称孙中山的建国豫军总司令樊钟秀

樊钟秀，字醒民，1888 年出生于河南省宝丰县。自幼入私塾读书，14 岁上少林寺习武三年。1912 年初，被鄂督黎元洪任命为北伐左翼先遣军副司令，率 5 营之众杀回河南，后被袁世凯镇压。为避官府缉捕，举家西迁到陕西黄龙山区。1914 年春，接土匪头子通知限期要将妹妹送上山，否则就要杀人烧庄。樊钟秀遂约了几个朋友上山将土匪全部杀死，乘机组织自卫武装，发展到 200 多人。

1915 年，接受陕西督军陆建章的收编，任营长。后接受陕北革命党人劝告参加倒陆，部队发展到有枪千余支。1918 年，在原同盟会会员邓宝珊等人的帮助下，率部脱离陈树藩加入了靖国军，任第二路军司令。因遭重兵"围剿"，损失严重的樊钟秀率部被迫投入"援陕"奉军总司令许兰洲部，后随许回到河南。1920 年编入吴佩孚的直系部队河南地方部队，先后任团长、旅长、豫西剿匪司令等。

1923 年 10 月，吴佩孚派江西督军蔡成勋和常德盛师，援助沈鸿英进攻广州，樊钟秀也受命南下。樊钟秀接令后派代表赴粤晋见孙中山先生，受到孙中山接见。不久蔡成勋抓获樊钟秀代表获知行动计划，按吴佩孚密令率重兵于粤赣边界待机围歼樊钟秀部队。樊钟秀部进驻吉安时，急派人去广州联系，得到孙中山的回信后，命令部队急速南下，在遂川经过一个多小时的血战，突破蔡成勋部包围。11 月 6 日，樊钟秀通电拥护孙中山，就任广州军政府委任的讨贼军豫军总司令，随后打败沈鸿英部，收复南雄；12 日进驻韶关。这时正值陈炯明部进犯广州，14 日已攻到广州近郊的石牌等地。孙中山连夜急电樊钟秀率部火速增援广州。15 日，樊钟秀接到命令，马上集合部队 7000 余人登上火车南开。出发前樊钟秀下命令说："此次保卫广州作战，是奉孙大元帅命令，生死都光荣。只准进，不准退；只准胜，不准败。谁要当孬种，我先毙了他。"并向孙中山表示："不打退陈逆，誓不生还！"16 日，在广州黄沙车站下车后跑步赶至广九火车站，立即投入战斗。樊钟秀率马弁连和武术营，手提大刀，赤膊冲在前面，其

---

[1] 刘建强编著：《谭延闿文集·论稿》（下册），湘潭大学出版社 2014 年版，第 710 页。

[2] 《毛泽东选集》（一卷本），人民出版社 1969 年版，第 511 页。

余部队分4路纵队，拼死向前。已是强弩之末的陈炯明部见樊部人多势众纷纷撤退；樊部乘胜追击，收复了石龙。

樊钟秀率部回到广州时，孙中山亲自前往迎接。孙中山早已听闻他的豪侠之名，原以为他一定是个形态威猛的粗豪大汉，谁知站在面前的竟然是一个温文儒雅、白面书生式的人物，而且态度颇为谦恭谨慎。一见到樊钟秀，孙中山便拉着他的手说："好，好，好同志！真革命！"[1]这让早就向往革命的樊钟秀感到受宠若惊。在庆功宴上，孙中山让最年轻的樊钟秀坐在了首席，还给樊钟秀颁发了"一等文虎章"，委任他为建国豫军总司令，授予陆军上将军衔。

在1924年1月中国国民党第一次全国代表大会上，樊钟秀被选举为中央候补监察委员。会后孙中山携夫人宋庆龄去樊钟秀家中探望，见樊家生活拮据，赠送2000元大洋，还为樊刚出生不久的儿子起名为"得胜"。孙中山感叹说："我若早遇到你10年，革命的成功就顺利得多啦！"[2]

1924年，樊钟秀率部参加了对南路和东江的征战，其中在7月攻打惠州战役中所部还冲进了城墙内。10月参加北伐，任建国先遣军总指挥，率部7000多人入江西激战；后率部单独北上，转战五省，跋涉2500余公里，于1925年2月抵达豫南，并向孙中山报告北伐经过。孙中山复电："吾兄孤军转战，所向无前，三月之内，由粤而豫，同时诸军，望尘莫及，奇功伟绩，嘉慰何似。"

1925年3月，在北京中央公园社稷坛公祭孙中山时，樊钟秀特送巨型素花横额（阔丈余、高四五尺），当中大书"国父"二字。他的唁电挽悼，均称孙中山为"国父"，这是孙中山在公开场合被尊称为"国父"的开始。

1925年春，樊部受国民军第二军指挥参加了"胡憨战役"，扩军至3万多人。1926年初国民军在河南失败后，樊部退至豫西；8月，率部在武胜关截吴佩孚军后路。1927年，任国民革命军第四十五军军长。1928年，被冯玉祥打败。1930年初，樊被蒋介石任命为豫陕边防军总指挥，回河南召集旧部，组成3个师4万多人，后接受反蒋派第八方面军总司令的任命，驻军许昌，参加中原大战；6月，樊钟秀到南关视察，遭蒋军飞机投弹身负重伤而亡，时年仅42岁。按其生前"葬于（孙中山）先生墓侧"的愿望，灵柩被运至北京，葬于西山碧云寺。

---

［1］樊应州：《爸爸樊钟秀》，《河南文史资料》1991年第40辑，第76页。

［2］樊应州：《爸爸樊钟秀》，《河南文史资料》1991年第40辑，第76页。

被北洋政府任命为广东海军舰队司令温树德，在 4 月沈鸿英叛变后，调 "海圻" 和 "海琛" 二舰驶往汕头，并指使杀害了 "肇和" 舰舰长盛延祺。5 月 31 日，孙中山下令免去温树德职，任命赵梯崑为舰队参谋长；重新任命吴志馨为 "海圻" 舰舰长，何翰澜为 "海琛" 舰舰长，李国堂为 "肇和" 舰舰长，田忠柏为 "飞鹰" 舰舰长，潘文治为 "福安" 舰舰长，胡文溶为 "楚豫" 舰舰长，缪庆福为 "豫章" 舰舰长，朱天昌为 "同安" 舰舰长，吴熹炤为 "舞凤" 舰舰长，所有军舰由大本营直辖（"永丰""永翔" 舰舰长仍是欧阳琳和赵梯崑）。10 月 28 日，温树德策动 "永翔""楚豫""同安""豫章"4 舰逃离广州，与 "海圻""海琛""肇和" 一起前往汕头（12 月北上，后除 "豫章" 号外 6 舰到达青岛成立渤海舰队）；留下机炉损坏的 "飞鹰""福安""舞凤" 和听命于大元帅府的 "永丰"4 舰。

11 月 20 日，许崇智被孙中山任命为粤军总司令。11 月 22 日，许崇智由广州出走前往上海，原因有三：一是所率 1.5 万多人的东路讨贼军由于大意在潮汕被打得大败，被党内同志严重质疑；二是因先行回穗置河源前线于不顾，影响士气，造成东江失利，大军撤退，广州挨打，被孙中山严厉批评；三是所部莫雄旅溃退至广州大沙头时被滇军范石生部缴去枪 4000 多支及部分弹药，原以为可以轻松要回，没想到请孙中山过问也没能收回，被部属严厉诘问。

第二节　建国粤军（1924—1925）

一、整合全省粤军

由于辛亥革命和以后历次斗争的失败，孙中山在共产国际和中国共产党的帮助下，认真总结了中国民主革命的经验教训，改组了国民党，并于1924年1月在广州召开国民党第一次全国代表大会，确定了"联俄、联共、扶助农工"三大政策。

成立中国国民党中央执行委员会，下设：组织部部长谭平山、宣传部部长戴季陶（后汪精卫，由毛泽东暂代）、内务部部长居正、青年部部长邹鲁、工人部部长廖仲恺、农民部部长林伯渠［后廖仲恺（兼）］、妇女部部长廖冰筠（后何香凝）、海外部部长林森（后黄居素代）、（后）军事部部长许崇智。

接着，孙中山进行军事上的整顿，训令照枪支数归并正式编制军队，限制各军扩军及严禁收编土匪，取缔无兵司令，驻广州市各军师旅部限日迁往郊外等。

3月10日，孙中山召开大本营会议，决定湘桂联军分三路进攻惠州，后增加滇军，孙中山组织领导的以湘军为主的第二次东征（陈炯明部）战役开始。22日，中央直辖福建各路军总指挥何成浚联合厦门臧致平部击败王献臣、张毅部，占领漳州，致电孙中山速派兵进军东江夹击陈炯明粤军。26日，陈炯明在香港召开紧急军事会议，最后决议洪兆麟和熊略部主力援漳，林虎和杨坤如部守东江。4月，何成浚部在闽南被周荫人和援闽的陈部粤军打败。

因陈部粤军分兵援助漳州留守东江兵力减弱，至4月中旬，左路湘军已占领博罗、龙门、河源、龙川、紫金等地，右路滇军攻占东莞县樟木头、宝安县平湖、惠阳龙岗、淡水、平山等地，中路滇桂军开始围攻惠州城。不久，又增调军舰、飞机和樊钟秀豫军参战。5月左路湘军克复新丰、河源县，并向退守龙川老隆的林虎部进攻；6月，洪兆麟部反攻占领淡水、龙冈。至7月开始趋于沉寂。

早在上年11月间，孙中山就"训令"将中央直辖粤军和东路讨贼军，包括东路讨贼军许崇智部全部，中央直辖广东讨贼军第四军、广东讨贼军第一、二、三师，高雷绥靖处，钦廉绥靖处，连阳绥靖处，虎门要塞，长洲要塞，海防司令及姚雨平、朱卓文、李天德、徐树荣、李安邦所部，凡归粤军范围的通归粤军总司令编练整顿，期成劲旅。总人数约 2.5 万人。

湘军接防东江后，东路讨贼军从东莞石龙撤出调往江门休整，计有第二旅陈得平、第五旅许济、第八旅张民达、独一旅杨锦龙等部共计 9000 多人。

在邓演达等人的劝说下，许崇智在蒋介石陪同下于 4 月 20 日回到广州，到各处协调，计划编梁鸿楷、许崇智、李福林、张国桢和黄明堂 5 个军。

5 月 22 日，许崇智正式就任粤军总司令。序列如下：

总司令许崇智，参谋长蒋介石，参谋处处长冯轶裴，副官长陈可钰，军务处处长冯祝万，军需处处长关道（代），军需监万黄棠，审计处处长俞飞鹏（代），秘书长邵元冲，西江财政整理处处长江维华，政治部主任黄居素，下辖：

第一军（原中央直辖广东讨贼军第四军改称，10 月改成建国粤军第一军）军长梁鸿楷，参谋长冯宝森，副官长黄范一（后李哲夫），下辖：

第一师　师长李济深（兼），参谋长徐景唐，副官长黄镇球，辖：

第二旅　旅长陈济棠，参谋主任余汉谋，下辖：

第三团　团长邓演达；

第四团　团长戴戟；

独立团　团长张发奎；

补充团　团长徐景唐（兼）；

西江讲武堂　堂长戴戟，教育长林薰南。

第三师　师长郑润琦，副师长兼参谋长何彤，下辖：

第五旅　旅长巫琦，下辖：

第九团　团长周汉铃；

第十团　团长麦翰文。

第六旅　旅长何彤（兼），下辖：

第十一团　团长邓龙光；

第十二团　团长钟震华。

工兵营　营长李汉魂。

第十二旅（原第一师第一旅改编）　旅长卓仁机，参谋长黄承乾，下辖：

第二十三团（原第一旅第二团）　团长张弛；

第二十四团（原独一团）　团长冯敦尧。

第十三旅（原第一旅第一团扩编）　旅长梁鸿林，参谋长李务滋，下辖：

第二十五团（原第一旅第一团）　团长周明星；

第二十六团（原独一旅第一团）　团长徐文辉（后梁休年）。

（7月）第十九旅（收降的原徐汉臣旅）　旅长徐汉臣，驻恩平。

补充团（原独一旅第二团）　团长蔡炳南；

第二军（计划由中央直辖第二军编成，未成立）　军长黄明堂，驻罗定县。

第三军（由原东路讨贼军改编，10月改成建国粤军第三军）　军长李福林，参谋长陈郁文（后练炳章），参谋处处长邓雄，副官长刘超常，秘书处处长陈洪范，军需处处长杨达三，军械处处长黎耀生，军法处处长张正时，军医处处长汤秉忠，原有第九、十和独立旅3个旅，增编第十一、十二旅2个旅，驻广州河南，下辖：

第九旅　旅长余定中，下辖：

第十七团　团长伍朝浦；

第十八团　团长罗东宸；

第十旅　旅长陈又山，下辖：

第十九团　团长陈又山（兼，后罗家驭）；

第二十团　团长梁仪来；

独立旅　旅长李辉，下辖：

第一团　团长马毓藩；

第二团　团长李辉（兼）；

第十一旅（由广东讨贼军第七路加陆领部一团编成）　旅长李群，下辖：

第二十一团　团长李群（兼）；

第二十二团　团长李林；

第十二旅（由第十一路兼四邑保商卫旅营改编）　旅长黄相，只辖1个团；

第四路司令兼东莞民团总队长王若周。

（后）第四警备司令部（由原第九旅改编），司令余定中；

（后）第五警备司令部（原东江缉匪司令部改称），司令徐树荣。

1924年10月，再次整编部队，保留4个旅和2个警备司令部。

第十五旅（由独立旅改编）　旅长李辉，下辖赵承烈、李辉2个团；

第十六旅（由第十旅改编）　旅长王若周，下辖梁仪来、李林2个团；

第十七旅（由原第十一旅改编） 旅长李群，下辖朱胜广、罗家驭2个团；

第十八旅（由原第十二旅改编） 旅长黄相，下辖黄炳堃、陆满2个团；

总部直辖［由原东路讨贼军第一、二、四军余部整编而成，10月编成建国粤军第二军，军长许崇智（兼），但未成立军部］：

第二师 师长张民达，参谋长叶剑英，参谋处处长黄国梁，秘书长兼军法处处长徐建行，副官长饶汉杰，军需处处长廖益谦，军医处处长崔德，8000人，下辖：

第三旅（原第二军第七旅） 旅长莫雄，下辖：

第五团 团长杨德雄；

第六团 团长温彦斌；

第四旅（原第八旅） 旅长张民达（兼），下辖：

第七团 团长卢光忠；

第八团 团长张和。

第五师（中央直辖广东讨贼军第四军第二师改称，1924年7月撤销番号由粤军第三军缴械） 师长周之贞，后驻顺德，约1400人，下辖：

第九旅 旅长周之贞（兼，后萧组）（其中五团团长张我东）；

第十旅 旅长陈煦和。

第七旅 旅长许济，参谋长蒋伯诚，由原东路讨贼军第二军第五旅许济部和独二团陆瑞荣部等合编，约4500人，下辖：

第十三团 团长谭曙卿；

第十四团 团长陆瑞荣；

补充团 团长卫立煌。

第八旅（原东路讨贼军第四军独一旅） 旅长杨锦龙，下辖：

第一团（后为十五团） 团长余鹰扬（后林燊尧）；

第二团（后为十六团） 团长陈慎荣（后余鹰扬）。

第十一旅（由东路讨贼军第一军第二旅加独二旅陈锡乾部合编）旅长陈得平（后徐天琛，后曾则生代），驻云浮县，2000人，下辖：

第二十一团 团长陈定平；

第二十二团 团长何（一说吴，待考）公侠。

第十四旅（1924年6月由中央直辖第一混成旅改编） 旅长何克夫，下辖：

第二十七团　团长张经机；

第二十八团　团长张蔚周。

第一路（东路讨贼军第一路编成，3月改广东警卫军）　司令吴铁城，参谋长欧阳驹，下辖姚观顺、方柳门、陈翰誉等3个团，约1000人，驻广州；

第二路（东路讨贼军第二路编成，后改五邑卫商旅）　司令吴泽理，驻江门；

第三路（广东讨贼军第一路改编，后编为中央直辖西路讨贼军第二军第五师第十旅）　司令谭启秀；

第一警备司令部（东路讨贼军第三路编成），司令梁士锋，2000多人，驻阳江；

第二警备司令部（由留江警备司令部加第十三旅合编，后改为江门警备司令部），司令邓刚，驻江门，下辖梁若谷、邓刚（兼，帮统吴腾）2个统领；

（后）第三警备司令部（由五邑卫商旅改编），司令吴泽理，驻香山县；

两阳警备司令王体端（8月调东莞虎门），下辖王经舫、卢光忠2个旅；

第一警备游击司令伍周平（原军政部警备军独立旅旅长）；

第二警备游击司令梁翰昭（后改为第六警备司令部司令），驻新兴县；

第三警备游击司令邝豪光；

警卫团（原独一团）　团长冯铁裴；

警备第二团（原属于莫雄第七旅）　团长谢维屏；

暂编第一统（原属东路讨贼军）　统领宋世科。

粤军讲武堂，校长许崇智（兼），堂长梁广谦，教育长练炳章（兼）。

舰务处　处长招桂章，下辖：

　　海防舰队司令　林若时，下辖"广金""广玉"等10多艘小型军舰；

　　练习舰队　司令潘文治，参谋长田炳章，下辖"飞鹰""福安""广海"3舰。

长洲要塞司令部　司令马伯麟［6月蒋介石（兼）］；

虎门要塞司令部　司令廖湘芸（1924年7月后陈肇英，参谋长周维纲）。

广东陆军测量局　局长吴宗民。

盐运使署水陆盐务缉私处　主任张民达（兼），下辖"福安""定海"等6舰。

粤军以孙中山的新"三民主义"、建国大纲、建国方略作为教育课程，虽然没有按照孙中山的期望把它建设成一支新型的革命军队，但经过半年多的休整、训练，为东征打败陈炯明奠定了基础。

中央直辖福建各路军总指挥何成浚指挥孙本戎旅、龚师曾旅及金龙章支队1924年4月在闽南被周荫人和援闽的陈部粤军打败，后率残部及收编的赣军苏世安旅、董福开部经汀州、会昌南下入粤，6月到达广州，残存苏世安、金龙章等3个旅，约3000人（初称"闽军"，后称"鄂军"。董福开部编入李明扬部）。

为配合围攻惠州，建国粤军第二师张民达于7月底奇袭连平李易标部，击毙敌第四军第一师师长麦胜芳，后因商团军酝酿叛乱又马上退回广州。

在南路，孙中山致函邓本殷劝其归附未获回应后，于1924年初任命曾任广西自治军总司令、广西省省长的林俊廷为"广东钦廉高雷琼崖罗阳八属军务督办"，令其进攻邓本殷。5月，林俊廷率林毓麟、陆云桂和施少卿3个旅4000多人从南宁前往廉州，受到申葆藩欢迎，并将其所部张瑞贵旅拨归其指挥。

7月，驻两阳的陈章甫、苏廷有等部趁黄明堂部调防之机，东下攻占恩平县城。许崇智命令梁鸿楷为左路指挥官，统率梁鸿林、卓仁机、许济、梁士锋、杨锦龙、黄明堂、林树巍等部集中在开平，分头拦截（右路李济深，中路陈得平）。陈章甫经恩平县杨桥进攻开平县苍城，被梁鸿林、许济部击败。建国粤军乘势克复恩平。八属联军徐汉臣部投降，其余溃回阳江。

7月，孙中山派"永丰"舰载运拨给的银圆3万元、子弹10万发开抵北海送给林俊廷。但因申葆藩采取拖延应付手段，等到9月林俊廷仍无动静未发动进攻，"永丰"舰只好撤回广州。12月，邓本殷突袭林俊廷，击溃林俊廷部，张瑞贵旅反戈一击，林俊廷只好率残部撤回钦州。

二、平定商团叛乱（含孙中山第三次北伐）

7月，国民党成立中央政治委员会，孙中山任主席，胡汉民、汪精卫、廖仲恺、谭平山、伍朝枢、邵元冲为委员；下设军事委员会，以胡汉民、廖仲恺、伍朝枢、许崇智、谭延闿、杨希闵、刘震寰、蒋介石、樊钟秀9人为委员。

因9月3日江浙战争爆发，为执行"反直三角联盟"义务帮助奉系，并乘机将客军调出广东，孙中山于1924年9月4日在大元帅府召开筹备北伐会议，决定湘、赣、豫军全部参加北伐，滇粤军抽调一部随行；迁大本营于韶关，以谭延闿为北伐军总司令。9月12日，谭延闿湘军、朱培德滇军、樊钟秀豫军、李明扬赣军、吴铁城警卫军、卢师谛第三军、军官学校学生军一队，在孙中山的带领下北上韶关，准备举行第三次北伐。15日，第二次直奉战争正式爆发。

9月13日，孙中山下达从东江撤军令，孙中山组织领导的第二次东征（陈炯明部）战役正式结束，各部退守东莞虎门—增城石滩—增城一线。

* 链接：商团叛乱

广州商团成立于1912年，起因是辛亥革命广东光复后，市面治安不佳，殷实商人们只好抱团自卫，人数不多。在民国早年广东发生的历次政局动荡中，均能保持中立。1923年1月，滇桂粤联军击退陈炯明部占领广州后，13省军队云集广州及周边，军纪松弛，巧立名目，强取豪夺，孙中山大元帅府无力管束。1923年，伴随着财政、经济危机和社会矛盾激化及治安的严重恶化，广东商团获得超常发展。1924年2月，粤省商团公所决定将广州商团重新编成10个分团，共有团员8000人，全省共有5万人。随后，在商团的年度选举中，广州总商会会长、香港汇丰银行广州分行买办陈廉伯当选为总团长。陈廉伯是中国第一家以民族资本经营的机器缫丝厂厂主陈启源之子，在香港受教育并加入英籍。对于孙中山实行联俄容共政策及工农革命运动的兴起，商人出于阶级本能感到恐惧。1924年五六月间，珠三角地区108个商埠代表在广州商团驻地举行全省商团代表大会，决定组建"广东省商团联防总部"，推举陈廉伯为总长。1924年下半年始，广东各地商人罢市异常频繁，到处弥漫着对政府、军队的不信任态度。

1924年8月10日，广东商团于两个月前向国外订购的一批价值约100万元的枪械弹药运往广州时，在黄埔以进口许可证在时间上不合常理为由被海关扣留，并宣布吊销许可证。后经调查，大元帅府公开承认这批武器并非私运，只是申领许可证时在时间程序上出错。实际上是原计划用外轮将枪械从香港直运广州沙面，因遇香港海员罢工外轮无法驶入省河，只好向政府领取护照申请购械，但因心急一取得护照马上运械进入，因此引起怀疑。

8月18日，商团代表前往大元帅府面见大本营总参议胡汉民。胡指出商团此次在购械时手续上有不合之处，他提出补救办法是，每支枪另向政府缴交60元，由政府重新核发手续。这批武器中有步枪、手枪共9641支，以每支60元计，共57.8万余元，但未包括一批机关枪和1000余箱子弹的处置。商团认为难以接受，各地商团代表在佛山商团团长陈恭受的召集下，议决发动省城及各属商人罢市。8月22日，佛山开始罢市。25日，广州及附近县镇全面罢市。经滇军将领范石生等人调停，8月29日，政府与商团订立含有陈廉伯悔过、宣誓效忠政府、当局7天内发还枪械、商团向政府报效50万元、商团改组后归省长节制、商店复业后军队回防及商团联防改组等6项内容的协议。同日，协议得到了孙中山的基本认可，商人也陆续复市。但协议并未如期执行。9月4日，孙中山开会决定北伐，因大元帅府财政困难，各军总司令提出要求还械条件中额外附加要商团代筹北伐经费300万元的内容。此后，商团为还械协议中增加索款一项与政府争持不下。10月4日，广东商团在佛山开会决定发动第二次罢市，并再次前往广州向政府表示抗议。10月7日，由苏联军舰载运的山炮、野炮、轻重机枪、8000支长短枪和400万发子弹抵达广州黄埔。9日，孙中山令发还部分枪械给商团，但商团以所发还的非原枪械且坚持全数发还为由，于同日发动全省罢市。

10月10日中午，大元帅府在西濠口发还枪支4000多支、子弹12万多发。商团领械后在长堤实行戒严，并威胁开门营业者停业。恰遇参加"双十节"游行的民众经过，双方遂起冲突，商团军开枪射击，打死20多人，打伤100多人。

10月12日，由孙中山自任会长的"革命委员会"成立，领导解决商团问题。13日，广州宣布戒严。14日，省长胡汉民下令解散商团。孙中山电令，黄埔军校学生、飞机队、甲车队、广东工团军、广东农团军、陆军讲武学校、滇军干部学校、兵工厂卫队、警卫军统归蒋介石指挥，廖仲恺为监察。15日，蒋介石指挥上述部队，与张民达粤军第二师、李福林粤军第三军、与韶关回援的部分湘军，向广州市西关的商团军发动进攻。因商团军设有牢固栅闸，政府军只好用火油燃烧，并向高楼开炮，迅速攻克据点，未及半日将其全部缴械。至20日，佛山等地商团陆续被缴械、遣散。

镇压商团叛乱这场官商之战，使广州最繁华商业区西关遭到毁灭性破坏，严重挫伤了海内外广东籍商人支持革命的信心，印证了战前有识之士"胜则无民，败则无兵"（即政府胜则失民心，政府败则失军心）的警告。

10月16日，孙中山下令大本营部队一律改"建国军"，包括：

建国粤军　总司令许崇智，下辖第一、二、三军，军长分别是梁鸿楷、许崇智和李福林（后改编为国民革命军第四、五军和一、六军一部）；

建国湘军　总司令谭延闿，下辖第一、二、三、四、五军，军长分别是宋鹤庚、鲁涤平、谢国光、吴剑学和陈嘉祐（后改编为国民革命军第二军）；

建国滇军　总司令杨希闵，下辖第一、二、三军，军长分别是杨希闵、范石生和胡思舜（第一、三军叛乱被消灭，第二军改编为国民革命军第十六军）；

建国桂军　总司令刘震寰，下辖第一、二、三军，军长分别是韦冠英、伍毓瑞和刘震寰（参加叛乱大部被消灭，小部被改编）；

建国豫军　总司令樊钟秀，下辖2个师4个旅（北伐时大部单独回到河南，后改编为国民革命军第四十五军，一小部编入第六军第十八师）；

建国川军　总司令熊克武，下辖第一、二军，军长分别是余际唐和汤子模（分别被消灭、溃散和改编为湘军、川军、国民革命军）；

建国赣军　司令李明扬（后编入朱培德第三军第九师）；

建国鄂军　司令何成浚（后被程潜收编编入第六军十八师）；

建国攻鄂军　司令程潜（后改编为国民革命军第六军第十九师）；

建国山陕军　司令路孝忱（后点编只有358人，归宋世科旅指挥）；

云南建国军　总司令唐继尧（后改编为国民革命军第三十八、三十九军）；

福建建国军　总司令方声涛（是民军，后部分编入国民革命军独四师等）；

广西建国军　总司令沈鸿英（悔过重投孙中山，后被李宗仁新桂系消灭）；

建国第一军　军长朱培德（后改编为国民革命军第三军）；

建国第二军　军长柏文蔚（后部分编入国民革命军第三十三军）；

建国第三军　军长卢师谛（1925年2月在韶关，因卢师谛随孙中山北上未回，所属又多为云南籍，由滇军第一军第一师师长赵成梁改编成第一混成旅，旅长明德恒）；

建国第四军　军长黄明堂（1925年11月被建国粤军暂二师陈章甫缴械）；

建国第七军　军长刘玉山（1925年12月被第四军张发奎、云瀛桥部缴械）；

建国警卫军　司令吴铁城（1925年1月改编为警卫旅）；

建国循军（原为惠州民军改编）　司令严德明（1925年4月编入建国桂军）；

（后增加）建国赣军独立军　军长赖世璜（后改编为国民革命军第十四军）。

＊ 链接：鲜为人知的孙中山组织的第三次北伐（也称建国军北伐）

1924年10月20日，孙中山在广东韶关举行北伐誓师典礼。计划兵分三路：
建国军北伐总司令部总司令谭延闿，参谋长何成浚。
第一路进兵江西，分2个纵队：
左纵队总指挥由谭延闿兼总司令，指挥建国湘军及樊钟秀建国豫军。

右纵队总指挥朱培德，指挥建国第一军（约 4000 人）及李明扬建国赣军（约 1500 人）、刘玉山建国第七军。

第二路进兵湖北，总司令由程潜担任。该路主要为攻鄂军（约 2200 人）。

第三路亦出兵湖北，总司令熊克武。该路主要是建国川军，由常德出师。

以上除第三路外，集中韶关的还有建国警卫军等部队，总约 3 万人。

先遣军总指挥樊钟秀率所部建国豫军 3 个旅 5000 余人于 10 月 29 日深夜由广东仁化出发，攻入江西南安。11 月 2 日攻占江西崇义，俘赣南镇守使方本仁部马龙标团 600 余人。至 10 日先后攻占遂川、万安、泰和、永新、莲花等地，前锋进至距吉安 40 里的大庙。江西督办蔡成勋派兵反扑，联合方本仁等部包围孤军深入的樊部，樊钟秀部损失惨重。26 日，樊部主力突围至湖南桂东待援。11 月 11 日，建国豫军一部由任应岐率领，回广东韶关整补。

11 月中旬，因奉系军阀张作霖占北京，支持段祺瑞就任临时执政，直系的方本仁部向北伐建国军表示投诚。根据孙中山的指示，北伐军从粤北和湖南汝城二路向赣南进攻。樊部趁机反攻，占莲花、萍乡，接着沿湘赣、鄂赣、鄂皖、豫皖边界，孤军潜行，北进至豫东南，脱离北伐军。

11 月下旬，方本仁、赖世璜（赖在这次北伐之前与谭延闿联系，被孙中山任命为建国军赣军独立军军长兼赣东绥靖使）、谭延闿等部在赣州联合举兵倒蔡成勋，蔡狼狈逃遁，方本仁于 12 月 9 日进占南昌，14 日被段祺瑞任命为江西督办。北伐军 12 月 6 日占领大庾（今大余县），9 日占领赣州，并向吉安前进。但是方本仁背信弃义，致电谭延闿停止北进改道入湘。因方本仁不接受调解，谭延闿率军分三路继续北进，21 日占领吉安。方本仁取得赵恒惕和陈炯明支援后，25 日率军反攻。时朱培德部已进占吉水，谭部湘军在吉水附近与方本仁部激战中取胜，但在向峡江追击中遭到伏击，谭部损失惨重。后撤时又受到赵恒惕部夏斗寅师截击，宋鹤庚受到勾引率所部湘军退入长沙被收编，谭延闿率余部继续南撤，又在赣粤边受到林虎部的袭击，后艰难退回粤北（后整编成步兵团 7 个、炮兵、工兵营各 1 个和讲武堂 1 所）。

第二路程潜攻鄂军在 11 月和次年 1 月两次入湘，皆是先取得小胜，后遇唐生智湘军反攻即撤回粤北。

孙中山亲自组织的实际以湘军为主的第三次北伐战争再遭失败。

10 月 23 日，直系将领冯玉祥发动"北京政变"，反戈一击消灭了曹锟政府。11 月 2 日，直军总司令吴佩孚率残部 2000 余人由塘沽登舰南逃，第二次直奉战争结束。4日，中国国民军总司令冯玉祥和副总司令胡景翼、孙岳等联名电邀孙中山赴京"共商国是"。孙中山立即复电决定北上，离穗北上前指定胡汉民代理大元帅、代理中央政治会议主席，并于 11 月 13 日在广州燕塘组织阅兵，受阅部队是粤军第一师第三团、第二师、吴铁城警卫军，由莫雄任阅兵指挥官。

三、东征占领潮梅（1925 年第一次东征）

1924 年 11 月 22 日，因获知陈炯明部将反攻广州，大元帅府开会推举杨希闵为联军总司令准备东征；24 日，又开会决定成立"大元帅府军事委员会"，委员是胡汉民、廖仲恺、许崇智、蒋介石、杨希闵，加伦为顾问。

12 月 30 日，大元帅府军事委员会决定，联军集中兵力准备分三路东征。东征前新编的部队有：

1. 建国粤军第一军第一师第一旅　旅长陈铭枢，约 3000 人，下辖：

第一团（原一师独立团调归）　团长张发奎；

第二团（调补充团一营，从第四团抽干部再招兵编成二营）　团长蒋光鼐。

2. 大本营警卫旅（1925 年 1 月由建国警卫军大部编成）　旅长吴铁城，副旅长欧阳驹，参谋长吴道南，下辖邓彦华、萧樾、杨虎（后梁卫平）3 个团又 1 个手枪营，约 2700 人。

3. 建国潮梅军（1924 年 11 月设立，后陆续以潮梅地方部队和收编的叛军与绿林部队组成）　军长罗翼群，参谋长蔡慎，驻东莞石龙。

4. 黄埔校军教导第一、二团。1924 年 11 月 20 日，以黄埔军校第一期毕业生为初级军官、军校教育管理人员为中级军官，加上国民党上海办事处招收的新兵，配备从苏联刚刚运抵的新式步枪、机枪、山炮和野炮，编成黄埔校军教导团（这个团就是国民党中央军嫡系部队的源头），团长何应钦，党代表王登云。12 月 26 日编成教导第二团，团长王柏龄，党代表张静愚。这 2 个团也被称为黄埔"校军"或学生军，它是采用三民主义为指导、参照苏联红军党代表制度建立起来的"新军"（次年 4 月被国民党中央政治委员会正式定名为"党军"，由蒋介石任令官，廖仲恺为党代表。党军虽由粤军参谋长蒋介石指挥，与粤军并肩作战，但不属于粤军。自此，建国粤军的"嫡长子"地位便逐步消失）。

5. 建国军大元帅府铁甲车队（这是人民解放军的最早起源）。1924 年 9 月上旬，大元帅府以苏联援助的 4 辆铁甲车，成立了"大本营航空局铁甲车队"，队长卢振柳；11 月，中共广东区委经孙中山同意，从黄埔军校毕业生选拔人员进行改编，兵力编制约 1 个连，队长徐成章，副队长周士第，党代表廖乾吾。

1925 年 1 月 2 日，谭延闿北伐军败退回粤北韶关一带。解除北边的顾虑后，陈炯明 1 月 7 日在汕头下达了进攻广州的动员令。

1 月 15 日，广州大元帅府下令以杨希闵为总司令，分三路东征，史称"第一次东征"。

左路：以许崇智为总指挥，率建国粤军攻河源、龙川老隆、五华、兴宁等林虎防地；

中路：以刘震寰为总指挥，率建国桂军围攻惠州，策应左右两翼；

右路：以杨希闵为总指挥，率建国滇军由宝安平湖攻惠阳淡水、平山，海陆丰，再直趋潮汕洪兆麟防地。

同时，大元帅府又派出建国粤军第一师第二旅陈济棠部、黄镇球补充团、第一旅第二团蔡廷锴营入桂，帮助李宗仁、黄绍竑歼灭沈鸿英部，统一广西及抵御唐继尧滇军。

1 月 30 日，东征军总指挥部开会决定调整计划（右路交通便利，沿途富庶，原是杨希闵建国滇军进攻路线，经加伦多次建议和辩论，才与建国粤军对调路线）：

左路：以范石生军长为总指挥，率建国滇军一部攻河源、老隆、五华、兴宁等林虎防地；

中路：以韦冠英军长为总指挥，率建国桂军一部围攻惠州；

右路：以张民达师长为总指挥，率建国粤军一部攻惠阳淡水、平山，海陆丰，再直趋潮汕洪兆麟防地。

大元帅府第一次东征序列：

总指挥：杨希闵；

左路军（滇军）　总指挥范石生（实际未参加进攻，略）；

中路军（桂军）　总指挥韦冠英（实际未参加进攻，只包围惠州城，略）；

右路军（粤军）　总指挥张民达，下辖：

　　建国粤军第二师，师长张民达，下辖 2 个旅 4 个团；

　　建国粤军第七旅，旅长许济，下辖 3 个团。

2 月 10 日，右路军总指挥改许崇智，张民达改为前敌总指挥，下辖：

　　建国粤军第二师，师长张民达，下辖莫雄、张民达 2 个旅，杨德雄、温彦斌、陈道衡、张和 4 个团；

建国粤军第七旅，旅长许济，下辖谭曙卿、陆瑞荣、卫立煌3个团；

黄埔校军，司令官蒋介石，下辖何应钦、王柏龄2个教导团；

建国粤军警卫团，团长冯轶裴。

2月18日，增调：

建国粤军第一师第一旅，旅长陈铭枢，下辖张发奎、蒋光鼐2个团；

大本营警卫旅，副旅长欧阳驹，下辖邓彦华、萧樾2个团。

后续再增调：建国粤军第一军第三师第六旅（旅长何彤）。

实际参战部队还有：

建国粤军第八旅杨锦龙部第十六团（团长余鹰扬，驻东莞）；

建国粤军第三军李福林部第十六旅（旅长王若周，驻东莞）；

建国粤军第十一旅曾则生部；

大元帅府铁甲车队。

第一阶段作战：攻占淡水

2月1日，张民达率建国粤军第二师全体约8000人和第七旅许济部约4500人从广州出发，沿广大九路向东莞石龙推进，并与杨锦龙旅余鹰扬团会合。2日，原定留守广州作预备队的黄埔军校学生军教导一、二团强烈要求参加东征，也从黄埔出发向东莞石龙、虎门开进。张民达和叶剑英提出了猛进、猛攻、猛追、猛扑的"四猛"作战方针，攻占了东莞石龙、博罗石湾和东莞县城、常平、樟木头。

2月4日，建国粤军到达惠阳新墟，攻击敌熊略部，俘获人枪各数百。

2月7日，胡汉民、许崇智等抵石龙召集前线将领开军事会议，决定三路并进。杨希闵将东征军总指挥部移驻石龙。

2月10日，蒋介石率黄埔军校学生军约3000人到达宝安平湖后，许崇智抵常平劳军，通过莫雄劝张民达将右路总指挥职位交给蒋介石，遭张民达强烈反对，许崇智只好自任右路总指挥，而张民达则改任前敌总指挥。

2月13日，右路军分三路向惠阳淡水进攻，激战2天后占领淡水，歼灭马雄韬旅并俘获旅长以下700多人，又打退了杨坤如部的增援和洪兆麟部的反扑，整个淡水战役歼敌三四千人，这是第一次东征的首次恶战。战后，许崇智决定增调建国粤军第一师第一旅陈铭枢部和大本营警卫旅欧阳驹部驻防淡水。

同时，桂军韦冠英率部进至惠州城外与滇军会攻惠州；另一部滇军攻克博罗。

2月20日，右路军向叶举的指挥部所在地惠阳平山墟进攻，并于次日攻占。

第二阶段作战：攻占汕头

2月23日，东征军右路军总指挥许崇智在白芒花（今惠东县白花镇）召开军事会议。会上，蒋介石提出要先攻打惠州，而张民达、叶剑英则坚决反对。总司令许崇智听了双方的争论和苏联顾问加伦的意见，考虑到左、中翼滇桂军虽挂"免战牌"，惠州仍处在滇桂军围困监视状态，最后确定由张民达率领第二师、第七旅主攻惠阳三多祝墟（今惠东县多祝镇）洪兆麟部，向潮汕进军；由蒋介石率领黄埔校军绕过三多祝，插向海丰，袭击叶举余部。

2月24日，东征军分二路继续向东进军。洪兆麟在三多祝预设了坚固的阵地。建国粤军第二师张和团1个营长正好是三多祝墟附近人，带兵绕过预设阵地从后面夺占洪兆麟的指挥部。洪兆麟部闻风而逃。建国粤军第二师占领三多祝，然后乘胜追击，27日进占海丰城，进驻陈炯明老家的"将军府"。

2月28日，许崇智、蒋介石和张民达商议决定，乘敌溃败混乱分三路迅速攻取潮汕。定于3月7日集中于潮安、揭阳、普宁一线。

左路由建国粤军第七旅和黄埔校军组成，由海丰、揭阳河婆、棉湖向普宁进攻；

中路由建国粤军二师主力组成，尾随敌军主力前进，由海丰、陆丰进军普宁、揭阳或进军惠来、潮阳；

右路由建国粤军二师一部组成，在汕尾乘船到汕头登陆，并占领潮安。

同时，调建国粤军第一师第一旅陈铭枢部和大本营警卫旅欧阳驹部进驻海陆丰。接着，又调建国粤军第三师第六旅、第一警备司令梁士锋部等驻防东江。

3月3日，左路建国粤军第七旅进至普宁鲤湖时，遭遇自汕头西进的敌军李云复部七八千人，激战数小时，幸由当地农民持土枪土炮来援，敌军才逃遁。4日，左路建国粤军乘胜占领普宁城，5日占领揭阳城，7日克潮安（今潮州市）。

右路建国粤军第二师猛追叶举、洪兆麟残部。4日，潮阳守军司令周潜（原东路部属）宣布起义。7日，建国粤军第二师占领汕头。8日，许崇智司令部进驻汕头。蒋介石获悉林虎部欲包围袭击驻揭阳的黄埔校军，命令建国粤军第七旅从潮安回师，又命令建国粤军第一师第一旅陈铭枢部和大本营警卫旅欧阳驹部，立即从陆丰向河田（今陆河县城）和河婆（今揭西县城）急进，截击林虎部。11日，蒋介石在揭阳命令教导一团、二团和第七旅分三路向普宁进击林虎部，命令陈铭枢旅和欧阳驹旅袭击敌人背面。

13日上午，教导一团与林虎部在揭阳棉湖遭遇，面对十倍于己的敌人激战两个多小时，中午第七旅和教导二团分别赶到后加入激战，至天黑敌人才退去。此役教导一团阵亡过半。棉湖之役成为第一次东征中最惨烈的战斗，黄埔学生军从此威名远扬。

后续赶来的陈铭枢旅和欧阳驹旅在河田和河婆截击和俘虏了部分敌人。

第三阶段作战：攻占梅县

棉湖之役后，蒋介石于3月16日率教导一团、二团、陈铭枢旅、欧阳驹旅经河婆向五华进攻，许济旅向丰顺汤坑追击。

张民达指挥第二师由潮汕溯江而上向梅县进攻。从潮汕撤退隐藏在潮安凤凰山的洪兆麟卫士大队1000多人，乘潮安城空虚于3月17日偷袭。驻揭阳的冯轶裴团及时增援，加上二师回师部队，一起将其包围于潮安城外笔架山歼灭。

3月18日，蒋介石率部赶在林虎溃军返抵前智取王得庆旅驻扎的五华城，俘其参谋长。19日，陈铭枢旅在兴宁城外神光山顶住了林虎部三四千人十多次的冲锋，歼灭林虎部翟崇亮旅大部；教导二团则三面进攻兴宁城，攻占林虎后勤基地兴宁，缴获大量枪炮弹药军需。林虎匆忙逃走。兴宁战役是第一次东征的第三次恶战。

3月22日，由兴宁出发的陈铭枢旅和由丰顺经畲坑北上的建国粤军二师夹攻梅县（今梅州市梅江区），23日因敌人一触即溃占领林子云师和李易标军余部防守的梅县。建国粤军二师继续追击敌人，于26日占领蕉岭。陈铭枢旅于28日占领平远。陈炯明残部退入江西和福建的南部。

3月30日，张民达率二师主力攻占大埔。

4月5日，第二师师长张民达赶赴汕头许崇智指挥部共商回师计划，不幸在潮安县湘子桥（今潮州市湘桥区）舟覆殉难。后由第三旅旅长莫雄代师长，张和接任第四旅旅长。

4月初，第七旅移驻兴宁县城，奉总司令部命令扩编为建国粤军第四师。

师长许济（原第七旅旅长）　参谋长蒋伯诚，副官长曾匪石。下辖3个旅：

　　第七旅（以十五团扩编）　旅长谭曙卿，下辖：

　　　　第十三团　团长左新邨；

　　　　第十四团　团长龙开运。

　　第八旅（以十六团扩编）　旅长陆瑞荣，下辖：

　　　　第十五团（原东莞民团改编的张我东独立团编成）　团长张我东；

　　　　第十六团　团长戴武章。

　　补充旅（以补充团扩编）　旅长卫立煌。

4月13日，黄埔军校教导第一、二团编成党军第一旅，旅长何应钦。21日，成立军校教导第三团，团长钱大钧。

4月19日，困守惠州城的杨坤如部7000人，在参谋长骆凤翔带领下起义，宣布接受滇军改编，惠州不战而下。20日，滇军第三军胡思舜部入驻惠州城，将杨坤如部改编为建国滇军第三军第八、九师，划给驻防地为河源县。

建国滇军第三军第八师　师长骆凤翔，下辖：

第十五旅　旅长李祥；

第十六旅　旅长李克成。

建国滇军第三军第九师　师长钟子廷，下辖：

第十七旅　旅长徐武东；

第十八旅　旅长陈植芬（后韩俊升）。

第一次东征，建国粤军和黄埔校军组成的右路军不足2万人，在两个月里，先后攻占了东江大部和韩江流域全部，击溃陈炯明部5万余人，迫其残部退入赣南、闽南。

因左、中路的建国滇桂军未出动，许崇智率领的建国粤军和黄埔校军成了第一次东征的主力部队，许崇智实际上成为第一次东征的总指挥。因此，建国粤军在第一次东征后军威大震，进入全盛时期。

四、平定杨、刘叛乱

因大元帅府曾任命刘震寰为广西省省长，但却遭到新桂系李宗仁、黄绍竑拒绝；刘震寰到昆明联络，准备与唐继尧里应外合，拿下广西。1925年2月，唐继尧派兵6万分三路进攻广西，占领南宁。3月12日，孙中山于北京逝世后，唐继尧宣布就任"副元帅"。杨希闵与刘震寰打算与唐继尧摒弃前嫌，并各派代表在香港秘密会商后，通电拥护唐继尧接任大元帅之职。唐继尧随即在云南通电就任大元帅府元帅，任命杨希闵为广东督办，刘震寰为广西督办。

广州大元帅府派与唐继尧有"杀父"之仇的范石生率建国滇军第二军以"定滇军"的名义"援桂讨唐"，赴广西抵御唐继尧部，打回云南去。3月，将卢师谛中央直辖第三军并入（卢本人已随孙中山北上）后，第二军实有1.2万多人。3月起程，经梧州到贵县。4月，与黄绍竑部一起进攻宾阳，包围驻守南宁的龙云率领的唐部滇军，后因胡若愚援军到达，范黄联军大败撤围。

* 链接：屡立战功的杨希闵、刘震寰为何要公开叛乱？

　　滇军总指挥杨希闵和广西陆军第一师师长刘震寰接受孙中山命令，于1923年1月率部攻占广州，赶走了陈炯明部粤军，又反击赶走沈鸿英叛军，并在东江与陈部粤军部反复争夺，立下赫赫战功。在国民党第一次代表大会上，杨希闵被选为中央执行委员，刘震寰被选为候补中央监察委员。杨希闵还被任命为滇粤桂联军前敌总指挥。然而刘、杨部队进入广州擅自委任官员设卡收税，以"黄、赌、毒"牟利，军纪恶劣，抢劫友军。孙中山曾说"你们（滇军）拿广东人的钱，吃广东人的饭，不给广东人做事。"后又气愤地说："我把你们召集来，要听我的话，听我的命令。你却戴着我的帽子，打着我的旗号，糟蹋我的家乡。"

　　1925年第一次东征开始后不久，即传来孙中山病危的消息，且似有不久于人世之兆，这令才进抵到增城的杨希闵心中忐忑不安，因为是客军（杨希闵曾抱怨说滇桂军是"收养子"，而许崇智部粤军是"亲生子"），总是有一种有朝一日或会被驱逐出粤的后顾之忧，以往因孙中山十分器重滇、桂军才得以驻屯广州。孙中山北上不久，大元帅府即于1924年12月24日组成了由5人组成的最高军事领导机构军事委员会，杨希闵只是委员之一，刘震寰不在内，可见他俩在广东政府中的地位已在逐渐失去。以往杨希闵是诚服于孙中山的威望才甘愿受其驱使，除此国民党内无人能令他臣服。因此，杨希闵开始萌生异心，觉得与其再受制于人或被驱逐，不如反客为主夺占了广州。杨希闵即与刘震寰商议，两人一拍即合，决定如果孙中山真有不测，就联手对广东政府发难。为此两人设法与"救粤军"总指挥林虎约定"若有对阵，只晃虚枪，不可实战"。杨希闵行至增城，刘震寰抵达博罗，都徘徊不前，等候消息。3月中旬，获知"孙中山于12日在北京逝世"。此时第一次东征已近尾声，更令杨希闵不安的是，许崇智的东征右路军竟能单枪匹马长驱直入将救粤军击溃了，足见这支队伍的实力不可小觑，杨希闵即擅自宣布班师回穗。

　　自4月28日始，杨希闵将总指挥部撤回广州，刘震寰则将指挥部撤到东莞石龙。5月中旬，杨希闵亲自潜赴香港，与北洋政府、陈炯明、港英政府等处的代表密谋。胡汉民派人去香港劝说杨、刘，答应将大本营改组为委员制，杨、刘都可担任委员，但杨、刘不予理睬。

　　5月13日，廖仲恺、蒋介石、苏联顾问加仑、朱培德和许崇智等人会商了讨伐刘、杨的军事行动计划，制定的作战方针是："将主力作战诱导于东江方面的石滩附近寻求敌人主力而击破之，命令驻在西江和北江的军队同时包围以达到完全歼灭敌军的目的。"确定平叛指导大纲为："第一期作战，以东路军——即党军第一旅和建国粤军的第二师、第四师、第三师第六旅、大本营警卫旅，共约2万人由潮梅方面分二路西进，先将驻守在东江之敌军击破之；令黄埔第二期已经毕业的学生约七八百人，加上第三期的入伍生千余人共约2000人组成黄埔守备军，相机出击将敌军向西压迫。第二期作战，命北江谭延闿建国湘军约八九千人和朱培德建国滇军三四千人组成北路军南下，以一部南迫广州，以主力绕至东江，夹击东江敌军。同时命西江建国粤军一、三师组成西路军东进，由梁鸿楷指挥直迫省城。在广州河南的建国粤军李福林部三四千人担任地方警备军，并防阻敌军南窜。"会议决定由蒋介石担任讨逆军总指挥，许崇智率建国粤军第二师8000多人留守潮梅。

5月21日，蒋介石率领党军第一旅、建国粤军第一师第一旅、第四师、第三师第六旅、大本营警卫旅共1.2万多人，组成东路军，以防阻唐继尧入侵的名义由潮梅回师广州。此时，调整了党军第一旅的领导力量，任命王俊为旅参谋长，刘秉粹为第一团团长。

5月30日，建国桂军第五师林树巍部宣布脱离刘震寰指挥，编为建国军第一师，下辖司徒非、谭启秀、袁虾照3个旅（8月，除袁虾照旅外被缴械）；同日，建国桂军第七师李海云部被编为建国军第四师。

6月3日，代理大元帅胡汉民给杨、刘发出最后通牒，要他们立即服从政府、撤出防地、归还侵占财政机关。杨、刘一方面发表通电称"竭诚拥护革命政府"，另一方面又大肆散布"粤军排斥客军"言论。杨希闵与刘震寰于6月3日组成"滇桂联军"，杨希闵任联军总司令，并向广州进军，立即占据了广东省公署、广州卫戍司令部等政府要害部门，设司令部于八旗会馆。同时，滇桂联军还占领并封锁了各交通要道及车站、港口、邮局等战略要地；并由广州卫戍司令周自得宣布广州全城实施戒严。

6月5日，大本营公布了杨、刘的罪状，并免除其滇、桂军总司令的职务，任命朱培德为建国滇军总司令。叛军随即相继占领了省长公署、粤军总司令部、财政部、市公安局、电报局、电话局等机关。革命政府迁往珠江南岸的士敏土厂，一部分迁往黄埔岛。

6月9日，蒋介石率领党军第一旅、建国粤军第一旅等部回到石龙附近。党军第一旅立即对占领石滩车站一带的滇军发动进攻，将其击溃。蒋介石命部队主力直趋龙眼洞、瘦狗岭，以一小部沿广九路缓缓推进，牵制广州方面之敌，并与黄埔军校学生总队取得联络。与此同时，廖仲恺派人秘密与铁路、电船工人等联络，组织罢工，使得滇桂军的调遣运输趋于瘫痪。

6月11日，驻清远的建国滇军第四师朱世贵部宣布脱离杨希闵指挥，编为建国滇军第二师（后编入国民革命军第三军）。

此时的滇军，因第二军准备攻滇驻在广西，因此在广州及周边的杨希闵建国滇军只有第一军2个师（一师赵成梁部驻石牌至瘦狗岭，二师廖行超部布防于瘦狗岭至白云山）及总部8个警卫大队（驻市中心）共约1万人。第三军胡思舜部第五师曾曰唯师驻惠州、第六师胡思清部驻增城。刘震寰建国桂军则有4个师约1.5万人（总部驻广州石井兵工厂附近，一、二师驻石井以北至龙归，三师驻嘉禾，四师驻龙归以东，独立旅和警卫团驻龙归以南）。

6月12日，东路军各部队进攻龙眼洞，党军第一旅担任右翼，建国粤军第一旅和第六旅担任左翼，大本营警卫旅为总预备队，经过几个小时的战斗，即将龙眼洞占领。党军第一旅奉命担任攻击瘦狗岭的任务。战至11时左右，建国粤军第一旅完全占领了瘦狗岭南北之线，毙伤敌军1000余人，俘虏约3000人。

蒋介石命第三期入伍生总队长张治中率领2000多名黄埔学生组成的突击队，在猎德炮台利用仅有的一门山炮，由苏联炮兵顾问指挥，向滇军的指挥所石牌车站开炮，炸死建国滇军前敌总指挥兼第一军第一师师长赵成梁，吓走杨希闵。学生突击队于6月12日拂晓抢渡珠江，攻占石牌车站，与已进占沙河向市区挺进的党军第一旅在北校场胜利会师。在保卫大元帅府战斗中粤军第五警备司令部司令徐树荣中炮牺牲。

敌军全线崩溃，残部向广州市内溃逃。12日下午2时多，政府军攻占观音山，收复广州市。建国桂军刘震寰部4000多人纷纷缴械投降，残部在15日被彻底消灭。杨希闵、刘震寰见大势已去，逃往香港。

驻惠州的滇军第三军杨懋功旅几千人，在叛乱结束后的15日才抵达广州白云山，也全部被缴械。困守惠州的曾万钟旅滇军因孤立无援最后被朱培德收编（后驻清远的朱世贵师和韶关被湘军缴械的韦杵旅也编入）。革命军总共收容了大约2万滇桂军投降人员。第二次驻粤滇军历史结束。

杨、刘部队之所以一触即溃，一是经过东征洗礼的党军和粤军战斗力异常强大；二是滇桂军长期为非作歹，失去民心；三是滇桂军军官多已发财，无心恋战。

范石生部7月初追击放弃南宁偷偷撤退的唐部滇军，因急于回滇，孤军跟踪唐部滇军经百色进入云南，在广南被打大败，退回百色，只剩三四千人；后驻扎平马，又因整顿军纪戒除鸦片操之过急致发生兵变，前敌总指挥兼参谋长杨蓁被一群官兵杀害，从此军纪涣散。（1926 年定滇军改编为国民革命军第十六军，1927 年调驻韶关。）

平定"杨刘叛乱"后，建国粤军影响力达到顶峰。

在回师平叛时，潮梅只有粤军第二师驻守。退到闽赣边境的陈炯明残部，纷纷到汕头向粤军总司令许崇智"投诚"，表示愿意为讨伐滇桂军效力。许崇智因急于回广州参与高层事务，在党人调和下，同意与陈炯明残部妥协（是"孙陈和解"活动的继续和结果），有条件允许他们回驻潮梅各地，实行"粤军大联合"。

6 月 10 日，许崇智委任：

建国粤军第五军　军长杨坤如，驻惠州；

建国粤军第六军　军长熊略，驻梅县；

还下令刘志陆部驻兴宁和五华，洪兆麟部驻大埔。

6 月 17 日，许崇智率建国粤军第二师离开汕头西开，建国潮梅军军长罗翼群率部从河源开往东莞石龙。救粤军依次占领了整个韩江流域和东江的龙川（汕头、潮阳、惠来、揭阳、普宁、海丰、陆丰、紫金仍由建国粤军占领）。

因骆凤翔反对，许崇智派出莫雄、梁士锋率部护送杨坤如于 7 月 9 日进入惠州，受到旧部钟子廷师长的欢迎。杨坤如将留驻惠州的少量滇军缴械，后将所部整编为第十一师杨启明和第十二师徐武东 2 个师。

不想继续受杨坤如指挥的骆凤翔率领建国滇军第三军第八师近 4000 人从河源开往广州，到东莞樟木头时李详旅脱离骆部回归杨部，沿途又散失部分。7 月中旬，在广州石牌被许崇智派兵包围缴械。许崇智抽调精锐编成 1 个团（团长张英）补充梁士锋第一警备司令部，其余调回惠州拨归杨坤如部。

许崇智还在粤西和南路等地收编了部分部队，包括南路暂编第一、二师。

此时建国粤军序列如下：

总司令许崇智，参谋长蒋介石，参谋处处长冯轶裴，副官长顾祝同（后陈可钰），副官处处长冯次淇，军务处处长冯祝万，军法处处长冯次琪（兼），军需监万黄裳，军需局局长关道，下辖：

第一军　军长梁鸿楷，参谋长李济深，副官长黄范一，下辖：

　　第一师　师长李济深（兼），参谋长陈铭枢，副官长薛岳，驻肇庆，下辖：

　　　　第一旅　旅长陈铭枢（兼），约 3000 人，下辖：

　　　　　　第一团　团长张发奎；

　　　　　　第二团　团长蒋光鼐；

第二旅　旅长陈济棠，参谋主任余汉谋，下辖：

第三团　团长徐景唐；

第四团　团长邓世增；

补充团　团长黄镇球。

第三师　师长郑润琦，副师长何彤，驻东莞，下辖：

第五旅　旅长巫琦；

第九团　团长周汉铃；

第十团　团长麦翰文。

第六旅　旅长何彤（兼），下辖：

第十一团　团长邓龙光；

第十二团　团长钟震华。

第十二旅　旅长卓仁机，驻江门、台山，下辖：

第二十三团　团长张弛；

第二十四团　团长冯敦尧。

第十三旅　旅长梁鸿林，驻江门，下辖：

第十五团　团长周明星；

第二十六团　团长梁休年；

补充团　团长徐文辉。

第十九旅　旅长徐汉臣，参谋主任吴仲禧；

独一旅（原西路讨贼军独十旅，旅长陆兰清于1923年8月病逝后由其弟陆兰培接任）　旅长陆兰培，下辖陆尧等团；

独二旅（新建）　旅长胡铭藻；

新一旅（1925年1月鹤山县民团改编，8月解散）　旅长李一谔，驻江门；

独立团（由新会县县长所属警察武装等编成，后解散）　团长陈永惠。

第六警备司令部　司令梁翰昭，驻新兴县（后编入梁鸿林第十二师）。

第二军（无军部）　军长许崇智（兼），下辖：

第二师　代师长莫雄，参谋长叶剑英，下辖：

第三旅（后扩编为第十一师）　旅长莫雄（兼），驻东莞，下辖：

第五团　团长杨德雄；

第六团　团长温彦斌；

新编团（1925 年 8 月将林树巍部缴械后扩编）　团长张蔚周；

第四旅　旅长张和，驻惠阳，下辖：

第七团　团长卢光忠；

第八团　团长张和（兼，后陈道衡）；

新编团（1925 年 5 月由第二师独立营与缉私营合编）　团长叶剑英（兼），驻香山。

第四师　师长许济，参谋长蒋伯诚，副官长曾匪石，驻增城，下辖：

第七旅　旅长谭曙卿，下辖：

第十三团　团长左新邨；

第十四团　团长龙开运。

第八旅　旅长陆瑞荣，下辖：

第十五团　团长张我东；

第十六团　团长戴武章。

补充旅　旅长卫立煌。

第五师　师长张国桢，下辖：

第九旅（由第八旅改称，8 月杨锦龙被逮捕后改编成独十一旅）旅长杨锦龙（后余鹰扬），参谋长莫丰绪，驻新会、台山，下辖：

第十七团　团长林燊尧；

第十八团　团长余鹰扬。

第十四旅　旅长何克夫，驻连州，约 1000 人（10 月被解散），下辖：

第二十七团　团长张经机；

第二十八团　团长张蔚周。

独七团（由原独立第十一旅缩编，后被编并）　团长曾则生；

第一警备司令部　司令梁士锋，下辖张英等团（1925 年 8 月被缴械）；

第三警备司令部　司令吴泽理，驻香山县（1925 年 8 月被蒋光鼐缴械）；

两阳警备司令部　司令王体端；

江门（原第二）警备司令部　司令邓刚；

南路第一司令部　司令梅光培，参谋长郭敏卿（“廖案”后解散）。

第三军　军长李福林，参谋长练炳章，参谋处处长陈伟图，高参陈又山，辖

4个旅，驻广州河南，下辖：

第十五旅　旅长李辉，下辖：

第二十九团　团长赵承烈；

第三十团　团长李辉。

第十六旅　旅长王若周，下辖：

第三十一团　团长李林；

第三十二团　团长梁仪来。

第十七旅　旅长李群，下辖：

第三十三团　团长朱广胜；

第三十四团　团长罗家驭。

第十八旅　旅长黄相，下辖：

第三十五团　团长黄炳堃；

第三十六团　团长陆满。

第四警备司令部　司令余定中（后编为第五军独立团）；

第五警备司令部　司令周定宽（后编入第五军第十三师）。

第五军（原救粤军第六军，9月许被逐后叛变）　军长杨坤如，驻惠州，
下辖：

第十一师　师长杨启明，下辖：

第二十一旅　旅长温宗和；

第二十二旅　旅长钟月初。

第十二师　师长徐武东，下辖：

第二十三旅　旅长张廷贻；

第二十四旅　旅长陈思明。

第六军（原救粤军第五军，9月许被逐后叛变）　军长熊略，驻梅县；

潮梅军　军长罗翼群，参谋长蔡慎，驻东莞石龙，约2500人，下辖：

第一路（3月4日潮阳起义的原许崇智旧部编成）　司令周潜；

第二路　司令汤天会；

第三路　司令邱鸿钧；

第四路　司令陈保群；

第五路　司令杨侃；

（后）第六路　司令李少如；

独一旅（原暂编第一统扩编）　旅长宋世科。

大本营警卫旅　旅长吴铁城，副旅长欧阳驹，参谋处处长吴道南，下辖：

第一团　团长邓彦华；

第二团　团长萧樾；

第三团　团长梁卫平。

暂编第一、二师指挥官苏廷有（10月叛变），下辖：

暂编第一师（收编八属联军第二军第二师）　师长苏廷有，下辖2个旅；

暂编第二师（收编八属联军第二军第三师）　师长陈章甫，下辖2个旅；

警卫团　团长冯轶裴；

第二警卫团（后被编并）　团长谢维屏。

建国粤军讲武堂　堂长梁广谦，教育长练炳章（兼）。

舰务处　处长招桂章，下辖"飞鹰""福安"等军舰。

---

* 链接：何克夫

何克夫，字筱园，号知止，祖籍番禺，1879年出生于广东连县。1904年考入广东陆军速成学校骑兵科学习，毕业后赴日本陆军步兵学校留学，结识孙中山、黄兴等人，并加入中国同盟会。回国后任广西讲武学堂教官，在新军中宣传和策反；先后参加了孙中山领导的广东惠州七女湖、钦廉、镇南关、河口等地的武装起义。1911年4月赴广州参加黄花岗起义，任华侨选锋队队长，与徐维扬等率部首攻督署正门，队伍在大南门被清兵巡防营截击冲散。几经辗转，在西横街附近与一组巡勇相遇，急拔枪射死二人冲入太平沙，见一民居门尚虚掩遂入，其堂上奉有何氏宗亲神位，遂认为同宗并告以实情，并晓以民族大义，获主人同情得以给干净衣服鞋袜。卸换甫毕，即闻搜者擂门撞击，主人穿后园门避逃，何克夫见有一水井，急中生智，遂沿井壁而下，潜于水中。敌军入户，见后门敞开，疑已外遁，于是出门急追，何克夫始得幸免。后离穗赴港，再辗转到印尼暂避。

武昌起义后，回花县组织起义。广东光复后粤任广东省民团总局民团副总长、南韶连军政分府军政总长。后赴南京任大总统警卫团少将团长，不久孙中山让位后跟着辞职。1917年，任孙中山广州护法军政府中将参军。1920年任救国军第三军总司令。1921年任孙中山总统府中将副官，不久升中将副官长。后复为中将参军兼南韶连公署督办，招抚了当地悍匪，加上粤北民军 4000 余人，改编成 8 个团，亲自带领与桂军沈鸿英部作战，一直攻打到广西贺县。1922 年任广东讨贼军北江（北路）总司令。1923 年初任中央直辖滇军独一旅旅长；9 月，兼任连阳绥靖处处长。1924 年 5 月，任中央直辖第一混成旅旅长。1925 年初，任建国粤军独立第十四旅旅长兼南韶连绥靖处处长；8 月，熊克武率建国川军到广东，因他俩是黄花岗起义时并肩作战的亲密战友、生死之交，何克夫遂兼任建国川军第一军军长；10 月，熊克武被蒋介石诱捕后，何克夫担心遭株连迫害辞去职务到香港避祸。

1931 年底，被聘为第一集团军中将参议。1932 年后，历任开建县、四会县、新兴县县长，任国民政府监察委员，国民代表大会代表。1949 年 4 月在广州病逝。蒋介石亲书"吾党楷模"致挽，由于右任、孙科等人组成治丧委员会，申请国葬。

6 月平定杨刘叛乱后，党军第一旅和第三团合编为党军第一师，师长何应钦。随后成立党军教导第四、五团，刘尧宸和蒋鼎文分别任第四团（滇军俘虏兵编成）、五团团长。

五、被缴械与改编

1925 年 7 月 1 日，大元帅府改组为国民政府，委员 16 人，其中汪精卫、胡汉民、谭延闿、许崇智、林森 5 人为常务委员，汪精卫为主席。下设 3 个部：外交部部长胡汉民，财政部部长廖仲恺，军事部部长许崇智。

7 月 3 日成立国民政府军事委员会，以汪精卫、胡汉民、伍朝枢、廖仲恺、朱培德、谭延闿、许崇智、蒋介石 8 人为委员，汪精卫为主席；决定所部取消"建国军"名字，一律改称"国民革命军"。

同时成立第一届广东省政府，任命许崇智为省长（1925 年 9 月陈树人代），以古应芬为民政厅厅长（后陈树人）、廖仲恺为财政厅厅长〔后古应芬（兼）、李基鸿、宋子文〕、许崇清为教育厅厅长、孙科为建设厅厅长（后陈耀祖代）、宋子文为商务厅厅长（后李禄超）、陈公博为农工厅厅长（后刘纪文、陈孚木）、许崇智兼军事厅厅长，（后）实业厅厅长李禄超、土地厅厅长周佩箴、司法厅厅长徐权伯。另外任命：两广盐运使邓泽如，粤海关监督傅秉常（后林子峰）；高等审判厅厅长陈融（后卢兴原），高等检察厅检察长林云陔（后湛桂芬）。

8月4日，建国粤军总司令许崇智、建国湘军总司令谭延闿、建国滇军总司令朱培德、建国攻鄂军总司令程潜联名通电，即日各解除所有总司令职务，自此以后，一切军事设施，悉受于军事委员会。

8月20日发生国民党左派领袖廖仲恺被刺杀事件，国民党中央执行委员会、国民政府委员会和军事委员会举行紧急联席会议，确定汪精卫、许崇智、蒋介石3人组成"特别委员会"，授以政治、军事、警察全权，控制局势和处理"廖案"。

同月，党军教导第四、五团合编为党军第二师，师长王懋功。

---

* 链接：孙中山的"荷包"廖仲恺

廖仲恺，原名恩煦，又名夷白，字仲恺，1877年4月出生于美国旧金山的一个旅美华工家庭，是广东省归善县陈江镇窑前村人（今属惠州市仲恺高新区陈江街道幸福村），祖籍广东梅县程江镇。

1893年，父亲廖竹宾在旧金山病故后，廖仲恺随母亲回到中国广州，投奔时任清政府招商局总办的叔父廖志岗。1896年，就读于香港皇仁书院。1897年，与香港地产商何戴的九女儿何香凝在广州结婚。1903年1月，廖仲恺赴日留学；9月，在日本东京结识了孙中山。1904年3月，廖仲恺考入早稻田大学经济预科学习。1905年，廖仲恺、何香凝夫妇协助孙中山建立了中国同盟会，并先后入会；廖仲恺担任同盟会总部副会计长和外务部副部长。1907年春，转入东京中央大学政治经济科。1909年毕业后回国，考取法政科举人，在吉林巡抚处任翻译。1911年，武昌起义后回到广州任广东军政府财政部副部长。1912年5月，任广东军政府财政司司长。1913年8月，"二次革命"失败后亡命日本。1914年，协助孙中山组织中华革命党，任财政部副部长。1917年9月，任中华民国军政府财政部次长、代理总长。1918年6月，随孙中山到上海，宣传和研究革命理论。1919年10月，任中华革命党改组的中国国民党财政部主任。1921年5月，被"非常大总统"孙中山任命为财政部次长（后代理总长），随后又兼任广东省财政厅厅长。1922年6月，陈炯明部下叶举发动"六一六兵变"前夕，廖仲恺被囚禁于广州郊区石井兵工厂，经何香凝等营救脱险，当即乘船赴港转沪，与孙中山重新会合。1923年3月，任陆海军大元帅大本营财政部部长；5月，任广东省省长；10月，被孙中山委派为国民党改组委员、临时中央执行委员，参与领导改组国民党。

1924年1月20日，中国国民党第一次代表大会在广州开幕，廖仲恺被孙中山指派为主席团成员，在会上当选为海陆军大元帅大本营秘书长、国民党一大中央执行委员、常务委员、工人部部长。会后协助孙中山筹建陆军军官学校——著名的黄埔军校，任该校党代表，被誉为"黄埔的慈母"；6月，任广东省省长；7月，任国民党中央政治委员会委员；9月，任大本营财政部部长；10月，坚决主张镇压广州商团叛乱；11月，再兼任大本营参议、党军、所有各军官学校和讲武堂的党代表、中央农民部部长。

1925年3月孙中山逝世后，仍坚定不移地贯彻执行三大政策，在东征和平定杨刘叛乱等战役中起了重要作用，并支持省港大罢工；7月，在新成立的国民政府中任政府委员兼财政部部长和军事委员会委员，并兼广东省政府财政厅厅长。8月20日上午，廖仲恺携夫人何香凝乘车前往国民党中央党部开会时惨遭暗杀。

廖仲恺自参加同盟会起几乎一直从事财政工作，故被称为孙中山的"荷包"。

廖仲恺是中国国民党左派领袖，是"第一次国共合作的第一功臣"，是孙中山"联俄、联共、扶助农工"三大政策的忠实执行者和捍卫者。

因经调查得知粤军部分将领和"廖案"有关，8月24日，蒋介石兼任广州卫戍司令职，并立即宣布广州戒严，派何应钦率领党军第一、二师担任市区警戒任务，进驻制高点观音山，并担任长洲岛和沿海的警戒，着手逮捕涉嫌的建国粤军将领及解除其武装。党军的具体部署是：半夜开始行动，第一团包围粤军驻在西关一带的梁鸿楷部，逮捕梁鸿楷等人；第二团会同湘军监视北江的川军；第三团包围广州东关粤军总司令部，监视许崇智；党军第二师之一部会同党军第三团解决驻在石牌的粤军杨锦龙、梁士锋、张国桢部，第二师另一部对虎门东莞一带警戒。

24日晚上参加会议的莫雄被许崇智委任为第四军第十一师中将师长，受命去收缴第一路警备司令梁士锋和第九旅杨锦龙两部武装；后又受命将建国第一师林树巍部（不含袁虾照旅）缴械解散。另外，驻江门的梁鸿林旅长也受命率部将卓仁机第十二旅缴械。

8月25日拂晓前，各部都顺利完成任务，将梁鸿楷军司令部、张国桢粤军后方司令部、杨锦龙旅司令部、梁士锋警备司令部驻省办事处、林树巍师后方办事处等完全缴械，还逮捕了林直勉、谭启秀、招桂章等粤军将领，魏邦平、林树巍、朱卓文、胡毅生等人闻讯逃往香港。后经过审讯，张国桢、杨锦龙、梁士锋3人于10月12日被处死。

8月26日，军事委员会第20次会议决议，将党军、建国湘军、建国滇军分别编成国民革命军第一、二、三、四军及第一至十二师，分别为第一军辖第一、二、三师；第二军辖第四、五、六师；第三军辖第七师；第四军辖第八至十二师。另准备将攻鄂军程潜部改为独立师。议决特任蒋中正、谭延闿、朱培德、许崇智分别兼任第一、二、三、四军军长。同时决定汪精卫兼任国民革命军总党代表兼各军党代表。

9月1日，军事委员会又决议成立国民革命军第五、六军及第十三、十四师，第五军辖第十三、十四师，第六军辖原属第四军的第八、九师（实际内部仍用旧番号）。3日，军事委员会会议追认并公布许崇智、李福林、李济深分别为第四、五、六军军长（梁鸿楷因收编部队牵涉"廖案"而被弃用）。

第四军由许崇智的建国粤军部队编成，下辖第十师（师长徐汉臣）、第十一师（师长莫雄，副师长温彦斌，政治部主任刘哑佛）、第十二师（师长梁鸿林）；

第五军由李福林的建国粤军第三军编成，下辖第十三师（师长李群）、第十四师（师长练炳章）；

第六军由李济深的建国粤军第一军第一师扩编，下辖第八师（师长陈铭枢）、第九师（师长陈济棠）。

第一军（9月8日正式成立）由党军编成，军长蒋介石（兼），参谋长林振雄（后王懋功、胡谦），党代表（原定廖仲恺），（后）政治部主任周恩来，下辖：

第一师 师长何应钦，参谋长刘秉粹，下辖第一、二、三团，团长分别是刘峙、沈应时、钱大钧；

第二师 师长王懋功，参谋长张治中，下辖第四、五团，团长分别是刘尧宸、蒋鼎文。随即以粤军第三师郑润琦部俘房兵为主编成第六团，团长陈继承。

海军局 局长斯米洛夫（1926年1月李之龙代；3月改海军处，处长林振雄，后由副处长冯肇铭代；1927年改广东舰务处，处长冯肇铭）；

航空局 局长张治中，党代表张静愚（1926年改航空处，处长林伟成）。

9月19日，汪精卫以军委主席名义授权蒋介石全权处置粤局。蒋介石派第一军第二师第二团包围了许崇智私宅，解释说粤军中有许多将领与"廖案"有关，为了许崇智的安全，应该派黄埔学生军负责许的警卫。许崇智发现"被警卫"后派人送信给驻在东莞、增城、宝安一带的四师许济部和第二师莫雄旅（即第四军第十一师），要他们率师回广州相救，但送信人不知所终。

许崇智粤军主力有4个师：一师李济深部，与许崇智没有历史渊源，且主要将领都忠实于革命政府，驻西江；二、三、四师驻东莞、增城、宝安一带。其中四师许济部早被蒋介石通过第一军二师师长王懋功去联络陆瑞荣，再由陆瑞荣联络谭曙卿，最后由陆、谭两人联络卫立煌，以师长和副师长职位许诺给谭曙卿和陆瑞荣，已控制了3个旅长，将师长许济架空。二师是原张民达旧部，张民达师长牺牲后由莫雄代师长。蒋介石要应付的主要是驻东莞增城一带的原二师三旅（二师四旅驻惠阳淡水）及三师郑润琦部。

在控制许崇智的同时，军事委员会以"廖案"为名解散建国粤军。先是派出国民革命军第一军第一师前往东莞，包围了粤军第三师，将师部和1个团缴械，另2个团逃出投奔石龙第二师莫雄旅；然后派出1个团和谭曙卿、陆瑞荣分别带领的粤军第四师七、八旅一起前往石龙解决莫雄部。

---

* 链接：莫雄回忆被缴械过程

深更时分，许济部第四师及一团黄埔军包围了石龙，我部遂与他们隔桥对峙。我派所部温团长前往交涉，温带回了许崇智的命令："查东莞之第三师，石龙之第十一师同是反革命军队，一律就地缴械遣散。"我登时大怒，拿着这张命令的手都发抖了。我大声骂道："我革命革了十多二十年，今天倒成了反革命！算了，不干就不干！"但是，在旁的我部诸将领均不答应，个个喊打。的确，要打起来，许济师及那团学生军是敌不过我师的。但我怎好"犯上"，与粤军总司令对抗呢？况且，即使我能打败包围石龙的部队，但今后我的去向又该是何方呢？在这极度矛盾的心理斗争之下，我竟痛哭起来，部下诸将无不掉泪。我最后说："若我们对抗总司令，岂不真正成了反革命了吗？我相信自有水落石出之日的，各位不必再议，执行命令！"

在解决了第二师莫雄旅（第四军第十一师）和第三师郑润琦部后，蒋介石派第四师参谋长蒋伯诚在黎明时候给许崇智送去了亲笔信。许崇智打电话质问蒋介石，但蒋介石不接电话，只与其参谋说话。许崇智又给自己的部下打电话，发现电话线已被掐断。许崇智见大势已去，遂提出辞职，国民党中央政治委员会立即批准。9月20日下午3时，蒋介石派陈铭枢送来了去上海的船票；在陈铭枢的陪同下，许崇智立即启程离粤赴沪。

---

* 链接：蒋介石给许崇智的信

蒋介石派人送亲笔信给许崇智，信中历数了许崇智的多条不当之处：（1）"廖案"发生，阴谋暴露，害党叛国者均为吾兄所部。知人之不明，用人之不当，竟酿成此巨变惨祸。（2）收编不少旧军队，名称繁多，毫无整顿计划，致令奸人逞虐。（3）控制各地的收入月达100万元以上，而部队几个月不发饷，官兵怨愤。大宗款项用于何所？日事聚敛，将欲何为？（4）霸占中央银行，囊括全部税收，不给各军……并告诉许"粤军已有变动，请总司令去上海暂避一下，由我代为安排整顿。6个月后，再请回来共同主持北伐"。南京国民政府成立蒋介石大权在握后，想起该信许诺之词，遂由张静江去斡旋，由蒋送了一大笔钱给许，同时要许把原信退回。不料信件退回后，蒋介石发觉每一张信纸的四角都有圆钉的痕迹，显然是许把信照了相。原信虽退，把柄仍在别人手里。

第四师师长许济当晚不在石滩师部而在广州，听到事变的消息后先躲起来，后来秘密地离开广州。

莫雄待部队被缴械事宜交割完毕后，只身逃往澳门。路过深圳时对驻深圳的新编团下达了缴械命令，但连长欧震和陈子良等率部到惠州投奔杨坤如部。

9月20日，国民政府发布命令：第一，粤军总司令许崇智，请假赴沪养疴，所有该部收束事宜，由该军参谋长蒋介石办理；第二，国民政府军事部部长，请假赴沪养疴，着谭延闿署理军事部部长；第三，关于东莞、增城、宝安一带之军队，统归蒋委员中正分别处理。

许崇智被驱逐后，原收编的救粤军和部分建国粤军宣布脱离广东国民政府。

随着建国粤军的瓦解，蒋介石逐渐成为国民党内最大的军事实权派。

9月22日，粤军第四师改编为第一军第三师，师长谭曙卿，副师长陆瑞荣，参谋长赵启录，下辖：

第七团 由第七旅缩编，团长谭曙卿（兼，后涂思宗）；

第八团　由第八旅第十六团改编，团长陆瑞荣（兼，后徐庭瑶）；

第九团　由补充旅缩编，团长卫立煌；

补充团　由第八旅第十五团改编，团长张我东（周保山代）。

9月29日，国民政府军事委员会命令将第六军改为第四军，撤销第六军番号。10月1日，第四军正式成立，由建国粤军第一师和第十三旅等部队扩编。

第四军　军长李济深，副军长陈可钰，参谋长邓演存，参谋处处长叶挺。下辖：

第十师　由第一旅（不含第一团）扩编，师长陈铭枢，副师长蒋光鼐，参谋长戴石孚，政治部主任刘芝田（后李笠农），下辖第二十八、二十九、三十团；

第十一师　由第二旅和补充团合编，师长陈济棠，副师长徐景唐，参谋长李扬敬，政治部主任林翼中，下辖第三十一、三十二、三十三团；

第十二师　由第十三旅加缴械的卓仁机部扩编，师长梁鸿林，副师长李务滋，参谋长郭学云，下辖第三十四、三十五、三十六团，团长分别是冯敦尧、梁翰昭和梁休年。

独一旅　由第一旅第一团扩编，旅长张发奎，参谋长许志锐，下辖第一、二团，团长分别是朱晖日与黄琪翔。

独二旅　由原第二师第四旅改编，旅长张和，下辖第三团、四团，团长分别是陈道衡和张和。

独立团（新建）　团长云瀛桥。

10月5日，第二军正式成立，由建国湘军为主编成，军长谭延闿，副军长鲁涤平，参谋长岳森，先编成第一、二、三师，后改成第四、五、六师，下辖：

第四师　师长张辉瓒，下辖第十团、十一团、十二团；

第五师　师长谭道源，下辖第十三团、十四团、十五团；

第六师　师长戴岳，下辖第十六团、十七团、十八团。

第三军　由建国第一军和建国滇军第二师等编成（补入大量杨希闵旧部），军长朱培德，参谋长黄实，先编成第一、二师，后改称第七、八师。下辖：

第七师　由建国第一军第一师（欠1个旅）加曾万钟旅等编成，师长王均，下辖第十九团、二十团、二十一团；

第八师　由建国滇军第二师加胡思舜部1个旅等编成，师长朱世贵，下辖第二十二团、二十三团、二十四团；

（后）第九师　由建国第一军第一师1个旅、建国赣军等部编成，师长朱培德（兼），下辖第二十五团、二十六团（团长李明扬）。

* 链接：朱培德

朱培德，1899 年出生，云南省禄丰县人。1911 年 8 月云南陆军讲堂第一期步兵科毕业后，任云南新军第十九镇见习排长；10 月，参加了云南"重九起义"。1915 年春，升任营长；12 月，任云南护国军第二军李烈钧部第二梯团第一支队队长，参加讨袁护国战争。1916 年 5 月，抵达广东省肇庆，所部改编为第二十五团，任团长；7 月，在清远县源潭率 500 余人俘敌龙济光部 2000 余人；10 月，被北洋政府授为陆军少将；11 月，晋升为驻粤滇军第四师第七旅旅长，驻守广州市区，并加入中华革命党。1917 年 9 月奉命保卫护法军政府大本营。1918 年 3 月，率部进攻龙济光部，与友军一起歼敌万余人；5 月，在方声涛率驻粤滇军第四师主力"援闽"后升任驻粤滇军第四师代理师长兼广州警备司令。

1920 年 3 月，与李烈钧一起率领不愿接受桂系改编的滇军退入湘南；同年秋，因协助谭延闿发起驱逐张敬尧之役推迟执行唐继尧入川命令被撤职，部队改由杨益谦指挥，逗留湘川边。1921 年 4 月，杨益谦受命担任"滇黔赣讨陆联军"第二路总指挥，率部进攻桂林；10 月，因杨益谦接受唐继尧委任率部西去被李烈钧免职，朱培德返回该部接任第二路总指挥；11 月，被孙中山任命为中央直辖滇军总司令。1922 年 5 月，参加北伐进军江西，任中路军前敌总指挥，率部攻破赣州；6 月，奉命回师平乱，7 月，与陈炯明部在韶关大战；8 月向湘境撤退；10 月，占领桂林；11 月，到浔州与张开儒所部滇军会合，联合东讨陈炯明。1923 年 1 月，进入广州；3 月，任孙中山大元帅府大本营参军长、拱卫军司令，后任中央直辖第一军军长。

1923 年，参与讨伐沈鸿英、陈炯明。1924 年，参与平定商团叛乱和孙中山组织的第三次北伐。1925 年在平定刘杨叛乱中收编大量滇军，不久所部改编为国民革命军第三军，年底参加南征邓本殷。1926 年，参加北伐。1927 年，任江西省主席兼第五路军总指挥。1929 年，任总参谋长。1930 年，获一等宝鼎勋章。1932 年，改任军委会办公厅主任。1935 年，被授予陆军一级上将。1937 年 2 月，因打针中毒去世，蒋介石、宋美龄夫妇亲自为之守灵，并由国民政府举行国葬。

六、在战斗中新生（1925年第二次东征）

1925年9月间，陈炯明部驱逐了许崇智留驻汕头的军队和机关，占据了汕头及潮阳、揭阳、普宁、惠来县。同时兵分三路，重占陆丰、海丰、紫金、河源，逼许崇智部退至惠阳平山、淡水一线。得到港英政府和北京政府支持的陈炯明部，准备联合邓本殷部共同进攻广州。

为了彻底消灭陈炯明军队，统一广东革命根据地，国民政府于9月27日决定出师东征，史称"第二次东征"。并任命蒋介石为东征军总司令，汪精卫为党代表，周恩来为总政治部主任，胡谦为参谋长，张治中为副官长，王文翰为副官处处长，马文车为秘书长。东征军编成3个纵队，共3.3万人。序列如下：

第一纵队：队长何应钦，总约1.5万人，为中路，从博罗攻惠州，下辖：

第一军第一师　师长何应钦，党代表周恩来；

第二师第四团　团长刘尧宸；

第三师　师长谭曙卿；

独一师　由警卫旅改编，师长吴铁城，副师长欧阳驹，下辖邓彦华、文鸿恩、钟韶3个团；

党军第一支队　由原粤军二师新编团改称，队长叶剑英。

第二纵队：队长李济深，总约1.2万人，为右路，经淡水、平山，攻海陆丰，下辖：

第四军第十一师　师长陈济棠；

第四军第十二师第三十四团　团长冯敦尧（周明星，待考）；

第四军独一旅　旅长张发奎；

第四军独二旅（随即改称第一支队），旅（队）长张和，3000多人；

独十一旅（随即改称第二支队），旅（队）长余鹰扬，1300余人；

建国粤军警卫团（随即改称第三支队），队长冯轶裴（后任右翼指挥官，指挥第一、二、三支队5个团约6000人）；

独一团　团长云瀛桥。

第三纵队：队长程潜，总约6000人，为左路，向龙门、河源前进。

建国攻鄂军　司令程潜（兼），3个团（由4个旅缩编），2000多人；

建国攻赣军1个团，团长周贯虹，约1000人（后并入建国攻鄂军）；

建国豫军1个团，约600人。

（指挥）潮梅军　军长罗翼群，参谋长蔡慎，下辖蔡慎、陆君雄等3个团，驻东江。

另组成：

广州卫戍司令部　司令王懋功，下辖第一军第二师（欠第四团）；

南路总指挥　司令陈铭枢，下辖：

　　第四军第十师　师长陈铭枢；

　　第四军第十二师（欠三十四团）　师长梁鸿林。

北江警备司令部　司令鲁涤平，下辖第二军；

总预备队司令部　司令朱培德，下辖第三军、第五军、黄埔学生军等。

陈军主要兵力几乎都集中在惠州地区，除杨坤如部驻守惠州、惠阳之外，还有李易标、陈修爵部集中龙川老隆；黄任寰、练演雄部集中紫金；李云复部集中惠阳平山；谢文炳部集中海丰梅陇。

蒋介石于出发东征前的 10 月 3 日，在广州逮捕了建国川军总司令熊克武，令驻粤北的第二军攻击不愿投降的建国川军。川军仓促应战，被打得大败。11 日，川军残部以汤子模为总指挥，从连县撤退。又被桂军截击，伤亡惨重。余部部分被编入黄埔军校教导团，部分投靠了赵恒惕湘军和杨森川军。

* 链接：建国川军总司令熊克武

熊克武，字锦帆，四川省井研县人，出生于 1885 年。1905 年夏在日本加入同盟会，1906 年冬受命返川为四川同盟会主盟人。1911 年 4 月，参加黄花岗起义。民国成立后，被南京临时政府赋予全权组建蜀军。"二次革命"爆发，熊克武响应孙中山的号召，积极进行反袁活动，失败后逃亡日本，参加中华革命党，后应林虎等邀请前往新加坡。护国运动爆发后回国，先后任四川招讨军总司令、川军第五师师长兼重庆镇守使。护法运动开始后，在重庆通电拥护"护法"，被唐继尧任命为四川督军兼省长。在以后的两年间，熊克武卷入四川国民党内部、四川新旧军阀、南北军阀之间的争斗。

1923 年，熊克武被孙中山任命为四川"讨贼"军总司令，但在直系军阀吴佩孚收买杨森联合其他实力派共同进攻下失败，遂率部入贵州。1924 年 1 月，熊克武在国民党第一次代表大会上被选为中央执行委员；7 月，又被孙中山任命为川滇黔联军副总司令兼建国川军总司令，准备参加北伐；同年秋，率部进驻湖南常德一带整训，部队扩大到 4 万多人。

1925 年 3 月孙中山逝世后，谭延闿企图利用建国川军进攻长沙，熊克武虽建议双方和解，但仍遭赵恒惕忌惮，被限令 2 周内出境，并遭进攻。熊克武立即发电给胡汉民，得到"可率领全军班师广东，整训补充后再出师北伐"的回电。于是熊克武率部离湘，于 8 月到达广东，驻扎国民政府指定的连山和阳山县。8 月 24 日，熊克武启程进入广州，分别拜会了时任国民政府主席汪精卫和蒋介石、谭延闿、朱培德及苏联顾问鲍罗廷等人。广东革命政府指定腾出广州一幢三层楼房作为招待所，在招待所门口挂出建国军川滇黔湘桂五省联军总办事处的招牌。廖仲恺曾携鲍罗廷带大洋 2 万元前往慰劳，苏联顾问还送给了一些药品。

在连山时，熊克武曾收到一封陈炯明的信，告诉他"见初莅粤，情况不明，言行务必慎重"。到广州的当天晚上，受汪、蒋、谭等人宴请的熊克武，为表心迹，便将此信出示给众人。汪精卫看过信后对熊克武说："这封信算不了什么，对别人也许还有点作用，对你我老同志之间，难道还能挑拨离间得了吗？"10 月 2 日，蒋介石的手下捕获奸细张炽万，在他的身上搜出陈炯明的一封信，内容中有希望川军军长余际唐"密派委员赴港，面达机宜，同策进展"之语；联想到第一次东征时，黄埔军曾查获川军军长但懋辛写给林虎的一封信，于是决定诱捕熊克武、消灭独立于国民革命军之外的广东最大军事集团——建国川军。

第一期作战：初战惠州，攻克天险

10 月 1 日，东征军第一军第三师及第二师第四团首先出发。5 日，第一师及军部跟进。6 日，蒋介石率总指挥部从广州出发抵达东莞石龙。

驻惠阳淡水的张和与余鹰扬 2 个旅，为缓和陈炯明部的进攻，于 10 月 3 日宣布通电"讨蒋"。4 日，张和与余鹰扬分别被定粤军主任兼参谋长刘志陆任命为第八、九师师长，6 日赶到石龙晋见蒋介石。

10 月 7 日，独一师进占博罗，蒋介石在石龙作出攻占惠州的部署。11 日，中路军进抵惠州城下，组成攻城敢死队，计划以第四团进攻惠州城北门、西门，第三师攻击惠州城南门及惠阳城；李济深右路军到达惠阳永湖，程潜左路军到达博罗，掩护中路攻打惠州城。

惠州是东江的门户，易守难攻，堪称堡垒，滇桂联军于 1923 年以来 2 年内多次进攻都无功而返。但这次守城的杨坤如部人数大为减少，只有约 5000 人，且有熟悉惠州内情的原杨坤如部参谋长骆凤翔任东江宣抚使做向导。蒋介石 12 日到达惠州城郊飞鹅岭，东征军 13 日上午 10 时开始进攻，受挫后决定仍由第四团主攻北门，而改调第八团协助之，由第七团及第一补充团攻西门。经过 30 小时的搏斗，东征军于 10 月 14 日攻下了 1000 多年来被攻打了 28 次但从未被攻克过的惠州城，俘虏 4000 多人，缴枪 2000 多支，杨坤如负伤逃走，第二师第四团团长刘尧宸殉职。

第二期作战：三路进攻，主力对决

惠州既克，总指挥部入驻惠州城。蒋介石拟定了第二期作战计划，并于 10 月 16 日发布向潮梅进攻的命令，决定：

第一纵队改为右路，沿惠阳永湖、白云，海丰赤石、梅陇，进攻海丰、陆丰；

第二纵队改为中路，沿惠阳淡水、平山、三多祝进攻紫金、河婆；

第三纵队沿东江西岸北上，进攻河源、龙川老隆。

10 月 17 日，李济深率领的第二纵队从惠阳永湖出发，先抵平山，占领三多祝。20 日，以冯轶裴指挥的 3 个支队为左路，张发奎独一旅为中路，陈济棠第十一师和三十四团为右路，攻击前进，以第一独立团为预备队。21 日，陈济棠部在新庵墟与陈炯明部李云复师激战两个小时，缴枪 500 多支。

10 月 18 日，程潜所率第三纵队从惠州出发，向河源进发。22 日，涉水攻占陈炯明部陈修爵、林烈部据险布防的河源城（次日离开后复陷）。24 日在河源蓝田墟击败李易标部，26 日占领龙川老隆。

热汤墟战役。10 月 22 日，第二纵队中路张发奎独一旅 1700 多人，在惠阳县靠近紫金县的（今惠东县安墩镇）热汤村与陈炯明部李易标、李云复、黎生等三部 1 万余人迎面相遇。陈部立即把兵力展开对张部进行迂回包抄。张发奎亲自端着机枪往前冲，发起白刃冲击，连破陈部 7 处阵地，站稳了脚跟。黄昏第一独立团和十二师三十四团赶到后加入作战，敌人攻势稍弱；午夜，左翼冯轶裴部赶到，敌还进攻了几次才向紫金退却。是役为第二次东征中除攻克惠州战役外最为惨烈之战，张旅以少胜多，骁勇之名，传遍全军。

* 链接：第十二师叛变和单水口战役

梁鸿楷的堂弟梁鸿林因不满国民政府对梁鸿楷的处置，带领第十二师（欠三十四团）于 10 月 18 日叛变，投入邓本殷旗下，并与苏廷有部合兵七八千人一起进攻江门。苏廷有原是北京政府任命的高雷镇守使兼罗阳绥靖处处长，驻阳春、阳江一带，1925 年春接受广东革命政府改编为建国粤军暂编南路第一师师长，后因对蒋介石处置许崇智、梁鸿楷等粤军将领不满起兵反抗。南路总指挥陈铭枢发电国民政府告急，并死守开平单水口（今水口镇）。国民政府明令取消梁鸿林第十二师番号，并调第三军朱培德部支援。因激战三天仍无法突破，梁鸿林和苏廷有遂率部撤离。

10月26日，蒋介石与李济深在紫金县龙窝墟磋商后决定，李济深率第二纵队张发奎独一旅、第十二师三十四团、独一团立即出发支持南路，第十一师陈济棠部留2天后开拔；同日，第十一师占领紫金。

海丰战役。10月17日，何应钦、周恩来率领第一师从惠州出发，于22日下午进入海丰城。24日，第一师主力在陆丰河田击溃李云复部后乘胜追击占领揭阳河婆（今揭西县城），留在海丰的第三团因派一部赴汕尾只剩5个连。在陆丰的谢文炳部趁海丰留守兵力单薄之际，联合陆学文部共3000多人进行夜袭。第三团主动出击，浴血奋战5个多小时，歼敌600多人，缴枪300多支，并乘胜占领陆丰。28日，第三团赶到河婆与师部会合。

华阳战役。蒋介石见东征军第一纵队进展顺利，而第二纵队兵力减弱，遂调第一纵队第三师为第二纵队的前锋。谭曙卿第三师是10月20日由惠州启程往东进发的，接令后于27日向五华县华阳墟前进，在距华阳十余里的塘湖地区与黄任寰、黄业兴、王定华三部人马（原林虎部主力，受李易标指挥）1万多人遭遇。这股叛军战斗力较强，被广东民众称为"三黄散"（广东话中"王""黄"不分）。"三黄散"发现第三师是孤军深入且只有3000多人后立即展开迂回攻击。谭曙卿命令第七团、第八团抢占莲花山的一处高地，但第八团遭到敌军的猛烈还击，官兵死伤甚众。谭曙卿命令补充团投入战斗，很快也陷入敌军的包围之中。在向西突围时，补充团团长周保山及其代理团长车鸣骤及8名连长、8名连党代表和1000多名士兵先后阵亡。当第三师即将溃退之际，蒋介石立即派陈赓去向谭曙卿传达命令，要求第三师无论如何都要坚守阵地，蒋介石也随后立即驰往华阳督战，在优势敌人的强大冲击下，第三师已守不住阵地，一些官兵开始向后溃退，连蒋介石的东征军总指挥部里的人也开始逃跑，一直退到了羊高墟。蒋介石将第三师收集溃散的部队加以整顿，命陈赓带信去揭阳找第一师何应钦部。林虎部在追击时发现东征军总指挥部在第三师后面不远，担心东征军大队人马就在附近，不敢穷追深入，携带战利品向五华县安流墟方向退去。

华阳战役失利，是蒋介石指挥的第二次东征战役中唯一一次败绩。主要原因有：一是以少击多。因负责此地区作战的第二纵队抽走大部兵力支援南路。二是轻敌冒进。蒋介石认为惠州一役足使陈军丧胆，扫平东江全境指日可待，当侦察到敌军在塘湖构筑工事却误认为是掩护退却。三是技术错误。对地图未加核实，距左右两翼地图所标只有10里，而实际却是40余里，故无法及时赶来支持。

* 链接：陈赓华阳救蒋介石 [1]

蒋介石考虑到第三师是粤军改编部队，成立训练已1个月，为了体现他对这支非嫡系部队的信任，决定东征军总指挥部随第三师出发。10月27日下午2时半，蒋介石到达羊高墟，忽闻谭曙卿告急，蒋介石立即命陈赓去向谭曙卿传达命令，要求三师无论如何都要坚守阵地。时在第四团任连长的陈赓因在惠州战役中英勇善战而得到蒋的信任，并被调到东征军总指挥部担任警卫。谭曙卿见令后亲率部队据守一高地竭力抵抗，无奈敌强我弱，被敌人一次侧面攻击就全线崩溃，还冲散了总指挥部，情况万分危急。蒋介石立即任命陈赓为代理第三师师长，收容溃散的士兵继续抵抗。但因军心已散，兵败如山倒，陈赓也无力回天。

此时，敌人越来越近，周围枪声大作，蒋介石见状，不禁伤心欲绝，拔出"军人魂"短剑仰天长叹："我必须在这里杀身成仁，否则无面目回去见江东父老。"陈赓见状，急忙上前劝阻："校长！你是总指挥，你的行动会对这次整个的战争发生影响。这终究只是一个师，而且还不是黄埔训练出来的部队。赶快离开这里吧！我们还可以把部队整一下，再打过来。留得青山在，不怕没柴烧！"蒋介石不知是犹豫不决，还是惊慌失措，总之毫无反应。

这时，林虎的部队已快到跟前，陈赓一面指挥部属进行阻击，一面果断地背起茫然失措的蒋介石就跑。一口气跑了几里路，到一条河边，找到了一条船，把蒋介石放在船舱里，架上双桨飞速划到了河对岸，又背蒋介石退到了羊高墟。蒋介石心有余悸地说："此地不可久留！要与第一师何应钦师长、周恩来党代表取得联系，求得救援，方是上策！"经权衡掂量，蒋介石最终决定派陈赓前去送信。

陈赓立即更换衣服，打扮成农民模样，带上50块银圆，提着一根木棍踏上了路程。22岁的陈赓忍着饥渴疲劳，翻过海拔1300多米高的莲花山，凭着他的机智勇敢，终于将信于29日上午送到驻揭阳河婆的第一师师部。何应钦、周恩来立即带领部队前往护驾，蒋介石才转危为安。

---

[1] 参穆欣：《大将陈赓》，内蒙古人民出版社2006年版，第29—32页。

阳阜遭遇战。10月29日，何应钦接信后决定留下第一团留守，第一师师部立即率领第二、三团火速北上，经五华县棉洋罗经坝向华阳攻击前进。出发一个多小时后，在阳阜附近山上与黄任寰部遭遇，第二团与之鏖战8个小时，至晚上终将敌击溃，计歼敌1200多人，缴枪1000多支。

30日，第一师在五华县棉洋罗经坝与李易标部遭遇并将之击溃。

河婆战役。10月28日，陈炯明部洪兆麟获悉东征军第一师主力北进，只有第一团留守河婆，于是亲率四五千人从揭阳鲤湖、棉湖袭击第一团。第一团团长刘峙在形势危殆中以攻为守，率部突然插入两岸敌军之间，横冲直撞，用机关枪扫射，又发炮遥击洪部预备部队。敌死伤遍野，惊慌失措，傍晚纷纷退却，洪兆麟本人也被打伤。洪部自此失去战斗力。河婆战役的胜利，使得敌军包围圈被彻底击溃。

双（嵩）头战役。10月28日，蒋介石由羊高墟来到岩前，命紫金的陈济棠第十一师、冯轶裴率领的第一、二、三支队到华阳会合，对李易标部实行反击，并命令陈济棠代理第二纵队司令职务。下午，陈济棠和冯轶裴到达华阳。此时林虎部已兵分二路南下，意欲与驻揭阳鲤湖、棉湖的洪兆麟会合。陈济棠和冯轶裴商量后决定：第十一师攻五华县龙村墟，经陆丰县上沙向揭阳县河婆前进；冯轶裴部经五华县梅林、安流、棉洋罗经坝再向河婆攻击前进；加上河婆的第一师，对林虎部和洪兆麟部三面夹击。29日，陈、冯二部联合击溃林虎部，敌1万余人向梅林、安流溃逃。

30日，南下被挡回来改道东进去丰顺县汤坑的李易标部在莲花山被预先到达的第二支队余鹰扬部阻击，只好退回五华县双头墟（今双华镇）这条狭长的山谷中。第一师、第十一师、冯轶裴部赶到将之四面围住。午夜，东征军发起总攻，又累又饿的李易标部1万人被俘4000多人、被缴枪6000多支，李易标、黄任寰、张化如等将领率残部二三千人突围潜逃。

东征军取得双头大捷，基本消灭了陈炯明部主力。

第三期作战：横扫潮梅，追歼残敌

程潜所率第三纵队10月28日从老隆出发，强行军100多里，直趋五华。敌军闻风先溃，东征军不战而占五华县城。29日，敌军林烈、莫雄部3000多人经岐岭来袭五华县城，程潜率队迎击，两军在城西激战6个小时，敌军溃败。31日，该纵队进攻兴宁，打败扼守城西的敌军熊略部1000多人后占领兴宁城。11月2日，第三纵队进军梅县，于3日进占梅县城。

第一师于11月1日向鲤湖进发，2日进占普宁，3日进驻揭阳。4日，何应钦率部进攻潮安（今潮州）。6日，东征军总指挥部进驻汕头。陈济棠第十一师经丰顺县汤坑、大埔县高陂于 11 月 7 日进占饶平。粤东全境克复。

潮梅军在龙川收编救粤军第五军熊略部第一支队司令翁辉腾部 1000 多人为一个支队，后又增编第二支队叶柏质、第三支队马雄韬（此收编部队于 1926 年 3 月叛变，第一支队编为吴铁城第十七师独立团，第二、三支队溃散为匪）。

11 月 8 日，蒋介石在汕头开会决定分三路入闽消灭陈炯明残部。总指挥部移至留隍就近指挥。中旬，分三路入闽：

何应钦率第一纵队从饶平出分水关；

谭曙卿指挥第二纵队，由大埔入福建平和；

程潜率第三纵队由梅县经松口攻福建永定。

14 日，陈济棠第十一师在平和歼灭洪兆麟部几百人；程潜收编了苏世安旅，在永定歼灭刘志陆和"三黄散"部 1000 多人。洪兆麟余部逃至漳州，后被缴械，解散，定粤军余部由刘志陆带领撤退到赣南。

11 月 27 日，何应钦派兵到潮州意溪车站将张和第一支队和余鹰扬第二支队缴械，各缩编为 1 个团，任薛岳为第一团长，涂思宗为第二团长，并派来第二、三期黄埔学生多人充任营长以上军官。12 月 3 日，第一、二团与第三支队（原冯轶裴警卫团）合编成独二师，冯轶裴任师长，周址任第三团团长。

尾声：参加南征统一广东

1925 年 11 月 1 日，国民政府任命朱培德为南征军总指挥，以陈铭枢第十师、第三军、第二军和桂军各一部为一、二、三、四路，10 月 17 日就职国民革命军暂编第二师师长的陈章甫为右侧支队司令。7 日，陈铭枢师攻占阳江。

15 日，徐汉臣旅（10 月 25 日叛变）在罗定县城被陈章甫师打败赶走，后被朱培德任命为独一旅，不久编并。

19 日，南路各军会师高州城外，20 日进占高州。

23 日，国民政府任命李济深为南征军总指挥，并决定陈济棠第十一师也调南路作战。因原十二师叛乱，第四军独一旅改编为第十二师，师长陈可钰（兼），副师长张发奎。同时决定将原跟随东征的原第十二师三十四团，在途经广州石围塘缴械，枪械交给叶挺组建新三十四团（其人员回到江门后也参与叛乱）。

11 月，国民革命军第五军正式由建国粤军第三军改编而成，军长李福林，参谋长李朗如，秘书长苏世杰，参谋处处长刘超常，副官处处长陈其瑞，经理处处长李景治，军医处处长汤秉忠。12 月，雷剑敖任政治部主任。下辖：

第十三师（由十七旅、十八旅 1 个团和第五警备司令部等编成） 师长李群，副师长黄相，参谋长刘敏，下辖：

第三十七团（原第十八旅 1 个团） 团长黄相（兼）；

第三十八团（原第五警备司令部等部） 团长周定宽；

第三十九团 团长黄炳堃。

第十四师（由十五旅和十六旅 1 个团等编成） 师长练炳章，副师长王若周，参谋长何家瑞，下辖：

第四十团 团长陆满；

第四十一团（原第十六旅三十一团） 团长李林；

第四十二团 团长陈伟图。

独立团（第四警备司令部改编） 团长余定中。

11 月 22 日，俞作柏部占领化州，24 日，陈铭枢部占领廉江县和遂溪县。30

日，俞作柏和陈铭枢部收复廉州（合浦县）；12月2日桂军收复灵山县；4日占领防城县，5日占领钦县。

12月4日李济深就任南路军总指挥。12月26日南征军占领雷州（海康县）。

12月20日，以收降的建国川军士兵组建的教导第一、第三团和叶剑英党军第一支队改编的教导第二团组建黄埔军校教导师，师长王柏龄，副师长刘峙。

12月，第四军将陈章甫暂编第二师与云瀛桥独一团合编为新编第二师，师长陈章甫；将在南路的原建国粤军第一军独一旅改编为新编独立团，团长陆兰培。

1926年1月16日起，张发奎和陈济棠部加上收编的王鸿饶新编第九旅联合渡海作战，22日攻占琼州城和海口，邓本殷逃往越南，其部属大部投降。南征结束，广东革命根据地宣告统一。

从第二次东征胜利至广东统一后，广东省政府先后设立了5个行政委员公署为派出机构，分别是东江各属行政委员公署（主任周恩来，后徐桴）、西江各属行政委员公署（主任古应芬）、广州各属行政委员公署（主任宋子文）、南路各属行政委员公署（主任甘乃光）、琼崖各属行政委员公署（主任张难先）。

1926年2月，第四军将新编第二师与新编独立团合并成立第十三师，师长徐景唐（原第四军十一师副师长），参谋长李务滋，政治部主任翟瑞元。下辖：

第三十七团　由原新编第二师云瀛桥独一团改编，团长云瀛桥；

第三十八团　由原新编独立团改编，团长陆兰培；

第三十九团　由原陈章甫暂编第二师缩编成，团长陈章甫。

补充团　团长谭邃。

2月，独二师改称第一军第十四师，师长冯轶裴，下辖第四十、四十一、四十二团。

2月20日，经国民政府核准的由程潜部改编的第六军正式成立，程潜为军长，唐蟒为参谋长，政治部主任林伯渠，总参议杨杰，下辖：

第十七师　由独一师改编，师长吴铁城，副师长欧阳驹，参谋长曾则生，参谋处处长吴道南，下辖第四十九、五十、五十一团，团长傅良弼、文鸿恩、钟韶；

第十八师　由建国鄂军苏世安旅、潮梅军和建国豫军留守部队等改编，师长胡谦，副师长苏世安，下辖第五十二、五十三、五十四团，团长苏世安、宋世科、李明灏；

第十九师　由建国攻鄂军改编，师长杨源濬，副师长王邦若，下辖第

五十五、五十六、五十七团，团长王尹西、张轸、王茂泉团。

---

* 链接：孙中山大元帅府大本营军政部部长程潜

程潜，字颂云，汉族，1882 年出生于湖南省醴陵县（今醴陵市）一个耕读世家。9 岁入私塾，16 岁考秀才。

1900 年（18 岁），进入长沙岳麓书院。1903 年以第一名成绩考入湖南武备学堂。1904 年，通过考核被保送留学日本，就读振武学校，并结识黄兴、宋教仁等人。1905 年，程潜加入同盟会，同时加入以军人学生为主的丈夫团。1907 年，进入日本陆军士官学校第六期炮科。1908 年底，毕业后回国，到四川训练新军。1910 年，任第十七镇参谋官。

1911 年，辛亥革命爆发后，程潜到武昌，助黄兴指挥炮兵。1912 年，任湖南第六师师长、都督府参谋长。1913 年 3 月，任湖南军事厅厅长。"二次革命"时组织讨袁，但旋即失败，逃亡日本，进入早稻田大学。1914 年，与其他主张"缓进"反袁的人一起倡导并加入"欧事研究会"。1915 年，袁世凯洪宪帝制后，程潜赴云南。1916 年 2 月，被唐继尧任命为护国军湖南招抚使，带领 1 营部队启程回湘，召集旧部策动反袁驱汤，很快编就了 3 旅部队，被公推为护国军湖南总司令；7 月，率部攻入长沙，被授予中将军衔。后因与谭延闿之争，被迫辞职离湘。1917 年护法运动开始后，程潜被推选为湖南护法军司令，率部在湘南激战；11 月，攻入长沙，被推举为湖南省省长。1918 年，被北洋军打败后退守郴州。1919 年 6 月，被迫离开湖南。1920 年 11 月，被孙中山任命为军政府陆军部次长（代理部长）。1923 年 3 月，任孙中山大元帅府大本营军政部部长；5 月，任东江讨贼军总指挥，统率滇桂粤联军进攻惠州。1924 年 1 月，参加国民党第一次代表大会；4 月，兼陆军讲武学校校长；10 月，组建（建国）攻鄂军并担任总司令，受命参加孙中山组织的第三次北伐，二次进入湘南。1925 年 7 月，任国民政府委员、军事委员会委员；10 月，任第三纵队长率领 6000 多人为第二次东征左路军，向河源一直攻至梅县，后又攻入闽南，配合友军完全清除陈炯明旧部势力。1926 年 1 月，被任命为国民革命军第六军军长，并当选为国民党第二届中央执行委员。

1926 年 7 月，率部参加北伐，参加攻打江西，首先攻入南昌。1927 年 1 月，任国民革命军江右军总指挥，率部进攻安徽、江苏，3 月首克南京；4 月，所部在南京被蒋介石肢解；5 月，在武汉重建第六军；8 月，武汉政府东征讨蒋，任江右军总指挥；10 月，任西征军第四路军总指挥，参与讨伐唐生智；12 月，占领汉口后，兼任湘鄂临时政务委员会主席。1928 年 1 月率部进军湖南，又兼任湖南省政府主席；5 月，被武汉政治分会主席李宗仁撤职，软禁；恢复自由后寓居上海。1931 年 12 月，程潜重任国民政府委员、国民党第四届中央执行委员。1935 年 12 月当选为中央政治委员会委员，特任军事委员会参谋总长。1936 年 9 月，被授予陆军二级上将军衔；11 月，被授予一等宝鼎勋章；12 月，被推为军事委员会常务委员。1937 年七七事变后，代理第一战区司令长官。1938 年 1 月正式任命，并兼河南省主席；10 月，改任军事委员会天水行营主任。1939 年 10 月，被授予陆军一级上将军衔。1940 年 5 月，调任军事委员会副总参谋长兼战地党政委员会副主席。1946 年 5 月，获颁"青天白日勋章"，出任国民政府武汉行营主任。1948 年 4 月，参加副总统选举失败；7 月，改为长沙绥靖公署主任兼湖南省主席。

1949 年 8 月 4 日，程潜、陈明仁率湖南保安部队及国民党第一兵团全体官兵在长沙举行起义；9 月，任湖南军政委员会主席。新中国成立后，历任湖南省人民政府主席、国防委员会副主席、全国政协常委、民革中央委员会副主席、全国人大常委会副委员长等。1955 年 9 月，授予一级解放勋章。1968 年，在北京病逝。

2 月，黄埔军校教导师改番号为第一军第二十师（直属军事委员会），师长王柏龄，副师长刘峙，下辖第五十八、五十九、六十团。

第二军则增设了教导师，师长陈嘉祐，下辖 2 个团。

3 月 1 日，第五军重新进行编配：第十三师改番号为第十五师，由李群任师长，林驹任副师长，刘敏任参谋长，黄相、周定宽、黄炳坤任第四十三、四十四、四十五团团长；第十四师改番号为第十六师，由练炳章任旅长，王若周任副师长，何家瑞任参谋长，陆满、李林、陈伟图任第四十六、四十七、四十八团团长；军政治部主任一职裁撤，另设副党代表，由李朗如接任，李朗如所遗军参谋长由刘敏兼任。

广东国民政府就是依靠这 6 个军 21 个师约 10 万部队为基础，联合广西李宗仁桂军（9 个旅 20 个团约 4 万人）和湖南唐生智湘军（5 个师 18 个团约 3 万人）（分别改编为第七军和第八军），从 1926 年 5 月开始北伐，最终打败北洋集团，统一了全国。

最后的结局：

至此，许崇智建国粤军除被缴械、消灭外，全部被改编完毕。

1. 被缴械、解散、歼灭部队（合计 1 个军又 1 个师、6 个旅）：

第四军　军长黄明堂，解散；

第三师　师长郑润琦，辖 2 个旅 4 个团，缴械；

第二师第三旅（后编为国民革命军第十一师）　师长莫雄，辖 3 个团，缴械；

第九旅　旅长杨锦龙，缴械；

第十二旅　旅长卓仁机，缴械；

第十三旅（后编为国民革命军第十二师）　师长梁鸿林，辖 3 个团，歼灭；

第十四旅　旅长何克夫，被合并；

第一警备司令部（等于 1 个旅）　司令梁士锋，缴械。

2. 被改编部队（共 1 个军又 3 个师、3 个旅、2 个团，编成 4 个师又 1 个团）：

第一军独一旅　旅长陆兰培，缩编成第四军第十三师第三十八团。

第二师第四旅　旅长张和，缩编成第一军第十四师第四十团。

第二师香洲新编团　团长叶剑英，先改称党军第一支队，再改编为教导师第二团，最后编为第一军第二十师第五十九团。

第四师　师长许济，辖 3 个旅，改编成第一军第三师，辖 3 个团。

独一师　师长吴铁城，改编成第六军第十七师，辖 3 个团。

暂二师　师长陈章甫，缩编成第四军第十三师第三十九团。

第十一旅　旅长余鹰扬，改编成第一军第十四师第四十一团。

警卫团　团长冯轶裴，改编成第一军第十四师第四十二团。

潮梅军　军长罗翼群，改编为第六军第十八师第五十三团。

3. 扩编部队（1 个军又 1 个师，扩编成 2 个军 5 个师）：

第一师　师长李济深，扩编成第四军，下辖 3 个师。

第一旅　旅长陈铭枢，辖张发奎、蒋光鼐 2 个团；扩成第四军第十、十二师；

第二旅　旅长陈济棠，辖 2 个团；加补充团，扩成第四军第十一师。

第三军　4 个旅，改编成第五军，军长李福林，党代表兼参谋长兼政治部主任李朗如（后参谋长刘敏），下辖第十五、十六 2 个师 6 个团。

原建国粤军部队分布在第一、四、五、六军中，共编成 9 个师（三、十至十七师）又 2 个团，占第四、五军的全部和第一、六军的近半。在广东编成的国民革命军总共 6 个军 21 个师中，黄埔军校培育的部队是约 3 个师，湘滇赣等其他与粤军并肩战斗的部队改编成约 9 个师。

第三章　李济深铁军

第一节　铁军源头第一师

粤军到 1925 年 10 月第二次东征结束后，陈炯明系统主力被基本消灭了，许崇智系统的大部分不是被缴械就是被改编了，能够整编进入国民革命军系统的只有脱胎于陈炯明系统，后又跟随许崇智共同北伐、东征的第一师。而且在第一师中，也是不断扩充又不断淘汰的过程；初期组建的 4 个团又 4 个营中，只留下 1 个团又 2 个营，他们发展成为以后粤军的三大系统。

一、组建和悲剧

在援闽粤军回粤驱桂之役结束后，粤军已扩充至四五万人，但不少官兵由敌军残部收编而来，原来的基本队伍亦素质参差不齐，且因胜利之后渐呈骄悍之态。孙中山和陈炯明有鉴于此，即令邓铿从粤军中选择素质较好的一部整编为第一师，加强军事政治训练，一方面养成意志坚强、英勇善战的新部队，另一方面使之成为粤军训练模范，并以这些经验来改造其他的粤军部队。

邓铿接受任务后，于 1920 年 11 月在广州东堤路旧官钱局设立粤军第一师司令部，亲自兼第一师师长，多方设法罗致一些较有朝气的军官和由保定军校毕业不久的青年军官等作为第一师的骨干，先后挑选和任命：参谋长陈可钰，参谋邓演达、叶挺、罗梓材、徐景唐、钱大钧、李毓坤、李磊夫、黄振兴；副官长李济深，副官何乃英、张发奎、薛岳、黄镇球、马炳洪、陈应麟。其中陈可钰毕业于广东省将弁学堂和陆军讲武学堂，与邓铿共同参加同盟会及辛亥革命新军起义；副官长李济深是陆军大学毕业生，也是粤军辛亥北伐军林震部的参谋长。

第一批编入第一师的部队有：1920 年 11 月，第一军梁鸿楷支队（下辖谢毅、徐汉臣 2 个统）编为第一师第一旅，以梁鸿楷为旅长，谢毅、徐汉臣分任第一、二团团长；第一军邓本殷第六支队第一统领陈修爵部改编为第三团，陈修爵任团长；粤军总部直辖的齐公恪独立营改编为师独立营（旋以邓演达为营长）。

第二批编入第一师的部队是：1921 年 2 月，粤军第四十五统领陈铭枢部改编为第四团。该统前身为李耀汉肇军 1917 年成立的广东警卫军 1 个营，营长陈铭枢，1919 年 5 月肇军解体后改编为广东护国军第二军林虎部游击第四十三营。1920 年 9 月 26 日，陈铭枢联络游击第四十二营营长陈济棠及另一营长李昆岩在阳江宣布独立，脱离林虎，组成粤军第九支队，由陈铭枢任支队司令，下辖 2 个统，并向西江进军；10 月，第九支队由郁南移驻肇庆，缩编为粤军第四十五统。第四团以陈铭枢为团长，戴戟为团副，下辖 2 个营，营长陈济棠、李时钦。

第三批编入第一师的部队是：1921 年 7 月，由薛岳新成立一个机关枪营，李章达成立一个工兵营。

至 1921 年 7 月粤军第一师序列：

师长邓铿，参谋长陈可钰，副官长李济深，军务处处长冯祝万，军法处处长黄其藩，军需处处长练锡祺，全师共 8000 余人。下辖：

第一旅　旅长梁鸿楷，下辖：

第一团　团长谢毅（3 个营长梁鸿林、符用秩、周明星）；

第二团　团长徐汉臣（3 个营长侯华邦、王海青、徐国彰）。

第三团　团长陈修爵，团副罗子良，下辖：

第一营　营长沙世祥；

第二营　营长罗国富；

第三营　营长彭智芳。

第四团　团长陈铭枢，团副戴戟、罗仲威，驻肇庆，下辖：

第一营　营长陈济棠；

第二营　营长李时钦；

第三营（8 月成立）　营长缪培堃。

（第四团连长有黄质胜、香翰屏、范德星、黄质文、蔡廷锴、李佛成、李林、张君嵩、李桂高、沈超如等）

独立营　营长邓演达，副营长王超，下辖李霖、郭学云2个连；

机枪营　营长薛岳；

工兵营　营长邹鲁（后李章达），营附叶挺。

早在援闽粤军时期，就有叶挺、邓演达等保定军校毕业生加入了粤军，但当时粤军旧系统难动，这些新派军官多担任参谋和副官。趁新成立部队，邓铿继续大量引入刚毕业的保定军校六期生，这些很有朝气革命性强的新派军官，成为一师香火不灭的源泉。革命力量主要集中在第四团和3个直属营。

第一师为了训练行伍出身的基层军官，设立"军官教育班"，由邓演达兼任班主任，教官有缪培南、梁世骥、赵锦雯、陈适等；同时，为了训练班长，设立"学兵营"，营长华振中，营副黄镇球，连长黄固、朱晖日、郭学云，教官有严重、杜益谦、梁瑞寅、李霖、李云鸿等，后增加的排长和教练有叶剑英、黄国梁、张国森、法雨民等。经过半年多的整训教育，部队战斗动作与制式教练均相当娴熟，精神面貌焕然一新，纪律严明，精诚团结，成为粤军模范部队。

1921年10月，孙中山命令邓铿从一师中抽1个团随他出发去广西，邓铿将第一师的机枪营、工兵营调出，再从韶关调入张发奎的第二十七游击营（实际是将旧部缴械另招新兵组建）合编成大本营警卫团。编制如下：

团长　陈可钰，中校团副李章达（后华振中），少校团副华振中（后缪培南），少校副官蒋光鼐，上尉副官张猛，下辖：

第一营（原机枪营）　营长薛岳，营附郑树勋，下辖：

第一连　连长缪培南；

第二连　连长梁世骥；

第三连　连长梁公福。

第二营（原工兵营）　营长叶挺，营附梁瑞寅，下辖：

第四连　连长李扬敬；

第五连　连长李振球；

第六连　连长简作桢。

第三营（原第二十七游击营）　营长张发奎，营附李步瀛，下辖：

第七连　连长陈瑜（即陈克华），连附许志锐；

第八连　连长韦就，连附阮宝洪；

第九连　连长王仲根，连附王超。

因警卫团的部队主要自一师抽出，警卫团的干部都来自一师，所以警卫团一向被视为一师的一部分。而且这些干部都是保定六期广东新派军官中最精华的部分，后来他们都以总统府警卫团的经历而自豪。

警卫团 12 月开往桂林后，邓铿调副官长李济深为第一师参谋长，升何乃英为副官长，令邓演达重新成立一个工兵营，升李霖为独立营营长。

1922 年 3 月 21 日，邓铿去香港接其恩师周善培来广州，在广州火车站被刺杀，两天后离世。邓铿是粤军的精神领袖，是粤军之神，也是孙中山、陈炯明两个阵营的"平衡砝码"，邓铿死后没有人能调和孙中山和陈炯明的矛盾，加速了孙、陈的分裂；同时也造就了第一师的悲剧，再没人能整合这支模范部队，第一师不断裂变，先是出身四军的部队自相残杀，最后再发展成国共对决。但令人费解的是，杀害邓铿的真凶始终没有落网，幕后主使人更是莫衷一是，各有各的说法。

一师师长开始是陈炯明自代，不久由第一旅旅长梁鸿楷代理，旋又正式任命。

邓铿遇刺后，全师上下异常愤怒，认为是孙派干的占大多数，结果一师对孙产生了离心倾向。孙中山对一师中级以上军官都发给了多少不等的"安家费"，还亲自到一师对部队军官讲话，对邓铿之死作了一些澄清，说明了和陈炯明的分歧所在。孙中山的一系列安抚起到了作用，一师在梁鸿楷带领下出发参与北伐。

二、拥陈和拥孙

1922 年 5 月 8 日，在韶关召开誓师大会后，第一师在许崇智指挥下，编在右翼，从南雄向信丰进攻。6 月 13 日，北伐军击溃方本仁部攻克赣州，15 日前锋进入吉安，但一师部队全部停留在赣州不动。

5 月初，大总统孙中山到韶关建立大本营后，感觉兵力单薄，有意多建立一些自己直接控制的部队，决定从警卫团抽调人员扩编警卫二团。

警卫第二团的干部名单如下：

团长李章达，中校团副吴斌，少校团副孙绳，下辖：

第一营　营长吴斌（兼）；

第二营　营长蒋光鼐；

第三营　营长韦就。

其次是增编 3 个机关枪连，连长李扬敬、梁世骥、张猛，都定为少校级，拟分配给第一、二团和卫士大队使用。但人未募足，枪未领到，尚未正式成立，遇上了"六一六兵变"，最后这个第二团和 3 个机关枪连就无疾而终了。

由于叶举在广州发动"六一六兵变"，北伐军总司令许崇智得知后召集开会决定北伐军回师平叛。一师内部出现意见分歧：第一团团长谢毅和第三团团长陈修爵坚决主张拥陈反孙；二团团长徐汉臣态度游移；四团团长陈铭枢是拥孙派但没有表态；工兵营长邓演达、独立营长郭学云等新派军官是拥孙派。为避免分裂和内战，造成自相残杀，师长梁鸿楷和参谋长李济深决定脱离北伐军，回到粤东龙川、河源，保持中立状态。

陈修爵团在韶关对决的许崇智北伐军与拥护陈炯明的部队处于对峙之时，主动向叶举请战，被叶举立即安排船运到广州，然后乘火车北上到曲江马坝，加入战斗。久战疲惫的北伐军看到一师部队倒戈，顿时气泄，遂全线崩溃。

粤北战事结束后，一师从粤北开到广州接受陈炯明指挥。陈炯明提拔谢毅为第一旅旅长，陈修爵为第二旅旅长。第四团团长陈铭枢自知难为陈炯明信任，自动离职到南京学佛，团长由陈济棠升任。9月，全师调往西江、肇庆驻防。

---

* 链接：陈济棠打败仗反而升官

陈济棠作为第四团的第一营营长，在江西的战场上因作战不力，被师部决定撤职，但战时不宜更动营长，准备战事结束后再撤。战后鉴于第二营原营长李时钦已阵亡，陈式垣是新接任营长，第三营新建不久，营长缪培堃也是新任，一时找不到合适的团长人选，最后阴差阳错，陈济棠不但没有撤职，反而升任团长。

大本营警卫团第一营和第二营，从韶关随孙中山回到广州，负责总统府和孙中山住地粤秀楼的警卫，在防御叶举部进攻中小部伤亡，余部被缴械。留守韶关大本营的第三营，营长张发奎坚决不顾团副华振中的附陈命令，率苏德燊连、王仲根连、阮宝洪连和陈瑜连余部共3个多连回到家乡始兴活动了3个月，剩下不足200人。直到10月接到师长梁鸿楷劝请归队的来信，适逢冬天来临部队衣食无着，又与外界失联已久，张发奎遂率部下山前往广州接受整编，编入辎重营，并接替何乃英出任该营营长。华振中带原一营吴逸志连、二营梁世骥连、三营阮宝洪连1个排、陈瑜连2个排共3个多连南行投效陈炯明。

* 链接："山大王张发奎"

张发奎绰号叫"大王"，来历有两种说法。其一，陈炯明叛变，他率警卫团第三营从韶关回援广州，至8月初翁源兵败溃散，带着200名残兵跑回始兴老家仙人洞盘踞，啸聚山林做了土匪，成了"土匪张"。另一个说法是他签名的"奎"字，老是上下过于分开，把"圭"写得潦草如王，乍看上去，"奎"字很容易看成大王。成名后，袍泽部下有时干脆当面叫他"大王"，他也不应答，只冲喊他的人淡淡地点点头，不以为忤。

1922年9月，粤军第一师附陈初期经过调整之后序列如下：

师长梁鸿楷，参谋长李济深，副官长何乃英，驻肇庆，下辖：

　　第一旅　旅长谢毅（原一团团长），下辖：

　　　　第一团　团长梁鸿林（梁鸿楷胞弟，原第二营营长），驻新兴；

　　　　第二团　团长徐汉臣，驻肇庆。

　　第二旅　旅长陈修爵（原三团团长），下辖：

　　　　第三团　团长沙世祥（原第一营营长），团副罗子良，驻都城；

　　　　　　第一营　营长梁祖耀；

　　　　　　第二营　营长罗国富；

　　　　　　第三营　营长彭智芳。

　　　　第四团　团长陈济棠（原第一营营长），团副戴戟，驻肇庆；

　　　　　　第一营　营长香翰屏；

　　　　　　第二营　营长陈式垣；

　　　　　　第三营　营长缪培堃。

　　工兵营　营长邓演达，下辖谭邃、赵锦雯、李振球3个连；

　　独立营　营长郭学云；

　　（10月增编）辎重营　营长张发奎。

11月，一师老资格的团长徐汉臣所部升格为独立旅调离一师；把游离在乐昌附近的原为北伐军李烈钧赣军李明扬旅卓仁机支队余部收编，与郭学云独立营、张发奎辎重营合编成第二团。

　　第二团　团长卓仁机，下辖：

　　　　第一营（卓仁机支队余部编成）　营长张弛；

第二营（原独立营）　营长郭学云；

第三营（原辎重营）　营长张发奎，下辖谢秀、袁良、缪培南、苏德燊4个连。

1922年11月，工兵营营长邓演达暗中串联了戴戟、缪培堃、张发奎、郭学云等人，被公推到上海面见孙中山，得到了待机起义的训示。

1923年1月初，一师首先响应滇桂军起义的是调到封川县（后与开建县合为封开县）防御的邓演达工兵营，然后是四团在团副戴戟趁陈济棠去旅部开会之机宣布起义（陈济棠后来也追上来参加起义），二团则在卓仁机和郭学云、张发奎率领下在蟠龙起义，三支部队共推邓演达为代师长指挥讨陈。二旅旅长陈修爵带领第三团在德庆布防大部被缴械，率残部逃往惠州；一旅旅长谢毅率一团从新兴向江门转进；李济深率师部从德庆经肇庆退往江门。1月15日，一师二、四团和工兵营进驻广州；22日"江防事变"后开往江门，与师部和一团会合。师长梁鸿楷从广州到江门后，对一旅旅长谢毅不讨陈反正严词斥责。谢毅知将不为团体所容，乃单独离队前往惠州投靠陈炯明。

4月，孙中山命令将粤军第一师扩编为中央直辖广东讨贼军第四军，升梁鸿楷为军长，郭学云为参谋长，下辖第一师、三师、独立旅等。

邓演达、张发奎、卓仁机等人联合推举陈可钰继任一师师长，但陈称病力辞，遂由参谋长李济深升任师长。代表孙中山负责联络一师的特派员邹鲁任命首义的营长邓演达为旅长，但邓演达只愿升任团长。于是由参与起义的2个团团长卓仁机和陈济棠升任旅长；邓演达升任第三团团长，带领四团起义的团副戴戟升任第四团团长。一师从此进入李济深时代。

1923年反陈初期重组的第一师序列：

师长李济深，参谋长徐景唐，副官长黄镇球（代），下辖：

第一旅　旅长卓仁机（原二团团长），主任参谋黄承乾，下辖：

第一团　团长梁鸿林，团副薛岳，1500人；

第二团　团长卓仁机（兼，后由第一营长张弛接任），1200人。

第二旅　旅长陈济棠（原四团团长），主任参谋陈培鎏（后余汉谋），下辖：

第三团（由工兵营扩编）　团长邓演达，团副严重，2000人，下辖：

第一营　营长严重（兼）；

第二营　营长陈式垣；

第三营　营长谭鎏（后李振球）。

第四团　团长戴戟（后缪培堃），1500 人，下辖：

第一营　营长香翰屏；

第二营　营长×××；

第三营　营长缪培堃（后蒋光鼐）。

独立团（5月，肇庆战役结束后由第二团第三营扩建）　团长张发奎，团副缪培南（8月，增中校团副黄琪翔，少校团副许志锐），1000 人，下辖：

第一营　营长朱晖日；

第二营　营长苏德燊（7月缪培南）。

师属炮兵营（6月，由邓世增的合浦县保安队编成）　营长邓世增，200 人。

三、东征与西讨

1923 年 3 月初，奉孙中山命令，第一师联合第三师、海防司令陈策、西江讨贼游击司令周之贞部，将宣称归附但仍与惠州陈炯明暗通款曲的原陈部第七、八旅指挥兼四邑善后督办陈德春部 3 个团缴械。

4 月 16 日，桂军沈鸿英部叛变后，中央直辖广东讨贼军第四军奉令协助滇、桂军进剿。5 月初，粤军第一师经激战攻克清远县；因沈鸿英部 2 个旅乘虚袭占肇庆，西江又告急，奉命转赴西江攻打肇庆。梁鸿楷指挥第四军第一、三师和广东江防舰队围攻激战四五天没有进展，遂改变配备，以第一师攻东门，第三师攻西门。邓演达为攻城指挥官，李振球为爆炸队队长，蔡廷锴为先锋队队长，在东门外麒麟街城脚挖地道，埋放 250 斤地雷 2 个，于 5 月 18 日拂晓将城垣炸开一个大缺口，步兵沿缺口冲进去，将沈军黄振邦、张希栻部全歼，俘沈军旅长黄振邦，歼敌四五千人，取得肇庆大捷。此次战役中第三团牺牲最大，第三营营长谭邃负重伤（由李振球接任），邓鸣汉、陈文山、法雨民 3 个连长以下约 200 人阵亡。战后第二团第三营张发奎部扩编为第一师独立团。

6 月初，粤军第一师又奉调增援北江，在连江口恶战中第四团团长戴戟"失踪"；进攻英德的战役经过三得三失最后才占领，第二旅主任参谋陈培鎏在战斗中牺牲，后由余汉谋接任。

7 月，因滇军杨如轩和杨池生叛变，邓演达的第三团被孙中山急调赴广州河南拱卫大元帅府，旋又调回。其他粤军部队和江防舰队溯江西上，收复云浮、德庆、郁南、封川各县。7月18日，迫使沈鸿英部梧州守军反正。孙中山任命李济深为西江善后处处长（不久改称督办），邓演达兼梧州军警督察处处长。

8月撤离梧州前，邓演达和广西讨贼军总指挥黄绍竑密商设立"鸿门宴"，以梧州军警督察处处长身份，以撤离前宴会名义，邀请表面归顺的沈鸿英部旅长冯葆初，待冯一到河边花舫上即将其扣押，然后将其全旅缴械。后将梧州交给李宗仁和黄绍竑，第一师只经营广东境内西江区域。

此后第一师师部驻肇庆，第一旅旅部和第一团驻台山，第二团驻肇庆，第二旅旅部和第四团驻肇庆，第三团驻广州，独立团驻江门。

6月，合浦县县长因被迫卸任，保安队长邓世增根据其授意率部200多人、携山炮两门赴肇庆，被师长李济深收编为炮兵营，邓世增任营长。7月底，李济深在肇庆设西江讲武堂，第四团团长戴戟调任堂长，以钱大钧任学兵营中校营长；第四团第三营营长缪培堃接任团长，蒋光鼐接任第三营营长。

8月，因陈炯明部继续进扰博罗，许崇智被困，孙中山调邓演达率第三团驰援博罗。9月4日，孙中山又电令驻台山的第一旅旅长卓仁机率部及独立团星夜兼程开赴博罗增援解围。接着第一师与滇桂军联合进攻河源并于10月3日占领。

时陈炯明已得北洋政府大批援助，策动全面反攻。孙中山得知后即调陈济棠第二旅增援。10月23日，河源城失陷，守军向派美（今博罗县泰尾镇）撤退。时李济深已率第二旅陈济棠部及朱培德滇军赶到派尾、柏塘一带，遂与林虎部展开剧烈战斗。粤军第一师2个旅全部位于柏塘右翼，滇军位于柏塘左翼，均与敌人展开激战。第一师以陈济棠旅为主攻部队，卓仁机旅指挥的张发奎团为第一线预备队，张弛团为总预备队。第二旅主攻部队第四团运动到一座小高地山脚下时，遭敌侧击，营长香翰屏负重伤。张发奎团为稳定战线，从右侧面加入战斗，反为敌预备队包围。但当面之敌为陈军林虎部，其中多有李烈钧旧部和原赣军同僚，知张发奎团为卓仁机旅部队，认为是"自己人"，并未猛攻。张发奎趁机率部冲出，卓仁机带张弛团占领阵地，林虎军并未追击，战线复归稳定。后张民达与莫雄旅合力击退三径之敌后，再次克复派美，陈军东撤。这就是有名的柏塘、派美之役。其中第三团第二营营长陈式垣在战斗中阵亡，后由曾友仁升任。

因陈军洪兆麟部到惠州后围城的滇桂军全部撤离，林虎部组织猛烈反攻，展开第二次柏塘战斗。第一师和许崇智部阵地被陈军突破，遂由柏塘、派美直退博罗、增城，并参加广州保卫战，胜利后又追击陈军至郊区太和。

陈军退回东江后，第一师卓仁机旅调赴广东南路，并扩编为第十二、十三旅，由梁鸿楷第四军直接指挥。第二旅返回肇庆整补，第三团第二营营长由叶挺担任（40多天后因嫌没仗打又辞职），第三团成立了1个炮兵连，以陈诚为连长。一师在封川成立1个补充团，由师参谋长徐景唐兼任团长，将只有2门炮的第一师炮兵营改为补充团的1个步兵营，营长邓世增。

此时第一师建制为：

讨贼军第四军第一师：师长李济深，参谋长徐景唐，副官长黄镇球，下辖：

第二旅　旅长陈济棠，主任参谋余汉谋，下辖：

第三团　团长邓演达（后徐景唐），团副严重，下辖：

第一营　营长严重（后余汉谋）；

第二营　营长叶挺（1924年初任，不久离职）；

第三营　营长李振球。

炮兵连　连长陈诚（后罗卓英）。

第四团　团长缪培堃（后邓世增），下辖：

第一营　营长香翰屏；

第二营　营长曾友仁；

第三营　营长蒋光鼐。

独立团　团长张发奎，团副黄琪翔、许志锐，下辖：

第一营　营长朱晖日；

第二营　营长缪培南；

第三营（1924年5月编）　营长韦就（后黄琪翔）。

补充团　团长徐景唐（兼，后黄镇球），下辖：

第一营（原炮兵营改编）　营长邓世增（后蔡廷锴）；

第二营（广西民军编成）　营长叶肇。

西江讲武堂　堂长戴戟。

学兵营　营长钱大钧。

11月，独立团第二营营长苏德燊调任团副，团副缪培南接任营长。

1924年初，余汉谋调任第二旅第三团第一营营长，辖李洁之、陈审、唐拔3个连。

4月，孙中山下令将中央直辖粤军和东路讨贼军统一整编为粤军（10月改称建国粤军），中央直辖粤军第四军第一师改为粤军第一军第一师，师长李济深，仍辖1个旅又1个独立团、1个补充团。

5月，张发奎团调驻德庆，将收编之警备营改为独立团第三营，营长韦就。

8月，邓演达调至黄埔军校任教练部副主任兼学生总队长，由徐景唐继任第三团团长，黄镇球升任补充团团长，薛岳继任副官长；第四团团长缪培堃病故，由邓世增升任,补充团第一营营长由蔡廷锴接任。

9月,第三团炮兵连连长陈诚调任黄埔军校特别官佐,罗卓英接任连长;独立团第三营营长韦就病故,以中校团副黄琪翔接充。

10月10日,广州商团发动叛乱。14日,孙中山急调第三团赴广州镇压叛乱,待到达广州时,叛乱已经平息,即奉命暂驻河南拱卫大元帅府。

10月,陈铭枢从南京回来,任一师参谋长兼新成立的第一旅旅长。

第一旅 旅长陈铭枢,中校参谋长李务滋,下辖:

    第一团(由独立团改称) 团长张发奎,驻肇庆;

    第二团(新成立) 团长蒋光鼐(原第四团第三营营长),团副方纬,驻封川。

第二团是调补充团第一营(缺一连)编为第一营,从第四团抽调干部,再招募新兵成立第二、三营组成,装备由大元帅府拨付苏联援助的新式步枪700支。

同时增设师工兵营,营长黄明新。

11月7日,是苏联十月革命纪念日,广州举行庆祝活动,第三团和建国粤军第二师奉命至燕塘,参加阅兵仪式接受孙中山检阅。

此时第一师建制为:

师长李济深,参谋长陈铭枢,副官处处长薛岳,军械处处长邓世增,下辖:

    第一旅 旅长陈铭枢(兼),参谋长李务滋,下辖:

        第一团 团长张发奎,中校团副许志锐、少校团副苏德燊,下辖:

            第一营 营长朱晖日;

            第二营 营长缪培南;

            第三营 营长黄琪翔。

        第二团 团长蒋光鼐,团副方纬,下辖:

            第一营 营长蔡廷锴(辖沈光汉、毛维寿、区寿年3个连);

            第二营 营长黄固;

            第三营 营长黄质胜,副营长林君绩。

    第二旅 旅长陈济棠,下辖:

        第三团 团长徐景唐,下辖:

            第一营 营长余汉谋;

            第二营 营长×××;

            第三营 营长李振球。

        第四团 团长邓世增,下辖:

            第一营 营长香翰屏;

第二营　营长曾友仁；

第三营　营长邓世诚。

补充团　团长黄镇球，团副叶肇，下辖：

第一营　营长张孚亨；

第二营　营长易图。

工兵营　营长黄明新。

---

* 链接：李济深和徐景唐关系

徐景唐和叶挺、薛岳是武昌陆军第二预备中学的同学，但徐在保定入伍生队的时候，因为表现突出被送到日本士官学校学习。毕业后在北京编译处和军校等机关工作，与同在北京的李济深相识，渐成莫逆。李济深回广东加入一师后，立即推荐徐景唐回来当一师参谋。后来李济深当上了师长，立即起用了徐景唐当一师参谋长。不过参谋长位高而无兵权，赶上邓演达放弃兵权到黄埔军校任教，李济深就安排徐景唐接任三团团长。以后徐景唐在李的关照下水涨船高，当上了十三师师长、第五军军长，徐的部队一直是李济深眼里最可靠的武力。徐也报答知遇之恩，平生从未负李。

1925年1月，陈济棠率第二旅、补充团和第一旅蔡廷锴营进入广西贺县（今贺州市）一带，与广东定桂讨贼联军李宗仁、黄绍竑部联合打击策应陈炯明部而作乱的沈鸿英部，共歼敌七八百人，缴枪六七百支，将沈军击溃。

同时，陈铭枢率第一旅（欠蔡廷锴营）作为后续部队由西江调至东江参加第一次东征，从陆丰向河田和揭阳县河婆急进截击林虎部，击溃、截击和俘虏了部分敌人；在北上进攻兴宁时，于城外神光山顶住了林虎部三四千人十多次的冲锋，与教导二团配合打败了林虎部，占领了林虎后方基地兴宁，使林虎从此心灰意冷，退出军界。接着与粤军二师夹攻梅县，至3月底占领平远，把陈军赶出广东。

6月初，第一旅由汕头回师，参加平定杨刘叛乱，击溃占领增城石滩车站一带的滇军。接着联合党军第一旅进攻龙眼洞，然后将残敌消灭在市区。第二旅也由西江回师参与平叛，进攻石井、西村，大败桂军。

8月26日，国民政府军事委员会命令第一师扩编为国民革命军第六军，以李济深为军长，陈可钰为副军长。粤军第一师历史结束。

---

* 链接：粤军第一师诸先烈纪念碑

粤军第一师诸先烈纪念碑位于广州市天河区沙河燕塘广汕公路侧的牛眠岗，建于1939年。碑身正面镌刻"粤军第一师诸先烈纪念碑"11个大字及"中华民国二十八年九月"年款，为蒋介石所题；碑身顶部上刻国民政府青天白日国徽。当年的纪念碑周围井然排列的是粤军第一师及其扩编的第四军之阵亡将士墓，是为了纪念在东征和北伐战争中牺牲的第四军将士而建的。"文化大革命"期间坟场被平毁，纪念碑上国民政府国徽及碑文亦被凿平。1986年，广州市人民政府重修该碑。

---

* 附录：一师与黄埔军校关系

1924年5月3日，粤军参谋长蒋介石被任命为兼黄埔军校校长；6月16日，是叶举部炮轰总统府发动兵变二周年的日子，被孙中山特意选为正式开学日。

第一师对黄埔军校的建立在人力、物力、财力方面采取积极支持的态度。一是师资支持。师长李济深、团长邓演达分别兼任或专任教练部正副主任，邓演达还兼任学生总队长，后又从三团调出严重、陈诚、钱大钧等军官做教官；再后来李济深兼任副校长，邓演达任教育长。军校一般的军事干部，大部分由粤军第一师抽调任用，学生队的分队长大部分也由李济深主办的西江讲武堂调来，如伍诚仁、肖乾、郑荫桐、邓士富、李安定、杜从戎、廖伟、凌拔雄等。二是物力支持，借给步枪200多支。三是财力支持，借给现金3万多元应急。四是生源支持。1925年10月刚刚成立的国民革命军第四军军官学校，招生甫竣，旋全部划归于黄埔军校。

第二节　铁军横扫中国南方

1925年7月广东国民政府成立以后，其下辖的部队名义上都统一改称国民革命军，实际上除第一军外，其他各军的地域性质还是十分明显。第四军的将领和士兵以广东人为主体，它直至1950年海南岛战役一直被称为粤（系）军。

一、铁军建立

一般军史研究都把1925年8月26日作为粤军第一师正式改编为国民革命军第四军的日期，事实上，从一师到四军前后经历了约半年时间，直到1926年三四月间才真正成形。

8月，正式公布的建国粤军整编方案是第一军梁鸿楷的部队编为第六军，但8月20日廖仲恺被刺杀后，梁鸿楷被逮捕。9月3日，国民政府军委会公布李济深为国民革命军第六军军长。

9月20日，许崇智被逼走，其部属大部分被缴械或改编；29日，国民政府军事委员会命令将第六军改为第四军。

10月1日，正式成立第四军。在此后的历史中，如雷贯耳、大名鼎鼎的国民革命军第四军终于横空出世。建制如下：

军长李济深，副军长陈可钰，（后）副党代表罗汉，参谋长邓演存，参谋处处长叶挺（后邓定远），政治部主任罗汉（后张善铭），副官处处长邹武，军医处处长李祥，军需处处长陈劲节，下辖：

第十师　由第一旅（不含第一团）扩编，师长陈铭枢，副师长蒋光鼐，参谋长戴石孚，政治部主任刘芝田（后李笠农），下辖：

第二十八团（原第一旅二团改称）　团长蒋光鼐（兼），下辖：

第一营　营长蔡廷锴；

第二营　营长黄固；

第三营　营长黄质胜。

第二十九团（由旅独立营加许崇智卫队营编成）　团长孙绳（原警卫二团少校团副、李宗仁参谋），团副方玮，下辖：

第一营　营长范汉杰；

第二营　营长陈巨。

第三十团（新建）　团长戴戟（西江讲武堂堂长回归），下辖：

第一营　营长范德星。

第十一师　由第二旅和师补充团合编，师长陈济棠，副师长徐景唐，参谋长李扬敬，政治部主任林翼中，下辖：

第三十一团（原第二旅第三团改编）　团长余汉谋，下辖：

第一营　营长李振球（后唐拔）；

第二营　营长×××；

第三营　营长×××。

第三十二团（原第二旅第四团改编）　团长邓世增，下辖：

第一营　营长香翰屏；

第二营　营长曾友仁；

第三营　营长张孚亨（待考）。

第三十三团（原第一师补充团加师工兵营改编）　团长黄镇球，团副叶肇，下辖：

第一营　营长陈见田（即陈凤诏）；

第二营　营长李洁之；

第三营（原师工兵营）　营长陈公侠。

第十二师　由独立十三旅和第六警备司令部梁翰昭部整编而成，师长梁鸿林，副师长李务滋，参谋长郭学云，下辖：

第三十四团　团长冯敦尧；

第三十五团　团长梁翰昭；

第三十六团　团长梁休年。

独一旅　由第一旅第一团扩编，旅长张发奎，参谋长许志锐，下辖：

第一团　团长朱晖日，团副苏德桑，下辖：

第一营　营长马少屏；

第二营　营长缪培南；

第三营　营长利汉廷。

第二团　团长黄琪翔，团副吴奇伟，下辖：

第一营　营长李少霞；

第二营　营长吴逸志；

第三营　营长欧震。

独二旅　由原第二师第四旅改编，旅长张和，下辖第三、四团（旋被改编为第一纵队第一支队参加东征脱离第四军编制）。

独立团　团长云瀛桥。

炮兵营　营长郭思演（后梁荣机）。

1925 年 10 月，国民政府进行第二次东征。第四军当时分兵两路，李济深作为东征军第二纵队长，率陈济棠十一师和张发奎独立旅，担任东征军右翼作战；陈铭枢则以"南路各军指挥"名义率领十师和梁鸿林十二师防守南路的邓本殷。

张发奎独立旅在惠阳县热汤墟（今属惠东县安敦镇）与陈军李易标部 1 万多人恶战，阵亡营长罗子良以下 300 多人，激烈程度在此次东征中仅次于攻克惠州；和陈济棠十一师一起参加了在五华县双头（今双华）歼灭李易标部 1 万多人的战斗，共缴枪 6000 多支。十二师师长梁鸿林因兄长梁鸿楷被扣，于 10 月 18 日叛变投入邓本殷旗下。25 日，陈铭枢第十师在开平单水口迎战邓本殷、梁鸿林、徐汉臣部 1 万多人，直到 28 日朱培德部赶到，敌军才退。11 月 7 日，陈铭枢师攻占阳江，20 日与友军一起进占高州。

梁鸿林率部叛变后，国民政府明令取消梁部十二师番号，并决定增调李济深部十一师和张发奎独立旅增援南路。11 月 21 日，国民政府宣布将张发奎独立旅扩编为第十二师。

第十二师　师长陈可钰（兼），副师长张发奎，参谋长许志锐，政治部主任杨德昭，下辖：

第三十四团，由中共广东区委以大元帅府铁甲车队为基础在肇庆组建，团长叶挺，团副张来福，参谋长吴致民，少校党代表吴季严，上尉参谋董仲明（即董朗），上尉副官李毓龄，上尉军需陈卓立，下辖：

第一营　营长周士第，营附符克振，下辖：

第一连　连长莫奇标；

第二连　连长吴兆生；

第三连　连长高超。

第二营　营长许继慎，营附贺声洋，下辖：

第四连　连长卢德铭；

第五连　连长刘光烈；

第六连　连长袁也烈。

第三营　营长杨宁（又名毕士悌），营附郭焕孝，下辖：

　　第七连　连长张伯黄；

　　第八连　连长李海涛；

　　第九连　连长胡焕文。

机枪连　连长练国梁；

侦探队　队长赖元良；

辎重队　队长黄克健，下辖：

　　监视队　队长蔡晴川；

　　担架队　队长张堂坤；

　　运输队　队长符节。

第三十五团（原独一旅一团）　团长朱晖日，团副苏德燊；

第三十六团（原独一旅二团）　团长黄琪翔，参谋长吴奇伟。

11月23日，国民政府任命李济深为南征军总指挥。12月29日，陈铭枢第十师和桂军一起克复廉州（今广西合浦）。

12月，第四军将陈章甫暂编第二师与云瀛桥独立团合编为新编第二师，师长陈章甫；将在南路的原建国粤军第一军独一旅改编为新编独立团，团长陆兰培。

1926年1月16日起，张发奎和陈济棠部联合渡海作战，22日攻占琼州城和海口，邓本殷逃往越南，其部属大部投降。南征军事基本结束，广东统一。

第四军各师在南路休整时利用作战缴获进行扩编。

一是利用南路作战中收编的军队，组建第十三师。

2月，第四军将新编第二师与新编独立团合并成立第十三师，师长徐景唐（原第四军十一师副师长），参谋长李务滋，政治部主任翟瑞元。下辖：

　　第三十七团　由原新编第二师云瀛桥独立团改编，团长云瀛桥；

　　第三十八团　由原新编独立团改编，团长陆兰培；

　　第三十九团　由原陈章甫暂编第二师缩编成，团长陈章甫。

　　补充团　团长谭邃。

二是第十师将二十九、三十团编足3个营，主要兵源是第十二师梁鸿林部俘房。

三是十一师三十二团团长邓世增升任副师长，由第一营营长香翰屏提任团长。

四是张发奎协商将三十四团改为军独立团，在海南另组一个三十四团，团长许志锐。

1926 年 3 月第四军建制如下：

军长李济深，副军长陈可钰，参谋长邓演存，参谋处处长邓定远，政治部主任麦朝枢，下辖：

第十师　师长陈铭枢，副师长蒋光鼐，参谋长戴石孚，政治部主任李笠农，参谋处处长李盛宗，下辖：

第二十八团　团长蒋光鼐（兼），下辖：

第一营　营长蔡廷锴（后陈国勋、李光耀、沈光汉）；

第二营　营长黄固（后李耀武）；

第三营　营长黄质胜。

第二十九团　团长孙绳，团副方玮，下辖：

第一营　营长范汉杰（后符岸坛、丁荣光）；

第二营　营长陈巨（阵亡后由黄庆藩接，待考）；

第三营　营长袁熙圻（后张世德）。

第三十团　团长戴戟，团副吴仲禧，下辖：

第一营　营长范德星；

第二营　营长毛维寿；

第三营　营长邓定远（待考）。

补充团　团长钟继业。

第十一师　师长陈济棠，副师长邓世增（1926 年冬至 1927 年 6 月代理师长，1927 年 6 月余汉谋），参谋长李扬敬（1927 年 6 月张达），政治部主任林翼中，驻北海市，下辖：

第三十一团　团长余汉谋，团副李振球（后余子泰），参谋长余子泰（后黄涛），驻高州、雷州，下辖：

第一营　营长张鼎光（后罗连，待考）；

第二营　营长温钟声（后黄延桢）；

第三营　营长莫希德。

第三十二团　团长香翰屏，团副利树宗（后陈汉光），驻廉州，下辖：

第一营　营长陈汉光；

第二营　营长林廷华；

第三营　营长张君嵩。

第三十三团　团长黄镇球，团副（后改参谋长）叶肇（后陈公侠），驻海南岛，下辖：

第一营　营长陈见田；

第二营　营长李洁之；

第三营　营长陈公侠（后钟芳峻）。

补充团（南路收编的申葆藩部张瑞贵旅编成）　团长张瑞贵，驻钦州。

军官教导队　主任张达。

炮兵营　营长黄涛。

第十二师　师长张发奎，副师长朱晖日，参谋长许志锐（6月吴奇伟），参谋处处长李汉魂，政治部主任廖乾吾，下辖：

第三十四团　（以师先遣队、侦探队、陈慎荣部组成的别动队及邓本殷部邓承苏师参谋长王鸿饶部2000多人整编而成），团长许志锐，团副陈慎荣，下辖：

第一营　营长陈慎荣（兼）；

第二营　营长王鸿饶；

第三营　营长陈芝馨。

第三十五团　团长缪培南，团副苏德燊，下辖：

第一营　营长马少屏；

第二营　营长林祥；

第三营　营长利汉廷。

第三十六团　团长黄琪翔，团副温克刚，参谋长吴奇伟（后李汉魂），下辖：

第一营　营长李少霞；

第二营　营长陈特；

第三营　营长欧震［后温克刚（兼）］。

机枪炮兵营　营长薛仰忠；

军官教导队　队长李汉魂；

军士教导队　队长朱晖日（兼），副队长许志锐（兼）。

第十三师　师长徐景唐，副师长陈章甫，参谋长李务滋，驻高明县，下辖：

第三十七团　团长云瀛桥，驻新会；

第三十八团　团长陆兰培［后李务滋（兼）］，驻三水；

第三十九团　团长陈章甫（兼），团副张之英，参谋长周景臻，驻高明。

补充团　团长谭邃。

独立团　团长叶挺，团副罗隆，参谋长周士第，党代表云从龙，下辖：

第一营　营长曹渊；

第二营　营长许继慎（贺声洋代）；

第三营　营长张伯黄。

二、铁血之路

北京政变后，北京政府由冯玉祥和张作霖两派都认可的段祺瑞任临时执政（集总统和总理权限）。1926年4月，段祺瑞被国民军赶下台，此后1年多时间只有总理并兼代总统。当时北洋系统主要实权人物是：奉系张作霖，占据东北3省和华北直、鲁2省及京津，拥兵35万；1925年底靠第三次直奉战争（或孙奉战争）胜出的五省联军总司令孙传芳，占据东南浙、闽、苏、皖、赣5省，拥兵20万；1926年重新崛起的十四省讨贼联军总司令吴佩孚，实际据有华中湘、鄂、豫3省，拥兵20万；国民军总司令冯玉祥，据有西北热察绥甘等，最多时也拥兵20万。

1926年2月，湘军第四师师长唐生智因军费问题在湘南起兵，湘军总司令赵恒惕辞职离开。3月，唐生智入驻长沙，代理省长兼善后督办。4月，被吴佩孚任为讨贼联军湖南总司令的叶开鑫和任命为湖南省省长的贺耀祖二位湘军师长，率领湘军第一、二、三师反攻唐部，攻占长沙，并继续向湘南追击。这就是唐叶战争。

3月，广西宣布接受国民政府领导，宣告两广统一。4月1日，广东国民政府正式将广西部队编为国民革命军第七军，任命李宗仁为军长，黄绍竑为党代表，白崇禧为参谋长，下辖9个旅又2个独立团及炮、工兵2营，共4万余人；4月下旬，接到唐生智求援电报的李宗仁，一面派钟祖培旅作为广西先遣部队火速赶到衡阳救援（保住了衡阳，阻住了北洋军攻势），一面急赴广州游说北伐。

李济深被李宗仁说服派2个师先行北上稳住湘南战局，因第四军主力远在高雷和琼崖，于是驻肇庆的第四军独立团作为广东出发的北伐先遣队，在5月1日就首先出师了。5月中旬，独立团首战湖南汝城，拔之，俘敌谢文炳部100余人，缴枪200余支，自身伤亡50余人。汝城战役是广东北伐军的第一战，也是独立团组建以来的第一战。首战获胜，稳定了湘南战局。

因感到3月20日发生的"中山舰事件"中自己被架空，汪精卫于4月初出走法国。5月在国民党二届二中全会上，蒋介石当选军事委员会主席和国民党中央常务委员会主席等。

5月21日，国民党中央政治会议决定北伐，并同意收编湖南陆军第四师唐生智部为国民革命军第八军，任命唐生智为军长，（后）张翼鹏为参谋长，刘文岛为党代表兼政治部主任，下辖3个师和1个教导师，共3万多人。

6月3—5日，独立团与唐生智第八军三十九团共同作战，与敌谢文炳4个团约2000人、唐福山2个团战于安仁、攸县，大胜，俘200余人，缴迫击炮数门、机枪数挺、长短枪300余支。安攸战役一举扭转湖南战略态势。

6月5日，国民政府颁布北伐动员令，任命蒋介石为国民革命军总司令，李济深任总司令部参谋长（兼总司令部后方留守主任），白崇禧任参谋次长（代理参谋长），邓演达任政治部主任，郭沫若任政治部副主任，唐生智为前敌总指挥。

6月17日，第十师、十二师（欠三十四团）正式出师北伐，与独立团组成"前方第四军"，共1.64万人，序列如下：

副军长陈可钰，参谋长邓演存，参谋处处长薛炼，下辖：

第十师　师长陈铭枢，副师长蒋光鼐，参谋长朱绍良（后方玮），政治部主任徐名鸿，参谋处处长李盛宗，约6000人，下辖：

第二十八团　团长蔡廷锴（二十八团营长升任），团副蒋严博；

第二十九团　团长范汉杰（二十九团营长升任），团副方玮；

第三十团　团长戴戟（8月吴仲禧代），团副吴仲禧（后古勋铭，即古鼎华）。

第十二师　师长张发奎，副师长朱晖日，参谋长吴奇伟，政治部主任廖乾吾（兼），参谋处处长张云逸，副官处处长张弛，约6000人，下辖：

第三十四团（暂留海南整训）　团长许志锐，团副陈慎荣；

第三十五团　团长缪培南，参谋长邓龙光；

第三十六团　团长黄琪翔，参谋长李汉魂。

独立团　团长叶挺，团副罗隆，参谋长周士第，党代表云从龙，约2300人。

炮兵营　营长薛仰忠。

7月1日，国民政府发表《北伐宣言》，决定由唐生智率领第四军（2个师又1个独立团1.6万人）、第七军（4个旅约2万人）和第八军（4个师3万多人）进攻湖南、湖北，其他部队对江西和福建采取守势。

7月3日，独立团与第十师、十二师主力会师于攸县，因副军长陈可钰未到达，由陈铭枢统一指挥第四军各部；4日，第四、七、八军分三路同时发动进攻。

7月9日，国民政府在广州举行北伐誓师大会，正式出师北伐。

7月10日，第四军攻克重镇醴陵，击破谢文炳、唐福山主力。醴陵战役毙敌数百，俘敌500余人，缴山炮2门、机枪数挺、步枪1000余支，自身伤亡300余人。11日，第八军攻占长沙，俘敌旅长以下2000多人。

8月15日，蒋介石发布第二期作战计划，唐生智为前敌总指挥兼中央军总指挥，率第四、七、八军攻取武汉；朱培德为右翼军总指挥，率第二、三和十四军（刚由赖世璜部编成）监视江西；袁祖铭为左翼军总指挥，率第九、十军（刚由贵州部队编成）进攻湘鄂西；第一、六军为总预备队，随中央军推进。

同时，为巩固后方治安，将广东全省划为7个警备区：

广属警备区　司令由第一军第二十师师长钱大钧兼；

惠州警备区　司令由第六军第十八师师长胡谦兼；

潮梅警备区　司令由第一军军长何应钦兼；

南韶连警备区　司令由第二军教导师师长陈嘉祐兼；

肇罗阳五邑警备区　司令由第四军第十三师师长徐景唐兼；兼辖新编的广东守备第一团团长严博球、第二团团长韩汉英、第三团团长曾友仁；

高雷钦廉警备区　司令由第四军第十一师师长陈济棠兼；

琼崖警备区　司令由第四军第十二师三十四团团长许志锐兼。

同时，第五军重新进行编配，由李福林任军长，谢建诚任总参议，刘敏任参谋长，李朗如任副党代表兼政治部主任（旋改赵承烈继任政治部主任），苏世杰任秘书长，刘超常任参谋处处长，陈其瑞任副官处处长，李景治任经理处处长，汤秉忠任军医处处长；

李群任第十五师师长，林驹任副师长，何家瑞任参谋长，黄梦熊任政治部主任，黄相、李林、黄炳堃任第四十三、四十四、四十五团团长；

练炳章任第十六师师长，王若周任副师长，邹镜清任参谋长，曾时澜任政治部主任，陆满、郑为楫、陈伟图任第四十六、四十七、四十八团团长；

周定宽任炮兵团团长。

中央军由四军担任主攻，七军担任助攻，八军担任策应。四军和七军会攻湘北敌军的支撑点平江。平江是敌人的最后一道防线，敌军为老北洋部队2万余人。此时陈可钰已经来到部队，各部奋勇向前，二十八团团长蔡廷锴表现非常勇猛，和三十团团长戴戟都受了伤。后来三十六团从城东迂回到城北，一举突入城内；独立团也趁乱抓住机会攻入东门。最后敌军主将混成旅旅长陆澐自杀，敌军被全歼。平江战役共计俘敌1500多人，缴山炮11门、机关枪5挺、长短枪1000余支，四军伤亡173人。经此一战，湘北敌人仓皇退入鄂南。

汀泗桥是湖北咸宁县南部的一个小集镇，三面环水，一面高山，粤汉铁路斜贯全镇，守敌是湖北暂编第一师宋大霈部和洛阳军校6000多人组成的2个装备先进的军官督战团，湖北督军陈嘉谟亲率第十三混成旅增援。第四军各部于8月26日猛攻一天，无甚进展。晚上作战会议上，有人认为部队连日作战行军，战力消耗很大，猛攻一天无进展，建议暂时退军整补后再攻。但叶挺坚决反对，他要求次日拂晓集中全力总攻，他愿率部打先锋。此议得到黄琪翔团长的赞同。深夜，黄琪翔率三十六团在当地农民向导引领下利用暗夜在上游涉水渡河，占领中央最高阵地数处及其炮兵阵地；再与正面的叶挺独立团和第三十五团配合，在拂晓时攻下了要塞。汀泗桥战役毙敌1000余人，俘敌2453人，缴获大炮4门、机枪9挺、步枪3000余支，四军伤亡1000多人。

接着独立团不顾作战疲劳，一鼓作气奔袭数十里，夺占咸宁城。

* 链接：汀泗桥北伐阵亡将士陵园

该陵园位于湖北省咸宁市咸安区汀泗桥镇。为纪念1926年北伐军在攻打汀泗桥战役中牺牲的134名将士，1929年在铁路东侧西山兴建烈士墓、纪念碑和纪念亭。纪念碑碑文"国民革命军第四军北伐阵亡将士纪念碑"，由胡汉民题写。

贺胜桥是咸宁北部的一个小集镇，东、西两面是湖泊，只有一条粤汉铁路桥可通行，再往北至武昌已无险可守。此时，在南口打败国民军的吴佩孚已挥师来到，他亲自督战，压上他全部的精锐第十三混成旅、第八师、第二十五师，加上汀泗桥战役的残兵败将共计10万多人，构筑了三道坚固的工事。北伐军3个军已集中在咸宁，总司令蒋介石也来到咸宁部署，决定由第四军主攻，第七军配合，第八军为预备队，进攻贺胜桥。可以说贺胜桥旁边集中了当时全中国最精锐的部队。四军的部署：十二师为攻击队，十师为总预备队；独立团任右翼主攻，三十五团任左翼主攻，三十六团则作为师的预备队。8月30日，独立团和三十五团猛攻冲入敌阵，被优势敌人反包围。四、七军全线出击，依仗旺盛士气，有进无退，死拼到底。北洋军终于支撑不住，吴佩孚亲率卫队、宪兵队、军官队、学生队督战，并在桥头架设机关枪和大刀队严防溃兵，后又亲手连砍旅团长数人。但无路可走的溃军反向冲锋冲垮了督战队，数万人一哄而过，连夜逃往武昌。贺胜桥战役毙敌 1000 余人，俘敌 2545 人，缴获大炮 20 门、机枪 30 挺、步枪 2000 余支。北伐军伤亡 497 人。

* 链接：贺胜桥北伐军烈士陵园

该陵园在武汉市江夏区山坡乡的 107 国道旁，陵园里有一个大墓，上书"国民革命军第四军北伐阵亡将士之墓"，还有一个六角纪念亭和一个纪念碑。纪念碑顶部四面刻有国民党党徽，并由上至下竖刻有碑文"民国十八年十月 / 国民革命军第四军北伐阵亡将士纪念碑 / 胡汉民敬题"。

8 月 31 日晚上，北伐军跟踪追击至武昌城下。武昌守敌是刘玉春等部 3 万多人。北伐军从 9 月 1 日围城到 10 月 10 日破城，围攻 40 天，分三个阶段：9 月 1—6 日，两次强攻，为第一阶段，攻城军司令为第七军军长李宗仁，副司令为第四军副军长陈可钰，作战部队有第七军、第四军、第一军第二师；9 月 7 日至 10 月 8 日，实施围城，为第二阶段，攻城军司令为陈可钰，作战部队主要由第四军担任，第八军、第十五军各一部在长江江面负责警戒；10 月 9—10 日，占领武昌，为第三阶段，作战部队为第四军、第八军一部，其中第十二师三十五团捕获守城司令刘玉春。整个武昌战役，北伐军俘敌 1.1 万多人，缴获大炮 18 门、机枪 116 挺、步枪 7000 余支，第四军伤亡 2000 余人，牺牲最大的是独立团。（有人评第四军三将领指挥特点：张发奎之蹈厉无前，陈铭枢之指挥若定，叶挺之勇冠三军。）

* 链接：独立团烈士陵园

该陵园位于湖北省武汉市武昌区洪山南麓街道口。原为 1926 年秋北伐战争中，国民革命军第四军独立团攻打武昌城战役中牺牲的官兵合葬墓，1927 年建成，称北伐军官兵公墓。墓前立有碑记，碑上刻有"先烈之血""主义之花""无产阶级的牺牲者"和一营营长曹渊等 191 位阵亡官兵的英名。1977 年重建。1986年扩建为陵园，兴建了一座纪念碑和牌坊。牌坊匾额上有邓小平同志题写的"独立团烈士陵园"七个大字，纪念碑上刻有徐向前同志题字"北伐战争中牺牲的革命先烈永垂不朽"。

9月3日，蒋介石任命第一军军长何应钦为东路军总指挥，率第一军第三师、第十四师等准备入闽作战。10月开始进攻，12月攻占福州。

9月7日，汉阳、汉口为革命军占领后，吴佩孚北逃，武昌之敌成瓮中之鳖，由急攻改为围困；而孙传芳20万大军除一部在福建外，其余已调入江西；于是总司令部决定分三路攻赣：右翼由蒋介石亲自率第一军第二师、第二军、第三军担任，中翼由程潜率第一军第一师、第六军担任，左翼由李宗仁率第七军担任。9—10月二次攻打南昌失败。10月，总司令部调整部署，制订"底定江西计划"，于11月1日总攻。

10月27日，除留下第十师三十团卫成武汉（陈铭枢任武汉卫成司令），独立团进驻鄂城警戒，张发奎、蒋光鼐带十师二十八、二十九团和十二师三十五、三十六团入赣。11月2日和4日连续在马回岭地区激战，第四军打败了号称北洋精锐的孙传芳部队，第四军共伤亡700多人，牺牲了三十六团二营长陈特（由梁秉枢接任）。

11月6日，南昌克复，孙传芳逃往南京，随后北上天津向张作霖求援。

11月下旬，第四军全部班师武汉。张发奎被提拔为第四军中将副军长。

11月组成第二届广东省政府，孙科任主席，以陈树人为民政厅厅长（后朱家骅代）、宋子文为财政厅厅长、孙科兼建设厅厅长（后陈耀祖）、许崇清为教育厅厅长、徐权伯为司法厅厅长（后陈融）、李济深兼军事厅厅长（后徐景唐）、陈孚木为农工厅厅长、李禄超为实业厅厅长、周佩箴为土地厅厅长，秘书长连声海，委员还有甘乃光、刘栽甫、何香凝、李朗如。

国民军总司令冯玉祥9月已在绥远五原（今属内蒙古自治区五原县）誓师，就任北方国民革命军总司令，宣布服从"三民主义"，将部队改编为国民联军；吴佩孚和孙传芳被打败后，北洋军阀中只剩下张作霖一个实力派。11月29日，在孙传芳和直鲁联军总司令张宗昌提议下，以北方15个省名义组织安国军，公推张作霖为安国军总司令。然后派鲁军一部南下到江苏浦口布防协助孙传芳。

1927年1月25日，武汉社会各界根据粤侨联社的倡议为第四军召开庆功会，铸铁盾一座以表彰第四军功绩。张发奎作为代表接受盾牌。

* 链接：铁军盾牌

铁军盾牌正面镌红色"铁军"二字，背面题词是：

烈士之血，主义之花，四军伟绩，威震遐迩。能守纪律，能毋怠夸，能爱百姓，能救国家。摧锋陷阵，如铁之坚，革命担负，如铁之肩。功用若铁，人民倚焉。愿寿如铁，垂亿万年。

第四军被称作"铁军"由此而来，从此进入黄金时代。狭义上的"铁军"只指陈可钰副军长指挥的北伐第四军（后由张发奎部继承番号），广义上的"铁军"还包括北伐第四军第十师陈铭枢部扩编的第十一军，甚至包括后方第四军李济深、陈济棠带领的整个第四军的部队。

三、铁军分家

1927年1月扩编后的铁军编制如下：

第四军　军长张发奎，参谋长邓演存（薛岳代），政治部主任廖乾吾，参谋处处长薛炼，下辖：

> 第十二师　师长黄琪翔，副师长缪培南，参谋长吴奇伟，参谋处处长张云逸，下辖：
>
> > 第三十四团　团长许志锐；
> >
> > 第三十五团　团长马少屏（三十五团营长升任）；
> >
> > 第三十六团　团长黄琪翔（兼），团副吴逸志，参谋长黄国俊。
>
> 第二十五师（扩建）　师长朱晖日，副师长叶挺，参谋长李汉魂，下辖：
>
> > 第七十三团（原独立团改编）　团长周士第（原团参谋长），参谋长许继慎（营长符克振、卢德铭、蒙九龄）；
> >
> > 第七十四团（三十五、三十六团各抽调一部组成）　团长张弛（师副官长调任），参谋长王尔琢；
> >
> > 第七十五团（由独立团直属队扩编）　团长叶挺（兼），副团长张堂坤（营长孙一中、蔡晴川、周子昆）。

第十一军　军长陈铭枢，副军长蒋光鼐，参谋处处长张襄，副官处处长萧组，政治部主任余心一（3月徐名鸿），下辖：

第十师　师长蒋光鼐（兼），副师长范汉杰，参谋长张襄（后丘兆琛），参谋处处长丘兆琛，副官长邓志才，下辖：

　　第二十八团　团长黄质胜（原二十八团营长升任）；

　　第二十九团　团长方纬（原二十九团团副升任）；

　　第三十团　团长陈维远（原二十二师参谋长）。

第二十四师（新建）　师长戴戟，副师长蔡廷锴，参谋长吴仲禧，下辖：

　　第七十团（新建）　团长范德星（三十团营长升任）；

　　第七十一团（新建）　团长毛维寿（三十团营长调任）；

　　（后）第七十二团（新建）　团长黄庆藩（二十九团营长升任）。

随着张发奎和陈铭枢分别提拔为军长，第四军"三家分晋"初步形成。

---

* 链接：扩编中隐藏的秘密

十师扩成十一军，副师长蒋光鼐和三十团团长戴戟（老资格团长）升任师长，二十八团团长蔡廷锴和二十九团团长范汉杰升任副师长。戴戟和蔡廷锴去新组建的二十四师任正副师长，都离开了他的老部队；范汉杰虽仍在十师，可他原任的二十九团团长职务不久后却给了团副方纬，而且与蔡廷锴私交甚密的张世德担任主力营长。这个安排十分精妙，大家都升官了，但大家对各自老部队的控制都不同程度削弱了，在人事上互相牵制，都形不成独大的局面。

十二师扩成第四军的问题就更复杂一些。之前独立团虽然配属十二师指挥，毕竟正式身份是军属的独立团，此次扩编又正式纳入了张发奎系统的建制，这不能不说是张发奎的胜利。不过，当时共产党还没有独立建军的条件，所以叶挺部栖身张发奎处，也是一个可以接受的选择，但引人注目的是叶挺没有当上师长。因为张发奎采用了和十师扩编同样的方案，原副师长升任其中一个师的师长，一个主力团长升任一个师长，即副师长朱晖日升任新组建的二十五师师长，三十六团团长黄琪翔升任十二师师长。问题是叶挺的战功不比黄琪翔小，且独立团级别本就高于普通团，但叶挺只是任二十五师副师长兼七十五团团长，看样子好像没升。但张发奎比较厚道，官没让叶挺升到位，部队扩编可是落到了实处，原来的独立团此时改编为七十三团，然后将七十三团接近2个营的直属队抽出，再从湖南、广东招些新兵来，组成七十五团，等于叶挺控制了二十五师2个团，比师长朱晖日更实惠。

1927 年 2 月，东路军攻占杭州；3 月，北伐军光复安庆，攻占南京，进入上海，孙传芳和前来支援的鲁军仓皇北逃，整个长江中下游全部为革命军据有。

随着时局的变化，汉方和蒋方已经到了破裂的边缘。3 月，国民党二届三中全会通过《统一党的领导机关决议案》等一系列提高党权、防止个人独裁和军事专制的决议，取消了蒋介石的中央常务委员会主席和军人部部长职务。

3 月，由陈铭枢带头，蒋光鼐、戴戟、范汉杰等十一军的高级将领陆续跟随投奔蒋介石，只留下一个副师长蔡廷锴在位。

4 月 12 日，蒋介石在上海"清共"；4 月 15 日，李济深在广州"清共"；4 月 18 日，蒋介石在南京另立"国民政府"（以后简称南京政府或宁方），胡汉民为国民政府主席，蒋介石为军事委员会主席兼国民革命军总司令，拥有粤、桂、闽、浙 4 省和苏皖各一部。

4 月 10 日，汪精卫到达武汉，复任（武汉）国民政府（简称汉方）主席职务，并担任了国民党中央常务委员会主席。4 月 15 日，国民党中央执行委员会常委会决议开除蒋介石党籍，并免其本兼各职，国民革命军全部由军事委员会直辖。此时武汉政府拥有湘、鄂、赣 3 省。

4 月，武汉国民政府任命张发奎兼任十一军军长。

4 月中旬的铁军编制如下：

第四军　军长张发奎，副军长（代军长）黄琪翔，参谋长邓演存（后由薛炼代），政治部主任廖乾吾，参谋处处长薛炼。下辖：

第十二师　师长黄琪翔（兼），副师长缪培南，参谋长王超（后吴致明），下辖：

第三十四团　团长吴奇伟（原师参谋长）（二营长黄作嵩、三营长钟洪）；

第三十五团　团长马少屏（营长黄世途）；

第三十六团　团长李汉魂（原二十五师参谋长）（营长李少霞、梁秉枢）。

第二十五师　师长朱晖日，参谋长吴涵，下辖：

第七十三团　团长周士第，团副吴德明（营长符克振、董仲明、陈昌华）；

第七十四团　团长张弛（三营长许淑民）；

第七十五团　团长李江（原师补充团参谋长）（营长孙一中、蔡晴川、练国梁）。

工兵营　营长罗策群。

（后）骑兵团（5月初在河南驻马店收编的陕军骑兵团改编，后缩编为骑兵连，回师时解散）　团长崔华。

北伐先遣纵队（收容武胜关以南的原国民二军部队编成）　纵队长郑思成（原国民二军师长），下辖董其武等支队。

第十一军　军长张发奎（兼），参谋长谢婴白，参谋处处长张襄，副官处处长萧组，政治部主任徐名鸿，下辖：

第十师　师长蔡廷锴，副师长许志锐，参谋长丘兆琛，副官长邓志才，下辖：

第二十八团　团长黄质胜；

第二十九团　团长张世德（二十九团营长升任）；

第三十团　团长范荩（字孟声，原黄埔军校少校队长调任）。

第二十四师　师长叶挺，副师长方玮，参谋长黄庆藩（后徐光英），下辖：

第七十团　团长古鼎华（原三十团团副升任）（原团长范德星弃职）（一营营长董朗，三营营长陈昌华）；

第七十一团　团长欧震（原三十六团营长）（原团长毛维寿弃职）（二营营长廖快虎）；

第七十二团　团长许继慎（原七十三团参谋长）、副团长廖运泽（一营营长宛旦平、二营营长黄克健）。

第二十六师（收编的黔军彭汉章第九军第二师改编）　师长杨其昌，副师长（代师长）吴仲禧，参谋长陈师许，政治部主任周钦岳，下辖：

第七十六团　团长沈久成（留任）；

第七十七团　团长蒋先云（原第一军团党代表、湖北工人纠察总队长）；

第七十八团　团长林祥（原三十五团营长升任）。

警卫团　团长邓鄂（原十三师三十七团营长、邓龙光之弟）。

教导营（由韩浚在湖北招收500学生编成）　营长韩浚。

奉军从1927年1月开始向河南开进，2月占领黄河以北；3月继续南进攻占郑州，4月占领洛阳。吴佩孚经豫西南下，避入四川。

虽然宁汉分裂，考虑到大敌当前，且北伐可以与已攻占陕西并表示奉武汉政府为正统的冯玉祥国民军会师，打通国际联系，于是武汉国民政府决定同意南京政权"双方承认既成事实，分道北伐，会师北京后再开会解决党内纷争"的建议，继续北伐。1927年4月19日，在武汉南湖举行第二期北伐誓师典礼。宣布由唐生智任总指挥，分三路进攻：

右路：以张发奎为第一纵队司令，指挥第四、十一2个军（欠第二十四师）和贺龙独立十五师，经上蔡攻开封；

中路：以刘兴为第二纵队司令，指挥第三十五、三十六2个军，沿京汉铁路正面进攻郑州；

左路：以魏益三为第三纵队司令，指挥新收编的河南保卫军和暂三军、暂五军等部，进攻荥阳。

5月1日，武汉国民政府任命冯玉祥为国民革命军第二集团军总司令，冯玉祥即在西安宣誓就职，随即率军东进。

唐生智指挥三路大军集中到河南驻马店地区后，5月13日开始总攻。张发奎指挥的第四、十一2个军，第十、十二、二十五、二十六4个师及配属指挥的贺龙独立十五师（黔军彭汉章第九军第一师改编，实为湘军），与北洋最后一大势力、纵横北中国无敌手的张作霖奉军决战。

上蔡战役。5月14日，右路军与奉军在上蔡接战。经三次恶战，17日奉军撤退，困守城里的奉军第十一军第十二旅富双英部投降，被改编为第四军第二十一师。此役铁军伤亡2600多人，其中团长张弛伤，营长许淑民亡。

右路军继续北进，克商水和周口；而中路军攻占西平车站后，又克复漯河。

临颍战役。5月27日，北伐大军迫近临颍城下，因兵力和武器都处于劣势，全力以赴，战至28日下午，奉军撤退。城内守军炮兵团在团长李恒华的率领下投诚。临颍战役是北伐以来最激烈也是伤亡最大的战役，铁军伤亡5000多人，团长蒋先云牺牲（由团副孙天放代理团长）、吴奇伟和沈久成负伤，但此役歼敌1万多人，彻底击溃装备精良的张学良指挥的河南前线的奉军，威名更大！

5月30日，中路军与冯玉祥部会师郑州；6月1日，右路军占领开封。

叶挺率二十四师留守，指挥正在训练的二十四师七十二团和二十五师七十五团镇守武汉。当5月13日夏斗寅部乘虚偷袭武汉时，叶挺带这2个正在整训的团及中央军校师生临时编成的独立师，在纸坊镇打败了夏斗寅部，并追击到汀泗桥。

6月10日郑州会议上，汪精卫为首的中央政治委员会决定设立开封政治分会，任命冯玉祥为主席，指导陕、甘、豫三省党务和政务。6月12日，北伐军开始班师，19日回到武汉。至此，铁军打败了当时国内三大军阀——吴佩孚直系军、孙传芳的五省联军和张作霖奉系军，足迹踏遍湘、鄂、赣、豫四省。

＊ 链接：“三字经”部队

第二期北伐时北伐军与奉军战于河南。张发奎所部每战，无论官兵，齐声高呼“丢那妈”（粤语粗话，其含义与普通话中的“他妈的”相似，用于表达愤怒、不满或惊讶的情绪），只打三四枪后，就整排整连地发起前仆后继、有进无退的冲锋，即使后队踏尸而过也毫无畏惧，然后与敌肉搏。此势奉军前所未见，无不气馁。而炮兵方面，奉军炮声一响，北伐军马上大喊着“三字经”冲锋，迎炮烟起处而去，直至夺炮方止。如此几次，奉军虽多炮，但竟不敢再用，步兵则闻“三字经”而溃。从此“三字经”部队名震天下。

南京政府的部队也于 5 月继续北伐，下旬占领安徽蚌埠，6 月初占领江苏徐州。6 月 19 日，冯玉祥又到徐州与蒋介石开会，通电反对武汉政府。

武汉政府于 6 月下旬至 7 月初对部队进行了再次整编。铁军各部改编为第二方面军，总共 4 万余人，编制序列如下：

总指挥张发奎，党代表兼政治部主任郭沫若，参谋长谢婴白，参谋处处长吴涵，副官处处长吴仲禧，经理处处长陈劲节，秘书长高语罕，下辖：

第四军　军长黄琪翔，副军长缪培南，参谋长叶剑英，参谋处处长薛炼，副官处处长陈慎荣，经理处处长何尚清，军医处处长郭燮和，政治部主任廖乾吾，下辖：

第十二师　师长缪培南（兼），副师长吴奇伟，参谋长王超，参谋处处长罗藜，副官处处长苏德燊，经理处处长黄华南，下辖：

第三十四团　团长吴奇伟（兼）；

第三十五团　团长马少屏；

第三十六团　团长李少霞（三十六团营长升任）。

第二十五师　师长李汉魂，副师长张弛，参谋长张云逸，副官处处长丁建三，经理处处长谢潮，政治部主任林增华，下辖：

第七十三团　团长周士第，团副符克振；

第七十四团　团长黄世途（三十五团营长升任），参谋长王尔琢；

第七十五团　团长李江，团副张堂坤，参谋长张启图。

第二十一师（奉军第十一军第十二旅改编）　师长富双英。

北伐先遣纵队　纵队长郑思成（该部东征到九江后不久改归安徽宣慰使

柏文蔚指挥，后改编成师，驻合肥。1928 年被遣散）。

第十一军　军长朱晖日，副军长叶挺，参谋长吴涵，政治部主任徐名鸿，下辖：

第十师　师长蔡廷锴，副师长陈芝馨，参谋长苏兆琛，副官处处长邓志才，经理处处长叶少泉，下辖：

第二十八团　团长陈芝馨（三十四团团副升任），参谋长徐石麟；

第二十九团　团长张世德，团副彭铭；

第三十团　团长范荩。

第二十四师　师长叶挺（兼），副师长方玮，参谋长徐光英，政治部主任陈兴霖（即陈子坚），下辖：

第七十团　团长古鼎华，团副董仲明，参谋长杨溥泉；

第七十一团　团长欧震，团副兼参谋长刘明夏；

第七十二团　团长许继慎（后孙树成），参谋长史书元；

教导大队　大队长孙树成。

第二十六师　师长许志锐，副师长沈久成，参谋长王尊武，副官处处长朱景晖，经理处处长毛体充，下辖：

第七十六团　团长沈久成（兼）；

第七十七团　团长胡公冕（原北伐军总司令部副官处处长，后黄新）；

第七十八团　团长林祥。

暂编二十军（独立第十五师扩编）　军长贺龙。

炮兵团（在河南临颍收编的奉军炮兵团改编）　团长李恒华，有山炮 30 多门，野炮 4 门，重迫击炮多门；

教导团（武汉中央军校 7 月改编）　团长谢婴白（兼），参谋长季方；

警卫团（6 月由原侯连瀛工兵团改编，也称国民政府警卫团）　团长卢德铭（原七十三团参谋长），参谋长韩浚。

* 链接：张发奎与共产党人

据不完全统计，张发奎部队里至少有 2500～3000 名共产党员，第四军三任政治部主任罗汉、张善铭、廖乾吾，十一军副军长兼师长叶挺，第二方面军总指挥部秘书长高语罕都是公开的共产党员，还有四军参谋长叶剑英等人是秘密的共产党员。张发奎深知共产党员刻苦耐劳、勇于牺牲的优良精神，是共产党的帮助才使他的部队具有如此强大的战斗力，所以在北伐的国民党将领中，他对共产党是最友好的，他不赞成"分共"，认为即使"分共"也不赞成使用暴力。当时武汉流传："蒋介石屠杀共产党，朱培德礼送共产党，张发奎收容共产党。"[1]这正是当时国民党里面右、中、左三派对于中共的态度。张发奎容纳中共将其指挥的武汉工人纠察队等武装和湖南"马日事变"后撤退出来的许多党员编入其第二方面军有两个原因，首先是张发奎是国民党左派，当时坚决反蒋，还能与中共合作，成为共产国际派出的加伦将军提出依托"回粤徐图发展"策略的合作人选；其次是张部共产党员勇于牺牲的精神，才铸就成他的"铁军"品牌，才让其第二方面军能在第二期北伐中打败比吴佩孚直军更加精锐更加强大的奉军。所以共产党在南昌起义的主席团里仍有张发奎的名字，暴动部队仍称第二方面军，贺龙只是代总指挥。共产党能有力量发动三大起义，确实是张发奎"容共"的结果。共产党能有力量发动三大起义，确实是张发奎"容共"的结果。巧合的是，两年后共产党发动的百色起义，张发奎也帮了大忙，因为他拉上桂军全部主力一起参加第二次新粤桂战争进攻广东去了。

安国军下令在河南省撤兵的同时，亦电令张宗昌弃苏保鲁，所以当奉军退抵河北时，直鲁军亦即回撤山东。在孙传芳、张宗昌拥戴下，张作霖终于登上北京中华民国政府的元首地位，于1927年6月18日在怀仁堂就任海陆军大元帅。而山西督军阎锡山于6月3日改悬青天白日满地红国旗，并把所属12万晋军改编为北方国民革命军。

因武汉政府的北面冯玉祥、西面的西南军阀、南面的李济深都倒向东面的蒋介石南京政权，四面楚歌，财政崩溃，所以在1927年7月15日武汉政府宣布"分共"后两天，汪精卫、唐生智正式决定东征讨伐蒋介石。部队到达江西后，因汪精卫、唐生智等密谋召开庐山会议，准备逼叶挺等共产党人离开军队，中共遂于8月1日在南昌城头插起了红旗，铁军血脉的第十师、二十四师、二十五师大部和贺龙（湘军）二十军一起参加了南昌起义。暴动部队南下到进贤的时候，作为前锋的第十师从暴动部队中脱离。

至此，北伐铁军正式分裂成三个部分，即叶挺系统、张发奎系统、陈铭枢蒋光鼐蔡廷锴系统。此后这三部分铁军血脉，再加上留守后方的第四军陈济棠部，陷入不断的混战之中，命运各不相同，但铁四军永远是他们辉煌的记忆。

[1]贺诚：《从北伐战争到解放战争》，《革命回忆录》第21辑，人民出版社1986年版，第30页。

第三节 铁军余韵绵绵长

以南昌起义和蔡廷锴随后"进贤送客"为标志,处在极盛时期的北伐铁军一下子分成三个部分。这三个系统各有各的政治立场。叶挺的中共系统铁军公开打起红色旗帜和国民党对着干;张发奎系统则在政治上支持汪精卫集团;陈铭枢、蒋光鼐、蔡廷锴系统则坚定地拥护蒋介石集团。除此外,还有李济深率领留守广州的"后方第四军"后来变成陈济棠系统,这个系统基本上处于半独立状态,直到"两广事变"后被蒋介石收编。"粤系军"的旗帜至少坚持到1950年5月海南岛解放时止。在国民党军的三大粤系派别中,陈铭枢系是在发动"福建事变"失败后被蒋介石改编(其高官则继续反蒋最后参加中共政权留在大陆),张发奎系和陈济棠系解放战争后期是被从叶挺独立团发展而来的人民解放军歼灭,残部逃离大陆前往台湾。

---

* 链接:铁军内部派别

第四军内部存在地域矛盾。从部队来源来看,第十师属于广(州)肇(庆)系,来自广州和珠三角;第十一师来自粤西的钦(州)廉(州)高(州)雷(州)一带;第十二师是客家系,来自梅州和韶关。共产党领导的独立团与十二师较为亲近,叶挺和张发奎都是客家人;徐景唐部较弱,后来被陈济棠兼并。据说当年地方方言也是划分派别的一个标志,张发奎、薛岳的部队说客家话,蒋光鼐、蔡廷锴的部队说广州话,陈济棠的部下会讲湛江雷州话的人很吃香。潮汕人在陆军系统中受排挤,他们只能投奔海军,与福建人认老乡。

一、叶挺独立团系统——人民解放军之源头

（一）南昌起义诞生新型军队

1.武汉政府"分共"引发南昌起义

第四军叶挺独立团是中共倾心打造的一支部队，从团长到连长，基本都是党员。团长叶挺是粤军宿将，中级军官是黄埔毕业的新锐，基层军官都是经过考验的工农分子。当1926年4月唐生智败退到湘南的危险时刻，共产党拿出他们仅有的军事力量——刚刚组建还不足半年的独立团，作为北伐的先锋，于5月入湘援助唐生智并顶住北洋军的进攻。经过半年血战，直到打下了湖北武昌。1927年1月扩编时，共产党控制的部队发展到2个团。随后苦心经营，至1927年7月武汉政府"分共"时，共产党已基本掌握了第十一军第十师三十团，二十四师七十、七十一、七十二团，第四军二十五师七十三、七十五团，第二方面军警卫团等7个团。

7月15日武汉政府宣布"分共"，17日决定"东征讨蒋"。当时中共掌握的部队主要集中在张发奎第二方面军，而张发奎到达江西九江后并不想"东征"，而是想南下广东，于是中共临时中央决定"依张回粤"，派临时中央常务委员李立三等人到九江与叶挺一起组织行动。叶挺副军长率领第二十四师作为东征先遣部队，于7月中旬到达九江。20日，李立三与叶挺等人在九江开会研究，认为张发奎不会继续与共产党合作，建议将党掌握的武装脱离张发奎并联合贺龙部，在南昌组织暴动。23日，贺龙率部到达九江。同日，汪精卫、唐生智等密谋准备召开庐山会议逼叶挺等共产党人离开军队，第四军军长黄琪翔将会议内容透露给了参谋长叶剑英，叶剑英连夜下山。24日，叶剑英、叶挺、贺龙、高语罕、廖乾吾5人来到九江市区的甘棠湖畔，他们租了一只小划子，装作游湖赏景的模样进行磋商，决定不执行张发奎将部队开往德安的命令，而是依次开到南昌去（这就是历史上著名的"甘棠湖小划子会议"）；同日，中共临时中央批准了计划，并派周恩来任前委书记领导组织暴动。27日，叶挺第二十四师和贺龙第二十军及受叶挺指挥的蔡廷锴第十师到达南昌。

8月1日凌晨，第二方面军第十一军第十师、二十四师和第二十军发动南昌起义，经过4个多小时战斗，消灭了南昌城敌军3000多人（驻守南昌城的国民党部队主要为第五方面军警卫团，第三军二十三、二十四团，第九军七十九、八十团，第六军五十七团，总兵力约6000人）。当日驻九江马回岭的第四军第

二十五师七十三团、七十四团机枪连和七十五团3个营在聂荣臻率领下参加暴动，并于次日到达南昌。

参加南昌起义的第二方面军有2.3万余人，其中有铁军部队第十师5000人、第二十四师5500人，第二十五师七十三、七十五团约3000人。暴动后进行了整编，序列如下：

中共中央前敌委员会书记　周恩来

中央代表　张国焘

国民革命军第二方面军

总指挥　张发奎（未参加）　贺龙（代）

前敌总指挥　黄琪翔（未参加）　叶挺（代）

参谋长　刘伯承

总政治部主任　郭沫若（8月5日到任）　恽代英（代）　副主任章伯钧

国民革命军第十一军（辖第十、第二十四、第二十五师）

军长叶挺，党代表聂荣臻（后徐宝珊），政治部主任陈公培，（后）徐名鸿，下辖：

第十师　师长蔡廷锴，党代表顾炎，参谋长徐××，参谋处处长李盛宗，下辖：

第二十八团　团长陈芝馨，参谋长徐石麟；

第二十九团　团长张世德，指导员秦元邦，团副彭铭，参谋长张一德；

第三十团　团长范荩，参谋长陈××，　政治处主任张建候。

第二十四师　师长古鼎华（后董仲明），党代表颜昌颐（后阳翰笙），（后）副师长欧震，参谋长徐光英（后蔡申熙），政治部主任阳翰笙（后陈子坚）（政治部组织科科长靖任秋）

第七十团　团长区寿年（原二十八团三营营长），团副董仲明（即董朗），参谋长杨溥泉，下辖：

第一营　营长刘畴西；

第二营　营长董仲明（兼）；

第三营　营长陈颂华。

第七十一团　团长欧震（后代团长刘煜祖、刘明夏），指导员梅龚彬（后黄云谷），参谋长刘明夏（后邹范），下辖：

第一营　营长吕承文（后魏豪、魏权），其中一连连长冯冠英，三连连长郑明英；

第二营　营长廖快虎（后何刚），其中六连连长陶铸，七连连长毛存湖，八连连长何刚，指导员萧克（后任四连连长）；

第三营　营长江彩萍（后黄序周），其中九连连长余涛。

第七十二团　团长孙树成（后史书元），指导员李逸民（后白鑫），团副廖运泽，参谋长宛旦平，下辖：

第一营　营长黄克健；

第二营　营长李鸣珂；

第三营　营长袁也烈。

教导大队　副大队长申朝宗，副总队长龚培元，连长刘楚杰，连指导员王全芝，学员：班长粟裕，副班长谭家述、吴高群、姜振海、滕久忠、洪超等。

第二十五师　师长周士第，党代表兼政治部主任李硕勋，参谋长张云逸（未到职），参谋处处长游步仁，经理处处长符克振，军需主任周廷恩，政治部主任梁伯隆（政治部宣传科科长毛泽覃），副官长刘得先，下辖：

第七十三团　团长周士第（兼，后黄浩声），（后）指导员陈毅，团副符克振，参谋长余增生（即余乐醒），军需主任周廷恩，1200多人，下辖：

第一营　营长符克振（兼，后肖泽禄），党代表蔡协民，其中一连连长陈毅（同名不同人），二连代连长彭明治，三连连长杨忠和；

第二营　营长黄征泮，其中五连连长张子良，六连连长秦悦军（后聂鹤亭），七连连长林彪（排长彭明治）；

第三营　营长蒙九龄（后周子昆），其中十一连代连长许光达；

工兵连连长胡长青。

第七十四团　（由第二十四师教导大队大部、起义的机枪连、南昌党员青年700多名组成）　团长孙树成，团副申朝宗，参谋长王尔琢，800多人，下辖：

第一营　其中三连政治指导员袁国平，班长彭遨、覃苏；

第二营　其中五连连长余小龙。

第七十五团　团长孙一中（即孙德清，后张堂坤），指导员阳心畲（后陈三俊），团副张堂坤，参谋长张启图（后廖运周），支部书记游邦栋，少校军需史泗群，1200多人，下辖：

第一营　营长孙一中（后符锦惠），其中四连连长王世华；

第二营　营长张堂坤（兼），其中五连连长何鑫，副连长张有余；

第三营　营长蔡晴川，其中十一连连长许光达（刘桂城），党代表廖浩然，副连长李逸红；

机枪连　连长孟靖。

还有徐成章、雷经天、唐震、黄道、黄鳌、王云霖、廖运昌、梁鸿钧、李井泉、曹其灿、段炎华、符节、胡灿、彭士量、侯中英、罗正发、张伯黄等干部。

国民革命军第二十军（辖第一、第二师，后增编第三师）

军长贺龙，党代表廖乾吾，参谋长陈浴新（后代参谋长贺声洋），政治部主任周逸群，总参议恽代英，下辖：

第一师　师长贺锦斋，党代表方维夏，副师长欧学海，政治部主任李明铨，下辖：

第一团　团长刘达五，党代表伍文生；

第二团　团长欧百川；

第三团　团长余愿学，其中第一营营长罗统一。

第二师　师长秦光远（后萧人鹄），党代表陈恭，副师长贺文选，下辖：

第四团　团长贺文选（兼），代团长吴俊生，团副黄维新，党代表李勃，下辖：

第一营　营长张海涛；

第二营　营长王炳南。

第五团　团长蔡申熙（后杨白虎），团指导员欧阳健，团副李奇中。

第三师（在抚州建立）　师长周逸群，党代表徐特立，参谋长苏文钦，参谋处处长袁仲贤，下辖：

第六团（大冶收留的工人、农民编成）　团长傅维钰，团副谭新，下辖：

第一营　营长陈赓（后江靖宇），副官卢冬生；

第二营　营长张浚，副营长刘敏，指导员龚楚；

其中中队长谭甫仁、周其鉴，六连连长杨至诚，传令兵朱云卿；

第三营（后由北江农军编成的十三军补充团1个营改编）　营长谭新（兼）。

教导团（由武汉市保安总队、湖北农民武装训练班、国民政府农政部农政训练班、鄂城和大冶工人纠察队、第二十军部分下级军官组成）　团长侯镜如，政治指导员段德昌，团副袁正平，参谋长周邦采，下辖：

一总队　队长冷相佑，副总队长方复生；

二总队 队长王之宇；

三总队 队长刘希程，其中连指导员周文在，班长范长江。

其中战士有向河、傅光夏、柴水香、唐子奇、赵尔陆等。

特务营 其中连长文强，副连长唐天际。

二十军还有周小康、陈协平、柳直荀、陈昌、刘光烈、钟纬剑等干部。

国民革命军第九军（设立目的是争取驻江西的滇军编成的第九军）

军长韦杵（九军二十八师师长，未到职），副军长朱德（后任军长），党代表朱克靖，下辖：

军官教导团 教育长陈奇涵，书记长赵镕（约300人）；

第一营 营长李正方，营指导员罗纲秩；

第二营 营长郑松桥；

第三营 营长黄步元。

有连长耿凯、连指导员肖以佐，还有鄢日新、彭干臣、周建屏、周兴、罗占云、龚楷、曹光南、曹福海、金万邦、宛希俨、周容光、周仲英、杨遇春、肖大鹏、郭化若、唐赤英、邓益、邓毅刚、龙普霖、朱水秋、汤慕禹、李文林、李韶九、李荣桂、吴鸣和、吴寿青、邹琦、畲惠、宋日昌、宋裕和、赖先声、李道国、李国珍、冼大启、程攸生、纪秀川、胡筠、游曦、洪水等人员。

南昌市公安局保安队2个中队（约200人）。

暴动总指挥部决定联合国民党左派，回师广东重建根据地，利用潮汕出海口获得苏联援助，实行"二次北伐"。

2. 攻占潮汕剑指整个东江

8月3日暴动部队开始出发，南下到进贤时，蔡廷锴率第十师离开，带走了5000人；由于酷暑行军生病、逃亡，又减员约4000人；8月7日到达临川时，因第二十军参谋长陈浴新带领第二师第五团700多人集体逃跑，暴动部队只剩1.3万多人。8月26日暴动部队在瑞金壬田与钱大钧接战，30日一早就向驻守会昌县城的第八路军左翼军总指挥钱大钧率领的二十师、新一师、十八师发动进攻，因人数相当，且敌军以逸待劳，暴动部队十分艰难才赶走敌军占领会昌城。次日，又发现黄绍竑第七军黄旭初、伍廷扬师前进到城门外，叶挺率第十一军出城拼死恶战，至黄昏才把敌军打退。整个战役虽然打死、打伤和俘虏敌人约5000人，缴枪5000多支，但第十一军伤亡1000多人，第二十军伤亡了700多人，更主要的是近1000名伤员难以处理。加上发现叛变的第二十军参谋长在报纸上公开了南下作战计划，且钱大钧、黄绍竑部仍然在会昌南部坚守，预计暴动部队难于攻下黄旭初师守卫的筠门岭天险，于是决定转向瑞金，计划改道闽西，由汀江转韩江顺水南下广东。在瑞金休整后，暴动部队于9月初继续南下。

9月22日，暴动部队占领广东大埔三河坝，因刚被任命为第八路军前敌总指挥的黄绍竑又率领第七军吕焕炎师、黄旭初师往江西寻邬集中，暴动部队将第二十五师3000多人留在三河坝，由朱德指挥负责保护侧背，主力约8000人继续沿江而下，23日攻占潮安（即潮州）。24日进入汕头（23日已由当地农军占领），留下第二十军第三师1000余人镇守，由周逸群指挥。攻占并留守汕头这个海港的目的：一是安置前委和革委等指挥机关，二是在此等候接受苏联的援助。26日，主力二十四师和二十军（欠第三师）共6500多人继续向西进军，目标是去占领东江重地且农运活跃的兴宁和五华两县。

此时国民党第八路军在粤东约3万人的部署是：

钱大钧的第一军第二十师3000人（后增加2个师）进攻大埔三河坝；

黄绍竑的第七军2个师5000多人由丰顺窥视潮安；

陈济棠的东路军第四军3个师1.5万人由兴宁向丰顺汤坑集结拟对付暴动部队主力；

从潮州撤出的王俊的警备旅4个团4000多人正在揭阳汾水关附近守卫。

另外，汕头海面还有广东海军"中山"舰及陆战队1个营。

9月26日，暴动部队主力占领揭阳县城；28日，在揭阳山湖击溃王俊的警备旅，继续向丰顺县汤坑前进；进至与二县交界的汾水关（今属揭阳市揭东区玉湖镇）时，先后打垮王俊的警备旅、薛岳新二师，最后还给予陈济棠第四军十一师重创（打死其三十一团代团长）。暴动部队6500多人与1.5万多人（徐景唐十三师进行迂回未参战）激战3天，因伤亡2000多人（其中牺牲1250人），更主要是弹药缺乏，被迫撤退，计划返回潮州并会合第二十五师，转向闽南。汾水战役（也有人称汤坑战役）是第四军部队第一次自相残杀，双方共伤亡六七千人。

9月30日上午，潮安城受到黄绍竑2个师攻击，周逸群的师部和教导团共六七百人大部打散。同日，汕头也受到海军攻击，黄昏时第六团四五百人主动随总部撤离。

9月30日拂晓，暴动部队分二路撤往揭阳。10月1日凌晨2时，前委根据南方局书记张太雷来汕头传达的中央"八七"会议精神和中央对起义军今后行动的指示及贺龙代总指挥等关于汾水战斗失利、潮州失守等情况的汇报，决定退出潮汕，奔向海陆丰。

10月3日，从揭阳、潮州、汕头撤出的起义军先后抵达普宁县流沙（今普宁市区）。3日下午，前委书记周恩来在流沙天主教堂主持召开起义军领导人紧急会议。会议最后决定：抛弃"国民革命军"的番号，竖起苏维埃旗帜，领导人分散转赴香港或上海，武装人员突围到海陆丰与农民结合；非武装人员不愿意跟随部队的就地分散，由当地农会会员做向导，向沿海撤退，再分头赴香港或上海。第二十军一、二师近3000人担任前卫，先向陆丰出发；第十一军二十四师担任后卫，保护前委机关。同时，组织了一批农会干部做向导协助领导人突围。

10月3日会议结束后，担任前卫的二十军一、二师从普宁县流沙经池尾向云落墟进发。但当晚到达云落后仍不见指挥机关和后卫部队到来，且听到敌人即将进攻的消息，于是又星夜起程，经博美区于5日深夜进驻陆丰县城郊。因未能及时联系到中共海陆丰党组织，又失去前委和贺龙的领导，在一师副师长欧学海的劝说下，一、二师师长思想动摇。6日晚开始与驻海丰的十八师陈学顺团长的代表谈判。9日早晨谈判会上，贺锦斋表示愿意投降。一师政治部主任方维夏和一团指导员傅兆丰等中共党员得知后首先逃离。10日下午3时，从普宁方向开来的陈济棠十一师包围了第二十军第一、二师。贺锦斋带着30多人枪西去至汕尾乘船回上海；第一师第三团代团长罗统一急率部分队伍突围到陆丰县河田（今陆河县城），被徐景唐第十三师缴械；两师余部2000余人后被陈济棠、徐景唐、黄旭初等部收编。中共东江革委会得知后立即研究对策，让第二十军一、二师逃出来的同志分头策动被收编士兵逃离，最终共策动数百人离开并协助转移出去。

10月3日下午4时左右，流沙会议尚未结束，第十一军领导接到敌军来袭击的情报，马上和前委机关人员随同第二十四师朝海陆丰方向转移。接近莲花山时，部队就遭到陈济棠、徐景唐部截击包围，被压在一个三面环山的小盆地中。原来是第二十军离开池尾出发时没有在险要的乌石山派兵据守，致使被陈济棠部抢占。周恩来和贺龙、叶挺一起指挥第二十四师准备三面抢占阵地，但命令刚下达，敌军已从高地冲下，二十四师各团、营、连都被冲散，指挥系统失灵。战至天黑，双方自行撤出战斗，起义军阵亡官兵千余人。这就是南昌起义军在潮汕地区的最后一役——莲花山突围战。

第二十四师七十团团长董朗率所部900多人，会同董正荣带领的队伍及沿途收集散兵，总共1200余人，于5日晚到达陆丰县甲子墟休整。6日，继续西进到达南塘区。周恩来、彭湃、李立三、恽代英、叶挺、聂荣臻、刘伯承等领导人撤往香港。董朗率部于当晚到达博美区，与中共海陆丰党组织取得联系。尔后绕道陆丰县八万、大安，7日晚上进入新田区（今属陆河县辖），找到农军驻地。9日，第二十四师开进海丰朝面山。12日，进驻惠阳县（今惠东县辖）高潭区中峒（洞）村，改编为中国工农革命军第一大队。

起义军的一支队伍 300 余人枪，在团长徐成章的率领下，几经周折于 7 日前后到了陆丰县南塘休整。团长徐成章根据上级指示先后将 300 多支枪赠予当地农军，部队人员由当地党组织送抵香港。

3. "中洞改编" 改名换旗

中共南方局派广东省委军委委员颜昌颐到朝面山负责改编第二十四师余部并负责党对这支部队的领导工作。10 月下旬，颜到达朝面山及后方基地高潭区中峒村，确定部队番号为工农革命军第二师（简称红二师，因朱德部队已编红一师）。因考虑到当时人数不足一个师编制，决定暂先组建第二师第四团，于是将第一大队改编为第二师第四团，团长董朗，党代表颜昌颐；并进行了换名（工农革命军）、换旗（锤头、镰刀红旗）和换装（灰蓝色军装），在军队中建立党组织（团党委、营党总支、连党支部）。"中洞改编" 的 "三换一建" 从此载入史册。

红二师师长兼第四团团长董朗，红二师兼第四团党代表颜昌颐，下辖：

第一营　营长张宝光；

第二营　营长刘立道。

12 月，根据彭湃建议，在海陆丰农军与青年团中挑选 520 名骨干成员，编入红二师，成立第五团，并正式建立师部。

红二师　师长董朗，党代表颜昌颐，参谋长王备（后林祖霖），1800 多人，下辖：

第四团　团长董朗（兼），党代表颜昌颐（兼），下辖：

第一营　营长张宝光；

第二营　营长宛志崇。

第五团　团长刘立道，党代表张寿徽，副团长彭桂，下辖：

第一营　营长高山子；

第二营　营长于以振。

4. 湘南起义奔向井冈山

第二十五师在朱德指挥下，从 10 月 1 日起与钱大钧 3 个师在三河坝大战 3 天，后连夜撤出；6 日攻占饶平县城。7 日，会合从潮汕撤出的第二十军第三师余部 300 多人，得知主力已经失败，在饶平县茂芝召开干部会议，决议往湘粤赣边隐蔽发展，并将部队改称为 "工农革命军第一师"（简称红一师），共计 2600 多人。10 月中旬到达赣南安远县天心墟时，只剩下 1500 多人，一些师团干部相继离开后，朱德挺身而出，召开军官会议，初步稳定了部队的思想；10月底到达赣南大庾县（今大余县）时只剩800多人，整编为"国民革命军第五纵队"，将二十五师余部编成6个步兵连，其余编成2个大队，将党员分配到各连去。

司令王楷（朱德化名），指导员陈毅，参谋长王尔琢，下辖：

第一大队（原七十三团部队编成）　大队长肖泽禄（原七十三团一营长）；

第二大队（原七十四团部队编成）　大队长王尔琢（原七十四团参谋长）；

第三大队（原七十五团部队编成）　大队长张启图（原七十五团参谋长）；

特务大队（原二十军第三师余部和九军教导团余部编成）　大队长李奇中（原二十军第三师五团副团长）；

机炮大队，装备了2挺重机枪、2挺手提机枪和1门八二迫击炮；

教导队，由编余干部组成。

11月初，在崇义县上堡进行纪律整顿和军事训练。天心墟、大庾县、上堡三次整顿统称"赣南三整"。

11月底，部队到达湘南汝城县，取得了朱德老朋友范石生的十六军四十七师一四〇团的番号，隐蔽休整补充两个月。这时总兵力约1260人，编制如下：

团长王楷（朱德），党代表陈毅，参谋长王尔琢，政治部主任蔡协民（原七十三团党代表），下辖：

第一营　营长周子昆（原七十三团二营营长），下辖：

　　第一连　连长龚楷；

　　第二连　连长林彪。

第二营　营长李奇中，下辖：

　　第五连　连长耿凯，党代表粟裕；

　　第六连　连长杨至诚。

第三营　营长李天柱（黄埔四期、北伐时独立团排长，二十军连长）。

12月，部队受命参加广州暴动，到达韶关郊区得知广州起义已失败，留驻韶关北面犁铺头镇训练，收容广州暴动军余部200余人，不久攻占广东仁化县城。1928年1月9日，接到范石生劝离信后，朱德率部离粤北上，12日智取宜章县，发动了湘南起义，朱德部恢复工农革命军第一师番号。

1928年4月，朱德带领南昌起义军余部和湘南农军1万多人，在宁冈县砻市与毛泽东领导的秋收起义余部会师，合编为中国工农红军第四军（取意源于北伐铁军，寓意发扬铁军传统），其中南昌起义军余部编为红四军第十师二十八团。

还需要提及的是，从南昌起义军中走出了 20 多位国民革命军将领，他们是：

1. 蔡廷锴，时任第十师师长，后任国民革命军第十九路军总指挥，1947 年晋升陆军上将；中华人民共和国成立后任国防委员会副主席。

2. 欧震，时任第二十四师第七十一团团长，1936 年 10 月，升为陆军中将。1947 年任国民革命军陆军总司令部徐州司令部第三兵团司令官。1949 年赴台湾。

3. 毛维寿，时任第十师第三十团营长，后任国民革命军十九路和第七路军总指挥，加陆军上将军衔。1937 年冬在上海病逝。

4. 胡长青，时任第二十四师连长，后任国民革命军第九十九军中将军长，1950 年 3 月在四川省西昌战役中重伤后自杀。

5. 区寿年，时任第二十四师第七十团团长，1938 年授陆军中将军衔；1948 年任国民革命军第七兵团司令官。1948 年 7 月要豫东战役中被俘。

6. 侯镜如，时任第二十军第三师教导团团长，1948 年任第十七兵团司令官，授陆军中将军衔。1949 年 8 月率部起义。

7. 廖运泽，时任第二十四师第七十二团副团长，后任国民革命军第九十六军军长，1948 年 9 月授陆军中将军衔。1949 年，在香港策动第三一八师起义。

8. 刘希程，时任第二十军第三师教导团三总队队长，1939 年授陆军少将军衔，1941 年任国民革命军第九十八军中将军长。1949 年 6 月在河南灵宝起义。

9. 陈芝馨，时任第十师第二十八团团长，后任国民革命军第四军副军长，1937 年 8 月授陆军中将军衔。1938 年 11 月在三水马口河段沉船遇难。

10. 陈浴新，时任第二十军参谋长，后任国民革命军第二十五集团军中将参谋长，1947 年授陆军中将军衔。1949 年参与长沙起义。

11. 文强，时任第二十军第三师特务连连长，1946 年授陆军中将军衔，1948 年任国民革命军徐州"剿总"副总参谋长。1949 年在淮海战役被俘，1975 年特赦。

12. 张世德，时任第十师第二十九团团长，后任国民革命军第六十一师第一二二旅旅长，1930 年在中原大战中战死，后被国民党军委会批准谥为中将。

13. 范荩，时任第十师第三十团团长，后任国民革命军第一九八师少将副师长，1938 年抗日战斗中殉国，后追赠陆军中将。

14. 古鼎华，时任第二十四师师长，后任国民革命军暂编第二军军长，1940 年授陆军少将军衔。后赴香港定居。

15. 王之宇，时任第二十军第三师教导团二总队队长，1942 年任国民革命军第一六六师少将师长。1949 年 5 月以第十七兵团中将高参身份在上海参加起义。

16. 陈兴霖（陈子坚），时任第二十四师政治部主任，后任国民革命军第三十八军少将副军长。1949 年参与策划了长沙起义。

17. 刘明夏，第二十四师第七十一团参谋长，后任国民革命军第十四军第九十四师师长，1939 年授陆军少将军衔。1939 年被日军俘虏后投降汪伪。

18. 龚楚，时任第二十军第三师第六团营指导员，后任红七军军长、粤赣军区司令员、代理红军总参谋长、赣南军区司令员、中央军区参谋长（1935 年 5 月叛离红军），1942 年任国民革命军第四十六军少将参谋长。1949 年 11 月向人民解放军投诚。

19. 廖运周，时任第二十五师第七十五团连长，后任国民革命军第八十五军一一〇师师长，1948 年 9 月授陆军少将军衔。1948 年 11 月在淮海战役中起义。

20. 秦光远，时任第二十军第二师师长，1940 年任国民革命军新六军第一旅少将旅长。1940 年春病逝。

21. 蔡树鸿，时任第二十军副连长，1941 年任国民革命军第一六五师少将副师长。1949 年在淮海战役被俘，1975 年特赦。

22. 李奇中，时任第二十军第三师第五团团副，1948 年任第十六绥靖区（咸阳）少将副司令。1986 年重新加入中国共产党。

23. 徐光英，时任第二十四师参谋长，1947 年任国民政府军政部军需署少将军需监。1949 年移居香港。

24. 彭士量，时任第十师第三十团营长，1943 年任国民革命军第七十三军暂编第五师少将师长。1943 年 11 月在湖南石门抗日战斗中殉国。

25. 李盛宗，时任第十师参谋处长，后任国民革命军第四十八军参谋长，后任第二十一集团军总部少将高参。1949 年 5 月在安徽起义。

26. 贺钺芳，时任连指导员，后任暂三十二师副师长、第三战区挺三纵少将司令。1949 年在上海被俘，1964 年特赦。

这些将军有 2 个在抗战中牺牲，有 8 个在解放战争中起义。

5. 秋收起义军创建首个农村革命根据地

还有一支原准备参加南昌起义却没有赶上暴动的部队，它就是第二方面军警卫团。它是于 1927 年 6 月底由原侯连瀛工兵团改编，负责改编的原七十三团参谋长卢德铭从二十五师七十三团抽调部分军官和接收了湖南"马日事变"后撤出的一批干部，并将工人运动讲习所学员编入，还招入大量农民协会会员。

团长卢德铭，指导员辛焕文，参谋长韩浚（原十一军教导营营长），中校团副余洒度，少校团副范树德（以上 5 人皆为中共党员），下辖 4 个营 16 个连：

第一营　营长宋文彬（后因重伤未愈滞留武汉）；

第二营　营长李腾芳（非中共党员，但倾向中共）；

第三营　营长余洒度（兼）；

第四营　营长黄巨川（张发奎老乡，非中共党员）。

8月2日，警卫团（缺第四营）和第二十四师新兵营共2000多人响应南昌起义乘船从武汉东下，3日到阳新时便下船登岸。这时已将警卫团3个营整编成2个营，编制如下：

第一营　营长余洒度；

第二营　营长钟文璋（原十一军连长）；

第三营（由第二十四师新兵营改编）　营长陈浩。

8月9日，在江西武宁县遇到平江农军负责人余贲民，得知南昌起义部队已南下走远；8月13日追到奉新县时，3位领导人决定将部队交由中校团副余洒度负责，绕道武汉、上海去广东东江找南昌起义军。

警卫团在余洒度的率领下，按计划折回修水县，8月19日与余贲民率领的平江农军500多人枪会师。下旬，联合打败邱国轩团，攻占修水县城；答应江西省主席朱培德收编的要求，获得了"江西省防军暂编第一师"的"合法"身份。

师长余洒度，副师长余贲民（曾任团防局局长），参谋长钟文璋，下辖：

第一团　由原警卫团大部加平江农军编成，团长钟文璋（兼）；

第二团　由黔军王天培第十军第二十八师第三团团长邱国轩率领的残部扩编部队编成，团长邱国轩；

第三团　由警卫团抽调3个连和浏阳农军编成，团长苏先骏（北伐军连长、浏阳县工农义勇队队长），党代表潘沁源。

9月初，受命组织秋收起义的前委书记毛泽东到安源召开会议，决议将江西省防军暂编第一师改编为工农革命军第一军第一师，下辖3个团（因不知有收编的第二团，故决定将安源的工农武装编成第二团），共5000多人。

师长余洒度，副师长余贲民，参谋长钟文璋，副参谋长徐恕，参谋处处长陈树华（即陈明义），参谋何长工，副官杨立三，军需处处长范树德，辎重队长陈毅安，下辖：

第一团　由原第一团加上通城、崇阳、修水农军和修水法警队整编而成，团长钟文璋（兼），党代表辛焕文，（后）团副韩壮剑，参谋长韩浚，下辖3个营，2000多人，驻修水县；

第一营　营长李腾芳；

第二营　营长陈皓；

第三营　营长韩壮剑（后金文生）。

第二团（9 月 5 日组成） 由安源工人纠察队、矿警队及萍乡、醴陵、衡山等地农军编成，团长王兴亚（又名王新亚，原国民革命军第二军营长、安福农军大队长兼赣西农军总指挥），副团长张明山，党代表蔡以忱（起义后潘沁源接），驻安源市，下辖 3 个营（其中第二营营长吴杰）1000 余人。

第三团（原第三团） 团长苏先骏，党代表潘沁源（徐骐代，后在浏阳城战斗中阵亡），副团长彭澜征，参谋长何坚，驻铜鼓县，下辖 3 个营 1600 余人：

第一营 营长汤采芝（后在浏阳城战斗中阵亡），党代表刘友德；

第二营 营长张子清，党代表黄本和；

第三营（原警卫团部队） 营长伍中豪，党代表王俊民，参谋长曾士峨。

起义后得知安源已编第二团，师长余洒度通知原第二团改称第四团，团长仍由邱国轩担任，下辖 2 个营，1000 多人，驻修水县。

9 月 9 日，湘赣边秋收起义爆发。第一团出发到湖南省平江修口时，遇到卢德铭回来，大家拥戴他为总指挥；原来他们到武汉找到中共湖北省委的向警予时，向警予请示中央后令其返回掌握部队参加秋收起义。但回途中遇敌，指导员辛焕文牺牲，参谋长韩浚被俘（后为国民革命军第七十三军中将军长）。11 日，向平江进军的第一团受到第四团背后袭击，第二、三营损失严重，团长钟文璋脱离部队（后在国民革命军第二师任营长，在中原大战中战死）。第二团攻占湖南省醴陵城、浏阳城后麻痹大意受袭击，大部溃散，团长王兴亚失踪。第三团攻打浏阳县白沙和东门，受敌反攻也被迫撤退。

19 日，起义军余部集中浏阳县东乡文家市开会，决定放弃攻击长沙转向南下。20 日，1500 多名官兵向罗霄山前进，途中有部分官兵离队。25 日，在江西省萍乡县芦溪（今属芦溪县）遭到国民革命军第三军袭击，总指挥卢德铭牺牲，部队损失 300 多人。29 日，撤到永新县三湾村，不足 1000 人，毛泽东主持进行"三湾改编"，把愿意留下来的 700 多人整编为工农革命军第一军第一师第一团，确立了"党指挥枪""支部建在连上""官兵平等"等一整套崭新的治军方略。

第一团 团长陈浩，党代表何挺颖，副团长徐恕，参谋长韩壮剑，下辖：

第一营（由第一团余部编成） 营长黄子吉，党代表宛希先，下辖：

第一连 连长员一民，党代表熊寿祺；

第二连 连长刘康，党代表何成匈；

第三连 连长×××，党代表×××。

第三营（由第三团余部编成） 营长张子清，党代表李建启，下辖：

第七连　连长陈子风，党代表孔繁淑；

第八连　连长吕赤，党代表杨岳彬；

第九连　连长曾正平，党代表罗荣桓。

特务连　连长朱建胜；

军官队　队长陈毅安；

辎重队　队长范树德；

卫生队　队长雷英，党代表何长工。

将师长余洒度、副师长余贲民、团长苏先骏改任前敌委员会委员。10月中旬，在湖南酃县（今炎陵县）水口原师长余洒度和团长苏先骏被派去向中共湖南省委汇报工作（余先任省委军事部部长，后加入第三党，1931年"悔过自新"，1933年任国民革命军六十一军政训处少将处长，后因贩毒被处死；苏1928年初任中共湘鄂赣特委军事部部长，3月在长沙被捕叛变，出任湖南清乡司令部参议兼"铲共"法院处长。1930年7月红三军团攻占长沙将苏先骏抓获并处死）。10月27日，毛泽东率领工农革命军到达井冈山茨坪，开始了全国第一个农村革命根据地——井冈山革命根据地的创建。12月底，团长陈浩与韩壮剑、徐恕、黄子吉阴谋带队叛变投靠新编第十三军军长方鼎英（原参谋处处长陈树华舅父）被处死。（1928年2月，平湘浏游击队抓获并处死叛变的第四团团长邱国轩）

1928年4月，与朱德率领的部队宁冈会师后，秋收起义军余部编为红四军第十一师三十一团，团长张子清，党代表何挺颖。

这井冈山下会师的两支主要部队分别是叶挺独立团扩编和派生的部队，都是发动了著名起义（暴动）后的余部，都编成过"工农革命军第一师"，最少时都只剩七八百人，都经过了严格的整编逐步转化为新型的军队，共同构建了比"铁四军"更强大的"红四军"！

6.广州暴动尝试建立城市新政权

武汉中央军事政治学校老师和第六期入伍生由第四军参谋长叶剑英建议被张发奎收编为第二方面军教导团，团长谢婴白（兼），约3000人。教导团大多数官兵同情革命，其中中共党员约有200名，团内设有中共党委。本来准备参加南昌起义，到了九江后被张发奎缴械。后来叶剑英又建议张发奎将它并入第四军军官教导团，由叶剑英兼任团长。跟着第四军从九江直到广州后，团长杨树松（杨任黄埔军校教育长后由参谋长朱勉芳代理团长）。

在中共广东省委书记张太雷领导下，成立了起义军总指挥部，叶挺任总指挥，叶剑英任副总指挥。准备参加暴动人员共5000多人，序列如下：

教导团　下辖 3 个营，总约 1300 人。起义后扣押了第一、第三营营长，杀死了参谋长（代团长）朱勉芳，任命原第二营营长李云鹏代团长，并任命了叶镛、赵希杰、饶寿柏为 3 个营营长。

警卫团，由第八路军警卫营、第四军警卫营和省港大罢工的工人纠察队员编成的 1 个营组成，团长梁秉枢，参谋长唐介元（实际只掌握施恕之第三营）；

黄埔军校警卫营，营长吴展（原教导团第一营营长）；

广州工人赤卫队，总指挥周文雍，副总指挥梁桂华，共辖 7 个联队 3000 多人，队长分别是刘楚杰、沈青、邓发、黄甦、林锵云、徐向前、×××。

1927 年 12 月 11 日，广州暴动开始。经 2 小时激战占领了广州大部分市区，随即成立了"广州苏维埃政府"，苏兆征任主席，暴动军事总指挥叶挺当选"工农红军"总司令。因张发奎第四军反扑，暴动仅 3 天失败。13 日，起义部队约有 1100 人撤到花县，改编为工农革命军第四师（简称红四师，因琼崖部队已编成红三师）。

红四师　师长叶镛，党代表王侃如，副师长宋湘涛，参谋长袁裕（袁国平），师委书记唐维，下辖：

第十团，由教导团人员为主组成，团长白鑫，党代表徐向前；

第十一团，由警卫团和黄埔军校警卫营组成，团长赵希杰，党代表缪沄人；

第十二团，由工人赤卫队员为主组成，团长饶寿柏，党代表陆更夫。

另有 200 多人北撤到韶关，后编入朱德部队。

红四师随后向东江进发。12 月 31 日，红四师智取紫金县城。1928 年 1 月 5 日在海丰县城与南昌起义军余部红二师会师，后改选袁国平任师委书记、党代表，并任命徐向前为参谋长。

1928 年 6 月，红四师师长叶镛在海丰指挥部队与国民革命军第五军作战中被捕牺牲，由徐向前接任师长；同时党代表袁国平调离，由刘校阁接任。7 月，红四师也只剩下 200 余人。同时，红二师在陆丰与国民革命军第五军作战中损失严重，只剩 170 余人，师长董朗受伤。红二师番号被取消。

11 月，红四师和已经分散的红二师只剩下 300 余人，且多数伤病。最后由东江特委决定分批转移到其他根据地去。

红二师的前身第二十四师参加了第二期北伐，又经过了叶挺的努力改造，在南昌起义后经过多次恶战。红四师的前身中央军事政治学校武汉分校编入了铁四军但未一起参加战斗，但因其是军校学生编成，战斗力相当强。红二、四师会师后的军队素质和人数比井冈山"朱毛红军"还好，但不到一年却完全失败了，究其原因一是"人不和"。东江特委领导思想"左倾"，且经常强令去攻打城市，硬碰硬，没有以它为种子进行扩编部队。二是"地不利"。地处广东境内中东部沿海地带，而非像井冈山那样地处二省边界且在高山里面，回旋余地有限。三是"天时差"，当时广东境内敌人内斗暂时停止，派出徐景唐率第五军来"驻剿"。

中共在 1927 年组织的三大起义（暴动）都与铁四军密切相关，以后在全国组织了很多起义也与铁四军相关，他们中很多人或在叶挺独立团战斗过，或参加过南昌起义，有着战斗经验的这些人变成星星之火，最后燎遍全国。

南昌起义爆发日 8 月 1 日在 1933 年 7 月被中华苏维埃中央政府定为"建军节"，从而正式确定了叶挺独立团是人民解放军的源头这一历史地位。

（二）铁军成为人民解放军之源头

从军史上看，叶挺独立团的发展轨迹为：第四军二十五师→工农革命军第一师→红四军第十师二十八团→红四军第一纵队→红四军第十师→红二师第四团→陕甘支队第四大队→红二师第四团→八路军一一五师三四三旅六八五团一营→八路军苏鲁豫支队一大队→八路军第五纵队第一支队第一团→一一五师教导第一旅第一团→新四军第三师第七旅第十九团→东北民主联军第六纵队第十六师第四十六团→四野四十三军一二七师三七九团。

叶挺独立团扩编成的二十五师参加南昌起义后的余部二十八团和参加秋收起义后的余部三十一团，共同构成红四军的铁骨，而红四军是红一军团的主力，红一军团又是红一方面军（中央红军）的主力。红一方面军在抗战时编为八路军一一五师，解放战争时期以其为主发展成第四野战军。

从人物上看，出身于铁军的元帅有叶剑英（四军参谋长）、林彪（二十五师七十五团三营七连连长），直接指挥过这支部队的还有刘伯承（指挥部参谋长）、聂荣臻（十一军党代表）、朱德（九军军长、在三河坝指挥二十五师）、陈毅（二十五师七十三团政治指导员）6 位，超过十大元帅的一半；出身于铁军的大将有张云逸（二十五师参谋长）、许光达（二十五师七十五团三营十一连连长）、粟裕（二十四师教导队班长）3 员；开国上将有周士第、萧克、杨至诚、赵尔陆、陈奇涵 5 员，开国中将有唐天际、聂鹤亭、郭化若、彭明治、赵镕、谭甫仁和谭家述 7 员，开国少将有王云霖、李逸民、周文在、袁也烈、廖运周和张树才 6 员。

另外，由铁军部队派生的警卫团作为主力组织的秋收起义，出了元帅 1 位罗荣桓，时任警卫团特务连党代表；出了开国大将 1 员谭政，时任警卫团第九连文书；出了开国上将 6 员，分别是宋任穷、张宗逊、陈伯钧、黄永胜、陈士榘、钟期光；出了开国中将 8 员，分别是刘先胜、杨梅生、张令彬、郭鹏、韩伟、谭希林、谭冠三、赖毅；出了开国少将 6 员，分别是龙开富、杨世明、余光文、潘振武、王耀南、李贞。

编入铁军部队的教导团作为主力组织的广州起义，出了元帅 3 位，分别是叶剑英、聂荣臻（以上 2 位也参加过南昌起义）、徐向前；出了开国上将郭天民 1 员；出了开国中将 3 员，分别是聂鹤亭（也参加过南昌起义）、贺诚、倪志亮；出了开国少将 2 员，分别是洪水（也参加过南昌起义）和刘少卿。

从地域上看，当年在井冈山、湘鄂西、鄂豫皖革命根据地，大家在没有通气的情况下，都不约而同地将红军编为第四军，抗战全面爆发后还将南方的游击队编成新编第四军，目的只有一个——继承第四军的铁军精神！（据埃德加·斯诺《西行漫记》里对朱德的采访，朱德是这样说的："所以用这名字，为要保持国民党第四军'铁军'的大名，它在大革命中是我们革命的堡垒。"）

叶挺独立团是完全摆脱了地域性质的全新型部队，发展路上虽然几经曲折，但最后发展成强大的中国人民解放军。

二、张发奎系统——永远的第四军

* 链接：张发奎与唐生智的东征讨蒋

因汪精卫要与蒋介石争"党权"，唐生智要与蒋介石争"军权"，武汉政府决定"东征讨蒋"。张发奎原想联手拥兵十几万的唐生智赶走蒋介石，但其大多数部下都反对东征，说"二期北伐"攻打河南时，唐生智先让张发奎部打胜后才追击，冯玉祥等武汉部队取胜后才从侧后进攻，结果是"河南战役，张发奎损兵八千，唐生智损兵八百，冯玉祥损兵八十"。如东征取胜，长江下游也不会有容身之地，失败则回不了两湖，不如将第二方面军开回广东，重建革命根据地。恰逢此时张发奎接到老上司陈可钰从南京的来信，劝他不要中人圈套参加东征。张发奎回信说："只要景瑗先生（陈可钰）一日在南京，发奎之兵决不东下。"张发奎一改兵贵神速的习惯，走走停停，7 月下旬才率指挥部到达江西九江，因在汪精卫召集的庐山会议上同意部队"分共"，共同密谋武力解决贺、叶部队，以致引发了南昌起义。

南昌起义后，张发奎与共产党人分道扬镳，第二方面军实力损失一半多。张发奎在九江开会，最后否决了追击暴动部队的意见，采纳了第四军参谋长叶剑英的建议，决定打起"援师讨逆"旗号，直趋广州，谋求基地，再图北伐。因二十一师富双英部是东北人不肯南下，张发奎将其划归唐生智，第二方面军主力部队只剩下两个半师，加上教导团和运输部队，共2.2万多人。序列如下：

总指挥张发奎，参谋长谢婴白，（后）参谋处处长吴涵，副官处处长吴仲禧，经理处处长陈劲节，下辖：

第四军　军长黄琪翔，副军长缪培南，参谋长叶剑英，副官处处长陈慎荣，经理处处长何尚清，下辖：

第十二师　师长缪培南（兼），副师长吴奇伟，参谋长王超，参谋处处长罗藜，副官处处长苏德燊，经理处处长黄华南，下辖：

第三十四团　团长吴奇伟（兼）；

第三十五团　团长马少屏；

第三十六团　团长李少霞。

第二十五师　师长李汉魂，副师长张弛，参谋长张云逸，副官处处长丁建三，经理处处长谢潮，下辖：

第七十四团　团长黄世途，参谋长李明；

第七十五团（在南昌时以师直属队和新兵营编成）　团长李江。

教导团　团长叶剑英（兼，后杨树松），副团长杨树松，（后）参谋长朱勉芳，共2000多人。

第十一军　军长朱晖日，参谋长吴涵，下辖：

第二十六师　师长许志锐，副师长沈久成，参谋长王尊武，副官处处长朱景晖，经理处处长毛体充，政治部主任陈卓凡，下辖：

第七十六团　团长沈久成（兼）；

第七十七团　团长黄新；

第七十八团　团长林祥。

炮兵团　团长李恒华。

（一）"张黄事变"，引发三支铁军大混战

为对付武汉政府的东征，南京政府部队除留下王天培军留守徐州外，其余南下长江一线布防。由冯玉祥从中牵线反复电商，7月20日提出解决宁、汉合作的具体办法。汪精卫等表示愿意"和平统一"，同意"迁都南京"，但坚持

反蒋。

宁汉双方握手言和之时，张作霖兵分北、中、南三路出击，北路在河北沿京汉线进攻阎锡山，中路在河南沿陇海线进攻冯玉祥，南路沿津浦线由孙传芳指挥进攻南京政府部队，并派渤海舰队进攻吴淞口配合。7月24日，孙传芳攻陷徐州。蒋介石亲自指挥反攻徐州战役大败，退回南京据江而守。8月13日，在各方责难下的蒋介石宣布（第一次）下野，宣布辞去国民革命军总司令职务。

8月26日，孙传芳率部渡江，李宗仁、白崇禧和何应钦指挥部队血战1周，取得龙潭大捷，歼敌大部，孙传芳率残部退回江北。

9月15日，在南京召开国民党中央执行委员、中央监察委员临时联席会议，决定成立"国民党中央特别委员会"（简称"特委会"）。16日，国民党中央特别委员会在南京正式成立。17日，中央特委会决定改组国民政府和军事委员会。20日，新产生的46名国民政府委员和67名军事委员会委员同时举行就职典礼。中央特别委员会及国民政府的成立，结束了4月以来国民党三个中央党部（除宁汉外还有一个在上海的西山会议派成立的中央党部）、两个中央政府同时并存的局面，宁汉分裂变成"宁汉合流"。

预料无法当头的汪精卫13日离开上海，与唐生智联手于21日成立武汉政治分会，管辖两湖与江西。29日，武汉政治分会发表讨宁檄文，宁汉合流再次变成"宁汉对立"。

张发奎是著名的拥汪派，但广东省主席兼第八路军总指挥李济深是拥蒋派。当1927年9月20日第二方面军到达粤北南雄时，李济深碍于南昌起义军进军粤东潮梅吃紧，第八路军主力都在东江，不宜得罪张发奎，于是派闲居广州的陈可钰去迎接张发奎，希望其带队到东江尾追南昌起义军。张发奎深知唯有掌控广州才能取得政权，才能把汪精卫主席请回来，因此要求对李济深转述该部必须到广州整编与训练。考虑到张发奎"铁军"的战斗力，李济深不得不答应让其南下。张发奎将部队交黄琪翔率领，自己和陈可钰经上海转道先去香港。黄琪翔率部于9月21日开进广州并发表攻击桂系把持的南京"特委会"的"回粤宣言"。李济深不得已派人去香港迎接张发奎到广州主持军政，且因所部在与起义军作战中元气大伤，担心被张发奎部袭击，布置陈济棠部留驻潮梅，徐景唐部回驻四邑，黄绍竑部主力回广西，以远离张部。张发奎回到广州后，表面上声称拥护李济深，实际上与李济深及广西省主席兼第八路军副总指挥黄绍竑明争暗斗，并与第五军军长李福林及李济深的新编部队薛岳、黄慕松两师长加强联络，以"驱逐桂系出广东"为名，暗中进行倒李、黄的活动。

张发奎一是派兵控制广州（缪培南十二师）、韶关（许志锐二十六师）和惠州（李汉魂二十五师）。李汉魂解除十八师师长兼惠州警备司令胡谦所部武装并将胡扣押，并不顾李济深将胡解省的命令将胡立即枪决。10月10日，张发奎部与李济深部从东江回来驻在广九车站的1个营发生冲突，交战几小时后将其全部缴械，吓得从东江回驻四邑的徐景唐第十三师途经广州时一刻都不敢停留。

二是迫使代主席李济深改组广东省政府。张系人马占据军事厅厅长〔四军军长黄琪翔（兼）〕、民政厅厅长（陈公博）、农工厅厅长〔原第二方面军参谋长谢婴白（兼）〕、财政厅厅长（邹敏初），接着又占据广州市市长（甘乃光）和广州市公安局局长（原十一军军长朱晖日任）位置。

三是促成成立"临时军委"。取消"第八路军"和"第二方面军"番号，迫使留守的第四军改称"新编第四军"，而张发奎的"前方第四军"则保留第四军番号（将十一军余部编入第四军）。

四是争取薛岳、黄镇球、李福林等粤军将领脱离李济深。

因唐生智军占领安徽省并任命了省主席，拒绝撤军。10月19日，桂系南京政府任命李宗仁为西征军总指挥，指挥第三、四、五路军（分别由李宗仁、程潜、朱培德任总指挥）在海空军配合下会攻武汉。20日，南京政府下达讨唐（生智）令，21日桂唐战争（也叫宁汉战争、李唐战争）爆发。11月11日，唐生智宣布下野。15日，西征军占领武汉，并攻入湖南，唐部被桂系改编。

汪精卫应张发奎和李济深联名邀请，离开武汉，于29日回到广州。11月1日，广州国民党中央委员会召开，决议从速成立中央党部和国民政府，宁汉对立又变成宁粤对立。11月10日，蒋介石从日本回国，派宋子文到广州与汪精卫相约共同驱桂，同时复职。汪精卫故意将去南京参加二届四中全会预备会议的邀请电报传阅并复电同意北上开会，要求李济深同行；发电报诱骗黄绍竑来广州代理李济深职务，同时张发奎以"出洋"为名辞职，让第二方面军组织兵变。

11月16日，汪精卫带李济深坐船离开广州，张发奎也"避嫌"赶去香港"安排出国旅程"，黄绍竑匆匆从南宁赶到广州准备代理李济深职务。当晚深夜，黄琪翔与薛岳等派人抓捕黄绍竑，查抄李济深公馆，完全控制了广州城。但黄绍竑事先得到冯祝万通知单独逃出广州，后经香港绕道回到广西。17日早上，桂系在广州附近虎门、江门等处的军队全部被包围缴械，包括临时军委总部及警卫团、第七军军部及第九旅、新编第四军第十一和第十三师留省部队、黄埔军校工兵团等。张发奎部同时占领了石井兵工厂、广州军械库、第一弹药厂和虎门要塞等。广州街头到处张贴"打倒桂系军阀""欢送李济深""反对南京特委会""拥护汪精卫"等标语，开会选举张发奎为广州国民政府军委会主席，顾孟余为广州政治分会主席，陈公博代理广东省省长。李福林第五军和李济深第八路军的薛岳、黄镇球两个师宣布接受张发奎的指挥。18日，张发奎回到广州主持军政。对这次张发奎、黄琪翔以"护党救国"为名的政变，史称"张黄事变"或"广州事变"，也是张发奎的第一次"护党救国"运动。

事变后派兵1营到黄埔军校军械库中取走步枪1万多支、机枪二三百挺、炮几十门，并派教导团团长杨树松兼任军校教育长。

此时张发奎第四军编制：

军长黄琪翔，副军长缪培南，参谋长叶剑英，政治部主任廖尚果，下辖：

第十二师　师长缪培南（兼），副师长吴奇伟，参谋长王超，驻肇庆；

第二十五师　师长李汉魂，副师长张弛，参谋长张云逸，驻惠州；

第二十六师　师长许志锐，副师长陈芝馨，参谋长王尊武，驻肇庆。

新二师　师长薛岳，副师长邓龙光，参谋长罗梓材，参谋处处长孟敏，政治部主任戴振魂，驻江门，下辖：

　　第一团　团长邓龙光（兼）；

　　第二团　团长黄固；

　　第三团　团长陈公侠。

新三师　师长黄镇球，驻西江，下辖：

　　第一团　团长李江；

　　第二团　团长陈见田。

教导团（后参加暴动）　团长杨树松（参谋长朱勉芳代理）；

独立团（新建）　团长莫雄；

警卫团（12月以第四军警卫营、第八路军特务营扩编）　团长梁秉枢。

炮兵团　团长李恒华。

海军处　处长冯肇铭（广东海军部分官兵不服，"飞鹰"舰出走汕头）。

李济深下船后接到逃至香港的黄绍竑电报得知被骗真相，马上呈请中央剿办第四军，并调动军队进行夹击。12月2日，桂系南京政府下令讨伐张发奎。

因中共指派第二十五师参谋长、共产党员张云逸，请张发奎批准去控制海南，准备配合岛内中共游击队占领并割据海南。11月29日，张云逸被广东省政府任命为琼崖绥靖专员，12月初带领五六百人前往海南并准备接任三十三团团长，但在海口港分批上岸后却被三十三团参谋长叶肇指挥所部缴械，张云逸单独逃离。

正当张发奎调兵遣将防备李济深时，中共于12月11日组织了教导团和警卫团1个营发起广州暴动。张发奎痛恨共产党后院点火，虽从前线调兵进行了镇压，但仍被指责"通共""与共产党唱双簧"，受到桂系南京政府免职查办。12

月 16 日，汪精卫也被桂系南京政府决议查办，离开上海赴法国。

李济深委任陈铭枢为东路总指挥，指挥由蔡廷锴第十师扩充的第十一军 2 个师，并节制陈济棠十一师、钱大钧三十二军 3 个师，会同西路黄绍竑第十五军（由留守第七军改称）3 个师、南路徐景唐十三师和省防军曾友仁团，合击广州。李宗仁调驻上海的桂军蒋如荃团，乘海轮调往汕头登陆。

张发奎与黄琪翔内外交困，于 12 月 18 日通电下野，在安排好人事和作战方案后离开广州。此时第四军全军 5.5 万多人，编制：

军长缪培南，副军长薛岳，参谋长谢婴白，参谋处处长邓定远，下辖：

第十二师　师长吴奇伟，副师长马少屏，参谋长王超，下辖：

第三十四团　团长王超（兼）；

第三十五团　团长马少屏（兼）；

第三十六团　团长李少霞；

炮兵营　营长陈荣机。

第二十五师　师长李汉魂，副师长李江，参谋长胡铭藻，下辖：

第七十三团（原新三师第一团改称）　团长李江（兼）；

第七十四团　团长黄世途；

第七十五团　团长李明。

第二十六师　师长许志锐，副师长陈芝馨，参谋长薛仰忠，下辖：

第七十六团　团长陈芝馨（兼）；

第七十七团　团长黄新（后因在龙川重伤而离职）；

第七十八团　团长林祥。

教一师（原新二师）　师长邓龙光，副师长欧震，参谋长官炜，下辖：

第一团　团长吴逸志（营长分别是钟锦添、苏子钦、潘标）；

第二团　团长周东；

第三团　团长陈公侠。

教二师（原新三师 – 第一团 + 广东守备第二团 + 军独立团编成）　师长黄镇球，副师长韩汉英，下辖：

第一团（原广东守备第二团）　团长韩汉英（兼）；

第二团　团长陈见田；

第三团（原独立团）　团长莫雄。

独立团（原第十八师补充团）　团长陈学顺。

炮兵一团　团长李恒华；

炮兵二团（新建）　团长詹学新。

军特务营、辎重营、工兵营、守备营等。

这是张发奎第四军的顶峰时期。

第四军本来决议赴赣南，因许志锐不甘心退出广东，建议先赴东江，打垮陈铭枢、陈济棠之后再回头打桂系黄绍竑。12月26日，缪培南率部撤离广州。但"张黄事变"的盟友李福林受事变牵连辞职去香港之后，主持第五军的副军长邓彦华派人赶去三水欢迎黄绍竑，并透露了第四军的行动计划。于是桂军3个师不入广州城，直奔河源，在博罗县观音阁截获第四军辎重弹药船50多艘。

1928年1月4日，陈铭枢东路军4个师近2万人西进到龙川县城（佗城），第四军前锋二十六师向驻在城南的黄质胜师发起进攻，战至次日，伤黄新团长和2个营长、亡2个营长，退回蓝口。

1月9日，经紫金来到五华县长布、潭下、双头、华城一带的第四军，与回师到五华县岐岭和龙川鹤市的东路军相互进攻。1月10日，驻五华县岐岭青溪的第四军军部遭陈济棠师偷袭，幸二十六师及时赶到，与教一师一起将其打败；十二师和二十五师进攻陈铭枢军防守的龙川鹤市，而钱大钧部蔡熙盛师一触即溃，但蔡廷锴师拼命抵抗。1月11日，教一师加入进攻，攻克龙川蓝关，打得东路军全线溃退；十二师向老隆跟踪追击"二陈"败兵，马少屏团一马当先，愈追愈远。而黄绍竑的桂军2.7万多人和徐景唐师近万人已经追到龙川。第四军决定回师迎击，争取主动，下令撤回追击的吴奇伟十二师，但吴奇伟只追回了王超团，还在寻找马少屏团。

1月14日，第四军集中在五华县潭下一线的4个师分三路向守在西面大田和锡坪一带西路军进攻。第四军素以"铁军"自命，战无不胜，士兵们在阵地前大喊："前方李宗仁带的第七军还可以同我们踢两下，后方第七军就是烂泥一堆。"桂军官兵一听，火冒三丈："你们是铁军，我们就是钢军，钢军一定要把铁军打碎。"于是"钢""铁"对碰，互不相让，激烈程度超过北伐各战役。双方各4个师一直混战，至次日十二师收拢齐全师人马赶到阵地时，师长许志锐已经在进攻马鞍山高地时重伤阵亡，师长黄镇球也受伤。当日接蒋介石将部队集中赣南的手书，晚上召开高层会议，考虑到第四军伤亡已超2万人，且弹药将尽，虽对方也筋疲力尽，但本军是无后方作战，不能孤注一掷，乃决议服从中央参加北伐。

1月15日上午，以较完整的吴奇伟第十二师殿后，经龙川老隆、车田北撤。

因徐景唐师紧紧追击，1月17日，十二师在龙川黎咀打败徐景唐师，然后继续北撤；1月24日到达江西安远。

1月6日，后卫部队教二师莫雄团抵达河源石公神，受命转向紫金，带军辎重营到紫金柏埔后遇上军炮兵营、二十六师迫击炮营；8日晚上在紫金白溪遇上军独立团。9日上午出发时与敌遭遇，战至下午，大炮辎重行旅损失严重。10日到达热汤墟，躲避几天后得知主力已北上江西，莫雄遂率上述部队加守备营共4000多人，经蓝塘、博罗观音阁、龙门平陵、连平北上，直追到安徽蚌埠归队。

---

* 链接：马少屏致徐景唐的信

作为第四军后卫的吴奇伟第十二师，在龙川黎咀墟与追击的徐景唐师在东江河隔河对战一天，双方都伤亡惨重。入夜后吴师撤退，徐景唐过江后收到了第十二师副师长马少屏留给他的一封信："敝军已决意离开广东，请勿相逼过甚。留在黎咀墟的二十多船伤兵都是四军子弟，请念昔日袍泽之情，妥为收容处置。"徐师高官看信后都黯然相对。

五华岐岭、潭下墟及龙川贝岭粤桂联军加中央军共3个军8个师对第四军5个师（总人数相近）的恶战，史称"东江大战"，是铁四军的第二次自相残杀，而且是铁军的原来4个师全部参加：一方是原来的张发奎十二师发展而来的第四军5个师，另一方是陈济棠第十一师、徐景唐第十三师、陈铭枢第十师发展而来的第十一军2个师，外加后方第七军改编的第十五军3个师，中央军的1个师。双方合计13个师，11万多人，大战持续了5天半，大小打了5仗，共牺牲了近2万人。这次战役应该是铁军史上最大的伤亡！也是广东战史上最为残酷的一次战争。是役因双方打平手而影响小，故不太出名，但其激烈程度和死亡人数在中国近现代史上应该屈指可数！

据说许志锐战死是因他提出的出击东江建议让部队遭受挫折而饱受袍泽指责，深感难堪，遂带队冲锋奋勇出击，实则有以死相报、向同袍表示道歉之心。

蔡廷锴在回忆录中说在追击中俘获、接纳投诚的人中不少为其旧部，因为许志锐原是蔡廷锴第十师之副师长，在二期北伐回师武汉时始调任二十六师师长，并带去干部30余人；陈芝馨原是蔡廷锴第十师之二十八团团长。

因国民党第二届中央执监委员在1927年12月10日召开第四次全会预备会议通过复任蒋介石为国民革命军总司令，1927年1月9日蒋介石在南京宣告复职，重组国民革命军总司令部。1月8日，国民政府特任蒋介石为北伐全军总司令，任命蒋介石（兼）、冯玉祥、阎锡山分别为第一、二、三集团军总司令，在杨树庄海军配合下进行第二次北伐。

1928 年 2 月 2 日，在南京主持召开了国民党二届四中全会，重新选举了 36 名中央执行委员会委员，蒋介石为五常委之一兼组织部部长；设立国民党中央政治分会，由蒋介石任主席，下辖武汉、广州、太原、开封政治分会，分别由李宗仁、李济深、阎锡山、冯玉祥为分会主席；选举 49 人为国府委员，谭延闿任国民政府主席，蒋介石任国民政府军事委员会主席。名义上实现国民党的"统一"。

根据二届四中全会北伐通过的北伐议案，蒋介石征调第四军由赣北上安徽，并令驻粤的方鼎英新十三军和钱大钧第三十二军分别北上江苏。在此前，冯玉祥率部在豫东陇海线上与 10 万安国军部队从 1927 年 10 月苦战至 12 月，阎锡山率部在河北京汉线上和绥远京绥线上与 10 万安国军部队一直战斗。

第四军进入江西后，受蒋介石命令开赴蚌埠、宿州一带集结。蒋介石亲往打气，随即要第四军开赴山东攻打张宗昌直鲁联军。缪培南遂请求充实兵员一部，进行短期整训，全军保持 3 万人。教二师并入教一师，并改称教导师。二十五师师长李汉魂辞职，韩汉英赴日留学。时编制序列如下：

军长缪培南，副军长薛岳，参谋处处长邓定远，下辖：

第十二师 师长吴奇伟，副师长马少屏，下辖：

    第三十四团 团长张德能；

    第三十五团 团长李汉炯；

    第三十六团 团长黄国俊。

第二十五师 师长谢婴白，副师长李江，参谋长胡铭藻，下辖：

    第七十三团 团长莫雄；

    第七十四团 团长林贤察（代）；

    第七十五团 团长吴九臬。

第二十六师 师长黄镇球，副师长陈芝馨，参谋长薛仰忠，下辖：

    第七十六团 团长陈荣机；

    第七十七团 团长陈见田；

    第七十八团 团长林祥。

教导师 师长邓龙光，副师长欧震，参谋长官炜，下辖：

    第一团 团长吴逸志；

    第二团 团长孟敏；

    第三团 团长梁国材。

炮兵团　团长李恒华。

工兵营　营长罗策群。

4月，第四军沿津浦路北上山东，参加第二次北伐。

国民革命军北伐军共40多个军，约70万人，部署是：第一集团军沿津浦线北进；第二集团军由津浦、京汉两线间的鲁西和直南向北推进；第三集团军由京绥、正太两线向东攻占石家庄，再转京汉线北进；第四集团军沿京汉线北上，然后四路会攻京津。当时张作霖的"安国军"，参战兵力约40万。4月10日，3个集团军同时开始攻击（4月21日，李宗仁就任第四集团军后也加入北伐）。

隶属第一集团军的第四军连续攻下岔河、枣庄、滕县、兖州、泰安，并乘胜进迫济南，占领了飞机场。当时日本军队调一个师团在青岛登陆开到济南，阻止第四军进城，惨杀交涉代表，制造"济南惨案"，企图阻止北伐。第四军受命退回菏泽渡过黄河，5月攻占德州和沧州。沿途战斗激烈，共计伤亡8000多人，其中黄国俊团长受重伤；但俘敌无数，其中有少将旅长1名，缴获枪械、物资极多。

5月19日，蒋介石调整部署，以第一、二集团军担任津浦线，第三集团军担任京绥线、第四集团军担任京汉线，兵分三路作战，进逼京津。5月30日，张作霖命令部队撤离京津。6月3日，张作霖退出北京；4日，在沈阳附近皇姑屯被日本人炸死。6月8日，第三集团军进入北京，12日接收天津。6月15日，南京政府宣布"统一告成"（从此直隶改成河北省，同时北京改成北平）。

7月底，第四军在德州举行北伐阵亡烈士追悼大会。

8月，移防山东泰安，被缩编为第四师，并撤销教导师。

第四师师长缪培南，副师长朱晖日，参谋长薛岳（旋辞职，李汉魂接任），参谋处处长邓定远，副官处处长王超，下辖3旅9团。

第十旅（以二十五师为主改编）　旅长谢婴白（后邓龙光），副旅长欧震，参谋长黄昌儒；

第十九团　团长莫雄（后张德能）；

第二十团　团长黄世途；

教导第一团　团长吴逸志。

第十一旅（以二十六师为主改编）　旅长黄镇球，副旅长陈芝馨（后林祥），参谋长曾举直；

第二十一团　团长陈见田；

第二十二团　团长林祥（后梁国材）；

教导第二团　团长梁国材。

第十二旅（以十二师为主改编）　旅长吴奇伟，副旅长马少屏（后陈芝馨）。

第二十三团　团长李汉炯；

第二十四团　团长黄国俊（后黄昌儒）；

教导第三团　团长张德能。

炮兵营　营长李恒华；

工兵营　营长罗策群。

这次编余军官900多名，全部资遣；士兵3000人，编为工兵大队，送南京。

1928年10月，按蒋介石电令，撤销1个教导团，次年1月再撤1个，只留下1个教导团，团长吴逸志；新设特务营，营长潘标；教导营，营长冯华。

1929年3月，师长缪培南辞职，由副师长朱晖日代理师长；李汉魂升任副师长，韩汉英接任参谋长。

1928年6月16日，新疆督办杨增新宣布服从国民政府，成立新疆省政府，并担任主席。7月19日，热河省省长汤玉麟也宣布服从国民政府。12月29日，东三省保安总司令张学良通电全国，宣布东北三省从即日起遵守三民主义，服从国民政府，改挂青天白日满地红旗。"东北易帜"标志着国民政府完成"形式统一"及北洋政府正式结束。

东北易帜后，蒋介石任命张学良为东北边防军司令长官。当时全国军队总数达250万人，其中4个集团军人数分别为50万、42万、24万、30万，东北军约30万。

（二）宜昌反蒋，点燃中原大战导火索

1928年10月8日，根据《中华民国国民政府组织法》，国民党中央常务委员会任命蒋介石为国民政府主席兼中华民国海陆空军总司令，谭延闿为行政院长。"东北易帜"后，蒋介石以战争已结束要节省军事开支用于经济建设的名义进行裁军。1929年1月1日，蒋介石主持召开国民革命军编遣会议，会议确定全国设八个编遣区，将全国200多个师缩编为60个师左右，同时规定全国军队等一切权力收归中央。这种做法引起其他地方实力派的不满。蒋介石接受了杨永泰的"削藩策"：军事解决第四集团军，政治解决第三集团军，经济解决第二集团军，外交解决东北军。

2月，湖北省清乡督办、桂系师长胡宗铎擅自派兵进攻湖南引发"湘案"；3月，蒋介石指责桂系威胁中央，下令讨伐，蒋桂战争爆发。桂系将领阵前倒

戈，致两湖的桂军全被改编；同时，在冀东的桂军（原唐派湘军改编）被唐生智收回，第四集团军解体。5月5日，李宗仁在梧州通电组织"护党救国军"讨蒋，由白崇禧、黄绍竑率领留守广西的部队分两路进攻广州（第一次新粤桂战争）；15日，脱离桂系的何键率军克桂林。6月2日，粤、湘军联合攻陷梧州。12日，蒋介石派军舰运载倒戈的桂军李明瑞、杨腾辉两师到梧州，24日进入南宁。白崇禧、黄绍竑逃往越南，李宗仁下野逃往香港。

4月，张发奎受命指挥第四师等部进攻湖北桂军。5月，在湖北沙市收缴了桂军李朝芳旅枪械，将枪运送南京，精壮的两广士兵补入各旅。

5月，蒋介石任命朱晖日为师长，但朱因病决意辞职，改任张发奎为师长，序列如下：

第四师 师长张发奎，副师长李汉魂，参谋长韩汉英，参谋处处长邓定远，副官处处长王超，政训处主任关巩，副主任侯志明，共21591人，下辖：

第十旅 旅长邓龙光，副旅长马少屏，（后）参谋长孟敏；

第十九团 团长张德能（后孟敏）；

第二十团 团长黄世途。

第十一旅 旅长黄镇球，副旅长林祥，参谋长薛仰宗；

第二十一团 团长陈见田；

第二十二团 团长梁国材。

第十二旅 旅长吴奇伟，副旅长沈久成，参谋长曾举直；

第二十三团 团长李汉炯；

第二十四团 团长黄国俊。

教导团 团长吴逸志。

炮兵营 营长李恒华；工兵营 营长罗策群；特务营 营长张初开；教
　　导营，营长冯华。

7月开赴湖北宜昌，师部和十二旅驻宜昌，十一旅驻宜都，十旅驻荆州，教导团驻荆门。9月增编教导旅，由教导团和教导营扩编，并补入新一师俘虏，旅长陈芝馨，副旅长欧震，参谋长吴逸志（后黄占春），下辖：

第一团 团长欧震（兼）；

第二团 团长陈荣机（后李少霞）。

并增编独立营 营长黄克白（后在花县战斗阵亡）。

同年5月15日，冯玉祥因接收日军撤出后的山东济南问题与蒋介石以矛盾激化，在陕西华阴开会部署反蒋军事行动，西北军将领发出反蒋通电，推冯玉祥为"护党救国军西北路总司令"，从山东和河南向陕西收缩兵力。17日，国民政府下达讨伐冯玉祥令，并派朱培德、刘峙、唐生智三路大军从豫鄂西、平汉、陇海沿线合击郑州、洛阳。22日，冯玉祥部重要将领韩复榘（二十师师长、河南省主席）、石友三（二十四师师长）通电拥蒋叛冯；暂编十七师师长马鸿逵和暂编二十一师师长杨虎城也脱离冯玉祥。23日，国民党中央下令革除冯玉祥的一切职务。27日，冯玉祥通电下野，第一次蒋冯战争结束。

6月，冯玉祥应阎锡山之邀入晋后被阎软禁；8月编遣实施会议后，蒋阎失和；9月，阎冯修好，相约起兵反蒋。10月10日冯军再出潼关，第二次蒋冯战争开始。10月下旬至11月，蒋军沿平汉、陇海两线夹击冯军，双方在洛阳东南和豫西一带激战。正当冯军苦战之时，阎锡山却宣布就任南京国民政府陆海空军副总司令之职，并召开"讨逆大会"。12月1日，冯军主力被迫撤回陕西潼关。

9月初，第四师突然接到蒋介石命他们将宜昌防务交曹万顺新一师后经浦口调往山东德州的电令。张发奎判断这个命令是要乘机解决第四师，召集团长以上军官会议寻求自救之路。恰遇新任广西省主席俞作柏派陈公侠来邀请第四师助桂夺粤，加上汪精卫、陈公博等在上海组织"中国国民党海外总支部联合办事处"号召反蒋，张发奎便于9月20日在宜昌通电宣布拥汪反蒋，这是张发奎的第二次"护党救国"运动；拟先进军广西，后联合桂军打下广东作为根据地进行反蒋。

第四师脱离中央军南下，在枝江伏击缴了新一师曹万顺部1个旅3个团的械，把所俘士兵中的强壮者3800多人补入教二团，把所俘旅长带到石门后放走，然后立即抢渡长江。第四师官兵大部分是两广人，听说要渡江回乡都很高兴，只3天时间就全部渡过长江。在湘西，何键派李韫珩新九师在石门口袭击张部，派刘建绪第十九师在武冈县设下埋伏。张发奎亲自带着特务营及十一旅迎战，激战一昼夜，打退守敌，然后顺利渡过沅江。第四师孤军纵穿整个湖南，总共损失约1000人；10月下旬撤入广西，部队番号改为"护党救国军第四师"。

---

* 链接：张发奎豪气冲天扛起反蒋大旗

张发奎宜昌反蒋纵穿整个湖南撤入广西后，有人问他："你以一个师的兵力，处在四面包围中，敢与蒋介石为敌，孤军奋战，究竟有什么把握呢？"张发奎豪气地说："三户可以亡秦，一旅足以兴夏，何况我有2万之众，我们一帮将领都是天不怕、地不怕的硬汉，一帮士兵和军官都是身经百战的勇敢健儿，蒋介石实力虽强，但众叛亲离，不得人心，我一经发难，必有人四起响应，我就可以纵横西南，给蒋介石以无情的打击。只要我张发奎尚有一师之众，蒋介石就不能高枕无忧。"从历史角度来看，张发奎在宜昌发难反蒋，他虽然只有一个师的兵力，影响却相当大，成为中原大战的导火线。

1929 年 11 月，张发奎部与桂系组成"护党救国军"（张桂联军），以李宗仁为总司令，黄绍竑任副总司令，白崇禧任前敌总指挥（三人刚潜回广西），下辖第三、八路军。张发奎第四师编为第三路军，总司令张发奎，副总司令薛岳，下辖 4 个旅 8 个团 2.1 万人；第八路军下辖 6 个师 2 个独立旅，共 22 个团。张发奎与 2 年前拼命厮杀的冤家黄绍竑又成为好友。

* 链接：张发奎与黄绍竑的冤怨

据黄绍竑回忆，抗战时期，他与李济深、张发奎、吴奇伟等去参加蒋介石召开的南岳军事会议，那时他与张发奎等已经合作了好多年，混得很熟，彼此无话不谈。大家在火车上谈起 1927 年在广州的事情，黄绍竑问张发奎："向华（张发奎字），那时候你们为什么要把李任公（李济深）赶走呢？"张发奎说："我对任公劝了不少次，流了不少眼泪，任公都没有答应。"他不说明劝李任公的是什么内容。李济深笑着说："我当时不知道你们做什么，叫我怎么答应呢！"当然李济深不会不知道他们想做什么的，而是不同意罢了。黄绍竑又问吴奇伟："梧生（吴奇伟号），假如那天晚上（11 月 16 日）你把我拿着了，你怎样处置呢？"吴奇伟说："唔唔，恐怕对不住了。"

"张桂联军" 6 万多人，经过广宁、四会后，于 12 月 9 日从清远渡过北江，沿粤汉路分两路南下向广州发动总攻，"第二次新粤桂战争"爆发。桂军在路西向陈济棠第八路军 5 个师防守的军田（今广州花都区狮岭镇）一线进攻，遇坚强工事无法突破。张发奎第三路军在"不打到广东会饿死，打到广东有饷关（意即有军饷发）"的口号鼓动下，在路东仅 3 小时就奋勇冲破了中央军朱绍良率领的第六路军 3 个师 1.5 万人防守的花县花山（今广州花都区花山镇）防线。10

日，张发奎部追击朱绍良部越过两龙墟，抵达人和墟（今广州花都区人和镇），造成广州震动。陈济棠先后急调蒋光鼐、蔡廷锴两师支援，并派出空军助战。11 日和 12 日，东西两线都激烈搏击。13 日，张发奎部因孤军作战，伤亡过重，攻势受挫，下令撤退；14 日在清远县漼江口集结渡江时，因后卫桂军撤走，而遭到袭击被俘 4000 多人。过江的 3000 多人由张发奎率领经广宁、怀集退回广西贺县，未能渡江的 5000 多人在十二旅参谋长曾举直与先遣队长莫雄率领绕道英德连江口渡河，经阳山到贺县归队，部队剩 8000 余人。此役双方共伤亡 1 万多人。第三路军旅长黄镇球、副旅长欧震皆受伤，旅长吴奇伟和团长孟敏、黄世途掉队。

12 月 2 日，第十三路军总指挥兼安徽省政府主席石友三接到蒋介石南调广东的命令，因担心蒋介石对他下手，率 10 万人在途经浦口时炮轰南京，后退到豫北新乡一带。12 月 3 日，同石友三相约联手反蒋的第五路军总指挥唐生智发出反蒋通电，就任护党救国军第四路军总司令，将部队 4 个师集结于驻马店、漯河一带。因唐生智主张拥护汪精卫，致使无人响应，孤立无援。下旬，与拥蒋军激战 5 天后，因大雪且后方补给基地被袭占，只好投降缴械，蒋唐战争结束。

1930 年 1 月，第三路军恢复了第四军番号，分编成 2 个师 6 个团；部队开入广东南路补充（接回薛岳、吴奇伟，送走莫雄和李恒华），恢复到 1.5 万多人。

第四军　军长张发奎，参谋长韩汉英，副官处处长王超，下辖：

第四师　师长李汉魂，驻高州，下辖：

第十团　团长陈荣机；

第十一团　团长梁国材；

第十二团　团长李少霞。

第十二师　师长邓龙光，参谋长吴逸志，驻廉江，下辖：

第三十四团　团长张德能；

第三十五团　团长李汉炯；

第三十六团　团长黄国俊。

2 月，陈济棠指挥粤军继续向广西腹地进攻，蒋光鼐、蔡廷锴 2 个师向北流桂军黄绍竑第十五军发起攻击。张发奎率部迅速北上，和桂军合计 3 万多人与蒋粤联军 7 万余人在北流一线进行了一次最大规模的决战，血战两昼夜，双方都伤亡惨重，战死 4000 多人。张发奎眼见损失近半，担心兵力用尽，遂下令西撤。

第四军在南宁缩编为第十二师，约 6000 人，下辖：

第十二师　师长张发奎（兼），副师长李汉魂，参谋长邓龙光，下辖：

第三十四团　团长吴奇伟，参谋主任吴逸志，下辖曾举直、李汉炯、黄国俊3个营；

第三十五团　团长薛岳，下辖潘标、林祥、陈荣机3个营；

第三十六团　团长韩汉英，下辖李少霞、张德能2个营。

独立营　营长欧震。

李宗仁桂军被打败和冯玉祥西北军被重创后，阎锡山意识到他的晋绥军已成为蒋介石下一步消灭的目标，经过协商，李、冯、阎决定共同组织中华民国军。1930年3月9日，冯玉祥返回陕西。14日，第二、三、四集团军57位将领联名通电促蒋下野；15日，通电推举阎锡山为"中华民国"陆海空军总司令，冯玉祥、李宗仁为副总司令，武力讨伐蒋介石。4月1日，阎、冯、李分别于太原、潼关、桂平就职；反蒋军共编制了8个方面军：

桂军为第一方面军，由李宗仁统率并兼总司令，北出湖南，进趋武汉；

西北军为第二方面军，由冯玉祥统率，总司令鹿钟麟，担任河南境内陇海、平汉两线作战任务；

晋绥军为第三方面军，由阎锡山统率，总司令徐永昌，担任山东境内津浦、胶济两线和陇海线东段作战任务；

石友三部为第四方面军；

东北军为第五方面军，总司令张学良，并内定为陆海空军副总司令；

刘文辉部川军为第六方面军；

何键部湘军为第七方面军；

樊钟秀部豫军为第八方面军。

真正参战的第一至四和第八方面军共约70万人。

4月5日，国民政府下令通缉阎锡山，中央军投入陇海线作战的是刘峙第二军团，配备在平汉线的是何成浚第三军团，在津浦线的是韩复榘第一军团，3个军团共约40万人。蒋介石在徐州设行营，亲自坐镇指挥。

5月11日，蒋介石下总攻击令，中原大战（又称蒋冯阎战争）爆发。

李宗仁、白崇禧和张发奎决定放弃广西，挥师湖南，北上武汉与冯玉祥、阎锡山会师。下旬，张桂联军入湘，湘军唐生明（唐生智之弟）率部向桂军投诚，被编为第八军。湘军节节败退，张桂联军28日不战而入衡阳。6月初，为配合第七军进攻长沙，第四军奉命抄袭醴陵，同湘军何键部（首鼠两端）3倍于己之众遭遇，把湘军打得溃不成军，全歼其1个旅。张桂联军乘胜追击，6月4日攻占了长沙，10日攻占岳阳。但黄绍竑第十五军因镇压右江红军没有及时出发，到衡阳附近被粤军打败，退守常宁。因粤军13日占领衡阳，张桂联军只好回师湘南耒阳，从 25 日开始向衡阳进攻；至 7 月 1 日，张桂联军 4 个军约 5 万人与蒋粤湘联军 12 万人在衡阳西面七塘附近决战，因久战疲惫很快全线崩溃，被迫向广西撤退。张桂联军伤亡、被俘 1.2 万人，四军营长（原团长）李汉炯阵亡。

花县、北流、衡阳连续三次恶战，是铁四军的第三次自相残杀，一方是原来的张发奎十二师发展而来的第四军，外加桂军；另一方是陈济棠第十一师和陈铭枢第十师发展而来的部队，外加蒋军。虽然结果都是双方伤亡惨重，合计伤亡应该超过 5 万人以上，但张发奎第四军一直是以少击多。

衡阳恶战是张发奎从军以来的最大失败，在撤退时他心灰意冷，下令对溃兵不必收容，故退回广西后第四军只剩 2000 多人（多是干部）。后经李宗仁补充6000 多人后又扩编为 2 个师。但四军与桂军实行混编，干部交流任职。

第四军　军长张发奎，副军长李汉魂，参谋长邓龙光，下辖：

第十师　师长薛岳，参谋长黄国俊，下辖：

第二十八团（多是勤务、伙夫兵编成）　团长林祥；

第三十团（1 营桂军老兵，1 营新兵）　团长苏祖馨（后欧震）；

第七军第二十一师　师长吴奇伟，下辖：

第六十一团　团长张德能；

第六十三团　团长王赞斌。

后改编桂军 2 个团为第四军第十二师。

第十二师　师长吴奇伟，副师长杨俊昌，下辖：

第三十四团　团长王景宋；

第三十六团　团长阚维雍。

第四军整编后，因人事、作战等权力多交给薛岳，李汉魂、邓龙光等一批骨干将领离开第四军，造成第四军的分裂。

1930 年 9 月，张桂联军从柳州赶去救援被滇军围攻了 5 个多月的南宁，在城下鏖战 3 天，滇军因见陈济棠粤军迟迟未来合围生疑而退出广西。张桂联军展开追击，第四军抢占平马城，挡住滇军退路，于是双方在平马再次展开硬碰硬战斗，薛岳和吴奇伟两个师长都受伤。后滇军绕路西撤，湘、粤军相继撤出广西。

8 月，全国的反蒋派（包括汪精卫改组派和西山会议派）代表在北平由汪精卫主持召开了"中国国民党中央党部扩大会议"，选出汪精卫等 7 人组成常务委员会。9 月 1 日，选举 7 人为国民政府委员，以阎锡山为主席。9 月 9 日，阎锡山宣誓就职，（北平）国民政府正式成立，并任命汪精卫为行政院长。

正当双方打得难解难分时，张学良于 9 月 18 日通电"拥护中央"，同时派12 万军队入关。东北军接收了北平、天津、河北、察哈尔。晋军大部分退回山西，西北军大部分倒戈投蒋，宋哲元等部撤入晋南，石友三、孙殿英、庞炳勋所部由张学良改编。10月9日，张学良在沈阳就任南京国民政府的全国陆海空军副总司令之职。15日，阎、冯决定联袂下野，阎将晋军交给徐永昌，冯将西北军交给鹿钟麟，声称出国暂避。

11月4日，阎、冯通电取消（太原）海陆空军总司令部，中原大战结束。

因薛岳受伤后要求离职养伤，12月，张发奎又将第十师并入第十二师，同时撤销军部和第十师师部。

第十二师 师长吴奇伟，参谋长唐宇纵，下辖：

　　第三十四团（原二十八团） 团长沈久成；

　　第三十五团（原三十团） 团长欧震；

　　第三十六团（原三十四和三十六团合并，桂军） 团长阚维雍。

　　特务营 营长文湘。

1931年2月，发生蒋介石将胡汉民软禁的"汤山事件"。5月，两广联合反蒋，成立（广州）国民政府（在会上对是否拥护汪精卫、张桂双方已经出现对立态度）。6月，恢复第四军番号，张发奎复任军长。

7月，第十三路军总指挥石友三接受汪精卫广州国民政府的任命，在河北邢台率部6.4万人出兵反对张学良，旋即被中央军和东北军南北夹击，全军覆灭。

11月，张发奎根据汪精卫的建议向李宗仁、白崇禧提出带领第四军北上援助东北马占山抗日，但遭到拒绝。吴奇伟在东兰迅速集结兵力，取道柳州、桂林赶在桂军集结前到达全州，加上桂军总兵站总监陈劲节（原第四军经理处处长）跑到香港写信以手上的采购外国军火合约相要挟，终于迫使李、白同意四军离开。

（三）再次归编，始终战斗在抗日前线

1932年2月，南京政府重新任命张发奎为第四军军长，陈芝馨为副军长，参谋长黄国俊，并将第十二师改称第九十师，由吴奇伟任师长。恰逢上海爆发"一·二八"事变，汪精卫要求第四军援沪，遭陈铭枢反对，暂时滞留广西全州。

3月，张发奎以北上抗日为由将第四军带至湖南醴陵，与桂系分手（因三十六团是桂军部队编成，故只带走一个营）。当时蒋汪已合作，蒋介石指示陈诚派罗卓英利用同乡和同学关系来劝说"落难"的吴奇伟。张发奎与吴奇伟商量后决定顺水推舟。5月，开抵江西樟树镇。8月，张发奎辞去军长职务，由吴奇

伟接任。从此以后逐步成为中央军半嫡系部队，粤系特色不断淡化。

离桂时，第四军有2个团又1个营及1个保安团（团长梁展云，1929年底跟随入桂），加上运输兵共7000多人。后在湖南招新兵几千人，编成2个旅4个团。

第四军　军长吴奇伟，参谋长黄国俊，约1万人，下辖：

第九十师　师长吴奇伟（兼），副师长陈芝馨，参谋长唐宇纵，下辖：

第二六八旅（由三十五团扩编）　旅长欧震，副旅长左藩，下辖：

第五三五团，团长陈侃；

第五三六团，团长陈荣机。

第二七〇旅（由三十四团扩编）　旅长韩汉英，副旅长张德能，下辖：

第五三九团，团长沈久成；

第五四〇团，团长林贤察。

补充团　团长萧文。

1933年1月，参加对中央红军的第四次"围剿"，在南城县黄狮渡战斗中致使红五军团副总指挥兼军长赵博生牺牲；10月，参加对中央红军的第五次"围剿"。

1934年3月，由第九十师第二七〇旅扩编成第五十九师，师长韩汉英。两个师都采用3团制的编制。4月，欧震接任第九十师师长。此后第四军编制和隶属关系基本稳定下来，作战特点也中规中矩，失去了以前"铁军"的虎威。

第四军　军长吴奇伟，副军长陈芝馨（1937年12月欧震），参谋长吴德泽，下辖：

第五十九师　师长韩汉英，副师长沈久成，参谋长唐宇纵，下辖：

第三四九团（原二七〇旅五四〇团）　团长林贤察；

第三五一团（原二七〇旅五三九团）　团长张德能；

第三五四团（原浙江省保安处补充团改编）　团长黄道南（后罗醒尘）。

第九十师　师长欧震，副师长陈荣机，参谋长黄占春，下辖：

第五三五团（原二六八旅五三五团）　团长陈侃；

第五三七团（原二六八旅五三六团）　团长薛纯武；

第五四〇团（原师补充团）　团长萧文（后官惠民）。

1934年10月，第四军从江西开始追击中央红军。1935年2月，第五十九师在遵义战役中被歼近半。在四川战斗到1936年2月。"两广事变"后回贵州整训。

1937 年 7 月抗战全面爆发后，第五十九师和第九十师扩编为 2 旅 4 团编制。

第五十九师　师长韩汉英，副师长张德能，参谋长廖鸣欧，下辖：

第一七五旅　旅长黄国俊，下辖：

第三四九团　团长薛广；

第三五〇团　团长龙静渊；

第一七七旅　旅长林贤察，下辖：

第三五三团　团长梁勃；

第三五四团　团长罗醒尘（9 月在上海牺牲）。

第九十师　师长欧震，副师长陈荣机，参谋长黄昌儒，下辖：

第二六八旅　旅长陈荣机（后黄占春），下辖：

第五三五团　团长薛纯武（待考）；

第五三六团　团长吴坚；

第二七〇旅　旅长陈侃（后官惠民），下辖：

第五三九团　团长韦镇福；

第五四〇团　团长官惠民（后王大舫代，牺牲后再由张鹏霄接）。

1937 年 8 月，第四军调赴上海参加淞沪会战；10 月，第二七〇旅少将旅长官惠民在嘉定战场牺牲；12 月会战结束后因伤亡惨重调至皖南休整，调入第九十二师。

1938 年 2 月，第四军调往江西；4 月，调入第六十师；6 月，由欧震接任军长，同时调出第九十二师，调入第一〇二师。此时编制如下：

军长欧震，副军长梁华盛（后柏辉章、张德能），参谋长刘之泽，参谋处处长李骏，副官处处长邓耀周，下辖：

第五十九师　师长张德能，副师长黄国俊，参谋长黄昌儒，下辖：

第一七五旅　旅长黄道南，下辖：

第三四九团　团长薛广；

第三五〇团　团长龙静渊；

第一七七旅　旅长林贤察，副旅长文湘，下辖：

第三五三团　团长梁勃；

第三五四团　团长李凤春。

第六十师（1939 年 7 月调离）　师长陈沛。

第九十师　师长陈荣机（后陈侃），副师长陈侃（后邓献堃），参谋长徐敏，下辖：

第二六八旅　旅长黄占春，副旅长韦镇福，下辖：

第五三五团　团长田玉番；

第五三六团　团长吴坚；

第二七〇旅　旅长薛纯武，副旅长李子亮，参谋长陈治中，下辖：

第五三九团（由罗启疆独三十四旅余部 2000 多人编成）　团长张鹏霄；

第五四〇团　团长曹杰。

第一〇二师（黔军）　师长柏辉章，副师长李奇中，参谋长杜肇华，下辖：

第三〇四团　团长许世俊；

第三〇五团　团长陈伟光；

第三〇六团　团长陈希周；

补充团　团长李念孙。

1938 年 7 月，开始参加武汉会战，首战九江，再战马回岭和万家岭，为万家岭大捷付出了相当的代价；11 月，回师广东南雄。

1939 年 7 月，调江西吉安，参加了第一次长沙会战、1939 年冬季攻势作战。

1940 年，取消旅编制后，序列如下：

军长欧震，副军长柏辉章（1942 年 2 月增张德能），参谋长 ×××，下辖：

第五十九师　师长张德能（1942 年 5 月林贤察），副师长林贤察，下辖：

第一七五团　团长薛广；

第一七六团　团长龙静渊（后屈化平）；

第一七七团　团长梁勃（后杨继震）；

补充团　团长李凤春（待考）。

第九十师　师长陈侃，副师长薛纯武，参谋长李子亮，下辖：

第二六八团　团长朱始营；

第二六九团　团长张鹏霄（后陈治中）；

第二七〇团　团长吴坚（后何世统）；

补充团　团长曹杰（待考）。

第一〇二师　师长柏辉章，副师长陈伟光，参谋长熊钦垣，下辖：

第三〇四团　团长许世俊；

第三〇五团　团长刘威仪；

第三〇六团　团长曾文敬（后陈希周）；

补充团　团长王宪扬。

1941年参加第二次、三次长沙会战，1942年参加了浙赣会战，1943年参加了常德会战，其中第三次长沙会战中伤亡失踪2400多人。

1943年3月张德能接任军长，这时全军约3.3万人，编制如下：

军长张德能，副军长柏辉章、黄国俊，参谋长罗涛汉，参谋处处长张汶杰，副官处处长潘孔昭，军务处处长刘瑞卿，下辖：

第五十九师　师长林贤察，副师长薛广、唐连，参谋长张国泰，下辖：

第一七五团　团长陶富乾；

第一七六团　团长屈化平；

第一七七团　团长杨继震。

第九十师　师长陈侃，副师长薛仲述、何世统，参谋长罗旷（号平野），下辖：

第二六八团　团长朱始营；

第二六九团　团长陈治中；

第二七〇团　团长吴正安。

第一〇二师　师长陈伟光，副师长兼参谋长熊钦垣，下辖：

第三〇四团　团长许世俊；

第三〇五团　团长杨仁瑞；

第三〇六团　团长陈希周。

直辖炮兵、工兵、通讯、特务、辎重（后改团）营（后增加搜索营）。

张德能接任军长后，以儒将自居，过于追求艺术，致使军备废弛，军纪松懈。军委会第四军风纪巡察主任石敬亭说："第四军没希望了，它的军纪很差。"

1944年6月长衡会战中，因第九战区司令长官薛岳为了让第四军立功以便扩编，第四军被安排负责守卫长沙。蒋介石从重庆发电报给薛岳要求命令张德能第四军死守长沙。张德能根据薛岳的要求把2个师放在长沙，1个师放在岳麓山。第四军部署的守城作战是以上次会战为蓝本。但日军这次却别出心裁，避开历次由北向南的办法，采取大迂回战术。6月16日，日军在航空兵直接支持下，对岳麓山及长沙市区同时发动总攻，并施放大量毒气。中午1时，城防已被日军突破，城中的五十九师和一〇二师已陷入被动苦战之中。17日中午，守卫岳麓山的九十师师长陈侃再次急电求援。下午3点，张德能召集五十九师、一〇二师的师长和参谋长在军部开会，最后他说："不守山则山亡城亡，弃城守山城亡则山或可存。"见大家不语，他命令五十九师留下一团守城，牵制日军主力，另以一团即刻启程过江先行增援九十师，其余部队逐步乘船过江。因没有详细渡河计划，致使发生混乱，不但溺毙严重，而且过江后自行逃散。留守的五十九师一七六团团长屈化平逃走，副团长李春鹏率少数部队出城南逃被俘，长沙失陷。因无部队增援岳麓山，18日清晨岳麓山被日军攻下，损失重炮10门、其他炮149门、炮弹无数。第二六八团团长朱始营以下2000多人被俘，五十九师仅存4000多人，九十师伤亡2000多人，只有一〇二师损失较小。后补充近5000新兵后恢复建制。

张德能因擅自放弃长沙，解军法总监部讯办，最后被枪决；所辖三个师的师长皆被撤职；五十九师一七七团团长杨继震、第四军副官处处长潘孔昭、军务处处长刘瑞卿等人也被枪决。由第二十七集团军副总司令欧震兼任第四军军长。8月，调沈久成接任军长。这时编制如下：

军长沈久成，副军长萧冀勉，下辖：

第五十九师　师长谢铮（后薛广，1945年病逝），副师长薛广，参谋长陈纵才，下辖：

第一七五团　团长薛锦泉；

第一七七团　团长×××。

第九十师　师长薛仲述，（后）副师长薛锦泉，下辖：

第二六九团　团长陈治中；

第二七〇团　团长吴正安。

第一〇二师　师长梁勃，副师长陈阵，参谋长熊钦垣，下辖：

第三〇五团　团长杨仁瑞；

第三〇六团　团长陈希周。

辎重团　团长李骏。

第四军开赴湖南酃县接受整训。1945年初参加湘粤赣边区的战斗。

第四军抗战期间参加了南中国的大部分会战，几乎年年不断。但在长衡会战中不仅自身损失严重，军、师长全部受到法办，成为第四军军史上的耻辱。第四军从此声名扫地，以后也再无建树。张发奎也感到很难过，从此"再也不过问第四军的事务"。因第四军从1939年始到抗战胜利，几乎一直在薛岳的指挥下，团长以上变动必须经过薛岳同意，所以又被称为"薛家军"。

（四）最后归宿，与南京政权同命运

1945年8月抗战胜利后，第四军驻守江西吉安。1946年5月整编前，薛岳

担心第四军被撤销，保举与掌握整编大权的参谋总长陈诚有良好关系的原暂七师师长王作华接任军长。陈诚遂将第九战区的粤系军的李子亮新二十师、重建的尹立言暂五十四师、王作华暂七师及暂二军军部加直属队等调归第四军。整编后改称整编第四师，调往江苏，隶属于第一绥靖区，人数 2.5 万多人。这时编制如下：

师长王作华，副师长容有略（后郭照球），参谋长郭照球（后陈焯廷），辖：

整编五十九旅（编入了新二十师和第三挺进纵队） 旅长李子亮（原新二十师师长），副旅长唐连，参谋长胡笃一（后黎勉之），下辖：

第一七五团 团长林方策；

第一七七团 团长吴壮猷。

整编九十旅（编入了暂七师和湖南省政府特务团） 旅长薛仲述，副旅长张翘柳（后何世统），参谋长罗旷（后郑乃翔），下辖：

第二六九团 团长陈治中；

第二七〇团 团长吴正安。

整编一〇二旅（编入了暂五十四师） 旅长梁勃（后陈阵），副旅长陈阵，参谋长熊钦垣，下辖：

第三〇五团 团长陈朝章；

第三〇六团 团长陈希周。

解放战争爆发后，整编第四师参与对苏北、苏中地区的"清剿"，1947 年 3 月参加了益林战斗；10 月参加了盐南战役，第九十旅旅部和所属 1 个团又 1 个营被歼，少将副旅长张翘柳被俘。

1948 年 8 月，整编一〇二旅改为"后调旅"，2 个团分别调给本师其他 2 个旅，使它们成为 3 团制旅，旅部赴浙江衢州接收新兵，不久在南京重建第一〇二师，师长陈阵，副师长兼参谋长熊钦垣（后调隶第四、五军，最后在解放军渡江战役中被歼灭）。接着由军直属队及五十九师、九十师抽调干部在镇江新建第二八六师，但不久即由新任师长陈治中率领赴广东接收新兵并在江苏省江都整训。

1948 年 10 月恢复第四军。这时编制如下：

军长王作华，副军长容有略（后李子亮、薛仲述），参谋长陈治中（后罗旷），下辖：

第五十九师 师长李子亮（后林方策），副师长林方策，参谋长林季荣，下辖：

第一七五团 团长安蜀疆；

第一七六团（原第三〇六团） 团长陈希周；

第一七七团　团长李绍汤。

第九十师　师长薛仲述（后唐连），副师长何世统，参谋长黄伯英，下辖：

第二六八团（原第三〇五团）　团长陈朝章；

第二六九团　团长×××；

第二七〇团　团长吴正安。

第二八六师　师长唐连（后师长陈治中、副师长陈鹏）。

1949年初在镇江担任长江的防守；4月21日解放军发起渡江战役，23日第四军开始南撤（第二八六师在战前已调往广东），28日在长兴县战斗中被俘3000多人，29日在安徽省广德县岗背湖被全歼，副军长李子亮与两个师长以下约1.2万人被俘，军长王作华躲到次日逃脱。

整个解放战争时期第四军一直在江苏担任守卫，主要是军长王作华与陈诚关系密切的原因，没有参加淮海战役（徐蚌会战）等大战，一直默默无闻，最后是逃离途中一战而亡（在广东编练的第二八六师除外）。

三、陈铭枢、蒋光鼐、蔡廷锴十九路军系统——淞沪抗日名垂青史

十九路军起源于1924年10月组建的粤军第一师第一旅。1925年10月第一旅（欠第一团）扩编为国民革命军第四军第十师。1927年1月第十师扩编为第十一军，下辖第十师和第二十四师。宁汉分裂时陈铭枢出走，蒋光鼐等一批高官相继离开，标志着十九路军的"团体"意识已基本形成；8月，2个师在叶挺指挥下参加南昌起义，但两天后蔡廷锴率第十师脱离，而第二十四师则继续南下广东，于10月在汤坑战役中失败，余部撤到海陆丰改编为红二师。

蔡廷锴率第十师作为前卫向南进发，8月3日来到进贤县时，他因与中共信仰不同，先找亲信二十九团团长张世德密议，取得支持后又联络上三罗老乡、二十八团团长陈芝馨，三人密谋二十八团与二十九团前后夹着范孟声三十团行军。8月6日，部队到达进贤县城，布置好兵力与火力后，蔡廷锴随即下令从二十八、二十九团挑选非中共军官接任三十团各级部队长，另一边却分散通知三十团全团各级部队长及政治部成员到师部开会，进来一个扣押一个，按名单抓完所知道的共产党员后，宣布发给工资并护送离开（史称"进贤送客"）。然后

召开营长以上官长会议商量部队去向，最后决定移兵赣东就食，以待时局变化，会后即发表"分共"通电。到安仁时，陈芝馨离队回南昌去找老长官张发奎。

（一）重建第十一军，参与讨伐张发奎

蔡廷锴率第十师在江西河口（今铅山县）休整时，陈铭枢经同学吴艺五介绍与福建省主席杨树庄联系上，经在上海商谈，允蔡廷锴率部入闽休整两三个月，其间要帮助武力解决大力收编土匪且无恶不作的新编第一军谭曙卿部，由福建省负责供应粮饷。不久，蒋光鼐从上海带10万元到河口，与蔡廷锴商量重建第十一军。

第十一军　副军长蒋光鼐（复职并代理军长），参谋长陈维远，副官处处长李拯中，下辖：

第十师　师长蔡廷锴，副师长黄质胜，参谋长丘兆琛，参谋处处长李盛宗，副官处处长邓志才，下辖：

第二十八团　代理团长沈光汉；

第二十九团　团长张世德；

第三十团　团长刘占雄。

第二十四师　（未设师部）下辖：

第七十团（由十师特务营、独立营和各团侦探队编成）　团长区寿年；

第七十一团（以浙江警备师六七百人编成）　团长符岸坛，团副王大文。

蒋光鼐带领第十一军经玉山、南平，于1927年10月9日抵达福州。几天后将谭曙卿的新编第一军（谭收编福建民军于1927年1月编成，共18个团）驻省城的军直属队及3个团共8000多人缴械，将谭曙卿俘虏并押解出境，第十一军为此在福建民众心中留下了良好形象。蒋、蔡将缴获的5000多支枪充实第二十四师，并任命黄质胜为第二十四师师长；又电请陈铭枢回来复任军长。

收编驻闽北原黔军第十军教导第二师为新四师，师长颜德基，副师长公孙长子，下辖：

第一团　团长颜鼎臣；

第二团　团长向卓然。

第十师补充了解散的范汉杰浙江警备师一千多人。

12月张发奎发动"广州事变"后，刚复任的陈铭枢军长应李济深之邀率领

第十一军 2 个师回粤。1928 年 1 月在五华岐岭与张发奎部大战，因张世德团主动进攻被包围，全军血战 3 天，损失惨重，仅第十师就伤亡 3000 多人。张部离开广东后，第十一军驻防南路钦州、廉州、高州、雷州和海南岛。此时编制如下：

第十一军 军长陈铭枢，副军长蒋光鼐，参谋长戴戟（后张襄），副官长何春帆（后毛维寿），驻北海，下辖：

第十师 师长蔡廷锴，副师长张世德，参谋长温克刚（后李诚忠），下辖：

第二十八团 团长沈光汉，团副陈国勋；

第二十九团 团长张世德（兼，后邓志才）；

第三十团 团长刘占雄；

独立团（后由新二师缩编） 团长谭启秀（1928 年 10 月因裁军被解散）；

教导营 营长李盛宗。

第二十四师 师长黄质胜，副师长陈维远，参谋长陈维远（后樊宗迟），下辖：

第七十团 团长区寿年；

第七十一团 团长符岸坛（后丘兆琛）；

第七十二团（新建） 团长范德星（后黄固）。

第二十六师（由新四师改称，调回广东） 师长颜德基（后戴戟），副师长公孙长子（后方玮），参谋长古鼎华，下辖：

第七十六团 团长颜鼎臣（后曾粤汉、张励）；

第七十七团 团长向卓然（战死后黄庆藩接）；

第七十八团（后编） 团长毛维寿。

补充师（1927 年底在汕头成立，由闽南民军编成） 师长李拯中，下辖第一至五团及教导团，团长分别是蔡如棠、曾汉明、陈惠新、叶振凤、陈嵩毓、李赓铿（1928 年 7 月被编遣解散，其中来粤的第二团和教导团补入第二十六师第七十六、七十七团）；

炮兵团 团长郭思演。

教导队 主任华振中。

南区善后公署直辖 2 个师：

新二师，由谭启秀召集旧部组成，师长谭启秀，不久缩编为第十师独立团；

新六师，是 1927 年 5 月被李济深任命为第八路军第二游击司令的何春帆在大小北江收编民团、土匪改成 4 个游击团带到高雷钦廉剿匪，12 月"张黄事变"后被授予正式番号，师长何春帆，参谋长陈已，政治部主任罗奇才，下辖李楚瀛等团，约 1500 人，驻北海。1928 年 7 月被调到广州缴械解散。

3 月开始，蔡廷锴带领第十一军第十师附独立团共 4000 多人进驻海南岛。同时，在海口成立南区善后公署，善后委员由第十一军军长陈铭枢（兼）。

5 月，第二十四师师长黄质胜率部在高雷"清乡"，收编民军改编的师独立营 2 个连及范德星团的 1 个连相继投向共产党；同月，在惠来城与红四师作战中，第二十六师第七十七团团长向卓然被击毙，第七十六团团长颜鼎臣受重伤；同月，第十师进攻琼崖红军独立师，后迫使红军余部撤入母瑞山。

11 月，黄质胜以失职电请辞职，由陈维远接任。

12 月，陈铭枢宣布辞去第十一军军长职务，专任广东省政府主席，遗缺由副军长蒋光鼐代理。

1929 年 3 月，第十一军缩编为第三师，下辖第七、八、九旅。编制如下：

广东编遣区第三师（原第十一军）　师长蒋光鼐，副师长蔡廷锴（后戴戟），参谋长张襄（后华振中），下辖：

第七旅（第十师改，二十九团拆给其他 2 个团）　旅长蔡廷锴，副旅长张世德，下辖：

第十三团（原二十八团）　团长沈光汉；

第十四团（原三十团）　团长刘占雄。

第八旅（第二十四师改编）　旅长陈维远，副旅长黄固，参谋长林劲，下辖：

第十五团（原七十团）　团长区寿年；

第十六团（原七十二团）　团长丘兆琛。

第九旅（第二十六师改编）　旅长戴戟（兼），副旅长方玮，参谋长古鼎华，下辖：

第十七团（原七十六、七十七团合编，待考）　团长张励；

第十八团（原七十八团）　团长毛维寿。

独立团（原七十一团）　团长符岸坛（后张世德）。

教导团（新建）　团长郭思演。

4 月，陈济棠接掌第八路军后，因蔡廷锴力争，第七旅旋改称独二旅。

广东编遣区独二旅　旅长蔡廷锴，副旅长张世德（后沈光汉），（后）参谋主任黄汉廷，下辖：

第一团（原十三团）　团长沈光汉；

第二团（原十四团）　团长刘占雄；

第三团（以原二十九团部队恢复建制）　团长邓志才。

5月，蒋光鼐带领陈维远第八旅和蔡廷锴独二旅参加在东江讨伐附桂反蒋的徐景唐广东编遣区第二师，从增城石滩开始接战，追击至惠州，在博罗派尾激战；后又追击到河源，再追击到潮梅。7月，在韶关包抄过来的香翰屏率领的4个团配合下，将徐景唐师余部全部歼灭在江西信丰。

戴戟率第九旅参加在花县迎击白崇禧的十五军，参加第一次新粤桂战争，副旅长方玮（即方幼璇）在追击敌人时中弹阵亡。

战后第三师第八旅驻梅县，第九旅驻潮州；独二旅驻惠州。

原独二旅副旅长张世德调任第三师独立团少将团长，遗缺由沈光汉接任；独二旅到三罗地区招收新兵在广州成立一个补充团，团长谭启秀，下辖廖木云、梁佐勋、罗湘云3个营。不久，独二旅受命扩编为广东编遣区第二师，蔡廷锴升任师长。

9月，广东编遣区第二、三师分别改成中央番号第六十师、第六十一师。

第六十师　师长蔡廷锴，（后）副师长沈光汉，参谋长李盛宗，副官处处长汪鸿猷，下辖：

第一一九旅　旅长沈光汉（后刘占雄），副旅长刘汉忠，参谋主任黄汉廷，下辖：

第二三七团（原独立旅第一团）　团长陈国勋（免职后黄茂权接）；

第二三八团（原独立旅第二团）　团长刘占雄（后刘汉忠）。

第一二〇旅　旅长区寿年，参谋主任赵一肩，下辖：

第二三九团（原独立旅第三团）　团长邓志才；

第二四〇团（原补充团）　团长谭启秀。

教导团（新建）　团长云应霖；

（后编）补充团　团长刘汉忠（后谢琼生）。

第六十一师　师长蒋光鼐，副师长戴戟，参谋长华振中（后张襄），副官长毛文骏，参谋处处长王衡（后赵一肩），军需处处长庄伟刚，军医处处长林祖泽，军法处处长王贻锷，下辖：

第七旅（原第八旅）　旅长张襄（后华振中），下辖：

第十三团（原十五团）　团长庞成；

第十四团（原十六团）　团长丘兆琛（后丁荣光）；

第八旅（原第九旅）　旅长戴戟（兼，后毛维寿），下辖：

第十五团（原十七团） 团长张励；

第十六团（原十八团） 团长毛维寿（后郑为楫）。

第九旅（由独立团扩编） 旅长张世德，下辖：

第十七团（原独立团） 团长张炎；

第十八团（由投诚的第五十八师教导团饶汉杰部700多人及三罗新兵1000多人新编成） 团长蒋光鲁（蒋光鼐堂弟）。

教导团 团长郭思演（后梁世骥）。

10月，驻守东江的六十一师与朱德率领的红四军进行了二次攻守梅县的战斗。第七旅旅长陈维远因所部损失较大辞职。

从1929年12月至1930年7月，连续参与了对张发奎和桂系联军的花县（第二次新粤桂战争）、广西北流、湖南衡阳（是中原大战组成部分）三次恶战（详见"张发奎系统——永远的第四军"），虽然都取得胜利，但也付出了很大代价，其中第九旅旅长张世德在衡阳战役中阵亡（由其弟张炎团长接任旅长）。

蔡廷锴、蒋光鼐两个师调出省后，陈铭枢将省政府保安处（处长黄强）的保安队扩编成4个团，在广州黄埔训练，后分驻惠州和琼州。

保一团 团长黄固，驻广州黄埔；

保二团 团长樊宗迟，驻琼州；

保三团 团长张君嵩（后符岸坛），驻惠州；

保四团 团长翁照垣（即原陈炯明部翁辉腾），驻广州黄埔。

（二）组建十九路军，中原大战显神威

1930年7月打败张桂联军后，第六十师、第六十一师在蒋光鼐带领下调往山东津浦路，攻打阎锡山的晋绥军。攻占泰安后，受蒋介石"十日内攻克济南奖励一百万元"的诱惑下，两个师果然按时在8月15日攻克济南。蒋介石不但如约兑奖，还命令将两个师编成十九路军。

十九路军 总指挥蒋光鼐，参谋长张襄（后郭思演），下辖：

第十九军军长蔡廷锴，下辖：

第六十师 师长蔡廷锴（兼）；

第六十一师 蒋光鼐（兼，戴戟代），（后）参谋长张襄。

十九路军接着又马不停蹄赶到河南支援陇海路作战，击败冯玉祥西北军，迫其3万多人在新郑投降，自身也伤亡3000多人，其中第二四六团团长蒋光鲁阵亡。

中原大战结束后，十九路军调武汉休整，蒋光鼐请假回粤养病，整个部队由蔡廷锴指挥；第六十师——九旅旅长沈光汉升任副师长，遗缺由刘占雄接充。11月，调往江西赣州参加对中央苏区的第一次"围剿"。

1931年3月蒋光鼐回到部队，率部参加对中央苏区的第二次"围剿"。

1931年2月，蒋介石因立法之争，发生软禁国民党中央执委常委、立法院院长胡汉民的"汤山事件"。反蒋派纷纷聚集广州，通电要求释放胡汉民，蒋介石下野，又一次形成宁粤对立的局面。5月27日，反蒋的胡汉民派、汪精卫派、桂系、孙科派、西山会议派、两广军人中的"国民党中央执监委"召开"非常会议"，另立国民党中央；28日成立了（广州）国民政府，由汪精卫任主席。

宁粤对立后陈铭枢出走，保一、三、四团被陈济棠缴械，翁照垣出走香港，黄固和符岸坛2个团长到海南岛，与樊宗迟商量夺占海南岛。6月，保二团将驻文昌第一营何家瑞、驻澄迈第二营吴康鉴和驻临高第三营林俊昌集中海口，向陈籍的海军陆战团发起进攻，失利后骨干撤到香港。8月转移到江西吉安，将保安团剩余官兵编成2个团，后合成补充旅，旅长黄固。

宁粤对立后粤方派香翰屏、李章达到赣州策动十九路军联合反蒋，蒋光鼐意欲响应，将部队从兴国调到赣州，被蒋介石获悉。6月初，按蒋介石旨意从日本回到南京的陈铭枢先来电劝止，然后飞到赣州，开会决定继续参加"围剿"红军，进驻吉安。作为回报，部队由2个师扩成3个，各旅也逐步由2个团扩成3个。因与师长戴戟不合，第六十一师第七旅旅长华振中辞职。

十九路军总指挥蒋光鼐，军长蔡廷锴，参谋处处长张襄，下辖3个师：

第六十师　师长继续由蔡廷锴兼，第一二〇旅旅长区寿年调升后邓志才接任；

第六十一师　师长由戴戟继任，下辖第一二一和一二二旅（第七旅拆编）；

第七十八师　师长区寿年，下辖：

第一五五旅　旅长区寿年兼，参谋主任林绍棠，下辖：

第一团　团长云应霖；

第二团　团长谢琼生；

第一五六旅　旅长翁照垣，参谋主任丘国珍，下辖：

第四团（由六十一师独立营和一二一旅独立营合编）　团长钟经瑞；

第五团（由原六十一师第七旅十四团改编）　团长丁荣光。

6月21日，蒋介石到达南昌，亲自兼任"围剿"军总司令，开始将主要军力转向"围剿"红军。7月，陈铭枢任"剿匪军"右路集团军总司令，不久调戴戟任右路集团军总司令部参谋长（黄强为总参议），率领十九路军准备参加对中央苏区的第三次"围剿"。蒋光鼐宣布离职赴上海治病。

调任右路集团军司令部参谋长的戴戟辞去师长职务,由毛维寿继任六十一师师长;蔡廷锴正式就任军长职,辞去师长兼职,由沈光汉代理六十师师长。

十九路军总指挥蒋光鼐,军长蔡廷锴,参谋长张襄,参谋处处长赵一肩,下辖:

第六十师　代师长沈光汉;

第六十一师　师长毛维寿,副师长张炎;

第七十八师　师长区寿年。

8月,因两广部队入湘,十九路军拟调防湘南,在撤退到兴国县高兴墟被彭德怀、滕代远率领的红三军团和林彪、聂荣臻率领的红四军等部队包围,红军反复发起冲击,双方数十次拼刺刀,激战持续三天两夜。这是铁军血脉部队的第四次自相残杀,蔡廷锴欲自杀以殉,后手持双枪,亲自率队冲锋,幸得脱险;后又利用诈降术将前来缴枪的红军几百人俘虏,迫使红军自动退走。最后十九路军伤亡3000多人,红军阵亡师长2名,也伤亡3000多人。从伤亡人员看与红军第一、三军团打个平手。[1]从中可以看出十九路军是当时国民革命军里面最精锐之师,战斗力远超中央军。高兴墟战役是"十九路军历史上最激烈、最危险的战役",也是毛泽东后来承认的他指挥的败仗之一(因为损失枪1200支却只缴获20支,得不偿失)。[2]

(三)调和进驻宁沪,淞沪抗战垂青史

1931年9月18日夜,日军炸毁沈阳柳条湖附近的日本所有的南满铁路路轨,栽赃嫁祸于中国军队。日军以此为借口,炮轰沈阳北大营,是为九一八事变。次日,日军侵占沈阳,又陆续侵占了东北三省。因民族矛盾上升,宁粤双方由对峙变成谈判,陈铭枢亲赴广州调解。汪精卫提出开会地点在上海,且为了保证安全,宁沪警备部队须由中立的十九路军来担任(十九路军在1925年2月还是粤军第一旅参加第一次东征时就积极"拥蒋",一直是"拥护蒋介石中央最久也最力的广东部队",直到1930年中原大战攻下济南,没有得到山东地盘后开始出现"反蒋"意识。十九路军的前身部队离粤后,陈铭枢的4个保安团被陈济棠缴械。因此十九路军被视为宁粤双方的中立部队)。

---

[1]参蔡廷锴:《蔡廷锴自传》,黑龙江人民出版社1982年版,第252—253页。

[2]参谢浩:《毛泽东眼中的四次"败仗"》,《党史博采(上)》2022年第12期,第37—42页。

10月，蒋介石同意后任命陈铭枢为京沪卫戍司令长官，下令十九路军进驻宁沪。这时第十九路军编制如下：

总指挥蒋光鼐，军长蔡廷锴；

参谋长张襄，参谋处处长赵一肩，高级参谋丘兆琛、华振中、温克刚、蓝啸声；副官处处长吴典；秘书长徐名鸿；经理处处长叶少泉，副处长黄和春；情报组组长罗为雄；后方主任陈福初，驻粤办事处主任翁桂清，（后）驻京办事处主任黄和春，驻沪办事处主任范其务。下辖：

教导团　团长符岸坛（后吴康楠）。

第十九军　军长蔡廷锴，参谋长黄强，下辖第六十师和第七十八师：

第六十师　师长沈光汉，副师长李盛宗，参谋长李盛宗（兼），政治部主任魏育怀，参谋处处长陈心篆，副官处处长梁维纲，军械处处长吴扬善，军需处处长沈镇源，军医处处长马觉凡，军法处处长陈权，后方主任黄海如，下辖：

工兵营　营长袁汝刚；

特务营　营长梁得标；

第一一九旅　旅长刘占雄，（后）副旅长黄和春，参谋主任刘应时，下辖：

第一团（原二三八团）　团长黄茂权，下辖陈正伦（后黄永华）、谭忠、张展鸾3个营；

第二团（原二三七团大部扩编）　团长刘汉忠，下辖陈生、谷香圃、陈次彬3个营；

第三团（原二三七团一部扩编）　团长黄汉廷，下辖李畏、刘幹廷、周刚如3个营（该团士兵以新招和平县人为主，也叫"和平团"）。

第一二〇旅　旅长邓志才，（后）副旅长杨昌璜，参谋主任黄绍淹，下辖：

第四团（原二三九团）　团长杨昌璜，下辖梁宏、关国安、梁镜泉3个营；

第五团（原二四〇团）　团长梁佐勋，下辖廖木云、汤毅生、邹融3个营；

第六团（由特务营等编成）　团长华兆东，下辖李友尚、赖芬荣、刘光3个营。

第七十八师　师长区寿年，副师长谭启秀（后黄固），参谋长李扩（后林绍棠），参谋处处长王有德，副官处处长朱朝亭，军械处处长王大文，军需处处长黄裳元，军医处处长郭建民，军法处处长郭宏道，后方主任林一元，下辖：

特务营　营长郑星槎。

第一五五旅　旅长区寿年（兼，后黄固），参谋主任林绍棠，下辖：

第一团（由六十师教导团改编）　团长云应霖（后苏守峰），下辖云昌才、罗鋆（后在江湾牺牲）、苏守峰3个营；

第二团（由六十师补充团改编）　团长谢琼生，下辖林卓炘、李金波、李冠雄3个营；

第三团（后由补充旅第一团改成）　团长杨富强，下辖苏营河、李炎燊、冯岳3个营。

第一五六旅　旅长翁照垣（1932年3月后张君嵩），参谋主任丘国珍，下辖：

第四团（由六十一师独立营和一二一旅独立营合编）　团长钟经瑞，下辖邱启炘、龚耀新、梁文3个营；

第五团（由原六十一师第七旅十四团改编）　团长丁荣光，下辖熊彪、黄康、陈德才3个营；

第六团（后由补充旅第二团改成）　团长张君嵩，副团长梁岱，下辖利长江、吴康鉴、吴履逊3个营。

［原拟以第六十一师、教导团和石友三余部等扩编为第二十军，辖2个师，军长蒋光鼐（兼），后未成］

第六十一师　师长毛维寿，副师长张炎，参谋长赵锦雯，参谋处处长王衡，副官处处长冯策全，军械处处长马良骥，军需处处长余阴荪，军医处处长李懋振，军法处处长王贻锷，后方主任马×球，下辖：

炮兵营　营长冯绍甫；

特务营　营长丘清英。

第一二一旅（原第八旅）　旅长张励，（后）副旅长梁世骥，参谋主任温少渠，下辖：

第一团（原师教导团）　团长梁世骥（后朱炎晖），下辖朱炎晖、王宝齐、古煌3个营；

第二团（原十五团）　团长田兴璋，下辖周克、吴永山、施尧章3个营；

第三团（原十六团）　团长廖起荣，下辖刘树福、刘松生、戴尉文3个营：

第一二二旅（原第九旅）　旅长张炎（兼），（后）副旅长庞成，参谋主任邓鄂，下辖：

第四团（原第十三团）　团长庞成（后谢鼎新），下辖邱世芬、邱昌朝、吴康楠3个营；

第五团（原第十七团）　团长黄镇，下辖罗立夫、陈茂光、吴国昆3个营；

第六团（原第十八团）　团长郑为楫，下辖黄镇中、孙兰泉、李荣熙（后在虹口牺牲）3个营。

教导团（新编）　团长邹敏夫，下辖彭孟济、唐恺、李洪钧3个营。

补充旅（由原保安团余部编成，12月拆散补入第七十八师）　旅长黄固，下辖第一、二团，驻昆山。

补充团　团长余立奎。

华侨大刀队　队长周辉甫。

全军约为3.35万人。其中：六十师1.1万人，六十一师1.25万人，七十八师1万人。

京沪卫戍长官司令部和十九路军总指挥部驻南京，六十师驻苏州、常州，六十一师驻南京、镇江，七十八师驻上海。（淞沪警备司令戴戟，参谋长张襄）

12月15日，蒋介石（第二次）宣布下野。12月22—29日，国民党宁、粤、沪（汪精卫、孙科派人士）三方合一，在南京召开四届一中全会，选举蒋介石、汪精卫、胡汉民三人为国民党中央政治会议常委，轮流担任主席；林森当选国民政府主席，孙科任行政院长。

年底，蔡廷锴向陈铭枢提出愿率十九路军赴东三省作战，获陈铭枢、蒋光鼐赞成，随后召集旅长以上军官到上海开会，商议挑选志愿军官兵赴东北援助马占山，当即推定张炎、翁照垣为独立旅旅长。很快各师选出志愿官兵，六十师2500人，六十一师2700人，七十八师2400人，各师合计7600余人。蔡廷锴只核准6000人，拟起名为"西南国民义勇军"，编为2个独立旅，由蔡廷锴自任总指挥，张炎和翁照垣任旅长；开始准备御寒物资和出发手续，预定1932年1月底出发。但报蒋介石后获复示说："其勇可嘉，其事必败，千万不可行。"遂作罢。

1932年1月22日，日本要十九路军后撤30公里，蔡廷锴坚决不允。军政部部长何应钦来沪与蔡面谈。蔡廷锴说："驻地是我国领土，撤退殊无理由。"张静江又约蔡廷锴在杜月笙家面谈。蔡廷锴说："上海是中国领土，十九路军是中国军队，有权驻兵上海，与日帝毫无关系。万一日军胆敢来犯，我军守土有责。"

1月23日，蔡廷锴与蒋光鼐在上海龙华召开了十九路军驻上海部队营以上干部会议，作出了坚决抵抗日军决定，并作了秘密部署。1月24日，又在苏州召开了高级干部紧急会议。

1月28日夜，日军悍然向闸北一带进攻，十九路军立即奋起抵抗，"一·二八"事变爆发。1月29日，蒋光鼐、蔡廷锴等人向全国发出通电，表示守土有责，尺地寸草，不能放弃，为救国保家而抗日，虽牺牲至一卒一弹，绝不退缩。

十九路军全军官兵在广大群众的鼓舞、支援下，爱国热情空前高涨，坚守阵地，不断击退日军的猖狂进攻。蔡廷锴以大无畏的胆略，在枪林弹雨中亲临前线督战，激励士气。当时兵力是，十九路军3个师3万多人，再加上2月16日来援的张治中第五军八十七和八十八2个师，另外还指挥驻闸北的税警团2个〔对外称十九路军第七十八师独立旅，旅长王赓（后莫雄），团长分别是古鼎华和莫雄〕，以及来接防遇上战役爆发就地参战的刘学启宪兵第六团，总共5万多人。而日方兵力从3万多增至8万多人，并且还配有大量大炮、坦克、飞机、战舰。但十九路军从1月28日至3月1日坚守上海，抱着誓死报国的精神，与敌血战33天，前仆后继，阵亡官兵1719人，失踪131人，受伤6361人，合计伤亡8211人（第五军和税警团阵亡官兵1825人，失踪425人，受伤3487人，合计伤亡5737人）。经历了闸北巷战、吴淞要塞战斗、八字桥战斗、蕰藻浜战斗、江湾与庙行战斗、浏河战斗等战役，使日本侵略军受到重创，死伤万余名，并四度更换指挥官；其中一五五旅第一团击毙日军第九师团第六旅团第七联队长林崛大佐，是我国抗日战争中第一次击毙日军将官；俘虏了日军第七联队第二大队长空闲升少佐，开创了我国首次俘获日军大队长的纪录（1944年后才有新纪录）。

十九路军的枪弹补充来源有两个：一是通过各种关系向上海各洋行购置到一批新式的武器弹药，每连配3支捷克式自动步枪，每团配6挺手提机枪，每团的迫击炮连配6门迫击炮；二是从驻上海海军故意"弃守"的兵工厂仓库中搬运大量弹药，动用所有后方勤杂人员和支持的各界人民群众，悉数投入搬运，足足搬运了十多天才搬完；加上上海及全国各地的爱国群众和海外侨胞大量的财物支持（战后统计共收到捐款九百多万元），这是十九路军能在淞沪战场坚持一个多月的物质基础。

2月10日，广东空军派出第二队队长丁纪徐率飞机15架飞来上海支持作战。

3月1日，日军在太仓浏河登陆，由于国民党政府不再增派援兵。十九路军被迫撤离上海，退守到嘉定等地。蒋光鼐、蔡廷锴等于3月2日通电全国，表示决本"弹尽卒尽"之旨，不与暴日共戴一天。经过英、美等国"调停"，中日双方于3月3日宣布停战。

十九路军淞沪抗战是我国对日作战从未有过的大捷，这次战役意义重大，既振奋了全国军民的抗日精神，激发了全民族的抗日热情，同时，还对以后的全面抗战产生深刻的影响。蔡廷锴也因指挥淞沪抗战功勋卓著，被海内外誉为"抗日名将""民族英雄"。蒋光鼐、蔡廷锴、戴戟、沈光汉、毛维寿、区寿年（以上是1932年10月授）、翁照垣、谭启秀、张炎（以上是1933年1月授）9位将领被国民政府授予"青天白日勋章"，是国民政府第三批授予的青天白日勋章。

十九路军退守二线阵地后，迅速组织补充；派谭启秀到广东招募新兵3个团，编为补充旅，以谭启秀为旅长；将李宗仁送来的司徒非部1000多人编为补充第二团；后陆续从湖南和河南招新兵一万余人。

---

* 链接：广州市十九路军淞沪抗日阵亡将士陵园

为纪念1932年第十九路军"一·二八"淞沪抗战中英勇捐躯的广东子弟兵，原十九路军参谋长黄强毅然捐出自己的私家狩猎场，加上海外华侨迅速捐资，1933年在广州建成"十九路军淞沪抗日阵亡将士坟园"。位于先烈东路，门额正面刻有林森所题的"十九路军抗日阵亡将士坟园"，背面刻有宋子文题写"碧血丹心"；纪念碑底座刻有李济深的题字"十九路军淞沪抗日先烈纪念碑"，而下端刻有："中华民国二十一年三月十日京沪卫戍长官陈铭枢、十九路军总指挥蒋光鼐、十九路军军长蔡廷锴、淞沪警备司令戴戟同立"。烈士题名碑四周刻有十九路军在淞沪抗战中阵亡的1983位将士的名字。坟园在抗日战争期间遭到严重破坏，20世纪50年代在陵墓周围种植林木，"文化大革命"期间再次遭到破坏。1981年，成立十九路军淞沪抗日阵亡将士陵园管理处。1995年，被民政部公布为全国第一批爱国主义教育基地。1997年，将蒋光鼐和蔡廷锴的骨灰从北京八宝山革命公墓迁葬至陵园的将军墓安葬。

1932 年 3 月 1 日，日本在吉林长春成立伪"满洲国"，管理东北三省。

（四）发动福建事变，尝试建立新中国

1932 年 3 月，国民党四届二中全会决议由军事委员会委员长统率全国陆海空军，以蒋介石为委员长；同时决定由汪精卫任行政院长。6 月，蒋介石兼任鄂豫皖三省"剿匪"总司令，调集 30 万军队进攻红军鄂豫皖根据地，至 10 月迫使红四方面军主力离开根据地西征。

5 月 23 日，蒋介石下令将第十九路军调离上海，派往福建。原因一是蒋介石不容许异己部队驻其统治区腹心地带。二是福建省府委员林知渊等要求派第十九路军入闽抵御红军的进攻。28 日，在苏州举行了淞沪抗战阵亡将士追悼大会。6 月初，国民政府任命蒋光鼐为驻闽绥靖公署（由京沪卫戍司令长官部改组）主任，蔡廷锴继任第十九路军总指挥。第十九路军终于取得了一块属于自己的"地盘"。但蒋光鼐心灰意冷回广东老家静养不肯就职，第十九路军由蔡廷锴率领入闽。此时驻闽绥靖公署设在福州，由参谋长邓世增处理军务；第十九路司令部则驻漳州，直属有教导团、补充团，各师有特务营、工兵营和辎重营，以六十师进出龙岩，六十一师集中泉州，七十八师进出漳州。

8 月，曾在韶关协助粤军驻防的谭启秀补充旅也来到福州，还有因陈策与陈济棠冲突后、经蔡廷锴调解调来的陈籍广东海军陆战旅 3 个团（团长分别是陈籍、郑兰鹤、黄运华）7000 多人。海军陆战旅随即编为补充第二旅，旅长陈籍。8 月底补充第二旅改编为筑路工程队，9 月底解散。

十九路军抵达福建后，即奉中央明令，变更旅团番号。

第十九路军　总指挥蔡廷锴，参谋长黄强，下辖：

第六十师　师长沈光汉，副师长李盛宗，下辖：

第一七八旅　旅长刘占雄，副旅长刘汉忠，下辖：

第三五五团　团长黄茂权；

第三五六团　团长刘汉忠（兼）；

第三五七团　团长黄汉廷。

第一八〇旅　旅长邓志才，副旅长杨昌璜，下辖：

第三五八团　团长杨昌璜（兼）；

第三五九团　团长梁佐勋；

第三六〇团　团长华兆东。

第六十一师　师长毛维寿，副师长张炎，下辖：

第一八一旅　旅长张励，副旅长梁世骥，下辖：

第三六一团　团长梁世骥（兼，后朱炎晖）；

第三六二团　团长田兴璋；

第三六三团　团长廖起荣。

第一八三旅　旅长张炎（兼），副旅长庞成，下辖：

第三六四团　团长谢鼎新；

第三六五团　团长黄镇；

第三六六团　团长郑为楣。

教导团　团长邹敏夫。

第七十八师　师长区寿年，副师长黄固，下辖：

第二三二旅　旅长云应霖，下辖：

第四六三团　团长云应霖（后苏守峰）；

第四六四团　团长谢琼生；

第四六五团　团长杨富强。

第二三四旅　旅长张君嵩，主任参谋林朱梁，下辖：

第四六六团　团长钟经瑞；

第四六七团　团长丁荣光；

第四六八团　团长张君嵩（后邹融）。

补充旅　旅长谭启秀，下辖：

第一团　团长陈任之；

第二团　团长孙兰泉；

第三团　团长郑星槎。

警卫团　团长李金波；

补充第一团（后并入警卫团和补充第二团）　团长余立奎；

补充第二团（后改称补充团）　团长司徒非。

十九路军军官补习所　教育长余华沐。

冬，陆续来到福建的原广东空勤人员 100 多人，加上原来购买后转运到福州的 15 架飞机，在福州成立十九路军航空队，不久改名驻闽绥靖公署航空队，队长杨官宇，副队长刘植炎。1933 年夏，刘植炎接任队长；后接收了四十九师航空队，再购买 5 架飞机，并新建了龙岩机场。

12 月，中央任命蒋光鼐为福建省主席，蔡廷锴任驻闽绥靖公署主任兼第十九路军总指挥。

蒋光鼐、蔡廷锴对福建的军政进行了系列整肃，期望建成"模范省"来回应广大华侨的热切期盼。其中军事措施有：一是将张贞四十九师从 6 个团缩编成 4 个团。二是将省防军 4 个旅取消。对军纪最坏的第一旅改编成 1 个团，旅长陈国辉扣押、公审、枪决；第四旅压缩成 1 个团，改成护路队；将素质较好且旅长与十九路军有渊源的第二、三旅改编为保一、二旅，旅长分别是陈齐煊、陈维远。三是将福建海军陆战队第一、二旅由 13 个营缩编成 4 个团 8 个营。

12 月，蒋介石又调集 50 万军队，准备发动对中央苏区第四次"围剿"。其部署是：以陈诚指挥中央嫡系部队 3 个纵队 12 个师 16 万余人为中路军，担任主攻任务；以蔡廷锴指挥第十九路军和驻闽部队为左路军，以余汉谋指挥的驻赣南广东部队为右路军，策应中路军行动。1933 年 1 月底，蒋介石到南昌亲自兼任赣粤闽边区"剿匪"军总司令。3 月，被歼 3 个师后结束。

1933 年元旦，日军开始进攻山海关，长城抗战爆发。军事委员会北平分会委员长张学良逐步调集原东北军和他收编的西北军与部分晋绥军，加上中央军第十七军，编成 7 个军团（东北军已按中央军编制整编），在退入关内的抗日义勇军配合下，奋起抵抗。3 月 4 日，日军攻占热河省会承德。7 日，张学良通电辞职。

蔡廷锴到漳州召集各师长会议取得一致同意，决定在各师抽调志愿兵，编成了"援热抗日先遣军"，下辖 2 个纵队 4 个团：

第一纵队　纵队长张炎（六十一师副师长），下辖：

　　　　第一团　团长刘汉忠（原第一七八旅副旅长）；

　　　　第二团　团长谢鼎新（原第一八三旅第三六四团团长）；

第二纵队　纵队长谭启秀（原补充旅旅长），下辖：

　　　　第三团　团长吴履逊（原第二三四旅第四六八团三营营长）；

　　　　第四团　团长杨昌璜（原第一八〇旅副旅长兼三五八团团长）。

当时粤、桂两省也同意各编成一个师援热，"西南执行部"遂推蔡廷锴为援热联军前敌总指挥。经与陈济棠商量，准十九路军援热先遣队迁回至广东老隆出源潭乘火车北上。5 月，前锋抵湖南耒阳时，热河及各关口已相继失陷，军事委员会北平分会代理委员长何应钦已和日军签订《塘沽协定》；几天后蒋介石电令援热军火速回闽。

5 月，蒋介石在南昌设立全权处理赣、粤、闽、湘、鄂五省军政事宜的军事委员会委员长南昌行营，亲自组织和指挥对各苏区的"围剿"。蒋介石调集 100 万兵力，其中直接用于进攻中央苏区的兵力达 50 万人，其部署为：北路军总司令顾祝同，指挥 6 路军，计 33 个师又 3 个旅，实施对中央苏区的主攻。南路军总司令陈济棠，指挥 11 个师又 1 个旅，筑碉扼守赣南地区，阻止红军向南机动。

西路军总司令何键，指挥所部9个师又3个旅，"围剿"湘赣、湘鄂赣红军，并阻止红军向赣江以西机动。第十九路军总指挥蔡廷锴指挥6个师又2个旅，负责福建防务，并阻止红军向东机动。空军5个队配置于南昌等地支援作战。9月，对中央苏区第五次"围剿"正式开始。

5月26日，冯玉祥联合方振武、吉鸿昌等旧部，在张家口通电成立察哈尔民众抗日同盟军，参加的部队有原西北军旧部、察哈尔和绥远的地方武装、第二十九军驻张家口部队、从东北撤退至察哈尔省的抗日义勇军等共10多万人。6月15日，选举冯玉祥为民众抗日同盟军军委主席兼总司令。战斗至7月12日，将日伪军全部赶出察哈尔。在南京政府重兵包围下，冯玉祥只好于8月5日通电辞职。方振武将余部改成"抗日救国军"，继续战斗至10月才最后失败。

从欧洲和苏联考察回来的陈铭枢，于5月来到福建，主张反蒋。

6月，为了安置援热部队，蔡廷锴要求扩充两个师番号。蒋介石同意将漳州战役惨败的第四十九师师长张贞撤职，余部与援热部队合并成新的四十九师。

7月，将张贞四十九师裁并成2个团，与"援热抗日先遣军"（4个团）重组成新的四十九师，师长张炎，副师长萧越（原师参谋长），下辖：

第一四五旅　旅长阮宝洪（原一四五旅二九一团团长，广东人），下辖：

第四三三团（援热志愿军一纵二团）　团长谢鼎新；

第四三四团　团长吴庆；

第四三五团　团长苏冠英。

第一四六旅　旅长谢琼生，下辖：

第四三六团　团长梁美南；

第四三七团　团长周力行（即周士第，后为解放军兵团司令兼政委）；

第四三八团（援热志愿军二纵四团）　团长杨昌璜。

同时，将补充旅3个团、陈维远保二旅2个团、司徒非补充团（也称总部特务第二团）合编成补充师，师长谭启秀，副师长陈维远，下辖：

补充第一旅　旅长谭启秀（兼，后赵一肩），下辖：

第一团（原补充旅第一团）　团长谭光球；

第二团（原补充旅第二团）　团长孙兰泉；

第三团（原补充旅第三团）　团长郑星槎；

补充第二旅　旅长司徒非，副旅长陈桐，下辖：

第四团（原司徒非补充团）　团长曾涤平；

第五团（原保二旅第一团）　团长廖木云；

第六团（原保二旅第二团）　团长陈桐（兼，后蒋静庵）。

还拟以陈齐煊保一旅、六十一师教导团、收编的闽南地方部队彭相部合编为补充第二师，师长翁照垣，未完成。

7月底，驻连城区寿年第七十八师第二三四旅四六六、四六七团被红军歼灭。9月，在延平至水口间，谭启秀旅1个营和第一八三旅第三六六团又被红军歼灭。

连城战役后，蒋光鼐、蔡廷锴为首的第十九路军将领因不愿继续与红军作战两败俱伤，在陈铭枢的推动下，终于达成了"联共反蒋抗日"的方针，决定"不计成败"反蒋。9月，十九路军和中华苏维埃临时中央政府达成协议停止敌对行动后，着手军事准备。10月调整团长以上人事；11月上旬召集各师长在福州开会，宣布将全路军所辖5个师10个旅扩为5个军10个师的计划番号。

11月20日，陈铭枢联络的国民党内的反蒋势力，包括原粤军将领李济深、黄琪翔、李章达、叶挺，还有陈友仁、徐谦、余心清（冯玉祥的代表）等及在察绥抗日的戴戟都到达了福州，召开大会宣布成立"中华共和国"人民革命政府，以李济深为主席，史称"福建事变"（也简称"闽变"）。政府下设军委会，由李济深兼任主席。

将驻闽绥靖公署撤销，改编成人民军第一方面军总司令部，以蔡廷锴为总司令；保留十九路军番号，总指挥由蔡廷锴兼任，下辖5个军。编制如下：

总指挥蔡廷锴，副总指挥兼参谋长邓世增，副参谋长范汉杰，参谋处处长尹时中，秘书处处长关楚璞，经理处处长叶少泉，军法处处长陈权，副官处处长谢东山，交通处处长唐德煌（后毛文骏），军医处处长周务洪，政治部主任徐名鸿。下辖：

第一军（原第六十师） 军长兼前敌总指挥沈光汉，副军长李盛宗，参谋长陈心菉，参谋处处长钟鼐，副官处处长梁维纲，军械处处长吴扬善，军需处长沈镇源，军法处处长张景新，军医处处长周田，政治部主任魏育怀，驻闽北沙县，下辖：

第一师（原一七八旅） 师长刘占雄，副师长陈生，下辖：

第一团（原三五五团） 团长谭忠；

第二团（原三五六团） 团长陈生（兼）；

第三团（原三五七团） 团长黄汉廷。

第六十师（原一八〇旅） 师长邓志才，参谋处处长陈祖荣，下辖：

第四团（原三五八团） 团长汤毅生；

第五团（原三五九团） 团长梁佐勋；

第六团（原三六〇团） 团长华兆东。

第二军（原第六十一师）　军长毛维寿，副军长张励，参谋长赵锦雯，参谋处处长黄衡，政治部主任陶若存，驻泉州（其中1个师驻沙县），下辖：

第二师（原一八三旅）　师长庞成，下辖：

第七团（原三六四团）　团长邱昌朝；

第八团（原三六五团）　团长黄镇；

第九团（原三六六团）　团长郑为楫。

第六十一师（原一八一旅）　师长梁世骥，下辖：

第十团（原三六一团）　团长朱炎晖；

第十一团（原三六二团）　团长石抱奇；

第十二团（原三六三团）　团长廖起荣。

教导团　团长吴康楠。

第三军（原第七十八师）　军长区寿年，副军长黄固，参谋长李扩，参谋处处长邓乃炎（后王有德），副官处处长林君绩，军械处处长王大文，军需处处长区宗朝，军法处处长刘宏道，军医处处长徐先青，政治部主任林一元，驻蒲田（其中1个师驻福州），下辖：

第七十八师（原二三二旅）　师长云应霖（兼马尾要塞司令），副师长黄茂权，下辖：

第十三团（原四六三团）　团长林卓炘；

第十四团（原四六四团）　团长黄茂权（兼）；

第十五团（原四六五团）　团长杨富强。

第三师（原二三四旅）　师长张君嵩，参谋长朱梁，下辖：

第十六团（原四六六团）　团长钟经瑞；

第十七团（原四六七团）　团长丁荣光；

第十八团（原四六八团）　团长邹融。

第四军（原第四十九师）　军长张炎，副军长刘汉忠，参谋长余仲麒，参谋处处长高华麟，政治部主任郑丰，驻龙岩和永定，下辖：

第四十九师（原一四五旅）　师长阮宝洪，副师长谢鼎新，下辖：

第十九团（原四三三团）　团长谢鼎新（兼）；

第二十团（原四三四团）　团长吴庆；

第二十一团（原四三五团）　团长苏冠英。

第四师（原一四六旅）　师长谢琼生，副师长杨昌瑛，下辖：

第二十二团（原四三六团）　团长梁美南；

第二十三团（原四三七团）　团长周力行；

第二十四团（原四三八团）　团长杨昌璜（兼）。

第五军（补充师扩编）　军长谭启秀，副军长陈维远（待考），参谋长沈重熙，参谋处处长容天领，副官处处长祁克武，军械处处长钟恩治，军需处处长赵奎锋，军法处处长连川炎，军医处处长彭泽沄，政治部主任谭冬菁，驻水口、延平和古田，下辖：

第五师（原补充二旅）　师长司徒非，副师长萧组，参谋长李海寰，下辖：

第二十五团（原补充二旅第四团）　团长曾涤平；

第二十六团（原补充二旅第五团）　团长廖木云；

第二十七团（原补充二旅第六团）　团长萧组（后蒋静庵）。

第七师（原补充一旅）　师长赵一肩，副师长陈任之，下辖：

第二十八团（原补充一旅第一团）　团长谭光球；

第二十九团（原补充一旅第二团）　团长孙兰泉；

第三十团（原补充一旅第三团）　团长郑星槎。

（拟编）第六军（补充第二师扩编）　军长翁照垣（兼兴泉警备司令），下辖：

第六师（原陈国辉旅余部改编）　支队长洪文德，约3500人；

第八师（原陈国辉旅余部改编）　支队长余承尧，约3500人；

独立师（原保一旅）　师长陈齐煊，下辖陈拯、刘骏、顾宏扬3个团。

（后）先遣队指挥兼闽东警备司令部司令　丘兆琛，下辖：

特务团　团长李金波；

独立团（原卢兴邦新二师第六旅第十二团）　团长马鸿兴。

厦门警备司令部　司令黄强；

海军陆战队（原海军陆战队一、二两旅合并）　司令杨廷英，副司令林秉周，下辖第一旅旅长杨廷英，第二旅旅长林秉周；

福建航空队　队长刘植炎，下辖第一、二队，由刘植炎、邓粤铭分任队长。

以上合计号称共7万人，实际基本部队5万余人。

原拟以刘和鼎的五十六师扩为十四军，卢兴邦的新二师扩为十五军，周志群的独立旅扩为独一师（陈齐煊的独立师则改为独二师），争取他们中立，但刘、周不接受番号，卢、陈虽接受番号但不久即倒戈。

"福建事变"发生后，蒋介石从进攻中央苏区的北路军调集第二、四、五路军（总指挥分别由蒋鼎文、张治中、卫立煌）11个师25万人编成"入闽军"，由蒋鼎文任总司令，和海空军一起向福建开拔，对第十九路军实行讨伐。因十九路军副参谋长范汉杰将密码本交给了戴笠，蒋军对十九路军了如指掌。

12 月，十九路军调整部署：以第五军全部构筑半永久式工事据守闽北延平（今南平）、古田、水口 3 个战略要点，其余 4 个军除留 1 个师守马尾港、3 个团分别守泉州、莆田和龙岩外，其余 7 个师 21 个团集中在福州，确保首府。

1934 年 1 月 3 日，延平和古田同时受到攻击。1 月 5 日晚上，决定蔡廷锴指挥 3 个军大部前往支援，分沈光汉和毛维寿二路。但是，延平守军司徒非师经受不住蒋军 3 个师在空军配合下的进攻，于 6 日宣布投降，被改编成独立旅（4 天后被缴械）。1 月 7 日，水口战役打响，谭启秀率 2 个团也经受不住蒋军 3 个师在空军配合下的进攻，只身突围。

1 月 8 日，白沙会议决定十九路军主力火速南撤。守卫古田的赵一肩师陷入蒋军 7 个师的包围中，但是蒋军指挥张治中迟迟没有下令进攻，因为双方曾是淞沪战场上生死与共的兄弟部队，不忍自相残杀。在张治中的努力下，孤立无援的赵一肩于 1 月 11 日下令投降。"古田释兵"后，该师被张治中遵令从优编遣。

延平、水口、古田三战后，第五军谭启秀部全军覆灭，闽北战事结束。

1 月 14 日，参加事变的要人开始撤离福州，后事交萨镇冰处理；民众认为十九路军"虽败犹荣"，进行欢送。

为掩护部队撤退，1 月 16 日，张君嵩师在仙游与进攻的蒋军激战了 2 天，阮宝洪师在莆田打死蒋军团长以下多人。1 月 17 日，蔡廷锴到达泉州，得知漳厦警备司令黄强已投降，而驻军泉州的军长毛维寿"逼宫"意图明显，于是开会宣布毛维寿为代总指挥，然后撤往龙岩。1 月 18 日，张炎经与沈光汉、毛维寿、区寿年多次计议后召开和平会议，欢迎蒋军代表符昭骞来和谈。1 月 20 日，在惠安涂岭，十九路军与在此设伏的蒋军展开了反复肉搏，也是双方最后一次真正的较量。

1 月 21 日，沈光汉、毛维寿、区寿年、张炎 4 名军长联名通电"反正"。蒋介石任命毛维寿为第十九路军总指挥，负责全军改编，将 4 个军缩编成 3 团制的 4 个师，即原有南京政府的番号四十九师、六十师、六十一师、七十八师，师团军官基本换成蒋系的闽、粤籍军官，其中师长分别为陈沛（广东茂名人）、杨步飞（浙江人）、文朝籍（海南文昌人）、伍诚仁（福建人）；原有高级军官送军校学习。1 月 22 日，蒋介石下令撤销第十九路军番号，改编成赣粤闽湘鄂五省"剿匪"东路总司令部第七路军，任命毛维寿、张炎为正、副总指挥，赵锦雯任参谋长，张襄为总参议。

1 月底，当蒋介石对十九路军进行彻底改造时，有石抱奇、廖起荣、黄镇和谢鼎新团长等军官抗命率部突围去闽西，但最后也被包围解决。2 月 2—3 日，有近万名不服改编的官兵乘船或步行回广东。

2月7日，蒋介石下令新第七路军4个师分别调武昌、开封、蚌埠、归德整训，又将营连军官全部撤换（师团干部送陆军大学学习），完全改造成蒋系部队，从此不再属于粤军。

第四十九师，师长伍诚仁，下辖余程万、纪遒武、李禹祥3个团；

第六十师，师长陈沛，副师长陈生，下辖林贤察、陈生（兼）、梁仲江3个团；

第六十一师，师长杨步飞，副师长郑为楫，下辖林英、林崇阿、郑武3个团；

第七十八师，师长文朝籍，参谋长韩定远，下辖郑挺锋、邓经儒、符昭骞3个团。

第四十九师第二十一团周力行部、退到龙岩等地的十九路军军官补习所学员和总部2个炮兵营等部队，整编成1个旅，旅长由军需处副处长黄和春（驻闽粤边的第一集团军独一师师长黄任寰的堂弟）担任，由陈济棠收编为第一集团军独立第三旅，下辖周力行和谢鼎新2个团，约4000人，驻永定。4月底被陈济棠下令缴械解散，共产党员团长周力行独骑撤往江西苏区。

"福建事变"后绝大部分高层人士都顺利撤退到香港，只有政治部主任徐名鸿在广东大埔县城被陈济棠扣留杀害（葬于现丰顺县城汤坑镇）。

---

* 链接：第十九路军被彻底解决渣都没剩的原因

第十九路军的政治领袖陈铭枢发动"福建事变"的宗旨是"联共反蒋抗日"，一是与中共谈判并签订了初步协议，还新组建了"生产人民党"，被人认为与共产党接近，让不少中上层军官难于接受。二是组建新政权时机和方式不对，没看清楚九一八事变之后，民族矛盾已经上升为国内主要矛盾，中国革命最迫切的问题是反抗日本侵略。当时南方有中共领导的中华苏维埃共和国，东北有伪满洲国，而国民政府内部有两广"西南执行部"，还有半独立的川滇黔晋，鞭长莫及的西藏和新疆，现在又新建一个"中华共和国"，与"九一八事变"后要求国家统一对外的形势相背离。三是翁照垣当众撕下孙中山的画像，换上了他设计的新国旗。胡汉民、陈济棠和桂系的李、白都认为反蒋不能反出国民党门墙，抛弃孙中山这面旗帜，越过界线了只能分道扬镳。因此"福建事变"得不到粤桂方面这个重要后方盟友的支持，还由于当时中共方面受"左"倾错误指导，没有

在实际上给予福建政府支持和配合，共同对付蒋介石的进攻，最后被蒋介石彻底解决。

（五）尾　声

1935 年，蔡廷锴从海外考察回来后，与广西李宗仁、白崇禧洽谈，提议在广西军队中增设 1 个团，将原十九路军部分官兵编入，军饷从十九路军留存下来的公积金中支付。李、白考虑到不负担军饷而能使自己徒增 1 个团的兵力，便答应了要求。随后，成立第七军独立第一团，团长由原十九路军的广西籍团长谢鼎新担任，副团长梁美南，该团官兵也多为原十九路军人马。

1936 年 6 月，"两广事变"发生后，陈济棠在广东招收原十九路军官兵，编成"特别部队"，并派人赴港邀请蔡廷锴回粤协助，由蔡廷锴"在广东重建十九路军总部，召集旧部，恢复军队"。6 月中旬，桂系将上年成立的谢鼎新团和原在广东收容的丘兆琛团与汤毅生团官兵合成"国民革命救国军"新编第一师，师长翁照垣，参谋长丘国珍，政治部主任宣侠父。7 月中旬陈济棠下野后，李宗仁为了扩充力量，并借助十九路军的抗日盛名消除"广西联日"谣言，邀请蔡廷锴等十九路军将领入桂。蔡廷锴入桂后，首先在梧州设立临时办事处；8 月上旬宣布恢复第十九路军，并任总指挥，李盛宗为参谋长，成立六十、六十一、七十八 3 个师，师长分别是翁照垣、丘兆琛、区寿年，每师辖 2 个团，由新编第一师加上桂军部分正规军和民团编成。翁、丘 2 个师组成后即开赴北海、合浦驻防，总部和区师驻郁（玉）林。因原十九路军军官接踵而至，在郁林设立"军官团"收容各部队容纳不下的军官 600 多人。

9 月初发生了翁照垣六十师（辖谢鼎新和李本一 2 个团）抓获和处决日本间谍并引起多艘日舰驻泊北海海面的"北海事件"。9 月中旬，"两广事变"和平解决，第十九路军失去存在价值，商谈结果是十九路军拨入桂军改编，蔡廷锴任广西国防军副总司令。蔡廷锴宣布撤销总部和军官团，离桂赴港；所属 3 个师合并成 1 个师，师长区寿年，下辖 2 个旅 4 个团，收留了绝大部分留下来的原十九路军军官。该师后编为广西第二十六师，后改为中央番号第一七六师，师长区寿年，下辖 2 个旅 3 个团：一〇五一团团长谢鼎新、一〇五二团团长汤毅生（后刘邦杰）、一〇五六团团长张权。1937 年 10 月淞沪会战中，第一七六师五二六旅第一〇五一团上校团长谢鼎新率全团全部为国捐躯，接任的一〇五一团团长蔡朝焜（原第四六四团第一营营长）和一〇五二团团长褚兆月也相继牺牲！

1938 年第一七六师又参加武汉会战,再转战安徽。1939 年 10 月,因不服从参加围攻新四军的调令,发生"云应霖上校事件"(云应霖因与同乡、新四军参谋长张云逸合作被判刑),一七六师原十九路军系统军官全部被桂系清洗,从此十九路军仅存的一点血脉也不复存在。

四、李济深、陈济棠第八路军和余汉谋第十二集团军系统——最持久的粤军

(一)军阀混战时期

1.李济深围攻"贺叶"又驱赶"张黄"

(1)成立第八路军围攻南昌起义军

1927 年 6 月,南京政府任命李济深为第三届广东省政府主席。7 月,以李文范为民政厅厅长(后陈公博)、古应芬为财政厅厅长(后邹敏初)、曾养甫为建设厅厅长(后陈树人、吴铁城)、朱家骅为教育厅厅长、冯祝万为农工厅厅长(后谢婴白、马超俊)、李禄超为实业厅厅长、陈融为司法厅厅长、陈可钰为军事厅厅长(后黄琪翔)、张难先为土地厅厅长,马洪焕为秘书长。

8 月 10 日,总参谋长李济深就任南京国民政府"第八路军"总指挥,将"后方总司令部"改编成第八路军总指挥部,总指挥李济深(兼),前敌总指挥黄绍竑,参谋长邓世增,副参谋长张文,参谋处处长张国元,政治训练处主任谭克敏,军务处处长伍观淇(后李民欣),军需处处长马炳洪(后李沛霖、刘达衡),军法处处长陈瀛(后唐灏青),副官处处长何荦(后李青),秘书处处长姜玉笙,航空处处长林伟成(陈卓林代),(后)办公厅主任伍观淇,审计科科长袁日新,下辖:

第四军(后方第四军 2 个师再加 1 个新编师) 军长李济深(兼),下辖:

第十一师 师长陈济棠,副师长余汉谋,参谋长张达,政治部主任林翼中,下辖余汉谋(兼)、香翰屏、叶肇(代)3 个团和张瑞贵补充团;

第十三师 师长徐景唐,副师长陈章甫,参谋长李务滋,政治部主任翟瑞元,下辖云瀛桥、曾泽寰、谭邃 3 个团和 1 个补充团;

新二师 1927 年 6 月由 3 个新编团在肇庆编成,师长薛岳,副师长邓龙光,参谋长罗梓材,政治部主任戴振魂,参谋处处长孟敏,副官处处

长吴飞，经理处处长黄国雄，下辖邓龙光、黄固、陈公侠3个团。

第五军　军长李福林，参谋长刘敏，副党代表李朗如，下辖：

第十五师　师长李群，副师长林驹，参谋长何家瑞，下辖第四十三团黄相、第四十四团李林〔后林驹（兼）〕、第四十五团潘枝；

第十六师（1926年12月参加北伐，四十七团和四十八团于1927年5月由副师长王若周带领在赣州投蒋，后另编为独立十六师）　师长练炳章，只辖第四十六团（团长陆满，后吴道南），驻韶关；

补一团（6月招新兵成立）　团长梁若谷；

补二团（12月招新兵成立）　团长李林；

炮兵团　团长周定宽。

第十八师（1927年4月第六军军部在南京被解散后暂由第五军指挥）师长胡谦，副师长苏世安，参谋长孔昭度，下辖第五十二团苏世安（兼）、第五十三团宋世科、第五十四团李明灏（跟随第六军主力北伐）、补充团陈学顺。

第十六军　1926年11月由定滇军余部编成，军长范石生，下辖：

第四十六师　师长范石生（兼）；

第四十七师　师长曾日唯。

第七军第四、六师，桂系军，由军党代表黄绍竑指挥。

第一军第二十师、新一师、新三师、教导师等，由广属警备区钱大钧指挥。

海军处（10月改舰队司令部）　处长（司令）潘文治，下辖：海防、江防、运输3个舰队和虎门要塞司令部（潘文治兼司令）。

交通警备团　团长姚观顺。

潮属警备区辖：潮梅警备旅　旅长何辑五（后王俊），政治部主任何兆清，秘书申伯纯，下辖：警备第一至第四团，团长分别是何如、陈泰运、王延烈、柏天民。（先在揭阳汾水关被南昌起义军重创，余部后在汕头被薛岳缴械改编）

广东军事厅辖：

广东守备第一至三团　团长严博球、韩汉英、曾友仁，驻肇罗阳；

广东守备第四团（新编）　团长罗仲威，驻北江；

广东守备第五团（新编）　团长饶汉杰，驻江门；

广东守备第六团（新编）　团长黄质文，驻广州。

当南昌起义军南下广东时，李济深调集部队进行堵截，陆续编成3个军：

第三十二军　1927年9月由第一军留粤部队扩编而成，军长钱大钧，下辖：

第二十师　师长王文翰；

独四师　1926 年 9 月由第一军第一补充团扩编，师长张贞；

新一师　1927 年 5 月由第一军第二补充团扩编，师长蔡熙盛。

第十五军　1927 年 9 月由桂军第七军留守部队改编，军长黄绍竑，下辖第四至七师，后改为四十三师黄旭初、四十四师伍廷扬、四十五师吕焕炎 3 个师。

新编十三军　1927 年 8 月由黄埔军校部队为主编成，军长方鼎英，辖黄埔军校教导师（军校教导总队扩编）、黄埔军校新编师（后改新三师，师长黄慕松）、第十八师（胡谦）3 个师及在湖南的陈渠珍、许克祥、廖湘芸 3 个师。

堵截南昌起义军部署：

右翼军　总指挥钱大钧，率第一军二十师、新一师、新三师和第六军十八师2 个团在粤赣边；

中央军　总指挥黄绍竑，率第七军第四、六师，在北江；

左翼军　总指挥范石生，率十六军 2 个师，在湘粤边。

还有驻东江和西江的第四军十一师、十三师，驻广州的第五军、第四军新二师薛岳部和黄埔军校教导师（当南昌起义军进入粤东时，又将第四军十一师、十三师和新二师 3 个师编成东路军，总指挥陈济棠）。

（2）驱赶“张黄事变”部队，“围剿”红军

9 月底，张发奎的第二方面军回到广东，控制了北江、惠州和广州。李济深被迫同意“第八路军”和“第二方面军”番号同时取消，于 10 月 18 日成立“临时军委会”，由李济深任主席，陈可钰任总参谋长，张发奎、黄绍竑任副总参谋长，陈公博任政治部主任；在广东各军由临时军委会直接指挥。张发奎第二方面军的“前方第四军”仍称第四军；而原第八路军的“后方第四军”则改称“新编第四军”。第十五军回驻广西，第三十二军和新编十三军（辖原黄埔军校教导师扩编的 2 个师和第十八师余部）也相继离开广东。

1927 年 11 月 16 日，张发奎联络第五军李福林、第四军新二师薛岳部和原新编十三军新三师黄慕松部，发动“张黄事变”。

为应对事变，李济深邀请陈铭枢率第十一军 2 个师从福建回粤，并节制钱大钧第三十二军和新编第四军第十一师陈济棠部，组成东路军；黄绍竑第十五军和徐景唐第十三师组成的西路军，共同讨伐张发奎。

张发奎第四军加上薛岳、黄慕松部共 5 个师分别在东江、江门和肇庆抗击李济深部队时，12 月 11 日其教导团和警卫团一部发动“广州暴动”。为镇压暴动张发奎将部队全部撤回广州，并迫于多方压力于 12 月 18 日通电下野，将第四军5 个师交缪培南和薛岳指挥，议定广州交由李福林第五军防守，第四军全力出击东江，待打垮陈铭枢、陈济棠之后再回头反击桂系黄绍竑部。

受事变牵连李福林、练炳章分别请辞军、师长职，由原第六军第十七师师长邓彦华任副军长主持第五军并兼十六师师长职，刘光典接任军参谋长。

由于邓彦华与黄绍竑达成交易放弃三水防线，让黄绍竑、徐景唐部越过广州直接追击第四军，形成1928年1月初在龙川、五华县间李济深部7个师和钱大钧军新一师（师长蔡熙盛）共8个师夹击第四军5个师的局面，遂发生死伤惨重的"东江大战"，迫使第四军撤往赣南。

1928年1月4日，李济深重返广州，裁撤了"广州临时军事委员会"，重新组织第八路军总指挥部，参谋长邓世增，副参谋长张文，参谋处处长张国元，副官长兼军需处处长陈应麟，副官处处长利树宗（后李少毅），军务处处长李民欣，军法处处长唐灏青，军医处处长李达潮，经理处处长阚宗骅，秘书长邓家彦（后金曹洪）。

2月，第五军代军长邓彦华赴东江巡视，到汕头时被该军补充团团长袁华照扣押索要港币60万元。袁华照闻军参谋长到龙川向第十五军拟借兵二团营救，速将邓彦华释放。邓彦华经此一气，遂请辞代军长职。

3月，李济深将驻粤军队整编为5个军。

第四军 总指挥陈济棠，参谋长李扬敬（兼），政治部主任林翼中，驻防广州及西江，下辖：

第十一师［由十一师（欠三十二团）和补充第二团编成］ 师长余汉谋，副师长李振球，参谋长莫希德，下辖：

第三十一团 团长黄涛；

第三十二团（原第四军补充第二团） 团长张达；

第三十三团 团长叶肇。

第十二师（由十一师三十二团和补充第一团及3个补充营扩编） 师长香翰屏，副师长张瑞贵，参谋处处长利树宗，政训处主任李鹤龄，驻江门；下辖：

第三十四团（原十一师三十二团） 团长张枚新；

第三十五团（原第四军补充第一团，即张瑞贵团） 团长巫剑雄；

第三十六团（3个补充营合编成） 团长陈钜。

第二十五师（由第十三师三十九团及广东守备2个团改编组成） 师长陈章甫（原第十三师副师长兼三十九团团长），副师长徐为炅，下辖：

第七十三团（原第十三师三十九团） 团长梁开晟［后徐为炅（兼）］；

第七十四团（原广东守备第一团） 团长严博球（后黄延桢）；

第七十五团（原广东守备第六团）　团长黄质文。

补充团（在惠州招旧部散兵组成）　团长骆凤翔。

第十一军　军长陈铭枢，副军长蒋光鼐，参谋长戴戟，驻南路和琼州，下辖：

第十师　师长蔡廷锴，副师长张世德，参谋长温克刚；

第二十四师　师长黄质胜（11月辞职），副师长陈维远；

第二十六师　师长戴戟（兼），参谋长古鼎华。

补充师　师长李拯中。

第五军　总指挥徐景唐，副总指挥邓彦华，参谋长陈荣宗（后余华沐），（后）政治部主任王荣佳，副官处处长云振中，驻防东江，下辖：

第十三师　师长云瀛桥（原三十七团团长），副师长谭邃，参谋长李务滋（后陈卓霖），下辖：

第三十七团　团长洪世扬；

第三十八团　团长曾泽寰；

第三十九团（原广东守备第三团改编）　团长曾友仁；

补充团　团长韩舜民。

第十五师　师长李群（辞职后潘枝代），参谋长何家瑞，下辖：

第四十三团　团长黄相（后林小亚）；

第四十四团　团长周定宽；

第四十五团　团长潘枝。

第十六师　师长邓彦华（兼），副师长兼参谋长吴道南，下辖：

第四十六团　团长陆满（后陈杰夫）；

第四十七团（原第五军补一团）　团长梁若谷；

第四十八团（原第五军补二团）　团长李林（后何隆章）。

炮兵团　团长林驹；

补充团（1926年底由第十三师师长徐景唐收编）　团长袁华照。

第十五军　军长黄绍竑，驻北江，下辖黄旭初、伍廷扬、吕焕炎3个师；

第十六军　军长范石生，驻湘南，下辖范石生、曾日唯、许克祥、胡凤璋4个师。

警卫团（由何彤的国税缉私队改编）　团长李如枫（后叶大森、李江）。

工兵团　团长方万方。

交通警备团　团长姚观顺。

第八路军海军司令部　司令陈策，副司令舒宗鎏，参谋长陈锡乾，下辖海防舰队（6艘）、江防舰队（23艘）、运输舰队（19艘）。

第八路军航空处 处长张惠长，副处长陈庆云，下辖：第一队，队长黄光锐，副队长胡锦雅；第二队，队长杨官宇，副队长陈友胜；航空学校，校长周宝衡。

直辖兵站总监部、虎门要塞司令部（司令陈庆云）、黄埔军校、兵工厂等。

5月，从十三师抽调第三十八团为基础编成（新）十八师（原十八师师长胡谦被解决后副师长苏世安将十八师余部带到粤赣边编入新十三军）。炮兵团裁撤，分编为炮兵第一、二营，分别由陈杰夫、何砥柱任营长。新编制如下：

第十三师 师长云瀛桥，副师长谭邃，参谋长陈卓霖，下辖：

　　第三十七团 团长洪世扬；

　　第三十八团（由补充团改编） 团长韩舜民；

　　第三十九团 团长曾友仁。

第十五师 师长徐景唐（兼），副师长潘枝，参谋长何家瑞，下辖3个团编制不变，其中第四十三团团长黄相辞职，由林驹接任。

第十六师 师长邓彦华（兼），副师长兼参谋长吴道南，下辖3个团不变。

（新）十八师 师长李务滋（原第十三师参谋长，并兼任过第三十八团团长），副师长余华沐，参谋长李卓元，下辖3个团：

　　第五十二团（广东守备第五团改编） 团长饶汉杰；

　　第五十三团（广东守备第四团改编） 团长罗仲威；

　　第五十四团（原第十三师第三十八团改编） 团长曾泽寰。

补充团 团长袁华照。

3月，宣布成立4个善后委员公署：

东区善后委员公署，善后委员由第五军总指挥徐景唐兼，参谋长陈仲英，政务处处长邓邦谟，1929年4月邓彦华接，驻惠州；

西区善后委员公署，善后委员由第四军总指挥陈济棠兼，参谋长李扬敬（兼），政务处处长林翼中（兼，后区芳浦）驻江门；

南区善后委员公署，善后委员由第十一军军长陈铭枢兼，参谋长黄强，政务处处长曾塞，驻海口（1929年6月撤销），下辖谭启秀新二师（先缩编成第十师独立团，后解散），何春帆新六师（遣散）；

北区善后委员公署，善后委员王应榆（原第七军参谋长，原由桂系推荐拟任第五军军长）专任，参谋长李毓焜，驻韶关。1929年4月余汉谋接，驻清远。

从3月开始，徐景唐率第五军在东江海陆丰，蔡廷锴带领第十一军第十师附独立团在海南岛，开始进攻当地红军。至11月，徐景唐率部把红二、四师2400多人打败，迫使其余部分散撤走；蔡廷锴率部则迫使琼崖红军退入母瑞山。

1928 年 7 月组成第四届广东省政府，李济深任主席（后陈铭枢），李济深兼民政厅厅长（后刘栽甫），以冯祝万为财政厅厅长，黄节为教育厅厅长，吴铁城为建设厅厅长，彭一湖为秘书长，林云陔为广州市市长。

12 月，陈铭枢专任广东省政府主席，第十一军军长由副军长蒋光鼐代理。

（3）成立"编遣区办事处"整编陆军

1929 年 3 月，李济深按照全国编遣会议要求，将广东陆军部队 5 个军 12 万人缩编成 5 个师，每师 1.1 万人编 3 个旅，每旅 2 个团；将"第八路军总指挥部"改编为"广东编遣区办事处"。（海空军交中央直辖）

广东编遣区第一师（原第四军） 师长陈济棠，参谋长杨幼敏（后吴文献），副官处处长林时清，经理处处长陈景素，政训处主任区芳浦，下辖：

  第一旅（原十一师） 旅长余汉谋，副旅长李振球，参谋长莫希德，参谋处处长赵镰，政治部主任梁应能，先驻肇庆，后移驻韶关，下辖：

    第一团（原三十一团） 团长黄涛；

    第二团（原三十三团） 团长叶肇。

  第二旅（原十二师） 旅长香翰屏，副旅长张瑞贵，参谋长何荦（后郑楷），参谋处处长梁国武，下辖：

    第三团（原三十四团） 团长张枚新；

    第四团（原三十五团） 团长巫剑雄。

  第三旅（原二十五师） 旅长陈章甫，副旅长徐为炅，下辖：

    第五团（原七十三团） 团长徐为炅（兼，后梁开晟、伍汉屏）；

    第六团（原七十四团） 团长黄延桢。

  教导团（原三十二团） 团长张达；

  第一补充团（原七十五团） 团长黄质文；

  第二补充团 团长骆凤翔；

  第三补充团（原三十六团） 团长陈钜。

  特务营 营长陈汉光。

广东编遣区第二师（原第五军） 师长徐景唐，副师长邓彦华，参谋长余华沐，参谋处处长李锡朋，副官处处长张岳侯，政训处主任王荣佳，下辖：

  第四旅（原第十三师） 旅长云瀛桥，副旅长谭邃，驻龙川，下辖：

    第七团（原第三十七团） 团长洪世扬；

    第八团（原第五十四团） 团长曾泽寰。

  第五旅（原第十六师） 旅长邓彦华（兼），副旅长陆满，驻海陆丰，下辖：

第九团（原第四十六团）　团长吴道南；

第十团（原第四十七、四十八团合编）　团长何隆章。

第六旅（原第十八师）　旅长李务滋，副旅长潘枝，驻石龙，下辖：

第十一团（原第三十八团）　团长韩舜民；

第十二团（原第五十三团）　团长王道。

教导团（原第五十二团）　团长饶汉杰；

独立团（原第三十九团）　团长曾友仁。

原第十五师和补充团全部遣散（至此，原李福林部只剩1个第九团）。

广东编遣区第三师（原第十一军）　师长蒋光鼐，副师长蔡廷锴（后戴戟），参谋长黄勤，下辖：

第七旅（原第十师）　旅长蔡廷锴，副旅长张世德，下辖：

第十三团　团长沈光汉；

第十四团　团长刘占雄。

第八旅（原第二十四师）　旅长陈维远，副旅长黄固，下辖：

第十五团　团长区寿年；

第十六团　团长丘兆琛。

第九旅（原第二十六师）　旅长戴戟（兼），副旅长方玮（后黄固），参谋长古鼎华，下辖：

第十七团　团长张励；

第十八团　团长毛维寿，副团长钟锦添。

独立团　团长符岸坛（后张世德）

教导团　团长郭思演。

广东编遣区第四师（原第十五军）　师长黄绍竑，辖黄旭初、梁朝玑、吕焕炎3个旅。

广东编遣区第五师（原第十六军）　师长范石生，辖曾日唯、许克祥、王应榆3个旅。

独一旅（由警卫团与工兵团编成）　旅长邓世增（兼，后何荦），副旅长何荦，下辖：

第一团（原警卫团）　团长张君嵩；

第二团（原工兵团）　团长萧祖强。

（后）独二旅（原第三师第七旅）　旅长蔡廷锴，副旅长张世德，下辖第一团团长沈光汉，第二团团长刘占雄，第三团（原三十团恢复编制）团长邓志才，补充团（后建）团长谭启秀。

交通警备团　团长姚观顺。

军官教导团　团长李扬敬（兼），营长邓挥、杜益谦等。

2.李济深被囚，陈济棠执掌广东

（1）"三陈反李"

1929年3月，"蒋桂战争"爆发。蒋介石决定拆散粤桂联盟，派吴稚晖来粤，诱骗李济深到南京出席国民党中央执监会议。李济深到南京后被蒋介石囚禁于南京东郊之汤山，陈济棠则被蒋介石任命为广东编遣特派员。4月15日，陈济棠接管广东编遣区主任办事处，接收李济深的宪兵营，限令驻粤桂军24小时内离境。

4月21日，第二师师长徐景唐被免职（后避居香港），副师长邓彦华升任师长；4月27日，邓彦华在潮安接任第二师（旋改称第五十八师）师长，以余华沐任师参谋长（后谭邃），李锡朋任参谋处处长，张岳侯任副官处处长，王荣佳（后任大、潘子诚）任政训处主任。

第一七二旅（原第四旅）旅长云瀛桥，副旅长谭邃，参谋主任陈卓霖，第三四三、三四四团团长分别是洪世扬、曾泽寰；

第一七三旅（原第五旅）旅长邓彦华（兼），副旅长陆满，参谋主任×××，第三四五、三四六团团长分别是吴道南、何隆章；

第一七四旅（原第六旅）旅长李务滋，副旅长潘枝，参谋主任李卓元，第三四七、三七八团团长分别是韩舜民、王道；

教导团团长饶汉杰，独立团团长曾友仁；

炮兵营营长何砥柱，特务营营长何麟瑞。

4月23日，第八路军海军舰队改称第四舰队，司令陈策，副司令舒宗鎏。

5月6日，陈济棠就任"讨逆军第八路军总指挥"。

第八路军总指挥部，总指挥陈济棠，总参议黄任寰，参谋长李扬敬，参谋处处长徐涟（后杜益谦），副官处处长利树宗（后林时清、王仁荣），军务处处长温钟声，军需处处长陈应麟，军法处处长邓庆良，军医处处长温泰华，政训处主任区芳浦。

---

* 链接："三陈反李"

据第八路军总指挥部军医处处长、李济深之弟李达潮回忆，他1929年1月

从欧洲回到广州，看到李济深同国民政府文官长古应芬一同从南京回来。兄弟俩一同回广西梧州老家办理家祭，但古应芬借故身体不好上山坐轿不方便不愿同往，故意逗留广州，和陈济棠（一师师长）、陈铭枢（广东省政府主席、原第十一军军长）、陈策（第八路军海军司令）三人秘密勾结倒李济深。李达潮回穗后也听到了"三陈倒李"的传言，有人请他转劝李济深切勿入京。但李济深听到后说他对此也有所闻，去京虽然可能有危险，但目前蒋介石与李、白方面关系如此紧张，自己不出面调停折中，则蒋、桂之间可能因破裂而导致大战，那时岂不更糟？

在李济深决定赴南京之前，李达潮和一帮属于李济深的亲信人物估计：李济深主张外有阎、冯、李、白支持，本身又有粤军将领拥护，蒋介石未必敢一意孤行；从政治形势看，李济深负责广州政治分会，李、白控制北平、武汉两分会，阎、冯又控制了太原、开封两分会，大家联成一气，加上滇闽两省当局也倾向于李济深，因此，蒋介石逼于形势，谅不敢对李济深有什么不利。况且此时陈济棠、陈铭枢亦奉召入京开会，李济深离穗之后，负责拱卫广州后方者更是他的亲信徐景唐所部第五军。因此，大家便没有什么顾虑，赞成李济深入京出席会议。李济深离穗前把第八路军总部托付给参谋长邓世增、副参谋长张文二人主持。

但李济深入京见蒋不几天便被扣留。消息传至广州时，第八路军总部在参谋长邓世增主持下开了一次紧急会议，众人情绪激昂，9个旅长中8个都主张"以武力救任公"（李济深，字任潮），拥徐景唐代第八路军总指挥出师讨蒋。但讨论结果又觉得陈济棠在京未回，陈铭枢在香港养伤（陈赴京经香港时寓皇后酒店，因酒店失火跳楼而足部受伤），还是等他们回来表示态度之后才好有所举动。

不久，陈济棠便由京回港，陈策派"海虎"舰赴港迎接他返穗。陈济棠抵省河时并不立即登岸，只分别约第八路军总部人员到舰上见面，表示自己决定就蒋所委任的广东编遣区主任职务，并劝大家不要因任潮被扣而过于激动。那时徐景唐最恼火，他曾当面警告陈济棠不要开军队进广州，否则冲突就不可避免。

由于"三陈反李"的态度已明显，在广州的亲李济深人物都感到局势严重，徐景唐虽然慷慨激昂，但参谋长邓世增却举棋不定。最后指望冯祝万自沪回来，但冯回来后却不主张打。至此，第八路军中虽不乏同情拥护任潮之将领，由于群龙无首，结果在三陈的联合压迫下很快便软化了。陈济棠登陆后即宣布就任广东编遣区主任新职，不久又被蒋介石发表任命兼第八路军总指挥。

（2）第一次新粤桂战争

蒋桂战争后，退回广西的李宗仁、白崇禧、黄绍竑决定向广东进攻，指挥桂军第十五军（原广东编遣区第四师）3个师及新编的2个旅共14个团，于5月4日出发。拥护李济深的广东编遣区第二师（已改称第五十八师）在原师长徐景唐于香港遥控指挥下，5月7日特务营在汕头扣押了新任师长邓彦华；8日宣布成立独立的"潮梅警备司令部"，司令廖鸣欧，下辖特务营、炮兵营、第一七三旅第三四五团的叶维浩营和宪兵一连，并新建了12个步兵连，总约2000人。9日，第一七四旅旅长李务滋在东莞石龙通电独立后，第一七二旅旅长云瀛桥、第一七三旅副旅长陆满、教导团团长饶汉杰及炮兵营等举兵响应。

5月9日，奉令自汕头率部返省的第五十八师独立团团长曾友仁被怀疑叛乱遭扣押；10日，独立团第一营（营长韩世英）、第二营（营长黄朝珍）在广州被缴械，后分别拨给第一师2个补充团；第三营（营长云昌迈）在虎门被缴械，后拨给第一师特务营（因此扩建为第八路军独立团，团长陈汉光）。回广州省亲的原第六师参谋长文鸿恩应邀任第五十八师副师长、代师长。曾友仁直到邓彦华被释放回来后证实是执行其命令而才释放。

5月9日，第四舰队驻广州"飞鹰""中山"等7艘舰艇乘司令陈策去香港之机，在副司令舒宗鎏（兼"飞鹰"舰长）、参谋长陈锡乾统率下起事驶离广州，后在空军和要塞部队阻击下返回广州沙面。陈策回来后双方谈判，10日达成协议，起事方接受30万元后交舰离开。

陈济棠以第一师全部守北江清远和三水，加派第三师戴戟旅迎击西、北边的桂军；以蒋光鼐指挥第三师（缺戴戟旅）进攻东边的徐景唐部。

5月15日，桂军第十五军3个师加2个旅到达三水芦苞的北江西岸，受到香翰屏旅与第四舰队联合阻击后退回，军舰被击沉1艘、被俘2艘，运兵船受损伤亡官兵2000多人；18日，在三水大塘强渡北江。粤军被击败后撤退到花县赤坭村和白坭村（今广州花都区赤坭镇）、军田车站（今广州花都区狮岭镇）。22日，戴戟旅和郭思演教导团赶到，粤桂双方主力在赤坭、白坭一带对决，粤军以副旅长方玮阵亡4000多人伤亡的代价将桂军击败，打伤师长黄旭初，俘虏旅长王应榆，俘虏数千人，缴枪六七千支，并在第四舰队协助下追击至广西梧州。

6月2日，刚任命的第八路军副总指挥俞作柏率领支持中央的倒戈桂军李明瑞、杨腾辉2个师在粤海军帮助下克复梧州；以后会同香翰屏旅进攻南宁。李宗仁等人将部队交给吕焕炎后逃入越南（吕焕炎部后被编为警备第一师）。

* 链接：陈济棠"捉放"余汉谋

余汉谋当时把兵力布置在北江东岸港江口，打算以逸待劳迎战桂军，但陈济棠要求主动出击，要把防线推进到四会、清远一带。余汉谋怀疑陈济棠故意让其背水一战，借刀杀人，死活不肯过江。此时陈铭枢说余汉谋有通徐景唐的嫌疑，打算与徐的铁杆部下李务滋一同起兵反蒋。5月12日，陈济棠便立即赶赴港江口，以"通敌"等五条罪名把余汉谋抓回广州，对外说调任第八路军参谋长，实为软禁，同时调参谋长李扬敬代理指挥第一旅。李扬敬接收第一旅指挥权后，强命李振球带队过北江直趋四会布防。但余汉谋被抓，全旅兵无斗志。几天之后，粤军大败，退回到清远军田车站一线。李振球副旅长与黄涛、叶肇2个团长领头与全旅军官假装悲愤地致电要挟陈济棠，再不放余汉谋则全旅官兵"罢战"。后由李扬敬致电陈济棠请派余汉谋回前方督师。很快获陈济棠复电同意"现令幄奇即刻到前方，以参谋长名义指挥各部，督率将士反攻"。19日，余汉谋乘火车赶到军田车站，对前线将领发表讲话后，士气大振。次日晨即全军开展反攻。

蒋光鼐指挥第三师陈维远旅和蔡廷锴旅5月12日从增城石滩开始进攻，次日夺回东莞石龙。17日，蔡廷锴旅在博罗派尾遭遇李务滋第一七四旅和云瀛桥第一七二旅及饶汉杰教导团共5个团，激战半天后歼敌一部，缴获辎重枪械十余船。第一七四旅李务滋战败脱离部队后，团长王道升任旅长，负责收容残部。

5月下旬，潮梅警备司令部在大埔高陂以少胜多打败了从福建来进攻潮汕的张贞师，并追击到丰顺县留隍附近，打死其师参谋长应三山和旅长卢振柳。徐景唐派师参谋长谭邃携巨款到达汕头，后部分原五军中层军官也陆续前来，遂商议到大埔集中。第一七二、一七四旅在龙川再次战败，余部2000多人撤退到大埔。谭邃将之与潮梅警备司令部所属部队2000多人加上两支土匪队伍整编成3个旅6个团；17日宣布成立"护党讨贼军南军第三路总指挥部"。

总指挥徐景唐，代总指挥谭邃，下辖：

第一旅　旅长廖鸣欧，副旅长兼参谋长李卓元，下辖：

第一团（原第一七三旅1个营扩编）　团长叶维浩；

第二团（原补充团）　团长袁华照（即土匪袁虾九）。

第二旅　旅长王道（原第一七四旅旅长），副旅长兼参谋长陈杰夫，

下辖：

第三团（原第一七四旅余部编成） 团长张百川；

第四团（原补充师第三团） 团长陈腾雄（澄海土匪）。

第三旅 旅长洪世扬（原第一七二旅第三四三团团长），下辖：

第五团 团长韩舜民（原第三四七团团长，后在河源阵亡）；

第六团 团长陆满（原第一七三旅副旅长）。

特务营 营长何麟瑞；

炮兵营 营长何砥柱。

在海陆丰的第一七三旅2个团主力没有参与起事，由代师长文鸿恩收容，在海军协助下于15日调往广州；第三四五团团长吴道南升任第一七三旅旅长。后改编成第五十八师第五旅，旅长吴道南，下辖：

第九团（原第三四五团） 团长陈定平；

第十团（原第三四六团） 团长何隆章（后利树宗）。

6月3日，蒋光鼐指挥广东编遣区第三师2个旅乘船从陆丰甲子港登陆，很快占领潮汕；谭邃率部四五千人退入闽南上杭，后又回梅州，再经兴宁北上赣南。第五十八师教导团余部在兴宁罗岗被迫投诚。谭邃等人在龙川贝岭决定资遣2个土匪改编的团，并将邓彦华交袁华照带回释放。在江西安远休整时遭蔡廷锴旅和韶关过来的第一师香翰屏率领的4个团部队包围；7月10日突围至信丰县，商议决定余部4个团由张百川带领向其同乡李振球投降，最后被叶肇部接收。7月24日，袁华照在增城投诚，并释放邓彦华。"第一次新粤桂战争"结束。

1929年7月组成第五届广东省政府，陈铭枢任主席兼民政厅厅长，以范其务为财政厅厅长、许崇清为教育厅厅长、邓彦华为建设厅厅长、孙希文为秘书长、林云陔为广州市市长。

1929年8月，陈济棠将粤系部队进行整编，一是将嫡系广东编遣区第一师3个旅9个团、第五十八师（已被中央取消番号）第五旅及总部直辖补充团等扩编3个师；二是将蔡廷锴独二旅也扩编成师。部队总数恢复到5万多人。编制如下：

第五十九师 师长余汉谋，政训处主任李煦寰，驻北江，下辖：

第一一七旅 旅长李振球，（后）副旅长伍汉屏，下辖：

第二三三团（原第一旅第一团） 团长莫希德；

第二三四团（原第三旅第五团） 团长伍汉屏；

第一一八旅 旅长叶肇，参谋主任李崇纲（后林英灿），下辖：

第二三五团（原第一旅第二团） 团长叶肇（兼，后陈章）；

第二三六团（原第五旅第十团） 团长利树宗。

（后）补充第一团　团长黄植楠；

（后）补充第二团　团长彭林生。

第六十师　师长蔡廷锴，下辖第一一九旅沈光汉、第一二〇旅区寿年2个旅，驻南路。

第六十一师　师长蒋光鼐，下辖第七旅陈维远、第八旅毛维寿、第九旅张世德3个旅（1931年才整编为第一二一旅和第一二二旅），驻潮梅。

第六十二师　师长香翰屏，政训处主任李鹤龄，驻西江，下辖：

第一二三旅　旅长张瑞贵（后张枚新），下辖：

第二四五团（原第二旅第三团）　团长张枚新（后孔可权）；

第二四六团（原第二旅第四团）　团长巫剑雄。

第一二四旅　旅长张达，下辖：

第二四七团（原第一师教导团）　团长张达（兼，后李振良）；

第二四八团（原第一师第三补充团）　团长陈钜。

（后）补充团　团长骆秀礼；

（后）教导团　团长罗锦英。

第六十三师　师长李扬敬，参谋长吴文献，政训处主任翟宗心，驻东江，下辖：

第一二五旅　旅长黄延桢，下辖：

第二四九团（原第三旅第六团）　团长严应鱼；

第二五〇团（原独一旅第一团）　团长谭朗星。

第一二六旅　旅长黄质文，下辖：

第二五一团（原第一师第一补充团）　团长叶寿尧（陈济棠妻弟）；

第二五二团　（原第一师第二补充团）团长欧阳新。

（后）补充团　团长林彬；

（后）教导团　团长缪雨帆（9月在广西作战时落水遇难）。

（后编）独一团　团长范德星；

警卫团（新建的第八路军独立团＋第五旅第十团第二营）　团长陈汉光；

工兵团（原独一旅第二团）　团长方万方；

交通团（原交通警备团）　团长梁安邦；

宪兵司令　林时清。

（海军部）第四舰队　司令陈策，副司令李庆文，参谋长陈鼎章，除原辖军舰外，增编陆战团（团长陈籍）；

虎门要塞司令部　司令陈庆云。

（空军署）广东航空处　处长张惠长（后黄光锐），下辖：第一、二航空队，队长黄光锐、杨官宇；航空学校，校长张惠长（兼，后杨官宇）。

海南岛在此期间发生 2 次兵变。1929 年 6 月，吴道南带第五旅调驻琼崖（第十团到雷州后借故北返），第九团改编成守备独立团（后改称独二团），隶属琼崖警备司令部。12 月，洪世扬策动兵变，赶走团长陈定平等人，宣布拥护汪精卫；吴道南任命洪世扬为守备旅旅长（下辖吴宗泰、洪世迁 2 个团）。1930 年 1 月，海军第四舰队司令陈策派陆战团团长陈籍带队登陆海南，将 2 个团缴械。

1929 年 7 月，桂军吕焕炎部警备第一师改编为第八路军新编十六师，下辖梁朝玑、蒙志、杨义 3 个旅 6 个团。10 月，广西省政府主席俞作柏和广西省绥靖总司令李明瑞誓师反蒋，吕焕炎倒戈投蒋，升任第八路军副总指挥兼师长、广西省政府主席。11 月被迫迎回李宗仁后，所部编为桂军第一纵队 3 个师。

广东编遣区第五师范石生部，于 1930 年 2 月编为第五十一师，下辖 2 个旅，旋调往湖北参加中原大战（1936 年 7 月在广东仁化被余汉谋奉命全部缴械）。

1929 年 8 月，将各区善后委员改为巡察员，广东省划分成 18 个巡察区，同时委任各区巡察员：第一巡察区巡察员白学初，第二巡察区巡察员黄俊杰，第三巡察区巡察员麦韶，第四巡察区巡察员王禄俸，第五巡察区巡察员张颂平，第六巡察区巡察员黄遵庚，第七巡察区巡察员吴履泰，第八巡察区巡察员江白良，第九巡察区巡察员黄敬，第十巡察区巡察员周梅羹，第十一巡察区巡察员吴钦禅，第十二巡察区巡察员朱云阶，第十三巡察区巡察员李杞芳，第十四巡察区巡察员余俊生，第十五巡察区巡察员林猷钊，第十六巡察区巡察员吴凤声，第十七巡察区巡察员曾传经，第十八巡察区巡察员陈于敷。

1930 年 8 月 15 日，将 18 个巡察区缩减为 15 个。

（3）第二次新粤桂战争

"护党救国军"张发奎第三路军 4 个旅 2 万余人和李宗仁第八路军 2 个纵队 6 个师又 1 个旅 4 万余人，为了夺取广东，在李宗仁统一指挥下，经过广宁、四会后，于 1929 年 12 月 9 日从清远渡过北江，沿粤汉路分两路南下进攻。中央派何应钦为广州行营主任坐镇广州，带来朱绍良第六路军、海军部部长陈绍宽第二舰队和航空署长张惠长的空军 6 架先进飞机支援广东作战，并分二路迎战。

陈济棠部第八路军 5 个师利用军田（今广州花都区狮山镇）一线坚强工事抵住西路军桂军的进攻；但中央军朱绍良率领的第六路军 3 个师防守的花县花山（今广州花都区花山镇）防线被东路军张发奎部仅 3 个小时就突破。10 日，朱绍良部被张发奎部追击越过人和墟（今广州花都区人和镇），退到龙眼洞，造成广州震动。陈济棠先后急调预备队蒋光鼐、蔡廷锴两师支援，并派出空军助战。11日和12日，东西两线都激烈搏击，但空军将张桂联军炸得人仰马翻。13日，张发奎部因孤军作战伤亡过重北撤，在潖江口集结等待渡江防备松懈时被乘汽车急运而至的粤军袭击，损失惨重。第八路军跟踪追击沿江向广西撤退的张桂联军，直到进占梧州，取得"第二次新粤桂战争"的胜利。此役双方共伤亡1万多人。

两次新粤桂战争的胜利，与广大粤军和民众的向背有关，因为广东憎恨桂系祸害广东多年，担心"广西瘦狗啃广东肥肉"，于是在"广东是广东人的广东"的口号下团结一致。而张发奎两年前还高喊"粤人治粤"，成功发动事变赶走桂军，现在又联桂回来"抢食"，失道寡助。

（4）参加中原大战

1930年3月，陈济棠坐镇梧州，指挥粤军进攻广西，双方在北流一带展开血战，彼此伤亡重大。5月，中原大战全面爆发后，张桂联军决定放弃广西，挥师入湘。陈济棠即将部队调往粤北韶关一带集结，伺机行动。6月3日张桂联军攻占长沙，前锋进抵平江、岳阳，但黄绍竑率领的后续部队尚未到达衡阳时，陈济棠奉令调蔡廷锴、蒋光鼐、李扬敬3个师约3万人入湘作战，攻占衡阳，把张桂联军拦腰斩断。张桂联军约3.5万人回师攻衡阳，双方展开大战。7月1日，张桂联军全线溃败退回广西。而此时，蒋介石已令云南的龙云分兵两路进攻广西的南宁和柳州。陈济棠担心如果桂系被消灭，滇军将直接威胁广东；而保存并联合桂系可以对蒋介石起抗衡作用。因此，他停止对张桂联军的追击，并派人与李宗仁、张发奎联系，表示修好；后停停打打，直到1931年1月完全停止军事行动。

陈济棠则在衡阳之战后蒋介石要求抽兵北上作战时，乘机将陈铭枢的嫡系蒋光鼐、蔡廷锴2个师调离，使得广东驻军成了清一色的陈济棠嫡系。同时，陈济棠又向蒋介石请求增编军队，增编了2个直属独立旅、3个直属独立团、3个师属的教导团、6个旅属的特务营，并秘密购买大批捷克、德国制造的军火，以增强军事实力。

教导旅（1930年6月成立）　旅长黄任寰，参谋长吴文献，下辖：

第一团　团长张之英（后曾达钦）；

第二团　团长曾友仁（后叶维浩）；

第三团　团长王定华。

独一旅（1930年6月成立）　旅长张瑞贵，参谋长张英翰，下辖：

第一团　团长张简苏；

第二团　团长黄渊（后骆凤翔）；

第三团　团长钟芳峻。

独二团　团长李洁之；

独三团（投诚部队改编）　团长袁华照（后邓挥）；

独四团　团长张之英。

第八路军还指挥2个新编师参加广西作战，后随粤军撤回广东西江（1931年5月两广联合后撤编，新一师军官回广西，新二师改编为独一旅）。

新编第一师（在广西百色编成）　师长朱为珍（原是第十五军第二师副师长兼田南"清乡"会办），下辖由当地民团和第十五军溃兵编成的2个团；

新编第二师（1929年12月下旬，桂军纵队司令、原新编十六师师长吕焕炎率本部1个师和教导旅在广西玉林通电拥护中央，所部仍编成新编十六师。1930年6月，吕焕炎到广州开会时被卫兵杀害；7月由杨鼎中继任师长，所部改编为新编第二师，由郑绍玄任政治部主任）。

1930年4月，陈铭枢令省政府保安处处长黄强组建4个保安大队，共6000多人；蔡廷锴、蒋光鼐2个师调出省后，陈铭枢又将4个保安大队扩编成4个团，团长分别是黄固、樊宗迟、张君嵩（后符岸坛）、翁照垣，先在广州黄埔集中训练，后将保二团和保三团调驻琼州和惠州。

3. 胡汉民被禁，陈济棠成"南天王"

（1）成立第一集团军

1931年2月，蒋介石策划召开国民大会拟攫取大总统宝座，遭立法院院长胡汉民反对，便将胡汉民软禁于南京汤山，史称"汤山事件"。胡汉民的亲信古应芬逃出南京来到广东，策动陈济棠反蒋。陈济棠派代表与广西李宗仁、白崇禧达成妥协，将驻桂粤军撤回广东，组成两广联合反蒋阵线。当得知陈铭枢离职北上到庐山投靠蒋介石后，陈济棠马上将其驻广州和惠州的3个保安团缴械，另委派军官将其改编；同时派香翰屏去游说第十九路军的蒋光鼐、蔡廷锴，劝其勿为陈铭枢、蒋介石所利用，造成粤军自相残杀，得到蒋、蔡的同情和答允。

4月30日，国民党中央四监委邓泽如、肖佛成、林森、古应芬等联名通电弹劾蒋介石。5月3日，陈济棠领衔通电反蒋；5月27日，在广州召开了国民党中央执监委员会非常会议，另组广州国民政府，指定16人为国府委员，推举孙科、汪精卫、古应芬、唐绍仪和许崇智5人为常务委员，轮流担任主席，以汪精卫为首任广州国民政府主席。同时，成立了19人组成的军事委员会，以陈济棠、李宗仁和唐生智为常委。将陈济棠的第八路军改称为第一集团军，李宗仁的桂军改称为第四集团军。另任命张惠长为空军总司令，陈策为海军总司令。

6月，改组两广政府，分别以林云陔、黄旭初为广东和广西省政府主席。其中第六届广东省政府以林翼中为民政厅厅长、冯祝万（后区芳浦）为财政厅厅长、谢瀛洲（后黄麟书）为教育厅厅长、胡继贤（后程天固）为建设厅厅长，何启澧为秘书长，程天固（1932年刘纪文）为广州市市长。"宁粤对立"正式形成。陈济棠趁机大力扩充军力。

一是将3个师扩成3个军。将五十九、六十二、六十三3个师扩编为3个军，各辖2个师，另外又增编教导师1个、独立师2个、独立旅5个、独立团8个及炮兵团、战车营等，使陆军兵力猛增至15万人。

第一集团军总司令陈济棠，参谋长缪培南（原四军军长），副参谋长杜益谦（1942年降日）（后唐灏青），政治部主任区芳浦，总参议李汉魂。办公厅主任张国元，机要电务室主任陈克勤，参谋处处长唐灏青（后陈勉吾），副官处处长曾强（后张枚新），军务处处长温钟声（后伍蕃），军需处处长陈应麟（后黄冠章），军械处处长沙世祥（后钟毓灵），审计处处长雷鸣，军医处处长温泰华，军法处处长邓庆史（后黎国材），秘书处处长陈玉昆，（后）总务处处长陈维周（陈济棠胞兄），（1934年8月）警卫处处长冯焯勋。下辖：

第一军　军长余汉谋，副军长李振球（1934年12月任），参谋长杨刚（后罗梓材），政治部主任李煦寰，参谋处处长杨卓修，副官处处长卜汉池（后罗仲威），军法处处长何弼卿，经理处处长丁培纶，军医处处长钟作梁，驻肇庆，下辖：

第一师（由原一一七旅加师补充第二团编成）　师长李振球（1935年1月莫希德），副师长莫希德，参谋长李卓元，下辖：

第一团（原第二三三团）　团长李振；

第二团（原第二三四团）　团长王道（后廖颂尧）；

第三团（原师补充第二团）　团长彭林生；

教导团（新建）　团长陈克华。

第二师（由原一一八旅加师补充第一团编成）　师长叶肇，（后）副师长陈章、黄植楠，参谋长林英灿，下辖：

第四团（原第二三五团）　团长陈章（兼，后叶赓常）；

第五团（原第二三六团）　团长李崇纲（后陈树英，陈济棠侄子）；

第六团（原师补充第一团）　团长黄植楠（后宋士台）；

教导团（新建）　团长邓琦昌，副团长周伯宗。

军教导团（原师教导团） 团长谢锡珍。

赣南警备团（1932年在赣南编成） 团长赵濂（后李卓元）。

第二军 军长香翰屏（1933年10月陈济棠自兼，1934年12月张达继任），（1933年10月）副军长张达，参谋长叶敏予（后谭邃、梁世骥），政治部主任李鹤龄（后翟瑞元、吴荣楫），参谋处处长曾泽寰（后李振东），副官处处长林时清（后黄湄、林朱梁），军法处处长邓衡，经理处处长张带山，军医处处长郭燮和，下辖：

第四师（由第一二三旅加师教导团编成） 师长张枚新（1934年巫剑雄继任），副师长巫剑雄（1934年孔可权），参谋长张寿，辖：

第十团（原第二四五团） 团长孔可权；

第十一团（原第二四六团） 团长巫剑雄（兼，后李亿荣）；

第十二团（原师教导团） 团长罗锦英（后陈经）；

教导团（新建） 团长蒋武。

第五师（由第一二四旅加师补充团编成） 师长张达（1934年12月李振良继任），副师长李振良，参谋长陈定平（后钟震华），下辖：

第十三团（原第二四七团） 团长马毅；

第十四团（原第二四八团） 团长刘树楠；

第十五团（原师补充团） 团长骆秀礼；

教导团（新建） 团长吴骏声。

军教导团（新建） 团长张威。

第三军 军长李扬敬，副军长黄延桢（1934年12月任），参谋长周芷（后林廷华代），政治部主任翟宗心（翟俊千），参谋处处长曾其清，军法处处长李鹤年，副官处处长许元干（后何家瑞），经理处处长邓庆镰，军医处处长唐子常，下辖：

第七师（由第一二五旅加师教导团编成） 师长黄延桢（1935年1月谭朗星），副师长谭朗星，参谋长余斌，下辖：

第十九团（原第二四九团） 团长叶纲；

第二十团（原第二五〇团） 团长练惕生；

第二十一团（原师教导团） 团长黄世途（后黄啸）；

教导团（新建） 团长邓挥。

第八师（由第一二六旅加师补充团编成） 师长黄质文，副师长欧阳新，参谋长罗藜，下辖：

第二十二团（原第二五一团） 团长邱福成（后叶寿尧）；

第二十三团（原第二五二团）　团长欧阳新（后劳伯谦）；

第二十四团（原师补充团）　团长谢彩轩（后陈见田）；

教导团（新建）　团长谢铮。

军特务营　营长陈钦谟。

教导师　由教导队扩编，师长缪培南，副师长谭邃（后张之英、邓龙光），参谋长官祎，军医处处长叶德良，下辖4个团：

第一团　团长赵澜（后罗策群）；

第二团　团长叶敏予（后梁公福）；

第三团　团长李明（后陈骥）；

第四团　团长林伟俦（后陈亨垣）；

第五团（后增设，后又调给独四师）　团长潘标。

独一师，原是由教导旅扩编，后调入独三旅整编成2旅制，师长黄任寰，参谋长曾举直，参谋处处长容干，副官处处长李仲如，军需处处长林维岳，军法处处长谢其湘，军医处处长黄超汉，下辖：

第一旅（原教导旅）　旅长曾友仁，中校参谋姚干平：

第一团　团长曾达钦；

第二团　团长叶维浩；

第三团　团长王定华（后陈树尧，陈济棠侄子）。

第二旅（原独三旅）　旅长严应鱼，中校参谋蔡如柏（后韩宗盛）：

第四团　团长李恒中；

第五团　团长陈绍武；

第六团　团长伍汉屏。

独二师　由独一旅扩编，师长张瑞贵，（后）副师长张简荪（号镜澄），参谋长何经赆（后欧鸿），政训主任李照榴，参谋处处长汤华，副官处处长林泳高，军需处处长张卓洲，军法处处长周仲瑜，军医处处长张楷，下辖：

第一团　团长张简荪（后鸥鸿、陈欣荣）；

第二团　团长骆凤翔（后陈欣荣、温淑海）；

第三团　团长钟芳峻（后陈仲英）；

教导团（原独八团）　团长陈耀枢（后邓昌琦）。

警卫旅（1932年6月改称独一旅，1934年底改回）　由警卫团扩编，旅长陈汉光，（后）副旅长黄国梁、彭智芳，参谋长曾举直（后吕承文），政治部主任杜湛津，下辖：

第一团　团长陈玉光（后莫福如）；

第二团　团长黄国梁（兼，后刘秉刚、何宝书）；

第三团　团长彭智芳；

补充团　团长黄世途（原四军团长）。

（新）独一旅　由新编第二师改编（后改编为独三师），旅长范德星，下辖：

第一团　团长丘桂馨；

第二团　团长陈伯英；

第三团　团长廖道明。

（新）独二旅（1931年7月新建）　旅长陈章，参谋长侯梅（后罗隆），下辖：

第一团　团长陈克华（后杜凤飞）；

第二团　团长杜凤飞（后何联芳）；

第三团　团长梁荣球。

独三旅（1931年7月新建，1932年2月调归独一师）　旅长严应鱼，下辖：

第一团　团长李恒中；

第二团　团长刘炳纲；

第三团　团长陈绍武；

独四旅（1931年7月由独二团扩编，1932年2月撤销）　旅长李洁之，下辖：

第一团　团长叶植楠；

第二团　团长李康秀；

第三团　团长李润材。

虎门要塞司令部　司令陈庆云，参谋长罗隆，下辖守备团（团长陈家炳）；

（新）独一团（后归独三师）　团长梁国武；

（新）独二团　团长钟继业；

（新）独三团（后归第十二师）　团长张文韬；

（新）独四团（后归琼崖绥靖委员公署、独九旅）　团长刘起时（后王定华）；

独五团（归虎门要塞司令部、后归第十师）　团长叶植楠；

独六团（后归第十一师）　团长陈克华；

独七团　团长刘秉刚；

独八团（后归独二师）　团长陈耀枢。

工兵团　团长方万方。

炮兵营（团）　营（团）长汪子薪。

战车营　营长余伯泉。

交通营（原交通团缩编）　营长梁安邦。

护士营　营长廖衡山（后陈济南，陈济棠弟）。

第一、二特务营　营长张达寰、梁传楷。

宪兵司令部　司令林时清（1935年8月利树宗），副官长陈瑞永。

二是大力扩展海、空军。1931年5月，广东航空处和海军第四舰队分别扩大为空军和海军总司令部。

空军总司令部　总司令张惠长，参谋长黄光锐，下辖：

　　第一飞行大队　大队长黄光锐，参谋长胡汉贤，下辖3个队36架飞机；

　　第二飞行大队　大队长胡锦雅，参谋长陈卓林，下辖2个队24架飞机；

　　警卫团　团长张子璇；

　　空军学校　校长杨官宇。

海军总司令部兼第一舰队　总司令陈策，副司令陈庆云，参谋长陈鼎章，下辖：

　　飞鹰、中山、福安等舰艇；

　　海军陆战团　团长陈籍［8月扩编为陆战旅，旅长陈籍，下辖：第一团团长陈籍（兼）、第二团（由原保二团改编）团长郑兰鹤、第三团团长黄运华］；

　　海军学校　校长陈策（兼）。

三是建立军校。陈济棠还创立了第一集团军军事政治学校，以第八路军军官教导队和军士教导队为基础组建，因校址在燕塘，故又称燕塘军校。陈济棠兼任校长，杜益谦（不久李扬敬、1935年林时清）为副校长，林翼中为政治部主任，罗植椿为教育长，何标为政治部主任，罗彤为校长办公厅主任，齐公恪为经理处处长，冯定一为副官处处长，陈汝棠为卫生处处长。军校分设学生队各兵科，并有军官班、高级军官班、政治深造班等，培养各类军事、政治人才。

粤桂军随即向湘赣进兵，后因九一八事变发生而作罢。

南京国民政府同意妥协，经谈判于11月初达成宁粤复合协议。

1932年1月广州国民政府宣布撤销，设立国民党中央执行委员会西南执行部，胡汉民、陈济棠、李宗仁、白崇禧、刘纪文、陈策、李扬敬7人为常委；设立国民政府西南政务委员会，唐绍仪、萧佛成、邓泽如、李宗仁、陈济棠5人为常委；设立军事委员会西南军委分会，共27名委员，陈济棠为委员长。陈济棠完全掌握广东军政大权，成为"南天王"。从此广东处于半独立状态。

1931年12月4日，陈济棠下令免去对杜煊泰强杀抗日学生案件负有责任的兼广州市公安局局长的虎门要塞司令部司令陈庆云职务，并派兵强行接收，由师长张达兼任虎门要塞司令（后李洁之接任），引起海空军公开抗议。

1932年4月30日，陈济棠突然下令撤销陈策的海军司令部和张惠长的空军司令部，改编为第一集团军海军、空军，并任命邓龙光、李庆文、黎钜缪分别为海军司令、副司令和参谋长，黄光锐、胡汉贤（后林福元、陈卓林）分别为空军司令和参谋长。此举引起强烈反抗，空军有第一、五中队中队长和航校校长等人出走，海军部分舰只在陈策率领下转移到海南岛和澳门，并在海南岛设立"海军行营"。陈济棠派飞机轰炸海军军舰，炸沉了在海南岛附近的"飞鹰"舰，并派陈章甫率陈汉光警卫旅等7个团到雷州半岛准备攻打海南岛。这就是"两陈相争"事件。

1932年7月，经调解采用"蔡廷锴方案"，驻海南岛的海军陆战旅归十九路军，中立的军舰去南京归中央，拥护陈策的军舰到福建，其余军舰归第一集团军。由张之英接任第一集团军海军司令，刘永浩接任海军学校校长。

1933年3月，第一集团军舰队司令部也改成广东省江防司令部。后购买了4艘鱼雷快艇。

1933年7月又收编了青岛南下的原属东北舰队的"肇和""海琛""海圻"3艘大型巡洋舰，组成"西南政务委员会粤海舰队"，司令姜西园。

空军则逐步扩充为6个飞行队，拥有各种飞机130余架，中小型飞机场10多个，广州和韶关2个飞机制造厂。航空学校校长由胡汉贤担任。

1932年初宁粤复合后，蒋陈矛盾缓和。一是在"精兵简政"口号下对陆军进行了整编，减少了指挥单位，裁撤、合并了2个独立旅和8个独立团。其中独三旅并入独一师，使独一师成为2旅6团制师；独四旅解散，旅长李洁之调任虎门要塞司令后，叶植楠团归要塞指挥，其余二团调归教导师。二是设立5个绥靖委员公署，目的是加强"防共""剿共"。

西北区绥靖委员公署，辖肇、罗、阳、南、韶、连属各县市，驻韶关，绥靖委员由第一军军长余汉谋兼，参谋长胡铭藻；1932年2月余汉谋率部进驻赣南，绥靖委员由李汉魂担任，参谋长由李郁堃继任，政务处处长凌仲冕，军法处处长邓公烈，军务处处长罗次黎；1934年11月李汉魂率部去广西后绥靖委员由陈章甫接任。

中区绥靖委员公署，辖广州府属各县及恩平、开平各县市，驻广州，绥靖委员由第二军军长香翰屏兼，参谋长李郁堃（后何彤），政务处处长黄维玉。

东区绥靖委员公署，辖惠、潮、梅属各县市，驻潮安（后移汕头），绥靖委员由第三军军长李扬敬兼，参谋长周芷（后陈仲英）；1935 年 9 月绥靖委员改为李汉魂担任，参谋长李郁堃（后华振中），军务处处长罗献群。

南区绥靖委员公署，辖高、雷、钦、廉属各县市，驻海康县（后迁高州），绥靖委员由参军陈章甫兼，参谋长李江（后林廷华、黄涛），政务处处长陈翰华，军法处处长梁述庵，军务处处长林廷华，指挥独立第一至第四团。

琼崖绥靖委员公署（1932 年 7 月增设），绥靖委员由陈章甫兼任（1934 年 2 月陈汉光接任，10 月许廷杰接任），参谋长周景臻（后梁华基），政务处处长邝允和，指挥陈汉光的警卫旅、王定华的独四团，1935 年 6 月增辖陈济南警备第一团。

另外，还建立了广东财政厅税警总团，司令陈维周，下辖税警 6 个团；两广盐运使（陈维周）署盐警团（后第一团团长文乃武）。

（2）参加围堵红军

陈济棠在治粤期间，迫于压力几次奉命派兵入赣、闽"剿共"，但十分注意保存实力，以"防共"为主，甚至有意保留使之作为粤蒋之间的缓冲地带。

1932 年 2 月，派余汉谋率领第一军附范德星独一旅进驻赣南，打头阵的范德星独一旅在新城被红军围点打援伏击歼灭 1 个团又 1 个营，被俘近 2000 人。7月，独一旅余部调归李汉魂改编为独三师，驻韶关，为西北绥靖公署部队。

独三师　师长李汉魂（原四军师长），副师长李江（原四军副师长），参谋长凌晃（后陈文、李郁堃、吴沧桑），参谋处处长韩潮，副官处处长莫伯贤，军需处处长戴玉珩，军法处处长朱家杰，军医处处长许世芳，下辖：

第一团　团长陈伯英（后吴以起）；

第二团　团长陈公侠（原四军团长，后李绍嘉）；

第三团　团长吴以起（后丘桂馨、林国赓）；

教导团（原新独一团）　团长梁国武。

7 月 7 日，粤军第二军第四师张枚新部遇红军攻击后由信丰退守广东省南雄。8 日下午，粤军第四师与红五军团在水口遭遇后被击溃退守水口墟。9 日凌晨，粤军第四师得到来自南雄城第五师张达部和独二旅陈章部共 6 个团的支援后，在 18 架飞机配合下向红军反扑。9 日下午，红五军团总指挥董振棠亲自指挥数千名大刀手反冲锋，双方展开白刃战，红五军团伤亡很大，幸得陈毅率领江西地方红军赶到增援。10 日拂晓，毛泽东率红一军团赶到水口战场向粤军发起全面反攻，下午 2 时，红三军团第七军也向水口增援。张枚新率第四师退入南雄城，红军退回江西。水口战役历时三天两夜，粤军2万多人对阵红军1.9万人，粤军伤亡3000余人，而红军伤亡也很大。水口之战是陈济棠粤军与中央红军之间最惨烈的战役，此后"互不侵犯"战线相对稳定。

12月，余汉谋任对中央红军第四次"围剿"的右路军（也称南路军）总指挥，下辖驻赣南和粤北的6个师又1个旅。

1933年1月因日军侵略热河，蒋介石仍持不抵抗主张，热河守军孤军奋战，广东、广西、福建三省决定联合组织"粤、桂、闽抗日援热先遣队"。广东临时从3个军和教导师各抽调1个团编成独立第四师，师长邓龙光，准备援热；5月刚到达粤湘边境，热河已签订和约，遂罢。

独四师　师长邓龙光（从教导师副师长提任，原四军师长），副师长李振良，参谋长陈文，政训主任邓长虹（后凌仲冕），参谋处处长蔡衡世，副官处处长邓伯涵，军需处处长梁之材，军法处处长伍嘉，军医处处长朱浩坤，下辖：

第一团（原教导师第五团）　团长潘标；

第二团　团长张浩（后唐拔）；

第三团　团长李恒中（后赵澜）；

特务营（不久扩编为补充团）　营（团）长王德全。

5月，陈济棠被任命为赣粤闽湘鄂五省"剿匪"（即对中央根据地第五次"围剿"）南路总司令部总司令，白崇禧任副总指挥，蔡廷锴任前敌总指挥。

11月，第二军军长香翰屏辞职，由陈济棠自兼军长，张达升任副军长兼师长。第二军军部驻韶关。

1934年1月，"福建事变"失败第十九路军溃败后，陈济棠将第十九路军余部收编为独三旅，旅长黄和春（黄任寰堂弟），下辖2个团，约4000人，驻永定。蒋介石将入闽部队编为第五次"围剿"的东路军后，陈济棠感受到中央政府军事和经济压力，将独三旅缴械，后又被迫增兵参加"围剿"红军，编成2个纵队。

第一纵队　司令官余汉谋，下辖第一军2个师和桂军王赞斌师，赣南方向；

第二纵队　司令官李扬敬，下辖第三军2个师、第二军第五师和独一师的严应鱼旅，闽西赣东方向。

4月，第二纵队占领会昌筠门岭，后不再前进。

* 链接：陈济棠为红军长征"让道"之谜[1]

1934 年 8 月，中央红军准备进行战略转移。陈济棠为防蒋介石利用战场消灭异己，召集心腹将领开会决定："咱一面慢吞吞地在红军的必经之地修造工事，以免被蒋介石抓住把柄；一面又不完成碉堡封锁线，开放一条让红军西进的道路，不拦头，不斩腰，只击尾，专门从红军后卫部队身上作文章，以'送客早走'。"这样既防红军也防蒋介石，一举两得。

但陈济棠还是担心红军要真的乘虚攻击，为了让红军知道他的一片"好意"，有必要同红军进行一次谈判。他的护兵中有人和当时正在广东做生意的红九军团军团长罗炳辉的内弟相识。陈济棠召见罗炳辉内弟后，交给他一封给红军领导人周恩来的信，信中说："我准备派参谋长杨幼敏和黄质文、黄任寰三人为谈判代表，你们最好派你们的粤赣省军区司令员何长工为总代表，进行谈判。"9月，罗炳辉内弟很快赶到江西瑞金将陈济棠的密函当面交给了周恩来。

10 月 6 日，被确定为红军方面全权代表的潘汉年、何长工赶到了江西省会昌县白埠镇。在陈济棠派出的 1 个特务连护送下，10 月 8 日，抵达江西省寻乌县罗塘镇。陈济棠立即令严应鱼旅长严密封锁消息，加强警戒。经过谈判，双方终于达成了"五项协议"：就地停战，取消敌对局面；互通情报；解除封锁；互相通商，必要时红军可在陈的防区设后方，建立医院；必要时可以互相借道，红军有行动事先告诉陈部，陈部撤离 40 华里。谈判结束后杨幼敏立即赶回广州。陈济棠听取汇报后下令："明天就可开始，盐布等紧俏物资一律放行，弹药先拨给他们十万发。"

10 月 10 日，中央红军开始长征。陈济棠按照协议给红军让出了一条宽 40华里的通道，使红军于 10 月 25 日在安远和信丰之间较为顺利地突破了第一道封闭线，进到粤北南雄境内。陈济棠一方面令余汉谋派出两个师一路尾追红军；将驻广州花县的警卫旅急运至粤北仁化，抢占要点并广筑工事；将自己的行营前移至曲江，坐镇指挥。另一方面又给前方一线部队明确任务是"保境安民"，不准主动出击。当陈济棠接到蒋介石在粤北组织第二道封锁线的命令后，令部下到仁化、乐昌、汝城附近设防，但同时也命令："让出红军西进道路。"所以没有经过激烈的战斗，红军于 11 月 8 日又顺利突破了第二道封锁。然后沿粤、湘、赣边境西进，不深入粤北，攻入湘南。

---

[1] 参王增勤：《陈济棠为红军"让道"之谜》，《福建党史月刊》2008 年第 10 期，第 35—36 页。

蒋介石亲拟了一份措辞严厉的给陈济棠的电报:"此次按兵不动,任由共匪西窜,不予截击,贻我国民革命军以千秋万世之污点。着即集中兵力 27 个团,位于蓝山、嘉禾、临武之间堵截,以赎前愆。否则,本委员长执法以绳。"陈济棠令叶肇、李汉魂和李振球等师分头尾追红军进入湖南。但他们的先头部队距离红军总是有一二天路程,而且各部追至蓝山后(李汉魂师进至广西),便很快撤回到广东防区。陈济棠部对红军的这种追堵,被蒋介石侍从室主任晏道刚喻为"敲梆式的堵击,送行式的追击"。

陈济棠还派兵在"围剿"广东各地红军,一是在东江。1932 年 3 月派出独二师张瑞贵部和第二、三军各一部,当年就将惠来潮阳普宁边界大南山拥有 2000 多人的红六军大部打垮。1935 年 4 月调独四师邓龙光部接替后,不到两个月即将根据地完全攻陷。二是在海南岛。1932 年 7 月派出陈汉光警卫旅,很快摧毁了拥有近 2000 人的红军独二师的根据地,但红军余部坚持到抗战全面爆发。[1]

4."六一事变"爆发,余汉谋上台

(1)大扩军防"安内"

中央红军长征西去后,蒋介石派薛岳率中央军 8 个师"追剿",尾随红军进入贵州。1935 年 1 月派参谋团入川;2 月,中央军乘机占领贵阳,整编黔军;3 月,蒋介石亲自到贵阳、昆明,指挥中央军及川、滇、湘、黔等部队"围剿"进入西南地区的红军。3 月,蒋介石成立全国陆军整理处,以陈诚为处长,负责整编军队;至 10 月,将川军整编完毕。

11 月 1 日,行政院长汪精卫在国民党四届六中全会开幕式后拍照时被刺成重伤,辞去行政院长职务。11 月下旬召开的国民党五届一中全会上,胡汉民当选中央常务委员会主席,蒋介石为副主席,汪精卫任中央政治委员会主席,林森继续担任国民政府主席,同时决定蒋介石兼任行政院长。蒋介石为首的国民政府继续执行"攘外必先安内"的方针。

1934 年 12 月,陈济棠任命张达接任第二军军长,张枚新(香翰屏之亲信)调任总部副官长,巫剑雄、李振良分别接任第四师和第五师师长;同时升任第一师师长李振球为第一军副军长,由副师长莫希德接任第一师师长;升任第七师师长黄延桢为第三军副军长,由谭朗星接任第七师师长。

---

[1]参琼崖武装斗争史办公室编:《琼崖纵队》,广东人民出版社 1986 年版,第 67—69 页。

1934 年在全国率先购买数十尊高射炮成立防空部队；1935 年又购买 12 辆坦克和 15 辆战车，建立了战车部队。

1935 年将全省地方警卫常备队整理成 9 个大队，86 个中队，193 个独立小队；后备队 84.8 万人。1936 年 3 月，将全省地方警备常备队并编成 45 个大队；后备队扩大至 106.9 万人。

1935 年 4 月，陈济棠将独二、独三、独四师（皆为四团制师）分别调归编为第一、二、三军，改称第三、六、九师，师长仍是张瑞贵、李汉魂、邓龙光。同时将独一师一度改称教导第二师，师长仍是黄任寰，废除了独立师。同月，陈济棠自兼广东省江防司令，姜西园、张之英为副司令，李庆文为参谋长，黎钜镠为副参谋长；将"粤海舰队"并入第一集团军江防舰队。

6 月，"海琛""海圻" 2 艘军舰因不满调换舰长离开广东北上归中央，只有"肇和"舰因故障维修滞留广东。陈济棠订购 2 艘 4000 吨级军舰补充实力。

至此，陈济棠第一集团军已拥有 70 多个团，总数达到 20 万人，加上良好装备及齐全的兵种军种，成为 20 世纪 30 年代军事实力最强的地方实力派。

（2）发动"六一事变"

1936 年 5 月，胡汉民突然脑出血在广州去世。蒋介石要趁"胡死"之机解决广东半独立状态问题，派王宠惠赴粤吊丧并向陈济棠提出取消"国民党西南执行部"和"西南政务委员会"、改组广东省政府等要求。白崇禧也以吊丧为名来穗，极力怂恿陈济棠联合桂系，以"抗日救亡"为旗帜与蒋介石抗衡。

---

* 链接：陈济棠发动"六一事变"的原因

一是受到蒋介石的逼迫。蒋介石实行"安内"方针，趁胡汉民去世之机准备解决广东半独立状态问题。

二是接受白崇禧的鼓动。白认为当时的国内形势：蒋介石既要陈兵于黄河流域，防备日军的进犯及监视山东韩复榘、山西阎锡山、陕西张学良、杨虎城，又要部署兵力包围进攻陕北红军，因而绝无余力南犯。如果两广联合，再拉拢湖南何键，凭着抗日招牌，就可以轻而易举地拿下武汉，再采取昔日太平军的战略，马上转移东下袭取南京，就能夺取中央政权，机不可失，时不再来。对白崇禧的分析，陈济棠认为十分精确。

三是迷信陈维周的风水。[1]陈济棠有兄叫陈维周，擅长星相之术，曾于1935年春到南京见过蒋介石，并到奉化看过蒋介石的祖坟。陈维周告诉陈济棠："我断定蒋某流年不利，气运将终，肯定会垮台。我给蒋介石看过面相，其印堂发暗，又推其生辰八字，明年一定有场劫难。而且他祖上的龙脉被我挖断。皇帝轮流做，明年到我家。"陈济棠十分相信其兄的星相之术。

6月1日，陈济棠授权西南两机关作出决议，呈文南京政府和国民党中央，吁请抗日。次日，又复电全国，请国民政府准予"北上抗日，收复失地"。接着，组成军事委员会和"抗日救国军"，陈济棠任委员长兼总司令，李宗仁为副总司令，分别开始大力扩军。另一方面，陈济棠、李宗仁还暗中与日本联络，并出兵湖南，企图夺取国民党政权。这就是"两广事变"（又称"六一事变"）。

6月10日，两广联军进到湖南衡阳，被中央军阻拦。

6月12日，西南首领协议组织"国民革命救国政府"。

扩充后的第一集团军编制如下：

第一集团军总司令陈济棠，参谋长何荦，政治部主任林翼中；办公厅主任张国元，参谋处处长唐灏青，副官处处长曾强，军务处处长伍蕃，军需处处长黄冠章，军械处处长钟毓灵，军法处处长李景熙，审计处处长雷鸣，军医处处长温泰华，秘书处处长陈玉昆。下辖：

第一军　军长余汉谋，副军长李振球，参谋长罗梓材，政治部主任李煦寰，副官处处长卜汉池，下辖：

第一师　师长莫希德，副师长彭林生，参谋主任辛森，下辖：

第一团　团长李振；

第二团　团长廖颂尧；

第三团　团长张淑民；

教导团　团长温淑海。

第二师　师长叶肇，副师长黄植楠，参谋长林英灿，下辖：

第四团　团长叶赓常（叶肇胞弟）；

第五团　团长陈树英；

第六团　团长宋士台；

教导团　团长邓琦昌。

---

[1] 参钟卓安：《陈济棠传》，广东省地图出版社1999年版，第202—213页。

第三师（原独二师）　师长张瑞贵，副师长张简荪（即张镜澄）（后邓琦昌），参谋长何经贻，下辖：

第七团　团长欧鸿；

第八团　团长陈欣荣；

第九团　团长钟芳峻；

教导团　团长陈耀枢；

军指导团　团长谢锡珍。

第二军　军长张达，副军长李汉魂，参谋长梁世骥（原十九路军师长），政治部主任吴荣楫，下辖：

第四师　师长巫剑雄，副师长孔可权，参谋长曾泽寰（后曾潜英），下辖：

第十团　团长覃香；

第十一团　团长廖道明；

第十二团　团长钟震华；

教导团　团长蒋武。

第五师　师长李振良，副师长骆秀礼，参谋长张寿，下辖：

第十三团　团长马毅；

第十四团　团长黄超成；

第十五团　团长李亿荣；

教导团　团长吴骏声。

第六师（原独三师）　师长黄质文，副师长陈伯英，参谋长吴沧桑，下辖：

第十六团　团长林国赓；

第十七团　团长丘桂兴；

第十八团　团长吴以起；

教导团　团长何麟瑞；

军指导团　团长张威。

第三军　军长李扬敬，副军长黄延桢（李扬敬在香港养病期间代理军长），参谋长欧阳新，政治部主任翟俊千，下辖：

第七师　师长谭朗星，副师长邓挥，参谋长黄啸，下辖：

第十九团　团长叶刚；

第二十团　团长练惕生；

第二十一团　团长黄啸；

教导团　团长陈见田（原四军团长）。

第八师　代师长（副师长）叶寿尧，参谋长罗黎，下辖：

第二十二团　团长邱福成；

第二十三团　团长劳伯谦；

第二十四团　团长黄世途；

教导团　团长谢铮。

第九师（原独四师）　师长欧阳新，副师长李崇纲，参谋长刘其宽，政治部主任凌仲冕，下辖：

第二十五团　团长李绍嘉；

第二十六团　团长刘镇湘；

第二十七团　团长何宝书；

教导团　团长王德全；

军指导团　团长赵澜。

第四军（由独一师改编）　军长黄任寰，（后）副军长邓龙光，参谋长曾举直，下辖：

第十师（原独一师第一旅）　师长曾友仁，副师长叶维浩，下辖：

第二十八团　团长曾达钦（兴）；

第二十九团　团长孔召卿；

第三十团　团长陈树尧；

教导团（原独五团）　团长黄凯。

第十一师（原独一师第二旅）　师长严应鱼，副师长伍汉屏，参谋长蔡如柏，下辖：

第三十一团　团长李恒中；

第三十二团　团长陈绍武；

第三十三团　团长伍汉屏（兼）；

教导团（原独六团）　团长苏玉金。

第十二师（由警卫旅改编）　师长陈汉光，副师长彭智芳，下辖：

第三十四团　团长莫福如；

第三十五团　团长彭智芳（兼）；

第三十六团　团长曾肇基；

教导团（原独三团）　团长张文韬。

第五军（6月由教导师和独二旅合并扩编）　军长缪培南，副军长林时清，参谋长罗策群，下辖：

第十三师（原教导师改编）　师长谭邃，副师长梁公福，下辖：

第三十七团　团长梁公福（兼）；

第三十八团　团长黄纪福；

第三十九团　团长林伟俦；

教导团　团长潘标。

第十四师（原独二旅扩编）　师长陈章，副师长陈骧，参谋长罗隆，下辖：

第四十团　团长梁开成；

第四十一团　团长何联芳；

第四十二团　团长梁荣球；

教导团　团长李卓元。

第十五师（6月宣布新成立）　师长张简荪，副师长李如佩，参谋长曾泽寰，下辖：

第四十三团　团长张光琼；

第四十四团　团长房昭；

第四十五团　团长黄民钦；

教导团　团长邹融（原十九路军团长）。

警备军（7月3日宣布成立，由5个税警团、盐警2个营和地方部队改编，计划扩编成3个师，未完成）　军长陈维周，副军长邓志才，参谋长陈公侠，副官长梁佐勋，下辖：

第一师　师长邓志才（兼，原十九路军师长），副师长文乃武，下辖：

第一团　团长文乃武（兼，原盐警一团团长）；

第二团　团长吴康楠（原十九路军团长）；

第三团　团长廖衡山；

第四团　团长邹敏夫（原十九路军团长）；

第五团　团长何中凡（范）。

炮兵团　团长汪子薪。

工兵团　团长方万方。

宪兵司令部　司令利树宗。

警备团　团长陈济南。

广东省江防舰队司令部　司令张之英，副司令姜西园，参谋长李庆文，下辖：军舰14艘；陆战队第一团　团长梁开晟。

虎门要塞司令部　司令李洁之，参谋长侯梅，下辖炮兵队和守卫营。

广东省空军司令部　司令黄光锐，参谋长陈卓林，下辖 4 个大队 9 个飞行中队，拥有各种飞机 150 余架，中小型飞机场 20 多个，2 个飞机制造厂。

广东防空军　司令杜益谦，下辖高射炮大队、高射机枪队、探照灯队。

战车大队　大队长邓锷，下辖坦克中队（12 辆）和装甲车中队（15 辆）。

军事政治学校　校长陈济棠（兼），副校长林时清，政治部主任林翼中，教育长罗植椿。

7 月 4 日，陈济棠将粤桂军编成三路：

第一路，余汉谋任司令，辖第一、二军，进攻湘赣；

第二路，李扬敬任司令，辖第三、四军，进攻闽赣；

第三路，廖磊任司令，辖第七、十五军，防守湘黔；

预备队，缪培南任司令，辖第五军，驻广州。

蒋介石立即秘密调兵遣将向两广进逼，同时派人四处向广东海陆空军将领进行收买分化。7 月 6 日，余汉谋飞往南京，面见蒋介石，取得大批款项和派 5 个师交余指挥协助回师广东的援助。同日，第二军副军长兼东区绥靖委员李汉魂在汕头离职赴港，次日通电反陈（李汉魂"封金挂印"事件）。7 月 8 日，陈济棠令第二军第四师退驻曲江大坑口，扼守南下咽喉，同时调桂军 1 个师赴北江，舰队集中黄埔；派云振中携带叶肇为第一军军长的密令赴赣南（后在大余县被查扣）；又派陈维周赴香港联络蔡廷锴，请他入粤重组十九路军。

---

* 链接：邓龙光被囚广州，独四师出走赣南

陈济棠接到李汉魂不辞而去的留书后，知李不怀好意，那时邓龙光还在广州，陈急忙把邓找到，问邓："伯豪的事，你知道否？"邓答："知道，是李的家人告知我的，他走，我不走，我拥护总司令（指陈济棠）。"邓这一答，使陈一时无可奈何，但明知邓是李的死党，决不能给邓回到防地，便说要邓留在广州就近帮忙；邓虽仍住在自己的公馆，但实际上已被软禁。

这时，由邓一手经营的独四师正在粤东驻防，已经换了第三军第九师的旗号（内部仍称独四师）。由于官兵平日在邓提倡"团体观念"的影响下，对编入第三军有很大抵触，后来，邓久未返防，又听到种种传说，越发人心浮动，与邓关系较深，或由邓一手培养起来的人，得知师长一职已由第三军参谋长欧阳新接替后，更有蠢蠢欲动之势。

副师长李崇纲系旧四军出身，但初调到该师未久，对师内具体情况还摸得不透。当时师辖4个团：第二十五团团长李绍嘉，系旧四军出身，与邓历史渊源较深；第二十六团团长刘镇湘，虽是由邓在师内从营长当中提拔上来，但刘系防城人，与陈济棠有同乡关系；第二十七团团长何宝书，东莞县人，与第三军长李扬敬有同乡关系。教导团长王德全，虽是陈济棠多年旧部，因是行伍出身，不为陈所重视，后在邓的领导下，才由营长提拔起来，对邓颇为感恩，邓的亲信、师政治部主任凌仲冕平日对王也做了不少拉拢工作。邓龙光在原师参谋长陈文都助下逃往香港，并委托随从副官王志带给凌仲冕一封令第九师出走赣南反陈的密信。

这时，第九师正奉命移防惠州。凌仲冕仍在广州，他派一位原担任师政治部科长后调燕塘军校受训的林仲莱携密函一封赶到五华县师部亲交副师长李崇纲，内有邓的手令与部队反陈方案，李接密信后，转知李绍嘉、王德全两团长，作了必要的部署后即离开部队。此时陈济棠亦已密令邻近部队对第九师西开途中暗中监视，待到达龙川县的鹤市宿营时即将该师部队缴械改编。

师部直属队和李、王两团在行军到达距离鹤市约20里的牛屎坳附近，部队开始发动事变。担任师部警卫的特务营第一连连长唐锦胜，手拿子弹已上膛的手枪去找新任师长欧阳新，准备当场将他击毙；但欧阳新因警惕性很高，看到神色不对，机敏地只身乘脚踏车沿公路跑掉。教导团团长王德全在行动之前，集合全团官兵讲话，暗中命心腹连长谭廷光负责四周的警戒，并对集合场内外严密监视，王宣布："奉命改变行进方向，即向赣南前进……"时任第二营营长的黄国良要求看到上级原令，王德全情急智生，立即宣布："原令在团部，现调黄国良为本团团部参谋，所遗第二营营长由该营某连长立即接充。"随即命令各部队按行军次序出发，派人将黄国良严密监视并命他随同团部一齐行进。

师部直属单位及李、王两团乘夜向北急行，当晚越过了第四军黄任寰所部驻地老隆，继续向赣边前进。陈济棠急令驻守粤边的第八师部队就近追截。此时，驻江西寻邬县公平墟的第八师第二十四团黄世途部，第九师部分军官知黄世途亦系旧四军出身，即派出与黄相识的师部少校军械官包雪平，星夜驰至黄部营地请黄一同反陈济棠，结果，黄团长并率全团官兵也赶来与第九师会合，一齐出走。当第九师已走出危险地带后，王德全便将营长黄国良打发离开，让他自行返回广州。

最后，3个团到达赣南。余汉谋得知后随即派人送粮送弹，前往接济。

7月13日，国民政府宣布免去陈济棠本兼各职，任命余汉谋为广东绥靖主任兼第四路军总司令。余汉谋于14日在大庾县宣誓就职，并发表通电，敦促陈济棠离职下野。同时，令第一军分别从大庾、信丰、龙南向韶关推进。守卫韶关的巫剑虹第四师闻讯从韶关撤往马坝。15日，莫希德师进占韶关。16日，余汉谋到达韶关。

7月16日，陈济棠和李宗仁分别宣誓就任"抗日救国联军"总、副司令。17日，第二军军长张达被疏通，第四师师长巫剑雄也通电支持余汉谋；粤军其他将领纷纷走避以示决绝。18日早晨，被蒋介石收买的空军在司令员带领下分别飞赴香港和南昌。失去空军王牌完全绝望的陈济棠只好于18日晚上携带家眷登上英国军舰，前往香港，通电下野。

* 链接：机不可失

1936年5月19日晚上，陈济棠召集在广州的高级将领将近20人进行密商。陈济棠对陈维周说："有没有胜算的把握，还是扶乩问问。"于是陈维周令人拿来扶乩用的筐箩，在下面固定着一支笔，吊在一个沙盘上，由两个5岁的童子在沙盘上推字，一会儿出现龙飞凤舞的几个字。陈维周指着沙盘："诸位请看，神仙的乩语是'机不可失'，这就是要我们立即发动，诸位千万别再犹豫。"陈济棠精神为之一振："天助我也！反蒋已成定局！"

陈济棠花重金建立的广东空军拥有各种各样新型飞机150多架，在国内首屈一指。不意在此一个多月来已被蒋介石派人四处用重金收买。6月底，已有1个中队北飞南昌投蒋。7月17日晚，空军司令黄光锐召集全体空军官佐紧急会议，决定率全部机队投蒋介石。18日清晨，黄光锐与参谋长陈卓林等分乘教练机3架飞赴香港机场降落；各大队飞机72架及全体飞行员160人同时先后北飞至韶关、南雄机场，20日再飞到南昌机场。至此，陈济棠才明白，"机不可失"的含义，原来是提醒飞机不可失去。

（3）余汉谋缩编军队

7月20日，余汉谋任命缪培南为广州警备司令；24日，余汉谋由韶关进驻广州，成立第四路军总司令部，并撤销第一集团军及第四、五军和警卫军，缪培南和黄任寰分别复任教导师和独一师师长,各部恢复"六一事变"前状态。同时撤销 5 个绥靖委员公署。

南京国民政府任命黄慕松为第七届广东省政府主席,以王应榆为民政厅厅长,宋子良为财政厅厅长,许崇清为教育厅厅长,刘维炽为建设厅厅长,岑学吕为秘书长,以曾养甫为广州市市长。另以邹洪为保安处处长,黄慕松兼全省保安司令。

8 月初,蒋介石亲来广州坐镇,设置国民政府军委会委员长广州行营。8 月 7 日,蒋介石任命香翰屏为第四路军副总指挥,徐景唐为参谋长,李煦寰为政治部主任;任命陈策为虎门要塞司令部司令。

余汉谋随即采取措施整理军队。

一、撤销第一、二、三军军部,设立了 5 个军区,安排原军级军官。

第一军区　司令官张达(原二军军长);

第二军区　司令官黄任寰(原四军军长);

第三军区　司令官缪培南(原五军军长);

第四军区　司令官黄延桢(原三军副军长,军长李扬敬病休期间代军长);

第五军区　司令官李振球(原一军副军长)。

二、将第一集团军部队原有 6 个军 16 个师共 76 个团,整编成第四路军 10 个师 20 个旅 60 个团,其中第一军保留 3 个师,第二军保留 2 个师(第五师被拆编),第三军保留 2 个师(第七、八师大部并成 1 个师),第四、五军只保留 1 个师,警备军所辖部队与原警卫旅合并成 1 个师。部队总人数约 15 万人。

第一师(原一军一师加十四师四十一团等)　师长莫希德(原一师师长);

第二师(原一军二师加十四师四十二团等扩编)　师长叶肇(原二师师长);

第三师(原一军三师加十二师三十六团等扩编)　师长张瑞贵(原三师师长);

第四师(原二军四师加五师 2 个团合编)　师长巫剑雄(原四师师长);

第五师(原二军六师加五师 2 个团合编)　师长李汉魂(原六师师长、副军长);

第六师(原三军九师加七师二十一团和八师二十四团合编)　师长邓龙光(原九师师长、副军长);

第七师(原三军七、八师各 3 个团合成)　师长黄涛(曾任余汉谋旅团长);

第八师(原独一师改编)　师长曾友仁(原十师师长);

第九师(原教导师加十四师 2 个团改编)　师长谭邃(原十三师师长);

第十师（原十二师加警卫军改编）师长陈汉光（原十二师师长）。

12月，采用中央统一番号的第一五一师至一六〇师，每师2旅6团制。

第四路军总司令余汉谋，参谋长徐景唐（后缪培南），秘书长李煦寰（后陈同昶），经理处处长马炳红，军医处处长张建，参谋处处长陈勉吾（后刘其宽），副官处处长谭耀芬代（后黄和春），军需处处长马叔涛，军务处处长伍蕃，军法处处长李景熙，军械处处长钟毓灵，警卫处处长冯焯勋，审计处处长雷鸣，军垦处处长罗仲威，办公厅主任张国元，政训处主任李鹤龄，下辖：

第一五一师（第一师改称）　师长莫希德，参谋长辛森，参谋处处长张琛，副官处处长陈建祥，军需处处长张公木，军法处处长朱圣庠，军械处处长李振雄，军医处处长张弼，政训处处长曾国光，下辖：

第四五一旅　旅长彭林生（原一师副师长），参谋主任李埔，下辖：

第九〇一团　团长张淑民；

第九〇二团　团长温淑海；

第九〇三团　团长罗懋勋。

第四五三旅　旅长李振（原一团团长），参谋主任陈达尊，下辖：

第九〇四团　团长梁采林；

第九〇五团　团长廖颂尧；

第九〇六团　团长何联芳。

第一五二师（第二师改称）　师长陈章，参谋长林英灿，参谋处处长郭永镳，副官处处长欧阳磊，军械处处长周其淞，军需处处长廖宾初，军法处处长谢明，军医处处长赵廷耀，政训处处长林序东，下辖：

第四五四旅　旅长宋士台（原六团团长），参谋主任许定寰，下辖：

第九〇七团　团长詹式邦；

第九〇八团　团长萧义明；

第九〇九团　团长梁荣球。

第四五六旅　旅长邓琦昌（原三师副师长），参谋主任雷秀民，下辖：

第九一〇团　团长赵仲荣；

第九一一团　团长劳伯谦；

第九一二团　团长叶赓常。

第一五三师（第三师改称）　师长张瑞贵，参谋长何经诒，参谋处处长陈祥健，副官处处长陈英翰，军械处处长潘荣森，军需处处长曾叔云，军法处处长杜清，政训处处长潘襟江，下辖：

第四五七旅　旅长彭智芳（原十二师副师长），参谋主任曾颖，下辖：

第九一三团　团长欧鸿；

第九一四团　团长陈耀枢；

第九一六团　团长曾肇基。

第四五九旅　旅长钟芳峻（原九团团长），参谋主任陈荣枢，下辖：

第九一六团　团长黄志鸿；

第九一七团　团长陈欣荣；

第九一八团　团长李驯。

第一五四师（第四师改称）　师长巫剑雄，参谋长李振东（张弛代），参谋处处长甘沛泽，副官处处长刘继志，军械处处长蒙鋆，军需处处长黄永汉，军法处处长孔庆鑫，军医处处长袁荫槐，政训处处长刘岸，下辖：

第四六〇旅　旅长梁世骥（原二军参谋长），参谋主任何宝松，下辖：

第九一九团　团长王莆文；

第九二〇团　团长骆秀礼；

第九二一团　团长马毅。

第四六二旅　旅长蒋武（原四师教导团团长），参谋主任赖芬荣，下辖：

第九二二团　团长廖道明；

第九二三团　团长李恒中；

第九二四团　团长张寿。

第一五五师（第五师改称）　师长李汉魂，参谋长陈公侠，参谋处处长李奉武，副官处处长朱少言，军械处处长陈季颖，军需处处长戴玉珩，军法处处长关玉廷，军医处处长李康石，政训处处长戴振魂，下辖：

第四六三旅　旅长孔可权（原四师副师长），参谋主任张一中，下辖：

第九二五团　团长林晏；

第九二六团　团长张光琼；

第九二七团　团长陈旒旗。

第四六五旅　旅长何彤（原中区绥靖公署参谋长），参谋主任陈次恺，下辖：

第九二八团　团长邓鄂（原十九路军旅参谋主任）；

第九二九团　团长李贡球；

第九三〇团　团长谭生霖。

第一五六师（第六师改称）　师长邓龙光，参谋长陈文，参谋处处长黄道南，副官处处长刘玉明，军械处处长包雪平，军需处处长梁之材，军法处处长李午天，军医处处长朱浩坤，政训处处长凌仲冕，下辖：

第四六六旅　旅长王德全（原九师教导团长），参谋主任邓世棠，下辖：

第九三一团　团长郑军凯；

第九三二团　团长李绍嘉；

第九三三团　团长杨智佳。

第四六八旅　旅长黄世途（原八师二十四团团长），参谋主任李根培，下辖：

第九三四团　团长黄俊民；

第九三五团　团长邓伯涵；

第九三六团　团长钟锦添。

第一五七师（第七师改称）　师长黄涛，参谋长张光前，参谋处处长李宏达（代），副官处处长吕承文，军需处处长蒙仲良，军械处处长谢松龄，军医处处长钟兴，军法处处长饶信梅，政训处处长李育培，驻漳州，下辖：

第四六九旅　旅长练惕生（原七师二十团团长），参谋主任王晓侯，驻龙岩，下辖：

第九三七团　团长曾潜英；

第九三八团　团长陈见田；

第九三九团　团长罗隆。

第四七一旅　旅长李崇纲（原九师副师长），参谋主任杨膺谓（后陈英杰），驻漳浦县，下辖：

第九四〇团　团长李友庄；

第九四一团　团长叶刚；

第九四二团　团长陈浚（即陈禹川）。

第一五八师（第八师改称）　师长曾友仁，参谋长曾其清，参谋处处长汤华，副官处处长曾繁瑯，军械处处长黄启贤，军需处处长林维岳，军法处处长谢其湘，军医处处长黄超汉，政训处处长郭翘然，下辖：

第四七二旅　旅长伍汉屏（原第十一师副师长），参谋主任罗织寰，下辖：

第九四三团　团长曾君雁；

第九四四团　团长谢锡珍；

第九四五团　团长陈绍武。

第四七四旅　旅长叶维浩（原十师副师长），参谋主任张云史，下辖：

第九四六团　团长曾达钦（兴）；

第九四七团　团长孔召卿；

第九四八团　团长符海清。

第一五九师（第九师改称）　师长谭邃，参谋长许让玄，参谋处处长陈节，副官处处长傅杏初，军械处处长周梦熊，军需处处长马圣心，军法处处长邓炯湖，军医处处长吴子亮，政训处处长吴今，下辖：

第四七五旅　旅长罗策群（原五军参谋长），参谋主任倪寿麟，下辖：

第九四九团　团长黄纪福；

第九五〇团　团长林伟俦；

第九五一团　团长洪世扬。

第四七七旅　旅长陈骥（原十四师副师长），参谋主任严峻隆，下辖：

第九五二团　团长唐拔；

第九五三团　团长何全标；

第九五四团　团长曾泽寰。

第一六〇师（第十师改称）　师长叶肇，参谋长华振中，副官处处长庞飞，军械处处长刘绍汉，军需处处长黄璧候，军法处处长梁庆琨，军医处处长李亦锋，政训处处长刘晃培，下辖：

第四七八旅　旅长邓志才（原警卫军师长），参谋主任刘应时，下辖：

第九五五团　团长侯文俊；

第九五六团　团长喻英奇；

第九五七团　团长萧仲明。

第四八〇旅　旅长利树宗（原集团军宪兵司令），参谋主任陈瑞，下辖：

第九五八团　团长余子武；

第九五九团　团长翟宗鸿；

第九六〇团　团长莫福如。

（以上第一五一师、一五二师和一五三师3个师属于原"原一军系"， 第一五五师、一五六师和一五九师3个师属于"旧四军系"。）

教导旅　旅长罗梓材，副旅长李卓元，参谋长姚中英，参谋处处长戴公略，下辖：

第一团　团长张经；

第二团　团长伍少武；

第三团　团长李明。

独九旅　旅长王定华（后李江），参谋长陈柱，参谋处处长张中权，由原第一军第一教导团和独四团编成，下辖：

第六二五团　团长陈醴泉；

第六二七团　团长李如枫。

炮兵指挥部　指挥陈崇范，下辖5个营。

工兵指挥部　指挥方万方，下辖6个营。

战车队　队长曹绍恩，下辖坦克中队（12辆）和装甲车中队（15辆）。

宪兵司令部　司令李江，参谋长李仲如，下辖4个营。

第一交通警备团　团长梁安邦（后李康秀）。

广东无线电专门学校　校长钟廷杜，教育长罗宗炜；

黄埔海军学校　校长李庆文　教育长邹镇澜。

（海军部）广东省江防舰队司令部　司令冯焯勋，副司令李庆文，参谋长黎钜缪，下辖："肇和"号巡洋舰（2600吨），"永福"号（2330吨）和"福安"号（1700吨）2艘运输舰，"海瑞"（1200吨）和"海虎"（以下全部在680吨以下）"广金""舞凤""江大""江巩""安北""坚如""执信""海强""仲元""仲恺""飞鹏""平西""广安""光华""湖山""淞江""珠江""金马""智利""江澄""利琛""江平""海鸥""绥江""西兴""安东"等28艘浅水炮舰，1～4号鱼雷快艇。陆战队第一团　团长梁开晟。不久"肇和"改隶广州行营，"福安""海瑞"等舰先后裁撤，仅存14艘。

（军政部）虎门要塞司令部　司令陈策，副司令陈哲，参谋长文乃武，下辖3个总台和1个守备团（团长冯汝楫）。

1936年9月，成立广东省保安司令部，司令由省政府主席黄慕松兼（12月，邹洪接任），下辖全省共有15个保安团、12个保安独立营，其中直辖的5个保安团，团长分别是池中宽、古鼎华、吴道南、王作华和王毅。

由缉私处武装组建广东财政厅税警总团，总团长张君嵩（原十九路军师长），下辖6个团，其中第二团团长刘世焱、第六团团长谢镇南。

10月，在全省设9个行政督察专员公署：

第一区驻南海，专员曾塞（范其务曾代理，1937年1月邓彦华）；

第二区驻曲江（韶关），专员林友松；

第三区驻高要（肇庆），专员李磊夫；

第四区驻惠阳（惠州），专员黄公柱；

第五区驻潮安（潮州），专员胡铭藻；

第六区驻兴宁，专员傅疆；

第七区驻茂名，专员周景臻；

第八区驻合浦（现广西），专员吴飞；

第九区驻琼山（现海南），专员黄强。

12月12日，西北"剿匪"总司令部副总司令代总司令张学良和西安绥靖公署主任、第十七路军总指挥杨虎城联合对蒋介石发动"兵谏"，发生西安事变（也称"双十二事变"）。月底和平解决事变后，国共十年对峙基本结束，逐步转向合作抗日。

1937年3月，广东省政府主席黄慕松病逝；4月，吴铁城任第八届广东省政府主席兼民政厅厅长，宋子良为财政厅厅长，许崇清为教育厅厅长，徐景唐为建设厅厅长，欧阳驹为秘书长，曾养甫为广州市市长。仍以邹洪为全省保安处处长，吴铁城兼全省保安司令。

4月，10个师按中央编制的二旅四团制缩编成20个旅40个团，总兵力从15万减少到10万多人。序列如下：

第一五一师　师长莫希德，参谋长辛森，驻肇庆，下辖：

　　第四五一旅　旅长彭林生（后何联芳），副旅长何联芳，下辖：

　　　　第九〇一团　团长张淑民（后韩鹏如）；

　　　　第九〇二团　团长罗懋勋；

　　第四五三旅　旅长李振（后辛森、温淑海），副旅长廖颂尧，下辖：

　　　　第九〇五团　团长梁采林；

　　　　第九〇六团　团长温淑海。

第一五二师　师长陈章，参谋长林英灿，驻琼山，下辖：

　　第四五四旅　旅长宋士台（后梁荣球），副旅长梁荣球，下辖：

　　　　第九〇七团　团长詹式邦；

　　　　第九〇八团　团长萧义明；

　　第四五六旅　旅长邓琦昌，副旅长叶赓常，下辖：

　　　　第九一一团　团长赵仲荣；

　　　　第九一二团　团长劳伯谦。

第一五三师　师长张瑞贵，参谋长何经赊，驻从化，下辖：

　　第四五七旅　旅长彭智芳，副旅长陈耀枢，下辖：

　　　　第九一三团　团长李驯；

　　　　第九一七团　团长李荣梧。

　　第四五九旅　旅长钟芳峻，副旅长欧鸿，下辖：

　　　　第九一四团　团长陈欣荣；

第九一六团　团长黄志鸿。

第一五四师　师长巫剑雄，参谋长李振东（后侯梅），驻阳春，下辖：

第四六〇旅　旅长梁世骥，副旅长骆秀礼（后卜汉池），下辖：

第九二〇团　团长王莆文；

第九二一团　团长马毅；

第四六二旅　旅长蒋武，副旅长廖道明，下辖：

第九二三团　团长李恒中；

第九二四团　团长张寿。

第一五五师　师长李汉魂，（后）副师长何彤、孔可权，参谋长陈公侠，驻潮安，下辖：

第四六三旅　旅长孔可权（后陈旗旗），副旅长陈旗旗，下辖：

第九二五团　团长林晏；

第九二六团　团长李贡球；

第四六五旅　旅长何彤，副旅长张光琼，下辖：

第九二九团　团长邓鄂（后韩建勋）；

第九三〇团　团长谭生霖。

第一五六师　师长邓龙光，参谋长陈文，驻惠阳，下辖：

第四六六旅　旅长王德全，副旅长邓伯涵，下辖：

第九三一团　团长郑军凯；

第九三二团　团长杨智佳；

第四六八旅　旅长黄世途，副旅长李绍嘉，下辖：

第九三五团　团长黄俊民；

第九三六团　团长钟锦添。

第一五七师　师长黄涛，参谋长张光前，参谋处处长李宏达，驻福建漳州，辖：

第四六九旅　旅长练惕生，副旅长罗隆，下辖：

第九三七团　团长罗隆（兼）；

第九三八团　团长陈见田；

第四七一旅　旅长李崇纲，副旅长叶刚，参谋长杨膺谓，下辖：

第九四〇团　团长李友庄；

第九四二团　团长陈禹川。

第一五八师　师长曾友仁，参谋长曾举直，驻蕉岭，下辖：

第四七二旅　旅长伍汉屏（后钟震华、刘绍武），副旅长刘绍武，

下辖：

第九四三团　团长曾君雁；

第九四四团　团长符海清。

第四七四旅　旅长叶维浩，副旅长曾达㽡（兴），下辖：

第九四七团　团长谢彩轩；

第九四八团　团长孔召卿。

第一五九师　师长谭邃，参谋长许让玄（后罗献祥），驻吴川，下辖：

第四七五旅　旅长罗策群，副旅长曾泽寰，参谋主任张光农，下辖：

第九四九团　团长黄纪福；

第九五〇团　团长林伟俦；

第四七七旅　旅长陈骥，副旅长唐拔，下辖：

第九五二团　团长何全标；

第九五四团　团长洪世扬。

第一六〇师　师长叶肇，参谋长华振中，参谋处处长蔡如柏，驻增城，下辖：

第四七八旅　旅长邓志才，副旅长侯文俊，下辖：

第九五五团　团长萧仲明；

第九五六团　团长喻英奇；

第四八〇旅　旅长利树宗，副旅长莫福如，下辖：

第九五九团　团长余子武；

第九六〇团　团长翟宗鸿。

教导旅和独九旅不变。

另每师辖1个补充团（团长林君绩、叶瑞照、叶植楠等），加总部直属补充团（团长方春霖）。

琼崖守备司令部　司令张达（兼），副司令王毅。

编成保安旅。抽调辖内保安团组成4个旅，旅长分别是吴乃宪（原淞沪警备总司令部参谋处处长）、王作华（原第八十三军警备旅旅长）、池中宽（陆军大学毕业生）和古鼎华，分驻广州、潮安、高要、海南岛。

（二）抗日战争时期

1937年7月7日"卢沟桥事变"（又称"七七事变"）爆发，全面抗战由此开始。8月12日，国民政府决定军事委员会为抗战最高统帅部，委员长仍为蒋介石；13日，爆发"八一三事变"；20日，军事委员会在全国设立5个战区

（后又陆续增设 4 个战区，其中福建和广东设立第四战区，司令长官何应钦，副司令长官余汉谋）。8 月，国民政府公布将红军改编成第八路军（后又同意将南方八省游击队改编成新编第四军）。9 月，国民党中央公布国共合作宣言，第二次国共合作正式开始。

9 月，广东省政府在各个行政督察专员公署设立保安司令部，司令由专员兼。

第一区驻南海（1939 年移至开平），主任邓彦华（后古鼎华、李郁堃、李磊夫、周东、黄秉勋）；

第二区驻曲江（即韶关，1940 年移至连县），主任林友松（后莫雄、何春帆、马耐园）；

第三区驻高要（即肇庆），主任李磊夫（1940 年王仁宇、1945 年陈文）；

第四区驻惠阳（即惠州，1940 年移至河源），主任黄公柱（后池中宽、陈骥、罗献祥、黄铮）；

第五区驻潮安（即潮州，1940 年移至丰顺），主任胡铭藻（后何春帆、刘志陆、陈卓凡、陈克华）；

第六区驻兴宁，主任傅疆（后周景臻）；

第七区驻茂名，主任周景臻（后张炎、邓挥、林时清）；

第八区驻合浦（今属广西），主任吴飞（后邓世增、张国元、张觉非、陈公侠）；

第九区驻琼山（今属海南，1940 年移至保亭），主任王毅（后吴道南、丘岳宋）。

广东保安司令部下辖：保一、二、三、四、五旅，旅长分别是古鼎华、王作华、吴道南、吴乃宪和王毅（其中保五旅新编，下辖保十一和十五团），保一团（团长张翘柳）、保二团（团长罗尚忠，后黄光炎、丁龙起）、保三团（团长刘茂文）、保四团（团长廖骐，后黄光炎、邹玉桢）、保五团（团长许冠英，后温轰、曾吉）、保六团（团长魏大杰）、保七团（团长杨乾吉，后魏汝谋）、保八团（团长陈郁萍，后张煜、徐东来）、保九团（团长陈佳东，后邓世汉）、保十团（团长廖骐）、保十一团（团长龙驹，后改称保六团，团长林荟材、杨开东）、保十二团、保十三团、保十四团（团长黄光炎）、保十五团（团长文华宙，后改称保七团，团长李春农、董伯然）、教导团（团长古正平）等。

1938 年 10 月广州失陷，广东省政府撤至粤北后将全省 9 个行政督察区缩编为 4 个行政公署：

东江行政公署，驻兴宁，主任为陈耀祖，辖原第四、五、六行政督察区。

西江行政公署，驻广宁，主任曾养甫，辖原第一、三行政督察区。

南路行政公署，驻茂名，主任胡继贤（11月16日改派罗翼群出任），辖原第七、八行政督察区。

琼崖行政公署，驻海口，辖原第九行政督察区。

1939—1940年，又先后撤销上述4个行政公署，恢复9个行政督察区。

1937年10月，设立隶属于军委会军政部的军、师、团管区和县政府兵役科。

广东军管区司令（由省政府主席兼）吴铁城（后李汉魂、罗卓英），（后）副司令黄世途、余公武，参谋长吴文献（后陈勉吾、张宗良、黄铮、黄英华、林荫甫），政治部主任黄铮，内设征募处和编练处，下辖5个师管区和教导团：

岭南师管区，司令伍蕃（后陈勉吾、曾其清），驻曲江县（后迁南雄县），管辖兴梅、曲江2个行政区，设梅县、五华、曲江等团管区，辖补充团（团长何砥柱）。

潮惠师管区，司令严应鱼（后涂思宗、温靖），驻惠州市（后迁丰顺县），管辖潮汕、惠州2个行政区，设潮安等团管区。

（1940年调整为韶惠师管区辖曲江、惠州2个行政区，潮梅师管区辖潮汕、兴梅2个行政区）

粤海师管区，司令胡朝俊（后黄世途），驻佛山市（后迁云浮县），管辖广州、肇庆2个行政区，设高要、罗定、开平3个团管区，辖补三团（团长何麟）等。

粤南师管区，司令邓挥，驻茂名市，管辖高雷、钦廉2个行政区，设阳江等团管区。

琼崖师管区，司令杨永仁（后罗植椿、王毅、梁瑞寅、吴文献），驻海口市，管辖海南岛，设琼山、陵水、儋县3个团管区，司令杨永仁、李藤、王鸿饶。

1938年1月，成立"广东民众抗日自卫团"广东省统率委员会，隶属于广东绥靖公署，由余汉谋兼任主任，吴铁城、香翰屏任副主任；全省分14个区，各区主任和副主任安排如下：

第一区（南海、三水），主任李福林，副主任邓彦华、邓昙；

第二区（番禺、花县、从化），主任伍观淇，副主任徐维扬、利树宗；

第三区（中山、顺德），主任欧阳驹，副主任冯焯勋、何惠培；

第四区（博罗、龙门、增城、东莞、宝安），主任蒋光鼐，副主任徐景唐、王若周；

第五区（新会、台山），主任范德星；

第六区（开平、恩平），主任谭联甫，副主任胡文灿；

第七区（海丰、陆丰、惠阳、紫金），主任骆凤翔，副主任陈鼎、蔡铣三；

第八区（潮阳、揭阳、普宁、惠来），主任翁照垣，副主任冯国勋、陈卓凡；

第九区（饶平、潮安、澄海、南澳、丰顺、汕头），主任刘志陆，副主任陈昆木；

第十区（阳江、阳春），主任沙世祥，副主任陈修爵、余六吉；

第十一区（电白、信宜、化州、吴川、茂名、廉江），主任张炎，副主任郑为楫、陈任之；

第十二区（遂溪、海康、徐闻），主任何荦；

第十三区（灵山、合浦、钦县、防城），主任邓世增，副主任张枚新、王定华；

第十四区（琼崖各属），主任张达，副主任云瀛桥、陈策。

4月，在全省90多县分别设立统率委员会。5月，编成常备队、后备队80多万人，拥有各种枪支70多万支。编组时各级官长多为有经验军人担任，编组后对团员进行了3个月的军事训练，后又设立了8个"自卫团干部教导队"训练官长。1939年2月，取消各级统率委员会，将自卫团划归省政府管理。后来后方进行了缩编，前方（沿海）多改编成游击纵队。9月，按照军政部要求又将自卫团改成国民兵团自卫队。

1. 抗战初期北上支援作战

1937年8月，余汉谋受命废除5个军区，并将粤军10个师编成5个军（5个军长中原第一军系统占3个）。12月，受命将第四路军指挥部改编成第十二集团军司令部（实际是惠广战役后撤退到翁源时才正式挂牌）。

第十二集团军　总司令余汉谋，参谋长缪培南（后王俊），副参谋长罗梓材，参谋处处长赵一肩，副官长黄延桢，副官处处长刘丽生（后凌仲冕），军务处处长缪绍雄，军需处处长马炳洪，军法处处长邓邦谟，军医处处长张建，秘书长陈同昶。下辖：

第六十二军　军长张达，参谋长张简荪（后林君绩），驻琼崖，下辖：

　　第一五一师　师长莫希德，参谋长陈师；

　　第一五二师　师长陈章，副师长兼参谋长林英灿；

第六十三军　军长张瑞贵，副军长巫剑雄，参谋长梁瑞寅，驻从化，下辖：

第一五三师　师长张瑞贵（兼），参谋长卜汉池；

第一五四师（10 月调离）　师长巫剑雄（兼），参谋长张弛；

第六十四军　军长李汉魂，参谋长林廷华，驻潮安，下辖：

第一五五师　师长李汉魂（兼），副师长何彤；

第一五六师（10 月调离）　师长邓龙光；

（该军主要军官属张发奎系，可视作"铁四军"分支。）

第六十五军　军长李振球，参谋长曾其清，驻广州，下辖：

第一五七师　师长黄涛，参谋长张光前；

第一五八师　师长曾友仁；

第六十六军　军长叶肇，参谋长黄植楠，驻新兴，下辖：

第一五九师　师长谭邃，参谋长许让玄；

第一六〇师　师长叶肇（兼），副师长华振中，参谋长司徒非。

教导旅　旅长彭林生；

独九旅　旅长李江。

（1）参加淞沪会战

1937 年 9 月，根据中央命令，调叶肇率第六十六军（由原缪培南教导师和陈汉光警卫旅等编成）北上参加淞沪会战，当时全军两个师有 2.3 万多人。彭林生当时系教导旅旅长，主动请缨参战，被余汉谋划归六十六军指挥。

第六十六军　军长叶肇，参谋长黄植楠，参谋处处长郭永镳，副官处处长容正平（后在南京牺牲），下辖：

第一五九师　师长谭邃，（1937 年 10 月）副师长罗策群，参谋长许让玄，参谋处处长陈节，副官处处长梁岱，政训处处长凌仲冕，军械处处长周梦熊，下辖：

第四七五旅　旅长罗策群（1937 年 12 月林伟俦），副旅长曾泽寰、林伟俦（后何全标），参谋主任倪寿龄，下辖：

第九四九团　团长黄纪福；

第九五〇团　团长林伟俦；

第四七七旅　旅长陈骥，副旅长唐拔（后谢彩轩），下辖：

第九五二团　团长何全标；

第九五四团　团长洪世扬。

第一六〇师　师长叶肇（兼），（12 月）副师长华振中，参谋长华振中（12 月）、司徒非（原十九路军师长），下辖：

第四七八旅　旅长邓志才（后喻英奇），副旅长侯文俊，下辖：

第九五五团　团长萧仲明；

第九五六团　团长喻英奇（后蔡如柏）；

第四八〇旅　旅长利树宗，副旅长莫福如，下辖：

第九五九团　团长余子武；

第九六〇团　团长翟宗鸿。

教导旅　旅长彭林生，下辖：

第一团　团长李卓元（该团未北上参战）；

第二团　团长伍少武；

第三团　团长李明。

炮兵团　团长陈玉钟。

在教导旅先行开拔后，9月底第六十六军开始集中北上。该军坐火车经粤汉线北上，经湖北汉口、江苏镇江，10月中旬到达上海南翔车站，归薛岳第十九集团军指挥。10月21日，与桂军一直参加反攻作战，连续两天，两个师伤亡过半。该军附属的教导旅防守罗店、大场一线，浴血奋战40多天，大部壮烈牺牲。第六十六军经过苏州、锡澄、江阴等小型阻击战后，撤退到南京汤水镇，其中四七五旅副旅长曾泽寰（又名曾庆敏）在江阴被日军包围战败自杀（后被追赠为少将）；此时只剩下约6000人，决定将两个师各缩编为1个旅，第一五九师旅长林伟俦，第一六〇师旅长喻英奇。教导旅番号撤销，余部300余人并入第一六〇师，旅长彭林生、陈骥等带领编余军官回粤准备接收新兵重建部队。

10月，因中央要求再调一个军北上，遂从第六十三军和第六十四军各抽调1个师，在东莞再组建1个军，番号是第八十三军。

第八十三军　军长邓龙光，副军长巫剑雄，参谋长陈文，参谋处处长刘绍武，政训处处长凌仲冕，下辖：

第一五四师　师长巫剑雄（兼），参谋长张弛，政治部主任李育培，下辖：

第四六〇旅　旅长梁世骥（后骆秀礼），副旅长骆秀礼，下辖：

第九一九团　团长王莆文（后刘其宽）；

第九二〇团　团长冯毅；

第四六二旅　旅长蒋武，副旅长廖道明，下辖：

第九二二团　团长李恒中；

第九二三团　团长张寿。

第一五六师　师长李江，副师长黄世途，（11月）参谋长姚中英，参谋处处长张显岐，副官处处长梁岱，下辖：

第四六六旅　旅长王德全，副旅长邓伯涵，下辖：

第九三一团　团长郑军凯；

第九三二团　团长杨智佳；

第四六八旅　旅长黄世途，副旅长李绍嘉，下辖：

第九三四团　团长黄俊民；

第九三五团　团长钟锦添。

北调部队总18个团，约5万人，由第四路军副总司令香翰屏率领，但部队到达上海后划归新的序列，香翰屏遂返回广东，同时返回的还有拟接任第四路军参谋处处长的梁世骥。

第八十三军第一五四师先行出发，参加了上海的作战；军部和第一五六师11月17日抵达苏州时淞沪会战部队已全线总退却，即转向江阴前进。

*　链接：占领"唐头桥"与占领"唐桥头"

第八十三军（欠第一五四师）于11月17日到达苏州，23日奉令驰赴无锡归第十九集团军总司令薛岳指挥。随即照薛岳令集结指定地区。入夜照令占领无锡东北×处至唐桥头之线后，第八十三军军长邓龙光即用电话报告薛岳该军进入阵地情况。薛岳接电话后，暴跳如雷，大骂邓龙光违背他的命令，要枪毙。邓龙光问为什么要枪毙呢？薛岳说："谁叫你占唐桥头？"邓龙光说："有命令为据。"薛岳乃哑然。原来无锡东北有"唐头桥"与"唐桥头"两个不同的地名。薛岳原意是占领唐头桥，但下达命令时因眼花错成唐桥头，故有此误会，结果加速了无锡的失守。

10月14日，新组建一八六师和一八七师，分别补回第六十三、六十四军空缺。

第六十三军第一八六师，由原第四路军第一、二、三、四补充团在惠州组建，师长李振，参谋长李卓元，参谋处处长余子武，下辖：

第五四七旅　旅长曾潜英，下辖：

第一〇九三团　团长余炳源；

第一〇九四团　团长郭海山；

第五四八旅　旅长陈兆武，下辖：

第一〇九五团　团长王哲夫；

第一〇九六团　团长叶植楠。

第六十四军第一八七师，在广州以原教导旅余部扩建，师长彭林生，副师长孔可权，参谋长张淑民，下辖：

第五四九旅　旅长叶赓常，副旅长李明，下辖：

第一〇九七团　团长张鼎光；

第一〇九八团　团长陈树英；

第五五〇旅　旅长谢锡珍，副旅长张泽琛，下辖：

第一〇九九团　团长陈醴泉（后严若寰）；

第一一〇〇团　团长张达寰。

（2）参加南京保卫战

1937年11月18日，国民政府搬迁到武汉；1938年7月，国民政府再搬迁到重庆，直到1946年5月5日还都南京。

11月底，第六十六军和第八十三军受命参加南京保卫战，负责守备淳化镇至汤山、凤牛山一线。12月4日两军在句容与日军接战，5日顶不住进攻撤退；6日第六十六军在汤山与日军进行了小规模战斗；7日两军退入城中，其中第八十三军防守光华门和水西门，第六十六军驻防雨花门、水西门、中华门一带；从10日始光华门等阵地不断受到日本的冲击，第八十三军在日军炮兵和航空兵的猛烈轰炸下牺牲惨重。

12日中午接到守城指挥部突围命令：第六十六军自紫金山北麓、麒麟门、土桥镇、天王寺以南地区向敌正面突围，到休宁附近集结，突围时间为12日晚11时；第八十三军于紫金山、麒麟门、土桥镇东北地区突围，到歙县附近集结，突围时间为13日晨6时。

叶肇和邓龙光商量决定，从正面突围，两军统由叶肇指挥，由太平门出城，经当涂、宣城到宁国集结。12日晚上，叶肇率第六十六军2个师余部为先锋从太平门突围，邓龙光率第八十三军军部及部分部队跟随出门，共约7000人向东突围。13日凌晨，在汤山附近的孟塘村与日军激战，最后剩下约3000人突围出去。第八十三军第一五六师只有一小部跟随该师参谋长姚中英少将从正面突围，大部没接到突围命令，在师长李江带领下选择了向下关撤退；第一五四师师长巫剑雄也带队从下关渡江。但遇挹江门拥堵和缺少船只，2个师将士大部牺牲或被俘。

　　第六十六军和第八十三军从正面突围，以"左臂白手巾"为识别标志，以"丢那妈"为口令；部队出城后，先头部队沿京杭公路南进，沿途为防敌的堑壕、地雷所阻，进展迟缓，约12时到达汤山附近的孟塘村。次日凌晨，自告奋勇担任前锋的第六十六军一五九师少将副师长罗策群（因师长谭邃有肺病先期过江，罗代师长），率部向据守在青龙山上的日军发起冲锋。因几次督队扑敌，均不得手，最后他举起马鞭，大呼："跟我来，几大就几大，唔好做衰仔！"他冲锋在前，率队几次向日军阵地猛扑，直至中弹牺牲。其他粤军将士没有胆怯，高喊着广东方言继续冲锋。第一句："几大就几大，唔好做衰仔！"（意思大致是说，豁出去了，死就死，但绝不能做懦夫。）第二句："丢那妈，萝卜头！"（前面是广东方言版国骂，后面是说小鬼子像萝卜头，不用怕他。）

　　南京陷落后的次日，滞留在金陵兵工厂的第八十三军5名炮兵利用厂区后面防空洞内遗存的一门迫击炮，打死了日军第六师团炮兵联队长井手龙男大佐。

　　"广东山庄"位于南京市中央北路112号。树木葱茏的墓园深处，矗立着一块方尖碑，上书"抗日粤军烈士墓"7个鎏金大字，碑下埋有74具迁葬的遇难者遗骨。整个墓葬呈椅子状，"椅背"处碑文为繁体汉字，大标题是"先伤后亡，惊怒吾邦。无以厚葬，是为国殇"，文为："一九三七年，爆发震憾（撼）中外'八一三'淞沪抗战之役。我南粤健儿浴血奋战，伤亡甚为惨烈。伤者多留医南京城内八府塘后方医院。是年十二月十三日，日寇攻陷南京，留医伤者均遭屠杀，其后由广东同乡会率人草草掩埋于山庄内。公元二〇〇〇年七月，为弘扬中华民族精神、振奋后人，经广东山庄理事会研究，筹资重建烈士陵园以慰先驱。抗日粤军无名烈士永垂不朽。公元二〇〇〇年十二月重建"。

　　在该山庄大门右侧见到一块小石碑，上书："本庄旧址在（南京）城内三牌楼。于民国三十年（1941）被日本涡川部队征用，遂募资购地移建于此。迁墓理事会中华民国三十年十月 × 日立"。

"八一三"淞沪抗战的粤军伤兵运抵南京后，住在八府塘后方医院，同乡会及各界都前往慰问。部分伤员治愈后出院，还剩一二百人继续治疗。日军飞机轰炸南京，伤员遇难者有 50 多人，由同乡会义工收尸，并记下了部队番号、姓名，掩埋于时在三牌楼的"广东山庄"。在南京沦陷、日军南京大屠杀期间，八府塘医院遭屠杀的广东籍伤兵又有近 20 人，与先前被炸死的那 50 多人埋在一起。日军见该山庄依傍金川河，有山坡，有绿化，有围墙、祭堂、厢房、走廊，便霸占为日军伤兵医院。因山庄还埋有许多客死南京的广东人士，其后人祭祀非常不便，经广东籍人士据理交涉，"广东山庄"被迫迁到现址。

抗战胜利后，粤军还曾来此祭扫，并立有"抗日烈士之墓"的碑刻。"文化大革命"期间，遇难伤兵的资料被毁。1997 年，山庄将遇难伤兵的 74 具遗骨清洗、消毒后，归葬在一起，建成现在的大墓。

1938 年 1 月突围到皖南时，第六十六军只剩下不足 3000 人，第八十三军只有几百人，但这是南京保卫战中不多的成建制突出重围的部队，而且是"在南京保卫战的战斗序列中，粤军可以说是打得最顽强勇敢、战绩最突出的一支"。经过不断收容，第六十六军最后是剩余 8291 人。

在南京保卫战中牺牲的高级将领除第六十六军一五九师少将代师长罗策群外，还有第六十六军一六〇师少将参谋长司徒非、第八十三军一五六师少将参谋长姚中英、第一五六师四六八旅少将副旅长李绍嘉；此外，还有第六十六军一五九师四七七旅副旅长谢彩轩、一五九师四七五旅九四九团上校团长黄纪福、一六〇师九五六团上校团长蔡如柏、一五九师上校参谋处处长陈节等 4 人牺牲。第九二二团团长李恒中突围时临阵退缩，后被枪决。

第十二集团军北上参加淞沪会战的 2 个军 4 个师加 1 个教导旅，人数约 5 万人，战后只剩下不到 1 万人，损失 4 万余人，其中大多数是为国捐躯！

* 链接：军长叶肇的逃难被俘及走脱经过（亲述）

1937 年 12 月 12 日晚，叶肇与黄植楠冲过岔路口后，即望山摸索前进。天明，至汤山附近，找得便衣化装难民，准备逃往上海。但人生地不熟，两人在山地潜伏了一天，饿得饥肠辘辘，被迫冒险下山觅食。到一个不知地名的地方，忽然枪声大作，两人躲入一个堡垒。至黄昏，一片沉寂，知敌已远去，即离堡垒循小路跟跄而行，见路旁番薯皮一堆，如获至宝，分食之余，各将其余珍藏于袋。是夜，为着觅食进入一个不大的村庄，摸索了几个房子，阒然无人。正懊丧间，忽然枪声大作，日军蜂拥入村，他们爬入禾草堆中的床底。次日，混入京沪公路上难民中向东行；走不多远，遇见一队鬼子由东往西，他们只好硬着头皮迎上去；不料被日本兵看中，抓作挑夫。黄植楠先挑，勉强走了六七里路，佯装脚痛走不动，被日本兵踢了几脚，他就索性装死。于是，一个日军上等兵的行李就落到国民党军长叶肇的肩上。叶肇生平未尝挑担之苦，忽然压上几十斤的东西，确实难以走动。日本兵看他胡须长长，不能胜任，只好另找壮者代替，他才得以解脱。吸取这次教训，叶肇采取远离交通要道躲过风头再作打算的办法，先在一个小村镇里躲了若干天，摸清敌情，逐次接近上海，遂由上海搭轮回粤。1938年2月，叶肇、黄植楠先后回到广州，叶肇在中山纪念堂作了他被俘脱险经过的报告。

1938年1月中旬，第六十六军由林伟俦、莫福如、郭永镳率领，第八十三军由王德全率领，分别向湖南的攸县、安仁等处集中，接收广东新兵（10个补充团近2万人）进行整训。

第六十六军四七五旅少将旅长林伟俦，在南京保卫战结束时带领全旅基本成建制突围出来，被蒋介石称赞为"模范军人"，获"青天白日勋章"。

* 链接：林伟俦获"青天白日勋章"离不开郭永镳的功劳

1937年12月12日，国民党南京守军仓皇突围后，第六十六军参谋处上校处长郭永镳于13日突围到达句容县九华山脚墓东村，看到突围的广东子弟兵人地生疏，彷徨无主，散乱混杂，他虽非带兵主官，但自告奋勇，决定设立收容站。于是次日便在墓东设站。是晚，郭永镳率队进入山村，分散居住。

接着就有建制较完整的一个连来到墓东。接着，第一五九师第四七五旅少将旅长林伟俦和该旅九五二团上校团长何全标也先后经过墓东，进入山村会合。林伟俦在突围时脚部受轻伤，他另设旅部率领何全标等随同行动，协助策划。收容工作始终是郭永镳独负全部责任。几天后，又有第六十六军军部少尉军需翁永年带着1万多元现款前来报到。这样不单解决了粮食，还替官兵购买了便衣。

至12月30日共收容官兵约1300人，共有枪三四百支，分编为3个营。郭永镳对官兵进行严格的纪律教育后就带队伍出发，翌年1月13日抵达安徽徽州。郭永镳即派人往电报局给广州余汉谋拍电报，报告率领突围部队1000余人安全脱险概况，署名林伟俦。部下很惊奇，郭永镳满不在乎地解释说："我只是一个幕僚，不是带兵官，林伟俦是少将旅长，假如用我的名字向上报告，林伟俦便是'失责'。我和林伟俦是黄埔军校四期同学，现在同在六十六军工作，何必计较用谁的名字发电报的问题。"

部队到达醴陵后，3个营长和军官们即集款购买一面镜屏，记述收容经过，以收容队全体官兵的名义，送给郭永镳借表感激之情。

四七八旅旅长喻英奇受伤入南京城内美国红十字会鼓楼医院，经医生掩护抢救，后辗转经上海至香港医院疗伤半年。

因原驻海南的一五二师四五四旅旅长宋士台请缨到前线杀敌，余汉谋令其在该旅抽调1个步兵团补充一六〇师，并派任一六〇师副师长。

第六十六军 军长叶肇，（1938年2月）副军长谭邃，参谋长黄植楠，参谋处处长郭永镳，下辖：

第一五九师 师长谭邃（1938年10月陈骥），（后）副师长陈骥，下辖：

第四七五旅 旅长林伟俦（后何全标、刘绍武）；

第四七七旅 旅长陈骥（后洪世扬、张寿）。

第一六〇师 师长华振中（因与叶肇不和于1939年1月调离，由宋士台接任），副师长宋士台，参谋长陈克华，下辖：

第四七八旅 旅长喻英奇（后刘栋材），副旅长刘栋材，下辖：

第九五五团 团长陈辉廷；

第九五六团 团长曾崇山；

第四八〇旅 旅长莫福如，副旅长×××，下辖：

第九五九团 团长梁佐勋（原十九路军团长）；

第九六〇团 团长沈干雄。

第八十三军因没有执行掩护其他部队撤退的计划，且损失严重，在1938年1月武汉军事会议上邓龙光被"记大过"处分，副军长兼第一五四师师长巫剑雄被撤职（后调陆军大学学习）。

第八十三军　军长邓龙光，参谋长陈文，参谋处处长刘绍武，下辖：

第一五四师　师长梁世骥，参谋长张弛，参谋处处长黄汉廷（原十九路军团长），下辖：

第四六〇旅　旅长骆秀礼，副旅长卜汉池；

第四六二旅　旅长蒋武，副旅长廖道明；

第一五六师　师长李江，副师长黄世途，参谋处处长张显岐，下辖：

第四六六旅　旅长王德全，副旅长黄俊民；

第四六八旅　旅长钟锦添，副旅长杨智佳。

2月，第八十三军第一五四师与第六十三军第一八六师对调编制。

3月，组建机械化部队独二十旅，旅长陈勉吾，参谋长陈克强，下辖：

第一团　团长张守愚；

第二团　团长陈杰夫；

第三团　团长张琛。

（3）参加陇海路作战

3月，第六十四军又奉令北上河南参战（至此，原"四军系"3个师已全部被遣出广东），归薛岳第一兵团指挥。

第六十四军　军长李汉魂，参谋长林廷华，参谋处处长陈次恺，下辖：

第一五五师　师长李汉魂兼（9月陈公侠），副师长陈公侠，参谋长刘绍武（后刘其宽），参谋处处长陈荫鸿，政治部主任戴振魂，下辖：

第四六三旅　旅长孔可权，副旅长郑军凯，下辖：

第九二五团　团长林晏；

第九二六团　团长李贡球；

第四六五旅　旅长何彤（后张光琼），副旅长张光琼，下辖：

第九二八团　团长韩建勋；

第九二九团　团长谭生霖。

第一八七师　师长彭林生（后孔可权），副师长孔可权（后张光琼），参谋长张一中（后张淑民），参谋处处长蔡衡世，政治部主任李鼎谋，下辖：

第五四九旅　旅长叶赓常（后谢铮），副旅长×××，下辖：

第一〇九七团　团长周伯宗；

第一〇九八团　团长张泽深（后张达寰）；

第五五〇旅　旅长谢锡珍（后李明），副旅长严若寰，下辖：

第一〇九九团　团长罗织寰；

第一一〇〇团　团长陈醴泉。

4月，第六十四军参加兰封会战，其中第一五五师三进三出陇海铁路要点罗王寨，打败土肥原部，伤亡6000余人。军政部部长何应钦评价"历次作战从未有过攻陷敌人据点者，有之，则从一五五师始。"军长李汉魂因此获华胄勋章，升任第二十九军团军团长兼军长。在兰考、商丘作战中，第一八七师师长彭林生因指挥失误被免职。8月，第一八七师在安徽马鞍山击毙日军第一一三联队长田中圣道大佐。

（4）参加南浔路作战

7月，第六十六军奉命调江西德安参加南浔路作战，与第六十四军统归薛岳第一兵团指挥。9月初，第六十六军第一六〇师在德安县东孤岭战斗中打死日军一〇一师团一〇一联队联队长饭冢国五郎大佐，但四八〇旅九五九团团长梁佐勋也在作战中牺牲（梁后被追赠为少将）。8—9月，第六十四军在德安县金官桥阻击战中死守了十几天，第六十六军参加攻克万家岭战斗，两军共同为歼灭日军第一〇六师团主力近万人的万家岭大捷作出了贡献，但一八七师伤亡到只剩下不到1个团的兵力。第六十六军因此役被薛岳誉为"钢军"。

9月，第八十三军军长邓龙光升任副军团长，由莫希德接任军长，同时增辖莫希德兼任师长的第一五一师（驻广东惠州，由第六十二军转隶）。

2. 抗战前期保卫两广作战

（1）粤海军保卫海防作战

1937年"八一三"事变后，日军以优势海军力量封锁中国东南沿海各港口，并于华南海面伺机突击登陆。为集中舰艇力量抗敌，原直属广东绥靖公署的"肇和"号巡洋舰、两广盐运署及广东缉私处所属的6艘炮舰、中央海军派驻广东的"公胜"号测量舰，全归广东省江防舰队司令部指挥，共计21艘军舰，分别部署在虎门、潭州口、崖门、横门、磨刀门一带。

9月14日，发生第一次虎门海战，"肇和"舰受伤、内撤，"海周"舰报废，2舰共死伤十多人。因虎门要塞早已在陈策司令的指挥下做好了充分准备，接着登陆的1000余人的日本海军陆战队被消灭近半。天河机场起飞的空军也过来支援作战，最终将日舰驱离。

9月25日开始，日军巡洋舰在航空队配合下不断袭击中国舰艇。至30日，"肇和"等6舰被炸沉，共伤亡几百人。

11月，冯焯勋司令退职，由黄文田接任。15日，舰队以"临阵退缩、抗战不力"的罪名将"肇和"舰舰长方念祖撤职,随即枪毙,并将剩下小舰分散部署。

1938年2月,日军再次强攻虎门要塞,军舰疯狂炮击虎门各炮台,被沙角炮台顽强反击迫退。但从大铲岛、三灶岛起飞的飞机对广州、虎门进行了猛烈轰炸,四方山和鹅夷炮台几乎被夷为平地,守军伤亡惨重,亲临炮台指挥的陈策司令被日军炮弹击中,左腿炸断,身负重伤。陈策辞职去香港治病,由郭思演继任。

4月15日,发生第二次虎门之战,载运日军陆战队和浪人的6艘机帆船全被击沉,部分试图登岸的日军被中国炮台部队全歼。

* 链接:将计就计的第二次虎门海战

日军计划"内外合力"进攻广州虎门,方案是收买定居香港的旧军人李福林,让其组织旧部,接受空投枪支弹药后发动广州暴动;日本海军同日派军舰掩护陆战队占领虎门要塞。日军没想到李福林从一开始就是佯作周旋,暗地已告广东方面,并由广州派谍报人员协助,在获取日方的全部计划后预做准备。

1938年4月15日是日军预定进攻开始的日子。按照计划,日军派运输机空投物资于广州珠江以南指定地点;待李部暴动拿下白云、天河机场后,日军一部空运进入机场,协助叛军控制广州。日本海军于同日以大型战舰炮击虎门,另以机帆船6艘载运的陆战队和浪人组成"彰武队",混在民船和外国船只中绕过沙角炮台,从要塞背面登陆,一举占领要塞、消灭中国守备部队。

此前一日,余汉谋下令虎门守军严密戒备,并以一部冒充叛军,在指定地点接运日军空投物资;同时,为了防止内奸破坏和意外,下令广州当天全市戒严。谁知此举打草惊蛇,给潜伏在广州的日本特务将这一异常情况发回其情报部门。

当日军运输机到达指定空投位置时,遭到地面部分陆军部队射击。日军立刻意识到上当,下令取消空投,全队撤回,同时通知海军登陆部队立即返回。但"彰武队"的帆船此时已绕过了沙角炮台,收到电报后虽然抓紧调转船头逃跑,但受到早已测好距离的中国守军大炮猛烈轰击。战至黄昏,日军"彰武队"各船全被击沉,部分企图登岸者也被中国炮台全歼。退到虎门口外的日舰发射了数弹后悻悻而去,第二次虎门之战以中国大胜落下了帷幕。

（2）收复南澳岛作战

1938年6月，日军占领南澳岛。7月初，第六十五军第一五七师师长黄涛在汕头开会决定，以第九区抗日民众自卫团第四大队洪之政部200人为先锋队，以九四〇团第一营营长吴耀波率领第二连150多人为主攻队，以"义勇军"的名义，准备收复南澳岛。14日，开始分批偷渡上岛；17日，在南澳县抗日自卫中队40多人配合下，一举夺回县城。20日，日军出动近2000人，在飞机、军舰配合下进攻只有360人的义勇军。义勇军和自卫队边打边撤到山上，同日军浴血奋战3天，最终弹尽粮绝，余部躲入山洞中继续战斗。至8月初，大部分官兵壮烈殉国，余80多人撤回大陆。南澳一战是在以国共合作为基础的全民族统一战线旗帜推动下进行的，它以牺牲290人的代价，毙日军联队长2人，打死、打伤日军500多人，击落日机1架，让日军损耗炸弹300多枚、炮弹1万多发，达到了严重消耗日军的目的。收复南澳岛作战，是广东本土抗战第一仗，历时一个多月，我军无一人投降，虽伤亡惨重（吴部牺牲130多人，洪部牺牲140多人，自卫队牺牲20多人），但打出了广东人的英雄气概，被誉为"南澳抗战精神"；其总指挥、营长吴耀波破格提拔为第九三七团团长，并被授予最高勋章——青天白日勋章。

（3）惠广战役

粤军参战部队序列：

第十二集团军　总司令余汉谋，副总司令香翰屏，参谋长王俊，下辖：

第六十二军　军长张达，参谋长叶敏予，下辖：

　　第一五二师　师长陈章，副师长林英灿，参谋长雷秀民，驻海南岛，下辖：

　　　　第四五四旅　旅长梁荣球，下辖：

　　　　　　第九〇七团　团长詹式邦；

　　　　　　第九〇八团　团长萧义明；

　　　　第四五六旅　旅长邓琦昌，副旅长赵仲荣，下辖：

　　　　　　第九一〇团　团长赵仲荣（兼）；

　　　　　　第九一一团　团长廖冀阶。

第六十三军　军长张瑞贵，参谋长何经赔，下辖：

　　第一五三师　师长张瑞贵（兼），副师长彭智芳，参谋长欧鸿，驻宝安，下辖：

　　　　第四五七旅　旅长陈耀枢，副旅长李驯，下辖：

　　　　　　第九一三团　团长李驯（兼）；

第九一四团　团长张孚亨；

第四五九旅　旅长钟芳峻，副旅长李荣梧，下辖：

第九一六团　团长黄志鸿；

第九一七团　团长李荣梧（兼）。

第一五四师　师长梁世骥，副师长陈文，参谋长侯梅，政治部主任李育培，驻增城中新，下辖：

第四六〇旅　旅长骆秀礼（1939年初病退），副旅长卜汉池，下辖：

第九二〇团　团长刘其宽；

第九二一团　团长黄啸；

第四六二旅　旅长蒋武，副旅长廖道明，下辖：

第九二三团　团长吴履逊；

第九二四团　团长曾肇基。

第六十五军　军长李振球，参谋长曾其清，下辖：

第一五七师　师长黄涛，副师长练惕生，参谋长张励，驻潮汕，下辖：

第四六九旅　旅长练惕生（兼），副旅长罗隆，下辖：

第九三七团　团长曾潜英；

第九三八团　团长陈见田；

第四七一旅　旅长李崇纲，副旅长叶刚，参谋长杨膺谓，下辖：

第九四〇团　团长李友庄；

第九四二团　团长陈禹川。

第一五八师　师长曾友仁，（后）副师长叶维浩，参谋长曾达欤（兴）（后骆应钊），参谋处处长陈英杰，政治部主任郭翘然，驻增城石滩，下辖：

第四七二旅　旅长张浩东（后容干），副旅长容干（后符海清），下辖：

第九四三团　团长陈子雄（后钟锡球）；

第九四四团　团长符海清（后曾××）；

第四七四旅　旅长叶维浩（后曾达欤），副旅长黄思宗（后孔召卿），参谋主任童懋山，下辖：

第九四七团　团长曾君雁（后林彬杨）；

第九四八团　团长孔召卿（后张光前）。

第八十三军　军长莫希德，下辖：

第一五一师　师长莫希德（兼），副师长李卓元，参谋长辛森，驻惠阳淡水，下辖：

  第四五一旅　旅长何联芳，驻惠阳淡水，下辖：

    第九〇一团　团长韩鹏如；

    第九〇二团　团长罗懋勋；

  第四五三旅　旅长温淑海，副旅长廖颂尧，参谋主任陈达尊，驻惠阳龙岗，下辖：

    第九〇五团　团长梁采林；

    第九〇六团　团长刘永图。

第一五六师　师长王德全，副师长黄世途，参谋处处长张显岐，驻花县；

  第四六六旅　旅长钟锦添，副旅长郑军凯；

  第四六八旅　旅长邓伯涵。

第一八六师　师长李振，副师长张宗良，参谋长曾匪石，驻增城，下辖：

  第五四七旅　旅长唐拔，下辖：

    第一〇九三团　团长谭瑞英；

    第一〇九四团　团长潘标；

  第五四八旅　旅长陈绍武，下辖：

    第一〇九五团　团长黄凯；

    第一〇九六团　团长叶植楠。

独九旅　旅长张简荪，参谋长王蘅，驻中山，下辖：

  第六二五团　团长伍少武；

  第六二六团　团长刘克雄；

  第六二七团　团长刘起时。

独二十旅　旅长陈勉吾，参谋长陈克强，政治部主任陈方绥，辖3个团（团长与3月无变化）；

炮兵指挥所　主任陈崇范，辖2个团；

工兵指挥部　指挥方万方（郭尔珍代），下辖6个营。

通讯兵团　团长周石泉。

战车队　队长曹绍恩，下辖坦克中队（12辆）和装甲车中队（15辆）。

宪兵司令部　司令李江，参谋长李仲如，下辖4个营。

广东税警总团　团长张君嵩，辖6个团；

（海军总司令部）广东省江防舰队司令部　司令黄文田，副司令李庆文，参谋长陈锡乾，下辖：军舰14艘，陆战队第一团（团长梁开晟）。

（军政部）虎门要塞司令部　司令郭思演，下辖炮兵和1个要塞守备团。

以上合计七八万人。

10月12日，日军第二十一军和第五舰队共7万多兵力、500多艘舰船、200多架飞机，在大亚湾登陆。四五一旅轻易放弃了永久设防的惠阳淡水阵地，四五三旅稍作抵抗即从宝安横岗后撤。10月13日，日军全力扑向惠州。惠州城只有莫希德一五一师师部直属队和一个团的残部，14日凭借高榜山堡垒抵抗数小时后溃退。15日博罗城陷落，日军向福田镇进犯，被一八六师叶植楠团和一五三师钟峻芳旅击溃。一五三师钟芳峻旅长在博罗福田战斗后撤往新塘的路上拔枪悲愤自杀，以死报国。余汉谋增调东莞的独二十旅到增城正果防守。19日晚，余汉谋到增城县中新墟召开紧急作战会议。20日，李振一八六师和1个重炮兵团挨炸后往广州北郊钟落潭方向撤退，战车队在增城东面遭日军飞机和炮兵联合攻击后将剩余坦克自毁，只撤出1辆装甲车；只有独二十旅在正果与敌恶战七八个小时才撤退。20日下午余汉谋在家中召开军事会议，晚上经请示蒋介石后下令向清远撤退。整个战役粤军伤亡近1万人，损失步枪6368支、机枪1101挺、炮197门、战车26辆。

10月29日，退守肇庆的江防舰队司令黄文田、水雷队队长黄韬，为遏敌西进，命令"执信""坚如""仲元""仲恺""湖山""飞鹏"6艘舰艇，向西江下游进发，在三水县马口附近，击毁日军滘口等4座炮台，但遭日军岸炮炮击和飞机轰炸，战斗3个小时，旗舰"执信"舰不幸被击中沉江，舰长李锡熙和副舰长林春忻以下23名将士牺牲。

广州陷落后，报纸上出现一首打油诗："希德不德，余汉无谋，吴铁失城（广东省政府主席吴铁城），曾养无谱（广州市市长曾养甫），张君一松（篙）。"反映了百姓的不满。中央派张发奎于1938年12月底回到广东韶关代理第四战区司令长官并兼任广东省政府主席（张推荐李汉魂任省主席），对广东进行整顿。余汉谋"革职留任"第四战区副司令兼十二集团军司令，八十三军军长莫希德被追究在抗击日军大亚湾登陆作战中的责任被押解重庆军法处置，宪兵司令李江、虎门要塞司令郭思演、工兵总指挥郭尔珍（潜伏汉奸）被通缉，一八六师师长李振和一五四师师长梁世骥记过；四五一旅旅长何联芳革职查办，独九旅旅长撤职留任；独九旅第二团团长李如枫因不战而退被判刑15年；一八六师一〇九六团团长叶植楠被撤职；而在正果坚持抵抗日军的独二十旅营长黄植虞则提拔为团长。

1939 年，第八十三军番号被撤销；独二十旅缩编为 2 个团，改为步兵旅。

在惠广战役后期开始回师的第六十四军和六十六军于 1939 年初回到广东，驻扎粤北龙门、新丰一带；同时原驻海南岛的第六十二军一五二师（其副师长林英灿在 1939 年 1 月对日作战中牺牲）和原驻潮汕的第六十五军一五七师也回到粤北，驻在新丰、翁源一带。

第八十三军所辖一八六师和一五六师分别归还六十三军和六十四军，而一五一师则调归第六十六军。第六十四军调入一五六师，同时将一八七师调归第六十五军。第六十五军调入一八七师，同时将一五七师调归第六十二军。第六十二军调入一五七师（师长黄涛升任副军长），与第六十四、六十五军一样仍是 2 师制的军。第六十三军和第六十六军则扩编成为 3 师制的军。以林伟俦为代表的一批经过沪宁战场洗礼的将领得到重用。

1938 年 10 月武汉和广州陷落后，抗战进入相持阶段。首先是调整和扩大战区，最后增加到 12 个，并增设 2 个游击战区；其次是整顿军队，以军为战略单位，至 1944 年底，全国正规军扩编至 124 个。

1939 年元旦，李汉魂就任第九届广东省政府主席兼民政厅厅长（后何彤），以顾翊群为财政厅厅长（后邹琳、张导民），王应榆为建设厅厅长（后朱晖日、黄元彬、郑丰），许崇清为教育厅厅长（后黄麟书），胡铭藻为秘书长（后郑彦棻、陈元瑛）。另以吴乃宪为保安处处长，李汉魂兼全省保安司令。

1939 年初驻广东部队指挥体系及布局如下：

第四战区　代司令长官张发奎，副司令长官余汉谋（后夏威），参谋长蒋光鼐（后吴石），副参谋长陈宝仓，秘书长兼政治部主任丘誉（后主任官其慎、秘书长麦朝枢），总参议翁照垣，兵站总监部总监冯次淇，军法总监部总监李章达（后唐灏青、吴仲禧），副官处处长高若愚，军务处处长吴仲禧，机要处长华岳高，军医处副处长张勇斌，伤兵管理处处长彭林生，粮食管理处处长沈秉强。下辖：

（东区）第九集团军　总司令吴奇伟，参谋长涂思宗，下辖：

第六十五军　军长李振球（1939 年 4 月缪培南），副军长黄国梁（1939 年 5 月曾友仁），该军由军委会直辖整训，1939 年 5 月调归第九集团军，下辖：

　　第一五八师　师长曾友仁（1939 年 5 月林廷华）；

　　第一八七师　师长孔可权。

预六师（由江西赣州 4 个保安团编成）　师长郭礼伯；

独九旅　旅长华振中；

潮嘉惠游击指挥部　指挥官邹洪（兼），下辖保安二、四、五团和教导团。

（北区）第十二集团军　总司令余汉谋（兼），副总司令叶肇、（1939年4月）王俊，参谋长王俊（1939年9月张达），下辖：

第六十二军　军长张达（1939年9月黄涛），副军长黄涛，下辖：

第一五二师　师长陈章；

第一五七师　师长黄涛（1939年9月练惕生）。

第六十三军　军长张瑞贵，下辖：

第一五三师　师长彭智芳（1939年1月任）；

第一五四师　师长梁世骥；

第一八六师　师长李振（1939年7月赵一肩代）。

第六十六军　军长叶肇（1939年4月谭邃），副军长谭邃，下辖：

第一五一师　师长辛淼（1939年4月林伟俦）；

第一五九师　师长陈骥；

第一六〇师　师长宋士台。

独二十旅（改成步兵旅）　旅长喻英奇，辖张守愚和陈克强2个团。

教导团　团长谢义（后余伯泉）。

（南区）第十六集团军　总司令夏威，副总司令蔡廷锴，下辖：

第三十一军　军长韦云淞。（桂军，略）

第四十六军　军长夏威。（桂军，略）

第六十四军　军长邓龙光，（1939年1月）副军长陈公侠，参谋长陆刚（代），下辖：

第一五五师　师长张弛，副师长韩建勋，参谋长邓鄂，下辖：

第四六三旅　旅长孔可权；

第四六五旅　旅长谭生霖。

第一五六师　师长王德全，副师长邓伯涵，参谋长刘其宽，下辖：

第四六六旅　旅长钟锦添；

第四六八旅　旅长许冠英。

广东省财政厅税警总团　总团长张君嵩（后汤毅生），下辖6个团。

西江挺进纵队　司令谭启秀。

（西区）第三十五集团军（1939年10月成立）　总司令李汉魂，副总司令邓龙光，参谋长罗梓材，下辖：

第六十四军（由第十六集团军改隶）　军长邓龙光（兼）。

暂二军（1939年11月在肇庆成立）　军长邹洪，副军长古鼎华，参谋长张简荪，参谋处处长张平，副官处处长罗尚忠，下辖：

暂七师（由潮嘉惠游击指挥部及保安第六、七、十和教导团编成，待考）　师长王作华；

暂八师（由广东税警总团抽调4个团组建）　师长张君嵩；

预六师（后从第九集团军转隶，仍驻粤东）　师长郭礼伯。

（军政部）第三补训处，1938年3月由乐昌补充兵训练处改称，处长陈应龙（后梁固荣），下辖8个补充团（（其中第三团团长林中坚）），驻广东乐昌；

（军政部）第二十三补训处，1938年10月成立，处长陈文（后黄植楠），副处长张孚亨、李友庄、郑金鉴，下辖6个补充团（其中第六团团长覃维正），驻广东韶关（后移驻南雄）。

广东省保安司令部　司令由省主席李汉魂（1939年元旦上任）兼，副司令吴乃宪，下辖5个旅11个保安团。

东江游击纵队指挥所　主任香翰屏，参谋长张文，驻惠阳，辖第一至五游击队，由自卫团编成，司令分别是吴飞、伍观淇、骆凤翔、王若周、马少屏。

琼崖守备司令部　司令王毅，下辖：守备第一团（1939年冬成立，团长符大壮）、第二团（1942年秋成立，团长王弼）和自卫总队。

广东省绥靖公署舰务处（由江防司令部改称）　处长黄文田，驻肇庆。

广东省防空司令部　司令余汉谋（兼），副司令李汉魂、林熏南，参谋长张维亚。

海南战役：1939年2月10日，日军1个旅团在海军配合下进犯海南，王毅指挥4000多人稍作抵抗即内撤。一周内海口、三亚、榆林等陷落。6月，保五旅改编为第九保安司令部，司令吴道南，参谋长文乃武，下辖保十一、十五团。

江会战役：1939年3月28日，日军调集2800多人的兵力，在战机和数十艘舰艇的配合、掩护下，从南海县九江渡口一带突破鹤山县守军的防守、抗击后，分水陆两路推进。3月29日，两路日军从东、北两面逼近江门外围。3月30日，官兵英勇抵抗后撤离，江门失陷。4月1日，日军继续向会城进逼。4月2日，日军突破守军防线，会城失守。

潮汕战役：1939年6月21日，日军1个旅团在海军配合下在汕头登陆，独九旅在2个保安团配合下节节抵抗。7月16日，独九旅、1个保安团和预六师一部共6000多人反攻潮安城（今潮州），激战3天，一度攻入，20日因敌人增援而退出。前后历时1个月。

（4）第一次粤北战役

第一次粤北战役前第四战区驻粤部队序列（1939年12月）

第四战区　司令长官张发奎，副司令长官余汉谋，参谋长蒋光鼐，下辖：

第十二集团军　总司令余汉谋（兼），副总司令叶肇、王俊，参谋长张达，参谋处处长李卓元，军械处处长莫子材，驻翁源，下辖：

第六十二军　军长黄涛　参谋长叶敏予，驻翁源，下辖2个师：

第一五二师　师长陈章，副师长邓琦昌，参谋长雷秀民，下辖：

第四五四旅　旅长梁荣球，下辖：

第九〇七团　团长刘丽生；

第九〇八团　团长李冠伦；

第四五六旅　旅长赵仲荣，下辖：

第九一〇团　团长马挥；

第九一一团　团长谢冠群。

第一五七师　师长练惕生，副师长陈见田，参谋长李宏达，下辖：

第四六九旅　旅长叶刚，参谋长王晓侯，下辖：

第九三七团　团长吴耀波；

第九三八团　团长李上达；

第四七一旅　旅长陈见田（兼），下辖：

第九四〇团　团长李友庄（后黄熊川，黄涛胞弟）；

第九四一团　团长钟定天。

第六十三军　军长张瑞贵　参谋长何经贻，驻新丰，下辖3个师：

第一五三师　师长彭智芳（1940年2月欧鸿），副师长欧鸿，参谋长郑训晟，下辖：

第四五七旅　旅长李驯，下辖：

第九一三团　团长余辛恬；

第九一四团　团长李克煌；

第四五九旅　旅长黄志鸿，副旅长兼参谋长李荣梧，下辖：

第九一六团　团长徐毅民；

第九一七团　团长陈丹青（又名陈国桢）。

第一五四师　师长梁世骥（1940年2月华振中、1940年3月张浩东），副师长阮洪宝（原十九路军师长），参谋长侯梅，政治部主任李育培，下辖：

第四六〇旅　旅长卜汉池，下辖：

第九一九团　团长邹融（原十九路军团长）；

第九二〇团　团长何宝松；

第四六二旅　旅长蒋武，下辖：

第九二二团　团长陈禹川；

第九二三团　团长曾肇基。

第一八六师　师长赵一肩（原十九路军师长，1940年2月李卓元），
参谋长阳心如，下辖：

第五四七旅　旅长曾潜英（后唐拔），下辖：

第一〇九三团　团长余炳源；

第一〇九四团　团长郭海珊；

第五四八旅　旅长张泽琛，下辖：

第一〇九五团　团长王哲夫；

第一〇九六团　团长韩鹏如。

第六十六军　军长陈骥，参谋长郭永镰，参谋处处长黎天荣，准备移驻广
西，归新建的第三十七集团军叶肇指挥，下辖3个师：

第一五一师　师长林伟俦，副师长陈师，参谋长余子武，参谋处处长张
琛，下辖：

第四五一团　团长黄刚；

第四五二团　团长刘景武；

第四五三团　团长梁采林；

野战补充团　团长刘永图。

第一五九师　师长官祎，副师长洪世扬，参谋长罗献祥，下辖：

第四七五团　团长倪鼎垣；

第四七六团　团长钟世谦；

第四七七团　团长韦德；

野战补充团　团长×××。

第一六〇师　师长宋士台（1940年3月莫福如），副师长莫福如（后陈克
华），参谋长陈克华，下辖：

第四七八团　团长谢伟豪；

第四七九团　团长曾崇山；

第四八〇团　团长张国成（待考）；

野战补充团　团长张国梁。

集团军直属部队：

独九旅　旅长华振中，副旅长吴履逊（原十九路军团长），参谋长王衡（后
梁一飞），驻潮安（今潮州），下辖：

第六二五团　团长伍少武（后邹玉祯）；

第六二六团　团长刘克雄；

第六二七团　团长陈树英。

独二十旅　旅长张寿，副旅长伍启桢（后张琛），参谋长麦霞冲，驻惠州，下辖：

第一团　团长陈植（后赵毕坚）；

第二团　团长梁荫楠（后何麟瑞）；

第三团　团长云春霖（后吴邦昌）。

教导团　团长谢义。

第三十五集团军　总司令李汉魂（1940年1月邓龙光），副总司令邓龙光（1940年1月朱晖日），参谋长罗梓材（后张弛），下辖：

第六十四军　军长邓龙光（1940年3月陈公侠），副军长陈公侠，参谋长刘绍武，从西江移驻广西，下辖2个师：

第一五五师　师长张弛（1940年3月邓鄂），副师长邓鄂（后郑军凯、刘其宽），参谋长张显岐（后廖中天），下辖：

第四六三旅　旅长林宴，副旅长郑军凯，下辖：

第九二五团　团长王伯群；

第九二六团　团长李昌；

第四六五旅　旅长谭生霖（后郑军凯），下辖：

第九二八团　团长范雨生；

第九二九团　团长张云亮。

第一五六师　师长王德全，副师长邓伯涵，参谋长辰祥健，下辖：

第四六六旅　旅长钟锦添，下辖：

第九三一团　团长张其中；

第九三二团　团长杨智佳；

第四六八旅　旅长许冠英，下辖：

第九三四团　团长张学督；

第九三五团　团长吕识（后骆伯康）。

暂二军　军长邹洪，副军长古鼎华，参谋长张简荪，驻高要，下辖：

暂七师　师长王作华，副师长李节文，参谋长刘天绍，下辖：

第一旅　旅长古正平，下辖：

第一团　团长古正平（兼）；

第二团　团长廖骐；

第二旅　旅长王岳，下辖：

第三团　团长杨乾吉；

第四团　团长郭天放。

暂八师　师长张君嵩，副师长李伯彦，参谋长邹震岳，政训处主任田竺僧，下辖：

第一旅　旅长甘竞生，下辖：

第一团　团长刘世焱；

第二团　团长罗克传；

第二旅　旅长杜之才，下辖：

第三团　团长冯哲夫；

第四团　团长杨富强（原十九路军团长）。

预六师　师长郭礼伯（后吴德泽），副师长杜骏伯（后周忠恂），参谋长钟逸群（后萧泰钧），参谋处处长严立中，下辖：

第十六团　团长吴耀廷［后李思（师）愚］；

第十七团　团长赖天球（后刘占雄，原十九路军旅长）；

第十八团　团长刘卓夫。

（战区还辖第九、十六集团军，第五十二军等非粤军部队）

战区直属部队：

第六十五军　军长缪培南（1940年3月黄国梁），副军长曾友仁，参谋长陈克强，参谋处处长黄思宗，下辖2个师：

第一五八师　师长林廷华，副师长容干，参谋长黄思宗，下辖：

第四七二团　团长张光前；

第四七三团　团长陆刚；

第四七四团　团长韩建勋；

野战补充团　团长汤华。

第一八七师　师长孔可权（1940年2月张光琼），副师长张光琼（后温淑海），参谋长张一中，下辖：

第五五九团　团长陈醴泉；

第五六〇团　团长罗懋勋；

第五六一团　团长张达寰；

野战补充团　团长罗织寰。

宪兵第五、十六团。

广东省保安司令部　司令李汉魂（兼），驻曲江，下辖第一、二、四、五、六、七、八、十二保安团。

游击纵队指挥部　司令香翰屏，驻惠阳，下辖第一至五游击纵队。

第一游击纵队（1939年2月以中山、顺德、南海保安团在中山编成），司令李福林（后陆领、吴飞），下辖4个支队；

第二游击纵队（1939年2月以番禺、花县、从化、三水自卫团在番禺编成），司令伍观淇，下辖5个大队；

第三游击纵队（1939年2月以惠阳、博罗、河源自卫团在惠阳编成），司令骆凤翔，下辖梁柱、罗坤2个支队及2个大队；

第四游击纵队（1939年2月以东莞、增城、宝安自卫团在东莞编成），司令王若周，参谋长何家瑞，下辖2个支队；

第五游击纵队（1939年2月以台山、新会、开平、恩平、鹤山自卫团在东莞编成），司令马少屏，副司令周汉铃，参谋长陈荣枢，下辖3个大队。

琼崖守备司令部（1939年1月在榆林成立）　司令王毅，下辖守备第一、二团。

第一挺进纵队（1939年5月以福建武平、江西寻乌和安远地方武装在兴宁编成）　司令陈侃（后李靖化），下辖3个支队，驻兴宁水口，隶属第九集团军；

第二挺进纵队（1939年12月以大埔自卫团、闽西散兵在梅县编成）　司令黄国俊，下辖3个支队，约3000人，驻梅县南口，隶属第九集团军；

西江挺进纵队（1939年9月以肇庆、罗定、新兴和云浮自卫团在罗定编成）　司令谭启秀（后林祥），下辖2个支队，1940年6月撤销；

两阳挺进纵队（1939年5月以阳江、阳春自卫团在阳江编成）　司令伍骀，下辖4个大队；

北江挺进纵队（1940年1月以英德、韶关自卫团在英德编成）　司令莫雄，下辖4个大队1600多人。9月，改成北江游击干部训练所。

（广东省政府警卫团　团长李贡缪）

1939年12月，日军为配合桂南作战，用2个师团又1个旅团共7万多人兵力分三路从广州北进。一五二师在清远县银盏坳进行激烈抵抗，一五七师在清远县源潭之东对敌迎战三日三夜。前敌总指挥缪培南看见敌人弱点，即集中4个师兵力，围攻敌左路。不料敌军中路和右翼已突破从化良口、吕田，分路向翁源急进，截断了前线部队的后方联络。余汉谋当即命令前线部队向北突围。六十二军军长黄涛向余汉谋建议并经余汉谋同意即从佛冈县经水头墟乘夜向从化牛背脊、良口前进，一举歼灭牛背脊敌守军，绝断敌军后方联络。前敌总指挥缪培南集中了六十三军和六十五军的 3 个师亦不向北突围而向东靠近六十二军，准备反攻。敌军见联络被截断，我军兵力集中，且在翁源遭遇我由其他战区调来援军的抵抗，遂仓皇分路日夜兼程向广州逃窜。至 1940 年 1 月，粤军连克翁源官渡、从化、花县，取得"第一次粤北会战"的胜利。第一次粤北战役是抗战时广东战区规模最大、时间最长、战斗最激烈的战斗，毙、伤、俘日军 3966 人，缴获大炮 10 门、机枪 55 挺、步枪 330 支，自身伤亡和被俘 11099 人。战后六十二军军长黄涛记大功一次，同时将六十三军 3 个师长撤换。

（5）参加桂南会战

1939 年 11 月 15 日，日军 4 万余人在钦州湾西岸企沙、尤门登陆。16 日占领防城，17 日占领钦县，后沿钦邕公路向南宁进犯，11 月 24 日攻陷南宁。第四战区司令长官部移驻柳州，组织桂南会战（广东由余汉谋负责），副司令长官余汉谋（后夏威），参谋长蒋光鼐（后吴石），副参谋长兼靖西指挥所主任陈宝仓，政治部主任梁华盛（后官其慎），政治部副主任侯志明，总参议冯次淇，办公厅主任高若愚，秘书处处长蓝××，参谋处处长郝家骏（后李树正、李汉冲），副官处处长黄和春（后何康民），军务处处长张励，机要处处长华岳高，军医处处长张勇斌，通信运输处处长周游，外事处副处长谢婴白，兵站总监部总监狄醒宇（后何世礼、黄和春），军法总监部总监吴仲禧，下辖：

第二十六集团军（后改粤桂边区总司令部）　总司令蔡廷锴，参谋长林赐熙，下辖第六、七、八游击司令指挥官（谭启秀、张炎、邓世增）；

第三十五集团军　总司令李汉魂，辖第六十四军（暂二军仍在广东）；

第三十七集团军　总司令叶肇，辖第六十六军；

第十六集团军（桂军）　总司令夏威，辖三十一、四十六军；

第三十八集团军（中央军）　总司令徐庭瑶（略）。

高雷沿海守备区　指挥官邓锷（一五五师师长，兼）；

钦廉沿海守备区　指挥官冯璜（一七五师师长，兼）；

运输第一、二团　团长李君寰、万全美；

担架兵第六团　团长曾杰；

（后）警卫团　团长谢丽天；

特务团　团长华文治（后曾洁）；

炮兵、工兵、通信指挥官分别是邵伯昌、丘士琛、斯仲淦；

柳州警备司令尹承纲，副司令兼参谋长曾伯瑶。

第六十四军在会战初期从肇庆开赴三水参加阻击，后沿江西进，和第六十六军一起深入广西参加了"桂南会战"。其中受第五军指挥的六十六军一五九师四七七团在第五军的重炮支援下，以伤亡七八百人的代价，于 1939 年 12 月 31 日拔掉日军 2 个顽固堡垒后，打下天险昆仑关。

1940 年初，敌人由南宁调集兵力，准备从永淳渡河向我左翼包抄。总指挥部命令叶肇率领六十六军赶去永淳布防，但叶肇错误地判敌不会此举，而迟迟未开拔。当发现敌人部队已越过郁江向宾阳进逼时，叶肇才匆忙带六十六军陈骥部（缺一五九师，临时指挥一二八师）两个师，赶赴截击。但敌人主力已迫近宾阳，造成我后方军心惶惶，秩序紊乱，部队纷纷向武鸣、忻城溃退，沿途受到敌军追击和敌机空袭，损失惨重。不久日军撤退，邓龙光率第六十四军首先攻入南宁，创光复省会之先声。

1940 年春桂南战役结束后，蒋介石亲到桂林召开高级军事会议，在会上宣布：叶肇不听命令，误失戎机，撤职扣留解办；六十六军军长陈骥、一六〇师师长宋士台作战不力，均撤职查办。第三十七集团军总部、六十六军军部，均撤销番号；一五九师和一六〇师奉命调回广东粤北一带，归第七战区司令长官余汉谋监督整训。而率部首先攻入南宁的邓龙光，则受蒋介石嘉奖说："唯独你能退敌，建立大功。"被记功一次，正式接任三十五集团军总司令；同时陈公侠升任第六十四军军长。第六十四军因善战被中央列为"突击军"建制，号称"铜军"。

不久，邓龙光宣布在桂南战役"贻误战机"的第四六五旅旅长谭生霖和第九二八团团长范雨生撤职。

粤军参加了惨烈的淞沪会战和南京保卫战的 2 个军——第六十六军和八十三军的番号从此消失！牺牲了三四万将士凝结成的军功逐步淡出国民的视线！

1940 年春第六十六军番号撤销后，粤军又进行了一次编制调整。一是将其所辖 3 个师分派给 3 个 2 师制的军，其中一五一师还给第六十二军，一五九师拨入六十四军建制（老四系 3 个师会合在一起），一六〇师拨入六十五军建制；二是第六十二军一五二师（该师师长陈章因与军长不融洽自请调离）与第六十三军一五四师对调。4 个军（还有暂二军）都是 3 师制。同时逐步取消旅级编制，将 1 师 2 旅四团制改为 1 师 3 个正规团加 1 个补充团的四团制。

（6）第二次粤北战役

1940 年 3 月，汪精卫在南京成立听命于日本的伪国民政府，自任主席，同时成立伪军事委员会，汪精卫兼任委员长。4 月，在广州设立伪军事委员会驻粤办事处（1941 年改为伪广州绥靖公署，主任陈耀祖）；5 月，成立伪广东省政府，主席陈公博兼（后由陈耀祖代）。先后管辖的陆军有黄大伟和平建国军第一集团军六七千人、许廷杰第三十师等 5 个师，海军有招桂章的伪广东江防司令部所辖9艘军舰，后改为伪广州要港司令部（司令后改为萨福畴）。

5月上旬，日军为了配合宜昌战役，派3个旅团共4万多人再次进犯粤北。从5月13日战至6月11日，第十二集团军在从化良口一线与日军反复争夺，战斗十分激烈，其中第六十三军一五二师在良口制高点石榴花山顶住日军3天的进攻，最后日军因态势不利且粮弹不足自行撤退，粤军获得"第二次粤北战役"的胜利。

＊ 链接：陆军六十三军抗日阵亡将士公墓

该墓位于广州市从化区良口镇石榴花山105国道旁。第二次粤北会战后，第六十三军军长张瑞贵令各师搜集本军历次战役殉难将士忠骨3000余具，葬于石榴山之阳。1943年秋，余汉谋令张瑞贵在此修建公墓。1985年，在抗日战争胜利40周年时重修；1995年，在抗日战争胜利50周年时再次加以修补。墓碑正面刻"陆军六十三军抗日阵亡将士公墓"，下刻"端州余汉谋题"；纪念碑右后侧为"六十三军抗战阵亡将士公墓之铭"碑，"民国三十五年张发奎敬题"。公墓的后面有块小小的碑石，上刻"钟旅长芳峻"字样，两旁刻有"精忠报国，百世流芳"对联，是为了纪念在抗击日军进攻广州的战役中牺牲的第一五三师第四五九旅旅长钟芳峻。

3. 相持时期战斗

第二次粤北会战后，广东战场正式分离出来单独成立第七战区，由余汉谋升任司令长官，司令长官部仍驻韶关；原第四战区范围缩小为广西战场，仍由张发奎任司令长官，改驻广西；第九战区代司令官薛岳打赢了第一次长沙会战后转正。这时全国9个战区有3个战区由广东人担任，广东、广西、湖南三个战场形成铁三角，3个"广东陆小校友""广东老乡"兼"老四军战友"相互支持。

1940年8月第二次粤北会战结束后编制序列如下：

第七战区 司令长官余汉谋，（后）副司令长官兼参谋长蒋光鼐（1944年4月林熏南接任参谋长），参谋处处长容干（后曾颖、汪醒吾、陈勉吾、林熏南），副官处处长朱丽泉，军务处处长伍蕃（后陈克华、方万方），军需处处长叶玮卿，军医处处长周务洪，军法处处长陆桂芳，政务处处长谢崧举，交通处处长×××，政治部主任李煦寰，副主任李国俊，兵站总监简作桢（后陈崇范接），军法总监唐灏青，秘书长张昭芹（后陈同昶），（1941年）高参室主任赵一肩。下辖：

第十二集团军　总司令余汉谋（兼），副总司令王俊、徐景唐（后张达），参谋长张达（后周址、华振中），下辖：

第六十二军　军长黄涛，（1941年9月）副军长练惕生，参谋长张琛（1940年底李宏达、1944年张志岳），副参谋长张大华，参谋处处长郑幹芬，政训主任彭展义（后李育培），驻佛冈，下辖：

第一五一师　师长林伟俦，副师长陈师（后余子武），参谋长余子武（后郑幹芬），下辖：

第四五一团　团长陈植；

第四五二团　团长陈辉廷（后薛叔达）；

第四五三团　团长陶相圃；

野战补充团　团长刘永图。

第一五四师　师长张浩东（1944年12月郭永镳），副师长蒋武、张一中，（后）副师长兼政治部主任吴少伯，参谋长罗隆（后赖芬荣、麦霞冲），下辖：

第四六〇团　团长何宝松（后何竞成）；

第四六一团　团长朱念慈（后何群立）；

第四六二团　团长曾肇基（后邵洗生）；

野战补充团　团长邵洗生。

第一五七师　师长练惕生（1941年9月刘栋材，1944年4月后李宏达、刘绍武、李宏达），副师长叶刚（后刘栋材、陈见田、李宏达、侯梅），参谋长李宏达（后邓洪焜、梁一飞、陈立群），下辖：

第四六九团　团长吴耀波（后黄忠汉）；

第四七〇团　团长李上达；

第四七一团　团长黄能川（后丁克坚、钟光哲、何宝松）；

野战补充团　团长郑荫楠。

第六十三军　军长张瑞贵，（1940年）副军长巫剑雄（1941年10月陈章、1943年梁世骥），参谋长梁瑞寅（后何经伦），驻新丰，下辖：

第一五二师　师长陈章（1941年10月陈见田、1945年6月黄志鸿），副师长梁荣球（后柳挺生、刘栋材、郑彬、卜汉池、凌仲冕），参谋长雷秀民（后龚楚、罗煜辉），下辖：

第四五四团　团长刘丽生（后林芹馨）；

第四五五团　团长李友庄（后谢冠群、邓伟棠）；

第四五六团　团长马挥（后陈公天、李友庄）；

野战补充团　团长李冠伦。

第一五三师　师长欧鸿，副师长兼政治部主任黄志鸿，1944年10月副师长李荣梧，参谋长郑训晟（后郑兰鹤），下辖：

第四五七团　团长罗基（后王鉴泉）；

第四五八团　团长徐毅民（后庞钊）；

第四五九团　团长陈丹青；

野战补充团　团长关中岳。

第一八六师　师长李卓元（1945年4月张泽琛），副师长张泽琛（后梁瑞寅、曾颖），（后）副师长兼政治部主任陈士，参谋长黎天荣（后林铁初），下辖：

第五五六团　团长钟定天（后黎天乐）；

第五五七团　团长李克煌（后叶伯刚）；

第五五八团　团长凌育旺（后何清元）；

野战补充团　团长余炳源。

第六十五军　军长黄国梁，副军长曾友仁（1940年3月孔可权、1941年11月李振、1942年8月林廷华、1944年5月伍诚仁），参谋长曾颖（后陈克强，又名陈锦君，后潘耀年），驻龙门，下辖：

第一五八师　师长林廷华（1942年8月陈克强、1944年4月刘栋材），副师长陈禹川，（后）副师长兼政治部主任文华宙，参谋长吴祺英（后黄泫），下辖：

第四七二团　团长黄植虞（后陈辉廷）；

第四七三团　团长张涤海（后黄通遵）；

第四七四团　团长韩建勋（后符维群）；

野战补充团　团长黄元昌。

第一六〇师　师长莫福如，副师长陈克华（后郭永镳、曾崇山、郑彬），（后）副师长兼政治部主任言子才，参谋长刘定藩，下辖：

第四七八团　团长张国梁（后张中岳）；

第四七九团　团长曾崇山；

第四八〇团　团长张国成（后郑彬、黄锡彤）；

野战补充团　团长陈中坚。

第一八七师　师长张光琼，副师长温淑海，（后）副师长兼政治部主任梁采林，参谋长谢宪章，下辖：

第五五九团　团长陈醴泉；

第五六〇团　团长罗懋勋（后梁荫楠）；

第五六一团　团长苏冠英；

野战补充团　团长陈醴泉。

辎重团　团长陈中坚。

集团军直属部队：

惠淡守备区　指挥官陈骥（后张光琼），副主任骆凤翔，参谋长邓昙，驻惠州，下辖：

独九旅　旅长容干（后陈师、温淑海），副旅长吴履逊（1941年陈树英、1945年1月钟定天），参谋长梁一飞（后凌锡汶），下辖：

第六二五团　团长周文浩（后郑荫桐）；

第六二六团　团长刘克雄（后张光前）；

第六二七团　团长陈树英（后陈武奎）。

保八团　团长张煜；

挺进第一、二、三支队。

挺进第四纵队（1940年4月由游击第二纵队改编）　司令伍观淇，副司令利树宗，驻三水；

挺进第六纵队（1940年4月由游击第四纵队改编）　司令翟荣基；

挺进第八纵队（1941年4月由北江游击干部训练所整训后重新成立，1942年改称挺进第二纵队）　司令莫雄，副司令张蔚周（后黄桐华），政治部主任黄桐华，下辖2个大队（后扩编为4个），驻英德。

工兵指挥部　指挥方万方。

教导团　团长余伯泉。

通讯兵团　团长周石泉。

第三十五集团军（1944年调归第四战区）　总司令邓龙光，副总司令朱晖日（1942年5月邹洪），参谋长罗梓材（后刘绍武、张弛、陈公侠、刘其宽），下辖：

第六十四军　军长陈公侠（1944年6月张弛），副军长张弛（1942年3月王德全、1943年2月邓鄂），参谋长刘飞军（后张显岐），驻高要，下辖：

第一五五师　师长邓鄂（1943年2月郑军凯、1944年5月古肇英、1944年10月张显岐），副师长郑军凯（后刘其宽、韩建勋、区剑涛），（后）副师长兼政治部主任伍坚生，参谋长张显岐（后张其中），驻茂名，下辖：

第四六三团　团长陈赓桃；

第四六四团　团长李乃震（后蔡国光）；

第四六五团　团长郑曙曦；

野战补充团　团长×××。

第一五九师　师长官祎（1942年1月刘绍武），副师长刘绍武（后洪世扬、韦德），（后）副师长兼政治部主任倪鼎垣，参谋长张宗良，驻高要，下辖：

第四七五团　团长倪鼎垣（后李振中）；

第四七六团　团长钟世谦；

第四七七团　团长韦德（后陈郁萍）；

野战补充团　团长张国梁。

挺进第三纵队（1940年4月由游击第一纵队改编）　司令袁带，驻台山；

挺进第五纵队（1940年4月由游击第一纵队改编）　司令高鼎荣（后彭光延），驻三水；

新开台赤守备区兼挺进第七纵队（1940年4月由游击第五纵队改编）　司令彭林生，副司令龚楚、黄文用、周汉铃，参谋长彭秋萍（后刘定原），驻台山，下辖3个大队；

挺进第八纵队（1940年4月由两阳游击纵队改编）　司令伍驸，驻阳江。

暂编第二军（后战区直辖，1942—1944年归第三十五集团军指挥，1945年改军委会直辖）　军长邹洪（1942年5月古鼎华、1944年4月沈发藻），副军长古鼎华（后沈发藻、詹忠言、张简荪、张君嵩），参谋长张简荪（后黄光炎、卞稚珊），副官处处长周秉璀，军法处处长丘纬良，政治部主任陈淦，驻清远。

暂七师　师长王作华（后王岳），副师长李节文，参谋长刘天绍，驻四会，下辖：

第一旅　旅长古正平，下辖：

第一团　团长古正平（兼）；

第二团　团长廖骐。

第二旅　旅长王岳（后刘天绍），下辖：

第三团　团长杨乾吉；

第四团　团长郭放天。

暂八师　师长张君嵩（后甘竟生），副师长甘竟生，参谋长邹震岳（后张翘柳），驻英德，下辖：

第一旅　旅长罗克传，下辖：

第一团　团长刘世焱（第二次长沙战役牺牲）；

第二团　团长范作人。

第二旅　旅长杜之才，下辖：

第三团　团长冯哲夫；

第四团　团长杨富强。

广阳守备区　指挥官王德全（后彭霖生、李务兹、李江），参谋长刘定原（后陈济南），驻开平县，下辖：

第一五六师　师长王德全兼（1942年3月刘其宽、1943年6月邓伯涵、1944年11月刘镇湘），副师长邓伯涵（后刘镇湘、蔡国元），（后）副师长兼政治部主任唐明智，参谋长许冠英（后潘立强、匡国圣），驻开平县，下辖：

第四六六团　团长林亚人（后蔡世泰）；

第四六七团　团长杨智佳（后林亚人）；

第四六八团　团长刘镇湘（后谭廷光）；

野战补充团　团长张其中。

保一团　团长张翘柳；

保九团　团长黎蒉阶；

挺进第二纵队　司令钟锦添；

挺进第五纵队（1943年由挺进第七纵队改编）　司令周汉铃，副司令余炳源，参谋长彭秋平，驻五邑，下辖3个大队。

第三十五集团军北江西岸指挥所　主任邹洪（兼），（后）副主任古鼎华，驻阳山县。

第三十五集团军西江南路指挥所主任邓锷。

闽粤赣边区总指挥部（1940年7月由东江游击纵队指挥所改组）　总指挥香翰屏，（后）副总司令欧阳驹，参谋长梁世骧，驻兴宁县。下辖：

预六师　师长吴德泽，副师长杜骏伯（后陈柬夫），参谋长钟逸群，驻揭阳，下辖：

第十六团　团长李思愚（后罗烈）；

第十七团　团长刘占雄（1942年病逝）（后戴纪武、范作人）；

第十八团　团长刘卓夫（后吴智、郭放公）。

独二十旅　旅长张寿（后蒋武），副旅长伍启桢，参谋长麦霞冲，驻潮安，下辖：

　　　　第一团　团长赵毕坚；

　　　　第二团　团长梁荫楠；

　　　　第三团　团长云春霖。

潮汕守备区　指挥官吴德泽（兼，后曾其清）；

海陆丰守备区　指挥官林朱梁（后欧剑城），参谋长刘应时；

挺进第一纵队　司令林君绩，驻潮安；

挺进第四纵队　司令郎擎天，驻蕉岭。

战区直辖：

琼崖守备区司令部　司令王毅，副司令王维铭（后增王雄、文乃武），参谋长王雄，下辖：守备第一、二团、保六团、七团；

（后）野战补充第一至七团（团长杜凤飞、谢鹤年等）。

粤汉铁路警备司令冯次淇。

韶关警备司令吴仲禧（后唐灏青、孔可权），参谋长覃维正。

军官训练团　教育长梁世骥。

特务团　团长翁干城。

宪兵第十六团。

广东全省保安司令李汉魂，下辖保二、三团，9个区保安司令部。

（海军）粤桂江防司令徐祖善，参谋长陈锡乾，驻梧州（1944年移驻肇庆）。

* **链接：第六十四军肇庆犀牛岗抗日烈士陵园**

　　1942年，第六十四军奉命把粤北、桂南两次战役及其他抗日战场上捐躯的六十四军官兵骸骨收拾运抵肇庆，在七星岩景区内名叫犀牛岗的地方建起坟场埋葬。从犀牛岗山脚有一条约3米宽的台阶直达岗顶，半山腰有一座牌坊，牌坊坊额镌刻第六十四军军长陈公侠题写的"流芳百世"四个大字。离岗顶不远处亦建有一座牌坊，坊额镌刻国民政府主席林森题写的"浩气长存（一说是忠灵永奠）"四个大字。两根大柱镌刻国民政府军事委员会委员长蒋介石题写的一副楹联，联曰："以丹心存令节，以碧血存令名，不愧七尺昂藏，顶天立地；为国家尽大忠，为民族尽大孝，赢得千秋景仰，继往开来。"纪念碑的正面刻"陆军第六十四军抗日阵亡将士纪念碑"一行大字，落款是"陆军第三十五集团军总司令邓龙光拜题"。纪念碑右方是三十五集团军总司令部少将参谋长黄飞军墓。1958年，新成立的星湖人民公社将国民革命军六十四军坟场全部捣毁，现为星岩宾馆。

1941年10月，军政部调整师管区，每一个军配属一个师管区，师管区司令由该军副军长兼或保荐人员充任。广东全省调整设立9个师管区（取消团管区），对应9个行政区。师管区在1945年8月抗战胜利后撤销。

梅揭师管区，司令曾其清（后张宗良），驻梅县，下辖补充团（团长杨竞华）；

普丰师管区，司令林宴（后郑观澜、曾其清），驻普宁县；

惠龙师管区，司令张光前（后罗献祥），驻龙川县；

南韶师管区，配属六十五军，司令彭智芳（后莫福如、伍诚仁），驻南雄县；

肇清师管区，配属暂编第二军，司令古鼎华（后王作华、张简苏），驻肇庆，下辖基干团（团长潘耀年）、补一团（团长林崇本，后杨富强）、（后）补二团（团长蒙得中）、补三团（团长曾广鑫）；

罗云师管区，配属六十二军，司令练惕生（后陈克强、刘栋材），驻云浮县；

广平师管区（1945年5月撤销），司令黄国俊（后余公武），驻开平县，下辖基干团（团长李琼）；

茂阳师管区，配属六十四军，司令陈生（后王德全），驻茂名，下辖补一团（团长何钦光）、补二团（团长吕识）、补三团（团长范绍崇）；

钦廉师管区，配属六十三军，司令何经贻（后巫剑雄），驻钦县，下辖补充团（团长陈毅中）；

（军政部）第三补训处，处长梁固荣（后陈应龙），驻乐昌县，辖4个团；

（军政部）第二十三补训处，处长黄植楠，驻南雄县，辖6个团。

1943年，六十二军一五四师与六十五军一五八师对调建制。

（1）外出支援作战。共先后派出3个军参加了四次会战：

暂编第二军（欠预六师）　1941年10月参加第二次长沙会战，伤亡惨重；1943年11月参加常德会战，1944年6月参加长衡会战，后撤回广东。

第六十五军和独九旅　1941年12月受命支援香港作战，尚未到达因英军迅速投降作罢。

第六十二军　1944年7月受命参加长衡会战（从此脱离第十二集团军），从韶关出发时约有2万人，攻到衡阳三塘火车站，因友军未能按期到达，致使功败垂成。此役连续奋战40多天，因粮饷弹药接济不上，伤亡6000多人，其中一五一师少将副师长余子武和第四七一团团长丁克坚阵亡。9月划归第四战区指挥，受命参加桂柳会战，先援桂林再援柳州，守柳州时只余7000多人。

第六十四军在桂南会战后一直驻守在广东肇庆，1944年9月实有战斗人员近1.2万人。10月划归第四战区指挥，奉命参加了桂柳会战，在桂平战役中担任主攻，因桂林和柳州受威胁而主动撤围，功亏一篑。战后不足5000人。

1943年，第四战区司令长官张发奎，副司令长官夏威，参谋长吴石，下辖十六、三十五集团军，高雷守备区（司令邓锷）等。1944年9月桂柳会战时，增辖二十七集团军（内含第六十二军）。

（2）保卫广东战役

潮汕战役

1940年9月，刚换防到粤东的独二十旅，联合一八六师对潮州进行了反攻。

惠博战役

1941年5月，日军1个师团进攻惠州，独九旅稍作抵抗后撤出惠州。1周后反攻，独九旅收复惠州，次日收复博罗。

1942年1月底，日军1个师团从东莞进攻惠州。2月初，独九旅在惠州城西高榜山下顽强抵抗，打死日军联队长中川；次日日军增兵，独九旅再次撤离惠州，4天后日军撤走。

雷州半岛切断作战

1943年2月，日军侵占雷州半岛，12日攻占海康县城，17日占领广州湾，19日攻占遂溪县城。1944年5月，日军侵占徐闻，8月占领廉江。

湘赣粤边战役

第六十三军、六十五军和刚从湖南撤回的暂编第二军于1945年1月参加了抗击日军打通粤汉铁路线的湘赣粤边战役，包括坪乐之战、清远佛冈阻击战、韶关保卫战、始兴南雄战斗（以上4个也合称第三次粤北战役）、河源战斗、和平战斗、信丰战斗、三南战斗（以上4个也合称赣南战役）。这些战役除韶关保卫战外规模都很小，因为实力太小的粤军以保存实力为主。

马宁河伏击战

1943年3月，粤桂江防司令部获悉汪伪广州要港司令萨福畴（原汪伪政府海军部常务次长）座驾"协力"号军舰将到新会县、顺德县一带巡视，即派遣水雷二分部李北洲率领的游击水雷队前往顺德县马宁河道布雷准备伏击，另派员与第七战区挺进第三纵队联系，组织陆战力量。当月 17 日"协力"舰和一艘炮艇进到雷位即被水雷炸沉，埋伏在两岸阵地上的暂编第一支队长潘惠率领的游击队员与布雷队员，对登岸的敌人展开围歼，生擒中将司令萨福畴、中校军需科科长沈仁涛和少校舰长何典燧等 9 人，击毙拒捕的日籍联络官界信，全舰 60 余人除当场被炸死、击毙和淹死的外无一漏网。后将萨福畴等 3 人送重庆审判后处决。这是抗战期间中国海军所炸沉日伪舰艇中排水量最大的一艘。

4. 最后反攻作战

1943 年 2 月，根据中、美、英三方反攻缅甸的决议，中国国民政府军事委员会在云南省楚雄县重建远征军司令部，下辖 4 个集团军。8 月 1 日，国民政府主席林森因车祸后患脑出血在重庆逝世，由蒋介石兼任。1944 年秋，因在日军"打通大陆交通线"战役中国民革命军一泻千里，蒋介石决定号召知识青年从军，建立十万"青年军"。12 月，为统一西南各战区部队的指挥训练，为反攻做准备，在云南省昆明市组建了中国陆军总司令部，下辖 4 个方面军 28 个军 86 个师。

1945 年初，广东应征青年编成了青年军第二〇九师（属于中央军），师长温鸣剑，副师长喻英奇，集中福建省上杭县训练，同年撤并。

1945 年 3 月，第四战区改为第二方面军（同时第三十五集团军也撤销），司令官张发奎，副司令官夏威、邓龙光，参谋长甘丽初，下辖：

第四十六军（桂军）（略）

第六十二军　军长黄涛，副军长练惕生，参谋长张琛，下辖：

　　第一五一师　师长林伟俦，副师长陈植，参谋长黄维亨（后丘岳）；

　　第一五七师　师长李宏达，副师长侯梅，参谋长项铮；

　　第一五八师　师长刘栋材。

　　辎重团　团长丁克坚。

第六十四军　军长张弛，副军长王德全、邓鄂，参谋长黄思宗，下辖：

　　第一五五师（4 月，改称一三一师）　师长张显岐，参谋长陈兴铃；

　　第一五六师　师长刘镇湘，参谋长王明儒；

　　第一五九师　师长刘绍武。

　　辎重团　团长陈文杰。

（第一五五师改称一三一师，原因是桂柳会战后整编时要撤销打败仗的第三十一军，但保留一三一师番号以纪念守桂林城时自杀殉国的师长阚维雍，同时第六十四军要裁撤 1 个师，于是将第一五五师建制原封不动改称一三一师。）

粤桂边南区总指挥部　总指挥邓锷。

1945年5月，第六十四军参加对日军的反攻和追击作战，第二次光复南宁。

1945年1月在广东的粤军部队序列是：

第七战区　司令长官余汉谋，副司令长官蒋光鼐，参谋长林熏南，驻江西省寻邬县，下辖：

第十二集团军　总司令余汉谋（兼），副总司令徐景唐、张达，参谋长梁世骥，驻江西省安远县，下辖：

第六十三军　军长张瑞贵，副军长陈章、巫剑雄，参谋长伍少武，政治部主任赖庆禄，驻江西虔南（今全南县），下辖：

第一五二师　师长陈见田，副师长卜汉池（后雷秀民），参谋长黎天荣，下辖：

第四五四团　团长林芹馨（后涂志远）；

第四五五团　团长邓伟棠（后林家爵）；

第四五六团　团长李友庄。

第一五三师　师长欧鸿，副师长李荣梧（后陈丹青），参谋长萧公剑，下辖：

第四五七团　团长王鉴泉；

第四五八团　团长庞钊；

第四五九团　团长陈丹青（后李功宝）。

独九旅　旅长陈师（后温淑海），副旅长钟定天，参谋长凌锡汶（后李镇中），下辖：

第六二五团　团长郑荫桐；

第六二六团　团长张光前；

第六二七团　团长莫汉英（后麦霞冲）。

第六十五军　军长黄国梁，副军长李振、伍诚仁，参谋长曾传坦（后何群生），驻江西信丰，下辖：

第一五四师　师长郭永镳，副师长张一中，参谋长麦霞冲（后何汉西），下辖：

第四六〇团　团长何竞成（后罗民英）；

第四六一团　团长何群生（后曾传坦）；

第四六二团　团长邵洸生。

第一六〇师　师长莫福如，副师长郑彬，参谋长许实拱，下辖：

第四七八团　团长张中岳；

第四七九团　团长曾崇山；

第四八〇团　团长黄锡彤。

第一八七师　师长张光琼，副师长温淑海、梁采林，参谋长罗煜辉，下辖：

第五五九团　团长钟定天；

第五六〇团　团长梁荫楠；

第五六一团　团长苏冠英。

挺进第四纵队　司令伍观淇。

独二十旅　旅长蒋武，副旅长周念慈，参谋长丁治龄，驻潮安，下辖：

第一团　团长王衡（后曾博群）；

第二团　团长刘永图；

第三团　团长吴邦昌。

惠淡守备区　指挥官宋士台（后叶敏予）；

野战补充第一至七团　团长杜凤飞、谢鹤年等人；

教导团　团长余伯泉；

通讯兵团　团长曾匪石（后孙乾）。

（后增辖）暂二军，军长沈发藻，副军长詹忠言、张简荪，参谋长张翘柳，下辖：

暂七师　师长王作华（后王岳），副师长王岳，副师长兼政治部主任古正平，参谋长温轰，下辖：

第一团　团长邓道成；

第二团　团长郭楚南；

第三团　团长魏汝谋。

暂八师　师长张君嵩（后甘竟生），副师长甘竟生，参谋长冯哲夫，政治部主任杜之才，下辖：

第一团　团长李荣；

第二团　团长刘大名；

第三团　团长陶克诚。

闽粤赣边区总指挥部　总指挥香翰屏，副总司令欧阳驹，参谋长刘定藩，驻兴宁县。下辖：

（指挥）第一八六师　师长李卓元（后张泽琛），副师长梁瑞寅（后韩定远），参谋长林铁初，下辖：

第五五六团　团长黎天乐（黎安福）；

第五五七团　团长叶伯刚；

第五五八团　团长何清元（后张麟骏）。

挺进第一纵队　司令林朱梁；

海陆丰守备区　指挥官唐拔。

粤桂边区总指挥部　总指挥邹洪（后古鼎华），参谋长张寿，驻阳山县，下辖：

（指挥）预六师第十六团；

独九旅六二五团；

挺进第二纵队　司令莫雄。

粤桂南边区总指挥部　总指挥朱晖日，下辖：

（指挥）第一五八师　师长刘栋材，副师长文华宙、陈禹川，参谋长黄浤，下辖：

第四七二团　团长陈辉廷（后凌育旺）；

第四七三团　团长黄遹尊（后陈定海）；

第四七四团　团长符维群；

广阳守备区　指挥官李江，参谋长马炳猷，下辖：

挺进第三纵队　司令袁带，驻台山县；

挺进第五纵队　司令周汉铃，副司令余炳源，驻五邑。

三罗抗日指挥部（1944年8月成立）　指挥官谭启秀，参谋长阮宝洪，辖3个大队，驻罗定县。

乐（昌）仁（化）乳（源）守备区　指挥官林廷华，副司令龚楚，参谋长云春霖，指挥第一六〇师和第一五八师四七二团等5个团；

曲江守备区　司令李振，指挥第一八七师　师长张光琼；曲江城防指挥部　指挥官张泽深；集团军野战补充第一团　团长凌育旺。

琼崖守备区　司令王毅，副司令王维名，参谋长王雄，下辖：守备第一、二团，保安第六、七团。

粤桂江防司令部　司令黄文田（6月移驻南宁，缩编为粤桂江防布雷总队，改隶军政部。海军掩护部队驻桂部分拨入第六十四军，驻粤部分拨入第一五八师）。

宪兵第十六团　团长周致祥。

特务团　团长翁干城。

1945年7月，段云第九十五师调归第六十二军。9月，暂二军军部及下属3个师被裁撤，兵员分别补入第四军和第六十三军第一八六师；第六十二军第一五八师被裁撤，兵员补入该军其他2个师。

8月20日，林伟俦率领第六十二军从广西靖西出发，跨过中越边境进入越南，击溃小股敌人后跟踪追击，进抵越南北部谅山、河内、海防等地，着令日军徒手集中河内、海防郊区，解除武装，把武器就地入库封存，听候遣送。

5.粤军抗战成果

1945年9月，张发奎任广州受降区主官，余汉谋负责惠州以东地区的汕头受降区主官。整个广东受降日军13.73万人，受降伪军6.2万人。

在抗战中，粤军正规军在广东本土与日军打了5次战役，进行了20次较大的阻击战和牵制作战，大小战斗数百次以上，共毙伤俘日军2.5万人以上；广东的国民党保安团队等地方武装，与日伪作战200余次，毙伤日伪军4600余人，击落日机7架，毙俘敌机师12名，击沉敌舰2艘，俘敌运输舰1艘。中共领导的广东抗日游击队与日伪作战2985次，毙伤日伪军9265人，俘敌3749人。

地方武装的战果最有代表性的是，1941年2月驻中山县的第十二集团军挺进第三纵队司令袁带，报告所部用重机枪群扫射打下日军飞机1架，机上原海军大臣、拟任南太平洋舰队司令大角岑生海军大将、须贺彦次郎海军少将等10人死亡，将相关文件资料送交第七战区司令部，后来得到国民政府军事委员会的嘉奖。但经考证飞机是遇雾和气流撞到斗门黄扬山失事。

另外，粤军在上海、南京、豫东、赣北、桂南、长沙等地参加了8次会战，歼灭了大量日军。

（三）解放战争（国共战争）时期

1.大撤并大整编

抗战结束后，由第二方面军改编为军委会委员长广州行营，主任张发奎，副主任邓龙光、徐景唐，参谋长甘丽初，政治部主任黄珍吾，参谋处处长李汉冲，副官处处长高若愚（后王衡），军法处处长官其慎，机要处处长华岳高，军医处处长张勇斌，（后增）政务处处长陆匡文，掌管两广党政军大权，下辖：

第六十三军　军长张瑞贵，副军长陈章，参谋长伍少武，驻翁源，下辖：

第一五二师　师长陈见田（后雷秀民），副师长雷秀民（后郑彬）；

第一五三师　师长黄志鸿（后欧鸿），副师长兼参谋长李荣梧；

第一八六师　师长张泽琛，副师长韩定远。

第六十四军　军长张弛，副军长刘绍武、邓鄂，参谋长陈郁萍，副官处处长谢丽天，驻江门，1.5万人，下辖：

第一三一师　师长张显岐；

第一五六师　师长刘镇湘；

第一五九师　师长刘绍武（兼）。

（中央军）新一军、第五十四军驻广州（1946年初调东北、山东）；

（桂军）第四十六军驻海口（1946年底调山东）。

第七战区和第十二集团军合并，改编为衢州绥靖公署，主任余汉谋，下辖：

第六十五军　军长黄国梁（后李振），副军长李振，参谋长黄植虞，隶属衢州绥署，驻浙江金华，下辖：

第一五四师　师长郭永镳，副师长张一中；

第一六〇师　师长莫福如，副师长黄植虞；

第一八七师　师长张光琼，副师长梁采林。

第六十二军（是粤军4个军中唯一的美械装备部队）在越南受降结束后，奉令继续赴台湾受降（因台湾居民多为广东福建移民，故挑选粤军第六十二军和福建人为主组成的第七十军前往受降），隶属台湾警备司令部。第六十二军于11月到达台湾南部，接受日军3个师团又1个旅团近10万人的投降。收缴长短枪3万多支，机关枪3000挺，炮500多门，飞机110架。

第六十二军　军长黄涛，副军长练惕生，参谋长张志岳（后杨永仁），副官处处长陈国光，政治部主任李荟，下辖：

第九十五师　师长段云；

第一五一师　师长林伟俦，副师长陈植，参谋长黄维亨；

第一五七师　师长李宏达，副师长侯梅，参谋长项铮。

独九旅和独二十旅被裁撤，兵员分别被补入整编六十四师和整编六十三师。

1946年2月，军委会委员长广州行营改称国民政府主席广州行辕，主任张发奎，副主任邓龙光、徐景唐（后增加香翰屏），参谋长甘丽初。

5月，粤系4个军全部改为整编师，补入了被裁撤粤军部队（4个师又2个旅）和投降伪军经精减老弱病残后的大量兵员，每师辖3个旅，每旅辖2个团（上前线后发现不适合很快改辖3个团）。序列如下：

整编六十三师　师长林湛，副师长陈见田（后欧鸿），参谋长伍少武（后宋建人），驻广东惠州，全师3万多人，下辖：

第一五二旅　旅长雷秀民，副旅长黎天荣、李友庄，参谋长梁明中，下辖：

第四五四团　团长涂致远；

第四五六团　团长李友庄（兼）。

第一五三旅　旅长黄志鸿（后欧鸿、李艾达），副旅长李荣梧（后陈丹青），参谋长谢超文，下辖：

第四五七团　团长王鉴泉；

第四五九团　团长曾博群。

第一八六旅　旅长张泽琛，副旅长曾颖（后伍少武），参谋长卢德辉，下辖：

第五五六团　团长黎安福；

第五五八团　团长叶伯刚。

整编六十四师　师长张弛（后黄国梁），副师长刘绍武、邓鄂，参谋长陈郁萍，驻广东江门，全师 2.4 万多人，下辖：

第一三一旅　旅长张显岐，副旅长伍坚生（后区剑涛、张其中），参谋长张其中，下辖：

第三九一团　团长陈赓桃；

第三九三团　团长郑曙曦。

第一五六旅　旅长刘镇湘，副旅长蔡国元（后徐瑞亨），参谋长潘立强，下辖：

第四六六团　团长林亚人（后王明儒）；

第四六八团　团长黄觉。

第一五九旅　旅长刘绍武（兼，后韦德），副旅长韦德（后倪鼎垣、钟世谦），参谋长张鼎荣（后唐鸿发），下辖：

第四七五团　团长李振中；

第四七七团　团长陈庆斌。

（桂军）整编四十六师　师长韩练成，驻海南岛（1946 年底调出）；

行营警卫团　团长张文政。

衢州绥靖公署　主任余汉谋，副主任蒋光鼐、李汉魂、张达，参谋长张达（兼），副参谋长容干，下辖：整编六十五师、整编四十四师等。

整编六十五师　师长黄国梁（后李振），副师长张光琼（后张琛），参谋长何群生，驻江苏海安，全师 3 万多人，下辖：

第一五四旅　旅长郭永镳（后温淑海、张一中），副旅长张一中，下辖：

第四六〇团　团长 ×××；

第四六一团　团长邵洸生（待考）；

第一六〇旅　旅长温淑海（后黄植虞），副旅长郑彬，下辖：

第四七八团　团长张中岳（待考）；

第四七九团　团长×××；

第一八七旅　旅长梁采林（后张光琼、李明），副旅长李明（后麦霞冲、孙乾），参谋长刘煌辉，下辖：

第五五九团　团长钟定天；

第五六〇团　团长凌育旺。

台湾警备总司令部　总司令陈仪，下辖：整编六十二师和整编七十师等。

整编六十二师　师长黄涛（1946年7月林伟俦），副师长李宏达、张志岳，参谋长谢义（后莫汉英），全师2.3万多人，驻台中、台南，下辖：

第九十五旅　旅长段云，下辖：

第二八三团　团长席宸炫；

第二八四团　团长周绍福。

第一五一旅　旅长李宏达（兼），副旅长陈植、邓洪焜，参谋长丘岳，下辖：

第四五一团（原第四五一团撤销，由四五三团改称）　团长陶相圖；

第四五二团　团长薛叔达。

第一五七旅　旅长侯梅，副旅长叶刚（后张志岳），参谋长项铮，下辖：

第四六九团　团长黄忠汉；

第四七〇团　团长李上达。

虎门要塞司令部　司令张宗良，参谋长冯尔骏，下辖第一、二、三守备大队。

2.扩充后备力量

1945年8月，罗卓英任第十届广东省政府主席，以李扬敬为民政厅厅长（后詹朝阳）、杜梅和任财政厅厅长、姚宝猷任教育厅厅长、鲍国宝任建设厅厅长（后谢文龙）、罗为雄任秘书长。下设9个行政督察区和省主席琼崖办公处（主任蔡劲军）。

广东省保安司令部　司令罗卓英，副司令韦镇福，参谋长郑斡芬，下辖：

第一区驻南海，保安司令兼专员黄秉勋（后赵超）；

第二区驻曲江，保安司令兼专员沈秉强；

第三区驻高要，保安司令兼专员陈文；

第四区驻惠阳，保安司令兼专员黄铮；

第五区驻潮安，保安司令兼专员陈克华（后郑绍玄）；

第六区驻兴宁，保安司令兼专员周景臻（后罗为雄）；

第七区驻茂名，保安司令兼专员林时清（后甘清池）；

第八区驻合浦，保安司令兼专员陈公侠（后林荫根）；

第九区驻海口，保安司令兼专员丘岳宋（11 月蔡劲军）。

保一团　团长吕雨源，驻曲江；

保二团　团长陈佳东，驻合浦；

保六团　团长杨开东（后王其宾），驻琼山；

保七团　团长董伯然，驻琼山；

保八团　团长黄劭春，驻和平；

保十团　团长李炎，驻化县。

保安部队编制为 10 个保安总队，1 个特务大队和 1 个通信大队。

1946 年 6 月 26 日，国民党军队围攻中共领导的中原军区部队，标志着人民解放战争（也叫国共战争）全面爆发，以后各地人民军队陆续改称"人民解放军"；中共广东区委从 1947 年 1 月开始领导各地逐步恢复游击战争。

1946 年 9—10 月，广东省师管区恢复军管区体制，省军管区司令（由省政府主席兼）罗卓英（后宋子文、薛岳），下设 4 个师管区，每个师管区下辖 3 ~ 4 个团管区和 2 个新兵大队，后增加 1 个直属补充团。

粤中师管区，驻广州，司令温靖（后张显岐、邓锷），辖广州、中山、惠阳 3 个团管区及直属补充团（团长季家本）；

粤北师管区，驻曲江，司令廖肯（后王禄丰），副司令喻英奇（后云汉），参谋长黄柱生，辖曲江、清远、德庆 3 个团管区及直属补充团；

粤东师管区，驻汕头，司令余程万（后张简荪、萧毓麟），副司令陈家炳，辖梅县、潮安、陆丰 3 个团管区；

粤南师管区，驻湛江，司令林英，副司令叶维浩，辖茂名、台山、合浦、儋县 4 个团管区。

整编六十四师和整编六十三师分别于 1946 年 10 月和 1947 年 6 月调出后，广东境内暂无正规军。（1947 年夏在广东重建中央军整编六十九师，师长胡长青，辖第九十二、九十九旅，1948 年建成后调往河南）。

1946 年 11 月，海南成立专门的保安司令部，司令蔡劲军，副司令欧鸿，参谋长许国钧，下辖从大陆带去的保安第二、第三、第四团、第五总队和原驻海南的第六、第七总队、榆林要塞守备队，共 1.5 万人。

1947 年 10 月，宋子文就任国民党第十一届广东省政府主席，以徐景唐为民政厅厅长、胡善恒为财政厅厅长、姚宝猷为教育厅厅长、谢文龙为建设厅厅长，邹琳为秘书长。另以陈沛为保安处处长，宋子文兼全省保安司令。不久宋子文兼任国民政府主席广州行辕（不久改称广州绥靖公署）主任。

广州绥靖公署　主任宋子文，副主任邓龙光、黄镇球，（后）叶肇、缪培南，参谋长甘丽初（后温淑海），副参谋长张宗良，下辖：

闽粤赣边区清剿总指挥部，1948 年 2 月设立，总指挥涂思宗（9 月喻英奇），副总指挥陈铨（后曾举直），驻大埔（后迁梅县松口、潮安），参谋长萧文，下辖：保一旅，旅长喻英奇，下辖保十二团、保十六团；保安独立一、一十营；福建保安团；第五、六清剿区各县保警、自卫队等。

粤赣湘边区清剿总指挥部，1948 年 2 月设立，总指挥刘栋材（兼，后叶肇），副总指挥张燮元，参谋长郭永镳，驻南雄县（后迁曲江），下辖第一五三旅、交警第十七总队，保一团、保安独立 3 营；第二清剿区各县保警、自卫队等。

粤桂南区清剿总指挥部，1947 年 10 月设立，总指挥陈沛（12 月张瑞贵），参谋长李以劻，驻湛江市，辖保二团、九团、十团、十八团、二十一团；第七、八清剿区各县保警、自卫队。1948 年 6 月，蒋介石派军统要员、中将张君嵩（合浦人）为副总指挥，张瑞贵疑被监视，即电请将湛江指挥部交给张君嵩负责，自己回钦州设立指挥所；获准后于 1948 年秋率部分人员回钦州，在刘永福故居三宣堂设立"前进指挥所"。

广州警备司令部　司令黎铁汉（后叶肇）；

虎门要塞司令部　司令李卓元；

海南要塞司令部　司令聂琦。

行辕警卫团　团长陈森连。

宋子文逐步把 9 个专员公署扩充成 1 个省政府直接督察区和 11 个专署行政督察区，并把专员公署保安司令部改为清剿司令部，由清剿司令兼督察区专员；扩编 5 个保安团，加原有 10 个保安总队全部改编成保安团，共有 15 个保安团，后再扩编至 3 个保安旅、2 个保安总队，26 个保安团，共 2 万人；还有 11 个保安独立营，86 个警察大队，353 个自卫大队，共 3.2 万人。

广东省保安司令部　司令黄镇球（兼），副司令张炎元，参谋长魏大杰，下辖：

省政府直接督察区辖：广州周边县和汕头市、湛江市 2 个市。

第一区，驻南海（后迁台山），清剿司令部司令何彤，副司令周汉铃，下辖：保二旅〔旅长陆文深，下辖保十一团（团长张泰煌、后刘耀寰）、十五团

（团长陆文深）、二十五团，驻东莞〕；保二十二团、二十三团、二十四团和
15 县保警、自卫队。

第二区，驻曲江，清剿司令部司令韦镇福（后莫雄），副司令彭程、赵仲
荣、谢锡珍，下辖保一团（团长关中岳）、十七团，独三营和 14 县保警、自
卫队。

第三区，驻高要，清剿司令部司令陈文（后谢锡珍），副司令苏冠英、谢汝
群，下辖绥署第二团、保十四团（团长黎寰阶，后罗子彬）、十九团和 12 县保
警、自卫队。

第四区，驻惠阳，清剿司令部司令张光琼，副司令陈克华、林贤察、洪之
政，下辖保五团（团长列应佳）、八团（团长徐东来）、十三团（团长谭幕，后
曾天节）、二十团和 8 县保警、自卫队。

第五区，驻潮安，清剿司令部司令喻英奇（后莫希德），副司令林君绩、黄
国俊，下辖保一旅十六团（团长刘顺斋）和 11 县保警、自卫队。

第六区，驻兴宁，清剿司令部司令曾举直，副司令周万邦、练惕生，下辖保
一旅十二团（团长魏大杰，后刘永图、魏汉新）和 9 县保警、自卫队。

第七区，驻茂名，清剿司令部司令刘其宽（后倪鼎垣），下辖保二十一团和
9 县保警、自卫队。

第八区，驻合浦，清剿司令部司令董煜（后韩汉英），下辖保二团（团长刘
景武）、九团（团长陈鹏，后黎荣佳）、十团（团长陈一林）、十八团和 7 县保
警、自卫队。

第九区，驻琼山（后迁湛江），清剿司令部司令韩汉英（后张君嵩），副司
令邓伯涵，下辖：保三旅（旅长林卧新，原八十二师师长、十三军副军长，文昌
人），下辖保三团（团长徐进升，后曾杰）、四团（团长周克诚，后萧寒柏）、
六团（团长陈瑞章、徐钟英、魏大杰、黄志仁、陈树尧）、七团（团长易俗，后
董伯然），驻海南岛；16 县保警、自卫队。

直属：特务营，炮兵营，通信营，汽车大队，教导大队，警察第一、二、
三大队，交警第十四、十七总队，保安独立第三、五营，税警总队（6 个大队，
2200 人）。

从第一区分设第二区清剿司令部，司令叶肇（后徐东来），副司令梁若谷，
驻英德；从原第九区分设第十一区清剿司令部，司令冯尔骏，驻崖县；原第二区
至第九区依次改成第三区至第十区。

1948 年 2 月，陆军总司令部在韶关设立陆军第九训练处，处长陈沛，负责
整训 3 个从前线陆续调回广东的旅：第一五三旅（旅长李艾达，驻遂溪）、第

一五四旅（旅长温淑海，驻增城）和一九六旅（湖南部队，驻广州黄埔）。5月，训练处迁广州沙河，改由钟彬任处长，王寓农任参谋长，直属补训总队，总队长邓春华。9月，增加第一三一旅。

5月20日，当选的总统蒋介石和副总统李宗仁在中华民国总统府宣誓就职。5月25日，翁文灏就任行政院长。

12月，粤桂南区清剿总指挥部中将副总指挥代总指挥张君嵩（后被追认上将）、第十区清剿司令部副司令邓伯涵和广州绥靖公署点验组组长颜伟清等人被起义的保十团团长陈一林率部在遂溪县击毙。

3. 北调参战被歼

在整个解放战争中，粤军4个整编师被分割使用，因面对的是具有强大战斗力的人民解放军，其战果几无可称道之事。

（1）整编六十二师（先隶属北平行辕，后隶属华北"剿匪"总司令部）

1946年10月由台湾海运至天津，担任津塘地区守备任务，不久恢复第六十二军番号，这时实有约3.2万人。1947年10月调出九十五师改为独立师，补入六十七师（师长李学正）。12月编制如下：

军长林伟俦，副军长李宏达、张志岳，参谋长莫汉英，下辖：

第六十七师（中央军）　师长李学正，副师长刘顺初；

第一五一师　师长张琛（后陈植），副师长陈植（后薛叔达），参谋长刘福振，下辖：

第四五一团　团长陶相甫；

第四五二团　团长陈定梅；

第四五三团　团长丘岳。

第一五七师　师长侯志馨（后何宝松），副师长何宝松，下辖：

第四六九团　团长黄忠汉（后陈国光）；

第四七〇团　团长李上达（后黄维亨）；

第四七一团　团长项铮。

1948年5月，参加冀热察战役；10月，奉调加入东进兵团参加辽沈战役（国民政府称作"辽西会战"），参与了对塔山的进攻；11月回防天津，并增编三一七师；参加平津会战时编制如下：

第六十二军　军长林伟俦，副军长张琛，参谋长谢义，下辖：

第六十七师　师长李学正，副师长陈可，参谋长黄宗瑗；

第一五一师　师长陈植，副师长陶相甫，参谋长邓尧民；

第一五七师　师长何宝松，副师长张志岳，参谋长李铸灵（后黄维亨），政治部主任李祖义；

第三一七师（由华北的地方团队编成）　师长×××。

12 月初，六十二军奉调平绥线上的昌平县清河镇；但回防时当该军主力所乘列车通过杨村后，因杨村附近铁路桥被炸断，第一五七师无法跟随军部返回天津，只好改驻防北平，临时归第九十四军指挥。

1949 年 1 月，六十二军（欠一五七师）在平津战役（国民政府称作"平津会战"）中被全歼，军长林伟俦和 2 个师长被俘；1 月底，一五七师在傅作义率领下参加北平和平起义，被改编为解放军独立二十四师。

（2）整编六十三师（先后隶属陆军总司令部徐州指挥部、徐州"剿匪"总司令部）

1947 年 6 月调华东作战，参加了鲁西南战役，一五三旅在定陶被全歼，仅旅长欧鸿和副旅长陈丹青逃脱（一五三旅后在广州重建，由李艾达接任旅长，隶属广州绥署）。11 月调华中担任守备任务，实有人员近 1.9 万人。

1948 年 7 月开赴徐州，10 月改称六十三军。因大战在即，而原整编师长林湛一直从事教育且身体有病行动不便，故调曾任该军副军长、实战经验丰富的陈章接任军长。11 月，参加淮海战役（国民政府称作"徐蚌会战"）时编制如下：

第六十三军　军长陈章，副军长刘栋材（在南京治病），参谋长宋建人，副参谋长陈之瑞，副官长冯国材，下辖：

第一五二师　师长雷秀民，副师长黎天荣、李友庄，参谋长梁明中，下辖：

第四五四团　团长涂致远；

第四五五团　团长戴旭；

第四五六团　团长李友庄（兼）。

第一八六师　师长张泽琛，副师长伍少武，参谋长卢德辉，下辖：

第五五六团　团长黎安福（后苏文光代）；

第五五七团　团长叶伯刚；

第五五八团　团长张麟骏。

第六十三军担任第七兵团西撤的断后任务，因军长过于自信动作迟缓，结果在运河东岸的新安县（今江苏新沂市）窑湾镇，全军 2 个师 1.3 万余人被解放军包围全歼，除第一八六师长张泽琛提前化装逃走外，军长陈章和第一八六师代师长伍少武阵亡，军正副参谋长、第一五二师师长雷秀民和副师长黎天荣及 6 个团长以下 7000 多人被俘（后参谋长宋建人和团长戴旭、张麟骏伪装成士兵逃脱）。

（3）整编六十四师（先后隶属陆军总司令部徐州指挥部、徐州"剿匪"总司令部）

1946年10月调华东作战，初期只参加了零星战斗。1947年7月血战南麻，8月巧战临朐，打败华东野战军部队，为中央军解围；9月三战诸城，10月四战胶河，都是以少胜多；在博兴县搜寻到华野埋藏的粮食、食盐、衣物等物资几十万吨及汽车20多辆。因一年中连续作战消耗多，战斗力虽有所下降，但从没有被大规模成建制歼灭，偶尔还能占优势，于1947年10月21日在青岛举行的胶东会战检讨会上，获得蒋介石盛赞。

1947年10月，刘镇湘升任整编第六十四师师长；第一三一旅改为后调旅，第三九一团改为第一五六旅第四六七团，第三九三团改为第一五九旅第四七六团。此时实力约2万人。

整编六十四师　师长刘镇湘，副师长韦德，参谋长项金洪，下辖：

第一五六旅　旅长刘镇湘（兼），副旅长陈庆斌、林亚人，参谋长徐瑞亨，下辖：

第四六六团　团长潘立强；

第四六七团　团长张越秀；

第四六八团　团长何章明；

第一五九旅　旅长韦德（兼），副旅长钟世谦、李振中，参谋长谢丽天（后张鼎荣），下辖：

第四七五团　团长许英麟；

第四七六团　团长钟世谦（后陈杰、王建猷）；

第四七七团　团长黄大锵。

（后调旅）第一三一旅旅长张其中，副旅长郑曙曦，参谋长严峻隆，下辖：

第三九一团　团长李乃震；

第三九二团　团长袁达；

第三九三团　团长陈赓桃。

11月五战高密，单独驻守高密的陈杰第一五九旅第四七六团被全歼；六战莱阳解围，无果。

1948年上半年无大战，5月一三一旅回广东编练新兵；8月编入第七兵团，刘绍武接任第一五九师师长；9月参加阻击华野苏北兵团北上，10月改称六十四军，11月参加淮海战役。此时编制如下：

第六十四军　军长刘镇湘，副军长韦德、刘绍武，参谋长黄觉，下辖：

第一五六师　师长林亚人，副师长陈庆斌，参谋长王莆林，下辖：

第四六六团　团长张越秀；

第四六七团　团长张彪；

第四六八团　团长何章明。

第一五九师　师长钟世谦，副师长李振中，参谋长唐鸿发，下辖：

第四七五团　团长许英麟；

第四七六团　团长王建猷；

第四七七团　团长黄大锵。

第六十四军撤退到江苏邳县碾庄时是第七兵团最有战斗力的军。军长刘镇湘在会议上主张利用坚固工事坚守，在战斗中确实给华野造成较大伤亡。最后除第一五九师师长钟世谦带领残部阵前起义外被全歼，军长刘镇湘、副军长韦德、参谋长黄觉被俘。

12月在战场上重建的六十四军非粤军，很快再次被全歼。

（4）整编六十五师（先隶陆军总司令部属徐州指挥部，后隶属西安绥靖公署）

1946年7月开始参加了苏中战役，一八七旅在如皋被全歼，旅长梁采林被俘（重建时以钟定天团长收容的3000多人为基础，由副师长张光琼回任旅长）。

1947年1月张光琼报名到陆大学习，由李明接任旅长。接着参加了莱芜战役、孟良崮战役，追击和堵截晋冀鲁豫野战军挺进大别山的战斗。

1947年9月从武汉调陕西作战，恢复第六十五军，隶属西安绥署；其中第一五四旅兵员并入其他2个旅，旅部调回广东重建部队，调温淑海接任旅长；第一六〇旅由黄植虞接任旅长。这时实有2万人左右。

1948年参加了西府陇东战役、荔北战役。在荔北战役中，2个旅约1.7万人受西北野战军4个纵队六七万人包围猛攻一天，阵地岿然不动，自己只损失五六〇团，但让进攻方伤亡五六千人。因表现相对突出，受到胡宗南的刮目相看，李振因此升任第十八兵团司令兼军长。

第六十五军　师长李振（1948年10月），副军长李明（1949年1月张琛），参谋长何汉西（后林泽长），政治部主任李沄田，下辖：

第一六〇师　师长黄植虞，副师长张光全、梁荫楠，参谋长赵廷豪，下辖：

第四七八团　团长林其梧；

第四七九团　团长廖建英；

第四八〇团　团长官家谋。

第一八七师　师长曾颖（后钟定天），副师长陈定，参谋长刘冠亚（后苏其吾），政治部主任曾蕃光，下辖：

第五五九团　团长冯直夫（后张让初）；

第五六○团　团长张国成；

第五六一团　团长范贞泉。

解放战争中粤军有3个军参加了国共战略决战的三大会战，3个军都是战斗至最后一刻，其中第六十三军和六十四军是编在让华东野战军吃尽苦头的第七兵团里，3个军长1个战死、2个被俘。

------

* 链接：独立九十五师在塔山战斗中

1933年成立的独立九十五师，起源于马鸿逵的部队。1941年因师长罗奇训练方法特殊，故在当年战区大校阅时成绩名列榜首，被称赞为"当阳部队"（意为"赵子龙之勇"）。之后常被称作"赵子龙"师。抗战胜利后改隶属第六十二军，沿袭了老广的强悍作风。该师1947年10月改为独立师。1948年10月参加进攻塔山的战斗中，在塔山狭窄正面解放军的强大火力之下全师连续高呼"没有九十五师攻不下的阵地"，以营为单位由各级军官带头集团波浪式冲锋，多次冲破了解放军的阵地，只是兵力不足被反击打退了。全师伤亡2/3，余部只能编成3个营。这些情节在《辽沈战役》电影中有冲击视觉的表现。四野李天佑军长曾回忆说："独立九十五师其官兵的勇敢和不怕死的精神，即便在我军也是极为少见的。"

1949年初，第六十五军参加了陕中战役、扶眉战役。在扶眉战役中主力被歼，重装备全部丢失，余部后翻越秦岭，逐步退入四川。

五、结局：最后的粤军

（一）1949年春夏粤军大联合：重整旗鼓

1949年1月31日，人民解放军进驻北平，三大战役结束，国民革命军被歼

154万人。中央军主力被歼灭,蒋介石宣布(第三次)下野,由副总统李宗仁继任总统。国民党军正规军剩下100多万,开始在后方大力编练新的部队。而人民解放军野战军已达到210多万,正在部署战略追击。下野前,蒋介石任命余汉谋为广州绥靖公署主任、薛岳为广东省政府主席兼保安司令、张发奎则接任余汉谋的陆军总司令之职。2月,张发奎又接受薛岳、余汉谋的电请,回到广州。他们以"团结大广东""继续第一师精神""四、七、九战区合作"等口号,号召所有粤系的元老、名流、宿将回粤效力,大力动员广东旧军政人员,扩充实力。

广州绥靖公署主任余汉谋,副主任黄镇球、邓龙光、徐景唐、吴奇伟、张达、陈策、梁华盛(7月增李及兰),参谋长梁世骥,副参谋长张宗良,下辖:

第一三一旅　旅长张其中;

第一五三旅　旅长李艾达;

第一五四旅　旅长温淑海。

广州警备司令部　司令叶肇,副司令姚观顺、翁干城,参谋长何翼,直辖宪兵第二十六团团长刘襄汉,税警总团团长姚观顺;

海南警备总司令部　司令陈济棠,副总司令黄国良、陈骥,参谋长陈克强,下辖:

保一旅(在高州、茂名招兵编成)　旅长黄质文;

保二旅(在合浦县、北海市招兵编成)　旅长莫福如,副旅长黄锡彤;

保三旅　旅长林卧新(文昌人),副旅长吉猛;下辖保六团(团长陈树尧)等;

保七团　团长周克城。

警备旅(直属营和保四团一部扩编)　旅长陈济南,参谋长李子明。

榆林要塞司令部　司令聂雄(后聂成敬),下辖1个步兵总队。

海南要塞司令部　司令冯尔骏(后吴敬群);

虎门要塞司令部　司令李卓光(后邓伟棠)。

闽粤赣边区(撤到电白后改称粤桂东区)清剿总指挥部　总指挥喻英奇,副总指挥莫希德;

粤赣湘边区清剿总指挥部　总指挥叶肇(后刘栋材兼),副总指挥胡凤璋、(后郭永镳、华文治),参谋长凌式汶(后孔令贵、何堪);

粤桂南区清剿总指挥部　总指挥张瑞贵。

公署特务团　团长陈鼎。

宪兵第五团　团长李柱南;

战车第二团　团长郭东旸;

辎汽车第十一团　团长傅尚壮；

通信第六团　团长杨鹤龄；

公署警卫团　团长陈森连。

海军第四军区　司令杨元忠，下辖汕头、北海、秀英、榆林4个巡防处，第四巡防艇队和第四补给站。

空军第一军区司令　吴礼。

粤汉铁路护路司令　刘璠，下辖交警第二旅　旅长王春晖，下辖十四、十七总队。

（陆军总司令部警卫团　团长黄志仁。）

3月，陆军总司令部成立第四编练司令部，司令官欧震，副司令官钟彬，军法处处长钟秉良，同时撤销陆军总司令部第九训练处（主体组建第一〇九军军部）。

广州绥靖公署获准重建在三大会战中被歼的粤系军队第六十二、六十三、六十四军，同时联电申请调回在外地作战的粤系第四军和第六十五军作为基干力量（参谋部同意第六十五军调回，但遭胡宗南反对而未成）。因第一五四旅原是第六十五军部队，但六十五军还在陕西作战，故后来将它和一九六师合并组建第一〇九军。重建这4个军以在广东编练的第一三一、一五三、一五四、一九六旅等4个旅为基础，调入10个保安团、海南保安总队等，隶属第四编练司令部。

第六十二军（以整训的一五三旅为基础，加入保安团）　军长张光琼，副军长张一中，参谋长陈公天，副参谋长谭煜伦。先在广州组建，后调驻湛江，下辖：

第一五一师（重建）　师长罗懋勋（5月陈丹青），副师长陶相甫，下辖：

第四五一团　团长张泰煜；

第四五二团　团长陶相甫（兼）；

第四五三团　团长张涤海。

第一五三师（一五三旅改称）　师长李宏达（7月余伯泉接，余出走到台湾后，历任军长、"三军大学"校长、二级上将），副师长万洪昌，先驻韶关，后调驻湛江海康，下辖：

第四五七团　团长张鼎荣；

第四五八团　团长林鸿杰；

第四五九团　团长万洪昌（兼）。

辎重团　团长张达寰。

第六十三军（以刘栋材任司令的罗云师管区新兵编成）　军长刘栋材，副军长郭永镳，参谋长林杞（后陈祖荣），副参谋长陈祖荣，驻肇庆、德庆，下辖：

第一五二师（重建）　师长梁荫楠，驻肇庆，下辖：

第四五四团　团长欧阳康（该团留驻始兴）；

第四五五团　团长戴旭；

第四五六团　团长徐友湛。

第一八六师（重建）　师长李荣梧，副师长刘冠亚，参谋长谢超文，下辖：

第五五六团　团长张麟骏；

第五五七团　团长黄猛；

第五五八团　团长陈邦荣（后张扬）（该团留驻南雄）。

第六十四军（以在广东整训的后调旅一三一旅为基础，加上保安部队）　军长容有略（原四军副军长，中山县人），副军长张显歧、张其中，参谋长韩哲民，驻海南，下辖：

第一三一师（一三一旅改称）　师长张其中（兼），副师长严峻隆、王莆林，参谋长劳芝敬，下辖：

第三九一团　团长韩哲民；

第三九二团　团长袁达（后林初耀、吴志龙）；

第三九三团　团长许英达。

第一五六师（招兵新建）　师长张志岳，副师长陈复兴、徐进昇，参谋长钟应兴，驻海口，下辖：

第四六六团　团长王莆林；

第四六七团　团长张镰（后李汝章、苏松汉）；

第四六八团　团长纪家位（后王中安）。

第一五九师（调海南警备总司令部保三旅加上海南3个保安总队组建）　师长倪鼎垣，副师长林卧新（后邢策、易俗），参谋长唐鸿发（后黎植时），下辖：

第四七五团（保三总队改编）　团长徐进昇；

第四七六团（保四总队改编）　团长易俗；

第四七七团（保六总队改编）　团长符维群（后李秉忠）。

第一〇九军（调第九训练处一部为基础组建）　军长钟彬（原第七十一军军长，第九训练处处长，兴宁人）（5月邓春华接），副军长邓春华（原第九训练处补训总队长，海南临高人）（后葛先才），参谋长温轰，驻惠州，下辖：

第一五四师（一五四旅改称）　师长温淑海，副师长郑荫桐、邵洸生，参谋长曾传坦，驻惠阳县，下辖：

第四六〇团　团长邵洸生（兼，后许元鸿）；

第四六一团　团长雷勋；

第四六二团　团长陈策平。

第一九六师（1948年夏在衡阳收集原第十军遗留的军官为骨干招新兵组建，后调韶关整训）　师长葛先才（后彭瀛津），参谋长郝柏村，驻河源，下辖：

第五八六团　团长严荆山；

第五八七团　团长张作祥；

第五八八团　团长葛先朴。

第三二一师　（驻潮安的闽粤赣边区清剿总指挥部所属保一旅改编）　师长喻英奇（后陈植，原一五一师师长），驻潮安县，下辖：

第九六一团　团长张兆诗；

第九六二团　团长张光全；

第九六三团　团长×××。

8月，因第四军在4月渡江战役中已被歼，遂以其在广东编练的二八六师为基础重建第四军。

第四军　军长薛仲述（薛岳胞弟），驻海南岛，下辖：

第二八六师　师长陈焯廷（后许国钧）。

至此，重建粤系番号的5个军架构搭建完成。

2月，组成第十二届广东省政府，省府委员由13人组成，包括：薛岳、王光海（兼民政厅厅长，原第九战区司令部中将秘书长、湖南省秘书长、代理主席，东莞人）、区芳浦（兼财政厅厅长，后毛松年）、张建（兼教育厅厅长，原军事委员会中将军医署署长和军医总监、柏林大学博士，梅县人）、谢文龙（兼建设厅厅长，后余华沐）、李扬敬（兼秘书长）、香翰屏、韩汉英、吴逸志、陆匡文（辛亥元勋，原广州行营中将政务处处长、广州绥靖公署中将秘书长，信宜人）、黄范一（原孙中山大元帅府少将参议、讨贼军第四军副官长、广东区域"国大代表"，肇庆人）、肖次尹、黄晃。

广东省保安司令部　司令薛岳（兼，8月欧震接），副司令欧震。

薛岳把12个行政督察区再次扩充，除设立琼崖行政长官公署（长官陈济棠）外，将广东省大陆部分划为15个行政督察区。

第一区专员公署（新设），驻番禺，专员兼保安司令欧阳磊（原七战区挺进第四纵队副司令，一五二师副官处处长，从化县人），副司令谢丽天；

第二区专员公署（原第五区），驻惠阳，专员兼保安司令廖鸣欧（后邓挥）；

第三区专员公署（原第二区），驻英德，专员兼保安司令薛汉光（原江苏保安总队总队长，国民政府警卫军副官处处长，曲江县人）；

第四区专员公署（原第三区），驻曲江，专员兼保安司令韩建勋（后龚楚，原红七军军长，叛变后任过第四十六军少将参谋长，乐昌县人）；

第五区专员公署（新设），驻连县，专员兼保安司令李楚瀛（原集团军副总司令兼第八十五军中将军长，连县人）；

第六区专员公署（新设），驻河源，专员兼保安司令黄志鸿；

第七区专员公署（新设），驻潮阳，专员兼保安司令邓挥（后陈丹青），副司令甘清池（原九十九军副军长）；

第八区专员公署（原第六区），驻潮安，专员兼保安司令莫希德（后洪之政）；

第九区专员公署（原第七区），驻梅县，专员兼保安司令李洁之（后柯远芬，第十二兵团副司令兼，梅县人）（后谢海筹）；

第十区专员公署（原第一区），驻台山，专员兼保安司令李江；

第十一区专员公署（原第四区），驻高要，专员兼保安司令莫福如（后谢锡珍）；

第十二区专员公署（新设），驻郁南，专员兼保安司令谭启秀；

第十三区专员公署（原第八区），驻茂名，专员兼保安司令刘其宽（后吴斌，原第六兵团中将副司令官，高州人）；

第十四区专员公署（新设），驻湛江，专员兼保安司令董煜（原第三十七军六十师师长、副军长，化州人）；

第十五区专员公署（原第九区），驻合浦，专员兼保安司令谭朗星。

4月，成立琼崖行政公署，行政长官陈济棠，内设5个处，其中民政处处长吴道南、警务处处长欧鸿；下设3个区，行政专员兼保安司令分别是杨永仁、王凤岗、丘岳宋。

5月，以原有15个保安团再新编5个团，整编成5个师，每个师辖3个团加1个补充团。

保一师　师长梁汉明（原九十九军中将军长，信宜县人），副师长符维群，下辖第一团（团长梁传楷，后陈鹏）、二团（团长陈鹏，后刘景武）、三团（团长王天荣）和补充团，驻钦州、合浦；

保二师　师长方日英（原八十六军中将军长，香山县人），副师长林亚人，参谋长梁士坚，下辖第四团（团长黎蕡阶）、五团（团长陈世杰，后吴乾光）、六团（团长杨开东，后曾崇山）和补充团，驻肇庆、江门；

保三师　师长黄保德（原六十师师长，海口市人），副师长陈赓桃、钟锦添、彭健龙，下辖第七团（团长何全标）、八团（团长徐东来）、九团（团长陈赓桃）和补充团，驻惠阳、揭阳；

保四师　师长邓志才（曲江县人）（邓携款出走香港后关中岳代理，后关仲志代理），副师长关中岳、彭健龙、列应佳，参谋长朱始营（后侯绍辉），下辖第十团［团长列应佳（兼），后梁英儒］、十一团［团长刘耀寰，后关中岳（兼）］、十二团（团长刘永图，后魏汉新将刘扣押后自任；该团在粤东起义后重建，团长丁荣光，后朱始营）和补充团，驻清远、英德；

保五师　师长薛叔达（薛岳弟，乐昌县人），副师长陆文深、刘耀寰，下辖第十三团（团长曾天节）、十四团（团长王亮儒）、十五团（团长陆文深，后张英）和补充团，驻东莞石龙、博罗、河源。

省政府特务团　团长陈鼎立。

5月，组织"广东省民众反共救国自卫军"，以南京撤退来的中统、军统特务为骨干，勾结广东地方官僚、地主恶霸、海盗、土匪及黑社会等势力组成，总司令薛岳（兼），下辖：第一军（军长曾秋平），第三军（军长李江），东江指挥所（主任徐东来），珠江三角洲纵队（司令朱克勤），南路指挥所（主任张瑞贵），广州市反共救国总队（总队长高信）等。海南岛解放后被人民解放军消灭。

4月21日，人民解放军100万大军发起渡江战役，很快攻占了国民政府首都南京和苏南、皖南、浙江等地区。何应钦任院长的国民政府迁到广州，李宗仁的总统府设于广州石牌。

5月，以广州绥靖公署副主任吴奇伟领头，包括广东第九区（梅县）行政督察专员兼保安司令李洁之（曾任第四战区中将兵站总监）、广东省保安十二团团长魏汉新、广东省保安十三团团长曾天节等人发动粤东起义，消灭了保四师师部；参与联络的还有闽粤赣边清剿副总指挥兼广东第八（潮安）行政区督察专员兼保安司令莫希德、广东第二（惠州）行政区督察专员兼保安司令廖鸣欧（曾任粤军薛岳第一兵团副参谋长和湖南军管区副司令）和潮安县县长陈侃；接着福建省第七区（龙岩）行政督察专员公署专员兼第三清剿指挥部指挥李汉冲和接任专员兼保安司令练惕生组织闽西起义。两次起义，加上原兴梅专员兼保安司令曾举直车祸受重伤后辞职，国防部少将视察官兼广东省政府行政干部训练团教育长梁勃自杀，这些老粤军将领特别是老四军袍泽的举动，给薛岳精神上巨大打击，事后（莫希德已逃往香港）薛岳下令枪杀了廖鸣欧、潮安县县长陈侃等人。

7月，张发奎得知蒋介石将来广州，便辞去陆军总司令职务，出走香港。余汉谋、薛岳则继续部署兵力，组织粤北防御。

7月，国防部将广东4个师管区改编成4个师级暂编纵队。

广东暂编第一纵队，以广东粤中师管区改编，司令邓鄂（茂名人），副司令黄振民、夏秀峰，参谋主任李乃震，下辖3个大队，2200多人，驻南海九江；

广东暂编第二纵队，以广东粤北师管区改编，司令王禄丰（文昌人，原四十九师副师长），副司令陈世思、卢虞，参谋长云汉，下辖3个总队，1000多人；

广东暂编第三纵队，以广东粤东师管区改编，司令肖毓麟（梅县人，原青年军二〇四师副师长），1000多人；

广东暂编第四纵队，以广东粤南师管区改编，司令林英（文昌人，原第二十七军副军长），副司令叶维浩、陈家炳、韩鹏、魏汉华，参谋长韩鹏（兼）。

7月，广州绥靖公署设立东江指挥所，主任方天（原江西省政府主席兼江西绥靖公署主任），驻惠州，下辖原江西保安部队等2万多人。

8月，广州绥靖公署设立西江指挥所，主任叶肇，参谋长刘丽生，驻肇庆，下辖西江反共救国军独立大队、特务大队，第十、十一、十二清剿区部队等。

8月，广州警备司令部扩大为广州卫戍司令部，隶属国防部，司令李及兰，副司令张镇、谭毓麟、刘安祺，参谋长谭毓麟（兼），下辖第三十九军（中央军，从安徽撤来，军长王伯勋）和第一〇九军。

8月，撤销第四编练司令部，欧震调任广州绥靖公署副主任兼代理广东保安司令；第六十二军和六十三军直属广州绥靖公署，第六十四军隶属海南警备总司令部，第一〇九军隶属新成立的广州卫戍司令部。

7—9月，在江西省上饶重建的胡琏第十二兵团、在江西赣州重建的沈发藻第十三兵团（8月改称第四兵团）、在青岛编成的刘安祺第二十一兵团，这些中央军嫡系部队陆续撤退到广东，归广州绥靖公署指挥。

第十二兵团　司令官胡琏，副司令官胡素，参谋长杨维翰，下辖：

第十军　军长刘廉一，下辖：

第十八师　师长尹俊；

第六十七师　师长何世统；

第七十五师　师长萧圭田；

第十八军　军长高魁元，下辖：

第十一师　师长刘鼎汉；

第十四师　师长罗锡畴；

第一一八师　师长李树兰。

第一一四师　师长王文。

第四兵团　司令官沈发藻，下辖：

第二十三军　军长李志鹏（后刘仲荻），下辖：

第二一一师　师长魏蓬林；

第二一三师　师长胡信；

第三一五师　师长龚建勋（8月调入台湾）。

第七十军　军长唐化南，下辖：

第三十二师　师长龚时英；

第九十六师　师长陈辅汉；

第一三九师　师长刘云五。

第二十一兵团　司令官刘安祺，副司令官施中诚、郑挺锋、詹忠言、吉章简、林英，下辖：

第三十二军　军长赵琳，下辖：

第二五二师　师长刘志良（后康乐山）；

第二五五师　师长汪禹谋（后李鸿慈）；

第二六六师　师长冯陈豪。

第三十九军　军长程鹏，参谋长张季，下辖：

第九十一师　师长刘体仁；

第一〇三师　师长曾元三；

第一四七师　师长张家宝。

第五十军　军长胡家骥，下辖：

第三十六师　师长李成忠；

第一〇七师　师长朱振华；

第二七〇师　师长高维民。

8月，撤销东江指挥所，主任方天率领的保安部队等残部2万余人补入胡琏第十二兵团，并扩编2个师（第十二兵团调整为辖第十八、十九、六十七3个军9个师，军长分别为高魁元、刘云瀚、刘廉一）。

8月底，广州绥靖公署扩大为华南军政长官公署，辖广东、广西2省。9月底，广西又划给华中军政长官公署节制。

10 月上旬，在广州成立"华南人民反共救国军粤桂边剿匪总指挥部"，由失业反动军人、土匪流氓及散兵游勇等组成，总指挥葛肇煌，副总指挥寇世铭，参谋长钟孝仁，前敌指挥官区锦汉，下辖 5 个纵队和粤东、西、南、北 4 个指挥所，共 1 万余人（广州解放后，总部移驻万山群岛，后被人民解放军歼灭）。

（二）1949 年秋广东战役：一路奔逃

国民政府华南军政长官余汉谋统一指挥广东的国民革命军陆海空部队，以"巩固粤北、确保广州"为原则，重新调整广东的防守部署。9 月底，沿粤汉铁路构建成 3 层防线：

北段以曲江（今韶关市）为中心，放置第六十三军和第三十九军（10 月归第二十一兵团）2 个军；

中段以英德县为中心，放置沈发藻第四兵团的第二十三、七十军 2 个军和刘安祺第二十一兵团第五十军；

南段在广州外围花县（今花都区）、增城县放置第一〇九军和第二十一兵团第三十二军 2 个军。

（国防部直辖）胡琏第十二兵团 3 个军在汕头策应，第六十二军驻守湛江，保障与海南岛的交通（第四、六十四军 2 个军驻海南岛）。

总 11 个军 12 万余人，还有 5 个保安师、4 个保安纵队等地方武装 3 万多人，共 15 万余人。

在中国人民解放军粤赣湘支队配合下，国民党始兴县县长兼县自卫总队长 22 日晚上率部 1300 多人起义，并消灭了驻守始兴县的第三十二军九十一师二七一团大部。人民解放军从 9 月中下旬向广东推进，24 日解放南雄县城。25 日，粤赣湘支队在始兴县和曲江县交界处歼敌第六十三军一八六师五八八团主力。

10 月 1 日，中华人民共和国中央人民政府成立，选举毛泽东为中央人民政府主席，朱德、刘少奇、宋庆龄、李济深、张澜、高岗为副主席；同日，中央人民政府委员会任命周恩来为中央人民政府政务院总理。

10 月 2 日，人民解放军第四、十五兵团、两广纵队等在叶剑英、陈赓等人指挥下正式发起广东战役，7 日占曲江（今韶关市），9 日占英德，11 日与国民党军第三十九军一〇三师三〇七团恶战后占佛冈，13 日占清远、花县和增城。13 日，国民党军一〇九军第一五四师 3300 多人由副师长郑荫桐（师长温淑海已离队）率领，在博罗县龙华墟起义；14 日，余汉谋集团往粤西逃走，广州解放；

16 日，邓鄂率领广东暂编第一纵队 2200 多人在顺德起义；16 日和 19 日，国民党军第三十九军九十一师和一〇三师 2 个师分别在三水和鹤山投诚；17 日，税警二团团长任秀民和粤汉铁路总队长麦汉辉共率部 1100 多人在宝安县起义（这二支队伍与起义的一五四师合编成人民解放军两广纵队独立师）；20 日，在云浮县腰古，广东暂编第三纵队 1000 多人被歼；23 日，保四师（欠 1 个团）2700 多人在副师长关中岳率领下于台山投诚，广东暂编第二纵队 2000 多人在代司令云汉率领下于台山起义；24 日，国民党军胡琏第十二兵团从海上逃走；国民党军沈发藻第四兵团和刘安祺第二十一兵团等部 4 万多人，因听说驻守湛江的第六十二军发生"西营兵变"，以为该军全军参与，造成不敢西撤而在阳江附近犹豫，以致被人民解放军追上，26 日在阳春被包围歼灭，保二师正副师长弃职逃走，师部及 3 个团分别在台山被歼灭；第一〇九军军部在阳江被歼，但余部退往雷州半岛。

广东战役发起后，阎锡山任院长的"国民政府"迁往重庆，11 月迁往成都。

在广东战役中，国民党军连同保安部队共被歼 6.2 万余人，但其中的粤军一路撤退，损失不大，正规军 1 个军部（第一〇九军）被歼和 1 个师（一〇九军第一五四师）起义，保安部队 1 个师被歼，1 个师又 1 个团投诚。

"湛江西营兵变"内幕是：国民党军第六十二军军长张光琼原与中共广东地下党取得联系，准备在人民解放军攻入广东后率部起义，因被保密局侦知于 7 月离职迁居香港。人民解放军逼近广东时，张光琼写信要部队起义。10 月 15 日，保三师副师长兼团长陈赓桃率部在梅茂县博铺墟（今吴川市博铺街道办事处）宣布起义。同日，第六十二军军部直属队 1500 多人由警卫营长邱德明率领，在中共粤桂边游击纵队接应下，于湛江西营（今赤坎区）发动事变，收缴驻湛江其他部队的枪支 1600 多支，混战中打死了主持军务的副军长张一中等人，后进入遂溪革命根据地；下属 2 个师进攻起义部队时受中共游击队阻击后退往海南。

11 月，薛岳将撤退到合浦县的保一师和保五师与原驻合浦县的保三师、薛季良的中山团管区 1000 多人及沿途收容的散兵 2000 多人，一起组建 2 个军，共 1.4 万多人。

暂五军　军长黄保德，副军长邓志才，以保三师和保二、四师残部为主组建，辖暂第十三师、暂十四师、暂十五师 3 个师；

暂六军　在北海成立，军长薛叔达，副军长薛季良（正副军长皆为薛岳胞弟），以保一师和保五师为主加其他保安部队组建，辖暂十六师（师长刘耀寰）、暂十七师［师长薛季良（兼）］、暂十八师（师长徐东来）3 个师。

不久，撤退到海南的第一〇九军第一九六师组建暂七军，由葛先才任军长，下辖暂十九师等。

11 月，陈赓指挥第四兵团于 20 日进至广东茂名、信宜，截断桂军逃往海南岛之路，后回师包围廉江，发起粤桂边战役，全歼粤桂南区清剿总指挥部中将总指挥喻英奇指挥的第三二一师，活捉喻英奇以下 6000 多人。暂六军暂第十六、十八师 2 个师被歼，残部与暂五军一起共约 8000 人撤往海南。

12 月 2 日，人民解放军第四兵团向（广东）钦州进军，驻在粤桂边的国民党军第六十三军军长刘栋材将部队交副军长郭永镳后赴香港。5 日，国民党军第六十三军在钦州被人民解放军追上，第一八六师被歼，师长李荣梧和副军长郭永镳等 4700 余人被俘。

原国民党军第六十二军一五七师，在 1949 年 1 月北平和平解放后被改编为人民解放军独立二十四师。5 月南下编为人民解放军两广纵队第二师，师长何宝松；10 月广州解放后编入珠江军分区。

国民党军第六十五军，在西南战役前编制如下：

军长李振（兼），副军长段成涛，参谋长徐建德，下辖：

第一六○师　师长黄植虞（后何汉西）；

第一八七师　师长钟定天，副师长陈定，参谋长苏其吾。

10 月，第一六○师师长黄植虞因策动起义暴露逃离；12 月 12 日，军部和一六○师在四川省大邑县被歼。12 月 27 日，李振在四面楚歌的情况下，在老上级叶剑英派人亲自动员下，率军部和一八七师余部等在简阳起义。起义部队 1950 年初编入人民解放军川东军区，李振任川东军区副司令员。副军长张琛带领不愿参加起义的部队辗转到达海南，后被编为粤军第六十二军一六三师。

（三）1950 年春海南岛战役：困兽犹斗

1949 年 11 月 20 日，代"总统"李宗仁以就医为名，从南宁乘专机飞往香港；12 月，乘机飞往美国。12 月 7 日，"行政院长"阎锡山带领"国民政府"迁往台北。蒋介石早在 1949 年 7 月就以中国国民党中央非常委员会主席名义指挥军队，直到 1950 年 3 月在台湾恢复"总统"职务。

陈济棠于 1949 年 4 月被国民政府任命为琼崖行政公署长官后大力经营海南岛。10 月，广东战役失败后国民党军余部撤入海南岛。12 月 1 日，国民政府撤销原来的海南警备总司令部，扩大成立海南岛防卫总司令部，任命薛岳为总司令，余汉谋和欧震为副总司令（后增加韩汉英、李玉堂、李铁军），李扬敬为参谋长，韩汉英为后勤司令。薛岳重整部队后，下辖：

第四军　军长薛仲述，副军长许国钧，参谋长薛季良，约8000人，下辖：

第五十九师（由暂六军余部等编成）　师长薛叔达；

第九十师（暂七军暂十九师与海南反共突击总队合编）　师长彭瀛津；

第二八六师（补入财政部税警总团）　师长陈鹏，副师长邱国梁。

第六十二军（重建军部）　军长李铁军（原第五兵团司令，梅县人，后李宏达），副军长罗懋勋、韩潮，参谋长莫汉英，约2万人，下辖：

第一五一师　师长罗懋勋（兼）；

第一五三师　师长李铸灵（李务滋之子），副师长李文伦，参谋长张涤江；

第一六三师（系第六十五军反对起义而逃出的部队扩编而成）　师长林泽长，副师长邢单如，下辖四八七、四八八、四八九团，团长分别为谢汝、陈永新、李一大；

教导师（新编）　师长李铁军（兼）。

第六十三军（补入海南警备总司令部的2个保安旅，原军长刘栋材离职）　军长莫福如（陈济棠妻堂弟），副军长郑兰鹤，约1万人，下辖：

第一五二师　师长陈中坚；

第一八六师（由海南保一旅改编重建）　师长黄质文；

第三二一师（由海南保二旅改编重建）　师长黄锡彤。

第六十四军　军长张其中（原军长容有略专任第三路司令），参谋长温轰，副参谋长杜兴强，约2万人，下辖：

第一三一师　师长郑彬，副师长邢策；

第一五六师　师长张志岳；

第一五九师　师长倪鼎垣，副师长林卧新。

第三十二军（重建的中央军）　军长李玉堂，下辖二五二、二五五、二六六3个师，约1.8万人（刘安祺在海南利用残部重建第二十一兵团部及下属三十二、三十九、五十3个军，1950年2月留下第三十二军外其余撤去台湾）；

教导第二师（由步兵学校改编）　师长温鸣剑（原青年军第二〇九师师长，梅县人），约1500人，其中第五团团长谢瑞麟；

暂编十三师（由海南警备旅加上保七团改编）　师长陈济南，下辖三十七、三十八、三十九团（其中三十九团团长陈汉涛），约6000人；

警保第一师（由林英的广东暂编第四纵队加上琼山县等5个保安营组建）　师长吴道南，副师长陈哲、王维名、陈森连，参谋长王诗萱，下辖一、二、三、四团和教导团，团长分别是董伯然、莫中令、徐毅民、林荟材和符树坚，约 7300 人；

警保第二师（调临高、澄迈、儋县、昌江、白沙 5 县的保安营组建）　师长郑兰鹤［第六十三军副军长（兼）］，副师长吴雄、陈籍，下辖六、七、八团，团长分别为谢鼎、梅有仁和梁萃堂，约 3500 人；

警保第三师（调陵水、保亭等 5 个县保安营组建）　师长叶剑雄，副师长韩鹏，下辖九、十、十一团，团长分别为符中英、黄自强和吴我智，约 2500 人。

琼南要塞司令部（榆林要塞司令部改编）　司令陈衡，约 2000 人。

铺前要塞司令部（虎门要塞司令部改编）　司令梁杞，约 1200 人。

海军第三舰队　司令王恩华，有 50 艘舰船和陆战第四团；

海军第二军区（从青岛撤来）　司令梁序昭，参谋长杨维智；

海军第四军区（从广州撤来）　司令杨元忠；

空军海南基地司令刘兴五和海口指挥部司令陈有维，辖 4 个大队 45 架飞机。

宪兵第一团　团长阎俊（后雷鸣）；

宪兵第三团　团长莫中令。

以上正规军共 5 个军 18 个师，地方武装 3 个师。薛岳以这些兵力在全岛设立了三道防线，总约十万之众，自称为"伯陵防线"（薛岳字伯陵）。部署是：

第一路军（琼东）　司令李玉堂，参谋长张伟汉，指挥第三十二军和警保第一师、暂编十三师、铺前要塞司令部等共 2.3 万人；

第二路军（琼北）　司令李铁军，副司令黄保德、曾潜英，参谋长龙光一，指挥第六十二军和教导第二师，海口警备司令部（司令黄保德兼等）共 2 万多人；

第三路军（琼西）　司令容有略，副司令邓春华，指挥第四、六十四军和警保第二师等共近 3 万人；

第四路军（琼南）　司令陈骧，指挥第六十三军和警保第三师、琼南要塞司令部（司令陈衡）、防总直属部队等共 1.7 万人。

海军、空军指挥部驻海口。

后从 4 路部队中抽调 5 个师为机动部队。

1950 年 3 月 5 日和 10 日，人民解放军第十五兵团第四十、四十三军各偷渡到海南岛 1 个加强营；3 月 26 日和 31 日，人民解放军各偷渡到海南岛 1 个加强团。至此，登岛部队已近 1 个师。

4 月 16 日，人民解放军第十五兵团指挥 2 个军主力在先期登岛部队和琼崖纵队配合下发起渡海作战。20 日，人民解放军第四十三军和琼崖纵队共 3 万多人在澄迈县美亭墟包围国民党军第三十二军第二五二师主力；薛岳派出国民党军

第六十二军全部 4 个师和暂十三师,在 4 个飞行大队配合下,6 个师 5 万多人对解放军进行反包围。21 日下午,人民解放军第四十军主力赶到,又进行反反包围。国民党军第六十二军军、师、团长带头冲锋,参谋长也带领勤杂人员加入作战,最后 2 个师损耗殆尽,军长李宏达、副军长韩潮、副军长兼第一五一师师长罗懋勋皆被俘。战至 22 日,薛岳下达撤往琼南的命令,残余守军撤退,美亭决战结束。薛岳、余汉谋、陈济棠等人乘飞机逃往台湾。同日,李湘武率第六十二军教导师一团在府城外、团长林荟材率警保第一师四团在文昌县迈众墟分别起义。23 日,人民解放军占领海口、府城,然后分三路追击。国民党军第六十四军参谋长温轰在琼山战斗中战死。30 日,人民解放军占领榆林和三亚。5 月 1 日,在八所一带将国民党军第二八六师大部歼灭。守军余部 5 万余人坐船逃往台湾。整个战役国民党军被歼 5 个师,损失约 3.3 万人,撤退途中溃散 1.8 万人。人民解放军伤亡、失散 4500 余人。

* 链接:在海南岛战役中第六十二军拼死作战的原因 [1]

李铁军毕业于黄埔军校第一期,在早期的胡宗南系统中,成了二号人物。1944 年,作为第二十九集团军总司令的李铁军奉命率部进驻新疆,但他错判局势,被新疆民族军的进攻弄得手忙脚乱,部队损失惨重,几乎丧失了新疆的控制权,让胡宗南十分失望。李铁军在河西警备司令的职务上度过了一年,一直想着重返战场;1947 年好不容易从胡宗南那里争取到第五兵团司令官,然而不满 3 个月,所属整编第三师被全歼,本人也落荒而逃,于是彻底丧失了胡宗南对他的信任,只好辞职回到南京的家中闲居。

1949 年 11 月,粤军第六十二军因为湛江事变导致内部混乱不堪,国防部考虑从广东籍的中央军嫡系将领中挑选继任军长。李铁军积极奔走,终于如愿。国防部考虑到李铁军是黄埔一期且又当过兵团司令官,如果专任军长的话有点不体面,于是在不久之后又任命他为海南防卫军副总司令兼第二路司令,除了兼任第六十二军军长之外,还把陆军步兵学校改编的教导师交给他指挥。

对于国防部的信任,李铁军可以说是铁了心的要干出成绩来。由于国军在金门有了打赢解放军的实例,这本身就使李铁军对于守备海南充满信心。其次,

[1] 参经盛鸿:《胡宗南全传》(下),团结出版社 2017 年版,第 677—678 页;胡博编:《哀将》,贵州人民出版社 2012 年版。

李铁军利用政工部门对共产党及解放军描黑并夸大宣传，让第六十二军的官兵铁了心和解放军拼到底。于是，他指挥的第六十二军是整个海南岛战役中抵抗最为激烈的部队，甚至还接连不断地打反击，近乎到疯狂的地步，军长、师长、团长全都带头冲锋，就连各级参谋长都带着勤杂人员投入作战，在整个内战后期绝无仅有。

两个师消耗殆尽，教导师宣布战场起义后，李铁军带着残部开始突围，他没有遵从海南防总的命令向八所或者是榆林撤退，而是反其道而行之，向解放军的侧翼突围，从海口撤退。这一招还真灵，残部 500 多人安全到达台湾。

（四）1952 年台湾整编：粤军完全消亡！

1950 年 7 月，国民党军第四军 2000 人（加上六十三军拨出多余兵员）被整编为独四师（师长薛仲述，下辖王亮儒、杨嵩白、薛穗兴 3 个团），第六十二军（只剩下 500 多人）和六十三军 25000 多人被整编为独六十三师（师长莫福如），第六十四军约 3000 人加上暂十三师，警保一、二、三师被整编为独六十四师（师长张其中）。

独四师、独六十三师和独六十四师这 3 个独立师，1951 年 1 月分别编入国民党军各军，1952 年 6 月又被完全拆编合并，所以他们是最后的粤军！

第二部分

粤军将帅

撰写文史资料，要高举爱国主义旗帜，坚持实事求是原则，如实反映历史的本来面目，做到"为三个服务"，即为历史教学和历史研究服务，为巩固和扩大爱国统一战线服务，为社会主义两个文明建设服务。在近现代史上，凡是参加过反帝反封建的革命活动，主张民主进步，对国家民族有过贡献，在学术上、事业上有时代建树的，不管他是属于哪个阶级，哪个党派；不管他的世界观是唯物主义还是唯心主义，我们都要肯定其历史功绩，就可以编写和出版他们的史料。

历史是由正反两方面构成的，它们互相依托而存在，互相斗争而发展。高举爱国主义旗帜并不排除写反面人物。我们写反面人物的目的，是为了分清历史是非，坚持进步，反对倒退；坚持统一，反对分裂，以历史教训启迪后人。这就是利用反面教材激发人们的爱国思想，弘扬民族精神。

——丁身尊：《民国广东将领志·前言》，载陈予欢编著：《民国广东将领志》，广州出版社1994年版，"前言"第2—3页

第一章　统领人物

第一节　粤军最高领袖孙中山

孙中山，1866 年出生于广东省香山县（今中山市南朗街道）翠亨村的农民家庭，名文，字载之，号日新，又号逸仙，幼名帝象，化名中山樵，世人常称孙中山。

一、求学和反清经历

1875 年，入村塾读书。1879 年，随母赴檀香山，在长兄孙眉资助下先后在檀香山、广州、香港等地比较系统地接受西式近代教育。1892 年，孙中山从香港西医书院毕业，随后在澳门、广州等地一面行医，一面结纳反清秘密会社。

1894 年，孙中山到天津上书直隶总督、北洋大臣李鸿章未受重视。同年 11 月，孙中山赴檀香山，组织兴中会，以"驱除鞑虏，恢复中国，创立合众政府"为纲领。1895 年 10 月，兴中会密谋在广州起义，事泄失败，孙中山逃亡海外。1896 年 10 月，在英国伦敦被清公使馆诱捕，经英国友人康德黎等营救脱险。此后，孙中山考察欧美各国的经济、政治状况，研究了多种流派的政治学说，并与欧美各国进步人士接触，初步形成了"三民主义"思想。1897 年，孙中山赴日本，结交其朝野人士。1900 年 10 月，派郑士良到广东惠州三洲田（今属深圳）

发动起义，后因饷械不继而失败。

1905 年 8 月，孙中山与黄兴等人，以原兴中会、华兴会、光复会等革命团体成员为基础，在日本东京创建全国性的资产阶级革命党——"同盟会"，被推举为总理，他所提出的"驱除鞑虏，恢复中华，创立民国，平均地权"的革命宗旨被采纳为同盟会纲领；在同盟会机关报《民报》发刊词中，孙中山首次提出"民族、民权、民生"三大主义。1906—1911 年，同盟会在华南各地组织九次武装起义，孙中山为起义制定战略方针，并在海外奔走为起义筹募经费，其中 1907 年 12 月镇南关起义时还亲临前线指挥战斗，筹划的 1911 年 4 月 27 日广州黄花岗之役震动全国。

二、愈挫愈奋的革命领袖

1911 年 10 月 10 日，武昌起义爆发，各省纷纷响应，很快全国有 17 个省宣布独立。孙中山在美国得知消息后于 12 月回国，由于他在革命群众中的崇高威望，即被 17 省代表以每省 1 票的方式、16 票赞成 1 票反对的结果，选举为中华民国临时大总统；1912 年元旦在南京宣布就职，组成中华民国临时政府。根据南北和谈承诺，孙中山在清帝退位 2 天后的 2 月 14 日辞去临时大总统职务，让位于袁世凯；在 3 月 11 日颁布带有资产阶级共和国宪法性质的《中华民国临时约法》，4 月 1 日正式解职；8 月，同盟会与其他四个党派合并为国民党，孙中山被推举为理事长；9 月，被袁世凯任命为全国铁路督办（办理新建铁路）。

1913 年 3 月，国民党代理理事长宋教仁被暗杀，孙中山认为是袁世凯所为，主张武力讨袁。7 月，动员安徽、江西、湖南和广东发动"二次革命"，失败后再度流亡日本。1914 年 6 月，孙中山鉴于国民党组织涣散，在东京另行组织"中华革命党"，组织中华革命军讨伐袁世凯。1915 年 10 月，孙中山在东京与宋庆龄结婚。

1917 年 7 月，因段祺瑞北洋政府解散国会和废弃《临时约法》，孙中山在部分海军舰队的支持下，联合西南军阀，在广州建立军政府，被推举为海陆军大元帅，开展护法运动。因受军阀、政客排挤，孙中山于 1918 年 5 月辞去大元帅职务，离开广东回到上海，第一次护法运动失败了。硕果仅存的是从桂系军阀手中要回陈炯明旧部的指挥权，组成了以陈炯明为总司令的"援闽粤军"，并任命陈炯明为总司令。1918—1920 年，孙中山完成早已着手撰写的《建国方略》《孙文学说》及《民权初步》三部著作，对以往的革命经验进行总结，提出了改造和建设中国的宏伟计划。

1919年10月10日，孙中山宣布"中华革命党"改组为"中国国民党"。1920年8月，孙中山指示援闽粤军回粤驱桂；11月，孙中山回到广州，重组军政府，重举护法旗帜。1921年5月，孙中山在广州就任非常国会推举的非常大总统；6月，任命陈炯明为"援桂"粤军总司令，率部出师广西统一两广。1922年5月，任命李烈钧为北伐军总司令、许崇智为总指挥，共率3万余人分三路从韶关北伐。6月16日，陈炯明部叶举等人发动兵变率部攻打总统府，孙中山撤至军舰上坚持了一个多月，因北伐军回师靖难无望，被迫离开广州再赴上海，第二次护法运动又告失败。

1923年1月，在东路讨贼军的牵制下，服从孙中山的西路讨贼军等滇、桂军队将陈炯明部逐出广州；2月，孙中山从上海再次回到广州重建陆海军大元帅大本营，以大元帅名义统率各军。

因为悉心扶持的陈炯明部兵变，入粤的滇、桂军队又不横行不法，孙中山在共产国际和中共的帮助下，认识到利用军阀，革命难于成功，必须建立忠于党的革命军，并对国民党进行改造。1924年1月在广州召开了中国国民党第一次全国代表大会，重新解释了"三民主义"，实行"联俄、联共、扶助农工"三大政策；同时创办黄埔军官学校，训练革命武装干部，组建党军。1924年10月，孙中山部署镇压了广州商团叛乱，再次组织北伐。11月，因直奉战争引发北京政变曹锟直系军阀政权被推翻，孙中山接受冯玉祥等人电邀北上"共商国是"；12月底，抱病到达北京。

1925年3月12日，孙中山因肝癌在北京逝世。遗嘱包括《国事遗嘱》《家事遗嘱》和《致苏联遗书》三个文件。其中《国事遗嘱》全文是"余致力国民革命凡四十年，其目的在求中国之自由平等。积四十年之经验，深知欲达到此目的，必须唤起民众及联合世界上以平等待我之民族，共同奋斗。革命尚未成功，凡我同志，务须依照余所著《建国方略》《建国大纲》《三民主义》及《第一次全国代表大会宣言》，继续努力，以求贯彻。主张开国民会议及废除不平等条约，尤须于最短期间促其实现。是所至嘱！"

三、被国民党称为"国父"

在 1926 年 1 月，继承孙中山遗志的国民革命军（以黄埔军校毕业生为骨干组成的国民革命军第一军和各部建国军改编的国民革命军）统一了广东；7 月，进行北伐，至 1927 年 3 月统一了长江以南；1928 年 4 月国民革命军举行第二次北伐，占领了整个华北；12 月底"东北易帜"，除外蒙古以外全国统一。

1929 年，孙中山遗体由北京移葬南京紫金山南麓的中山陵。

1940 年 3 月 21 日，中国国民党中央常务委员会第 143 次会议决议：于同年 4 月 1 日明令全国自是日起，尊称总理孙中山为中华民国国父。

毛泽东在《纪念孙中山先生》一文中，高度评价了孙中山的一生，称孙中山是"革命的先行者""中国革命民主派的旗帜"。

第二节　粤军之父陈炯明

陈炯明，原名捷，3 岁时父亲病故后由祖父改名炯明，字月楼，1878 年出生于广东惠州府海丰县（今联安镇）白町村的一个绅商家庭。5 岁入私塾，7 岁时随祖父迁居县城。

一、广东都督

1898 年，参加科举考试时中秀才。1904—1905 年就读于海丰师范学堂；1906—1908 年，就读于广东法政学堂，自取表字竞存（源于"物竞天择，适者生存"）。1908 年，与同乡马育航、钟景棠、钟秀南等 30 多人在海丰五岭坡方饭亭宣誓结盟组织了"正气社"（取自文天祥《正气歌》），又创办海丰地方自治会；1909 年，创办《海丰自治报》并担任主笔；10 月，当选为广东咨议局议员、常驻委员、法律委员会委员长，在以后近 2 年时间先后提出《革除衙署积弊案》《废除就地正法案》《筹办城镇乡地方自治案》《禁赌筹抵修正案》等提案；同年底，江苏咨议局发起在上海召开 16 省"请愿国会代表团茶话会"，陈炯明作为代表参加了大会，其间加入了同盟会。1910 年初，参加广州新军起义的准备工作，因起义提前发动未能参加，受到牵连逃往香港；后在咨议局活动下取得不予追究的字据后返回广州，继续宣传禁赌，成了广东禁赌派"可派"领袖。1911 年 1 月，任广州起义领导机关统筹部编制课课长兼调度课副课长，参加组织著名的"三二九"广州起义（即黄花岗起义），在十路大军中任第四路指挥，负责招募东江的革命队员参加起义；起义前夕改成四路时仍任路指挥，面对清军已经加强防范的情况下主张推迟起义；获悉香港统筹部也要求推迟起义电后，派员与现场总指挥黄兴联络，但未等答复因时间紧迫即擅作主张退出城外，同时通知另一路指挥胡毅生起义改期，造成黄兴孤军奋战。事败后因受指责参加激进的"支那暗杀团"，该团炸伤广东水师提督李准，炸死了广州将军凤山，为后来和平光复广州起了促进作用。

1911 年 10 月武昌起义爆发后，陈炯明奉命到东江组织民军起义，先在香港召集会议作出七路进攻的部署，被推选为总司令，然后和邓铿潜入淡水，组织了 100 多人的队伍于 11 月 1 日攻占淡水警署，很快发展到 3000 多人，于 11 月 9 日光复惠州。陈炯明将 7 个大队民军和 8 个营降军一起整编成 7 个旅，有 1 万多人，取惠州为古循州之义称作"循军"。11 月 17 日，陈炯明被各界代表会增选为广东副都督，并受命率循军于 11 月 28 日抵达广州。12 月 21 日，广东都督胡汉民跟随孙中山北上后，陈炯明代理广东都督。

1912 年初，陈炯明以循军精锐、反正新军，加上部分民军，建立了拥有 2 师又 1 旅 2.5 万多人的广东正式陆军；同时，因为治安和经费等问题，包括用武力解决等方式遣散了其他各路起义民军 10 多万人，还让功勋卓著 8000 多人的广东北伐军被迫就地解散。1912 年 4 月，胡汉民回任广东都督后，陈炯明被任命为广东总绥靖经略（后改名广东护军使），同时兼任广东警卫军总司令，掌握全部军事大权。10 月，被授予陆军中将加上将衔。11 月，发出《率师征蒙通电》并致电袁世凯总统，但未获批准。

1913 年 6 月，陈炯明被袁世凯任命为广东都督，于 7 月 4 日正式宣誓就职。7 月中旬，赣苏皖三省相继宣布独立，袁军迫近广东，手下军官不断被收买，加上曾任两广总督的各省讨袁军总司令岑春煊将南下两广，陈炯明于 18 日宣布广东独立，参加讨袁；19 日准备开会商讨出师援赣北伐，由于部下两个师长和独立旅长皆被收买，遭到抵制。26 日，被袁世凯免职。30 日调兵在广州外围布防，遭公然抗命。8 月 4 日，属下炮兵团炮轰都督府，师长苏慎初被推举为临时都督。陈炯明只好带着副官黄强"挟资百万"秘密逃往香港，旋因港英当局限制，于是再转赴新加坡。

二、粤军总司令

1914 年 3 月，陈炯明前往法国"游历"，其间曾资助在英国成立民间航空学校，培养中国飞行员。8 月，加入黄兴等国民党员组织的主张渐进反袁的"欧事研究会"。10 月，返回南洋，在华侨中开始筹款。

1915 年 5 月，与黄兴等人联合通电反袁，并与李烈钧等 20 人在槟榔屿召开讨袁军事会议。9 月，到香港与邹鲁等人召开广东反袁人士联合会议。12 月，按照分工潜回惠阳、博罗，召集旧部，组成"讨逆共和军"。1916年1月，在惠州淡水誓师讨袁。3月，在惠州附近的马鞍山设立了"粤军总司令部"，自任总司令，并将部队整编成10路18个支队，1万多人。8月，新任广东督军陆荣廷率部入粤，陈炯明采取个人放弃兵权但将军队保存下来的策略，一面派人去广州与省长朱庆澜谈判，一面加紧团团包围驻惠州振武军，既展现力量又拖延龙济光撤军计划，而且给刚到广东急于接任督军的陆荣廷施加压力。最终"讨逆共和军"骨干8000多人改编为警卫军23个营。10月，被北洋政府恢复陆军中将军衔。11月，陈炯明去北京谒见黎元洪和段祺瑞，被加陆军上将衔，并获"定威将军"封号。1917年6月，回广东充当督军陈炳焜的高等顾问。

1917年5月"府院之争"后孙中山举起了护法旗帜。陈炯明奔赴上海，向孙中山表示"竭诚拥护"，并提出了以广东为护法根据地的建议；7月，随孙中山南下到广州。经过孙中山几个月的不懈努力，最终桂系才让陈炯明接管原省长朱庆澜拨出的20个营警卫军（约6000人，其中大部分是原"讨逆共和军"改编的）。12月2日，陈炯明在广州正式就任孙中山以军政府大元帅任命的"援闽粤军"总司令。1918年1月，陈炯明率部出征；2月，兼任惠潮梅三属军务督办。在孙中山的帮助下，将军队扩充到1万多人，并在5月开始向福建进攻。经近半年奋战，打败了福建督军李厚基所部，占领闽南26个县，建立了以漳州为中心的"闽南护法区"。陈炯明积极整军经武，扩军至2万多人，同时实施"漳州新政"，取得了让中外称道的政绩。

1920年8月，陈炯明在得到北面福建督军李厚基合作条件兑现后且获知桂军已经下令攻闽时，奉孙中山之命率部回粤驱桂。10月28日所部攻克广州后，次日被军政府首脑孙中山任命为陆军部长；11月1日再被孙中山以中国国民党总理名义任命为广东省长兼粤军总司令（10日就任）。1921年5月，孙中山任非常大总统后，又任命陈炯明为陆军部总长兼内务部总长，并说服陈炯明加入国民党并兼任广东支部长。6月，陈炯明任"援桂"军总司令指挥所部入桂讨伐陆荣廷，至9月打败了旧桂系集团，占领广西省。

陈炯明在广东省省长任上采取多项措施，建设"模范省"：一是坚决禁赌、禁烟、禁娼。二是制定省宪，依法治粤，实行民选县长。三是注重教育，提出了"为国家培养人才"的教育方针和方法。将财政收入的一半用于教育，甚至不惜裁军办教育；聘请陈独秀主掌教育，聘请吴稚晖推广普通话，大力兴办师范学校，扩建岭南大学，派遣优秀青年出国深造，支持、鼓励勤工俭学；推行实施六年义务教育。四是推动广州建市和市政建设，为广州发展成现代化大都市奠定了基础。

三、孙陈分裂

1921 年 4 月，200 多名议员召开非常国会，在孙中山坚持实行记名投票要求下，表决通过了《中华民国政府组织大纲》（以下简称《大纲》），《大纲》规定了大总统的产生和权限，却没有任期，一切政务、军务、内阁任免等均由大总统一人独断。孙中山被选举为非常大总统。陈炯明认为，依总统选举法，总统应由两院联席选出，出席议员至少达到全部的 2/3 即 580 人，才能举行总统选举，此时广州旧国会议员不够半数，而且实行记名投票，简直是在自毁法律！陈炯明质疑：在北方出现"伪政府"的情况下，在南方建立一个不符合法理的"伪政府"，去反对另一个同样不符合法理的"伪政府"，结局只有南北之间将再次陷入战争之中。因此陈炯明没有参加就职典礼。自此，二人政见分歧开始明朗化。

同年 5 月，孙中山力主讨伐陆荣廷，而陈炯明认为将士疲惫，军费不足，应该先打好粤省基础，再循序渐进地推进统一。两人分歧开始升级。

9 月打败旧桂系集团后，孙中山主张继续北伐，武装打倒军阀，统一全国，建立民主共和国。而陈炯明则力主"保境息民""联省自治"，主张建立"联省自治政府"，以南北妥协的和平方式谋求统一。11 月，孙中山在桂林设北伐大本营，准备指挥滇黔赣联军和许崇智、李福林部粤军 3 万多北伐，要求陈炯明大力筹集经费；但 1921 年底呈省议会的当年收支是，总收入 1388 万多元，总支出 3740 万多元，其中陆军费支出 3250 万多元，相抵不敷 1862 万多元。陈炯明在拨付 110 万多元后，经过增发纸币、增加税收仍无法解决，加上举债不成，造成北伐军粮饷缺乏难于出征，孙陈两人嫌隙扩大到难于调和的程度。

1922 年 3 月 21 日，粤军参谋长邓铿在广州广九车站遇刺，2 天后身亡。邓铿之死，对孙陈间本来就脆弱不堪的关系造成致命一击，造成孙陈之间失去了最好的调和人！

4 月 9 日，孙中山决意变更计划，令在桂各军一律返粤，潜师而行。孙中山让廖仲恺转告陈炯明：一是陈炯明参加北伐，二是筹措 500 万元的军费。陈炯明无法接受孙的条件。4 月 16 日，孙中山在梧州电召陈炯明前去商议。陈炯明准备出发之时被人劝说有被暗杀危险后不敢应召，遂提出辞职。21 日，孙中山下令准予陈炯明辞去广东省省长、粤军总司令及内务部总长三职，保留其陆军部总长一职。是夜陈炯明宣布下野，离开广州赴惠州。

4 月 23 日，孙中山在广州总统府召开全体幕僚会议，决定转道北伐，避免直接冲突。因 4 月 29 日第一次直奉战争爆发，与奉、皖军阀有秘密三角同盟关系的孙中山深感这是夹击直系的千载良机，于5月8日在韶关督师北伐。被孙中山委任为粤桂边防督办的叶举率领2万多从广西撤回的粤军乘隙开入省城，开会决议"迎陈入省"，并要求孙中山"清君侧"。5月27日，孙中山令陈炯明以陆军总长身份办理两广军务。陈炯明接到这道命令后不置可否，但回电说："已饬叶举等回防，并以人格生命担保叶举必不发生轨外行动。"因叶举部领饷后强行挤兑引发风潮，6月1日孙中山回广州坐镇。

6月2日，北洋总统徐世昌宣布辞职；3日，蔡元培、胡适、章太炎等200多位各界名流，联名致电曾宣言只要徐世昌下台他亦将同时下野的孙中山，呼吁实践诺言。孙中山闻讯连发三封电报给在惠州隐居的陈炯明，要求陈炯明立即到广州面商对策，并派人到惠州催驾，但遭陈炯明拒绝。陈炯明说，在省城军队撤出之前，他不打算到广州，因为他曾担心，一旦粤军叛孙，则"天下之恶皆归焉"。孙中山因宴请叶举等粤军军官无人赴宴，于6月12日邀请广州报界出席茶话会，公开要求粤军全数退出省城30里之外，否则以武力镇压。

6月14日晚，粤军高级将领召开紧急会议，决定武力驱赶孙中山下台。陈炯明听闻后，立即派秘书陈猛荪带着他的亲笔信劝叶举千万别轻举妄动。信中说，如果孙中山出兵北伐大获全胜，大家都会有好处；如果失败了，我还可以以陆军部部长身份将部队调返东江，收拾残局。叶举回报陈炯明，事情已箭在弦上不容不发。陈炯明收到回复后，一怒之下打碎茶杯。6月16日凌晨，叶举所部围攻孙中山的总统府和住处粤秀楼，孙中山化装撤到珠江河上军舰中。

"六一六兵变"发生后，孙中山和陈炯明完全决裂。孙中山在军舰上指挥海军反击，并电令北伐军回师靖乱。坚持到8月9日确认北伐军回师失利后赴上海。8月15日，陈炯明回到广州，复职粤军总司令；后将粤军整编成7万国防军和3万警备军。

1923年1月，孙中山组织的西路讨贼军攻打广州，复职才5个月的陈炯明通电下野，退居惠州，转往香港。5月，所部在惠州设立粤军总司令部，陈炯明被"遥尊"为总司令。6月，孙中山督师滇桂军向惠州攻击，双方在东江展开拉锯战，直至1924年9月孙中山下达从东江撤军令为止。中间有吴稚晖、黎元洪、段祺瑞、汪精卫、但懋辛等人为孙陈"复合"做了不懈努力，想让他们破镜重圆。孙中山说"如他肯写悔过书，可不究既往"。但陈炯明认为"无过可悔"，因此未成。11月，孙中山应冯玉祥邀请北上"共商国是"，1925年3月在北京病逝，孙陈对抗最后结束。

孙陈分裂最大的结果是，改变了中国百年变局的方向。孙中山遭受"肘腋之祸"痛定思痛后接受了苏联的建议，提出"联俄、联共、扶助农工"三大政策，重新解释"三民主义"，改组国民党，建立自己的新式军队，这些努力在他逝世后基本实现了他的遗愿，使国民党统一了全中国，同时也让中共在国共合作中迅速发展壮大，经过艰难曲折最后建立了统一的强大的社会主义新中国。

而陈炯明于 1924 年 12 月底在广东商团成立的"救粤会"资助、鼓动下，在汕头就任"救粤军"总司令，尚未全面发动就被大元帅府东征军打败，残部于 1925 年 3 月下旬退往福建。1925 年 8 月，在英国为破坏"省港大罢工"支持枪 1 万支和款 300 万元情况下，陈炯明东山再起，将各部改名"定粤军"并自任总司令，10 月被东征的国民革命军彻底打垮，11 月所部绝大部分被消灭，陈炯明本人则避居香港。

陈炯明粤军的班底是其辛亥举义时组织的循军，多是惠州同乡，其中还有一帮海丰老乡为核心，然后收编在粤的湘、桂军人融合而成，相对比较稳定，始终追随的多，与孙中山指挥的部队战斗了整 3 年，最后被国民革命军打败了，但仍然有一部退到山东又坚持了 3 年。

1925 年孙中山逝世的时候，陈炯明曾手撰一副挽联："惟英雄能活人杀人，功罪是非，自有千秋青史在；与故交曾一战再战，公仇私谊，全凭一寸赤心知。"在知己相惜的情怀之下，似诉英雄心中不平事。

1925 年 10 月 10 日，美洲致公堂改组为"中国致公党"，推举陈炯明为总理，1931 年续任。美洲致公堂是洪门（以"反清复明"为宗旨的秘密会党）的分支，为海外华侨组织，曾积极支持孙中山的革命活动，并为辛亥革命作出重要贡献。民国成立后，多次提出到国内立案组党，未获孙中山批准，加上孙中山在组建中华革命党、改组国民党、镇压商团等方面侵犯其利益；而陈炯明在华侨最多的闽（南）粤二省的经济建设中表现突出，又与孙中山对抗，故被推举为致公党总理。

1928 年，陈炯明所作《中国统一刍议》在陈廉伯等人资助下于香港出版，体现了其通过"联省自治"方式和平统一中国的思想。

四、盖棺难定论

1933 年 9 月 22 日，陈炯明在贫困中病逝于香港，靠众人集资并用原为其母所备的棺木埋葬。香港《工商日报》评价道："国民党死了一个敌人，中国死了一个好人。"

曾经为孙陈和解努力奔走的国民党元老吴稚晖送挽联："一身外竟能无长物，青史流传，足见英雄有价；十年前所索悔过书，黄泉送达，定邀师弟如初。"可从另一个侧面反映所谓孙陈关系的复杂性。

1934 年 4 月 3 日，陈炯明归葬于惠州西湖边紫薇山，碑铭为国学大师章太炎亲笔题字。其墓"文化大革命"时被毁损，1990 年被惠州市政府列入市级文物保护单位，2012 年修复。其墓旁边 2015 年已建成一幢二层仿民国建筑"陈炯明史料馆"和位于海丰县城博约街东侧的其故居"都督府"，都是致公党教育基地。

从兵变后两个月编成的《陈炯明叛国史》开始，无论是国民政府，还是后来的中华人民共和国，在教科书上对陈炯明一律以"叛变"称之。1990 年以后，部分学者开始对此进行考证，尤其是陈炯明之子陈定炎查阅了当时的大量报刊资料要求翻案，中山大学教授段云章等人搜集了正反双方的史料和观点，进行了专题详细研究，认为双方是各执一端都有片面性，于是世人对陈炯明有了新的认识。

现在多方比较认同的有三点：

一是陈炯明一向廉洁自律。陈在私生活方面相当严谨，他曾请人刻了 2 枚"不聚财""不二色"的石质私章。章太炎誉陈"清操绝于时人，于广中弥不可得"。孙中山曾坦言陈炯明"不好女色，不要舒服，吃苦俭朴，我也不如"；"六一六兵变"后还认为陈炯明"坚忍耐劳，自有过人之处"。与陈炯明共事较长、矛盾也较尖锐的胡汉民也"尝以'勤、谨、韧'三字诀形容竞存个性"。1920 年上海《申报》评论他"私人道德，可为南北权要之模范"。最后是死于贫困。

二是陈炯明一直坚决禁赌。他"是清代乃至民国时期广东军政首长禁赌最坚决、成效最大的一位"。早在 1909 年 10 月，陈炯明作为广东省咨议局议员就提出全省限期禁绝一切赌博的议案。1911 年广东独立后，陈炯明作为军政府副都督和代理都督，就发布了禁赌命令，后又下令自 9 月 1 日起全省一律禁赌，违者以军法处置、格杀勿论，不容许以罚款替代。因刑罚严苛，很快全省的公私赌博全面肃清。1920 年 12 月，陈炯明重新主政广东后，颁布《广东赌博治罪暂行章程》《县知事实施禁赌办法》及相关实施细则，由军法处办理赌犯，并追究禁赌不力的地方官的责任，是为民国年间最严厉的禁赌法令。1922 年 12 月 1 日在纪念粤军成立五周年大会上，陈炯明宣布"粤军可倒，赌不可开！"难能可贵的是，1923 年 1 月当陈部受到滇桂军等部联合进攻退守肇庆的关键时刻，前方将领因军饷问题纷纷电请"开赌筹饷"，陈炯明以有违初志，无以对广东父老为由，仍声言"宁愿下野，绝不开赌"，最后兵败退出省城广州。

三是陈炯明一度支持社会主义。1918年攻占漳州后陈炯明搞"闽南护法区"实践中国社会主义，被列宁称为"社会主义将军"，漳州也被誉为"中国社会主义者的圣地"。1920年底回粤重新主政后，以每月发放津贴支持谭平山等人在广州创办《广东群报》宣传马列主义。陈炯明邀请陈独秀来粤于1921年1—7月出任广东教育委员会委员长，让陈独秀主编的《新青年》在广州出版，大力宣扬社会主义新思潮，客观上庇护了中共在广东的发展。1921年8月，陈炯明要海丰县县长任命搞"社会主义研究"出名的彭湃为劝学所所长，以后三次接见彭湃支持农会发展，放任成立拥有十多万会员的惠潮梅农会，是彭湃从事农民运动的指导者和大后台。

现存分歧较大的焦点主要有三个：

一是邓铿是谁刺杀的？

1. 传统主流观点：陈炯明军阀意识膨胀，反对孙中山北伐；而邓铿是坚决支持孙中山的人物，陈炯明想反对孙中山，彻底掌握粤军，因此指使部下将其谋杀。

2. 翻案派观点：这个案件从来没有侦破过，只能分析推断。邓仲元是陈炯明最为信任的心腹和得力干将，是其军事方面的总代理人，二人相知甚深、私交甚密，绝无杀他之理，应为孙中山部下"敲山震虎""杀鸡儆猴"所为。从同盟会到国民党，一直都有暗杀传统；前有程璧光之死，主持暗杀的张民达从此平步青云，也难免不给后来人以垂范。可能是孙阵营中有一批激进人士，脑袋一热，将邓铿刺杀，让陈军没了灵魂，不战自溃。据推断组织者最大可能性是蒋介石，当时他力主先讨陈再北伐，他是事后最大利益者，他也有刺杀陶成章的经历。

3. 美英领事馆观点：美国副领事报告说："关于谋杀邓铿的动机，一说是广西系所为，另一说是国民党，以警告陈炯明而下毒手。"英国总领事报告说："国民党谋杀陈炯明的参谋长邓铿，现已为众所周知的事实。"

二是"六一六兵变"是否陈炯明策划指使？

1. 传统主流观点：陈炯明密令叶举回师广州，在惠州幕后指使叛乱。

2. 翻案派观点：当时陈炯明已解除兵权谪居惠州，对部下难于驾驭，他只是没有坚决制止。

3. 前期跟随陈炯明后期追随孙中山的原粤军总部参议兼省长公署参议、广东宪兵司令罗翼群回忆，孙中山曾说："竞存曾谓愿以生命人格为保证，我信他不敢做犯上作乱之事。"

三是陈炯明是不是背叛孙中山？

1. 传统主流观点：陈炯明的援闽粤军是孙中山争取来的，是依靠孙中山筹集的经费支持的，最困难时孙中山把上海居住的房子抵押出去两次替粤军筹款；援闽、回粤驱桂、援桂战役都是在孙中山的策划、催促和派人帮助下取胜的；陈炯明是国民党广东支部长，违背了国民党总理孙中山的旨意；陈炯明是孙中山任命的粤军总司令，但他把大总统孙中山驱逐了，因而完全是背叛。

2. 翻案派观点：陈炯明与孙中山的关系，一直是合作与共事的关系，并不是追随的关系。早期的同盟会不是一个很严密的政党，合则来，不合则去。陈炯明与孙中山的分歧，是政治理念的分歧，是渐进与激进的冲突，是改良与革命的冲突，谈不上背叛；孙陈之间不是个人恩怨，而是政见之争。陈炯明不是靠孙中山起家的，成为广东都督是其实至名归；援闽粤军不全是孙中山争取的，因为其基础是陈炯明当年组织的讨逆共和军。孙中山和陈炯明的合作最恰当的表述是两人结成联盟互相依附；孙中山在广州任非常大总统是陈炯明给他撑腰的，因为孙中山回粤是通过汪精卫传话"粤省由陈君主持，中山回粤不过回复前日被逐之颜面"，陈炯明才首肯，孙中山当选非常大总统后是通过汪精卫调停"地方事权归陈、中央事权归孙，两家不相侵犯为条件"，陈炯明才同意孙就职；孙中山靠陈炯明打天下，陈炯明帮孙中山撑起了南方政权。

3. 中华民国代总统李宗仁对此评述："然孙陈失和的主因，实系两人政见的不同，非纯然为意气之争。中山先生自矢志革命之时，即以全国为对象，不愿局促于一隅。以故中山力主北伐的动机原系孤注一掷，胜负殊未可必。但是把握时机，不计个人成败，原为革命家的本分。加以先生气魄雄伟，敢做敢为，尤非常人所能及。故不辞冒险，期达目的。至于陈炯明，其平生抱负，任事作风，处人态度，都恰恰和中山相反。陈炯明自始就没有问鼎中原的大志，加以其时联省自治之说正风靡一时，陈氏及其部曲，均心向往之。他们认为中山的北伐，绝无成功的希望，与其以两粤的精华，作孤注一掷，倒不如切实整顿两广，待羽毛丰满，再相机北进。其所见亦未始非稳健之策。"

如果孙陈二人生前有一出"将相和"，那段历史固然是皆大欢喜的结局，中国近代历史也许会重写。但是，道不同不相为谋，所以，留给后人的只能是一段遗憾的历史。陈炯明成了一个失败的英雄！

第三节　粤军之神邓铿

邓铿，原名邓士元，字仲元，1885 年出生于广东省梅县（今梅州市梅县区丙村镇），7 岁时随父亲落户归善县淡水墟（今惠州市惠阳区淡水街道）。

一、反清反袁

1905 年考入广州将弁学堂步兵科，毕业后留校任步兵科教员，不久任代区队长。1907 年升任该校学兵营排长兼代左队队官。1909 年任黄埔陆军小学堂堂长。1910 年参与筹划广州起义，失败后出走香港。1911 年 9 月初，与陈炯明等人秘密潜入淡水，发动当地农民和手工业者起义，于 9 月 16 日光复惠州后任循军参谋长；11 月率循军开赴广州，任广东陆军第一混成协协统。1912 年初任广东陆军第二师师长、广东都督府陆军司司长兼稽查局局长，后改任都督府参谋长，被授予陆军中将。1913 年 5 月任琼崖镇守使；二次革命爆发后受命赶赴三水，拟指挥叶举旅阻击龙济光部，因广州的主要军队将领都倒戈以致失败，后逃亡日本。1914 年在日本加入中华革命党，任军务部副部长。1915—1916 年，邓铿两次潜入增城，策划增城防军统领徐连胜率 2 个营起义，占石滩，取石龙、博罗等地，任中华革命军东江总司令，宣布反袁（世凯）驱龙（济光），与数倍于己之敌苦战月余。1916 年 10 月，被北洋政府恢复陆军中将军衔。

二、援闽驱桂

1917 年底成立"援闽粤军"，邓铿出任参谋长。1918 年 5 月，邓铿指挥援闽粤军进军福建，兼右翼指挥，经过 5 个多月艰苦作战攻占了闽南 26 个县，部队由起初的 5000 多人发展到 2 万多人。1919 年 12 月，被授予二等文虎章。1920 年 8 月，援闽粤军回粤驱桂，邓铿兼任左路总指挥；经过 3 个月苦战，以 2.5 万人打败了 10 万桂军，攻占广州并席卷全省。当时在广东军界"闻仲元起敬"，其影响力甚至超过粤军总司令陈炯明及粤军元老许崇智。

三、众将之将

粤军回粤后扩充至八九万人，素质参差不齐，且因胜利之后渐呈骄悍。孙中山和陈炯明命邓铿于粤军中选择素质较好的一部整编为第一师，加强军事政治训练，一方面养成意志坚强、英勇善战的新部队，另一方面使之成为粤军模范并以这些经验来改造其他的粤军部队。1920 年 11 月，邓铿在广州东堤路设立粤军第一师司令部，多方设法罗致粤军中一些较有朝气的军官和由保定陆军军官学校毕业不久的青年军官等作为第一师的骨干。李济深、叶挺、陈诚、薛岳、邓演达、陈铭枢、蒋光鼐、蔡廷锴、陈可钰、黄镇球、张发奎、黄琪翔、余汉谋、戴戟、李章达、梁鸿楷、陈济棠、缪培南、李扬敬、徐景唐、香翰屏、朱晖日等著名将领均出自其门下，有史可查的从粤军第一师走出来的国共两党少将以上将军超过 100 人，这些风云人物影响了中国半个世纪，使"粤军第一师"成为名将摇篮。因此邓铿被誉为"众将之将"。

四、被刺迷案

援桂战役后孙中山决定继续北伐，与主张"联省自治"的粤军总司令陈炯明发生意见分歧，邓铿周旋于孙、陈二人之间。1922 年 3 月 21 日傍晚 7 时，邓铿去香港接他的恩师、曾任广东将弁学堂总办的周善培来广州，在广九车站下车后被射中两弹，邓铿奋起直追刺客，因血流如注扑倒在地。省署派来接站的汽车司机抱起流血不止的邓铿，迅速开回省署。陈炯明闻讯赶来后即令用担架将邓铿抬入附近的长堤中法韬美医院紧急抢救。邓铿被刺之后曾言："我知参谋长地位危险，何必自己人杀自己人。"当被问凶手是谁时，邓又叹气说："我认得，真不料他杀我。"但最后也没有说出姓名。由于邓铿患有轻微的肺痨，胃腹两处受伤引发了严重的并发症，于 23 日 4 时不幸辞世，临终前叹息一声"好人难做"！

邓铿走了，他把一个巨大的秘密也带走了。邓铿遇刺，成了民国史上一大疑案。邓铿遇刺唯一在现场的人周善培，他认为刺客是粤军第二军参谋长蒋介石所派之人，因邓铿作为粤军总司令部参谋长始终是蒋介石晋升前途上的一大障碍，而且蒋介石又素以暗杀为能。廖仲恺看了现场后则断定刺杀邓铿的人是刘志陆买凶所致，因粤军从漳州誓师回粤时，刘志陆与邓铿血战于潮梅一带，被邓铿彻底击败。更多人认为邓铿因查缉大量鸦片烟土，当众焚烧，引恨私贩鸦片的粤军将领和鸦片烟商，招致报复所致。在邓铿遇刺两个多月之后，陈炯明部粤军围攻孙中山总统府，陈炯明成了"叛党""叛国"的罪人，也被认定为邓铿遇刺案的主使者。

邓铿唯一的错是没有认清周善培来广州的目的，因为周善培始终是反孙人物，有可能带着离间孙陈的目的，邓铿以个人感情去迎接他到广州这个革命中心，犯了一个政治上的错误。

五、"粤军之神"

邓铿是粤军的主要创建人。从辛亥革命粤军起源、1917 年粤军正式建立，直到 1922 年去世，邓铿一直担任参谋长。

邓铿也是粤军实际上的指挥员。由于陈炯明非军事出身，军事上事情大多由邓铿决策。

邓铿又是粤军的精神领袖，其高尚人格征服了整个粤军上下。邓铿是孙、陈两个阵营的平衡砝码，邓铿死后没有人能调和孙中山和陈炯明的矛盾，加速了孙、陈的分裂；同时也造就了第一师的悲剧，再没人能整合这支模范部队，最后不断裂变，先是出身第四军的部队自相残杀，以后再发展成国共对决。

最神的是，邓铿竭力网罗的集中在第一师的那一帮人才，仅靠其中的 1 个团和 3 个独立营那丁点儿人马，3 年后成长为国民革命军第四军，不但成就了张发奎的北伐铁四军、陈铭枢淞沪抗战的民族英雄部队第十九路军和南天王陈济棠主粤的根基第一集团军，更是孕育了叶挺独立团，成为人民解放军的起源。

六、身后纪念

邓铿遇刺后被孙中山以大总统的名义追赠为陆军上将，当年葬于黄花岗七十二烈士墓之侧，由孙中山亲题墓碑，胡汉民撰写"陆军上将邓仲元墓表"（该墓被列为广州市文物保护单位）。1927年，广东军事委员会舰务处处长冯肇铭将一艘新建的60吨炮舰命名为"仲元号"（次年下水）。1929年，国民政府令给邓铿照上将阵亡例给恤，并发行纪念邓仲元邮票（1933年又再发同图不同面值邮票）。1935年，国民政府决议在革命纪念日简明表内增订3月23日为"先烈邓仲元先生殉国纪念日"。在广州，除了邓仲元墓，还有根据国民政府军事委员会参谋总长、中央政治会议广州分会主席、广东省政府主席、第八路军总指挥李济深建议1930年建成的仲元图书馆，第八路军总指挥陈济棠倡议铸造1933年揭幕安放在广九车站的仲元铜像（后搬迁到仲元墓旁），胡汉民等人1934年创办的广东仲元中学（胡汉民是首任董事长，后来蒋介石任名誉董事长，余汉谋任常务董事长，现在番禺区市桥）。在惠州西湖边上，有第五军第十八师师长李务滋募集资金1930年建成的"纪邓山庄"（1985年被拆，2018年重建），原第一集团军第三军军长李扬敬1937年请人建成的仲元亭；在惠阳淡水，有依托邓仲元故居（2015年列入广东省文物保护单位）建成的邓仲元主题文化馆（2019年揭幕）。在梅州，原梅县县政府门口横街改为仲元路，还曾筹办过仲元职业学校。

第四节　粤军之魂邓演达

邓演达，字择生（源于"物竞天择，适者生存"），1895 年出生于广东归善县永湖乡（今惠州市惠城区三栋镇）鹿颈村，原籍广东梅县丙村镇。

一、生平简历

1909 年秋考入广东陆军小学堂第四期学习，不久加入同盟会。1911 年辛亥革命爆发后参加广东北伐军。北伐回来后插班入广东陆军速成学校步兵科学习，1913 年夏毕业后考入武昌陆军第二预备学校。1916 年升入保定陆军军官学校深造，1919 年毕业后被派往西北边防军中见习。1920 年初应邓铿邀请参加援闽粤军，历任军事参谋、宪兵连长；在回粤驱桂战役中任督战队长，战后任粤军第一师少校参谋兼军官教育班主任。1921 年援桂战役结束后，调任独立营营长，很快将独立营训练成全师模范部队；12 月，又调任新成立的工兵营营长。1922年，参加孙中山组织的北伐战争。1923 年初在西江前线参加反陈起义，后升任粤军第一师第三团团长；参加平定沈鸿英叛乱和讨伐陈炯明系列战斗。1924 年参加黄埔陆军军官学校的筹建工作，并任黄埔军校教练部副主任兼学生总队总队长。因遭蒋介石排斥打击于 10 月离开黄埔。1925 年初到德国游学，同年底回到广东。

1926 年 1 月参加国民党"二大"当选为候补中央执行委员，同时被任命为黄埔军校教育长；4 月，因在"中山舰事件"后指责蒋介石"近乎反革命"被排挤出黄埔军校，旋调任黄埔军校潮州分校教育长兼第一军政治部主任；6 月，任国民革命军总政治部主任并参加北伐战争；9 月到达武汉后，先后兼任武昌攻城总司令、北伐军总司令部武汉行营主任、中央军事政治学校武汉分校代理校长、湖北省政务委员会主任、国民党中央执行委员、中央政治委员会委员、中央农民部部长、中央军委主席团成员、中央土地委员会主席等 20 多个职务。1927 年 4

月参加组织第二期北伐战争，6月在郑州会议上坚决反对汪精卫集团"分共"，7月13日辞职后去莫斯科。1929—1930年，在欧洲等地考察。

邓演达早早放弃兵权，将自己的嫡系部队交与他人，虽然走上了更加广阔的舞台，但遇到内部分裂时手头没有自己的亲信部队，单凭嘴巴说服不了手握重兵的将领时，只好远走国外。因为他这甘居辅佐地位、在权力面前退让为先、以不抓军权表现忠诚的高尚品格，在大敌当前时也许可以产生超常效果，但面临内部纷争时就会束手无策只能一走了之，造成个人和革命事业的悲剧。

1930年5月，回到上海。8月9日，在上海成立"中国国民党临时行动委员会"（即"第三党"，是中国农工民主党前身），并被选为总干事。11月发起组织"黄埔革命同学会"，秘密进行推翻蒋介石的军事策动工作。1931年8月17日在上海为干部训练班讲话时，因叛徒陈敬斋告密被捕。因拒绝蒋介石要他放弃政治主张解散"第三党"的要求，被蒋介石在第二次下野前于11月29日下令秘密杀害于南京，时年36岁。

二、粤军之魂

1. 邓铿高徒。邓演达入读广东陆军小学堂时堂长正是邓铿，因为邓铿与邓演达之父是故知，同样是来自梅县的惠阳人，便把邓演达当重要苗子培养；1920年初邓演达到福建参加援闽粤军任军事参谋也是应邓铿之召唤，回粤驱桂战役中表现突出被邓铿褒奖并连升二级，任少校营长；战后又被邓铿挑选进粤军的典范和精华——第一师任师司令部少校参谋，不久兼任军官教育班班主任。1921年平定桂系后被邓铿调任独立营营长，受命把该营作为全师进行根本改造的示范，邓演达如期将独立营改造成一师的模范部队。重新成立工兵营时邓铿考虑到邓演达的工兵专业又把他调任工兵营营长，期望他早日练就一支坚强的特种部队，但不久邓铿被暗杀身亡后计划终止。

2. 一师核心。粤军第一师在1922年7月的北伐回师中，因师级主官不表态，4个团长1个要助陈，3个随大流，于是决议主动脱离主力在旁边观察。后来北伐军失败局势明朗，第一师开回广州接受陈炯明整编。邓演达暗中布局，在第二团升格为独立旅脱离第一师后，力荐调集拥护孙中山的张发奎、郭学云、卓仁机三部成立新二团。邓演达领头串联第一师中的保定生缪培堃、张发奎、戴戟、郭学云等人，形成了一个以他为中心的革命小圈子；10月被他们公推到上海面见孙中山，请示行动方略，得到了联络滇桂军和其他粤军联合讨伐陈炯明的指示。当1923年1月初滇桂军会师梧州后沿江东下时，邓演达率领工兵营在封川（今封开县）举旗起义，是第一师首义部队。在他的影响下，第四团、二团依次参加起义，三支部队会合后，邓演达被推选为第一师代师长，指挥一师起义部队作战。因一师反正，致在西江的陈炯明部兵败如山倒，不到半个月陈炯明就逃离广州。

由于2个旅长逃离，反动的第三团被消灭，第一师要重新构造。因为第一师起义是以邓演达为首的中层军官自觉行为，并不是在师部的领导下进行的，所以梁鸿楷和李济深尽管仍然被他们承认为师首长，但他们在部队中的威信减弱。而邓演达继承了邓铿那种严于律己、善待部属的作风，更重要的是他在起义前和起义中的决定性作用，使之成为一师当之无愧的核心。大总统特派员邹鲁根据大家推举要委任邓演达为第二旅旅长，邓演达以自己年轻为由坚辞不受，他诚恳地说："我为革命而来，不是为升官发财而来的，请收回成命吧！"并建议将此职给陈济棠，他自己当第三团团长。后来第一旅改独立旅脱离第一师，要重建时也是按邓演达的主张请在南京学佛的陈铭枢回来担任旅长。

3. 粤军之魂。1924年初，孙中山想以许崇智为司令统一整编粤军，但屡电给避居上海的许崇智就是不见回来，孙中山找到粤军第二师师长张民达说："改编事不能拖延，汝为（许崇智字）不返，你负起责任来。"张民达回答："果真汝为不返，改编事宜请付诸择生（邓演达字）。"孙中山说："邓择生团长耳，你当师长，怎么可以团长在你上面代汝为？"张民达回答："我军事知识、军事才能远不如择生，果真汝为不返，为国、为革命我愿在择生下面为择生作助手。"

因许崇智一直赖在上海，邓演达被孙中山根据廖仲恺的建议派去劝说。邓演达和许崇智没有历史渊源，但他从革命的需要和军人的职责角度说服了许崇智。许崇智回来后将广东各地各个系统的粤军整编成建国粤军，为第一次东征和解决杨、刘叛乱打下了基础。

邓演达是肇庆西江讲武堂的特约教官，他还经常给基层军官进行"三民主义"等政治教育，被大家当作邓铿的传承人，在粤军中威望很高。当1924年8月他辞去第三团团长职务去黄埔军校专职任教时，送别的第一师军官无不挥泪失声。

第三任粤军第一师师长李济深说："没有仲元（邓铿字）师长的伟大、毅力，就不可能有革命的粤军第一师，并为其他部队的模范；没有择生同志的忠贞和热情，就不可能有团结巩固的粤军第一师，并坚实地为革命事业服务效命。"

陈诚曾是邓演达第三团的连长，1931年得知邓演达被捕后，致电蒋介石恳请"为国惜才免其一死";当获悉邓演达被判死刑时即致电蒋介石说:"顷据确讯,择生兄经军法司判死刑。人亡国瘁,痛彻肺腑,猥以微贱,久承嘘植;而今公不能报国,私未能拯友,泪眼山河,茕茕在疚。""决即日离职赴京待罪。"想以辞职要挟蒋介石来营救邓演达,从中可见邓演达在一师的魅力影响。

4. 追随伟人。1921 年 10 月,孙中山命令邓铿从第一师中抽一个团随他出发去广西,有人认为这会削弱第一师的实力,邓演达力排众议,主张应以各方面都较强的部队编成大本营警卫团。12 月皖系代表徐树铮要去桂林见孙中山,邓铿派邓演达陪同,这是邓演达第一次见到孙中山,他的乘胜北伐建议深为孙中山嘉许。1922 年 10 月,邓演达被一批反陈拥孙的军官公推到上海面见孙中山,请示行动方略,得到了孙中山明确的行动指示。1923 年 7 月,驻广州滇军内讧致市面动荡,驻肇庆的邓演达率第三团被孙中山急调进驻广州拱卫大元帅府,事后邓演达被授予少将参军,并得到孙中山亲笔题赠一张半身照片和对联一副:"养成乐死之志气,革去贪生之劣根";8 月,当东江危急滇军又不肯出动时,又被孙中山调去驰援博罗许崇智部。1924 年 3 月,邓演达又完成了孙中山派他去上海劝回许崇智的任务。

由于邓演达智勇双全、赤胆忠心,孙中山称赞说:"干革命,有两达(指张民达、邓演达),革命有希望。"

三、左派领袖

1926 年 7 月,广东国民政府出师北伐,邓演达任国民革命军总司令部政治部主任。1927 年 2 月,邓演达同徐谦、吴玉章、黄琪翔等 5 人在武汉组成"行动委员会",与搞分裂活动的蒋介石进行斗争。3 月,在国民党二届三中全会上,经邓演达等人的努力,大会对党务和军事确立集体领导制度,削弱了蒋介石的权力,他本人也当选为中央执行委员、中央政治委员会委员、中央军委会主席团成员和中央农民部部长,并重新任军事委员会总政治部主任,成为武汉国民政府的柱石。

蒋介石发动四一二反革命政变后,邓演达和宋庆龄等联合发表《讨蒋通电》,并主持了在武汉举行的 30 多万人参加的群众讨蒋大会。6 月 10 日,在郑州会议上坚决反对汪精卫集团"分共",并写了《告别中国国民党的同志们》,严厉谴责汪精卫的反革命叛变行径,随即辞职去苏联。

四、反蒋斗士

1930 年 5 月，邓演达回到上海，8 月正式成立"中国国民党临时行动委员会"，通过了由他起草的政治纲领《中国国民党临时行动委员会政治主张》，选出了中央干事会，他被推选为总干事。邓演达筹组的中国国民党临时行动委员会基层组织遍布 14 个省市。

1930 年 11 月，邀集黄埔军校进步学生发起组织"黄埔革命同学会"，并与陈铭枢等人秘密进行推翻蒋介石的军事策动工作，对蒋介石的根基构成很大的威胁。正如戴季陶所说："今天最可怕的敌人，不是汪精卫、陈济棠，真正动摇政府根基、分散黄埔力量的，只有邓演达一人。"

1933 年 7 月，国民党上将刘建绪问蒋介石："委员长百年之后，谁能代替你？"蒋介石答："能代替我的人已被我枪毙了。"[1] 据推算，蒋介石当时指的就是邓演达。

五、身后纪念

1949 年 11 月，由"中国国民党临时行动委员会"改名的中国农工民主党，呈请周恩来批准，责成江西省公安厅将出卖邓演达的叛徒陈敬斋逮捕押解北京，1951 年 4 月由军事法庭判处死刑。

1957 年，人民政府将邓演达遗骸从遇害处迁葬到南京市钟山南麓灵谷寺东，即中山陵左侧（与廖仲恺墓左右并峙，意为孙中山的左右手），重建陵墓。"邓演达烈士之墓"是何香凝题，墓碑背面刻有中国农工民主党中央委员会撰写的碑文，记述了邓演达的生平事迹。该墓是江苏省文物保护单位。

1986 年，广东省人民政府拨专款修复邓演达故居，由时任农工民主党中央主席周谷城题字；并对邓演达父亲邓镜人创办的鹿冈小学进行修整、扩建，更名为"演达学校"。1987 年，惠州市人民政府在西湖南苑公园内树邓演达铜像，建邓演达纪念碑、纪念亭。1993 年，惠城区三栋镇人民政府拨款在该镇建"演达医院"，时任农工民主党中央主席卢嘉锡题写院名。1995 年邓演达故居被列为惠

---

[1] 王成章：《雨花忠魂 以身殉志：邓演达烈士传》，江苏凤凰文艺出版社 2018 年版，第 311 页。

州市爱国主义教育基地，2007年被广东省政府列为省级重点文物保护单位。2009年，惠城区在邓演达故居的基础上兴建"邓演达纪念园"，现在它已成为中国农工民主党党史教育基地、广东省统一战线基地、广东省爱国主义教育基地。

第五节　建国粤军总司令许崇智

许崇智，字汝为，祖籍汕头澄海，1887年出生于广东省番禺县"许地"（今广州市越秀区北京路一带），是闽浙总督许应骙的侄孙。

一、生平

1899年由其叔公关照入读福建马尾船政学堂，同年被送往日本学习，先入日本成城学校陆军科，1902年底转入日本士官学校第3期步科学习，1904年毕业。1907年回国后历任福建武备学堂教习、帮办兼总教习，1909年任北洋陆军第十镇参谋、二十协四十标标统；1911年升任第二十协协统，同年10月加入同盟会，11月与同盟会福建支部举行秘密会议商定反清起义，被推选为起义军前敌总指挥。他积极谋划，以先发制人的策略，指挥三四千人一举克复福州。福建军政府成立后，任福建海陆军总司令、福建陆军第一师师长。1912年1月，任陆军第十四师师长、福建北伐军总司令，挥师北伐；旋因清帝退位，撤回福建。同年9月，被北洋政府授予陆军中将军衔。1913年"二次革命"中任福建讨袁军总司令，失败后流亡日本。1914年加入孙中山创立的中华革命党，任军务部部长，一度兼中华革命军福建司令。1915年底，他受孙中山派遣到福建组织革命军。1916年7月，到山东潍县任中华革命军东北军代理总司令，9月辞职离开；10月，被北洋政府恢复陆军中将军衔。1917年9月，任孙中山大元帅府上将参军长，10月代理护法军政府陆军总长。

1918年2月，许崇智受孙中山委派屈就援闽粤军第二支队少将司令，作为左路总指挥率部参加援闽战役，战功卓著。1919年9月，许崇智升任第二军军长。1920年8月，任右路总指挥率部参加回粤驱桂战役，结束了桂系在广东的统治。1921年5月作为右路总指挥率部参加援桂战役，攻克桂林。

1922年5月，孙中山在韶关誓师北伐，许崇智被任命为北伐军总指挥，率部进攻江西；在叶举发动"六一六事变"后，接受孙中山指令率部回师"靖难"，与陈炯明部在韶关激战1个月，失利后退往赣东。1922年10月根据孙中山指示与皖系部队联合，攻下福州，所部改称"东路讨贼军"，许崇智为总司令兼第二军军长。1923年1月，率部从闽南方向讨伐盘踞广东东部的陈炯明部，在韩江和东江地区殊死战斗近一年。

1924年1月，在国民党"一大"上被推为中央候补监察委员兼国民党中央军事部部长；5月，就任粤军（10月改称建国粤军）总司令，统率所有孙中山指挥下的粤军；10月，兼任大元帅府军政部部长；11月，再兼任国民党中央军事部部长。1925年1月率部参加第一次东征，任右路总指挥，击败陈炯明部主力；7月1日中华民国国民政府在广州成立时，被任命为国民政府常务委员兼军事部部长，不久兼任广东省政府主席和军事厅厅长，成为仅次于汪精卫、廖仲恺和胡汉民的国民党领袖。

1925年8月20日国民党元老、左派领袖廖仲恺被暗杀后，和汪精卫、蒋介石一起成为全权处理"廖案"的三人"特别委员会"成员之一。但在审理"廖案"过程中，因牵涉到粤军将领，许崇智部或被缴械，或被改编，本人于9月20日被迫到上海避居。

1927年冬，接受蒋介石20万元旅费，到欧美旅行。1929年因参与筹划反蒋被通缉。1931年当选中央监察委员，后任国民政府委员和军事委员会委员。1935年当选为监察院副院长。1939年迁居香港。1945年继续当选国民党中央监察委员。新中国成立后曾在香港参加"第三路线"政治活动。1965年病逝，骨葬香港志莲净苑会海塔。

二、评价

1. 许崇智是中国国民党早期主要军事领导人之一。纵观许崇智的治军历程，最值得肯定的是他自始至终都是孙中山坚定不移的忠实追随者。1911年率部参加辛亥革命，1913年响应"二次革命"任福建讨袁军总司令。1914年任中华革命党军务部部长，成为孙中山最为倚重的军事干部。1922年叶举发动"六一六事变"后，他的北伐军就成为孙中山最大的依靠；1924年11月被任命为国民党中央军事部部长；1925年7月任国民政府军事部部长。

但他有个很大的弱点是：前期自始至终都是指挥最多算是受孙中山革命思

想影响下的"别人的部队"：其辛亥革命前指挥的是清廷的新军，辛亥革命后指挥的是福建都督的部队，援闽时指挥的是陈炯明的部队，占领闽南后替孙中山抓点军权成了军长，后来孙陈分裂时4个旅长有2个都离他而去；后期是依靠孙中山的关照不断收编扩大部队：1922年10月北伐军攻下福州后，许崇智与黄大伟和李福林部组成了东路讨贼军，1924年3月又合并中央直辖粤军组成建国粤军，1925年6月又对战败退到闽赣的陈炯明部粤军进行委任收编，甚至还对南路邓本殷部队随便加以委任收编。许崇智部的特点是构成庞杂、独立性强而战斗力弱。

2. 留学日本学成的先进军事理论使他少年得志。许崇智打仗一般都不会有太多的伤亡，在双方激战之前一般都会做好精心的准备，如在敌军之中安排好内线，或是预先在有利地形布置好兵力等，这些"小谋略"使得他的军队经常能够在很短的时间内结束战斗，甚至兵不血刃就取得了胜利。当年的许崇智甚至被誉为"奇谋多智"，特点"巧攻快打"。许崇智在30岁以前便以极少的失败经历确立了在革命党中的重要地位。

3. 中庸性格导致他没能成为枭雄。早在福建时期，许崇智便有了功高震主的情形，面对孙道仁二次被其逼迫革命心中滋生的铲除之意，手握重兵的许崇智没有趁势夺取兵权，反而是躲到了上海。许崇智领军打仗，一直都没有显示出争强好胜的性格，多是打得赢就打，打不赢就走；这种性格让许崇智没有在连年战火中遭到任何的威胁，是所谓"留得青山在不怕没柴烧"。但是，1915年护国运动时作为军务部部长的他最后没能为孙中山搞出一支可以依赖的军队来，1922年回师靖难时让珠江上"永丰"舰中的孙中山望穿秋水也没能盼到他率部打回广州，1923年率领2万多人的东路讨贼军又在潮汕被陈炯明部打得溃不成军，撤回广州郊区时还被滇军缴了一部分器械，一气之下又躲到上海。1923年许崇智曾被孙中山定为黄埔军校校长，但他没有认识到这个新型军校的重要性，以工作太忙为由推辞掉了。1924年成为建国粤军总司令，统率几万粤军，其中不乏能战之军，但他没有严格训练努力改造让它成为称雄一方的力量，反而最后成为自己政治上的拖累。

4. 生活腐化导致他最后被迫出走。前期的许崇智，因为有了日本留学的经历，严厉谨慎的思想尤为突出，而后期的许崇智，则得了军风糜烂的诟病，其部属和其他军阀部队一样整天和鸦片、女人打交道，他自己也一度沉沦在这种奢靡的生活中。他的身上通常配有两杆枪，一杆是手枪，一杆是烟枪。有人评论许崇智是"军界前辈，生活腐化，短于谋略，不堪重任"。因为进取心不足，部队松散，所以被自己的参谋长、结拜兄弟蒋介石，只用几千黄埔学生军就将其几万部队全部解决。蒋介石派人送亲笔信给许崇智，信中说："粤军已有变动，请总司令去上海暂避一下，由我代为安排整顿。6个月后，再请回来共同主持北伐。"许无可奈何，解除兵权，悄然离粤赴沪。这一走，标志着许崇智与广东时局永远脱离，也标志着他的军事生涯从此画上了一个无奈的句号。

实际上许崇智被驱逐的原因是：平定"杨刘叛乱"前许崇智与陈炯明部下在粤东妥协，使第一次东征成果丧失；平叛后对北伐消极应付，让念念不忘遵从"国父"北伐遗志的政治领袖汪精卫和军事新锐蒋介石担心他成为"陈炯明第二"。加上二人对他生活腐化、不思进取的做法早就不满，于是在当时的实际最高领导（私下称为太上皇）的苏联首席政治顾问鲍罗廷的支持下，对他采取断然的军事加政治措施逼走他。

许崇智生于粤，人生顶峰也在粤，终究也在粤陨落。

许崇智在粤军时期的嫡系部队番号都是"二"。自援闽粤军第二支队扩编成第二军后，东路讨贼军时是第二军，建国粤军时还是第二军。

许崇智的军事生涯起源于入读福建马尾船政堂，以后三次发迹都在福建，一是辛亥革命在福州起义当前敌总指挥后任国家陆军师长，二是1918年率援闽粤军打到龙岩升任军长，三是率北伐军残兵败将打下福州，扩编为东路讨贼军任总司令。福建确是他的福地！

第六节　旧粤军的终结者蒋介石

蒋介石，名中正，字介石，原名瑞元，谱名周泰，学名志清。1887 年出生于浙江省奉化县（今宁波市奉化区）溪口，1903 年入奉化凤麓学堂，2 年后至宁波箭金学堂就读。

一、参加革命

1905 年初从龙津中学堂肄业后，东渡日本入东京清华学校，结识陈其美等人。1906 年考入保定陆军速成学堂（保定陆军军官学校前身）习炮兵。1907 年春赴日入东京振武学校，加入同盟会。1910 年冬卒业后在日军野炮联队实习。1911 年辛亥革命爆发后回上海，受陈其美指派率先锋队百余人至杭州，参加光复浙江之役；嗣后在沪军都督陈其美部任沪军第五团团长，与陈其美、沪军第二师师长黄郛结拜为"盟兄弟"。1912 年 1 月，受陈其美派遣，收买歹徒暗杀了光复会领袖陶成章，案发后避往日本。1913 年"二次革命"爆发后，在上海参加攻打江南制造局，事败后隐居上海，10 月加入筹建中的中华革命党，11 月再渡日本。1914 年 7 月，被孙中山派往上海、哈尔滨协助陈其美从事反对袁世凯的革命活动。1916 年 5 月陈其美被刺杀后，奉孙中山之命去山东潍县任中华革命军东北军参谋长。

二、加入粤军

1917 年 11 月任大元帅府参军；12 月，被孙中山派往陈炯明援闽粤军总司令部任职。1918 年 3 月，蒋介石任援闽粤军总司令部上校作战科主任，参与拟定作战计划，并提出了粤军第一阶段作战的战术，据此，粤军果然初战告捷。第二阶段由于段祺瑞为李厚基派来援军并组织反攻，中下旬援闽粤军主力全线后退，一直退到大埔县三河坝。当时陈炯明拟从梅县撤退，但年轻气盛的蒋介石不以为然，认为援闽粤军稍有动摇，将无立足之地。他赶往前线，假借陈炯明名义发布命令："渡河后退者，斩！"并把这个命令写成大幅标语插在山上。粤军官兵知无退路，奋勇向前。时恰遇暴雨，韩江猛涨，闽浙联军淹死不少，阵脚大乱。援闽粤军及时反攻，在右翼部队的增援下，直至攻下龙岩。第三阶段作战中，闽浙联军一直退到厦门，两军进入相持局面，这时蒋介石又自告奋勇，请求率兵偷袭福州。陈炯明付兵6个营1000多人编成一个支队，蒋介石率部攻占了离福州仅120里的永泰，但遭闽军全力反攻，只得放弃。

蒋介石不是广东人，不会讲粤语，性格又自命清高，加上陈炯明部粤军前线将领大多是绿林出身，江湖习气浓厚，留学日本的蒋介石当然与之格格不入，因此常受排挤，郁闷不得志。蒋介石经常声明他参加粤军只是受孙中山总理的委派，并不是"为他人作嫁衣裳"。

1919年9月许崇智第二支队扩编为第二军后，蒋介石被任命为第一军第二支队司令，不就；再改任炮兵司令，仍不就，且离开粤军，滞居上海做生意。1920年8月粤军回粤驱桂，蒋介石听到克复河源后才匆匆赶来，10月16日到达惠州前线就任军参谋长，在攻克惠州前兼任第二军前敌总指挥，代理许崇智指挥所部。1921年底参与筹划北伐事宜。1922年3月邓铿被刺杀后，陈炯明与孙中山的分歧越来越大，蒋介石认为陈炯明必叛无疑，坚决主张先讨伐陈炯明再北伐，因建议未被接受，遂辞职返回上海。

1922年6月叶举发动"六一六事变"后，孙中山避难于永丰舰，蒋介石得知后立即于浙江奉化老家回到广州登舰侍护40余日，取得孙的信任和器重。事后，蒋介石还出了《孙大总统蒙难记》一书。10月，被孙中山派往许崇智东路讨贼军任参谋长。蒋介石抵福州上任后，发现许崇智不思进取，黄大伟野心勃勃不服指挥，即于1923年1月赴沪谒见孙中山，提出东路讨贼军回师广东计划，并力陈必须撤换第一军军长黄大伟，后借故留沪。1923年2月，蒋介石被任命为大本营参谋长，但未赴任；3、4月二次致电许崇智，建议东路讨贼军要沿途避战，速返省城；4月在胡汉民、汪精卫等人劝说下，并在孙中山答应他不再负"东路讨贼军"之责后，才匆匆到广州大本营参赞军务；6月，被任命为大元帅行营参谋长。在行营参谋长任上十分卖力，"陈献决策，草檄批牍，筹战守，馈饷粮，同随军驾，入掌枢机。"7月又辞职前往香港。

三、黄埔校长

1923 年 8 月，孙中山任命蒋介石为团长率领"孙逸仙博士代表团"赴苏联考察学习军事、政治和党务。1924 年 1 月回到广州，任"中国国民党陆军军官学校"（简称黄埔军校）筹备委员长。因对国民党"一大"只得到军事委员的地位不满，又辞职离开。直到 4 月才回到广州，5 月正式上任黄埔军校校长兼建国粤军参谋长。10 月，被孙中山任命为平定广州商团军叛乱的总指挥。

1925 年 2 月，率领黄埔学生军 2 个团参加第一次东征。3 月，黄埔学生军和粤军第七旅与林虎部 1 万多人在棉湖激战 1 天，至天黑敌人才退去。棉湖之役是第一次东征中最惨烈的战斗，黄埔学生军初露锋芒，一鸣惊人。5 月，参与制订讨伐杨希闵、刘震寰的军事行动计划，并担任讨逆军总指挥，率领黄埔学生军组成的党军第一旅、粤军 4 个旅和大本营警卫旅，由潮梅回师广州，于 6 月 15 日将杨刘叛军全部消灭。8 月 17 日党军扩编为国民革命军第一军，蒋介石被任命为军长。

四、解决粤军

1925 年 8 月 20 日廖仲恺被刺案发生后，国民党中央执行委员会、国民政府委员会和军事委员会举行紧急联席会议，确定汪精卫、许崇智、蒋介石 3 人组成特别委员会，授以政治、军事、警察全权，控制局势和处理"廖案"。在得知粤军部分将领和"廖案"有关后，蒋介石于 8 月 24 日兼任广州卫戍司令，并立即宣布广州戒严。他派何应钦率领黄埔学生军连夜进驻市北的制高点观音山，担任市区、长洲岛和沿海的警戒任务，着手逮捕涉嫌粤军将领，解除其武装。8 月 25 日拂晓前各部都顺利完成任务，没放一枪。

蒋介石说粤军中有许多将领与"廖案"有关，为了许崇智的安全，改派黄埔学生军负责许的警卫。9 月 19 日，蒋介石在广东财政会议上又拘捕了许崇智的一些亲信，有广东财政厅厅长李鸿基、军需局局长关道等人。在汪精卫和苏联首席政治顾问鲍罗廷支持下，当晚蒋介石派人送信给许崇智，历数了许崇智的多条不当之处，最后要求许崇智"暂离粤境"；同时蒋介石派黄埔学生军把粤军郑润琦第三师、莫雄第十一师缴械。许崇智见大势已去，于 9 月 20 日下午启程离粤赴沪。国民政府据此发布命令：粤军总司令许崇智所有该部收束事宜由该军参谋长蒋介石办理，关于东莞、增城、宝安一带之军队统归蒋委员中正分别处理。不久蒋介石将粤军许济第四师、李济深第一师、李福林第三军分别改编成国民革命军第一军第三师、第四军、第五军。

至此，广东革命政府辖境内最大的半独立军事集团粤军全部被蒋介石解决或改编，编制序列中正式的"粤军"退出历史舞台，以后只是国民革命军中的粤系军队，尽管口头上仍称粤军。

1925年10月，蒋介石任第二次东征军总指挥。1926年6月，任国民革命军总司令。1927年4月在南京成立"国民政府"，任国民政府军事委员会委员长。以后历任国民党中央政治委员会主席、国民政府主席、行政院院长、中国国民党总裁、陆海空军总司令、第二次世界大战同盟国中缅印战区最高统帅、中华民国总统等。1975年病逝于台湾台北。

蒋介石投身于旧粤军，又亲手埋葬了旧粤军，最后踩在粤军的肩膀上登上国民革命军总司令、国民政府军事委员会委员长、中华民国总统的宝座，其取得成功的经验之一就是雷厉风行，不但竭力培养扩大自己的嫡系部队，还十分果断地将内部不可靠的同事、部下进行坚决清除。

第七节　新粤军之母李济深

李济深，原名李锦江，字任潮。原籍江苏，1885 年出生于广西苍梧县冠盖乡（今梧州市龙圩区大坡镇）料神村。6 岁丧父，跟随其叔父读书，1901 年入梧州中西学堂接受新式教育，是胡汉民的学生。

一、辛亥革命建功

1904 年入广东武备学堂（1906 年改为广东陆军速成学堂）步兵科学习，与姚雨平、林震同学。1907 年以一等第二名成绩毕业后分发广东新军模范营任见习官，后任学兵营第一连排长，与连长邓铿结成莫逆之交。1909 年被选送到广东讲武堂学习；1910 年被选送入（保定）陆军预备大学堂第三期军官深造班学习。1911 年武昌起义爆发当晚，李济深和同学一起去破坏保定附近的浏河铁路桥，想阻止清军迅速南下镇压革命运动；年底，到上海找到广东陆军速成学堂的同窗、时任广东北伐军总司令的姚雨平，被任为作战参谋；他主动请缨到前线指挥作战，参加固镇、宿州、徐州三次战役。因战功卓著，被姚雨平破格提拔为第四军第二十二师参谋长。1912 年部队遣散后重返已迁到北京并改名的陆军大学，1914 年毕业后因广东被龙济光控制只好留校任教，并在陆军部军学司兼职。

二、粤军一师师长

1921 年春，受老领导邓铿之邀回广东任粤军第一师副官长；12 月，师参谋长陈可钰调任大本营警卫团团长后李济深接位。1922 年 6 月叶举率部叛变后，驻防江西吉安的第一师对广东政局没有表态，叶举认为该师态度暧昧是李济深作崇，电饬该师陈修爵、谢毅两团长率队从赣南经连平、和平绕道广东东江助叶，并密令陈、谢二人暗杀李济深。由于李济深平日善待陈、谢二人，二人不忍下手，才躲过一劫。从1922年7月回师河源，8月开回广州接受陈炯明领导，至1923年1月第一师主力在西江反陈起义，李济深和师长梁鸿楷都持"中立"态度，以致起义这样大事皆由下面团营长发动。4月孙中山升任梁鸿楷为军长后，李济深接任第一师师长，后兼任西江善后督办处督办、大元帅大本营西江办事处处长。李济深着力经营西江，将驻江门已归顺孙中山又企图叛变的陈德春部缴械，率部攻占肇庆，并一直打到广西梧州，又二次出师北江，彻底击败沈鸿英部；还二次派兵支持李宗仁之新桂系统一广西。1924年1月，兼任黄埔军校筹备委员会委员；以粤军一师师长名义，提现款3万余元、枪200支交军校使用，并挑选军中一流军官前往任教。5月兼任黄埔军校教练部少将主任，把辛苦创办的西江讲武堂关闭，抽调了不少毕业生到军校任分队长，为黄埔军校的顺利开办作出了巨大贡献。5月，西江善后督办处撤销（移交给许崇智后），继续兼任新设立的梧州善后处处长。

三、首任铁军军长

1925年9月，粤军第一师改编为国民革命军第四军，李济深升任军长，并晋级为陆军上将，下辖陈铭枢、陈济棠、梁鸿林3个师和张发奎独立旅等。10月，任东征军第二纵队纵队长，参加第二次东征，讨伐陈炯明。11月又任国民革命军南路总指挥，率陈铭枢、张发奎等部南征，攻占雷州半岛和海南岛，全歼邓本殷部。1926年1月，在国民党"二大"上被选为中央执行委员等。2月，兼任军事委员会参谋部部长（旋改称参谋总长）；4月，兼任黄埔军校副校长。6月，在中央政治委员会议上主动请缨，慷慨陈词："为了支援第七军和唐生智的部队，本军愿意派遣张发奎师和陈铭枢师与叶挺独立团，同时也希望其他部队能配合第四军的行动，胜利完成北伐。"顺利促成北伐决议通过。7月，国民革命军北伐誓师，李济深被任命为国民革命军总参谋长、国民革命军总司令部后方留守主任；11月，还兼任广东省政府主席、广东省政府军事厅厅长；12月，又兼任国民党中央政治会议广州分会主席。1927年3月，在国民党"二大"三中全会上被选为国民政府委员、军事委员会委员。

1927年4月初，李济深到上海参加蒋介石召开的反共会议，会后返回广州发动"四一五"政变，杀害 2000 多名共产党人和革命群众。4 月 18 日蒋介石在南京成立国民政府后，李济深担任国民政府委员、国民政府军事委员会参谋总长、中央政治会议广州分会主席、广东省政府主席；8 月，兼任第八路军总指挥；9 月，派重兵围攻进入潮汕的八一南昌起义军。

四、首任民革主席

1929 年 3 月 15 日，李济深被蒋介石以伙同李宗仁、白崇禧"分头发难，谋反党国"的罪名扣押，软禁于南京汤山，剥夺军政大权，并"永远开除党籍"，直到 1931 年九一八事变后才释放。1931 年 11 月，在国民党"四大"上，被选为中央执行委员和中央政治会议委员，并被任命为军委会常委兼办公厅主任和训练总监。1932 年 5 月，被任命为鄂豫皖"剿匪"副总司令。因委派为上校参议的三人在武汉被蒋介石特务秘密逮捕并杀害，李济深写下长信痛骂蒋介石，并愤然与蒋绝交，然后辞职去香港。1933 年 10 月，李济深再次被"永远开除党籍"。

1933 年 11 月李济深参与发动"福建事变"，被选为"中华共和国人民革命政府"主席和军委会主席。1935 年 7 月，李济深在香港建立了"中华民族革命同盟"，担任主席。1937 年抗日战争全面爆发后，李济深先后担任军事委员会委员、国民政府战地党政委员会副主任委员、军事委员会桂林办公厅主任、军事参议院院长等。1945 年 5 月当选国民党中央第六届监察委员。1946 年 3—4 月，李济深正式成立"中国国民党民主促进会"，并被推选为主席。1946 年 7 月被授任上将，并退为备役。1947 年 5 月，国民党中央以"背叛党国"的罪名，将李济深第三次"永远开除党籍"，并下令"全国通缉"。1948 年 1 月，"中国国民党革命委员会"在香港成立，李济深被选为中央执行委员会主席。

1949 年 9 月在中国人民政治协商会议上，李济深当选为中央人民政府副主席和政协全国委员会副主席；1954 年，当选全国人大常委会副委员长。1959 年病逝。其故居在梧州市大坡镇料神村，"李济深故居"由胡耀邦亲笔题写，1995 年被命名为广西壮族自治区爱国主义教育基地，2001 年被国务院公布为全国重点文物保护单位。

评李济深为"新粤军之母",理由有二:

一是新粤军确是在他引领下诞生。1925年八九月间蒋介石对旧粤军进行大清洗时,许崇智建国粤军八九个(师)旅被缴械改编了,李济深却能把粤军第一师完整保存下来,在风云变幻中稳如泰山,于10月扩编成国民革命军第四军并担任军长,成为新式粤军,并在北伐中铸造成"铁军",从此名扬千古。

二是李济深只是粤军名义上的家长。李济深不是在粤军第一师中开始组建时带领部队参加"组合"成长起来的,而是一进来因资格老直任副官长,再转任没有多少实权的参谋长。当原师长梁鸿楷升任军长后,陈可钰和邓演达等人为了团结又谦让不当师长,一向待人宽厚的李济深被推上了师长的位置,他作为名义家长也得到了大家的认可。但没有嫡系部队,在论资排辈的旧军队中是比较尴尬的。手下3个师长陈铭枢、陈济棠和张发奎的独立性都很强,没有在基层当过主官,没有在战场直接冲锋厮杀历练的李济深,虽能团结和容忍,但"镇"不住他们,因此埋下了粤军最终走向分裂和李济深轻易垮台的隐患。所以李济深在新粤军中的地位不是一个强健的父亲,倒像一个慈祥的母亲,以宽广的胸怀抚育那些小孩成长,等到他们翅膀硬了就逐步飞出去了。1927年10月北伐后回到广州的张发奎竟然要老上司李济深的(后方)第四军改称"新编第四军",而他的(前方)第四军则正式称"第四军";当李济深这个"家母"摔了一跤(1929年被蒋介石扣押软禁)后,"家"也给人占了,相互混战的几个"兄弟"谁也顾不上他了。1949年初张发奎、薛岳、余汉谋三个老部下以"团结大广东""继续第一师精神"为号召进行大联合时,已经没有人提他这个当年的一师师长了!

李济深在巩固孙中山创建的广东革命政权和统一全国中立下赫赫战功,有几项措施特别具有远见卓识:一是全力支持李宗仁之新桂系——广西;二是全力支持创办黄埔军校;三是率部积极参加东征和南征统一广东;四是全力促进北伐。因此被李宗仁誉为"人丛中的一条龙"。

李济深孤心苦诣把北京认识的至交徐景唐引进粤军第一师帮自己抓军权,一步步培养,从推荐他任师参谋长、团长、师长到军长,最后让他掌握当时广东1/3的军队。当李济深被蒋介石软禁时,徐景唐虽然有点犹豫不决但最后还是举起了反蒋旗帜,尽管很快失败但还是可以当作一种回报或安慰。

第二章　陈炯明时期粤军将领

第一节　粤军总指挥叶举 [1]

叶举，字若卿，1881 年出生于广东归善县府城（今惠州市惠城区桥西街道）书香门第。1906 年入读广东将弁学堂第 4 期（与邓铿同学）。1909 年起任广东陆军讲武堂及法政学堂教习、新军学兵营督队官。1911 年底任广东陆军第三混成协参谋长。1912 年 2 月任广东陆军第二师第三旅旅长，9 月兼任高雷绥靖处督办。1913 年 7 月广东独立后被调往三水防守龙军，后通电响应龙济光主粤，任广东陆军第二师师长，旋即去职赴北京，任北洋政府陆军参谋本部咨议。

1918 年初援闽粤军成立时，叶举任总司令部参谋；当孙中山"炮教"莫荣新时，叶举主张举兵响应，被陈炯明制止；入闽后升任参谋处处长。1920 年援闽粤军回粤驱桂，叶举任中路总指挥。1921 年，粤军"援桂"讨伐陆荣廷，叶举任西江第一命令传达所所长、粤军前敌总指挥，指挥杨坤如等部攻下南宁、龙州，消灭旧桂系集团主力；随后任驻桂粤军总指挥。1922 年孙中山与陈炯明的政治分歧日趋严重，叶举不接受孙中山任命的粤桂边防督办职务，从广西率部回撤并擅自进入广州，发动了炮轰孙中山总统府的"六一六"兵变，并指挥部队打败回师靖难的北伐军。8 月陈炯明复任粤军总司令后，叶举任粤军总司令部参谋长。1923 年 1 月陈炯明退据惠州，后避入香港。5 月，与林虎等人入惠州，商讨重建粤军总指挥部；叶举担任粤军总指挥，设总部于惠阳平山，实际指挥踞河源

---

[1] 参广东省军区军事志办公室编：《广东军事人物志》，广东人民出版社 2001 年版，第 511 页。

的熊略第五军、踞惠州的杨坤如第六军和龙门的陈修爵独立师，成为陈炯明部属三巨头之一，即陈炯明粤军粤籍将士的首领，指挥所部在两年间顶住了滇桂粤联军的进攻。1923年4月被北洋政府授予陆军中将衔和"惠威将军"称号，后被委为广东军务督办；1924年5月又被委为广东省省长。1925年初大元帅府进行第一次东征时，叶举所部在惠阳县淡水、平山被打败，叶举遂弃军从陆丰甲子港逃往香港。

1927年后寓居香港，潜心向佛，保持晚节。1934年病逝。

叶举一生中做了一件最大的错事，就是不听陈炯明劝告，率粤军围攻孙中山的总统府。1922年4月，陈炯明被孙中山免去广东省省长、粤军总司令、内务部总长三职退居惠州后，叶举率粤军60多个营2万余人从广西回师，于5月18日擅自开入省城，23日开会决议"迎陈入省"，并要求孙中山"清君侧"。5月27日，孙中山任命陈炯明以陆军总长身份办理两广军务，并令廖仲恺还清叶举部欠饷。因叶举部领饷后强行挤兑引发风潮，孙中山于6月1日回到广州坐镇，宴请叶举所部粤军高级军官，但叶举以下无一人赴宴。孙中山于6月12日邀请广州报界出席茶会，公开要求粤军全数退出省城30里外，否则以武力镇压，并宣布："人说我孙中山车大炮，但这回大炮更是厉害，不是用实心弹，乃用开花弹，或用八寸口径的大炮之毒气弹，不难于3小时内把他60余营陈家军变为泥粉。"6月14日，叶举领衔通电请孙中山停止北伐、与徐世昌同时下野。6月15日，粤军高级将领召开紧急会议，决定武力驱逐孙中山下台。陈炯明听闻后，立即派秘书陈猛荪带着他的亲笔信劝叶举他们千万别轻举妄动。叶举当面将信掷落地上，说陈炯明书生之见不知军事，并让转告陈炯明，事情已箭在弦上不容不发。6月16日凌晨，叶举所部2万多人围攻孙中山的总统府和住处粤秀楼，在孙中山和宋庆龄分别化装撤离后，将守军缴械解散。

但叶举等人围攻总统府并不想置孙中山于死地，只想让孙中山下野离粤。因为早已让魏邦平等人有意透露消息，还亲口向英国总领事保证孙中山可以安全离境；所谓"炮轰"，也只是钟景棠部"以土炮轰击总统府三响吓之"。孙中山撤出总统府后，叶举在广州城张贴布告曰："国会恢复，护法告终；粤军将士，一致赞同。请孙下野，表示大公；诸色人等，安居勿恐。"当日，叶举还领衔粤军将领致电孙中山等各地军政首长和各界："举等同属国民，同隶粤军，为国为粤，不忍因一人以祸天下，为此合吁请孙中山先生实践与徐同退之宣言，敝屣尊荣，翻然下野。"说明叶举炮轰总统府的动机是护法，不是叛乱。但是，叶举围攻总统府之举，实际上不但导致孙中山与陈炯明彻底分裂，也使自己背上千古骂名。

叶举在戎马生涯中，不忘家乡建设。1912 年叶举驻军惠州，派人组织惠州军民浚通西湖，成纵横水道以通舟。1922 年惠州省立三中（原丰湖书院）毁于战火，叶举和李务滋捐款修复之。1923 年随陈炯明退居惠州后，在中山公园重建望野亭。1924 年发动群众再次浚湖，积淤泥于点翠洲西北侧垒成枇杷洲，为西湖增添新的一景。后来他还亲手创建了工读学校，捐资建广东西湖医院。叶举之子叶葆定牢记父亲的教导，热心捐助教育。叶葆定从 1998 年开始，与夫人及女儿先后为中山大学捐了 5600 多万港元；1999 年捐建了惠州学院叶竹筠（叶举父亲）图书馆。2008 年叶葆定在加拿大温哥华临终前，还捐赠了 170 万美元予中山大学岭南学院，被称为"父债子还"。

第二节　救粤军副总指挥洪兆麟[1]

洪兆麟，字湘臣，出生于 1876 年，湖南省宁乡县人。出身贫穷，生性勇武好胜。

一、军事生涯

20 岁时，投广东防军永字营当兵，渐升至哨长、管带。1911 年辛亥革命时受陈炯明、邓铿策动，在惠州反正，任循军团长，自此一直是陈炯明的骨干将领。1912 年任广东陆军第五团团长兼惠州绥靖处会办。"二次革命"失败后东渡日本。1914 年 8 月，受邓铿之命入惠州发动旧部起义，由于当时已联络好的警卫军 2 个营临时未能集中，洪仅率民军一部单独作战，被济军李嘉品部击败；10 月，洪再次组织民军 2000 多人进攻惠州，因原定配合的义军或爽约或失联，退守平山后腹背受敌因而溃散，洪只身逃往香港，被港英当局捕获，经孙中山和陈炯明大力营救才获释。1916 年奉邓铿之命，再度回惠州组织民军倒龙，与惠州守将李嘉品激战月余。龙济光倒台后，洪兆麟被广东省省长朱庆澜委为惠州帮办，参与对陈炯明"讨逆共和军"的改编。1917 年 12 月组建援闽粤军时任第五统领；1918 年初在粤东整编时升任第四支队司令，后参加援闽战役，9 月打下闽南后兼汀漳镇守使。1919 年 12 月，被军政府授予陆军少将并加中将衔。1920 年 8 月，粤军回粤驱桂攻下潮梅后，洪兆麟兼任潮梅镇守使、潮梅善后处处长。1921 年初兼任所部改编的第二师师长。1922 年 6 月，洪兆麟率部参与围攻总统府和孙中山的住地观音山（今越秀山）粤秀楼，参加叛乱。1923 年 2 月因许崇智率东路讨贼军从福建入粤，虑遭夹击，遂向孙中山、许崇智"输诚"，被李烈钧收编后任中央直辖潮汕绥靖主任；3 月被北京政府委任为广东陆军第三师师长

---

[1] 参广东省地方史志编纂委员会编：《广东省志·军事志》，广东人民出版社 1999 年版，第 279 页。

兼汕头防务督办，被授予"洪威将军"；4月率部袭击并重创东路讨贼军；5月与叶举等人入惠州，商讨重建粤军总指挥部，任代理粤军总司令，成为陈炯明部属三巨头之一，即陈炯明粤军湘籍将士的首领；10月率部进攻广州，一直打到东郊石牌、黄埔一带，因贪功急于进攻致功败垂成。1924年3月，洪兆麟被陈炯明任命为援闽总司令，率部援助漳州，打败并收编了2个师；5月，被北京政府任命为潮梅护军使；12月，任"救粤军"副总指挥。1925年2月广州大元帅府举行第一次东征时，洪兆麟部在惠阳平山、三多祝被击败，退往闽边；6月与许崇智妥协，复进占潮汕；8月陈炯明致函各部改名"定粤军"并自任总司令时，洪兆麟被委任为左翼司令，相机进攻广州；10月广州国民政府举行第二次东征时，洪兆麟率部反攻揭阳县河婆失败并被打伤，只身逃往香港。洪兆麟一生骁勇善战，指挥的部队最多时也只有1.3万余人，除在第二次东征中碰到新型的革命军被打败后，其余战役多能以少胜多。

二、被刺身亡

1925年12月，洪兆麟从香港乘"比亚士总统号"船前往上海，被船员韦德认出。7日晚8时，船将进入吴淞口，洪兆麟到餐厅用完餐后独自回客舱。韦德跟踪到了头等舱，一推门闪身进了洪兆麟的舱内，连发三枪，洪兆麟当即毙命。韦德确信洪已身亡后，为了不连累他人，便饮弹自杀，时年28岁。韦德是广东中山县（今中山市）人，曾在香港皇仁书院就读，因家贫弃学，先后在日本和俄国海轮当海员。他拥护孙中山北伐，痛恨陈炯明背信弃义；他还在轮船上组织"民声剧团"为北伐作宣传，孙中山知道后为"民声剧团"题了"现身说法"的横额表示策勉。后来中华海员工会联合会把韦德的遗体收葬在广州黄花岗。而洪兆麟于1926年10月9日被北京政府追赠陆军上将军衔。

三、双面人生

洪兆麟生前为家乡做过一些善事，如捐资修复宁乡县城南门桥等，被尊为"洪善人"。洪死后，宁乡亦开了一个追悼会，挽联甚多，中有王尧卿所作挽联甚为别致：

> 粤东追悼韦德，楚南追悼先生，月旦论公平，谁是英雄谁是贼？
> 海丰谓之忠臣，闽城谓之奸寇，星辰遭浩劫，有人欢喜有人悲。

在广东潮州，洪兆麟却被骂称"潮霸天"。洪兆麟统治潮州期间在中山路慰忠祠巷东边迫迁 100 多户居民，建起官邸，取名湘园。当时潮州拓宽太平路，某商号为保新楼不要拆而贿洪兆麟重金，但他收了贿金还把楼拆了，故潮州俗语有"金收楼拆——枭过贼"由此出，实喻人之狠毒。洪兆麟还想把西湖改为湘湖，成为他的后花园。西湖山上多有坟墓，若有留恋地脉不迁者，要交大笔的"胜景添建费"。他本来还要把沿江及太平路的旅馆、酒楼和妓院都迫迁到湖畔，但因这些商号不肯迁搬，向他贿了重金才算了却。洪兆麟在西湖建涵碧楼作为征妓宴客之好处，还在楼上写下对联"今夕只好谈风月，故乡无此好河山"，他还为自己树了半身石像。后来树上的鸟粪落在石像嘴上，有人就在石像后面题诗："粪着将军唇，臭味知多少？可怜我潮人，觉悟不如鸟。"1925 年洪兆麟失败逃走后，潮州人民有对联于石像前："青山不幸被奸占，白石无辜雕贼形！"

四、洪陈关系

一是自始至终追随陈炯明。从辛亥革命时受陈炯明策反参加循军任团长开始，特别是 1914 年在香港被港英当局捕获由孙中山、陈炯明营救获释后，就一直追随陈炯明。1923 年初，洪兆麟通电宣布与陈炯明脱离关系欢迎孙中山和许崇智回粤，实是担心遭前后夹击的一种"假投降"策略，他很快率部把许崇智打得大败。1925 年底他去上海也是为了取得吴佩孚的支持以便继续效忠陈炯明。二是依靠战功获陈炯明赏识提拔。洪兆麟辛亥革命被陈炯明策反时是管带（营长），光复惠州后任团长，援闽战役后升任第四支队司令兼汀漳镇守使，回粤驱桂后任潮梅善后处处长兼第二师师长，后任救粤军副总指挥，成为陈炯明部属三巨头之一。

第三节 "最可惜的"虎将林虎 [1]

　　林虎，原名荫清，字隐青，广西陆川县人，1887 年出生于广西万冈（今巴马县）。其父入刘永福军部当文案，后报捐县丞，被派赴江西省候补，林虎随之到江西南昌。

　　1902 年考入江西武备学堂。1904 年任江西常备前军统领部第二营哨官。1905 年随统领郭人漳回广西任亲军第四营督操官，不久任新军营长。1906 年春被黄兴吸收加入同盟会，因黄兴以林虎原名"荫清"，其文义与同盟会的反清革命主张相反，遂说："你有虎相，不如改名林虎，取荫清谐音改称隐青作为字，怎样？"林荫清即以林虎之名入盟。1907 年郭人漳调往广东差遣时，林虎这营新军也被调往广东。其后郭人漳被任为钦州边防督办，林虎则任钦州边防前路第四营督带，驻扎防城县。

　　1911 年底广东宣布独立后，林虎率领 2 个步兵营、2 个机关枪连和 1 个山炮连护送钦廉边防督办郭人漳北上，后应黄兴之命率部来到南京，与黄兴从武汉带来的卫队模范营合编为陆军部警卫混成团，林虎任团长。1912 年 4 月袁世凯继任大总统后，江西武备学堂同学、时任江西都督李烈钧接林虎部到江西，并提任林虎为江西陆军第一师第一旅旅长。1913 年 7 月 12 日，李烈钧到湖口宣布讨袁时，林虎被任命为江西讨袁军左翼司令，打响"二次革命"第一枪。林虎率领 3 个营的兵力在九江与袁军李纯 1 个师相持 10 日。8 月中旬退到萍乡后，林虎将部队交给湖南都督谭延闿；后化装潜往日本东京，谒见孙中山并加入中华革命党。因交出部队之事遭到孙中山严厉指责，林虎加入了由不愿加入中华革命党的革命党人组成的小团体"欧事研究会"，逐步与孙中山领导的革命党人分道扬镳。

　　1915 年冬，林虎冒险到南宁策动陆荣廷，将获得的陆荣廷赞成云南讨袁行动但要等待时机才能响应出兵的情况告知蔡锷。1916 年 4 月，岑春煊从日本借得 100 万元及可装备 2 个师的枪械来到广东肇庆。5 月初，"中华民国军务院"

_____

[1] 参广西辛亥革命史研究会编：《民国广西人物传》，广西人民出版社 1983 年版，第 80—86 页。

成立后，林虎任护国军第六军军长，率部参加了在广州外围的讨龙战争。10 月，被北洋政府授予陆军中将军衔，后调任高雷镇守使。1917 年 6 月，林虎被广东督军陈炳焜任命为省长警卫军接收专员，后兼广东警备军总参议。10 月，粤桂护法联军总司令部成立，林虎所部被编为第五军，并准备率军援湘参加护法战争。当林虎部一部分队伍出发后，由于马济劝陆荣廷留下林虎在广东与民党（泛指孙中山派）周旋，且又自告奋勇愿率部入湘，于是获得陆荣廷批准让林虎留粤。1917 年 12 月，林虎任讨龙军第二军司令，与沈鸿英一起各率部 12 个营分别在化州、恩平方向迎敌，与友军一起血战 81 天才把振武军击败，收编了黄兴业等部 1 万多人。1918 年 5 月护法军政府改组后，林虎兼任陆军部次长。1919 年 6 月，与沈鸿英一起将李耀汉的肇军吞并，收编其大部，包括陈铭枢、陈济棠等营，并接任肇罗阳镇守使；11 月，出任粤桂边防军总司令。

1920 年初因直皖两系矛盾加剧，自 1918 年 5 月打到衡阳就停滞不前的直系吴佩孚部，决意撤兵北返，派人与马济商量请南方接济军费 60 万元。马济电约同是受过军校教育的感情很好的林虎到广东乐昌县面商，就吴佩孚请馈款北撤事征询林虎意见。林虎说："60 万元买回一个湖南，何乐不为！"马济遂请准陆荣廷满足吴佩孚要求，促成吴佩孚 1920 年 5 月从衡阳撤兵北返。

1920 年 8 月粤军回粤驱桂，孙中山曾派人传话给知兵善战的林虎，劝其最好能反戈响应，至少也要做到不抵抗就撤退，可是林虎却抵抗最力，他的第二军 1.5 万人把粤军从惠阳淡水驱赶到海丰。桂系战败后林虎率军撤回广西玉林，任粤桂边防军第一路军司令。因当年陈炯明援闽粤军出征福建时，桂系拒绝补给饷械，林虎曾对桂系主要人物说："嫁个女出去总要给些嫁妆，使她能够自立，不致以后麻烦娘家嘛。"经林虎居间调停陈炯明军才得以补充部分饷械，后攻取闽南并逐渐发展壮大。现在桂系被陈炯明部逐回广西，有些老将就骂林虎是内奸，有人则以林虎原是民党就讽刺说："民党终归帮民党。"因此林虎回到广西不久就辞职去上海定居，和桂系脱离了关系。

1922 年冬，林虎应陈炯明之约到香港会面，并接受陈的委托去湖南和赵恒惕联络，协商推行联省自治。陈炯明为在形式上实现"桂人治桂"，考虑到广西全省绥靖副主任刘震寰威望不足，再派人到上海把林虎请回来，将原属桂军的部队拨归他们统辖，调往三罗地区集结，资助他收拾桂局。未几，陈炯明部被拥护孙中山的滇、桂、粤联军击败，林虎率旧部黄任寰、黄业兴、王定华等退往东江；1923 年 3 月，林虎被北京政府委任为潮梅护军使兼粤军总指挥；5 月，就任潮梅护军使、粤军各路军总指挥兼第一军军长，成为陈炯明部属三巨头之一，即陈炯明粤军的桂籍将士首领。1924 年 5 月被北京政府委任为广东军务督理，9

月被授将军府"寰威将军"。他率部多次大败孙中山指挥的部队：一是 1923 年在许崇智率东路讨贼军回广州途中进行偷袭，并从兴宁一路追赶到龙川；二是 1924 年参与陈炯明救粤军三路进攻广州，并任右翼总指挥，一直打到广州近郊龙眼洞；三是 1925 年 1 月在粤北和赣南大败谭延闿指挥的北伐军；四是 1925 年 3 月在揭阳棉湖重创黄埔学生军教导一团。1925 年 3 月，由于后方基地兴宁城被东征军袭占，林虎率残部退到江西省定南县。10 月，在国民革命军第二次东征中再被打败，将余部交由刘志陆后赴上海定居。

1927 年初北伐军占领上海后，护国军时期的老部下、时任国民革命军第七军军长李宗仁去探望林虎。林虎认为蒋介石是睚眦必报之人，怕遭暗算，问李宗仁他和蒋在东江作过战，蒋会不会报复？他在上海居住有没有危险？李宗仁劝林虎最好是到海外躲一段时间，旅费和生活费由李邀请一些林的旧部予以解决。于是林虎去法国居住了 1 年多。

1936 年，两广当局掀起"六一事变"，因陈济棠手下的几个师长如黄任寰、巫剑雄、杨鼎中等都是林虎的旧部，蒋介石采纳杨永泰的建议，派人到香港找林虎要他出面收买陈济棠部队的将领，条件是所许的官职名义由林虎提出蒋即发表，用款在 300 万元以内的不必请示，电到即将款汇来。林虎断然拒绝，离开香港回广西居住。

1937 年抗日战争全面爆发后，林虎被任为国民参政员。1947 年他被选为国民党立法院立法委员。

1953 年，任广西省人民政府参事室参事。1956 年，任广西省政协副主席。1958 年任广西壮族自治区政协副主席，并任全国政协常委。1960 年病逝。

林虎有三奇：一是早年加入了孙中山的同盟会，是同盟会员中最能战的将领之一，但长期未能为孙中山所用，反而给孙军带来不小损失。孙中山曾说："林虎是个将才""广西籍的同盟会员中，文以曾彦，武以林虎最可惜"。二是年纪轻轻（38 岁）就退出军界，但不少老部下却成为影响中国的风云人物，如李宗仁、陈济棠、陈铭枢、蔡廷锴。李宗仁对林虎有很高的评价："林虎先生的勇敢善战，出处磊落光明，廉洁自守，用人不疑，此种作风感人尤深，影响我一生做人处事，实至巨大。"三是曾经与陈炯明顽强作战，后又死心追随；曾经与国共合作的东征军血战到底，最后却又成为国共方面的座上客。

第四节　踞广东半省的八属联军总指挥邓本殷[1]

邓本殷，字品泉，1879 年出生于广东防城县（今广西防城港市防城区茅岭镇大陶村）。幼时家贫失学，随父母务农兼织席为生。长大后体魄强壮，身高 1.9 米。1899 年 20 岁时因嗜酒但又无钱购买，到酒店赊酒受奚落，气愤之极摔破酒瓶而到县衙报名从军。

初入伍时当伙夫，在一次战斗中徒手擒敌一名后转为一般士兵。由于作战勇敢，升至巡防营管带，隶属于广东陆路提督龙济光。辛亥革命后因部队缩编解甲归田，后投奔福建漳泉镇守使。1913 年龙济光接任广东都督后扩充济军，重招旧部，邓本殷回广东加入济军，任警卫军第四十七营营长。1916 年 5 月，起义民军攻克新会城，将驻防该城的警卫军缴械。邓本殷奉令率所部反攻新会，击溃起义民军，后因功升任帮统。10 月，陆荣廷接任广东督军，龙济光败走琼崖，邓本殷所部编入朱庆澜统率的广东省省长公署警卫军。

因不属于桂系的嫡系部队，邓本殷处境十分艰难。1917 年陈炯明组建援闽粤军时，邓本殷率所部 2 个营编入，升任第八统领。1918 年整编时升任第三支队副司令，辖 3 个营。6 月所部编入中路参加进攻闽南，进占饶平后遇反击，各路军纷纷败退时，唯邓部能坚守不动；年底，援闽战役结束后，所部进行了扩编，升任第六支队司令。1919 年 12 月，被军政府授予陆军少将。1920 年 7 月，邓本殷率所部会同友军，突袭了浙军陈肇英部及福建地方军张贞、杨子明等部，迫使他们退入山地，解决了回粤的后顾之忧；8 月编入中路军参加粤军回粤驱桂战役，攻克饶平，在大埔高陂击溃桂军悍将卓廷贵；9 月参加进攻惠州，血战 1 个月才攻下；率部追击桂军残部，南下收复广东南路地区。11 月，所部第一统领陈修爵部调归新组建的第一师。

1921 年 1 月，邓本殷率部进驻琼崖（今海南岛），扣押了海疆军驻琼崖的梯团长何福昌，顺利整编琼崖驻军，将所部扩编为粤军第一军独三旅，辖 2 个团 6 个营，改任旅长，并兼任琼崖善后处处长。6 月参加"援桂"讨伐陆荣廷战役，

---

[1] 参广东省军区军事志办公室编：《广东军事人物志》，广东人民出版社 2001 年版，第 510 页。

率部由雷州进兵钦州和廉江等地，后派参谋长邓承荪率部进击盘踞在龙州的桂系残部。1922年6月，邓本殷参与叶举领衔的要求孙中山下野的联名通电，后率部包围、击溃了驻防廉州的黄明堂南路讨贼军。邓本殷通过陈炯明将原属桂军的施少卿团长和卢华龙所部调离琼崖，趁机将所部扩编成2个旅，由亲信陈凤起、邓承荪分任旅长，邓本人也升任二十三、二十四旅"指挥"。1923年1月，滇桂联军奉孙中山之命进攻广东驱逐陈炯明，邓本殷率部在西江下游抵抗滇桂军。

陈炯明败退惠潮梅后，邓本殷率部退回琼崖自立门户。1923年5月邓本殷被北京政府任命为琼崖镇守使。8月，联合南路其他地方势力，成立"八属联军总指挥部"，邓本殷自任总指挥。不久，统一了广东南路八属，占据广东半省，总兵力3万多人，其中嫡系部队扩编为6个师。邓本殷表面对政治持中立态度，声称"既不帮孙中山，也不助陈炯明"，暗中却与陈炯明保持着密切联系。1924年2月，又被北京政府任命为琼崖护军使；8月获授"节威将军"。其间孙中山曾致函邓本殷，劝其归附大元帅府，但邓本殷置之不理；孙中山遂任命邓本殷的防城同乡、曾任广西自治军总司令、广西省省长的林俊廷为"广东钦廉高雷琼崖罗阳八属军务督办"，令其进攻邓本殷。5月，林俊廷率3个旅从南宁前往廉州，让老部下申葆藩派兵协助进攻邓本殷，获申葆藩拨来所部张瑞贵旅归己指挥。12月，邓本殷突袭林俊廷，张瑞贵旅反戈一击，林俊廷率残部撤向钦州。

邓本殷进占海南岛后，在海口大搞基础建设，扩建公路，拆除海口旧城，修筑堤岸，重修秀英炮台，以省会城市标准建设海口城，使之颇具城镇规模；实行"琼人治琼"；鼓励华侨回乡投资建设，促进贸易发展。1923年创办了海南第一所高等学府——海南法政大学。1925年，在海口设立海南最早的地方银行"粤南实业银行"，发行3000万元的"八属银毫"。

1925年2月，邓本殷被北洋政府授予陆军中将军衔；4月，邓本殷派代表前往北京，祈求北京政府改南路八属为"广南省"，并任自己为督理。但北京政府首脑段祺瑞只宣布广东南路八属为特区，任命邓本殷为"八属善后督办"，授予"植威将军"。在"省港大罢工"发生时，邓本殷电请美国派军舰6艘进驻，并接受香港政府80万元，为香港政府提供食品。

1925年9月，因广东革命政府蒋介石清洗许崇智的嫡系部队，驻防四邑的部分粤军愤而投向邓本殷，邓本殷趁机进攻广东国民政府，令苏廷有会同梁鸿林师由两阳进攻江门，并电告北京政府请求支援。10月中旬，北京政府晋加封邓本殷陆军上将衔，并派军舰南下协助。邓本殷决定趁革命军东进惠潮梅、后方空虚之机策军三路东犯广州，自任总指挥兼左翼指挥官，陈德春任中路指挥官，苏廷有任右路指挥官。10月24日，八属联军攻陷罗定，迫近江门，集中1万余人猛攻开平县单水口，与国民革命军陈铭枢部激战三昼夜，后因国民革命军援军赶到，八属联军全线溃退。11月初，桂军俞作柏和胡宗铎部入粤，申葆藩弃军逃往越南，邓本殷只好率残部退守琼崖。1926年1月，国民革命军第四军进攻海南岛，八属联军缴械投降。邓本殷乘日本军舰前往越南。

邓本殷战败后心灰意冷，称病住进上海宝隆医院，不久就对外宣称不治而逝，找了个替身交由亲信郑重其事地运回老家防城茅岭安葬。此后，邓本殷潜往上海隐居，过起了不为世人所知的寓公生活，以致史料记述邓本殷生平大都以1926年3月病逝作结。

抗日战争全面爆发后，邓本殷毅然于1938年在无锡建立江浙游击军，后收编了顾复兴部和强学曾部两支抗日游击队，扩展到1000多人。1939年，该部编入新四军江南抗日义勇军，邓本殷升任副司令，后辞职离队。此段参加新四军的经历为其灰暗的人生增添了光彩的一笔。

抗战结束后，邓本殷移居上海，参加了上海民革的筹建工作。1949年移居香港，后不知所终，与其1926年在上海医院"假死"一样让人难于捉摸，成为谜一样的人物。总体上可说邓本殷功过兼有，毁誉参半。

第五节　旧粤军最后坚守者刘志陆 [1]

刘志陆，字伟军，广东省梅县扶贵堡（今梅州市梅县区程江镇古塘坪村）人，1891年1月出生于广西龙州军属之家（其父刘吉堂早年投刘永福黑旗军，因抗法有功升任龙州守备），少时回梅县入高等小学堂读书。

一、刘志陆与粤军的恩怨

1907年刘志陆承父意考进虎门陆军速成学堂，1909年入广东陆军讲武堂第三期，1910年加入同盟会，1911年毕业后适逢辛亥革命爆发，加入广东高雷起义的苏慎初部；是年12月初，任广东陆军第一混成协执事官。1912年编入广东陆军第二师任中级军官。1913年初，任粤军营长；3月，被授予步兵中校。1914年，经在广西担任陆荣廷参谋长的梅县人林绍斐引荐，到广西投效其父亲的换帖兄弟、桂平镇守使莫荣新，并认作义父，历任镇守使署参谋兼警卫连连长、营长。1915年6月，升桂平镇守使署参谋长；11月，被授予步兵上校。

1916年初，刘志陆随莫荣新入粤讨伐龙济光；5月，升任两广护国军第三军第六旅第十二团团长；10月，被北洋政府加陆军少将军衔；12月，兼任驻顺德全省保卫团统领。1917年初，任广东陆军游击统领。

1917年10月，刘志陆受控制广东军政的陆荣廷桂系广东督军署委派，任惠州绥靖督办，率陆军10个营、炮兵3个营前往惠州平定张天骥叛乱；11月莫荣新代理广东督军后，刘受命组织"平潮军"，率部打败宣布"独立"的潮梅镇守使莫擎宇；12月，署理潮梅镇守使。1918年1月中旬，任"讨龙军"第三军军长；2月正式任潮梅镇守使。此时刘志陆才28岁，却管辖潮梅16个县市，人称

---

[1] 参广东省地方史志编纂委员会编：《广东省志·军事志》，广东人民出版社1999年版，第514页；中国人民政治协商会议广东省梅县委员会文史委员会编：《梅县将帅录》（第一卷），《梅县文史资料》1997年第29辑，第90—93页。

"少年将军"。3月，率兵15个营参加粤西反击龙济光振武军战斗。4月讨龙战役胜利后，刘回到汕头，设镇守使署。10月，"讨龙军"第三军改编为广东护国军第四军，刘兼任总司令。12月，设立汕头市政局，是汕头现代化城市建设的肇始。

1918年5月，陈炯明率领的"援闽粤军"发动"援闽"战役。8月，战役进入第二阶段，遭到"闽浙联军"反攻，广东饶平、大埔相继被攻占。当"援闽粤军"主力受挫被迫全线后退时，驻军潮汕的刘志陆部作为粤军的同盟军，及时出兵增援帮忙顶住了敌人攻势，让"援闽粤军"得以重整并开展反攻，并最终攻取了闽南26个县的立足之地。

1919年12月，被护法军政府授予陆军中将军衔。

1920年8月11日，完全由桂系控制的护法军政府下达进攻福建的动员令，作为广东护国军第四军总司令的刘志陆兼任"攻闽军"中路司令。陈炯明闻讯于8月12日在福建漳州组织"援闽粤军"举行回粤誓师大会。此时刘志陆部作为桂系部队已转化成为陈炯明粤军的对手。粤军打着"粤人治粤"旗号回粤驱桂，士气旺盛，而刘部粤籍军官多被收买，桂籍军官又因搜括多年敛财不少毫无斗志，所以很快战败，大部溃散或投降，特别是卫队哗变要求独立，迫使刘志陆本人逃往香港。粤桂军双方实力此消彼长，使粤军迅速攻占广东全省。

1922年6月陈炯明部发动"六一六兵变"后，粤军分裂成陈部粤军和追随孙中山的许崇智部粤军。1923年1月，陈部粤军被孙中山组织的军队赶出广州，回到粤东，部队由三大部分组成，即原基本部队组成的以叶举为首的惠潮梅系统、以洪兆麟为首的在粤湘军系统及在回粤和"援桂"二次战役中收编的桂军系统，总约5万人。

1923年初，林虎应陈炯明之邀回粤指挥收编的原桂军部队，林虎要求同样寓居上海的刘志陆一并回粤。得到陈炯明同意后，刘志陆任粤军第二军军长，驻扎五华；10月率部参加反攻广州。1924年底陈炯明将所部改成"救粤军"时，刘志陆仍任第二军军长。

二、刘志陆是粤军的最后坚守者

1925年8月陈炯明将旧部改编成"定粤军"时，刘志陆被任命为粤军主任兼参谋长；原本准备再次反攻广州，但尚未发动即遇国民革命军第二次东征。11

月，刘志陆率残部撤到福建省龙岩；1926 年 1 月，各部粤军集中武平县，刘志陆被谢文炳、陈修爵师长等人公推为首领；遂将残存的"定粤军"部队七八千人整编为 9 个团，在闽粤赣边求生存。

因处境艰难，大家开会讨论前途问题。有人提出投靠国民革命军，认为部队是广东人占绝大多数，远走中原北方，劳师远涉，水土气候不适应，补给也困难；也有人主张投靠吴佩孚，认为当时国民革命军权力落在蒋介石手里，蒋为人狡猾奸险，阴险残暴，在蒋处不易立足，非不能有所作为而且性命也难得保全。他们还可能考虑到，陈炯明与吴佩孚往昔有较友善的互动关系，另外，吴也一再表示他先人籍贯是梅县，顾念乡情旧谊，也不会拒绝容留。最后统一意见投靠吴佩孚。于是刘志陆遂命令谢文炳、陈修爵两师长率队由闽赣边境出发，去湖南投靠直系军阀吴佩孚。刘本人则化装成商人，先至厦门鼓浪屿，转香港去上海与北方军阀联络。谢、陈率部辗转跋涉至江西莲花、永新县，改编为"讨贼联军援湘粤军"，刘志陆任总司令。

1926 年 7 月和 9 月，所部与北伐军分别在湖南醴陵和江西安福对阵，皆败。

因吴佩孚自身难保，他将刘志陆投靠之事介绍给山东张宗昌。1927 年 1 月，刘率领粤军经安徽南部大通镇，渡过长江到达安庆、桐城、合肥等地，后进入山东，投靠"直鲁联军"总司令张宗昌，部队被编为"直鲁联军"第十三军，刘志陆任军长，驻济宁，下辖第六十一师（师长谢文炳）和第六十二师（师长陈修爵）。先在合肥与蒋介石第一集团军激战半个月，后与冯玉祥第二集团军交战过二三次，守住了山东的西南门户。7 月，刘被北京政府加陆军上将军衔。10 月，被授予"远威将军"。11 月间，"直鲁联军"三路进攻开封的冯玉祥第二集团军时，刘任右路军总指挥，指挥 10 个军 5 万多人在河南考城作战。

1928 年初，刘志陆任"直鲁联军"第三路军总司令，下辖十三军扩编的粤军 3 个军和其他部队。6 月，这支粤军被举行第二次北伐的国民革命军击败后投诚，改编为国民革命军第十三路军（下辖 2 个军），刘志陆任总指挥。1928 年12 月，所部缩编为新编第二师，刘志陆任师长，旋即辞职，部队也被编并。

在广东的许崇智部粤军于 1925 年夏秋或被缴械或被改编，而刘志陆率领的陈炯明粤军余部却因远走他乡，坚持到了 1928 年底，成为粤军的最后坚守者。

三、刘志陆最后成为抗日将军

刘志陆在旧军队将领中算是较有见识的,早在1918年他应邀在梅县广益中学演讲时就说过:"从历史上看中美关系,素来很好,将来也是好的。反看日本东洋鬼子,日夜存心侵略霸占我们的国土,压迫我国人民。我们要打倒日本帝国主义侵略者,必须做好中美关系,我今天来到这里,就是做好这个基础开端。"以后有几件事,实践了他的前言。

1.组织"青红帮"协助十九路军淞沪抗战

据说刘志陆在"直鲁联军"失败前向张宗昌要了100多万元大洋,去上海后日夕与上海"青红帮"头目杜月笙、黄金荣等往来甚密,称兄道弟。1932年,十九路军在上海淞沪抗战期间,刘志陆号召其"青红帮"弟兄参与十九路军抗日,扰乱日敌后方,部下牺牲者达百余人。

2.组织"别动队"参加淞沪会战

1937年淞沪会战期间,刘志陆受命参与组织"苏浙行动委员会别动队",任总指挥,率领1万多人协助主力军作战,所部牺牲2700多人。

3.在广东潮汕指挥民众抗日

日军侵占上海后,曾以高官厚禄游说刘志陆出任上海"维持会"主要负责人并任上海伪市长。刘扬言准备上台,实则秘密伪装成商人潜往香港转至广州,参加抗日工作。

1938年1月,刘任广东省第九区民众抗日统率委员会主任,督饬各县扩充团队,积极组织县区民众武装在汕头、澄海沿海岸线迭与日军作战,所部第九区抗日民众自卫团第四大队洪之政部参加收复南澳作战,打响了广东抗日第一仗。1939年2月统率委员会取消后,刘先后任潮梅游击司令、第四战区长官司令部高级顾问。

1939年12月,刘志陆任广东省第五区行政督察专员兼保安司令。刘将行政专员公署设于距丰顺县城4公里的山谷中,他曾穿着农民衣服,肩荷锄头,头戴农民竹笠,去揭阳县炮台墟日占区,混在农民中一起耕种,借以了解日军情况。1941年5月,入侵潮汕的日军拟进犯揭阳,刘亲赴前线指挥,加强戒备。8月,日军企图进攻兴梅,派遣部分兵力进抵丰顺县之猴子崇,刘事先调集兵民武装千余人，构筑工事，迎击日军进攻，从而使兴梅地区免遭日寇蹂躏。不久刘志陆因病乞假归故里就医，9月在家因心血管病去世，终年52岁，为其军人生涯画上了圆满句号。

第六节　守城名将杨坤如 [1]

　　杨坤如，字达波，出生于 1884 年，广东省博罗县水苑乡（今惠州市惠城区汝湖镇）人。发生在家乡的七女湖起义失败后不久，杨坤如加入会党，活跃在东江两岸，并升为小头目；后所部为旧桂系收编为东江警卫军第七营，任营长。在防守惠州期间他曾说："你们的韬略，从陆军学校学来；而我的韬略却是从绿林学校学来的。"（惠州话"陆"和"绿"同音）

　　1918 年初，陈炯明率援闽粤军在潮汕集训，杨坤如率部自动加入，任第三支队第二十一营营长；5 月参加"援闽"战役，在攻克永定后因功升为第十七统领。1920 年 8 月率部参加回粤驱桂；9 月在河源县石公神（今紫金县临江镇）附近，率部截击从丰顺败退的桂军卓贵延部六七千人，利用疑兵战术俘获大批人枪，因此被提拔为支队司令，允其将俘获扩充部队至 8 个营；10 月在东莞石龙又收编了桂军统领李易标部。战后整编时升任警备游击第一司令部少将司令。1921 年 6 月率领李易标、杨腾芳、邓乃忠统领和本统及司令部直辖部队共 18 个营，集中肇庆，由叶举指挥参加援桂讨伐陆荣廷之役，一直打到南宁、龙州。其间李易标统领又被桂军沈鸿英拉拢脱离。年底所部整编为第一警备队，下辖 3 个统。1922 年 5 月受命率部回到广州；7 月率部在韶关阻击回师靖难的北伐军。战后升任第十五、十六旅指挥；12 月杨部调往西江，其中邓乃忠统划归独三旅翁式亮指挥。

　　1923 年 1 月初，杨坤如在德庆被滇桂粤联军打败，逃往惠州，途中收编了第四警备队陈小岳部李克诚率领的 3 个营。1 月 19 日，杨坤如致电中央直辖警备军司令姚雨平宣布惠州独立，所部被姚雨平电令编为警备军第二师，杨坤如任师长，并将所部编成 3 个旅。4 月，杨坤如被北京政府任为广东陆军第九师师长兼惠州清乡督办后，将姚雨平收编的拟作为亲军的翁辉腾纵队缴械，迫走姚雨平，并将所部扩编成 6 个旅又 2 个司令部，还有独立团、独立营。5 月 10 日，叶举和洪兆麟进入惠州，设立粤军总司令部，任命杨坤如为前敌总指挥，并对部队进行了重新编组。杨坤如部被编为第六军，由杨兼任军长，总兵力约 8000 人。

---

[1] 参广东省军区军事志办公室编：《广东军事人物志》，广东人民出版社 2001 年版，第 405—406 页。

从此，与革命政府对抗达两年半之久，其中于 1923 年 4 月被北洋政府授予少将军衔，1924 年 5 月晋升陆军中将军衔。

杨坤如是守城名将。

第一次困守惠州城是从 1923 年 5—10 月，历时半年多，围城联军是刘震寰桂军和杨希闵滇军共 1 万余人，中间还增派了粤军和飞机队、鱼雷部队、虎门炮台巨炮，而守城部队只有 4 个旅 8000 多人。5 月 29 日滇桂联军开始攻城，至 10 月 25 日共总攻五次，手段不断增加：飞机投弹和散发传单，挖地道，埋地雷炸城墙，巨炮轰击，敢死队云梯登城，无所不用，全被化解。孙中山从 6—9 月八次亲赴惠州督师，视察北门阵地，上飞鹅岭慰劳将士，甚至到梅湖重炮阵地亲自发炮，累计 40 多天。杨坤如还经常派部队出城抄后路、反冲击，对炮火破坏的城墙随破随修，还每天早上亲登炮台，命炮手开炮与联军炮战。曾击伤一架低飞的联军飞机，打伤在飞鹅岭视察的桂军总司令刘震寰。杨坤如在困守惠州城期间，常不带警卫独自一人在街上行走，暑天常脱下黑绸衫戴着竹笠到惠波楼饮茶，城中无人不识。中秋节，杨坤如嘱军民尽情联欢，军民联合弹唱歌舞。至 10 月，城中粮食渐尽，军中每人每天只供米 4 两熬稀粥充饥，而居民初时则熬食中药店的土茯苓、党参、沙参、玉竹之类，其后食至蕉树皮、树叶，甚至挖塘泥（谓观音土）为食。但守城军民全力支持，因为桂军曾扬言破城后将全城屠戮，以报此前杨坤如率军入桂作战时扰民之恨。时坐镇洛阳的直系首领吴佩孚十分赞赏惠州杨坤如守城之举，电请杨坤如来洛阳作守城报告，杨坤如派林步云赶去洛阳汇报，还带回一把吴佩孚手书唐诗的折扇。10 月 30 日，因陈炯明援军即将到达，刘震寰决定从飞鹅岭撤退，围解。

第二次困守惠州城从 1924 年 3 月底至 8 月，历时四个半月，围城部队仍是滇桂军。3 月闽南告急，陈炯明在香港开会商讨。洪兆麟力主放弃惠州，急援漳州，保住潮梅，获与会者赞成。杨坤如力主守惠州，谓："你们均去守潮梅，我只守惠州。"最后决定分兵把守。4 月 17 日攻城受阻后，滇桂湘联军采用一部监视惠州，重点向两翼进攻，使惠州陷入大包围中失去价值的策略。左路湘军勇猛挺进攻克河源和紫金，但右路滇军观望不动，没有进军海陆丰。5 月，联军利用惠州连降十多天大雨江水猛涨之机，在夜间分乘小艇进攻县城，被绿林出身作战殊勇的本地人旅长钟子廷击退。联军又派飞机轰炸，但炸弹投进水中多不爆炸。此后杨坤如、钟子廷等军官身先士卒，常趁黑夜进行反击。7 月，增派樊钟秀豫军加入攻城。8 月 3 日，联军用埋藏在地道的地雷把南门城墙炸开 20 余丈，但早有准备的杨坤如立即率部冒着浓烟将准备好的大木排竖起，封住崩毁的城墙，然后命机关枪队和驳壳队隐蔽在木排后严阵以待，击退了土匪出身的豫军连续三次冲锋。因联军围城日久士无斗志，且闻援军将至，遂纷纷溃退。8 月 14 日，杨坤如在城楼见状即开城门夹击联军，惠州城再次解围。潮梅军副总指挥洪兆麟抢先入城，见到杨坤如后忽下跪叩首，感谢其守城之功。杨坤如不料洪兆麟行此大礼，亦急下跪对拜，一时传为佳话。9 月，素以善战闻名的吴佩孚闻报，即以北京政府名义授予杨坤如二等文虎勋章，授予骆凤翔、钟子廷以三等文虎勋章，并派专使来惠州授勋。

第三次守城是在 1925 年 2 月许崇智部第一次东征期间。2 月 17 日，中路军桂军韦冠英师与陈军在惠阳黄洞激战 2 小时，沿挂榜山进至飞鹅岭，后因右路军前敌总指挥张民达反对强攻惠州而躲过劫难。

因为东征军席卷潮梅，且桂军又一直包围惠州城还多次进迫，3 月底杨坤如派人向驻博罗滇军军长胡思舜洽商投诚。4 月 19 日，参谋长兼旅长骆凤翔联络另一旅长钟子廷，解除杨坤如卫队武装，并将杨坤如送至惠阳县城（今惠城区桥东街道办事处）看管，宣布向大元帅府投诚。后杨坤如设法逃往香港。6 月杨坤如向粤军总司令许崇智输诚，被许委为建国粤军第五军军长，由莫雄、梁士锋率部护送回到惠州。9 月，因许崇智被蒋介石逼走，杨坤如重归陈炯明，仍任陈部第六军军长。

第四次守城是在 1925 年 10 月国民革命军第二次东征期间。因为骆凤翔投诚后升任师长调驻河源，当杨坤如归来时宣布不愿继续受杨领导，带走半数兵力（行至东莞樟木头时旅长李详率部归来），因此杨坤如兵力有所减弱，9 月收容了莫雄部和郑润琦部各 1 个营后，主力部队只有 5000 多人。而面对的攻城部队却是一支经过东征洗礼的国民革命军第一军等部，觉悟高，训练精，装备好，数量还远超守城部队，达到 1.5 万多人，而且四周联系都已被东征军基本切断。但杨坤如依然毫无惧色，守城第一天仅靠步枪和机枪反击，就打死对方团长刘尧宸以下近 200 人，打伤四五百人，迫其进攻停止。第二天，城墙侧射机枪阵地被东征军炮兵连长陈诚亲自操炮消灭，因此不到 1 个小时即被攻破。

这是两代守城名将的一次交锋，同时也可能是一种传承。

惠州城被攻克时，杨负伤率领数百人出逃，经惠阳城逃至梁化墟、河源，后潜往香港寓居，致力于发展海外致公党党务。1936 年夏病亡，葬在惠州陈炯明墓旁同一座山南边约 100 米处。

第七节　猛将李易标[1]

　　李易标，出生于 1886 年，字锦文，广东防城县（今广西防城市防城区那梭镇）人。

　　早年因家贫无钱读书，14 岁时便毅然离家，投身行伍。初随袁带做勤务兵，1916 年在桂军林虎部任连长，1918 年 2 月升任营长，后任广东游击营帮统兼第二十营营长。1919 年 6 月被军政府授予陆军少将军衔。1920 年初任广东陆军第一师第二旅第一团团长；8 月粤军回粤驱桂，李易标在东莞县石龙因难于过江被迫宣布阵前起义，投效粤军支队司令杨坤如，任统领。1921 年 6 月参加"援桂"战役，被广西边防军第三军总司令沈鸿英用重金拉拢过来，仍任团长。7 月，粤军和赖世璜部赣军联合进攻，退守桂林的沈鸿英部迫得退向湘南，负责殿后的李易标团以少胜多，在桂林城外及灵川一带给赖世璜部重大杀伤。1922 年 4 月，沈部从江西莲花县拟移驻比较富庶的湘北，开抵浏阳时，击败前来围攻的湘军叶开鑫、叶琪等旅，其中以李易标居首功。11 月沈部回到广西八步，所部 3 个旅扩成 3 个师，李易标升任旅长。12 月，孙中山委任沈鸿英为广西靖国军总司令。1923 年 1 月，沈部及滇军、桂军联合东下进攻陈炯明部，李易标率部将粤军第一师沙世祥的第三团大部缴械；后带领 4000 人开进广州，强占官署，改委官吏，收缴起义粤军的枪支，并控制白云山和观音山。在沈鸿英将所部扩充为 5 个军时，李易标升任广东陆军第一军军长。

　　在沈鸿英设计的 1 月 26 日"江防事变"中，军长李易标作代表带着人数众多的卫队赴会，众人坐定后，李易标首先对魏邦平发难，拔出手枪对着魏邦平当胸便是一枪，被站在他身旁的大会主持人、滇军代表夏声往上一托才没有打中，见魏邦平钻到桌子底下，李易标掀翻前面的桌子继续开枪追杀魏邦平。突然杨如轩带了几十名士兵进来挡住李易标的去路，李易标将椅子一摔，气势汹汹向夏声讨要魏邦平，但见杨如轩的几十名士兵持枪盯着他，只好无奈离开。

　　1923 年 3 月，孙中山任命李易标为中央直辖第五军军长。4 月，北京政府

---

[1] 参李禩栋：《李易标小传》，《防城文史资料》1989 年第四辑，第 65—66 页。

任命李易标为广东护军使，并授予陆军中将军衔。4月16日，沈鸿英在花县新街宣布就北京政府任命的广东督理，并率部进攻广州，以李易标部为前锋攻观音山，被孙中山指挥滇桂军击败，退出广州；接着又在清远、英德一带战败，逃往江西龙南、定南。5月初，李易标见沈鸿英失利，前途无望，遂率部经连平到龙川投靠老上司林虎，被任命为第四军军长，驻龙川，并受到了总司令陈炯明的接见。10月受林虎指挥沿龙门、博罗向广州进攻，因在增城受阻绕道，赶到龙眼洞时左路已败退回来，只好一起退回原地。12月陈炯明在汕头就任"救粤军"总司令，李易标仍任第四军军长，下辖2个师约6000人。1925年1月在林虎指挥下参加合围聚集在赣南的谭延闿北伐军。3月，南下拦截东征军，在揭阳棉湖与黄埔军校学生军教导一团恶战，后遇大量援军只好退却，一直退到江西省定南县。5月因滇桂军准备叛乱，许崇智搞"粤军大联合"，李易标部回驻原地。8月陈炯明致函各部改名"定粤军"，自任总司令，委李易标为中翼（代）司令（实为前敌总指挥），相机进攻广州。10月蒋介石率国民革命军第二次东征，李易标等部1万余人在惠阳热汤墟与张发奎独立旅激战1天后主动后撤，给张旅重创；月底率部在五华县华阳歼灭东征军第三师大部，取得华阳大捷。11月，李易标部被包围在五华双头（今双华），被歼灭大部分，余部五六千人退至永定，先被入闽东征军歼灭一部，逃至上杭后大部被闽军缴械，一部随谢文炳进入江西。李易标战败后逃往香港，后染病下肢瘫痪，1926年在上海病逝。

李易标，个子不魁梧，但行动敏捷，平时与部属同甘共苦，战时身先士卒，不畏死伤，故以能战出名，并且治军较严，较少骚扰百姓。初时在桂军林虎部任初中级军官，林虎战败回广西时一度投靠陈炯明粤军杨坤如部，旋又被桂军沈鸿英拉拢过去，因苦战立下赫赫战功升至军长，而且一度还是孙中山加委的军长。当沈鸿英战败时又率部回到陈炯明粤军林虎部，跟随林虎参加多次恶战，最后成为林虎部二把手。李易标虽勇猛，但因其经常站在孙中山的对立面，对抗潮流，因而注定最后会失败。

第八节　攻打总统府指挥官熊略[1]

　　熊略，字公续，广东梅县泮坑村（今属梅州市梅江区三角镇）人。其父熊长卿是清军标统、同盟会员，曾率部参加光复肇庆的起义。熊略从广东将弁学堂（后并入广东陆军速成学堂）第二期毕业，历任广东陆军小学堂学兵营队长、广东新军第一标队官（与邓铿同为营督队官）。1910年加入同盟会。1912年，任广东陆军混成协（协统邓铿）上校团长、琼崖镇守使（邓铿）署参谋长。1916年9月，"讨逆共和军"整编为广东省省长公署警卫军后任统领。

　　1917年12月，熊略部划归新组建的陈炯明援闽粤军。1918年初整编后任预备队司令，5月率部随援闽粤军进军福建，年底整编时因功升任第二支队司令，并兼任福建汀漳道尹。1919年12月，被军政府授予陆军少将军衔。1920年8月，率部参加援闽粤军回粤驱桂，战后整编时任粤军第一军独二旅少将旅长，兼东（莞）宝（安）增（城）龙（门）善后处处长。1921年5月率部参加"援桂"战役。

　　1922年6月叶举率领驻广西的粤军主力赶回广州，15日在总指挥部召开会议，主张炮击总统府最有力的是洪兆麟及海丰系将领。熊略说："粤军所有的部队是总司令一手培成的，打不打总统府都可以，要打，就是因为总统仅仅留一个陆军总长给总司令；不打呢，就要送鬼出门，让他去北伐，对我们也有好处。"当即大家推举熊略为攻城指挥官。熊略一面作攻城布置，一面暗地里派他的亲信连长通知原任孙中山的侍卫长、时任北伐军辎重队队长陆志云立刻转报总统，说16日凌晨3时决定炮击总统府，请总统抓紧出走。

　　7月中旬，许崇智率领的北伐军回师靖难，拥孙和拥陈两派军队在韶关展开大战。熊略受命率部反攻翁源，双方反复争夺，直到8月初结束。大战结束后，因第四师师长兼梧州陆海军总指挥关国雄参加陈炯明在广州白云山宴会后中风病逝，熊略受命接任师长兼总指挥；同时，原独二旅扩编成2个旅，熊略又兼任第二十、二十一旅指挥官。12月初西江局势紧张，陈炯明调一师和三师往梧州，

---

[1]参中国人民政治协商会议广东省梅县委员会文史委员会编：《梅县将帅录》（第一卷），《梅县文史资料》1997年第29辑，第232—233页。

升熊略为右翼纵队指挥官，指挥 3 个师固守梧州。年底滇桂联军会攻梧州，粤军第四师第八旅第十六团第一营营长兼梧州卫戍司令莫雄首先响应，十六团团长吕春荣接着率部向桂军投诚，然后合兵沿西江而下，粤军第一师 2 个团又 1 个营阵前起义，粤军第三师也跟着倒戈。熊略于 1923 年 1 月初率第一、四师余部撤往肇庆、广州，再退往惠州。

1923 年 5 月，叶举、洪兆麟进入惠州，设立粤军总司令部，对部队进行了重新编组，将熊略部编为第五军，熊略任军长，踞河源。7 月，熊略率部袭击博罗。10 月由叶举指挥反攻广州，一路势如破竹，打得滇桂军望风而逃，打到广州城东郊才退回。1924 年 3 月，由洪兆麟指挥参加援助漳州，包围、收编了赖世璜、苏世安 2 个师。12 月，陈炯明在汕头改编所部为"救粤军"并亲任总司令，熊略仍任第五军军长，驻东江，下辖 1.1 万多人。1925 年 1 月原拟再次攻打广州，但尚未发动就遇许崇智建国粤军和黄埔学生军东征，在淡水等地被击败，一直退到福建平和。6 月，熊略派代表到汕头向许崇智"输诚"，被许崇智委任为建国粤军第六军军长，允许回驻梅县。8 月，陈炯明致函各部改名"定粤军"，自任总司令，委熊略为右翼司令，相机进攻广州。10 月，国民革命军再次东征，熊略所部先打败程潜纵队，后败退至福建，最后被缴械。熊略此后寓居香港。

抗战爆发后，历任"广东民众抗日自卫团"广东省统率委员会自卫团管理处处长，国民政府军事委员会兵站总监部中将参议、江南兵站分监。1946 年退役经商，移居香港。1956 年春于香港病亡。

熊略和父亲同是同盟会员，辛亥革命后追随邓铿，但后来没有跟随邓铿反袁，担任了桂系的警卫军统领；援闽粤军组建时重归邓铿，任支队司令，逐步成为陈炯明的主要嫡系将领，而且还是为数不多的受过正规军校教育的将军。但熊略在邓铿被刺杀后就完全滑向陈炯明阵营了，发展到率部攻打孙中山总统府，在政治上走入了死胡同。

第九节　平凡的军长尹骥[1]

尹骥，族名尹忠翊，出生于 1879 年，字倜凡，别号直觉山人，湖南省桂阳县人。

1903 年参加桂阳人陈兆棠奉两广总督岑春煊之命招募桂阳子弟 1500 人组成的"棠字营"，随军转战广西全省，因足智多谋、作战勇敢，深得陈兆棠的喜爱。1905 年入广东武备学堂，1906 年转入广东陆军速成学堂步科，与队长邓铿成莫逆之交。1911 年参加辛亥革命，后被派为广西征兵委员奉委新军营排长。1912 年被广东督军府陆军司司长邓铿调任第五团中校团附。1914 年龙济光改编第五团时尹骥为保存革命实力屈就营附。1916 年广西陆荣廷反袁护国入粤征湘，尹骥乘机率军随陆督北伐。师次长沙时袁（世凯）亡黎（元洪）继，尹骥奉派为西南代表觐见；后因陆部均桂籍排外，遂辞职转粤。

1917 年底援闽粤军成立，尹骥被任命为洪兆麟第四支队参谋长。1918 年在援闽战役中积功升第二十二统领。1920 年粤军回粤驱桂，尹骥以功擢升第十六支队司令兼潮汕各部队指挥官，后升任洪兆麟第二师第三旅旅长，镇守潮梅。1922 年 6 月叶举在发动"六一六兵变"前，尹骥被派往惠州请示陈炯明，并提出拟请孙中山下野。当陈炯明表示不赞成时，尹骥说："尔不赞成，尔回家或出洋去好了，我们自己再作打算。"当许崇智率领北伐军于 7 月中旬回师靖难时，尹骥受命率部增援翁源。陈炯明重整粤军时所部改编为独八旅。10 月 12 日许崇智率领的北伐军攻占福州后，尹骥受命率部开抵福建平和。11 月中旬，北京政府派兵进攻闽北，尹骥遂占领上杭、龙岩、永定等县，11 月 29 日与李厚基在上杭举行军事会议，拟与其部下两旅联合大举反攻漳州。因第二师师长臧致平受到两面压力转而与东路讨贼军合作会师泉州，李厚基部张清汝旅缴械投降，尹骥无功返粤。

1923 年 2 月驻潮汕的洪兆麟得知许崇智率东路讨贼军 10 个旅从福建入粤，虑遭前后夹击，通电宣布与陈炯明脱离关系，欢迎孙中山和许崇智回粤。孙中山

---

[1] 参广东省军区军事志办公室编：《广东军事人物志》，广东人民出版社 2001 年版，第 405—406 页。

派大本营参谋长李烈钧赴汕头收抚，任命尹骥为第一师师长。4月21日，尹骥被北京政府任命为广东陆军第五师师长，授陆军少将军衔。5月，被孙中山任命为中央直辖陆军第一第二两师总指挥。同月叶举、洪兆麟进入惠州，设立粤军总司令部，对部队进行了重新编组，任命尹骥为第三军军长，踞潮安（今潮州）。9月，尹骥被北京政府晋升陆军中将衔和授予二等文虎勋章。10月所部参加反攻广州，11月当左路军追击至广州东郊石牌、黄埔一带时，恰遇豫军和湘军乘火车赶到，损失惨重败退回来。

1924年3月，陈炯明派洪兆麟为援闽总司令，尹骥为总指挥，因与洪兆麟发生矛盾，所属被迫返回汕头，尹骥愤而避居鼓浪屿7个多月。12月，陈炯明就任"救粤军"总司令，尹骥仍为麾下第三军军长。1925年1月底，所部在东莞遭遇东征的许崇智建国粤军和黄埔学生军后败退；在惠阳淡水之战中损失不小，在惠阳平山、多祝等地再次大败，残部一路退往福建。5月，东征军回师广州，后复进占潮汕。10月国民革命军第二次东征，所部反攻揭阳河婆失败，后撤至福建平和，又遭东征军打击，余部又逃至漳州，得到闽军张毅开拔费后遣散。

1933年退居桂阳老家从事慈善事业，1935年病逝。

尹骥军校毕业且官至军长，在洪兆麟指挥下打了不少胜仗，因无特长，名气很小，甚至在《民国广东将领志》一书中被弄错籍贯当成广东归善（惠阳）人。

第十节　被活捉的广州卫戍司令魏邦平 [1]

　　魏邦平，字丽堂，出生于1883年，是广东省香山县海洲乡（今中山市古镇镇）人。

　　1996年随父赴日本神户，入读同文学校，后入振武学堂，因学习成绩优异，获官费入读日本陆军士官学校骑兵科。1909年毕业回国后，获清廷赐予马兵科举人，充任广东督练公所编译员，后又任广东讲武堂教官。辛亥革命中按胡汉民规划参加起事。民国后任广东军政府军事部副部长、陆军司司长兼参谋部部长，继以军功授陆军中将衔和文虎勋章。后任广东陆军第二师第二旅旅长、广东都督府参谋长、广东水上警察厅厅长等。

　　1916年，接受徐勤款项，组织龙荣轩等人并策动周天禄，通过收买丁守臣反正，夺取宝璧和江大舰，并率俘获的17艘小船一起开到白鹅潭，就任讨龙海陆军攻城总司令。后在江门收编民军3个营，被军务院任命为护国军第三混成旅旅长兼江防司令（不久又收编2个营）。1917年8月，广东省省长朱庆澜卸任前夕，任命魏邦平为广东省警务处处长兼省会警察厅厅长，并将原潘斯凯统3个营警卫军由帮统郑润琦率领交给魏后，魏自兼统领，并将第三混成旅解散，但又派杨其伟以原北伐军为骨干组建了几百人的游击总队。1918年初，任"讨龙军"第四军司令，开赴粤西讨龙。在阳江收编济军2个营，以陈章甫为统领；又在电白收编1个团残部，后合编成第二司令部，司令陈章甫，下辖3个营2000多人。将原部队改建为第一司令部，司令郑润琦。再成立炮兵营，营长周景臻。

　　1920年7月，魏邦平部被编成广东护国军第五军。8月粤军回粤，在惠州与桂军反复拉锯。魏邦平审时度势，举义旗宣布独立，并与李福林联合实行兵谏，迅速将所部扩编到8000人，并设法控制了10多艘军舰，促使广东督军莫荣新下野退出广州。粤军占领广州后，粤军总司令陈炯明委魏邦平任第一军第三师师长兼江防司令。省会改建广州市后，省会警察厅改为广州市公安局，魏派其参谋长吴飞任局长；江防和海防舰队合编后，魏兼任司令不久就交给他的参谋龙荣轩（原李魏联军舰务处处长）。1921年6月，魏邦平受命率第三师及舰艇30余艘

---

[1] 参胡铭藻：《粤军魏邦平部始末概况》，《广州文史资料》1961年第四辑，第81—95页。

参加援桂之役，逆江而上，攻下梧州。1922 年 2 月，因广东省会警察厅改为广州市公安局，魏邦平成为中国第一个公安局局长；5 月，被孙中山任命为广州市卫戍司令。6 月 15 日，参加叶举布置武力驱逐孙中山的会议后，电话总统府秘书林直勉，要他请孙赶快脱离险地。孙脱险登舰后，命魏以所部协同海军平叛。但魏顾虑力不敌众，保持"中立"，并充任孙、陈的调停人，三次上永丰舰谒见孙中山。调停失败后魏辞职前往上海，命由陈章甫继任师长。

1923 年 1 月，孙中山组织的西路讨贼军反攻广州，沈鸿英桂军抢先进入了广州城。魏邦平再次被孙中山委任为广州市卫戍司令，被刘震寰任命为西路讨贼军第二军军长（辖第三师和吕春荣第四师），还被公推为广东讨贼联军总司令。沈鸿英以召开协商驻地和分配防务的会议为由，邀请城里城外各部将领到长堤江防司令部滇军旅长杨如轩驻地开会，并派出手下军长李易标作代表。李易标首先对魏邦平发难："现在陈炯明都退出广州了，你的粤军成立讨贼联军，讨哪个贼？是想讨伐我的滇桂军吗？"魏邦平连忙解释了几句，李易标闻言大怒，拔出手枪对着魏邦平当胸便是一枪，幸而站在他身旁的大会主持人、滇军参谋长夏声忙出手将李胳膊往上一托，枪弹向上射穿天花板。魏邦平躲过一劫，顺势倒地钻到桌子底下。但李易标掀翻前面的桌子，继续开枪追杀魏邦平。好在杨如轩招来几十名士兵，将魏邦平押到里屋。魏邦平后来被转押解滇军总司令部，由杨希闵、沈鸿英联名宣布罪状，指魏勾结陈炯明，要魏的第三师缴械解散作为释放魏的条件。魏亲笔函劝第三师师长陈章甫、公安局局长吴飞不得进行抵抗。第三师（除留驻香山的魏觊明第十一团外）接信后将枪械缴给滇军。沈鸿英派古日光兼任广州市公安局局长，收缴了警察枪械。在孙中山的干预下，直到 11 天后魏邦平才被释放。他成为"江防事变"中最大的受害者。

1923 年 5 月任西江讨贼军总指挥，8 月任琼崖实业督办。1924 年 4 月任建国粤军司令部顾问。1925 年 6 月平定"杨刘叛乱"时任渡河攻城军总指挥；9 月，因涉嫌参与刺杀廖仲恺，寓所被当局派兵包围，设法及时出走。1927 年于邮船上遇廖夫人何香凝，何就魏因涉嫌谋杀案蒙冤当面向其道歉。1931 年，被中山县县长唐绍仪任命为公安局局长，同年被陈济棠委任为军垦处处长，魏邦平对这两次任职均婉辞不就，后定居香港。1935 年在广州病逝。1936 年广东省政府为纪念他，饬令将海州、古镇、曹步 3 个乡合并，命名为邦平乡。

魏邦平历经辛亥革命、反袁、护法、驱桂和援桂等军事活动，任过旅长、师长和军长，三任警察厅厅长、二任广州市卫戍司令。虽倾向革命到日本留学，但未加入同盟会，后来也没参加中华革命党和国民党（保持无党无派），在叶举发动炮轰孙中山总统府的"六一六"事变时保持"中立"，革命性稍弱；因为没有基层军官的经历，对部属控制力不强，战斗力亦弱，以至于成了在自己卫戍的地盘上被人活捉的卫戍司令。

第十一节　被整师缴械的师长陈章甫 [1]

　　陈章甫，字铎亚，出生于1885年，广东阳江县（今阳江市阳东区雅绍镇）人。广东陆军速成学堂第一期步科、保定陆军速成学堂第一期炮科、日本陆军士官学校步科毕业。1914年回国，任肇军讲武堂训育教官、总教官。1918年任讨龙（济光）第四军（魏邦平部）总司令部参谋官，后任广东护国军第五军（魏邦平部）参谋长、统领、第五军第二司令部司令。1919年12月，被军政府授予陆军步兵上校并加少将军衔。

　　1920年11月广东护国军第五军反桂起义后改编成粤军第三师（师长魏邦平），其中第五军第二司令部改编第五旅，陈章甫任旅长。1921年6月参加讨伐陆荣廷的援桂战役。1922年4月第三师作为广州卫成部队驻守广州，6月叶举在广州发动"六一六兵变"后，陈章甫没有遵照孙中山的命令率部策应海军打击叛军。8月粤北战事结束后，陈炯明整编粤军，因魏邦平辞职，陈章甫接任粤军第三师师长。12月初西江局势紧张，第三师调往梧州，陈章甫兼任梧州警备司令。1923年1月参与反陈，率部从岑溪向罗定、新兴攻击前进，后进驻广州。1月26日"江防事变"发生后，根据被滇军控制的广州卫成司令魏邦平的命令率部向驻粤滇军缴械。2月，魏邦平以驻守中山未被缴械的第十一团为基干，并召集旧部重建第三师；陈章甫仍任第三师师长，4月辞职回到老家。9月，八属联军的苏廷有攻下阳江，将一个独立旅扩编成师，任命陈章甫为师长（目的是巴结陈炯明以便于再投熊略做准备），驻罗定。1924年10月，陈章甫参加反攻广州革命政府，率部出兵恩平。1925年6月，被许崇智收编为建国粤军南路暂编第二师师长，驻阳江，后受命出兵罗定县将建国第四军黄明堂部缴械；11月编为右侧支队司令参与攻打邓本殷部；11月15日反攻罗定，打败徐汉臣独一旅，缴枪千余支，接受徐汉臣率数百人投诚。

　　1925年，陈章甫应邀兼任黄埔军校高级教官。1926年1月，李济深将南路作战中收编的独立团和暂二师组成新编第二师，陈章甫仍任师长；旋即又与四军

---

[1]参陈予欢编著：《黄埔军校将帅录》，广州出版社1998年版，第609页。

独立团合编成国民革命军第四军十三师，由徐景唐任师长，陈章甫任原暂编第二师缩编的三十九团少将团长；3 月，任副师长兼团长。1928 年 1 月，陈济棠第十一师扩编成第四军，陈章甫带三十九团与 2 个守备团组建第四军第二十五师，任师长。1929 年 3 月部队缩编，任广东编遣区第一师第三旅旅长。7 月，陈济棠取得第一次新粤桂战争胜利后，将粤系部队进行整编，并非嫡系的旅长陈章甫没有出任扩编后的师长；10 月，任军事参议院中将参议。1932 年，兼任南区绥靖委员、琼崖绥靖委员。1936 年 3 月，授陆军中将。1937 年 3 月在南京病逝。

陈章甫自加入广东护国军第五军，跟随魏邦平在旧粤军时混了 5 年，职务由团长到旅长再到师长，但最后被缴械告终；后来通过进入黄埔军校任教，进入李济深新粤军任团长到师长（旅长），主要缘于他有从速成学堂、保定陆军军官学校、日本士官学校一段完整的军校教育链条，且与陈济棠有师生关系。

第十二节 军校校长出身的师长翁式亮 [1]

翁式亮，字文史，出生于 1880 年，广东归善县（今惠东县多祝镇）人。

广东陆军速成学堂毕业。曾任速成学堂学兵营排长、队长。1910 年加入同盟会。1911 年 9 月在家乡多祝率众举义，参加光复惠州之战，后随陈炯明入广州，任循军团长。1912 年初调任广东陆军小学校监督、校长，成为后来以广东籍保定六期生为代表的一批名将的恩师。1913 年任第一师第三团团长；3 月，授陆军少将军衔；7 月，随陈炯明在广东反袁，兵败后随陈流亡海外。1916 年，随陈回到广东东江发动驻军和民军起义，参加讨袁。

1917 年底参加援闽粤军，1918 年参加"援闽战役"。1920 年 8 月参加粤军回粤驱桂战役，结束后任粤军总司令部副官处处长兼独六旅旅长。1921 年 6 月，参加"援桂战役"，任左翼指挥，率领本部和第五、六、七路及独立团，共 22 个营军队，会同中路攻克南宁；7 月，奉命在岑溪将已投诚又与桂军勾结图谋叛变的原林虎部团长刘梅卿（参加过黄花岗起义的同盟会员）枪决。两广统一后，兼摄理第八区（肇罗阳）善后处处长，专责广州西面防务。

1922 年 7 月率部占领韶关，后担任前线总指挥，指挥 30 个营部队阻击回师靖难的北伐军，最后迫使北伐军撤离，达到个人军事上的顶峰。9 月，陈炯明重整粤军时，原拟任独六旅与何国梁十九旅组成的第十九、二十旅指挥，因何反对未果。10 月，率本部入福建配合直系军阀攻击北伐军，被许崇智部击溃后退回汕头。年底，奉命将投诚的桂军统领邓乃忠以暗通孙中山为名杀死。

1923 年 1 月滇桂粤联军攻下广州后，翁式亮致电孙中山表示服从，"待命改编"。2 月，孙中山派李烈钧前往汕头接收改编，并任命翁式亮为中央直辖粤军第三师师长。4 月，被北京政府任为广东陆军第十师师长，再次授予陆军少将军衔。5 月，乘沈鸿英叛乱之机，翁式亮又与叶举等在东江地区叛乱，任独三师师长。10 月，参加三路进攻广州，败回。

1924 年秋，退出军职寓居香港经商。1932 年，应陈济棠之邀，任粤军第一

---

[1] 参陈训廷主编：《惠州名人列传》，广东人民出版社 2016 年版，第 340 页。

集团军总司令部军垦处处长兼垦殖场场长，兴建了惠阳平潭糖厂。曾筑惠州—平山公路、平山—多祝公路，倡建惠州—樟木头公路。1938 年居家而卒。

翁式亮虽然军校毕业，还做过军校校长，但他的发迹主要是依靠与陈炯明的老乡关系，带兵和战场指挥艺术皆无可圈点之处；他还是被蒋介石写入日记认为嫉妒蒋的才能造成蒋累累离开援闽粤军的人之一。

第十三节　早逝的师长关国雄[1]

关国雄，出生于 1886 年，广东省南雄县吉得墟人。因嘴巴宽阔，酒量、饭量很大，有"大口鱼"的绰号。广东武备学堂第三期毕业，初任清军广州协左营隆庆汛把总。辛亥革命后加入警卫军，历任连长、营长；1914 年龙济光时期升任帮统，后升统领。1916 年 10 月龙济光撤离后转入广东省省长公署警卫军。

1917 年底，陈炯明组建援闽粤军，关国雄历任第一支队统领、第二支队副司令。1918 年初编入左路军参加援闽战役。1919 年，粤军编为 2 个军，第二支队司令许崇智升任第二军军长，关国雄升任第五支队司令；12 月，被军政府授予陆军少将军衔。1920 年 8 月，参加粤军回粤驱桂战役；12 月，粤军整编，第五支队改编为独四旅，由关国雄任少将旅长。1921 年 6 月，粤军"援桂战役"，关国雄旅参加许崇智右路军。1922 年 5 月，孙中山决定从桂林改道韶关北伐，委任关国雄为第四师师长兼梧州陆海军总司令，控制广西东下广东的关口。

1922 年 6 月叶举发动"六一六兵变"后，关国雄在广州观察风向，对部下营长莫雄回梧主持讨陈大计的建议未予采纳。7 月底孙中山派秘书、参军、副官等人到梧州活动，加上回师靖难的北伐军打得陈炯明部全线退却，关国雄于 8 月初赶回梧州，经过一番准备，邀请驻梧州少校以上军官及孙中山派来的人大摆宴席，拟在席间宣布独立并东下讨陈，岂料忽接密报北伐军已由胜转败退向江西，孙中山亦离开广州前往香港了，致使功败垂成。8 月中旬时，陈炯明在白云山召集高级将领会议，电邀驻梧州的关国雄出席，会议期间，陈炯明在广州白云山的濂泉寺宴请各将领，关国雄酒后中风，昏迷 7 天而死。

关国雄的死从没有证据证明与陈炯明有关，但却被其拥孙的部下营长莫雄成功利用来作反陈的宣传口实。在第四师内到处暗中传播关国雄师长是被陈炯明毒死的，最直接的结果是造成第四师 3 个团皆没能被继任师长熊略驱使，而是分别投诚和起义，最后分解成吕春荣师、杨锦龙旅和莫雄旅 3 部分。

---

[1] 参广东省政协文史资料研究委员会编：《粤军史实纪要》，广东人民出版社 1990 年版，第 8—25 页。

第十四节　"最后一根稻草"陈修爵[1]

陈修爵，出生于1890年，广东省阳江县（今阳江市江城区）人，广东讲武堂肄业。

1917年12月，陈炯明组建援闽粤军，陈修爵加入陈部，参加"援闽战役"，历任连长、营长、邓本殷第六支队第一统领。1920年8月，率部参加粤军回粤驱桂；10月，在东莞石龙收编了桂军彭智芳营；12月，粤军进行整编，陈修爵部因收编彭智芳营后装备较好，被抽调编为粤军第一师第三团，陈修爵任团长。

1922年5月，粤军第一师参加北伐，攻下赣州后，因叶举发动"六一六兵变"，孙中山电令北伐各军回师讨逆。北伐军总司令许崇智得令后决定回师平叛，但一师因陈修爵和谢毅2个团长坚决主张投陈打孙，使得师长梁鸿楷和参谋长李济深只得率部脱离北伐军，潜行回到广东连平一带，保持中立状态，坐观双方在韶关激战。但陈修爵却于7月28日主动向叶举请缨，全团2000多人被船运往广州后转乘火车至韶关马坝。装备精良的生力军陈修爵团一出现在战场上，就让已苦战了28天的粤北战场马上失去平衡。更为致命的是，陈修爵团所在的一师是北伐军一同回师的友军，现在反戈一击，造成精神上的致命打击，使得北伐军迅速全线崩溃被迫退出粤境，也让在广州珠江河里永丰舰上望眼欲穿的孙中山不得不黯然离开广东。因此，陈修爵成了粤北战场上"压垮骆驼的最后一根稻草"。

8月，粤军第一师开回广州。在10月整编中，陈修爵因功升任第一师第二旅旅长。12月初西江局势紧张，陈修爵旅随一师调往梧州。1923年1月初，邓演达率领一师工兵营首先起义响应滇桂军，四团团附戴戟趁团长到陈修爵旅部开会之机带领全团跟着起义，剩下第三团在德庆布防，绝大多数被缴械，只剩下彭智芳营长率领的20多人。陈修爵将第二旅第三、四团后方留守人员和伤病人员收集，再加上怀疑通敌的2个中队宪兵，合成第三团，任彭智芳为团长。同时收

---

[1]　参广东省政协文史资料研究委员会编：《粤军史实纪要》，广东人民出版社1990年版，第185—208页。

留第四警备队陈小岳部陈小骏率领的 3 个营，编为第四团，仍称第二旅。撤退到惠州后，陈修爵被任命为独立师师长，驻龙门。7 月，率部袭击博罗。1924 年底陈炯明在汕头组织"救粤军"，任命陈修爵为第十一师师长，归熊略指挥。1925 年 11 月，陈修爵被东征的国民革命军打败，带领本部和熊略部林烈师残部撤到福建；商议决定由刘志陆率领投靠吴佩孚。1926 年底吴佩孚失败后，陈修爵又率部北上山东，任安国军第二方面军团第十三军第六十二师师长、第十八军军长。1927 年 7 月，被北京政府授予陆军中将军衔。1928 年被北伐军击败，回乡潜居。1934 年短暂任职江西省第四行政督察区保安司令部副司令。

抗战全面爆发后任两阳抗日救国自卫团统率委员会副主任、两阳游击司令。1939 年 2—8 月，兼任阳江县县长。1939 年 7 月在韶关被扣留，经广东省保安司令部军法处审讯，以违令、征税两罪判处死刑；后减为 15 年有期徒刑，在韶关坐牢。1945 年 1 月韶关沦陷后，为日寇释放并出任曲江伪县长。抗日战争胜利后逃往香港，1968 年在香港病逝。（张发奎于《自传》中回忆在抗战胜利后下令要抓捕枪决陈修爵，可见憎恨程度有多深。）

陈修爵在韶关马坝对北伐军的反戈一击，犹如压垮骆驼的最后一根稻草，它牵动全局，对中国近代历史产生了深远影响，注定"青史留名"。因为孙中山失败回沪后痛定思痛，才有了第一次国共合作，才有了通过北伐彻底打败北洋军阀的国民革命军，才有了统一全中国的国民政府……

附：人物录

1. 陈炯光，出生于 1880 年，广东省海丰县人，陈炯明堂弟。广东护国军第一军随营讲武堂毕业。1917 年加入援闽粤军，1918 年参加援闽战役，历任连长、营长、中校副官、漳州警备司令。1919 年 12 月，援闽粤军扩编，陈炯光任粤军第一军第四路统领；同月，被军政府授予陆军少将军衔。1920 年 8 月参加粤军回粤驱桂战役；11 月粤军整编后任第一军第二路司令，辖林子云、严胜、谭启秀 3 个统领部。1921 年参加讨伐陆荣廷的"援桂战役"，围攻郁（玉）林。1922 年 6 月陈炯明背叛孙中山后陈炯光率部参加粤北大战；8 月重整部队时升任第十三、十四旅指挥，先驻南雄，后调驻广州。1923 年 1 月滇桂粤联军沿西江东下时，所部团长谭启秀部举事响应，林子云团脱离，陈炯光率残部撤往惠州；3 月，被北京政府任命为广东陆军第一师师长，被授予陆军中将军衔。1923 年夏，陈炯光率部救援惠州，行军途中病死，葬河源县城，终年 43 岁。80 多年后，河源市兴建公园时发现了陈炯光的尸骨和军刀。

2. 钟景棠，出生于 1879 年，广东省海丰县人。日本成城学校毕业。1906 年加入同盟会。1909 年与陈炯明一起在家乡创办《海丰自治报》。1911 年随陈炯明参加光复惠州之役，任循军总司令部参谋官。1913 年任梅州绥靖督办。1917 年任援闽粤军总司令部高级参议，1918 年参加援闽战役。1920 年 8 月参加粤军回粤驱桂战役，收编、招抚一些起义部队，被任命为粤军第五路司令，下辖苏世安、黄任寰、陈自先 3 个统领；不久兼高州善后处处长。1921 年 6 月参加"援桂战役"。1922 年 6 月叶举召开会议决计武力驱逐孙中山后，钟景棠在东莞石龙扣押了应陈炯明之约前往惠州"有要事相商"的廖仲恺，随后押往广州石井兵工厂监禁；8 月，陈炯明重整粤军时升任第十一、十二旅指挥；年底，所部 2 个旅划归林虎管辖。1923 年 4 月被北京政府任命为广东陆军第二师师长，被授予陆军中将衔。1924 年所部被歼灭于增城，只身出逃，回乡潜居。1936 年离世。

3. 李云复，湖南人。1917 年加入援闽粤军，1918 年初任第四支队副司令兼营长，在援闽战役中积功升第二十三统领。1920 年 8 月率部回粤驱桂后，所部扩编为洪兆麟第二师的第四旅，任旅长。1922 年 7 月北伐军回师靖难，李云复受命率部增援韶关；战后陈炯明重整粤军时所部改编为独一旅。1923年2月洪兆麟通电宣布与陈炯明脱离关系，欢迎孙中山和许崇智回粤后，李云复被孙中山任命为中央直辖陆军第二师师长；4月，被北京政府任命为广东陆军第六师师长，授予陆军少将军衔，不久跟随洪兆麟叛孙；12月，被北京政府晋升陆军中将军衔。1924年任救粤军第三军第二师师长。1925年10月，李云复率部参加反攻揭阳河婆国民革命军失败，后撤往福建平和，最后逃至漳州，遣散余部后闲居。

4. 谢文炳，号炎煊，出生于1882年，湖南省衡阳县（台源镇）人。早年做过学徒、轿夫、伙夫。后在广州应募当兵，被调到广东陆军讲武堂受训，结识黄兴后加入同盟会。1911年参加广州"三二九起义"，任敢死队员，由黄兴率领攻入两广总督衙门。起义失败后被俘，经许崇智等营救出狱，后任广东陆军排长、连长。1918年任援闽粤军第二支队第二十五营营长，参加援闽战役，因作战勇敢在永安大捷后被陈炯明提拔为第十四统领。1920年8月率部参加回粤驱桂战役后升任第二军第九支队司令。1921年6月率部参加"援桂战役"，年底所部改编为第二军第七旅，任旅长。1922年3月孙中山在桂林召开紧急会议，决定秘密回师广东，改道江西北伐，任命谢文炳为北伐军先遣司令，令其率部由桂林东出北江；但谢文炳用电报向陈炯明告密，被孙中山发现后另行任命旅长。粤北大战后旧部第十三团团长谢宣威被追击时率2个营投降，谢收回旧部进驻乐昌；后追击赣军第一梯团李明扬支队至坪石粤湘边境，并将其缴械后扩编所部。战后陈炯明重整粤军时，所部改编为独四旅。1923年初，先投孙中山，被委任为中央直辖北路讨贼军总司令；后又被沈鸿英收编；7月，又投洪兆麟，所部扩编为独十师，任师长；11月，率部参加反攻广州。1925年2月被东征军击败后退到福建永安；6月，回驻汕头；11月，再次被东征军打败，撤到福建。后由刘志陆率领投靠吴佩孚。1926年底，吴佩孚失败后又北上山东，任安国军第二方面军团第十三军第六十一师师长。1927年任直鲁联军第三路军十七军军长；7月，被北京政府授予陆军中将军衔。1928年6月投靠北伐军，所部被改编为国民革命军第四十八军，仍任军长。1929年1月部队被编遣，谢文炳离职寓居苏州。1933年9月应李济深、陈铭枢等人之邀，赴闽参与福建人民政府工作，失败后重返苏州闲居。抗战全面爆发后与李济深同赴南岳请缨杀敌，未获批准。1949年6月病亡。

5. 李炳荣，字燮丞，湖南长沙人。（江苏）江北陆军速成学堂骑兵科毕业，早年在部队机关任军法官等。1915年底，任云南护国军第二军李烈钧司令部副官长兼第二梯团参谋长，参加出兵广东；后任广东督军署军务厅副官长。1917

年底组建援闽粤军时，任第一统领。1918 年初在粤东整编时任第一支队司令；6 月，率部编入中路参加援闽战役。1919 年 12 月，被军政府授予陆军骑兵上校并加少将军衔。1920 年 3 月，被军政府授予陆军少将军衔；8 月，率部参加粤军回粤驱桂战役；12 月，整编时任独一旅旅长，后兼虎门要塞司令。1922 年 7 月叶举发动"六一六兵变"后北伐军回师靖难，李炳荣受命率部增援翁源；8 月，陈炯明重整粤军时升任第九、十旅指挥。1923 年 1 月滇桂粤联军沿西江东下进攻陈炯明，李炳荣部全军覆没，李炳荣被陈炯明调回广州任保安司令，广州被攻破离开前将下属 4 个营保安部队交海军改编为海军陆战队。1924 年 9 月被北洋政府授予"瑞威将军"。

6. 罗绍雄，湖南人，早年加入湘军。1916 年 1 月陈炯明率领民军在惠州淡水誓师讨袁进逼惠州时，经洪兆麟策动，驻惠州的罗绍雄连长率 1 个连起义投陈，参加讨袁；龙济光撤离后所部编为东路警卫军，任统领。1918 年初加入援闽粤军，任第六统领；后在粤东整编时升任第三支队司令；6 月，率部编入中路参加援闽战役。1919 年 12 月，被军政府授予陆军少将军衔。1920 年 8 月率部参加粤军回粤驱桂战役；12 月，整编时任第二预备队司令。1921 年 6 月率部编入左翼参加"援桂战役"，战后所部改编为第七路，任司令。1922 年 8 月陈炯明重整粤军时所部改编为独七旅，任旅长。1923 年 1 月滇桂粤联军沿西江东下进攻陈炯明，独七旅罗绍雄部被缴械。

7. 骆凤翔，出生于 1883 年，广东博罗县汝湖新村（今惠州市惠城区江北街道办三新村）人。广东陆军速成学堂第二期炮科毕业。1908 年加入同盟会。历任广东陆军速成学校学兵营哨官、兵学教官。1910 年，任驻英德清军左营见习排长。1911 年参加光复惠州之役，任惠州民军参谋长。1912 年，任岭东镇守府亲军标统、总监（代司令）。1916 年，任两广护国军都司令部参谋部中校参谋。1918 年加入粤军杨坤如部，历任营长、副统领、参谋官，参加援闽战役和回粤驱桂战役。1921 年任粤军第一路司令杨坤如部参谋长，指挥部队参加援桂战役。1923 年任第六军参谋长兼第一旅旅长，协助杨坤如谋划守卫惠州城。1925 年 3 月东征军攻占了潮梅地区，困守惠州的杨坤如派员与滇军洽谈投诚；4 月 19 日，骆凤翔联合旅长钟子廷解除杨坤如卫队武装，树旗起义，将杨坤如送惠阳城看管。惠州守军 7000 人后被改编为建国滇军第八、九师，骆凤翔任第八师师长，5 月率部移驻河源。6 月，杨坤如由许崇智派兵护送重返惠州任建国粤军第六军军长，骆凤翔因不愿再受其指挥率部开到广州，旋被许崇智缴械。10 月任东江宣慰使随军东征，所提佯攻南门、主攻北门的建议被蒋介石采用后很快攻克惠州。1927 年，任广州警备司令部参议。1929 年，任广东西区绥署警备团长、补充团团长、梧州警备司令。1931年，任独二师第二团团长。1932年，任财政部税警总团广东训练处少将主任。抗战时期任第四战区广东东江第三游击区少将司令，第七战区司令部高参室中将高参兼惠（州）博（罗）河（源）紫（金）四县联防区主任。新中国成立后任广东省政协委员、省参事室参事及文史资料专员。1972年在广州病逝。

8. 黄志桓，字植生，出生于1887年，壮族，广东钦县（今广西钦州市钦南区）黄屋屯人。早年入伍，任龙济光部连文书、帮带。1913年7月，任广西国民军营长，跟随龙济光进军广东，后任统领。1915年9月，被授予陆军少将军衔。1917年，任琼崖镇守使。1918年4月龙济光兵败后转投桂系，仍任琼崖镇守使；6月，调任钦廉镇守使。1919年7月，被军政府加陆军中将衔。1920年10月响应陈炯明加入粤军，任第七路司令。1921年"援桂战役"后改任第三警备队司令。1922年初兼任钦廉善后处处长；8月，所部改为粤军独二旅，任旅长兼雷州善后处处长。1923年4月，赴海口极力游说邓本殷出兵占领高、雷、钦、廉各属，作陈炯明的应援。密商后即与邓分别电召当地军事头目到海口开会，商讨组建高、雷、钦、廉、琼、崖、罗、阳"八属联军"事宜。8月，八属联军组成后任中将总参谋长兼第三军军长，但本部只有1000余人。1924年2月被授予"植威将军"；4月，被北京政府任命为广东南路八属善后会办。1925年冬被国民革命军南征军击败，逃往香港潜居。1938年病亡。

9. 黄业兴，本名统才，字业兴，出生于1867年，广东钦县（今广西钦州市钦北区大寺镇）人。少年时读过三四年私塾，青年时参加乡团。1904年随广西边防军剿匪。1905年加入广西边防军，任副哨长，次年升任哨长，参加对起义军作战。1913年任龙济光部营长，驻扎惠州罗浮山剿匪，后升任团长，驻防惠州城。1916年6月撤往广州，随龙济光撤到海南岛，升任副师长。1918年1月，被军政府授予陆军少将军衔，不久随龙济光渡海进攻粤西，先胜后败，最后在电白县被林虎部俘虏。林虎识其骁勇善战，亲自松绑将其感动，后挑选4000多名俘虏编成10个营交给黄管理，次年奏准黄任护国第二军第一游击队少将统领。1919年兼四邑清乡督办；同年7月，被军政府加陆军中将衔。1920年8月受命率部赴惠州防御粤军，从打败洪兆麟占领淡水开始，连续攻占白芒花、平山、稔山、三多祝；9月，被军政府授予陆军中将衔。奉命撤退途经四会县莲塘口时，4万多桂军被阻击无法前进，黄业兴主动献计，并指挥所部杀开一条血路。在高要县禄步墟，又是黄业兴率部与粤军殊死搏斗才突破阵地。回广西后护国第二军改编为粤桂边防军第一路军，林虎辞职离桂后，黄业兴代理第一路军司令，下辖4个统。1921年5月桂军反攻广东，黄业兴率部攻占高州，俘虏高雷善后处处长胡汉卿，因其他路桂军战败只好撤退。后因陆荣廷去向不明，且有林虎亲笔信同意，黄业兴率全体官兵被收编为粤军第七路军，任副总司令。1922年1月率部在雷州剿匪；7月，调赴韶关参战，缴获黄大伟部700多支枪；8月，升任第七路军总司令，率部到钦廉剿匪，不久所部改编为第十八旅，任旅长。年底重归林虎统辖，调往三罗地区。1923年1月滇桂粤联军沿西江东下，黄业兴率部随林虎退往兴宁、梅县；5月，任第一军第三师师长。1924年，率部参加反攻广州。1925年2月，率部在揭阳棉湖战役中与黄埔校军教一团恶战；10月，在五华县华阳歼灭东征军第三师大部；11月，在五华双头（今双华）被打败，收集残部撤至江西安远，将部队资遣后，经南昌赴沪闲居。1928年回钦州老家。抗日战争时期任广东南路民众抗日第四游击军司令。1944年病亡。黄业兴是当时林虎军中著名的"三黄散"之一（另两人为黄任寰和王定华）。

10. 陈德春，出生于1876年，字恩波，广东钦县（今广西钦州市钦南区尖山镇）客家人。1891年弃农投军，入钦州思远军当号兵，由班长递升排长、连长、营长。1907年思远军解散后转任广西提督龙济光部营长；10月，受命参加镇压镇南关起义。翌年，再参加镇压河口起义军，因功升任统领。1910年，龙济光调任广东提督时随龙入粤。1912年初，随龙济光退入广西梧州。1913年7月，作为广西国民军营长率部随龙济光再次入粤，再升任团长，驻汕头。1914年11月，被北洋政府授予陆军少将军衔。1916年初，跟随莫擎宇在汕头反袁起义，任潮梅讨袁军第一师师长；5月，任两广都司令部直辖第一师一旅旅长兼第二团团长。1917年11月，潮梅镇守使莫擎宇受段祺瑞唆使宣布"独立"被刘志陆击败，陈德春转投莫荣新任第五统领；12月，归林虎节制，后参加讨伐龙济光战役，在阳江、电白击退济军。1918年后在高雷剿匪，接任高雷镇守使。1919年9月，被军政府授予陆军中将衔。1920年8月，粤军回粤驱桂时广东陆军第二军司令林虎率部到惠州支援，陈德春接防五邑，任五邑清乡督办兼广东陆军第二军副司令。9月18日，陈德春宣告独立，后被任命为粤军独五旅旅长兼四邑善后处处长，领少将衔，下辖陈汝严、王定华2个团。1922年6月参加粤北大战，战后陈炯明重整粤军时升为第七、八旅指挥。1923年2月，投效孙中山，后被任命为中央直辖第四军军长。1923年3月18日，因与沈鸿英暗通款曲，被孙中山调部队将其缴械，逃往澳门。不久往南路投靠邓本殷。1923年8月任南路"八属联军"第四军军长，但只有乌合之众4000多人。1926年1月任邓本殷部第一师师长，旋所部被国民革命军第四军张发奎部消灭，陈德春本人被部下旅长黄文龄扣押，被释放后去澳门，转赴香港寓所闲居。1928年，因身上多处枪伤感染复发，医治无效而亡。

第三章　许崇智时期粤军将领

第一节　粤军第一师首任参谋长陈可钰 [1]

陈可钰，字景瑗，乳名阿书，1882 年出生于广东省清远县（今清远市清新区石潭镇）的一个农民家庭。从 1895—1902 年一直在私塾读书，1902 年考入清远师范传习所就读。

1904 年师范学校毕业后考取广东将弁学堂，其间与同学邓铿等人一起加入同盟会。1905 年毕业后被派往香山（今珠海市）拱北新军第二标见习。1908 年入广东陆军速成学堂。1911 年参加香山新军起义，任团长。1912 年任广东北伐军第三团中校团附；后跟随邓铿支广东稽勋局任常务委员、琼崖镇守使署少校参谋、中校副官长。1913 年"二次革命"失败后流亡香港。1914 年 5 月任中华革命军广东区司令部副官长，随即加入中华革命党；参加策动军队起义失败后，拟组织行刺龙济光，拟在从香港经澳门运送炸药去广州时被港英政府发觉而遭逮捕入狱。

1920 年秋，经孙中山委派邓铿等人与港英局交涉，陈可钰在被关押 6 年多后始得出狱，旋即前往漳州参加粤军，任总司令部少校参谋。11 月，邓铿奉命成立粤军第一师，陈可钰被任命为该师上校参谋长，协助邓铿整编部队，罗致人才。

1921 年 5 月，孙中山在广州就任非常大总统，催促邓铿从粤军第一师抽调

---

[1] 参广东省军区军事志办公室编：《广东军事人物志》，广东人民出版社 2001 年版，第 179—180 页；吴都编著：《铁血南国：北伐名将谱》，团结出版社 1995 年版，第 184—190 页。

一个团改成总统府大本营警卫团。各团长认为抽走部队会削弱第一师的实力，陈可钰却说："我们天天都说拥护孙中山先生和他的革命主张，连这个任务都不愿承担的话，我们还有资格革命吗？我愿毛遂自荐担任警卫团团长。"邓铿将陈可钰的意见向孙中山汇报，得到孙中山首肯。于是从一师抽调2个营加1个游击营组成警卫团，陈可钰任上校团长，下辖叶挺、薛岳、张发奎3个营。10月，陈可钰率警卫团护卫孙中山到广西梧州、桂林建立北伐大本营。1922年3月又护卫孙中山将大本营迁韶关；6月，率警卫团（留第三营在韶关）护卫孙中山回广州坐镇。16日，叶举发动兵变，攻打总统府和孙中山住处粤秀楼，陈可钰命令卫士强行架着孙中山先行撤走，他和叶挺、薛岳带着卫队分三道防线留守总统府，掩护宋庆龄烧毁重要文件。经过浴血奋战，卫队击退叛军30余次的进攻。8时许，听到停靠在白鹅潭的永丰舰传来两声炮响得知孙中山已安抵永丰舰，陈可钰和叶挺各执一挺机关枪，一前一后用自己的身体挡着宋庆龄，和姚观顺卫队长一起，掩护宋庆龄安全离开。

1923年2月，陈可钰被邓演达、张发奎等人拥立为粤军第一师师长，但他称病辞任。孙中山重返广州成立大元帅府后，陈可钰被任命为宪兵司令，但因无钱购枪招兵，实际并未成立。12月，转任大元帅府参军。

1925年10月1日，粤军第一师改编为国民革命军第四军，陈可钰任副军长。但从上至下，没有人只当他是副军长，有"太上军长"之谓。因第十二师师长梁鸿林部叛变，11月21日国民政府宣布取消梁部十二师番号，将张发奎独立旅改编为十二师，由副军长陈可钰兼任师长。陈可钰放手让副师长张发奎率部南征，且同意由中共两广区委以大元帅府铁甲车队为基础建立由叶挺任团长的十二师三十四团。1926年2月三十四团改为独立团后，陈可钰曾前往肇庆视察该团，他对叶挺说："你们把旧军队的习气都扫除了，这是很好的。你们是真正的革命军。"可他又有点担心说："只是你们太红了。"

1926年6月，广州国民政府决定出师北伐。因第四军军长李济深兼任国民革命军总参谋长，负责留守广州，遂由副军长陈可钰任代军长，率领第四军的第十师、第十二师和叶挺独立团参加北伐。陈可钰8月到达前线，亲自指挥平江战役，参与指挥汀泗桥战役和贺胜桥战役，在武昌战役中先任攻城副总指挥，后接任总指挥。11月，陈可钰升任第四军党代表，旋因操劳过度伤病发作入汉口医院医治，后由军医处处长陪同前往上海，不久转往日本治疗。

1927年8月，陈可钰从日本回国，任中央政务委员、军事委员，随即受命写信劝张发奎不要东征，又受李济深委派去南昌劝张发奎回师广东追击贺、叶"叛军"；10月，兼广东省政府委员、广东省军事厅厅长等。后因患肠结核病，长期在广州二沙岛医院疗养。11 月"张黄事变"后张发奎将未使用的"出洋费"3 万元全部送给了陈可钰。1928 年初，陈可钰目睹当时国民党各派相互倾轧，对时局深感痛心，遂辞去所有职务，不再过问军政事务。

1933 年，原部下陈济棠捐资在清远县陈可钰家乡建立"景瑗图书馆"，以旌其勋德。

1938 年日机轰炸广州，陈可钰全家迁回清远。1944 年，因缺医少药患肺炎并发症病逝。国民政府发布了褒扬令，李济深亲笔题书墓志铭。1945 年 4 月，国民政府追赠陈可钰陆军中将衔。1947 年，经张发奎倡议，广东省教育厅批准，清远县立中学改名为"清远县景瑗中学"，由蒋介石亲笔题写校训，李宗仁、陈诚等 33 位要人题词。

陈可钰是一个不抢功、不争权的人，他多次放弃了升官的机会，没有享受胜利带来的任何好处；受"达则济天下，退则善其身"的传统思想影响，在政治上是个保守的人，与当时的政治气氛格格不入，常以治病为由远离政治旋涡。

第二节　粤军第一师第二任师长梁鸿楷[1]

梁鸿楷，字景云，1887 年出生于广东新兴县（今天堂镇）莲塘村。1906 年去阳春县打工，后往广州寻工，适遇清政府招募新军，应召入伍，不久进入广东警察学习所学习。1910 年毕业后加入同盟会。辛亥革命时参加革命军，历任广东北伐军卫队营排长、连长，随军北伐。1914 年任警卫军统领徐连胜部连长。1916 年参加讨袁起义。1917 年编入省长警卫军任营长。

1917 年 12 月所部划归援闽粤军，先行开往汕头。1918 年初调归徐连胜支队，任第十营营长，参加援闽战争；在支队司令兼第三路统领徐连胜阵亡后升任第三路统领。1920 年 8 月率部参加回粤驱桂战斗，所部后扩编为第十支队。11月，粤军参谋长邓铿受命组建粤军第一师，所部改编为第一师第一旅，担任旅长，所属的谢毅、徐汉臣 2 个统领分别改任第一、二团团长。1921 年率部参加"援桂"讨伐陆荣廷战争。

1922 年 3 月，粤军参谋长兼第一师师长邓铿被暗杀，梁鸿楷先代理、不久实任粤军第一师师长，后兼广州卫戍副司令。5 月 8 日，在韶关参加北伐誓师大会后率部北伐。6 月攻下赣州后知悉叶举发动兵变，北伐军指挥部决定回师靖难。因第一师内部意见不一，在回师途中梁鸿楷与参谋长李济深等将领商议后，为避免内部火拼，决定将部队脱离北伐军行列，转入粤东和平、龙川一带观望。但所部第三团团长陈修爵主动向叶举请缨到韶关前线攻打北伐军，致使北伐军回师失败分路撤离。粤北战事结束后，一师开回广州接受陈炯明指挥。9 月，第一师调往西江，梁鸿楷得知警卫团营长张发奎率部流落于始兴仙人洞后，立即修书派人召其归队。梁鸿楷后与李济深、邓演达、张发奎等将领在广州南堤博爱医院开会，推荐邓演达为代表到上海向孙中山汇报请示。11 月，徐汉臣团调离第一师，梁鸿楷把游离在乐昌附近的原为北伐军中李烈钧赣军李明扬部卓仁机支队收编，与师直属的郭学云独立营、张发奎辎重营合编成第二团，任命卓仁机为团长。1923 年 1 月初，邓演达工兵营首先起义，然后是四团和二团响应，三支部

---

[1] 参刘伟铿：《民国驻肇粤军沿革及部分将领传记》，《端州文史资料》1990 年第四辑，第 50—52 页。

队共推邓演达为代师长指挥共同讨陈；二旅旅长陈修爵指挥的第三团在德庆大部被缴械，余部逃往惠州；一旅旅长谢毅率梁鸿林第一团从新兴向江门转进。李济深率师部从德庆退到江门后，梁鸿楷也从广州来到江门，对一旅旅长谢毅不讨陈反正严词斥责，迫谢毅离开。

1923 年 2 月，孙中山从上海回广州重建军政府，为梁鸿楷写下"疾风吹劲草，乱世识忠臣"的题词。3 月，孙中山将粤军第一师扩充中央直辖第四军，任梁鸿楷为第四军军长兼大本营西江办事处主任，下辖第一、三师。4 月，沈鸿英在西江、北江叛乱后，梁鸿楷奉命率部前往讨伐，所部相继攻克清远、肇庆、英德等地；8 月兼任二阳三罗安抚使；10 月兼任高雷钦廉各路军总指挥。1924 年 4 月孙中山把麾下粤军统一整编为建国粤军时，梁鸿楷为第一军上将军长，下辖第一师、第三师、独十二旅、独十三旅，约 1 万人。1925 年 1 月，梁鸿楷抽调第一师参加东征；6 月，梁鸿楷率部参加平定刘、杨叛乱。

1925 年 8 月下旬发生廖仲恺被刺案后，梁鸿楷无辜被卷入旋涡，遭拘捕入狱，引起部分官兵不满。梁鸿楷担心广东陷入内战，遂抛开个人利益，通知其弟梁鸿林旅长回第一军，传达全军不得轻举妄动的命令；同时表示愿意接受政府的一切审查。后经宋庆龄交涉，与其他 4 人共缴纳"报效费"33 万元后获释。

当然凡事必有因，时人说梁"治军和战绩本属寻常""因二次剎死顶头上司得于跃升"。在福建战场曾得罪于蒋介石，建国粤军时期对许崇智"当面尚敷衍，背面则跋扈""轻视革命政府"，在香港与陈军将领"脚踏两船"。

抗战期间，汪精卫邀请梁鸿楷担任广东省伪省长，梁鸿楷断然拒绝并严斥。1942 年，蒋介石召请梁鸿楷到重庆望其重服戎衣，梁鸿楷欣然答应，但提出要让过去建国粤军第一军的部属将领重返归队，谈话搁浅。后蒋委任梁鸿楷为国民党政府军事委员会中将参议，令其回乡组织力量抗日。

抗战胜利后，梁鸿楷回广州，第二方面军总司令张发奎亲自到码头迎接。梁鸿楷曾任广东省政府最高顾问，并在广州主持管理粤军第一师坟场，筹办粤军第一师遗族子弟学校。1949 年往香港，1953 年转赴台湾。1954 年病故于台北，终年 67 岁。追悼大会由许崇智、张发奎担任正、副主委，邓铿夫人出席。蒋介石亲笔题词"景云同志千古"，颁"忠谟永式"四字谏赐。

梁鸿楷执掌和指挥粤军第一师达 3 年之久，英雄辈出，战功卓著，本有可能成为"新粤军之父"，但"廖案"爆发，一朝被扣，从此将星陨落。

第三节　孙中山的亲军司令李福林 [1]

李福林，出生于 1874 年，广东省番禺县大塘乡（今属广州市海珠区）人。读过 3 年私塾，随后入城打工，后在广州的黄埔水师学堂当号兵。几年后回乡从事绿林生涯。手下李雍，是个彪形大汉；另一个手下林驹，生得小如玩具的公仔。每劫当铺，李雍手握大铁锤，先把坚固的青砖墙打破一个洞，林驹从洞口钻入，打开大门。有一次被突袭围捕，当时手无寸铁，以烂布包着洋油灯玻璃灯筒，乘深夜乌黑之际充作手枪行劫，威吓追兵，突围而出，从此得了个诨名"李灯筒"。后因在乡无法立足，遂走避安南（越南）。

1907 年，李福林在越南河内谒见了孙中山并加入同盟会。孙中山把胡毅生叫来和李福林认识，还以李福林能够逢凶化吉，给他取名"李福林"，别字"登同（同登世界大同之域之意）"。孙中山的重视和关心令李福林感激万分，从此对孙中山忠诚不贰。

1908 年李福林转云南河口，参加黄明堂组织的镇南关起义，起义失败过后退回河内。之后奉孙先生之命往返于广东、香港、南洋，在家乡大塘设立秘密联络点，联络朱执信、徐宗汉等革命同志。1910 年广州新军起义之役，李福林与陆领预备统率队伍响应，失败后军械被缴，李福林设法护送赵声、陈炯明二人到香港。1911 年参与筹划黄花岗起义，还从家乡挑选同志参与刺杀广州将军凤山；武昌起义爆发后，李福林在广州省河附近举义响应，联络各路同志共 3 万余人，与清兵及巡河兵舰鏖战 12 个日夜。粤督张鸣岐知大势已去，派人来议和并办理交接，李福林遂派李芳带人前往总督衙门接收，然后率部开进广州城。胡汉民被选为广东大都督即位后，李福林奉命前往剿灭在城东拥兵数千人自称为大都督的张承德，部队被军政府编为福军，李福林任"福字"营统领，率民军 3000 人，后改称广东都督府警卫营长。

1912 年初李福林部队由于朱执信力保被改编为警卫军，李福林任统领，驻广州河南。不久请"族望"李树椿为己策划并接受其建议：第一，保境安民，不

---

［1］参邱捷：《出身绿林的民国将领李福林》，《文史纵横》2008 年第 4 期，第 161—168 页。

许别的军混入河南扰乱治安；第二，不要得罪当地"巨室"，可以得到他们的协助。这个建议成了李福林盘踞河南 16 年的行动宗旨。李福林的 3000 民军，就是通过他原来的亲信李壅、李湛、李任平、李田招收来的，几乎是清一色的南海、番禺、顺德三县人，高级军官多是李姓兄弟。11 月，李福林被授予少将军衔。

1913 年 7 月广东宣布独立讨袁后，袁世凯的党羽龙济光入粤，李福林急急忙忙派出胞弟李芳到香港向邓泽如请教，得到"保持实力，随机应变"八字方针。经李福林的亲家孔元铭向龙济光疏通，李福林被委任为南、番两县清乡会办，后受命成立"保商卫旅营"，由其族弟李群任营长。12 月袁世凯称帝后，被授予陆军中将，给勋五位及文虎章。

1915 年，广东全省各地讨袁军风起云涌，岑春煊设两广都司令部于肇庆，李福林派亲戚谭礼庭为他的代表密运煤炭等物资给都司令部。1917 年 9 月 10 日，孙中山在广州河南就任中华民国军政府陆海军大元帅后，李福林被任命为大元帅府亲军总司令。11 月，在莫荣新任广东督军后兼任广惠镇守使。1919 年 12 月，被军政府授予二等嘉禾勋章。

1920 年 10 月，粤军回粤驱桂节节胜利时，李福林和广东护国军第五军司令兼广东警察厅厅长魏邦平联合在广州珠江南岸率部独立，并将所部从 14 营再扩编 20 营，达到 1.2 万人。11 月，粤军驱桂后孙中山回到广州，仍驻河南士敏土厂，李福林奉命以所部再任拱卫，直到 1921 年 5 月孙中山当选为非常大总统在观音山设总统府为止。年底孙中山组织北伐，李福林经孙中山亲自责以义、晓以利害后遂决定率领所部参加。1922 年 5 月李福林率部离开广州参加北伐，留下李群统领的"保商卫旅营"守卫河南。6 月攻下赣州后，得知叶举发动"六一六"兵变，孙中山已避往兵舰，李福林坚决主张回师讨逆。8 月在韶关失利，退入赣东。10 月入闽攻下福州，北伐粤军改编为东路讨贼军后任第三军军长。

1923 年 1 月，奉命与蒋介石到上海向孙中山述职，后按孙中山指示回粤重整旧部，仓促之间成立了 3 个团。2 月孙中山回粤建立大元帅府，府址仍择定在河南士敏土厂，李福林即奉命任拱卫之责，是为第三次担任孙中山的护卫责任。4 月沈鸿英据守白云山叛变后，李福林军率部参加平叛。

1924 年 1 月，被任命为禁烟会办和筹饷局会办。3 月，李福林被孙中山任命为东莞、番禺、顺德三属剿匪司令。黄埔军校成立后，李福林除选送了 20 名军官到学校学习外，自己又在河南设立讲武堂，聘请在日本陆军士官学校毕业的陈元泳为堂长，李朗如负责讲"三民主义"。9 月，李福林又被任命为广州市市长兼广东全省警务处处长、全省民团统率处督办。10 月，参与平定广东商团叛乱。

1925 年 5 月，在平定刘、杨叛乱中，李福林负责保卫大元帅府。8 月，李福林所部被改编成国民革命军第五军，李任军长，下辖2个师。

1926年北伐开始后，李福林派第十六师参加；但在蒋介石叛变革命后，其副师长率2个团在江西赣州投蒋，师长只带回1个团。

1927年11月，李福林因参与了张发奎、黄琪翔发动的"张黄事变"，失败后受指责排挤，被迫通电辞去第五军军长职务，走避香港。其属下2个师，一个于1928年被解散，另一个于1929年整编成1个旅，1个团被调往海南岛驻防，其他跟随徐景唐反蒋被陈济棠消灭。

1937年，抗日战争全面爆发后，日军曾派人拉拢李福林，拟委任为"华南军总司令"。但他虚与委蛇，潜回广州，并因此破获重大间谍案，逮捕间谍、汉奸2000余人，后被授予"青天白日勋章"。

1941年，日军侵占香港，李赴重庆，蒋介石仅给他中央军事委员会"顾问"的空衔。1944年，蒋又封他为军事委员会驻粤"军事特派员"头衔。1945年5月，当选国民党第六届中央监察委员。

1949年9月，李福林全家迁往香港。1952年病卒，终年79岁。

李福林绿林出身，为孙中山的大义所感召，追随孙中山参加辛亥革命，最后成为商人和士绅地方势力的代表人；虽然革命性不够坚定，但所部三次拱卫孙中山军政府（大元帅府），在孙中山的革命活动中起着特殊的作用，是孙中山最为信任的军人之一。

第四节　第一次东征右翼总指挥张民达 [1]

张民达，1885 年出生于广东梅县（今梅州市梅县区桃尧镇），出生不久母亲即离世，9 岁时到马来西亚投靠父亲。

一、暗杀行家

1911 年辛亥革命前通过同盟会南洋组织负责人之一邓泽如的介绍，认识了孙中山先生，并加入同盟会。1915 年张民达东渡日本，在东京谒见孙中山，请为介绍到北京东交民巷使节团做侍役，伺机刺杀袁世凯，未被中山先生采纳，随即加入中华革命党，被孙中山委任为"南洋联络委员"。1916 年，张民达返国参加周之贞领导的华侨护国军，任讨龙（济光）决死队员，自制炸弹击龙于晏公街之商会门口，惜未命中。1917 年孙中山先生南下护法，张民达返国投效，在大元帅府随侍。1918 年 1 月 3 日孙中山先生直接指挥同安舰和豫章舰炮轰桂系军阀广东督军陈炳焜的督署，而程璧光竟加罪于两舰舰长，将他们扣留撤职；驻广州的滇军第四师部队也没有奉命配合。张民达奉朱执信之命于 1 月中旬安排李汉斌将滇军第四师师长方声涛刺成重伤。2 月 26 日，又组织李汉斌和萧觉民等 3 人，刺杀程璧光于海珠码头。

二、战场勇将

张民达于 1918 年投入许崇智援闽粤军第二支队当军事委员、少校副官。

---

[1] 参广东省政协文史资料委员会编：《张民达烈士纪念集》，1996 年版。

1920 年 8 月 12 日粤军在漳州誓师回粤讨桂，攻下河源后，遇到桂军顽强反扑，致河源三得三失。许崇智召见张民达，令其率兵一营扼守碗窑，相机策应反攻河源，时张民达抱病受命，接第五十七营营长，与桂军 5 个营激战，后击溃之并占领回龙。1921 年 5 月，张民达被升为第九旅第十八团团长，奉命留驻韶关；6 月粤军举兵"援桂"，右翼许崇智部攻桂林时，粤军受到阳朔之敌威胁，张民达率兵驰援，在良村与沈鸿英部接触并将其击溃。

1922 年 5 月，许崇智奉命率师北伐，以张民达团为右翼先锋，从翁源攻江西之虔南、龙南、信丰、雩都，大小数十战，于 6 月 13 日与友军会师攻克赣州。6 月 16 日叶举发动兵变后北伐军回师靖难，从 7 月 10—29 日，北伐军与叛军激战于韶关至翁源一带，张民达每战都身先士卒。当北伐军战败后撤，张民达团担任后卫。敌人乘势在前线招降，张民达亦曾接到诱降信件，他愤怒地写一"杀"字掷还，全团感动，表示随团长同生死、共患难，少有脱逃者。接着率部辗转入闽。10 月 12 日进攻水口，张民达率部担任主攻，身先士卒，全歼敌人。是役缴获机枪 10 余挺，步枪 2000 多支，军用品无数。攻下福州后，北伐军改编为东路讨贼军，张民达擢升为第八旅旅长。12 月 19 日，与皖系王永泉部、臧致平部三方会师，攻克泉州，接受李厚基部陆清汝旅 5 个营投降。

1923 年 2 月 1 日，东路讨贼军 2 万余人从福建分路入粤，张民达率部到达梅州后，侦知林虎部近万人潜伏于粤赣边寻邬一带，曾建议许崇智派 2 个旅兵力主动出击，未被采纳。张民达返广州治病，并希望看清局势。5 月 9 日，讨贼军在揭阳遭到林虎部队的袭击，从揭阳入丰顺的要地言岭关失守。张民达闻知带病兼程驰返防地，亲率所部星夜反攻，卒挫敌破关，打通回广州之路，扭转全军安危。回途中不断受到追击，张民达部一直担任最艰苦的后卫，直到 6 月初东路讨贼军到达博罗。驻守后张民达部一再击退来犯之熊略部，进而克三栋、永湖，俘敌熊略部 3000 余人，缴枪 1000 余支。8 月 24 日叛军分三路进犯，增城、博罗同时告急。张民达奉孙大元帅令，以全力攻平山，后在永湖破敌，乘胜占领淡水，再克平山。11 月 30 日，与莫雄共同击退三径之敌后，星夜反攻克复派尾，缴枪 1000 余支，这是有名的派尾之役，为孙大元帅所称赞。至此，张民达率部连续半年转战惠、博间，日夜无休止。

1924 年 4 月间，建国粤军正式成立，张民达擢升为第二师师长；4 月，受孙中山先生命，兼任两广盐务缉私处主任，严密巡缉，一时军队私收盐税、包庇走私之风大减；7 月，张民达奉命攻击连平，用奇兵战术袭占连平城，击毙敌师长麦胜芳；10 月，参加镇压商团叛乱；11 月孙中山北上前在广州燕塘组织阅兵，调张民达第二师为受阅主力部队。

1925 年 1 月广州革命政府举行第一次东征，分三路进攻敌人，张民达任右翼军总指挥。张民达和参谋长叶剑英提出了猛进、猛攻、猛追、猛扑的"四猛"作战方针，率部 2 月 4 日到达惠阳新墟，攻击敌熊略部揭开战幕，缴枪数百支，俘虏数百人。黄埔学生军加入后，因许崇智亲任右翼军总指挥，张民达改任前敌总指挥。2 月 14 日攻破淡水，并击退敌人多次反扑，乘胜于 2 月 21 日攻占叶举的指挥部所在地惠阳平山。2 月 23 日右路军总指挥白芒花军事会议上，张民达与叶剑英提出监视惠州直攻潮汕的行动方针被接纳，后率部主攻惠阳三多祝洪兆麟部，破敌后直捣陈炯明家乡海丰城，再乘胜猛追残敌，次第收复惠来、揭阳、潮阳，直抵汕头，然后分兵向潮州、饶平、黄冈、梅州、蕉岭、平远各地溃退之敌追击，将其重创，将残敌赶至闽赣边。为防止逃窜闽赣边境残敌卷土重来，被大本营任命为梅州绥靖督办。4 月初，接许崇智急电赴汕商议军事，张民达不顾暴雨赶程赴汕，因韩江水涨在潮安湘子桥覆舟殉难。

三、高尚人格

1924 年初孙中山想以许崇智为总司令统一整编粤军为建国粤军，但屡电就是不见避居上海的许崇智回来，遂找到张民达说："改编事不能拖延，汝为（许崇智字）不返，你负起责任来。"张民达回答："果真汝为不返，改编事宜请付诸择生（邓演达字）。"孙中山说："邓择生团长耳，你当师长，怎可以团长在你上面代汝为？"张民达回答："我军事知识、军事才能远不如择生，果真汝为不返，为国、为革命我愿在择生下面为择生作助手。但汝为一时消极，终不致不返，大元帅急切要他回来，我愿持大元帅亲笔信去沪促归。"大元帅许之，民达到沪三日，即与许偕归。

当东路讨贼军调回广州整编时，孙大元帅对张民达旅全体官兵讲话，称张民达为"我党的一个好同志，为革命的好党员"。孙中山还称赞说："干革命，有两达（指张民达、邓演达），革命有希望。"

1926 年 2 月在潮安登云区七都洞（今属东凤镇）沙滩中发现张民达遗骸，国民政府追赠陆军上将，葬于广州市动物园附近，碑文由邓泽如撰文，邹鲁书写。

曾任张民达参谋长多年的叶剑英元帅在《请褒恤张故师长民达》一文中评价："张故师长不爱钱，不怕死，不应酬，无嗜好；只知有党，不知有身；只知有国，不知有家；只知有公理，不知有私情……天生一具革命军人模范者也。"

第五节　全师被二次缴械的师长郑润琦 [1]

郑润琦，出生于 1873 年，字仰韩，广东省三水县（今佛山市三水区）乐平镇人。其伯父郑金星早年参加农民起义，后降清，更名郑绍忠，历任湖南提督、广东水师提督、兵部尚书等，1896 年卒后由其养子郑润材统率安勇军。1904 年因所部被岑春煊解散，郑润材吞枪自杀时，自小随伯父郑绍忠从军历练的郑润琦时已官至营长。

龙济光据粤时任广东警卫军第十二营营长。1916 年 1 月，魏邦平在肇庆成立广东护国军第三混成旅时，郑润琦任该旅帮统，率部参加反袁（世凯）讨龙（济光）战争。1916 年 9 月参加了护法战争。1918 年讨龙结束后魏邦平将所兼统领部扩为第五军第一司令部，以郑润琦升任司令。1919 年 12 月，被军政府授予陆军步兵上校并加少将衔。

1920 年 8 月陈炯明率粤军回粤驱桂后，魏邦平因起义有功所部改编为粤军第一军第三师，魏邦平任师长，郑润琦改任统领。本来从资历来说，郑润琦应该任旅长，但陈炯明借口郑润琦不是学生出身，且年老，不适合旅长人选，欲派心腹翁式亮任第三师第六旅旅长，以削弱魏的权力。魏邦平以翁的能力有限，不能带兵太多为由加以拒绝，加之郑润琦在军中颇有资历，自己与郑共事多年，出生入死，若无故弃他，则影响军心。1921 年 5 月郑润琦参加援桂之役。1922 年春魏邦平将郑润琦的统领部改为第十二团，与第十一团合编成第三师第六旅，将郑润琦升任旅长。

1922 年 6 月 16 日叶举发动"六一六事变"后，魏邦平因事变中没有执行孙中山反攻的命令，加上调解失败，亦辞职赴上海，以陈章甫继任第三师师长，郑润琦为副师长。1923 年 1 月西路讨贼军自广西东下讨伐陈炯明，郑润琦随第三师从岑溪向罗定、新兴、四邑等地攻击前进。桂军沈鸿英于 1 月 26 日制造了"江防事变"，时任广州卫戍司令的魏邦平被捉住，被迫下令将驻广州粤军第三师向滇军缴械（除留驻江门第十一团外）。2 月，魏邦平以驻守中山的魏觐明第十一

---

[1] 参胡铭藻：《粤军魏邦平部始末概况》，《广州文史资料》1961 年第四辑，第 81—95 页。

团为基干，并召集旧部重建第三师。4 月，陈章甫辞职，郑润琦接任师长。第三师改隶中央直辖粤军第四军军长梁鸿楷指挥，参加讨伐沈鸿英战争，参与攻克清远和肇庆城。

1924 年 4 月，编入许崇智建国粤军；7 月，率部击破从高州大举进犯罗定的吕春荣部。1925 年 6 月参与讨伐杨刘叛乱。9 月 20 日，蒋介石派军队至东莞石龙包围第三师，要将第三师缴械，并要求李郑润琦立即去职离开广东。否则，要将许崇智、梁鸿楷等人枪毙。郑润琦率部略有抵抗，但最终投鼠忌器，传令全师解甲缴械，本人则离任赶沪，从此结束戎马生涯。

1925 年冬，郑润琦举家迁居上海做生意。1928 年南归广州开设公司。1931 年病逝后，陈济棠特意派军舰将其灵柩运回家乡安葬。

郑润琦是典型的旧粤军将领，行伍出身，欠缺谋勇，所领部队没打过硬仗、恶仗，战斗力弱，是史上少有的全师被缴械二次的部队。

第六节　跟随兄长革命的师长许济[1]

许济，原名崇济，字佛航，祖籍汕头澄海，1887年出生于山东济南，是许崇智的堂弟。南京弁目养成所毕业后，分配到北洋陆军第九镇骑兵营任见习官、哨长。1911年在上海参加辛亥革命。1912年1月1日任南京西南区卫戍司令部骑兵队队长；7月，调任陆军第一师第二旅第三团第三营营副。1913年参加"二次革命"。1914年，经许崇智介绍在上海加入中华革命党，并改名许济（去掉作为字辈的"崇"字是为了避免别人误解他与许崇智的兄弟关系）。1916年随许崇智赴山东潍县，任东北革命军总司令部参谋。1917年参加护法运动，在大元帅府参军处（参军长许崇智）任科员。

1918年，许济参加援闽粤军，任许崇智第二支队副官长兼卫队督带，在同安一役身负重伤，伤愈后升任第十五统领。1920年率部参加粤军回粤驱桂。1921年5月率部参加援桂战役后改任第八旅第十五团团长。1922年5月张国桢辞职后升任粤军许崇智第二军第八旅旅长，后率部参加北伐、回师靖难、进攻福州之役；10月东路北伐军改为东路讨贼军后，所部改称第五旅。1923年2月，许济率第五旅经上杭入粤，在潮汕和梅州多次遭叛军袭击，经苦战于6月回到博罗；此后又在博罗和河源一直与陈炯明部展开拉锯战，直到11月才退往广州。据说在一次参加桂军旅长的婚礼中，因酒醉吵架被对方用花盆砸中大脑，留下了头痛的后遗症。

1924年3月第五旅调往江门，与东路讨贼军第一军陈得平、王懋功、邱鸿钧3个旅残部及第二独立团陆瑞荣部一起，整编成许崇智建国粤军第二军第七旅，许济任旅长，辖3个团。1925年1月率部参加第一次东征，在惠阳巧取三多祝后担任左路进攻潮汕，在普宁与陈炯明部展开激战，后取得（揭阳）棉湖大捷。4月初，第七旅移驻兴宁县城，奉命扩编为第四师，许济升任师长，辖3个旅；6月，参加平定杨刘叛乱。

1925年8月发生廖仲恺被刺案件后，蒋介石开始整肃粤军。蒋介石通过第

---

[1] 参卢延光编著：《广州第一家族》，岭南美术出版社2004年版，第150—161页。

一军二师师长王懋功去联络陆瑞荣，再由陆瑞荣联络谭曙卿，最后由陆、谭两人联络卫立煌，以师长和副师长职位许诺给谭曙卿和陆瑞荣，控制了3个旅长，将师长许济架空。9月19日，蒋介石派第一军第二师第二团包围了许崇智私宅，派四师参谋长蒋伯诚在黎明时候给许崇智送去了要他离开广州前往上海的亲笔信。同时令谭曙卿和陆瑞荣分别带领第四师七、八旅和第一军1个团一起前往石龙将建国粤军第十一师莫雄部进行缴械。第四师师长许济当晚不在石滩师部而在广州，听到事变的消息后即时躲藏起来，后来秘密离开广州。1926年始隐姓埋名躬耕于杭州郊外。

1932年"一·二八事变"希望召集旧部支援十九路军在沪抗日未果，从此闭门修学。1937年10月至1938年1月短暂任广东海康县县长。1943年任军事参议院中将参议。新中国成立后土改时划为中农。曾收到陈毅要他到政协做事的信，但因对政治冷漠没有答应。[1] 1960年，因年老生活无着跟随女儿落户湖南水口山矿务局。1962年病逝。

许济正规军校毕业，曾在北洋陆军中历练过，但主要成绩是在其兄长许崇智部粤军中取得，参加过援闽、回粤、援桂、北伐、攻闽、东征、平叛等战役，14年革命生涯中南征北战，加上仰仗兄长一路关照，最后成为当时为数不多的师长，与张民达师长一起掌握其兄长的嫡系部队。但在其兄长受困时，所部却脱离了自己控制，未能为兄长所用，成为憾事。前期可以说是与其兄长"一荣俱荣"，最后也是与兄长"一损俱损"。

---

[1] 参卢延光：《云上的老头》，中国青年出版社2011年版，第206页。

第七节 粤军"老大哥"莫雄[1]

莫雄，原名莫寅，字志昂，祖籍广东省英德县（今英德市望埠镇）莫屋村，1891年出生于广东省韶关城南门外。贫苦出身，9岁进私塾读了3年。13岁到广州石室天主教堂当小伙夫。1907年参加中国同盟会。1909年受命加入新军执行策反任务，任班长和同盟会营代表。1911年辛亥革命爆发后，莫雄先后在广东北伐军第一协第二标中担任排长，一直打到江苏徐州。1912年3月升任连长；5月，广东北伐军解散，莫雄回广东加入警卫军第四十五营，任教练员，后转任排长。1913年所部解散后辗转潜到龙济光部，1914年因联络士兵准备兵变事泄逃到香港，1915年回到汕头加入警卫军第四十五营，仍任排长。1916年参加讨龙起义。

1917年底，莫雄所部编入援闽粤军第二支队许崇智部第二十五营，任上尉连长，参加援闽战争。1920年参加回粤驱桂战役，在攻克河源后升任少校营长，后所部编为关国雄粤军第四旅第二团第一营，任中校营长。1921年6月，率部参加援桂讨伐陆荣廷战役。1922年6月兼任广西梧州卫戍司令。在叶举发动"六一六事变"后，派人到广州永丰舰向孙中山表忠心，请孙派要员到梧州督促第四师师长关国雄东下讨伐陈炯明。孙中山派出林直勉、薛岳等前往梧州，并委任莫雄为中央直辖第一独立旅少将旅长，后因北伐军回师失败而罢休；12月底参加了反对陈炯明的"白马会盟"，指挥第四师第八旅第十六团第一、三营等部队反正，与滇桂军联合东下讨陈。1923年初攻入广州；3月率部远征高州，改称粤军第四师吕春荣部第七旅；8月吕春荣叛变后与梁若谷旅长一起宣布脱离吕部效忠大元帅府，被大元帅府任命为第四师总指挥兼第七旅旅长；率部返省后，向许崇智总司令力辞总指挥职，仍任独七旅旅长。旋率所部奉孙中山命令支援东江作战。9月，与其他部队一起取得博罗柏塘、泰美战役胜利。11月18日，陈部粤军至广州东郊石牌、黄埔一带，莫雄旅因被滇军范石生部夺去库存枪4000多支及部分弹药闹情绪不战而退，造成全城震动。

---

[1] 参广东省、广州市、英德县政协文史资料研究委员会合编：《莫雄回忆录》，广东人民出版社1991年版。

1924 年 4 月，独七旅改编为建国粤军第二师第三旅；10 月，参加镇压商团叛乱；11 月，孙中山北上前在广州市燕塘组织阅兵，莫雄任检阅指挥官。1925 年初，莫雄率部参加第一次东征，任粤军右翼前敌总指挥。在此期间，莫雄率部肃清广九沿线敌军，攻克淡水、平山一带，直捣海丰县城，大败敌军，追击至潮汕，后又奉命进击梅县、平远，直把陈炯明部逐出广东。4 月，张民达师长牺牲后代理第二师师长。6 月，回师参加平定杨、刘叛乱。8 月，廖仲恺被刺案发生后，莫雄被许崇智委任为第四军第十一师中将师长，驻防石龙，执行对粤军杨锦龙、梁士锋 2 个旅的缴械任务。9 月 20 日，蒋介石假借许崇智命令指挥军队包围石龙，声称莫雄的十一师是反革命军队，就地缴械遣散。不明真相的莫雄忍痛下令接受命令，然后只身前往澳门定居。10 月应邀前往惠州城，在杨坤如兵败后离开。

1927 年 10 月投奔张发奎，先任独立团团长；12 月，任薛岳新二师第三团少将团长，驻守广州。年底第四军撤往东江时任后卫，在紫金遭遇桂军先胜后败，后收容第四军败兵近 4000 人，带队经江西最后到达山东泰安归队。1928 年参加第二次北伐，整编后任第四师第十旅十九团长。1929 年 10 月，任张部第四师 "别动军" 指挥官，配合张发奎反蒋；12 月 "张桂联军" 攻打广州失败撤退，张发奎部在清远县滘江口集结渡江时因受到袭击只有 3000 多人过江西撤，另有 5000 多人由十二旅参谋长曾举直与莫雄率领绕道英德连江口，由莫雄发动老乡帮忙找船渡江，后一直追到广西贺县交回给张发奎，几乎重演 2 年前的故事。

1930 年底到上海找到宋子文被委任为财政部视察，巧遇原十一师政治部主任刘哑佛，经其介绍莫雄认识了中共地下党员项与年等人，并与李克农建立了联系。他曾几次提出入党要求，但经党组织动员继续留在党外工作。

1932 年，淞沪抗战爆发，莫雄任税警总团第三团团长、总团长，指挥所属部队与十九路军联合抗击日军。上海停战后，莫雄率部进驻海州，不久被免职。

1934 年 1 月由旧交好友、蒋介石侍从秘书长杨永泰推荐去江西德安督察专员公署任专员和保安司令，后将蒋介石《铁桶合围计划》交给项与年辗转送到瑞金交了周恩来，为中央红军顺利跳出包围进行长征作出了巨大贡献。

1935 年 3 月，莫雄到贵州毕节当督察专员和保安司令，设法保护了滞留当地的数千名红军伤病员。1936 年 2 月，贺龙率红二、六军团要通过毕节，莫雄撤到城外 10 多里地的山沟里，让红军部队在毕节城休整了约半个月时间。因有 "通共嫌疑"，被押到南京军法处关押了 150 天后，由杨永泰请张发奎和陈诚以策反两广为借口向蒋介石保释出狱，随后被委任为中央军委会特派员。

1938 年 8 月，莫雄任广东二十三区游击司令兼南雄县县长，释放了南雄监狱关押的 200 名中共党员、红军战士及进步人士。1939 年后历任韶关行政督察专员兼保安司令、北江挺进纵队司令、挺进第八和第二纵队司令、广东省保安司令部北江交通警备指挥所主任、少将参议、英德县县长、第二区行政督察专员兼清剿司令部司令,在任十年间为我党提供了大量帮助,包括掩护营救同志、扩充为我党掌握的部队、配合东江纵队作战、给游击队提供枪支弹药。1949 年 9 月,得知广州卫戍司令李及兰已下令枪杀他时才潜逃香港。

1949 年 10 月广州解放后,叶剑英去信把莫雄请回,历任北江治安委员会主任,广东省参事室副主任、广东省政协副主席、广东省政府委员,是第五届全国政协委员、民革中央委员。1951 年土改时,北江农民上书要求枪决莫雄。华南分局秘书长和社会部副部长不明事情真相,已批准枪决。古大存知道后直接去找陶铸说明莫雄的历史,并告知是叶剑英叫莫雄从香港回来的。陶铸接受了古大存的意见。莫雄被保了下来。[1] 1956 年,时任辽宁省监察厅副厅长的项与年偶然得知莫雄的情况后,立即向副总参谋长李克农报告,说当年给我们送情报的莫雄还活着。李克农吩咐项与年专程来接莫雄进京参加国庆大典。

1980 年,莫雄在广州病逝,终年 89 岁。

莫雄在国民党中享有"莫大哥"之称,是忠实追随孙中山南征北战的革命前辈,在国民党上层结交甚广,多次化险为夷。"莫大哥"称谓的来历:1921 年中秋节,团长张民达宴请好友,席间问莫雄等五位营长:"你们五虎将,谁的年龄最大?"各人自报后因莫雄岁最长,被公推为"大哥",此后"莫大哥"之称便不胫而走,连蒋介石都这样称呼他。

---

[1] 参中共广东省委党史研究室,中共广东省五华县委员会编:《红旗不倒:纪念古大存诞辰 110 周年暨红十一军创建 77 周年》,广东人民出版社 2007 年版,第 58 页。

第八节　镇南关起义总指挥出身的军长黄明堂 [1]

黄明堂，又名黄八，字德新，出生于 1870 年，广东钦县（今广西钦州市钦北区大寺镇）人，壮族。

早年加入三合会，成为三合会著名头领。1907 年 3 月，孙中山到越南策划组织南方各省反清武装起义，得知黄明堂在中越边境活动情况，即派革命党人与其联络。黄明堂接口信后即赶赴河内与孙中山会晤，并加入同盟会，受命在越南太原府的左州设立革命机关。8 月孙中山委任黄明堂为镇南关都督，指挥镇南关起义。12 月黄明堂率百余人袭取广西镇南关，在守台官兵配合下一举攻占三座炮台。孙中山在河内得到捷报，翌晨即偕黄兴、胡汉民亲临阵地嘉奖。后因孤军无援，黄明堂被迫撤入越南。1908 年 4 月奉孙中山之命发动云南河口起义，任总指挥，率领 500 多名义军和投诚巡警攻入河口城，占领 4 座炮台，击毙清军督办王玉藩，队伍发展到 3000 多人，与清军激战近 1 个月，最后寡不敌众，只剩 600 余人退入越南。1911 年武昌起义爆发后，黄明堂闻风而动，在广东新会等地组建"明字顺军"，自称大都督，光复恩平、台山、江门、新会等地，队伍发展到 2000 多人。

1912 年调任海南宣抚使，11 月被授予少将军衔，不久部队被下令解散。

1913 年参加"二次革命"失败后避居澳门。1914 年广东都督龙济光拉拢澳葡当局在黄明堂住处将其逮捕，企图以匪首罪名引渡回粤。幸孙中山及时获悉，多方设法营救，使澳葡当局未便引渡。1916 年夏在军务院交涉下获释，到肇庆即被护国军务院委为团长。黄明堂随即招募民军，不久升任第二混成旅少将旅长；赶走龙济光后，黄明堂召集钦廉四属人士开会通过弹劾钦廉督办冯相荣案，搜集冯相荣残杀起义将领等罪恶资料，促使总统黎元洪将冯相荣撤职。军务院撤销后，黄明堂任游击第二帮统。1918 年参加讨伐龙济光，部队正式改编为陆军第二统领部，进驻海南岛后，任琼崖道尹兼琼崖要塞司令。1919 年夏，黄明堂因镇南关起义时就与陆荣廷结怨且长期坚定追随孙中山被借故免职，遂前往漳

---

［1］参江荦整理：《黄明堂传略》，《孙中山与辛亥革命史料专辑》，广东人民出版社 1981 年版，第 97—222 页。

州投奔陈炯明；原所属 3 个营部队调回广州改编为广东省省长（张锦芳）公署警卫队。

1920 年 8 月粤军回粤驱桂，黄明堂以粤军第四路司令名义于 9 月 11 日召集旧部在钦廉起义，编成 5 个统。1921 年 5 月率部入桂讨伐陆荣廷，一直打到龙州，获得大量武器和银币；后任龙州督办兼全边司令，部队整编为 3 个统 9 个营。1 年后回驻钦廉。1922 年 6 月叶举发动"六一六兵变"后，黄明堂被孙中山任命为南路讨贼军总司令，8 月坚决拒绝陈炯明的收买毅然在廉州宣布独立，后遭陈炯明部五路围攻，撤退途中损失严重，一直退到南宁附近。年底在粤桂边重振旧部，占领灵山、廉州（今合浦）和北海。

1923 年 8 月，申葆藩率部攻打廉州，黄明堂所部坚守 40 多天后失守，主力损失严重。10 月，黄明堂被任命为钦廉绥靖处处长，率所部乘"永丰"舰从北海撤出，原拟进攻海南，后在廉江县安铺登陆，撤到台山；11 月，驻阳春；12 月，所部改编为中央直辖第二军，黄任中将军长。

1924 年 10 月，改任建国第四军军长，调驻罗定，实力只有五六百人。1925 年 8 月所部被缴械遣散，后返广州闲居。1926 年始获国民政府上将年俸。

1932 年受聘任第一集团军总部少将参议。1938 年广州失陷后回钦县大寺招募义勇军抗日，不幸枪伤复发，于 11 月在钦州病逝，终年 68 岁。

黄明堂会党出身，指挥了孙中山领导的辛亥革命前的 10 次起义中的 2 次（镇南关起义和河口起义）；后又组织民军参加辛亥革命和"二次革命"，接着讨龙、驱桂、讨陈，革命近 20 年，一生坚决追随孙中山，百折不挠，功勋卓著。他与刘永福、冯子材并称"钦州三杰"。

第九节　警卫军司令吴铁城 [1]

吴铁城，字子增，祖籍广东省香山县（今中山市三乡镇），出生于江西九江富裕商人家。

早年在江西九江同文书院读书，1909 年经林森介绍加入同盟会。1911 年武昌起义爆发后，吴铁城新军标统秘书长策动标统马毓宝率部在九江独立，吴任总参谋官兼交涉使；11 月被推举为江西省代表出席南京各省都督府代表会议，组织临时政府，制定宪法。"二次革命"时奉孙中山之命赴江西敦促江西都督李烈钧讨袁。失败后随孙中山流亡日本，并进入明治大学专习法律。1914 年，首批加入中华革命党。1915 年 8 月奉孙中山之命前往檀香山主持党务，并任华侨《自由新报》主笔，挞伐袁世凯复辟帝制，被袁世凯通过外交途径在美国起诉"无政府"，吴以英语答辩获胜诉。1917 年 7 月，孙中山南下护法，他应召来到广州任大元帅府参军。孙中山辞职后也跟随返沪。

1920 年初与朱执信赴香港策动军队和民团组成讨贼军，在朱执信牺牲后继任广东讨贼军总指挥，率部由香山出虎门，连克宝安、东莞等县城，在樟木头与邓铿会合；11 月，任孙中山军政府参军。1921 年 5 月，任总统府参军；同年通过竞选任香山县县长，成为中国历史上第一任民选县长。为改造县城，扩展马路，拆掉西门城楼至长堤一带部分建筑，故后人有"吴铁城拆城"之说。1923 年 1 月任东路讨贼军第一路军司令，指挥地方民军和武装团警配合西路讨贼军驱逐陈炯明出广州；2 月任广州市公安局局长兼广东省警务处处长，东路讨贼军第一路军改名广东省警卫军仍兼任司令；10 月吴铁城被孙中山指派为国民党中央执行委员会的 9 名成员之一，参与起草国民党"一大"章程。但吴并不赞成孙中山三大政策，是广州国民党右派中坚。1924 年 9 月随孙中山驻节韶关，任大本营代参军长；10 月参加平定商团叛乱，重兼广州市公安局局长。

1925 年初广东省警卫军改称大本营警卫旅，吴兼任旅长；9 月又改称国民革命军独立一师，1926 年 1 月再改编为第六军十七师，都兼任师长。"中山舰事

[1] 参广东省军区军事志办公室编：《广东军事人物志》，广东人民出版社 2001 年版，第 193—195 页。

件"发生后，被当作替罪羊押解到虎门横档炮台禁锢，直到"双十节"才获释。投奔上海的孙科。

1928年2月至1929年7月任广东省政府委员兼建设厅厅长。1929年当选国民党第三届中央执委。1929—1930年三次出使东北成功劝说张学良"易帜"，并在中原大战中倒向南京政府，这是吴一生最为得意的杰作。1931年任国民政府委员兼警察总监、侨务委员会委员长。1932年1月，任上海市市长，3月复任侨务委员会委员长。吴本人个性强势，在国民党内有"铁老"之称。

1937年4月，任广东省政府主席；5月，兼民政厅厅长和广东全省保安司令。1938年10月，因广州失陷而声名狼藉，年底免职。1939年开始主持国民党港澳党务。1940年任国民党中央海外部部长。1941年春任国民党中央秘书长，被称作"全党的幕僚长"。1944年提出"一寸山河一寸血，十万青年十万军"政治口号，使得学生青年投笔从戎成为当时一大潮流，促进了国民党青年军的建立。

抗日战争胜利后任最高国防委员。1946年1月在政治协商会议上提出了一个令各方都能接受的折中方案，被称为"吴铁城条文"。1947年任国民政府立法院副院长。1948年任行政院副院长兼外交部部长。

1949年前往台湾，1950年任"总统府"资政。1953年因好友王世杰撤职查办之事与蒋当面顶撞，被当面责骂并赶出了大门，当夜服安眠药自杀！是国民党中为数不多的自杀高级文官。

第十节　东路讨贼军参谋长张国桢 [1]

张国桢，字星羽，出生于 1889 年，广东省南海县（今佛山市南海区西樵镇）人。1907 年入读广东陆军速成学堂第一期，1908 年毕业后任排长；后在北洋陆军武备学堂肄业。历任广东陆军小学堂教官、广东新军混成协队官、参谋。

1917 年 11 月任大元帅府军事委员。1918 年加入援闽粤军，历任总司令部少校参谋、福建永定县县长、粤军第十八统领、第五路副指挥。1920 年任许崇智第二军卫队司令、第二军命令传达所所长。1921 年 6 月第二军整编时任第八旅旅长，因谈判收编沈鸿英问题受到蒋介石攻击，且下属团长孙本戎处处作对，1922 年 5 月气愤辞职，调任第二军总参议。后被陈炯明任命为粤军军官研究所所长，直到"六一六兵变"后该所解散。1923 年 2 月东路讨贼军回师广东前，为方便回粤收编叛军，许崇智任张国桢为东路讨贼军第四军军长。张国桢将在广东新会的原关国雄第四师之杨锦龙第一团收编为独一旅，旅长杨锦龙；将在广东罗定的原粤军第二军炮兵团长梁若谷组建的反陈部队收编为第十三旅，旅长梁若谷。6 月中旬东路讨贼军回到博罗后，因参谋长蒋介石调任大元帅行营参谋长，张国桢接任东路讨贼军参谋长；8 月还兼任东江前敌总指挥。10 月 3 日东路讨贼军占领河源后，许崇智因关节炎发作赶回广州治病，张国桢代理指挥。因张国桢性格较刚，与部属关系不很融洽，且许多中上级军官跟着休假回广州，造成驻河源粤军士气低落。月底陈炯明部攻陷河源后，率部一路败退回广州，张国桢被孙中山下令枪决，经人说情才幸免。

1924 年 4 月粤军整编成建国粤军后，东路讨贼军第四军取消，所部 2 个旅改隶粤军总部直辖，张国桢改任空头的"南路八属剿抚总指挥"。1925 年第一次东征结束后任粤军汕头行营主任、建国粤军第二军第五师师长、粤军后方主任等。

1925 年 8 月廖仲恺被刺杀案件发生后，经查张国桢部下旅长杨锦龙参与谋杀。案发之时，张国桢自辩他与"廖案"没有关联，曾经说"廖死关我屁事"。

---

[1] 参李朝彦：《我所知道的张国桢和张被蒋介石杀害的经过》，《广东文史资料存稿选编》（第二卷），广东人民出版社 2005 年版，第 593—603 页。

当有人劝他逃走时，他又说："别犯傻，难道连我也需逃走？"许崇智起初不同意逮捕张国桢。9月中旬，张国桢和杨锦龙等一批粤军将领去粤军总司令部开会时被蒋介石逮捕，押送到黄埔岛关押，几天后经特委会审讯后"承认"参与谋杀，被判处死刑，10月12日被杀。据说张国桢与蒋介石在陈炯明属下共事时屡次发生矛盾，蒋介石有所建议，都被张国桢所批驳，陈炯明又多不采纳。有次蒋、张口角后，张对蒋说："你想在我广东执掌政权，你要回奉化多读几年书。"后来张国桢被派为高级警备司令，蒋没有提拔。从此张国桢深为蒋介石所忌恨，后来又多次结怨。故这次被判死刑有蒋介石打击报复的嫌疑。

附：人物录

1. 与蒋介石一起辞职的旅长吴忠信

吴忠信，字礼卿，号恕庵，出生于 1884 年，安徽省合肥市人。

1901 年考入南京江南武备学堂。1905 年毕业后分发至新军第九镇，渐受统制兼江北提督徐绍桢器重，不久即被破格提拔为管带。1906 年秘密加入同盟会。辛亥革命爆发后，吴忠信力促徐绍桢起义，并被任命为起义军总司令部总执法官兼兵站总监，随军攻入南京。1912 年元旦孙中山在南京就任中华民国临时大总统后，吴忠信出任京师警察总监并兼理市政。一天，孙中山的司机驾车在南京鼓楼撞了人被警察扣下，大总统府总务局局长打电话给吴忠信希望放人，吴忠信回答要秉公执法不能通融，总务局局长只好亲至警察局办理赔偿手续。此事传出后，市面上地痞流氓滋事扰民者得以收敛，乱军伤兵敲诈勒索者近乎绝迹，社会治安大为改观。孙中山对吴忠信厉行整顿的诸项措施速见成效大为赞赏。

1913 年 2 月，被北洋政府授予陆军少将军衔。7 月黄兴在南京宣布讨袁后，吴忠信复任南京警察总监；讨袁失败后随黄兴亡命日本，成为中华革命党首批 120 名党员之一。1915 年夏，陈其美任中华革命军东南军总司令，吴忠信为参谋长，一同潜回上海；12 月参与发动肇和军舰起义，攻打江南制造局。失败后陈其美被暗杀，同行的吴忠信仅被撞落门牙，幸免于难。1916 年在上海与许崇智、蒋介石结拜兄弟。

1918 年 3 月奉孙中山指示与蒋介石一起加入援闽粤军，任总司令部上校参谋，参加援闽战役。1919 年任第二军第七支队司令；12 月，被军政府授予加陆军中将军衔。1920 年 8 月参加粤军回粤驱桂战役，后任第二军独七旅旅长。1921 年 6 月参加援桂战役。1922 年 4 月因与第二军参谋长蒋介石一样主张先解决陈炯明再北伐没被采纳，一起辞职；5 月，被孙中山委派为"军事全权代表"，北上联络皖、奉两派首领，商讨组成反直"三角联盟"。

1926 年应蒋介石邀请任北伐军总司令部顾问。1932 年就任安徽省主席。1934 年任军事委员会委员长、南昌行辕总参议。1935 年调任贵州省主席。1936 年就任国民政府蒙藏委员会委员长。1940 年代表中央政府在布达拉宫大殿主持第十四世达赖坐床大典。1947年担任中孚银行董事长。1948年任总统府资政、秘书长。1949年举家迁到台湾。1959年在台北病逝。

2. 大总统府中将侍卫长蒋克诚

蒋克诚，字国斌，出生于1874年，湖南省长沙市人。同盟会会员。

蒋克诚系行伍出身，在清军中由普通士兵晋升为排长、连长、营长。1911年11月随许崇智参加光复福州起义时是福建新军第十镇第二十协（协统许崇智）标统。1912年初福建军政府成立后，先任福建第一师参谋长，授少将军衔；12月第一师改编为福建陆军第十四师后任第二十七旅旅长。1913年底第十四师缩编为混成旅后调任福建讲武堂教官。1917年10月任孙中山大元帅府参军处总务科科长、参军，参加护法运动。1918年参加许崇智援闽粤军，任第十三路统领。1919年整编时任许崇智第二军第八支队司令；12月，被军政府授予加陆军中将衔。1920年率部参加回粤驱桂。1921年5月孙中山就任非常大总统后，调任中将侍卫长；10月，任东路讨贼军总参议。1923年8月因患严重肺病在上海逝世，孙中山先生亲笔书写"断我右臂"四字挽词。1924年6月追赠陆军中将衔。

蒋克诚与孙中山私交良好，常有书信往来。1923年病情恶化，肺部疼痛难忍，日夜不能成眠，医生束手无策，劝他吸食鸦片缓解疼痛。孙中山闻讯后，特地用白银打造一副烟具，派人从广州送到上海，并劝他安心养病。

3. 短暂在一师的旅长卓仁机

卓仁机，字西斋，出生于1890年，广东省香山县官塘乡（今珠海市香洲区）人。幼小随家人到上海，入英文夜校读书，曾充洋行工役。

1911年武昌起义爆发后，赴武汉入革命军，英勇善战；后到九江任赣军敢死队副队长。1913年7月，参加江西讨袁军，任机关枪大队长；8月讨袁失败后，离赣赴英国学习无线电技术，复入伯明翰飞机学校学习飞行。1915年12月回国参加护国军，任李烈钧第二军瞭望所副所长，由黔经湘入粤。

1920年任赣军李明扬第二梯团第二支队支队长。1921年底到广西桂林加入孙中山领导的北伐军。1922年5月率部跟随李烈钧取道江西北伐；6月叶举发动"六一六兵变"后，北伐军回师靖难；8月失败后分路撤退。卓仁机支队跟着李烈钧向湖南撤退，因湘军不予入境，困守乐昌县九峰山，与追击的陈修爵团对峙了一段时间。后陈修爵到前线找卓仁机，说梁鸿楷师长和李济深参谋长叫他不要打了，卓仁机遂集合队伍赴广州，11月所部被改编为粤军第一师第二团第一营，卓仁机任团长。1923年1月，卓仁机奉命率第二团在西江参加倒陈起义，与滇、桂联军一起拥孙讨陈，沿西江长驱直下打到三水。4月，起义的粤军第一师第二、四团扩充为两个旅，卓仁机任第一旅少将旅长，驻江门，下辖梁鸿林和张弛2个团。1923年8月，许崇智部在博罗遭陈炯明部围攻，危在旦夕，孙中山欲调滇军与李福林部前去解救均延宕不前，乃急调驻在台山的卓仁机旅。卓受命后，率部乘火车和轮船急速赶到东莞石龙，谒见过孙中山后即率部急行军进入博罗城西笔架山，陈部见援军已至，乃仓皇退去，博罗之危遂解。10月与友军配合取得柏塘、泰美之役胜利，击退陈炯明部的进攻。

柏塘、泰美之役中有戏剧性场面。10月23日河源城失陷后，守军向泰美撤退，李济深率领的第二旅陈济棠部及滇军也赶到泰美、柏塘一带，共同与林虎部展开剧烈战斗。粤军第一师位于柏塘右翼，以陈济棠第二旅为主攻部队，第四团运动到一座小高地山脚下时，遭敌侧击，营长香翰屏负重伤。张发奎团为稳定战线，从右侧面加入战斗，反为敌预备队包围，情势危急。忽然有敌军官问张发奎是什么部队，张回答是卓仁机部，敌军官连忙喊："自己人，别打了！"原来当面之敌为陈军林虎部，其中有很多李烈钧旧部，而且卓仁机还和林虎是结拜兄弟，故当"自己人"，并未猛攻。张发奎趁机率部冲出，卓仁机带张弛团占领阵地，战线复归稳定。后张民达与莫雄旅合力击退三径之敌后，再次克复泰美，陈军东逃，这就是有名的柏塘、泰美之役。

12月卓仁机旅调赴广东南路，改编为第十二旅（其中梁鸿林团脱离该旅并扩编为第十三旅），脱离第一师，由梁鸿楷直接指挥。1925年8月廖仲恺案件发生后，第十二旅被国民政府派梁鸿林第十三旅缴械。

1926年卓仁机任国民革命军总司令部高级参议，不久兼任台山县县长，后因病辞职做生意。抗战时期曾任广东省驿运处副处长。新中国成立后，卓仁机被聘为广东省文史馆馆员，以善于鉴别古陶瓷见称。时有"上马杀敌少将军，解甲归田收藏家"之美誉。1972年病逝于广州。

卓仁机留学时是学技术专业，未受过陆军军校教育，作战和训练水平较为平凡，虽进入著名的粤军一师，但阴差阳错只一年多又脱离一师，最后还被全旅缴械。

4. 为救兄长"叛乱"的师长梁鸿林

梁鸿林，字逸云，出生于1889年，广东省新兴县（今天堂镇）人。早年随兄梁鸿楷从军，后进入广东将弁学堂学兵营。

1917年加入援闽粤军，在游击支队徐连胜部任排长、连长、团附、支队副官长，参加援闽、回粤诸役。

1921 年 11 月，成立粤军第一师，梁鸿楷支队之谢毅统领部改编为第一旅第一团，团长谢毅，梁鸿林任第二营营长。1922 年 6 月叶举发动"六一六兵变"后，北伐军回师靖难失败，第一师于 8 月间调往广州整编，拥陈的谢毅升为第一旅旅长，梁鸿林接任第一团团长。1923 年 1 月粤军第一师部分团队宣布反正讨陈，梁鸿林的第一团在谢毅率领下由新兴向江门转进，后与师部会合。3 月第一团编入卓仁机第一旅；11 月第一团扩编为粤军第十三旅，梁鸿林升任旅长，直属梁鸿楷中央直辖第四军。1925 年 8 月廖仲恺案件发生后，受命将卓仁机第十二旅缴械（好像是兄弟相残！）。

　　1925 年 10 月 1 日，第十三旅在江门正式扩编为国民革命军第四军第十二师，梁鸿林任师长，辖 3 个团。为配合国民革命军进行第二次东征，由南路总指挥陈铭枢指挥第四军第十师和第十二师（欠参加东征的三十四团）负责防守邓本殷。因兄长梁鸿楷被蒋介石以"涉嫌廖仲恺案"之名扣留后一直未能释放，梁鸿林一怒之下于 10 月 18 日在江门指挥所属 2 个团哗变投入邓本殷旗下（一说是梁无法控制部队，自行出走后部队叛变）。12 月被第四军张发奎部打败，梁鸿林弃职离部，后经商赋闲。1944 年病逝。

　　梁鸿林的基本部队是最早的粤军第一师第一团，梁本人是出色军人，第一团也素质良好，本来已经编入了不久就要扬名天下的"铁军"，由于当时调查机构对梁鸿楷不够客观、公正，加上梁鸿林的一时冲动（或者是无法约束部下），终于造成了所部第十二师被歼灭的悲剧，梁本人还落下叛变的罪名。

　　巧合的是梁鸿林在 8 月受命带队缴了曾经的上级卓仁机部的械，4 个月后曾经的一师同事张发奎又带队缴了他的械，而且还顶替他的番号第十二师。

5. 东路讨贼军第一旅旅长王懋功

　　王懋功，名国华，字东成，号懋功、栋臣，出生于 1891 年，江苏省睢宁县人。6 岁进入私塾学习，14 岁中秀才。徐州初级中学堂毕业后，考入江苏陆军小学，1911 年入南京陆军第四中学。辛亥革命爆发时，曾参与光复南京军事行动。1912 年秋，转入保定陆军军官学校第一期步兵科学习。1913 年肄业后分发江西陆军服务，历任赣军第一师司令部参谋，步兵混成团第一营连长、营长，第一师代理参谋长。参加江西讨袁"二次革命"，失败后改名懋功。1916 年南下广东，任朱庆澜省长警卫军营长。1917 年编入桂军马济部参加援湘护国战争。

　　1920 年 8 月粤军回粤时起义加入粤军，后在第一路黄大伟部任营长、第一统领。1922 年 5 月，率部参加孙中山组织的北伐和回师靖难；10 月随大军进军福建，攻克福州后部队整编，任东路讨贼军第一军第一旅旅长。不久，军长黄大伟要独树一帜，在接孙中山速回上海电令后，当即召集会议。王懋功首先发言："既有中山先生电令，还是请军长到上海跑一回，再作道理。"致黄大伟悻悻离开。11 月 29 日，致电孙中山称："职旅即日遵令归总司令部直辖，此后为党为国，当遵从大总统电令，服从总司令命令，竭尽忠诚，至死不变。旅长王懋功呈叩。"得到孙中山很高评价的复函。1923 年 2 月，东路讨贼军自闽入粤，王懋功兼任东路讨贼军中央军命令传达所所长，负责指挥第一、第三、第五、第八旅作战，率部转战潮汕。5 月，面对洪兆麟的进攻，守卫潮安的丘王懋功旅和丘鸿钧旅在黄大伟策动下不战而退，致使东路讨贼军只能匆忙撤出潮汕，还被一路追击到河源，于 6 月底抵达博罗；后参加坚守博罗和反攻河源作战。1924 年 5 月整编粤军，其余全部并入许济第七旅。

1924 年 6 月，任大元帅府大本营参军。后任黄埔军校检阅委员会少将委员，受命与陆福廷等赴沪招员，共募集兵员 5000 余名，带回广州后相继编成黄埔军校教导第一团、第二团。1925 年任黄埔军校第二、三期入伍生总队总队长，参加第一次东征；8 月任国民革命军第一军第二师中将师长，后兼广州卫戍司令。1926 年 2 月因接近汪精卫而被蒋介石扣押撤职，驱逐至上海，10 月被派到苏联伏龙芝军事学院学习。1927 年 11 月回国。1929 年，参加汪精卫改组派。1931 年被汪精卫任命为正太、平绥铁路管理局局长。1933 年兼任山西大同铁路督办。抗战全面爆发后，任国民政府军事委员会军法执行总监部中将副监。1940 年被授予中将。1945 年 1 月，任江苏省政府主席兼江苏省党部主任委员、国民党三民主义青年团干事长，同时兼任第十战区中将副司令长官，后再兼苏北挺进军总指挥；6 月，当选国民党第六届中央执行委员。1946 年兼任江苏省保安司令，直到 1948 年 9 月改任总统府战略顾问。1949 年 3 月前往台湾，后任"总统府"战略顾问、"光复大陆设计研究委员会"委员。1961 年在台北病逝。

王懋功在国民革命军第一军成立时就任第二师中将师长，只因为追求进步经常奔走于汪精卫和苏联顾问季山嘉之间，成广州红人，遭蒋介石忌讳而被撤职，如果他从入黄埔一直死心塌地追随蒋介石，他的地位应该仅次于第一师师长何应钦。

6. "琼州第一将"陈得平

陈得平，原名昌琪，字瑶林，号耀南，1886 年出生于广东省琼山县（今海南省海口市琼山区）。据说他生有异相，胸前有三个乳头，为免世人嘲笑，炎热夏日仍穿衣蔽体，于是自小便养成了坚忍的性格。

在家乡念完私塾后，于 1908 年考上了琼州府中学堂，其间加入同盟会。

1909 年考入广东陆军速成学堂第二期，毕业后回琼山联络三点会试图发动武装起义，后因事泄解散。1910 年受孙中山指派赴南洋宣慰华侨，筹集经费，担任华侨义勇团指挥部军务课长。1911 年 3 月秘密潜入广州，参加黄花岗起义，失败后逃往香港，随即再度奔赴南洋筹款。因感觉武备不足，1912 年考入云南讲武堂第五期学习。1913 年毕业后回广东，后任广东武备学堂教官、广东陆军速成学堂帮统。1914 年任琼崖讨袁军参谋长。1915 年 10 月任中华革命党广东琼州分部党务科主任。1916 年加入两广护国军，任林虎第四师第八旅十六团中校团副，后在广东护国军第二军林虎部任营长，驻军广东阳江。

1920 年 8 月粤军回粤驱桂，陈得平在叶剑英策反下于江门响应，率部向广州进攻。12 月粤军整编，陈得平任第一路黄大伟部第二统领。1921 年 5 月，参加"援桂"战役。1922 年 5 月，率部参加孙中山组织的北伐，担任右翼先锋。叶举发动"六一六兵变"后，北伐军第一路司令黄大伟给北洋军阀王占元和沈鸿英写信，陈得平侦获后即代表第一路军全体官兵面见黄大伟，要求立即回师广州靖难。面对属下官兵的指责，黄大伟不得不下令回粤。10 月随大军进军福建，攻克福州后整编部队，陈得平任东路讨贼军第一军第二旅旅长，而后兼任第一路中将总指挥。后发现黄大伟自称"国民革命军总司令"，欲篡权夺位，陈得平秘密派人往上海向孙中山汇报，揭发黄大伟的种种阴谋行为。陈得平在革命的关键时刻，敢于同黄大伟的背叛革命行为做斗争，为保全粤军的完整作出了重大贡献。

1923 年 2 月，东路讨贼军自闽入粤，陈得平率部转战潮汕，历尽艰难困苦于 6 月抵达博罗；后担任坚守博罗任务。9 月参加反攻河源，取得柏塘、泰美大捷。11 月退守广州后担负坚守白云山阵地任务，打退敌人多次冲锋。

1923 年是陈得平父亲 71 岁寿诞，陈先期禀告拟返乡为父祝寿。其父复信云："值此国家多难之时，汝应移孝作忠，救民于水火，勿以吾老为念。"孙中山对其父以国为重、深明大义的举动大为赞赏，命他即刻接父亲来广州贺寿；后又携夫人宋庆龄及国民党要员出席寿宴，赠"教子有方"字屏，赐封其父为"太封翁"。

1924 年 5 月，整编粤军时，第二旅与海军陆战队改编的独二旅陈锡乾部合编为第十一旅，陈得平仍任旅长，由于陈得平深得孙中山倚重，可以自由出入总统府，引起别人的嫉妒。一次会后临时设宴，宴会上大家频繁敬酒，几天后陈得平神态失常（疑为被人下毒），虽多方治疗仍未奏效，后返乡养病。

1925 年在家乡病逝，时年 39 岁。代理大元帅胡汉民和北伐军总司令谭延闿亲书墓碑"陆军中将任旅长兼总指挥耀南陈公墓"，制成后由广州运回海南。

陈得平是中将旅长，是民国时期琼州人任高职位军人之最先者，被称为"琼州第一将"。其第二旅集结了当时琼籍的大批精英，3个团长分别是陈定平、梁国一、徐天深，参谋长徐坚，基层军官中还有黄百强、梁秉枢、詹忠言、王禄丰、文鸿恩等，是名副其实的"琼州部队"，是海南人在军中的一面旗帜。该旅兵员充足，军官全部是军校毕业，革命态度坚决，战斗力强。陈得平身经百战，却从未负伤，部下营长以上无人阵亡，实属罕见，故被人称为"福将"。

7. 参加过武昌首义的旅长丘鸿钧

邱鸿钧，字伯衡，1879年出生于湖北省黄陂县（今武汉市黄陂区）。

1905年进入黎元洪属下的湖北新军当兵，不久考入武昌高等学堂炮科（一年改为湖北陆军小学堂）学习，在此加入日知会，毕业后回新军任正目（班长）、司务长。因日知会被查封，经孙武指点邱鸿钧秘密逃往南京，先入南京炮队，后转入江南陆军讲武堂野战炮兵科学习，毕业后任江苏新军排长，后由柏文蔚介绍加入同盟会。1908年秋拟利用太湖秋操起事未成。

1911年10月武昌首义成功后，邱鸿钧主动请缨驰援，恰逢此时南京新军正在物色人员前往湖北打探消息，而邱鸿钧正好是湖北人因此被选中；回到武昌后被军政府任为参议，后任汉阳军政分府军事科科长。黄兴抵汉就任战时总司令后，任命他为炮兵指挥官，在龟山、汉阳兵工厂一带指挥炮兵抗击清军。南北停战后，邱鸿钧赴上海投陈其美麾下，任沪军独立炮兵营营长。1913年7月"二次革命"时，黄兴在南京宣布讨袁失利后离开。8月上旬，邱鸿钧联络革命党人再次策划了起义，任临时参谋长，重举讨袁大旗，与袁军激战。9月初失败后潜赴日本。1914年在东京首批加入中华革命党。1915年到湖北协助蔡济民讨袁驱王（占元），后又在闽南招讨使谭人凤部任支队司令。1919年到滇军方声涛部任团长。

1920年转任粤军第一路军黄大伟部第三统领部帮统、统领。1922年5月率部参加北伐，6月叶举发动"六一六兵变"后回师靖难，在翁源激战后退往赣东；10月奉命率部进攻福州，受命为先锋，亲率警卫连冲锋在前，一举攻入福州督军李厚基之洪山桥兵工厂，全歼守敌，夺获机关枪200余挺、步枪6000余支、大炮36门。攻下福州后北伐军整编为东路讨贼军，邱鸿钧被任命为第一军第三旅旅长。得知黄大伟要独树一帜后，立即报告总司令许崇智。黄大伟投靠陈炯明后，以昔日长官与同乡的双重身份差人策反，被邱鸿钧严词拒绝。1923年2月邱鸿钧率部跟随许崇智回师广东。5月，面对洪兆麟的进攻，守卫潮安的丘鸿钧旅和王懋功旅在黄大伟策动下不战而退，致使东路讨贼军只能匆忙撤出潮汕，还被一路追击到河源，邱鸿钧部损失严重。因征战十数年积劳成疾，严重咯血，被孙中山特别安排送回广州入院治疗，并发给医药费1万元。

1923年8月病愈后被孙中山任命为广州大元帅府参军。1924年被任命为（罗翼群）潮梅军第三路司令，专门策反洪兆麟部；后收编了洪部12个营，开到五华、老隆一带整训。1925年第一次东征结束后，所部被蒋介石改编。

1926年后历任北伐军总司令部征募处处长、湖北先遣司令、南京市警察局局长、军政部军需署营造司司长、汉口特别市公安局与湖北省水上公安局局长、中央军事参议院参议、重庆行营中将高参、福建省禁烟特派员、川康滇黔四省禁烟特派员等。

1958年病逝，享年80岁。

8. 滇军转入的旅长龚师曾

龚师曾，出生于1886年，江西省南昌县人。

1902年入江西武备学堂，与林虎、李烈钧等同期。后留学日本，1911年加入同盟会。10月武昌起义的消息传到日本后，与伍毓瑞等人回国参加革命，到云南唐继尧司令部任参议，达10年之久，最后官至少将。

1921年1月顾品珍回滇倒唐，唐继尧派龚师曾到广州晋谒孙中山，请求将原李根源海疆军留守钦、廉的赵德裕滇军调回。孙中山与唐继尧协商后将赵德裕滇军和彭程万赣军合编成滇黔赣联军第一路军，蒋尊簋任司令，龚师曾任参谋长，准备参加北伐。8月龚师曾到达桂林，经孙中山同意收编了桂军1个团，再与联军卫队合并改编成警卫军，龚师曾任警卫军司令。1922年5月，孙中山下令北伐，任命龚师曾为赣军别动军副指挥兼第二路司令，率部出师江西。龚师曾在赣南收编了赣军龚志谦部1营人马。7月回师平叛失败后，龚师曾随许崇智等人率部退到瑞金。10月18日，孙中山将攻下福州的北伐军改名为东路讨贼军，龚师曾部扩编为任第一军第四旅，龚任旅长。

1923年2月许崇智率军回粤驱陈时，龚师曾率部留驻福建。1924年4月在闽南被周荫人和援闽的陈部粤军打败，所部后在闽粤边境溃散。后在刘震寰西路讨贼军第四师伍毓瑞部任旅长。1925—1929年任福建海关监督。1929年回江西任南昌市市长。1932年1月卸职后从事社会活动，与江西名流伍毓瑞、彭程万等人合称"江西八老"。1971年病逝。

9. 曾任孙中山侍从武官的旅长孙本戎

孙本戎，字良翰，祖籍浙江省杭县（今杭州市）人，1887年出生于台湾澎湖，甲午战争后举家迁闽。

1905 年考入福建讲武堂兵科，其间参加同盟会。1909 年毕业后留校任教官兼队长。1911 年辛亥革命时，率领学生加入福建革命军并参加于山战役。1912 年福州光复后任延建邵防卫军统带。1913 年参加"二次革命"，失败后亡命日本，加入中华革命党。1917 年参加"护法"运动，任大元帅府参军处副官。

1918 年回闽任福建省军事特派员，率领民军配合援闽粤军作战。1919 年任粤军第二十四路统领；12 月，被军政府授予陆军步兵上校并加少将衔。1920 年参加回粤驱桂战役。1921 年参加援桂战役，后任第二军独八旅第十六团团长。1922 年 5 月，任北伐军卫队正司令，出师北伐，以 4 营兵力击败敌 1 师，联合友军攻克赣州。6 月叶举发动"六一六兵变"后，回师时任第五旅旅长，率部与叛军在韶关激战；8 月，撤退到江西瑞金；9 月，参加进军福建；10 月，北伐军攻下福州后，遭受史廷扬率部反攻，李福林和黄大伟两部因人数不多，仓皇退走；幸得孙本戎率部 300 人驰援由白沙衔尾追击史廷扬，李、黄两部回师应战，将史廷扬所部 3000 余人全部缴械。攻克福州后，北伐军改为东路讨贼军，孙本戎任许崇智第二军第六旅旅长。1923 年 2 月许崇智率部回粤，孙本戎留守福建，任莆（田）仙（游）惠（安）福（清）警备司令。1924 年 4 月在闽南被周荫人和援闽的陈炯明部粤军打败，部队损失严重。1924 年 6 月率部随何成浚回到粤北，1925 年 6 月在汕头任建国粤军总司令部惠潮梅行营主任，9 月撤离。

1937 年 8 月授少将军衔，任国民党第三战区党政分会委员、浙江省政府委员兼物价管制会秘书长等。1949 年前往台湾，婉辞蒋介石连授中将、上将衔。后病逝于台北。

10. 建国粤军参谋处处长冯轶裴

冯轶裴，名宝桢，以字行，出生于 1891 年，广东省新会县（今江门市新会区）人。先后入广东陆军小学、南京第四陆军中学学习。1914 年保定陆军军官学校第一期毕业后，返回广东。1917 年 1 月，考入北京陆军大学，1919 年底毕业。

1920 年加入粤军，历任排、连、营长。1922 年 5 月任粤军第四师参谋长，10 月任江门警备队第一独立团团长。1923 年 2 月任东路讨贼军广州行营上校参谋。1924 年初任东路讨贼军总司令部参谋处处长。1924 年 6 月任建国粤军总司令部参谋处处长，后兼教导团团长。1925 年 2 月参加第一次东征，奉命率教导团支援右翼军作战，配合黄埔军校学生军和其他友军，在淡水、三多祝和兴宁各役，击溃陈炯明部，收复东江和潮汕一带；10 月任东征军总指挥部参谋处处长，参加第二次东征，受命指挥3个支队5个团6000多人；11月，3个支队改编为独立第二师后任师长。1926年2月独立第二师改称国民革命军第一军第十四师后仍任师长。11月任北伐东路军第二路指挥官，指挥2个师。1927年1月任第四纵队指挥官。

1928年冬任中央陆军军官学校军官团（团长蒋介石）副团长。1929年1月任第一集团军第二十二路军总指挥。1930年4月任教导第一师师长，后兼中央讨逆军第三总预备队指挥官；12月任国民政府警卫师师长，下辖4个旅近3万人。1931年1月获颁一等宝鼎勋章；6月任警卫军军长兼第一师师长；6月24日因急性阑尾炎死在手术台上，终年40岁。国民政府明令按陆军上将故例抚恤。

冯轶裴作为广东人，能成为无论是武器装备还是官兵素质都是当时中国军队中的上上之选、被誉为精锐中的精锐、蒋介石"御林军"的国民政府警卫军军长，实属不易，可惜英年早逝。

11. 中央直辖第四军参谋长郭学云

郭学云，又名学文，字伯潜，出生于1894年，广东省大埔县（今大麻镇）人。1912年考入广东陆军小学，1915年入武昌陆军第二预备学校，1917年入保定陆军军官学校第六期步科。

1919年毕业后南下加入援闽粤军。1920年任粤军第一师机枪连连长、学兵营连长。1922年5月随军北伐，攻克赣州后升任第一师独立营长。北伐回师后驻守西江，11月所部改为第一师第二团第二营，仍任中校营长，积极参与反陈炯明活动。1923年1月，与第二团团长卓仁机、第三营营长张发奎在封川（今封开县）蟠龙组织讨陈起义；4月，任梁鸿楷中央直辖第四军参谋长。1924年秋，第四军奉命招抚两阳，郭学云任前敌指挥，率部攻入阳江，收复阳春，兼任行营主任。

1925年9月任国民革命军第四军第十二师（师长梁鸿林）参谋长。10月为抵御南路军阀邓本殷进攻，第十师师长陈铭枢出任南路总指挥率军南征，召请郭学云至江门商讨军机。时第十二师师长梁鸿林因其兄梁鸿楷被政府扣押一直未予释放，于10月18日指挥所属2个团哗变（一说是梁鸿林被裹胁）；10月21日郭学云返抵第十二师师部时，师部已被第十师截留，师长梁鸿林已辞职离开，于是流言四起，军心不稳。他苦口婆心申明革命大义。10月24日，参加东征回师途经广州时因第十二师其他2团叛乱连累被缴械的第三十四团归建，师部闻讯再行哗变。他闻报后拟退至新昌扼守待援，亲督特务连上船准备开拔，不料突遭变节的勤务兵枪杀于舟中，牺牲时年仅31岁。11月，国民政府追赠其为陆军中将。

郭学云在 1922 年底是和邓演达、张发奎并列的粤军第一师直属的 3 个营长之一，也是当时第一师内部反陈的骨干成员，本是前途无量，可惜不是战死在冲锋路上，而是被内部哗变士兵枪杀，故名气有限。

12. 辛亥元勋、师长周之贞

周之贞，字又云，1882 年出生于广东顺德县北滘乡（今佛山市顺德区北滘镇）。早年赴南洋经商，1905 年在新加坡加入同盟会。1911 年春归国，参加广州黄花岗起义，跟随黄兴攻打总督府，失败后亡命南洋。同年秋，奉命回广州组织暗杀，与李沛基一起将赴任的广州将军凤山炸死。

广东光复后，被广东都督胡汉民派到肇庆督办军务。1912 年 2 月，任肇罗经略处经略；8 月改称肇罗绥靖处督办；10 月被授予中将军衔。1913 年 7 月被投降龙济光的部下李耀汉驱逐，逃亡南洋，参加讨袁筹款。1916 年初任广东护国军西路司令，组织民军讨伐龙济光。1917 年任广东警卫军统领、孙中山大元帅府参军。1921 年 11 月出任民选的顺德县县长。1922 年陈炯明叛变后任西江讨贼军司令。1923 年 3 月任四邑两阳香顺八属绥靖处处长，兼所属民军改编的中央直辖第四军第二师中将师长兼第三旅旅长；9 月兼任顺德县县长。1924 年 5 月，改称粤军第五师师长；7 月所部被缴械。1925 年 9 月胡汉民、许崇智相继被驱逐后，周之贞与老战友何克夫一起离开广州赴上海。

抗战时国民政府迁都重庆后拟委聘他为国府委员，他没有接受。1941 年在家乡创设"顺德青云儿童教养院"，收领 800 名难童。抗战胜利后，教养院迁至陈村，改名青云中学，周之贞任校长。1950 年在香港病逝，遗无长物。

周之贞没有加入过国民党，一直保持"同盟会会员"的称号，是黄花岗起义不多的幸存者之一。

第四章　国民革命军粤系军将领

第一节　张发奎第四军系统

一、铁军军长张发奎 [1]

张发奎，原名发葵，又名逸斌，字向华，出生于 1896 年，广东始兴县（今隘子镇）矮岭村客家人。8 岁入私塾，县立高等小学堂毕业。

1911 年到广州当学徒。1912 年入广东陆军模范团，几个月后考入广东陆军小学堂第五期（入学时注册官将发葵改成发奎），并加入同盟会。1914 年考入武昌陆军第二预备学校。1916 年毕业返粤参加反袁攻打江门之役，后到邓铿设在东莞石龙的中华革命军东江总司令工作。因无法凑集路费，放弃了入读保定军校的机会。1917 年随胡毅生到广东士敏土厂任职，赚钱养家。孙中山在士敏土厂设立护法军政府后，张发奎等革命工人就兼任便衣卫队成员。

1920 年初，因听说孙中山已下令援闽粤军回粤，遂央求胡毅生写封给邓铿的介绍信，赴漳州参加援闽粤军，被援闽粤军参谋长邓铿任命为总司令部士官；8 月参加粤军回粤驱桂战役，在汕头加入敢死队缴获敌军 1 支步枪后升任中尉副官；10 月惠州攻坚战中任督战队上尉指挥官。11 月调任粤军第一师少校副官。1921 年初被邓铿派往第四团陈铭枢部任营长，陈铭枢借口说军官一律要保定陆

---

[1] 参广东省、韶关市、始兴县政协文史委员会合编：《挥戈跃马满征尘——张发奎将军北伐抗战纪实》，广东人民出版社 1990 年版；张发奎：《张发奎口述自传》，当代出版社 2012 年版。

军军官学校生出身为由拒绝，两人从此交恶。同年夏，出任莫飞熊统领的警卫游击团中校帮统兼第一营营长，旋辞职，不久调任李安邦部第二十七警卫游击营少校营长；10月该营改造为大本营警卫团第三营，张发奎仍任营长，后开赴桂林警卫孙中山总统。1922年5月随侍孙中山至韶关，孙中山回广州后负责保卫韶关大本营本部。同年6月叶举发动"六一六兵变"，随后派兵来攻韶关；张发奎拒绝团副华振中的命令，率部北撤加入北伐军；7月与叛军战于翁源；8月败退时，张发奎的老师、前广东陆军小学校长翁式亮派丘兆琛送函来声称"师生之情，爱护之心，始终如一"。张发奎答复"忠臣不侍二主，烈女不嫁二夫。师恩难忘，恕难从命"。毅然率部退入始兴县仙人洞，据山相抗一个多月，故以后有"大王"绰号。9月缪培南的侄儿缪五常带来粤军第一师师长梁鸿楷、参谋长李济深和独立营营长邓演达要求重回第一师的函，并许诺相机驱陈。张发奎遂率部前往广州，所部并入辎重营，并接任营长。11月调驻德庆，所部改编为第二团第三营，任中校营长。

1923年1月，驻防封川县（今封开县）的张发奎闻悉邓演达起义后，立即在蟠龙举义，在三水县马口歼灭陈炯明部罗绍雄支队，缴枪700多支。4—5月参加驱逐沈鸿英的清远、肇庆战役；因率敢死队冲锋之功，所部扩编为第一师独立团，因是汪精卫推荐其升任团长，从此对汪无悔追随。9月率部驰援博罗，追击陈炯明部至河源；10月在博罗县泰美、柏塘一带与林虎部激战，失败后负责后卫撤回广州。1924年初调肇庆整训，10月所部编为第一旅第一团，与新成立的蒋光鼐团合编成陈铭枢第一旅。1925年2月参加第一次东征，3月在兴宁战役中俘敌500多人，缴枪600多支。

同年8月，粤军第一师改编为国民革命军第四军，张发奎升任第一独立旅旅长，下辖2个团。10月参加第二次东征，在惠阳、紫金二县交界的热汤村与十倍于己的陈炯明部遭遇，激战一天，阵亡营长罗子良以下300多人，最后等到友军的支援，终于击溃敌军；接着参加了在五华县双头墟歼灭林虎部的战斗。因第四军十二师师长梁鸿林于10月18日叛变投入邓本殷旗下，梁部被国民政府明令取消番号。张发奎旅由军长李济深带领增援南路，并于11月21日被国民政府宣布扩编为第十二师，师长由副军长陈可钰兼，张发奎任少将副师长；其中三十四团由中共以大元帅府铁甲车队为基础在肇庆进行组建，团长叶挺，三十五、三十六团由独立旅原有2个团编成。1926年1月张发奎率部渡海进占海南歼灭邓本殷部，南征结束广东统一。张发奎协商将原三十四团改为军独立团，再另组一个新三十四团，由许志锐任团长。不久，张发奎正式升任十二师师长。

张发奎在治军中形成了独到的方法，在"人""财"方面实行"公平、公开、公正"原则。设立师"人事委员会"来处理军官的任免，标准是"作战勇敢，训练精良，恪守军纪，爱兵如子"；在师"经济委员会"下再设立"储金委员会"来处理吃空额积聚的钱。要求各级军官要财政公开、赏罚公开、用人公开"三大公开"，要求士兵严格执行不嫖娼、不赌博、不吹烟（鸦片）、不开小差"四大禁令"。这是张发奎所部勇敢善战成为铁军的法宝。

1926年7月，国民政府誓师北伐。张发奎率部从海南岛经广州进军湖南，指挥本部（欠三十四团）和先行出发的叶挺独立团，协同友军第十师轻取醴陵，8月17日巧取平江；8月26—27日率部经过恶战占领汀泗桥；30日又血战再克天险贺胜桥，打败了吴佩孚亲自指挥的直系精锐部队。10月10日攻克武昌后，张发奎率第四军4个团援赣，先协同第七军攻克德安，后在马回岭孤军苦战击败号称北洋精锐的孙传芳部；11月回师武汉，升任第四军中将副军长兼十二师师长。1927年1月，张发奎晋升第四军上将军长，并代表第四军将士接受武汉粤侨联合会赠送的"铁军"盾牌一块，正式登上铁军军长宝座。张发奎以后视盾牌为传家宝长期保存。

1927年3月，因陈铭枢离职投蒋，张发奎兼任第十一军军长；中旬在国民党二届三中全会上，张发奎当选中央军事委员会委员，升任第四方面军第一纵队司令官。4月19日，武汉政府举行第二期北伐，张发奎率第四军、十一军和贺龙独立十五师共3万多人出兵河南，于上蔡、逍遥镇等地击败奉军，在临颍决战中打败张学良指挥的奉军精锐10余万人，自身伤亡近万人，迫使奉军退出河南。至此，张发奎率领铁军打败了当时国内最大的三大军阀——吴佩孚直系、张作霖奉系和孙传芳的五省联军，威震中外。6月北伐军班师武昌，张发奎升任第二方面军上将总指挥，下辖第四、十一、二十军3个军4万多人，在武汉政府中军事实权仅次于唐生智。四一二政变后，在邓演达的安排下，张发奎的第二方面军接纳了大量共产党员。当时武汉流传："蒋介石屠杀共产党，朱培德礼送共产党，张发奎收容共产党。"

汪精卫在7月15日宣布"分共"前夕，邓演达找到张发奎说："汪精卫的政治生命已经完结。您不应该听他的。唐生智政治上也死了。您应该带领第四、第十一、第二十军回到后方广东，重建革命基地，一切从头做起。"张发奎回答说："汪精卫的政治生命还没有终结，他只是有点病，只要他还有一口气，我们就要请医生救他。"张发奎在政治上紧跟汪精卫，视其为领袖，但他认为是共产党的帮助才使他的部队具有如此强大的战斗力，所以不赞成"分共"，认为即使"分共"也不意味（使用）暴力。

7月下旬，张发奎率部"东征讨蒋"到达九江，在汪精卫、唐生智等人逼迫下，同意在庐山召开第二方面军师级以上会议，准备逼叶挺等共产党人离开军队，但计划被第四军军长黄琪翔泄露给第四军参谋长、秘密共产党员叶剑英后，引发了南昌起义，让第二方面军实力减少一半多，中共和陈铭枢的势力都离他而去。

8月初，张发奎采纳叶剑英的意见不去追击贺龙、叶挺部，而是带领第二方面军余下的不足3个师（富双英师不愿南下交给了唐生智）南下广东与李济深争地盘。当9月20日部队到达粤北南雄时，遇到李济深的代表陈可钰，陈表明希望张发奎带队到东江尾追南昌起义军，张发奎深知唯有掌控广州才能取得政权，才能把汪精卫请回来，说该部必须到广州整编与训练，然后张发奎将部队交黄琪翔率领，自己和陈可钰经上海转道先去香港。因黄琪翔率部于9月21日开进广州并发表攻击南京政府的"回粤宣言"，李济深不得已派人去香港迎接张发奎到广州主持军政。张发奎回到广州后，表面上声称拥护李济深，实际上与李济深及第八路军副总指挥黄绍竑明争暗斗，并与第五军军长李福林及李济深的新编部队薛岳、黄慕松二师长加强联络，以"驱逐桂系出广东"为名，暗中进行倒李、黄的活动。

10月，张发奎迫使李济深改组了广东省政府，并将留守的第四军改称新编第四军，而让他的前方第四军保留第四军，成为第四军的正统。

张发奎与汪精卫等人商量好发动驱逐李济深和黄绍竑桂系部队的方案。11月16日，待汪精卫带李济深坐船离开广州后，张发奎也"避嫌"赶去香港；17日晚由黄琪翔和薛岳等人，以"护党救国"为名发动"广州政变"，攻占各军事要地完全控制广州城，还选举张发奎为广州军委会主席。张发奎于次日回到广州，收编了薛岳和黄慕松2个师，并指挥部队从东、西二翼防御李济深部队的反攻。

当全部部队调往前线抗击李济深部队的关键时刻，12月11日中共发动"广州暴动"。张发奎被指责为"通共"，与共产党"唱双簧"，受到南京政府免职查办。张发奎内外交困，于12月18日通电下野，将第四军5个师5.5万多人交给军长缪培南指挥，安排好人事和作战方案后离开广州。但作为"军胆"，张发奎的离开对第四军的士气产生了一定的影响，加上其指挥作战水平在第四军中无人能及，造成了第四军在东江惨败。

张发奎周游日本后，回到香港、上海闲居。1929年初他预料蒋桂必有一战，坦言要报复桂系并故意让蒋知道，还说"讨伐桂系的第一号任命状一定是我张向华。"4月7日果然被蒋介石任命为追击军总司令兼第四师师长。第四师是原第四军在东江战败后撤往江西参加第二次北伐胜利后缩编的。张发奎带领第四师进占武汉，后在荆州收缴了桂军大量武器。7月，张发奎移驻宜昌。9月接到汪精卫密信要他带头反蒋，加上蒋介石派来的政治部主任关巩不辞而别后就接到乘船到南京再转往海州的命令，张发奎认为蒋介石要消灭第四师，坐以待毙不如铤而走险，决心反蒋。9月17日，张发奎在枝江将来接防的曹万顺部2个团缴械后，率部渡过长江，在慈利县布下埋伏将追击的李韫珩师进入山谷的1000多人全部击毙，在武冈又打败刘建绪，然后领衔通电反蒋，并将所部改称"护党救国军第四师"。张发奎说："三户可以亡秦，一旅可以兴夏，何况我有2万之众，我们一帮将领都是天不怕、地不怕的硬汉，一帮士兵和军官都是身经百战的勇敢健儿。只要我张发奎手里尚有一师之众，蒋介石就不能高枕无忧。"率部突破何键湘军的阻击和尾追，孤军纵穿整个湖南，完整撤入广西。

11月与桂系在梧州会师，组成"护党救国军"，第四师编为第三路军，张发奎任总司令，与2年前拼命厮杀的冤家黄绍竑又成为好友。张桂联军决定先击败陈济棠部占领广东，后再对蒋作战。12月6日在清远集中全部兵力4万余人向广州发动总攻。张发奎第三路军冲破了陈济棠部蒋光鼐、蔡廷锴2个师共2万人和中央军精锐朱绍良部3个师1.5万人共同组成的设在花县的右翼阵地，一直打到了广州北面的人和墟，造成广州震动；但遭遇陈济棠动用预备队和空军参战，所部被广东空军10多架飞机炸得人仰马翻。因连日苦战，伤亡惨重，只好向清远撤退，第三路军只剩下8000余人。

1930年1月，第三路军恢复了第四军番号，仍由张发奎担任军长。3月，陈济棠指挥第八路军继续向广西腹地进攻，双方在北流一线进行了一次最大规模的决战，第四军因损失惨重，缩编为第十二师，师长由张发奎兼任。5月，中原大战爆发，张桂联军入湘，占衡阳；6月初第四军奉命抄袭醴陵，同湘军何键部3倍于己之众遭遇，把湘军打得溃不成军，全歼其1个旅，并乘胜追击占领了长沙、岳阳。因衡阳被第八路军袭占，张桂联军回师决战，久攻不克，至7月1日全线崩溃。衡阳恶战是张发奎从军以来的最大失败，在撤退时他心灰意冷，下令对溃兵不必收容，故退回广西后第四军只剩1000多人，后经李宗仁补充6000多人后又扩编为2个师。9月张桂联军从柳州赶到南宁，鏖战3天将入桂滇军驱出广西。

1931年5月在广州反蒋非常会上，对是否拥护汪精卫已与桂系出现分歧；九一八事变后，张发奎向广州国民政府请缨抗日，率部北上援助东北义勇军马占山，并得到批准，但军费无着落，无法开拔。1932年2月，张发奎被南京政府重新任命为第四军军长。3月张发奎以北上抗日为由，将只剩几千人的第四军调出广西，经湖南醴陵到江西樟树整训。后促使担任行政院长的汪精卫设立铁道部铁路管理局把流落京沪的几十位四军上级干部安排进去。

张发奎到南京找一直无悔追随、唯命是从的汪精卫，没想受到冷眼相待，追随关系从此结束。8月辞去军长职务，10月以军事参议院上将参议身份出国游历欧美。1935年春回国到南京见蒋介石。1936年1月任皖、赣、浙、闽四省边区"清剿"总指挥。7月，任讨伐陈济棠的中央军前敌总指挥。9月，被授予中将加上将军衔。9月，任皖赣浙闽边区主席。因对武力"清剿"中共游击队无兴趣，11月，由陈诚保荐任苏浙边区绥靖公署主任，专事督办抗日防御工事。

1937年"八一三"事变后，任右翼军兼第八集团军总司令，在浦东击败日军数十次进攻，并亲自指挥炮兵轰击日军司令部和日本海军旗舰"出云号"，被誉为"神炮"；后任中央军兼第八、九集团军总司令，曾联名向蒋介石建议调6个师防守苏嘉和吴福国防工事，早日从淞沪撤军。1938年张发奎任第二兵团总司令兼第八集团军总司令，指挥8个军负责确保赣鄂门户，固守九江以西至蕲春长江两岸各要点。张发奎用持久抵抗的方法，虽保存了实力，但遭到蒋介石的斥责，认为他有私心，想保存第四军实力，叱令他交出指挥权调回武汉。后经陈诚周旋才继续任兵团司令，直到武汉会战结束。

1938年11月重新划分战区后，蒋介石任命张发奎为第四战区副司令长官代理司令长官兼广东省主席，负责两广军事。张发奎举荐李汉魂任广东省主席，一起到韶关上任，大刀阔斧地整顿了军队。1939年10月解除代理正式就任，因白崇禧插手广西指挥事务，张发奎"请假"一个月。

对汪精卫1939年8月出走和1940年3月成立伪政府都进行了声讨。

1940年2月，张发奎奉命将第四战区司令部迁往广西柳州。因指挥体系不顺造成桂南会战失利，张发奎也无端受到记大过处分，遂建议将两广分设战区，自己只负责广西。1944年9月在白崇禧的干预中指挥部队参加桂柳会战，失败后退到战区外的贵州都匀，12月回到广西百色。1945年3月降任第二方面军（番号与1927年一样，也是辖3个军）司令长官后2次要求辞职未获准，5月指挥所部反攻收复南宁；在国民党第六届代表大会上当选监察委员。

抗日战争胜利后，张发奎任广州地区受降官，9月16日，在中山纪念堂接受日军第二十三军司令官田中久一中将的投降。9月兼任军委会广州行营主任，10月被授予二级上将军衔。1946年2月改任国民政府主席广州行辕主任，同时撤销方面军司令长官部；后兼任广东绥靖公署主任。1947年下令处决了粤军出身的汉奸吕春荣、范德星等人，坚决主张将广东一号战犯田中久一押回广东处决。原想去开发海南的计划受阻后于1947年10月调任战略顾问委员会委员；1949年1月任海南特区行政长官兼海南建省筹备委员会主任（未上任）；2月在韶关任陆军总司令，因蒋介石当时的战略重点是经营台湾并重点防守西南，所以反对桂军入粤共同守卫广东，张发奎多次建议李宗仁把蒋介石扣起来清除掣肘，但李宗仁认为这是"徒招恶名的莽事"而反对，张发奎于6月辞职赴香港。7月重任战略顾问委员会委员。

张发奎获颁过青天白日勋章、一等宝鼎勋章、国民革命军誓师十周年纪念勋章、忠勤勋章、胜利勋章、陆海空军奖章甲种一等奖章、甲种一等干城奖章等。1947年被美国授予"自由荣誉勋章"，被英国授予"大英帝国司令勋章"。

1971年9月在香港举行的世界客属第一次恳亲大会上当选为会长。1980年在香港病逝，终年85岁。时任全国人大常务委员会委员长的叶剑英元帅电其家属："惊悉向华将军逝世，不胜哀悼。乡情旧谊，时所萦怀。特电致信，尚希节哀。"1992年其夫人将其骨灰从香港奉回家乡始兴安葬。

张发奎作为一名武将，确实做到了"不怕死，不爱钱"，身经百战，有良好的战场控制能力，进攻时很有爆发力，失败时能镇定自若，加上他治军严明，因此造就了一支作战勇敢、纪律严明的"铁军"。

张发奎是一个顶天立地的男子汉，从粤军的列兵开始一路硬拼，凭借战功升至上将，官至国民政府陆军总司令。他具备了军人所需的一切美德：忠诚、正直、勇敢、清廉、坚毅与爱国，故他带出来的人，无论到哪里都是精锐，永远保持"铁军"精神。

张发奎是中共北伐时期军队的保护伞，他的第二方面军是中共早期军队的庇护所。最早的叶挺独立团是他十二师的3个团之一，在他指挥下北伐，到第二方面军时期已壮大成6个团；武汉时期别人屠杀、礼送共产党员，而张发奎却大量收编共产党的工农武装。经他同意成立的武汉国民政府警卫团也叫第二方面军警卫团，武汉的中央军事政治学校将被"解决"时也是改编成第二方面军教导团。最后形成中共三大暴动（起义）的主力都是来自他的第二方面军，其中南昌起义后他只"分共"没有追击，直到在他后方基地又发生广州暴动后才彻底变成敌对势力。最少包括四位元帅（贺龙、林彪、陈毅、叶剑英）、四位大将（张云逸、粟裕、许光达、陈赓）、四位上将（萧华、萧克、周士第、杨至成）等解放军一大批将帅出自他的麾下。

二、北伐名将黄琪翔 [1]

黄琪翔，字御行，出生于 1898 年，广东省梅县（今梅州市梅县区水车镇）人。

1910 年考入梅县务本中学，后转入广州优质师范附属中学。1912 年考入广东陆军小学第五期，1915 年转入武昌陆军第二预备学校。1917 年被保送到保定陆军军官学校第六期炮兵科学习。1919 年毕业后分配到北洋边防军任排长。1920 年调回保定陆军军官学校任炮兵队队长，成为陈诚和罗卓英的老师。

1922 年，因军校衰败费用难保他辞职回到广东，在粤军第一师司令部后方办事处任少校参谋；6 月任第一师辎重营副营长，年底因受营长张发奎猜疑离开。1923 年初加入了桂军沈鸿英之子沈荣光的部队；因沈荣光受到讨伐连吃败仗，8 月黄琪翔应邀回到张发奎独立团充任中校团副。1924 年 1 月加入国民党，10 月任粤军第一师第一旅第一团（团长张发奎）第三营营长。1925 年 1 月参加了第一次东征，在兴宁战役中，以 1 个营击溃敌军 1 个旅，缴枪 1000 多支，立下奇功，令张发奎刮目相看；6 月参加平定杨、刘叛乱之役；8 月第一团扩编为国民革命军第四军独立旅时，黄琪翔升任该旅第二团团长；10 月参加了第二次东征；11 月，独立旅扩编为第十二师，黄琪翔任该师第三十六团团长；12 月参加讨伐南路邓本殷之役，一直打到琼崖。1926 年 6 月，率部北伐。在平江战役中，黄琪翔率部经肉搏冲锋，首先攻入平江。在著名的汀泗桥战役中，在攻到铁路桥无法前进时，黄琪翔在当地农民引导下利用暗夜在上游带三十六团涉水渡河，占领敌人中央最高阵地数处及其炮兵阵地，再与正面的叶挺独立团配合，打得吴佩孚部溃不成军，立下首功。10 月攻陷武昌城，与叶挺一起被破格提为少将团长，一同被誉为"北伐双杰"。随后又开赴江西，在马回岭地区激战，打败了孙传芳部。1927 年 1 月第十二师扩编为第四军，黄琪翔升任十二师师长；4 月任副军长兼十二师师长，率部参加第二期北伐，在河南与奉军精锐恶战近两个月；6 月回师武汉后荣升第四军军长，成为保定六期粤籍生回粤群体中最早升任军长的人（当时邓演达职务最高，但没有当过军长）。因与第四军党代表廖乾吾配合得好，基本没有"清共"，故后来被汪精卫指责为"容共"。

1927 年 7 月率部东征，在九江将汪精卫等人密谋召开庐山会议准备逼叶挺等共产党人离开军队的绝密内容透露给梅县老乡、秘密共产党员、军参谋长叶剑

---

[1] 参王大鲁、刘清云：《黄琪翔传》，中国文史出版社 1994 年版，第 69—75 页。

英，从而为中共保住国共合作的成果，率领掌握的军事力量发动南昌起义创建人民军队提供了机遇；随后受命打起"援师讨逆"旗号，率部回粤；9 月到达南雄时代理第二方面军总指挥，并按张发奎的旨意，率部开进广州，并发表攻击南京特委会的《回粤宣言》。

11 月 16 日，在汪精卫带李济深坐船离开广州，张发奎"避嫌"赶去香港，黄绍竑也匆匆从南宁赶到广州的当晚深夜，黄琪翔与薛岳按计划发动政变，派人抓捕黄绍竑，查抄李济深公馆；17 日早上把李济深及桂系在广州及附近虎门、江门等处的军队全部包围缴械，同时占领了兵工厂、军械库和要塞等，完全控制广州城。在广州街头到处张贴出"打倒桂系军阀！""拥护汪精卫"等大标语，还开会选举张发奎为广州军委会主席。

12 月 11 日中共发动广州暴动后，张发奎被指责"通共"受到南京政府免职查办，汪精卫将全部责任推到黄琪翔身上，说他过于信任叶剑英才引发暴动，让他遭到部分第四军将领的指责。12 月 18 日，黄琪翔与张发奎同时通电下野，经香港到日本。

1928 年抵达德国找左派领袖邓演达。1929 年受宋庆龄电召作为秘书陪同回国参加孙中山灵柩的"奉安"大典。

1930 年 8 月，他与邓演达等人创建中国国民党临时行动委员会（第三党），任中央干事会委员和军委会主任委员。1931 年邓演达遇害后，黄琪翔临危受命，担负起领导责任。1933 年 11 月与李济深等人一起发动并领导了"福建事变"。1935 年"第三党"更名为中华民族解放行动委员会，黄琪翔被推选为总书记。

1937 年 1 月应其学生、时任军政部次长的陈诚邀请回国，被蒋介石接见后出任国民政府训练总监部炮兵监。"八一三"淞沪抗战爆发后，历任第九、第八集团军副总司令，率部与日寇浴血奋战。年底出任国民政府军事委员会政治部（部长陈诚）副部长。1938 年 7 月改任军训部次长。1939 年 10 月任第九战区陈诚第二十六集团军总司令，旋调任第五战区李宗仁第十一集团军总司令。1940 年 4 月被授予陆军中将军衔。1941 年升任第六战区（司令长官陈诚）副司令长官。1943 年调任中国远征军（司令长官陈诚）副司令长官。1945 年初滇西战役胜利中国远征军番号撤销后，任中印公路东段警备司令。

抗日战争胜利后荣获"胜利勋章""青天白日勋章"（因滇西战役）及美国最高奖章"自由勋章"。1946 年授予陆军中将加上将衔。黄琪翔第一个以现役军人的身份公开声明："从此退役，绝不参加内战。"1947 年任中国驻德军事代表团团长。

1949 年，应邀出席了全国政协第一届会议。历任国防委员会委员，中南区司法部部长，国家体委副主任，全国政协常委，中国农工民主党秘书长和副主席等。1957年被错划为"右派"。1970年逝世，终年72岁。

黄琪翔在北伐中一年内从团长升为师长，再升到军长，还代理方面军总指挥，成为张发奎系统的二号人物，依靠的是战功（因为他不是张发奎喜欢的人），收获北伐名将的美誉；但世事难料，很快在"张黄事变"后下野，犹如一颗耀眼的流星，从此脱离军界整整十年。但失之东隅，收之桑榆，从军事将领转为民主党党魁，远离了内战，直到抗战全面爆发才重新披挂上阵，基本上都在前线抗日，以此获中、美两国最高勋章，在抗战中成就了他人生的第二段辉煌。内战再次爆发后又公开声明退役，不与人民为敌；1949年能顺应潮流参加新政协，是一个敢于追求民主和正义的人。黄琪翔还是公认的"国军"三大美男子之一。

三、百战将军薛岳 [1]

薛岳，他的父亲因仰慕岳飞，给其取名薛仰岳（后改名为薛岳），字伯陵，绰号"老虎仔"，1896年出生于广东省乐昌县（今乐昌市九峰镇）小坪石村。

1910年加入广东新军。1911年加入中国同盟会，后编入广东陆军第十团。1912年考入广东陆军小学第五期学习，与张发奎是同学。1914年加入中华革命党，毕业前夕由朱执信选去参加反袁反龙斗争，结果在广州湾法租界被捕入狱；在回答巡捕提问姓名时，为了不泄露真实身份，故意去掉"仰"字，改名薛岳。1916年获释后加入朱执信的民军，与张发奎一起参加攻打江门战斗。1917年与张发奎一起在胡毅生任厂长的广州士敏土厂当工人。（台湾"中央研究院"近代史研究所1988年出版的史料丛刊8——《薛岳将军与国民革命》记载薛岳1916—1919年是读保定军校第六期，本文采信张发奎晚年向美国哥伦比亚大学学者口述的自传《张发奎口述自传》）

1918年参加援闽粤军，任司令部上尉参谋。1920年8月，薛岳随部回粤驱桂。不久到邓铿建立的粤军第一师任机关枪营营长。1921年5月任孙中山总统府警卫团第一营营长。1922年6月16日凌晨3时，叶举部围攻粤秀楼和总统府，薛岳率部与警卫团叶挺营坚守总统府10多个小时，最后保护宋庆龄安全突

---

［1］参王成斌、刘炳耀、叶万忠、范传新主编：《民国高级将领列传》（第四集），解放军出版社1989年版，第550—569页；中国革命历史博物馆编写：《国民党将领传略》，新华出版社1989年版，第448—453页；王心钢：《薛岳传》，珠海出版社2008年版。

围。警卫团被冲散后，薛岳带着部分警卫战士到珠江"永丰"军舰，继续守卫在孙中山身边。不久，奉孙中山之命潜往广西梧州请兵，与粤军第四师师长关国雄取得联系，召开了驻梧州陆海军少校以上军事会议，因得到北伐军许崇智部回师受阻情报决定暂停行动。8月，薛岳与李章达、叶剑英等被孙中山派到福州许崇智的"东路讨贼军"任总司令部中校参谋，旋任第八旅十六团团长。1923年4月，率部随军南下，到达广东潮梅。5月，东路讨贼军在揭阳遭到伏击，通往丰顺要地言岭关被占，危急关头薛岳率部反复猛攻，夺回言岭关，使全军转危为安，从此在军界崭露头角。1924年3月，薛岳先后担任粤军第一师少将副官长，8月任师参谋长。1925年10月任东征军第二纵队副指挥。1926年2月第二纵队辖属的3个支队合编为独二师（后改编为第一军第十四师），薛岳任副师长兼第一团团长；7月参加北伐，调任第一师副师长兼第三团团长。1927年1月薛岳升任第一师师长，率部为先遣队向浙江省进军。3月下旬，到达上海郊区龙华，当时上海工人正在发动第三次武装起义后，面对上海总工会代表的要求，薛岳不顾北伐军前敌总指挥白崇禧的反对，申明"支持工农是总理的遗训"，将第一师开进上海。3月底，蒋介石、李宗仁等在上海密谋"清党"。第一师师长薛岳被视为"具有左倾迹象"，其部也被视为"不可靠"。4月2日，第一师的政治部被蒋介石下令解散。不久他得知第一师将要调离上海的消息，便赶到上海的中共中央委员会，建议"把蒋介石作为反革命抓起来"；但未得到中共中央同意，只被建议"装病以拖延撤离时间"。[1]4月5日，第一师被调离上海到京沪线护路，薛岳被迫离职。

薛岳南下广东，投奔第四军军长李济深，6月任广东新编第二师师长。9月南昌起义军南下广东进驻潮梅后，薛岳奉命率部进剿，在汤坑与起义军展开激战，收编了阵前倒戈的叶挺部副师长欧震。11月响应张发奎驱逐桂系的"张黄事变"，所部改编为第四军教导第一师。12月广州起义爆发后，薛岳留驻广州的第四团占领了起义军总指挥部。张发奎、黄琪翔被迫下野后，薛岳担任第四军副军长。1928年1月，所部在五华岐岭、潭下墟遭到粤桂联军东西夹击后退入赣南，北上投靠蒋介石。4月参加第二次北伐，打到山东德州。9月中旬，第四军缩编为第四师，缪培南任师长，朱晖日为副师长。薛岳不能见容于蒋介石，被迫离队南下，到香港闲居。不久，便参加汪精卫、陈公博等人的反蒋活动。1929年7月前往南宁，劝保定陆军军官学校同学、广西省府主席俞作柏早日出兵反蒋。11月，张发奎南下广西联合李宗仁反蒋后，薛岳与朱晖日等也在香港设立

---

[1] 刘汉升：《南昌起义之后》，解放军文艺出版社 2006 年版。

机关分头联络各地武装团体策应。1930 年 2 月，薛岳和吴奇伟等在广东廉江归队；3 月参加北流战斗后，第四军因损失惨重缩编为 3 个团，薛岳任第三十五团团长。5 月张桂联军从广西分途北上湖南作战，6 月张桂联军在衡阳遭到蒋、蔡部的围攻伤亡惨重。突围至广西时，第四军仅剩千余人。薛岳因自己移兵东南直捣南京主张被否定，便灰心丧气，同意官兵自行处置所带武器。7 月第四军退至桂林时，只剩下五六百人枪。可是，部分官兵要求坚持再干。后来李宗仁将桂军一部充实第四军，任命薛岳为该军第十师师长。10 月薛岳率部参与解南宁之围，在对滇军作战中脚部负伤，向总司令部请求调动工作。12 月，李宗仁批准薛岳的请求将第十师并入十二师，并调薛岳任柳州军校校长。1932 年 1 月辞职回香港闲居。

由吴奇伟向陈诚推荐，陈诚再向蒋介石推荐，薛岳于 1933 年 5 月被蒋介石起用为第五军军长，后任第一路军代总指挥兼第七纵队司令、第六路军总指挥、第二路军前敌总指挥兼贵阳绥署主任、滇黔绥署副主任兼贵州省政府主席等职。

"八一三"淞沪抗战爆发后，薛岳被任命为第十九集团军总司令；10 月担任左翼军中央作战区总指挥，在蕴藻浜南岸一带坚守半个多月。11 月任左翼军总司令，奉命进行吴福线军事部署，布局尚未就绪就被迫向锡澄防线撤退，改任第三战区前敌总司令，驻节屯溪，收容整顿队伍。1938 年 5 月调任第一战区第一兵团总司令，驻节河南开封，指挥十多万人进行兰封会战。5 月 30 日，任第一战区前敌总司令，率部撤往京汉铁路以西山地。6 月任第九战区第一兵团总司令，下辖 2 个集团军又 2 个军团，负责南浔铁路沿线和鄱阳湖沿岸的防卫，取得万家岭大捷。1939 年 1 月任第九战区副司令长官并代理司令长官；2 月兼任湖南省省主席和省党部主任委员；4 月指挥反攻南昌战役；9 月，组织指挥第一次长沙会战。开始时蒋介石决定不守长沙，薛岳不以为然，说："长沙不守，军人之职何在？"白崇禧以"长期抗战，须保持实力"相劝。他说："湘省所处地位关系国家民族危难甚巨，吾人应发抒良心血性，与湘省共存亡。"10 月正式就任第九战区司令长官，会战取得大胜。1941 年 9 月第二次长沙会战中运用独创的"天炉战法"，12 月第三次长沙会战中运用"后退决战争取外翼"的战术，皆获重大胜利，薛岳因此获"青天白日勋章"一枚。1944 年晋升二级上将。但当年 5—6 月指挥第四次长沙会战失利，长沙失守。1945 年 5 月当选国民党第六届中央监察委员；因不受美国人喜欢，8 月被任命为南昌受降主官而不是他长期指挥战斗和扬名的长沙城受降主官。1946 年 10 月获美国杜鲁门总统颁发的"自由勋章"一枚。

值得一提的是，第四军于武汉会战结束后就从张发奎手中转到薛岳的指挥下作战，直至抗战胜利。在抗战中，薛岳一直在第一线指挥作战，是重划战区后各战区中指挥精锐部队最多的司令长官，是直接指挥或参与指挥会战最多的将军，是取得战果最大的战区指挥官。

1945年12月后任武汉行营副主任、徐州绥靖公署主任、南京政府参军长、总统府参军长、广东省府主席、海南防卫总司令。1950年4月前往台湾，后长期赋闲。1974年，作为世界客属总会号召发起人，为创会会长。1998年病逝于台湾，享年103岁。

四、时运不济的军长朱晖日 [1]

朱晖日，字步云，1893年出生，广东省台山县（今台山市）人。1911年加入同盟会，1912年入广东陆军小学，1915年入武昌陆军第二预备学校，1917年考入保定陆军军官学校第六期学习。

1919年毕业后返回广东，后加入粤军第一师，历任见习官、排长、连长。1923年4月任张发奎独立团第一营营长。1925年8月，张发奎独立团扩编为第四军第一独立旅，朱晖日任独立旅第一团团长。1926年3月，升任第四军第十二师副师长，6月率部参加北伐。1927年1月升任第四军第二十五师师长，但在张发奎集团中已从二号降为三号人物；4月率部参加第二期北伐；6月升任第十一军军长，下辖十、二十四、二十六3个师；7月率部参加东征；8月所部2个师被副军长叶挺率领参加南昌起义，只剩下许志锐二十六师，成了空头军长；10月任广州市公安局局长；12月又遇上中共组织广州暴动，被责难没有防范到暴动而引咎辞职。1928年8月第四军在山东被缩编为第四师时任副师长（师长缪培南）。1929年3月缪培南辞职后代理师长，5月因病辞职，后赴欧洲考察。

1933年后基本上是依靠张发奎的关照混饭吃。先任南京国民政府铁道部路警管理局局长，1936年初任张发奎的参谋长，12月被授予陆军中将军衔。1937年9月任淞沪抗日右翼军兼第八集团军总司令张发奎的参谋长。1938年6月后历任粤汉铁路司令、国民政府军委会中将高级参议、广东省政府委员兼建设厅厅长。1940年冬任第三十五集团军副总司令。1944年初集团军撤销后任第四战区广东南路指挥所主任、粤桂南总指挥部副总指挥。

---

[1] 参陈予欢编著：《保定军校将帅录》，广州出版社2006年版，第159页。

抗战胜利后任海南岛指挥所主任、军委会广州行辕办公厅中将主任。1947年夏与张发奎等27人组成第四军编纂委员会，参与编印《第四军纪实》。1949年任广州市警察局局长，不久赴香港。

1952年7月前往台北，1968年病逝。

五、清高刻板的军长缪培南 [1]

缪培南，乳名阿经，别号育群，1896年出生于广东省五华县（今周江镇）早成村。幼时就读五华县模范高等小学。稍长结识邻村缪培堃，受其影响，1912年结伴考入官费的广东陆军小学第五期，1915年升入武昌陆军第二预备学校，1917年转入保定陆军军官学校第六期步兵科学习。1919年毕业后，在段祺瑞的边防军中当见习排长。

直皖战争后回广东，在其族兄缪培堃推荐下，1921年初入粤军第一师任军官教育班上尉教官，薛岳组建机关枪营时任连长，后任孙中山大本营警卫团第一营连长。1922年6月所在部队被叶举叛军打散；9月到粤军第一师张发奎辎重营任连长。1923年5月升任中校团附，7月任营长。1925年参加第一次东征、讨伐杨刘叛乱和参加南征邓本殷战役，在广州瘦狗岭附近平叛作战中负伤，失去左耳。1925年11月任第四军十二师副官长。1926年5月任国民革命军第四军十二师三十五团团长，参加北伐。在贺胜桥一役中，指挥部队勇敢进攻获首功。1927年1月扩编第四军时升为第十二师副师长；4月率部参加第二期北伐；6月班师回来后升为第四军副军长兼十二师师长。

南昌起义后率部回粤，驻扎广州市区整训。张发奎回到广州召集师长以上将领开会密谋赶走李济深，缪认为以下犯上，军纪不容，表示宁可不当师长也不反李；当11月16日黄琪翔发动"张黄事变"时，缪称病不回部队，张发奎遂升吴奇伟为副师长代师长，带部队追击桂系至肇庆以西。广州暴动后张、黄被迫下野前，任命缪为第四军军长。

缪率部东进，在五华岐岭和龙川蓝关一带迎击陈铭枢、陈济棠3个师和钱大钧师，继又在五华潭下、龙川鹤市一带遭黄绍竑和徐景唐4个师的夹击，腹背受敌。第四军损失惨重，退往江西安远、会昌一带。经短期整训，沿津浦路北上

---

[1] 参广东省军区军事志办公室编：《广东军事人物志》，广东人民出版社2001年版，第234—236页；缪德良主编：《缪氏源流志》，1999年自印本，第254—259页。

山东，攻下枣庄、滕县、兖州。缪率部奋力冲杀，遂拿下泰安并乘胜进迫济南，占领了飞机场。因日军阻拦，第四军受命退回菏泽渡过黄河，然后进攻德州和沧州。缪为蒋介石第二次北伐统一关内出了力，在国民党军中颇有声望。1928 年 8 月在泰安被整编为陆军第四师，兵员减少了 1/3，军费开支也被严格限制。缪看到蒋只顾培植嫡系，极力削弱地方部队，且张发奎离职后仍然掌握第四军的大批公积金不放，缪称病离职，去香港闲居。

陈济棠与中央分庭抗礼割据广东后，在军事上力图扩张实力，延揽军事人才。陈济棠凭着他与缪培南系陆军小学堂的同学关系，首先把缪拉过去。缪培南 1930 年 1 月一回广州，先任总指挥部总参议。1931 年 1 月任第一集团军总参谋长。9 月，成立教导第一师，由缪兼任师长。缪又拉拢邓龙光为集团军的参议兼独立第四师师长，李汉魂为参议兼独立第三师师长，缪还向陈推荐王超、吴逸志等人；缪是典型的不主动参与派系纷争的人，粤籍将领由相互争霸转为相互勾结，缪起了一定"黏合"作用。陈在缪的怂恿下，向德国、捷克购买大批轻重武器，向法国购买山炮和迫击炮，大力扩充军力。缪还支持吴逸志计划，为陈济棠在清远创办湞江兵工厂，派邓演存（邓演达兄）为厂长，聘请德国工程师和技术工人 200 多人，制造野炮、山炮等重武器。这些措施为抗日战争储备了一定的实力。

1935 年 11 月当选为国民党第五届中央执行委员。1936 年 1 月，被授予陆军中将军衔。不久，陈济棠为打内战，把缪的教导师扩充为第五军，缪兼任军长。陈宣布反蒋后众叛亲离，缪遂劝陈下野。

余汉谋上台后给缪一个"广东第三军区司令"的空头名义，挂名闲居。1937 年 5 月缪出任第四路军副总司令兼参谋长，不久称病回家。抗战全面爆发后，缪任第四路军参谋长兼广州警备司令，于 1938 年惠广战役前夕，再次弃职前往香港。1939 年，三十五集团军总司令邓龙光邀缪接任六十四军军长。缪 4 月到韶关后，第四战区司令长官张发奎要缪接任六十五军军长；6 月任第九集团军副总司令兼六十五军军长。1940 年初，缪被任命为前敌总指挥，指挥 2 个军在湞江、新街一线与日寇激战，取得了"第一次粤北会战"的胜利，获军委会颁发"甲种一等干城勋章"。1942 年 5 月，调充军委会中将高参；1944 年 11 月，调充广东绥靖公署副主任，派驻东江行署。1945 年 1 月，广东绥署主任余汉谋调缪为东江行署指挥所主任；5 月当选为国民党第六届中央执行委员。

抗战胜利后，缪奉第七战区司令余汉谋之命，率领他的东江行署班子在惠州受降，并接收日伪资产。1946 年 1 月调任第三补给区司令，负责补给两广范围部队。1947 年 5 月，任广东绥靖公署副主任。1949 年 4 月，带领家小前往香港。

1970 年在香港病逝。

六、抗日名将、省主席李汉魂 [1]

李汉魂，字伯豪，1895 年出生于广东省吴川县（今吴川市黄坡镇）岭头村小康之家。先读私塾，后入高等小学。1911 年冬在广州湾（今湛江市）由孙眉主盟参加同盟会。1912 年 1 月，由母亲筹得 60 元大洋，得于赴广州读书，考入广东大学法科专业，旋因费用问题转考入广东陆军小学第五期，1914 年以第二名成绩毕业；1915 年入武昌陆军第二预备学校第二期学习；1916 年在汉口加入中华革命党，被学校开除后前往上海参加讨袁革命活动。袁死后恢复学籍。1917 年升入保定陆军军官学校第六期步兵科；1919 年毕业后被分配到山西阎锡山部任见习军官，约半年后因耳病请假到北京，后回家乡吴川中学执教体育一学期。

1920 年到广州等地，先后做过连长、参谋、兵站分站长、粤汉铁路巡警等。1922 年春到孙中山桂林大本营任守备营副营长；6 月任粤汉铁路护路军第一营营长。1923 年初在江门任粤军总部少校秘书，后到粤军第三师任少校副官，参加反击沈鸿英叛乱的清远、肇庆战役，升任中校参谋，后调任工兵营营长，再转第十一团二营营长，驻罗定县城。1925 年 8 月粤军第三师被缴械后回到广州。1926 年初任第四军中校参谋，参加筹建第四军军校。不久军校并入黄埔军校后，李汉魂应张发奎邀请到第十二师任中校参谋，兼任师军官教导队队长；5 月应黄琪翔邀请改三十六团参谋长，参加了汀泗桥、贺胜桥及围攻武昌等战役。1927 年 1 月扩编后任军官教导队上校队长兼第四军二十五师参谋长；4 月转任三十六团团长，参加第二期北伐；在临颍战役中率部并带头勇猛冲锋，迫使奉军第十一军第十二旅旅长富双英率部投降；6 月回师武汉后被提升为二十五师中将师长；8 月奉命率部回粤。

1927 年 9 月奉命赴惠州接替第六军十八师防务，在欢迎会上将大肆贪污受贿闹得惠州天怒人怨的师长兼惠州警备司令胡谦当场逮捕，三天后公审枪决。

1928 年 1 月率部在五华参与对李济深部的恶战，后退往江西；4 月因胡谦老婆在南京告状，只好躲到上海去找张发奎寻求保护，后又借口治耳疾前往日本；8 月第四军缩编为第四师后不久回任师参谋长。1929 年 5 月张发奎回任第四师师

---

[1] 参王成斌、刘炳耀、叶万忠、范传新主编：《民国高级将领列传》（第四集），解放军出版社 1990 年版，第 209—222 页。

长后,李汉魂升任副师长,率部参加追击桂系、反蒋靖粤等。1930年1月花县战役失败后第四军番号恢复,仍由张发奎担任军长,李汉魂任第四师师长;3月北流战役后第四军因损失惨重缩编为第十二师,李汉魂任副师长;7月衡阳恶战退回广西时第四军重整,李汉魂任副军长,因人事、作战等权交给薛岳,李汉魂辞职赴港居住。

1931年8月,李汉魂由缪培南引荐到陈济棠第一集团军总司令部任中将总参事。1932年3月调任西北区绥靖委员,7月兼任独立第三师师长。任内热心地方建设和重视文化教育,主持修筑了南(雄)韶(关)公路。1935年1月调任第二军第六师师长,率部入桂,6月返回;9月调任东区绥靖委员,仍兼师长,驻汕头。1936年1月,被授予陆军中将军衔;同月,在汕头出现一个日军倒毙街头事件,日方竟派来3艘军舰威胁恫吓,李汉魂率部一边赶修工事,准备应战,一边不屈不挠又不卑不亢地据理力争。5月,因受陈济棠猜忌,被"提任"第二军副军长(不再兼师长),6月陈济棠与李宗仁联合发动"六一事变"后,又逢日舰再次进逼,李汉魂见外患严重之际还豆其相煎,对团结抗日甚为不利,主动罢官离粤,7月6日由汕头乘船往香港。临行时将二份电报交公署译电员代发,内容一是苦劝陈济棠息兵同结,共御外侮;二是请粤省各级将领共体时艰,不可苟从。次日到港后又致电国民党中央元首,阐明西南兴兵内幕,请统筹大计团结抗战。事后省港各大报纸纷纷报道其事,"李汉魂封金挂印"的消息曾盛传一时。事变解决之后,李汉魂任整编后的第五师(后改称一五五师)师长。

1937年抗战全面爆发后,李汉魂升任六十四军军长兼第一五五师师长,主动请缨北上抗日。1938年5月,奉准开赴陇海线,担任(薛岳)第一兵团第一路总指挥,部署所部分三路防守,亲率六十四军主攻盘踞罗王车站之敌,夺回了罗王寨,缴获日军师团长土肥原贤二的佩刀一把,使得中断行车数日的陇海铁路恢复通车,被隔断于商丘附近的42列满载物资的火车得以撤回郑州,也让李宗仁指挥的约10万部队通过陇海线顺利撤退(从此两人成莫逆之交)。但第一五五师广东子弟在罗王车站及罗王寨两战中死伤近5000人。7月奉调参加武汉保卫战,升任二十九军团军团长,下辖3个军,负责指挥南浔线的战斗。李汉魂调集8个师的兵力,运用"一鼓作气"的战术,把日军1万多人压到纵深不到3里的张古山狭地之中,最后聚而歼之,取得了(德安)万家岭大捷。9月任第八集团军副总司令兼第六十四军军长。

广州失守后,张发奎被派回广东担任第四战区司令长官兼广东省政府主席,张发奎推荐李汉魂任省主席的建议被国民政府接受。李汉魂于12月率师回粤,1939年元旦在连县就任广东省政府主席,后兼任广东省军管区司令、国民党广东省党部主任委员。10 月，兼任三十五集团军总司令，但只是为了让邓龙光上位做过渡，只挂名；3 个月后即辞去，交由副司令邓龙光接任。

李汉魂在广东任省政府主席 6 年零 8 个月，是民国广东史上任期最长的省主席（省长）。在任内算鞠躬尽瘁，在民政、经济和文化等方面都取得不少成绩，其中三件大事影响较大，一是救济香港同胞和南洋侨胞。1941 年 12 月日军侵占香港后强迫疏散 70 多万香港人回乡，其中绝大多数是广东人，省政府颁布《救济港侨工作大纲》，对归侨沿途进行招待膳宿，对回乡归侨发给旅费，对参加抗战工作的归侨妥善安置。李汉魂通过发动捐款、省政府拨款和向中央申请经费等筹集费用，共救助了几十万侨胞。二是成立广东战时儿童教养院，在整个抗战期间救助了 3 万余难童与军人遗孤。三是赈灾救民。1943 年广东潮汕和五邑等地发生大灾荒，李汉魂通过张发奎和薛岳从湘桂赣三省调粮入粤 120 万石，同时从余汉谋的军粮份额里急调出 4 万多石开粥棚施粥。在 1945 年 5 月国民党六大会议上，当选中央执行委员。因豫湘桂会战爆发后邓龙光三十五集团军调往广西，没有军事实力支持的李汉魂处处受到第七战区司令余汉谋掣肘，于 6 月黯然请辞省主席职务。8 月卸职后被任命为第三战区副司令长官。

1946 年 1 月改任衢州绥靖公署副主任，到任十几天后就寄寓上海，直到 1947 年 1 月借口治病到欧美考察，1949 年元旦应李宗仁代总统之召才回国任参军长。1949 年 2 月，被授予陆军中将加上将军衔；3 月改任内政部部长；11 月国民政府搬迁到重庆，遂辞职与李宗仁同机赴美定居。

李汉魂获颁过三等云麾勋章、国民革命军誓师十周年纪念勋章、忠勤勋章、胜利勋章、华胄奖章、二等景星勋章和美国自由勋章。

李汉魂在美国靠与夫人经营餐室维持生计，但一直保持中国国籍。

1982 年应廖承志邀请回国访问，受到全国人大常委会委员长叶剑英接见。

1987 年病逝于美国纽约。因 1934 年发起重修广东曲江曹溪南华寺、自号"南华居士"的他遗嘱要落叶归根，遂由其女儿将其骨灰带回祖国，安放在广东韶关古刹——南华寺，最终魂归故里。李汉魂著有北伐回忆录《我是沙场过客》等书。其 10 个子女中 7 个博士、3 个硕士，在家乡成立了"李汉魂教育基金会"。

七、抗日名将、集团军司令邓龙光[1]

邓龙光，别号剑泉，1896年出生于广东省茂名县（今茂名市茂南区镇盛镇）白沙村的名门大族。1912年从高州中学考入广东陆军小学第五期，1915年升入武昌陆军第二预备学校，1917年初入保定陆军军官学校第六期步兵科，1919年春毕业后被老乡、广东省省长杨永泰委任为省长公署警卫队队长。

1921年加入粤军第三师，先后任排、连、营长。1923年起任粤军第三师六旅十一团中校团副、上校团长。1925年8月粤军第三师被缴械后到第四军军部任参谋。1926年6月任第四军十二师三十五团参谋长，参加北伐。1927年初被张发奎派回广东招兵，任团长，后被李济深编入新编第二师，任副师长兼团长；11月参与"张黄事变"；12月改编为教导一师后升任师长，参加五华岐岭、潭下墟对粤桂联军的恶战，失败后随军退往江西，并参加第二次北伐。1929年4月张发奎复任第四师师长后任第十旅旅长，后参加张桂联军对陈济棠粤蒋联军的花县恶战。1930年1月第四军番号恢复后任第十二师师长；2月参加对陈济棠粤军的北流恶战；5月率部入湘，在衡阳恶战失败后离开第四军，前往香港。

1931年6月，由老长官缪培南引荐到陈济棠第一集团军总司令部任总咨议，不久先出任广东省江防司令，继与教导师副师长张之英对调职务。至1933年1月，日军进攻热河，广东、广西、福建三省决定联合组织"粤、桂、闽抗日援热先遣队"，广东成立独立第四师，代表广东参加这个抗日先遣队，邓龙光由教导师副师长调升独四师师长。队伍匆匆调集编配完毕，即由邓提师北上，至湘、粤边境，因和约签订，遂回驻粤境。1935年4月所部编为第三军第九师，仍任师长。1936年1月，被授予陆军中将；6月陈济棠发动"两广事变"时，升任第四军副军长；后又因李汉魂"封金挂印"事件连累在广州受到监视，设计逃往香港，并密令旧部第九师出走赣南；7月任第六师（后改称一五六师）师长。

1937年8月，邓龙光所部与李汉魂一五五师合编成第六十四军；10月抽出所部与一五四师新建第八十三军，邓龙光出任军长，率部北上参加淞沪会战。第八十三军接着参加了南京保卫战，守卫光华门、麒麟门等处，痛歼日军松井石根部第六师团5000余人，受到最高当局明令嘉奖及2万银圆犒赏。在突围作战中，邓龙光率部从正面突破日军阵地，因通信联络等原因，只有军部和一五六师一部跟随他突出重围。1938年9月任第二十九军团副军团长，11月因第八十三军军

---

[1]参广东省军区军事志办公室编：《广东军事人物志》，广东人民出版社2001年版，第254—255页。

长莫希德被革职查办，又回任该军军长。1939 年 1 月又带领一五六师与李汉魂一五五师重组第六十四军，并接任军长；10 月李汉魂建议以第六十四军为主组建第三十五集团军，邓龙光任副总司令兼军长；12 月率部参加第一次粤北战役，在三水县参加阻击，后沿江西进，和第六十六军一起深入广西参加了桂南会战，配合友军收复昆仑关。后率部首先攻入南宁，创光复省会之先声；所率第六十四军因善战被中央列为"突击军"建制，号称"铜军"。1940 年 1 月接李汉魂继任第三十五集团军总司令。1944 年参加桂柳会战，率部在平果一带阻敌取得胜利。1945 年 3 月任第二方面军副司令长官，5 月当选国民党第六届候补中央执行委员；5 月开始率部反攻，相继克复南宁、凭祥、龙州等地，接着乘胜挥师南进，由玉林追击日寇至雷州半岛；9 月 21 日，作为国民政府粤桂南区总指挥，负责驻扎广东省湛江市的日军投降签字仪式。

1946 年后历任军事委员会广州行营副主任、国民政府广州行辕副主任、广州绥靖公署副主任。1949 年春，被代总统李宗仁委任为海南特区行政长官，但辞而不就；8 月任"总统府"战略顾问。

1949 年前往台湾。1979 年病故于台北。

邓龙光与李汉魂这两位抗日名将真是一对好"兄弟"。他俩是高雷老乡，1912 年一同入读陆军小学，至保定陆军军官学校一直同学，毕业后一同到粤军第三师任职。1925 年第三师被缴械后一同到第四军任参谋，以后一直共同战斗互相配合。1949 年李出任总统府参军长和内务部部长，后赴美国，而邓不就李宗仁的海南特区长官，然后前往台湾，就此分道扬镳。

八、抗日名将、战区副司令长官吴奇伟[1]

吴奇伟，字晴云，号梧生，1890 年出生于广东大埔县（今湖寮镇）密坑村。10 岁到其伯父在连平、惠州等地商店做小伙计，后由伯父资助在惠州读完中学。于 1912 年考入广东陆军小学第五期，1915 年入武昌陆军第二预备学校，1917 年入保定陆军军官学校第六期。

1919 年毕业后分到西北边防军见习，3 个月后因病返广东，任大埔县立中学

---

[1] 参广东省军区军事志办公室编：《广东军事人物志》，广东人民出版社 2001 年版，第 196—198 页；中国社会科学院近代史研究所编：《民国人物传》（第三卷），中华书局 1981 年版，第 132—136 页。

军训教员；后入陈炯明部粤军，历任见习排长、连长。1922 年 6 月转入粤军第一师第一团第二营任副营长，1923 年秋任营长。1925 年 1 月参加第一次东征，9 月任第四军第一独立旅第二团团副；10 月参加第二次东征；11 月任第十二师第三十六团参谋长，参加南征战役。

1926 年 6 月任第十二师参谋长，参加北伐战争。1927 年 4 月任三十四团团长，参加第二期北伐，在临颍血战中负伤；6 月升任第十二师副师长；12 月升任第十二师师长。1928 年 4 月参加第二次北伐；8 月第四军缩编为第四师后，任第十二旅旅长。1929 年张发奎在宜昌宣布反蒋后恢复第四军番号，吴参加了张桂联军与陈济棠部的花县战役和北流战役。1930 年 2 月第四军因失败损失严重又缩编为第四师，下辖 3 个团，吴奇伟任第三十四团团长；7 月率部入湘参加中原大战失败后退回广西，任第七军二十一师师长；不久第四军经补充扩编为 2 个师后，吴奇伟回任第十二师师长；年底 2 个师合成第十二师，仍任师长。1931 年九一八事变后吴奇伟受命率第十二师以北上抗日为名离桂，后被陈诚拉拢投蒋，所部改编为第四军第九十师。1932 年 9 月吴奇伟升任第四军军长，辖 2 个师。

1933 年任纵队指挥官，1934 年任第二路军指挥官。1936 年"两广事变"后率部回贵州整训。

1937 年抗战全面爆发后，他奉命率第四军抵上海淞沪会战前线，在大场与日军激战三昼夜，歼敌数千。9 月任十八军团军团长兼第四军军长，10 月任第十九集团军副总司令兼第四军军长。1938 年 6 月军长一职由欧震接任，他担任四军军长达五年半，是任职时间最长的第四军军长。7 月作为前敌总指挥率领第四、六十六、七十四 3 个军在友军配合下于江西万家岭歼灭日军 1 万多人，被誉为台儿庄会战后的最大胜利，因功升任第九集团军总司令。11 月率部回广东，任第四战区副司令长官兼第九集团军总司令，后又改任副司令长官兼粤、闽、赣三省边区总司令和三省边区绥靖主任，驻广东兴宁县。1939 年秋调往第六战区任副司令长官兼长江上游江防司令，直至 1944 年 10 月保送陆军大学甲级将官班学习，长达 5 年，成功阻住了想入侵陪都重庆的日军。因在 1943 年鄂西会战中取得"鄂西大捷"，被授予"青天白日勋章"。1945 年 5 月在国民党"六大"上当选中央监察委员，6 月任湖南省主席兼省军管区司令和保安司令。

1946 年 4 月任武汉行营副主任，7 月任徐州绥靖公署副主任。1948 年 8 月任华北"剿匪"总司令部副总司令，不久任广州绥靖公署副主任，但长期托词养病或处理家务作局外人。

吴奇伟在国民革命军服役期间除青天白日勋章外，还获颁过三等云麾勋章、三等宝鼎勋章、国民革命军誓师十周年纪念勋章、忠勤勋章、胜利勋章、甲种一等光华奖章、华胄奖章等。

1949 年初加入"民革";5 月与李洁之、曾天节等人参与和策划了"粤东起义",受到毛泽东、朱德复电"欢迎";9 月参加新政协会议并出席开国大典,当选为第一届全国政协委员、中南军区军政委员、广东省人民政府委员等。1953 年病逝于北京。

九、空军奇才黄镇球 [1]

黄镇球,字剑灵,出生于 1898 年,广东省梅县(今梅州市梅县区松源镇)宝坑村人。1911 年考入广东陆军小学第五期。1912 年加入同盟会。1915 年考入武昌陆军第二预备学校,1917 年入保定陆军军官学校第六期步科。1919 年毕业后被分发至边防军见习。

1920 年南下广东,任粤军第一师参谋。1922 年随孙中山北伐,不久代理第一师副官长。1923 年 8 月任补充团团长。因作战勇敢足智多谋,被人称为"老虎仔"。1925 年先后参加东征、平定刘杨叛乱、入桂支持新桂系;9 月在粤军第一师改编成国民革命军第四军时,任陈济棠第十一师之三十三团团长,随后参加第二次东征和南征(邓本殷)。1926 年底率第三十三团驻防海南岛,接任琼崖警备司令。1927 年春,回广州升任新编第三师(师长黄慕松是其堂兄)副师长。"宁汉分裂"后,李济深、陈济棠属蒋介石派,但薛岳、黄慕松属汪精卫派。黄镇球准备将三十三团带至武汉投汪,但遭代团长叶肇与部下 3 个营长反对。

1927 年 11 月参与"张黄事变",12 月接任新编第三师改编的教导二师师长。1928 年 1 月在五华东江大战中受伤,失败后退往江西,接任二十六师师长。后参加第二次北伐,在山东配合友军歼灭张宗昌军阀残部。8 月第四军缩编为第四师后,任第十一旅旅长。1929 年 12 月在花县的第二次新粤桂战争中再次受伤。1930 年辞职赴港居住、治疗。

1931 年 6 月,利用张发奎从李宗仁处要来的 2 万元赴德国继续治疗,顺便学习防空知识并参观了很多防空设施,其间结识了国民政府派到德国学习空军的周至柔,成为知己。1933 年年末本拟回国参加"福建事变",但到香港时事变已失败。他到南京、杭州等地考察之后,写了一份详细的报告和防空计划,提出

---

[1] 参广东省军区军事志办公室编:《广东军事人物志》,广东人民出版社 2001 年版,第 256—258 页;章冼文主编:《民国高级将领档案解密》(第一卷),党史研究出版社 2011 年版,第 344—351 页。

了合乎中国国情的、以消极防空为主的思想。蒋介石看后极为赞赏，立即任命他为防空学校校长。1936 年 1 月被授予少将。10 月被授予陆军中将军衔。1937 年 7 月任首都防空司令部副司令。1938 年任航空委员会防空厅厅长。他除了在城市组织建设防空设施外，还在全国建立了近 5000 个防空哨，每个哨所配 3 ~ 4 名官兵和一部电台，遍布了中国的乡村原野山岭，这是当时中国最经济又实用的防空设施。1939 年任防空监。1941 年升任防空总监。在整个抗战期间，黄镇球跑遍了全国的非"常沦陷区"，总里程不下七八十万公里，虽然不时有车船、飞机等交通工具，但更多的是靠两条腿走，有些防空哨所要他亲自去选点考察。后来陈纳德回到美国特制了 1 万个飞机徽章，委托黄镇球赠予在高山峻岭之上为国家站岗放哨的空防人员。

抗战胜利后，获颁"青天白日勋章"。1945 年 11 月任后方勤务总司令。1946 年 5 月改任"联勤"总司令。1949 年前往台湾。1979 年病逝于台北。著有《防空讲话》《防空十二年》等。被誉为中国"防空军之父"。

十、马革裹尸还的师长许志锐 [1]

许志锐，原名叔龙，出生于 1894 年，广东省曲江县（今韶关市曲江区白土镇）下乡村人。从小随父读书，生性聪颖，刻苦好学。1912 年考入广东陆军小学第五期，1915 年入武昌陆军第二预备学校，1917 年入保定陆军军官学校第六期深造。

1919 年保定陆军军官学校毕业后，即派往山西阎锡山部任见习排长。见习期满南下加入援闽粤军，历任第二支队排长、连长、总司令部副官。1921 年 10 月在大本营警卫团张发奎第三营之第七连任连副。1922 年 10 月张发奎第三营改编为粤军第一师辎重营后任连长。当时张发奎从孙中山的警卫营营长被迫变成陈炯明的辎重营营长，郁闷之余也染上了旧军阀的召妓毛病。许志锐看张发奎消沉颓废，仗着是韶关老乡且比张发奎长两岁，设计出钱收买、抢走张发奎最喜欢的风尘女子，然后趁机规劝张发奎"大丈夫驰骋沙场，建功立业，方显英雄本色，何必沉溺于女色？"张发奎幡然醒悟，此后远离女色，终生只娶一妻。后来许志锐将真相告诉张发奎后，张发奎十分感激，视他为良师益友。

---

[1] 曲江县政协委员会文史资料委员会编：《北伐战争时期的许志锐和欧震将军》，《曲江文史资料选辑》1985 年第八辑，第 34—36 页。

1923 年 4 月张发奎营扩编为粤军第一师独立团，许志锐任少校团副。1924 年 11 月张发奎独立团改编为粤军第一师第一旅第一团，许志锐任中校团副。1925 年 8 月张发奎第一团扩编为粤军第一师独立旅，许志锐任中校参谋长；1925 年 1 月部队扩编为第十二师后，任师参谋长。参加了讨伐沈鸿英、陈炯明、杨希闵和刘震寰、邓本殷的历次战斗。1926 年 2 月，第十二师三十四团改为军独立团后在海南重建第三十四团，由许志锐兼任团长；7 月，张发奎率领三十五、三十六团参加北伐，许志锐则率三十四团留守琼崖，并兼任琼崖警备司令（6 月已免兼参谋长）；11 月率部北上归队。

1927 年 4 月下旬，升任第十一军第十师副师长的许志锐奉命率部北上入豫，参加第二期北伐，在河南与奉军恶战一个多月。6 月班师回到武汉后，晋升为第十一军第二十六师师长。8 月率部回粤。

1927 年 12 月"张黄事变"后，第四军遭受东西夹击，张发奎辞去本兼各职出国考察。第四军本来决议直赴赣南，因许志锐认为兵力雄厚，不甘心不战而退出广东，建议先赴东江打垮陈铭枢、陈济棠之后，再回头打桂系黄绍竑；方案通过后第四军 5 个师全部向东江开拔。1928 年 1 月 14 日，第四军在五华县岐岭墟大败西进的陈铭枢与陈济棠部，但黄绍竑的桂军和徐景唐师已经追到龙川。第四军决定回师迎击，在五华县潭下墟与桂军遭遇，"钢""铁"对阵，互不相让。第四军向桂军据守的大田马鞍山发起总攻，由于该山地势险峻，担任左翼进攻的第二十六师从清晨一直激战到下午 5 时多，始终不能接近马鞍山的最高阵地。许志锐见此情景，亲率特务连第一排大声高呼着冲锋前进，攻到接近山顶时右胳膊中弹负伤，但他仍继续督战，忽然腹部又中一弹，被特务连士兵急忙抬下战场救治，由于伤势过重于次日清晨牺牲，年仅 34 岁。这是铁四军在战场上牺牲的最高级别将领！

据说当时许志锐本不用死，但出击东江的建议是他提出，结果行动不顺，饱受袍泽指责，他感到极为难堪，遂带队冲锋奋勇出击，实则有以死相报，向同袍表示道歉之心。张发奎极重袍泽情谊，伤心至极，在战后特派人前往五华县，将许志锐的灵柩（徐景唐师长已将其专门收殓埋好）运回广州，改用上好棺椁将其英骸运回故里，择地安葬。

许志锐奋勇冲锋战死疆场的气度也为广大粤军同袍所钦佩，据说许多粤军将领无论是曾经为敌还是为友，都捐款为他建筑纪念馆，抗战时到了韶关的粤军袍泽多会到他墓前凭吊。1939 年，张发奎在韶关创办志锐中学（1950 年后改称北江中学），就是专门为了奠念他这位英年早逝的老战友。

十一、参加过南昌起义的兵团司令欧震[1]

欧震，字雨辰，出生于 1899 年，广东省曲江县龙归区（今韶关市武江区西联镇）甘棠村人。1916 年在省立韶州中学毕业后，到周田小学执教 3 年多。

受孙中山革命思想感召，欧震乃投笔从戎，1920 年到粤军担任排长、连长。1923 年入粤军西江讲武堂学习，毕业后到建国粤军第二师第四旅莫雄部任连长。1925 年 9 月驻东莞石龙的莫雄部被蒋介石缴械，驻深圳的欧震连得以幸存。当接到去澳门路过深圳的莫雄下达缴械命令时，欧震没有执行命令，率部前往惠州投奔杨坤如部。后来辗转至国民革命军第四军第十二师任参谋、第三十六团第三营营长。1926 年，随军北伐，在汀泗桥一役，欧震率部夜袭敌军主阵地，白刃相搏，占领桥头堡；在围攻武昌时，每师挑选 1 个自愿报名的敢死队员组成攻城营，欧震被张发奎认为是"最英勇善战、最足智多谋的军官"，指定担任第十二师攻城营营长，在攻击中奋勇登城。随即参加迎击军阀孙传芳部的德安战役。1927 年 4 月升任第十一军第二十四师七十一团团长，后随军北伐入豫，与奉军激战临颍。两次战役，欧震都能在战局危急之际，以有限兵力增援友军，挽回垂危的战局。

8 月参加南昌起义，南下途中任二十四师副师长；9 月底离开起义军投入薛岳教二师，12 月任第四军教一师副师长。1928 年参加第二次北伐，第四军缩编为第四师后任第十旅副旅长。1929—1930 年随张发奎参加花县、北流、衡阳三次战役，部队缩编后任三十五团团长。1932 年 3 月十二师改称九十师时，欧震升任二六八旅旅长。1934 年 4 月欧震接任第九十师师长。

抗日战争全面爆发后，欧震率部参加淞沪会战。1937 年 12 月升任第四军副军长兼九十师师长。1938 年 2 月升任第四军军长。此后，欧震又在江西南浔线参加对日作战，转战赣、湘、粤三省。1939 年，欧震率部由粤北入湘，参加第一次长沙会战。1942 年 12 月率部参加常德会战，收复了常德城，升任第二十七集团军副总司令兼第四军军长。直到 1943 年 3 月免兼，任第四军军长达五年零一个月之久。

抗战胜利后，欧震任国民革命军第十集团军总司令、整编第十九军军长。1947 年初任陆军总司令部徐州司令部第三兵团司令官，5 月转入陆军大学特别班

---

[1] 参广东省军区军事志办公室编：《广东军事人物志》，广东人民出版社 2001 年版，第 529 页；曲江县政协委员会文史资料委员会编：《北伐战争时期的许志锐和欧震将军》，《曲江文史资料选辑》1985 年第八辑，第 34—36 页。

第 8 期受训。1949 年初任第四编练司令部司令官，8 月任广东绥靖公署副主任兼代理广东保安司令，后任海南防卫副总司令。1949 年前往台湾。1969 年在台湾病逝。

附：人物录

（一）被俘病死于监狱的方面军参谋长谢婴白

谢婴白，原名膺白，号卧子，出生于 1890 年，广东省博罗县（今惠城区汝湖镇）仍图村人。早年入广东陆军小学、南京陆军第四预备学校学习。1912 年入保定陆军军官学校第一期学习。1914 年赴日本，在早稻田大学政治经济科、日本陆军步兵学校毕业。

1920 年回国加入粤军，历任少校副官、营长、第二路参谋长、独立第十二旅旅长，1925 年离职。1926 年 7 月任国民革命军第四军第十师参谋，参加北伐。1927 年 1 月任第十一军交通处处长；4 月任张发奎第一纵队参谋长兼第十一军参谋长；6 月任国民革命军第二方面军中将参谋长兼军官教导团团长；9 月任广东省政府委员兼农工厅厅长；10 月任广州临时军事委员会委员、黄埔军校教育长；12 月底撤出广州前任第四军参谋长。1928 年 4 月接李汉魂任第四军二十五师师长，参加第二次北伐；8 月整编后任第四师第十旅旅长。

1929 年 3 月编遣时免职；9 月后历任中央军校高级班主任、学生总队总队长、教育处副处长。1934 年返回广东，任陈济棠第一集团军总部中将高参。1936 年初被授予少将军衔；8 月后任中央军校第四分校教育处处长、教育长，加入了国民党特务组织蓝衣社。1939 年任第四战区司令长官部中将高参兼游击干部训练班教育长、长官部外事处中将副处长。1943 年任军事参议院中将参议。1945 年被授予陆军中将军衔并办理退役。1947 年任第四军编纂委员会主任委员，编印了《第四军纪实》。1949 年 3—4 月任江西省政府委员兼秘书长。

1949 年夏被俘关押。1957 年在抚顺战犯管理所病故。

（二）撤往台湾的军参谋长韩汉英 [1]

韩汉英，字辱夷，号平夷，出生于 1895 年，广东省文昌县（今海南省文昌市抱罗镇）南墩村人。

1912 年考入广东黄埔陆军小学第五期，1915 年入武昌陆军第二预备学校。1917 年入保定军官学校第六期。1919 年毕业后被派往山西学兵团担任见习排长。1920 年代理连长，旋因事南下，任广西讲武堂上尉助教、少校队长兼教官。

1920 年 8 月粤军回粤驱桂，韩汉英返粤担任挺进军司令部少校参谋；不久，该部改组为粤军第三路军时，调任中校副官长。1921 年参加援桂讨伐陆荣廷之役。1922 年任警备游击第七司令部帮统；同年冬担任第三师军事教导队主任，旋调该师第九团中校团附、营长。1926 年任国民革命军十三师三十七团营长；是年冬调任广东省肇属警备司令部守备第二团团长。

1927 年 11 月因所部并入教导第二师，升任少将副师长兼团长，旋即代理师长。1928 年初赴日本陆军学校深造。1929 年 3 月回国后任第四师少将参谋长；年底参加花县战役。1930 年 1 月恢复第四军番号，任军参谋长；2 月北流战役后部队缩编，任第四军十二师团长；衡阳战役退回广西后调任柳州军校教育长。1932 年第四军北上江西，所辖第十二师改称第九十师，韩汉英回任二七〇旅旅长。1934 年 3 月，该旅扩编为五十九师，韩汉英晋升师长。1935 年 4 月被授予少将。1936 年 10 月被授予中将。

1937 年抗战全面爆发率部赴上海参加淞沪会战，12 月调任珞珈山军官训练团办公厅主任。1938 年 7 月调任中央军校第四分校主任。1944 年 9 月兼任黔桂边区防守司令及都（匀）独（山）警备司令。1945 年 6 月，调任第四集团军副总司令。

抗战胜利后调任第四军官总队长兼第十六军官总队长。1947 年 11 月，调任广东省政府委员兼第九区（海南）行政督察专员兼"清剿"司令长官。1950 年 1 月，任海南防卫总部副总司令兼海南补给区司令，4 月前往台湾。1956 年退役。1966 年在台北逝世。

（三）沉船遇难的副军长陈芝馨

陈芝馨，字生庭，出生于 1895 年，广东省罗定县（今罗定市罗平镇）山田

---

[1] 参陈予欢编著：《黄埔军校将帅录》，广州出版社 1998 年版，第 1508—1509 页；李敏、孔令华主编：《中央革命根据地词典》，档案出版社 1993 年版，第 584 页。

村人。

1912年考入广东陆军小学第五期，1915年入武昌陆军第二预备学校，1917年入保定陆军军官学校第六期步科，1919年春毕业。

1920年加入援闽粤军，任第二支队排长、副连长，参加回粤驱桂战役。1924年任粤军第一师第一旅第二团第一营第三连连长。1926年1月任国民革命军第四军第十二师第三十四团第三营少校营长，年底任中校团附。1927年6月升任第十一军第十师第二十八团上校团长；8月参加南昌起义，南下到安仁县时陈芝馨执意离队，返回南昌投效老长官、第二方面军总指挥张发奎，旋任张部第二十六师第七十六团团长。11月"张黄事变"后升任第二十六师副师长。

1928年1月，第四军在五华、龙川与第八路军激战中，第二十六师师长许志锐阵亡后陈芝馨一度暂代师长职。后经江西北上参加第二次北伐。8月北伐结束后，第四军缩编为第四师，任以二十六师为主改编的十一旅副旅长，后改任第十二旅副旅长。1929年5月张发奎接任第四师师长后将3个旅的教导团合编成教导旅，陈芝馨任旅长；9月与师长张发奎等将领联名通电反蒋。1930年冬任柳州军校教育长。1932年2月，南京政府重新任命张发奎为第四军军长，陈芝馨为副军长，率部离开广西北上。

1932年后任铁道部铁路管理局副局长、中央军校高等教育班主任教官、教育处处长。1935年4月，授予陆军少将。1936年8月，调任中央军校广州分校副主任。1937年初任主任；8月晋任陆军中将。1938年5月，从德庆赴广州开会途中在三水沉船遇难，年42岁。

（四）失守长沙被枪决的军长张德能

张德能，1899年出生于广东省开平县沙冈乡（今开平市沙冈街道办）一个华侨家庭。3岁时母亲去世后被父亲带到越南抚养，在中法文学校读书，从小学至高中成绩均名列前茅。1920年高中毕业回国结婚，后再赴越南谋生。1922年12月考入云南讲武学堂16期，1年后毕业。

1924年初加入建国粤军第一师第一旅任排长。1925年在国民革命军第四军第十二师三十五团任排长。1926年参加了北伐战争，升为连长，在汀泗桥战役中因冒死救护张发奎师长而受重伤，受到嘉奖。1927年初升任营长，年底任第四军第十二师三十四团团长。1928年部队缩编后任第四师第十旅十九团团长。其间参加了第四军一系列战斗，其中1930年衡阳战役中负伤。1933年升为第四军第五十九师副师长兼三五一团团长。1935年升任五十九师少将师长。抗战全面爆发后率部参加淞沪会战；1938年叙任少将，率部参加武汉会战。1939—1941年参加第一、二、三次长沙会战。1942年升任第四军副军长。1943年升任第四军中将军长。但接任军长后，以儒将自居，过于追求艺术，致使军备废弛，军纪松懈。

1944年，第四次长沙会战时负责守卫长沙，因上级策略错误，加上众寡悬殊，自身指挥也失误，致使长沙失守。在军委会派军令部部长徐永昌为审判长的审理中，张德能据实申辩，但赵子立否认曾下达过任何撤退命令，最后张德能被判五年徒刑。因蒋介石批示"张德能判处死刑"，故因禁3个月的张德能终被枪决，时年45岁。1945年日寇投降后，张德能之长子张文龙将其骸骨由重庆运回原籍，安葬于开平县梁金山南麓。

（五）被人民政府处决的军长沈久成

沈久成，又名沈恒先，出生于1887年，贵州省遵义县（今遵义市播州区）鸭溪镇人。1903年到同乡陈汉清团长部下当兵，由士兵逐步晋升为排长、连长。其后陈汉清因病去职，他受部属拥护带领部队入川，参加了护国、护法运动。其间入贵州陆军讲武堂步科学习。

1926年所部编入国民革命军第九军（黔军）彭汉章部参加北伐。1927年2月彭汉章被扣押后，第九军第二师大部被改编为第十一军二十六师，沈久成任七十六团上校团长，在临颍战役中负伤；6月任第十一军二十六师副师长兼七十六团团长。1928年8月任第四师十二旅副旅长。第四军1930年9月缩编后沈久成任第四军十二师三十四团团长。1934年3月任第四军五十九师少将副师长。

1935年4月任第二十五军教导师（先后改编为新编二十五师、第一四〇师）师长。1936年10月调任军事参议院参议，12月入陆军大学学习。1939年1月任新编第六军中将副军长。1942年7月任川军第七十八军军长。1943年6月任第九战区司令长官部高参。1944年8月接任第四军军长。1946年5月整编时被安排退役。1948年10月任贵州绥靖公署中将高参。1949年12月逃往昆明，1951年在昆明被处决。

（六）只身逃出战场的军长王作华

王作华，出生于1902年，广东省罗定县（今罗定市附城街道办）康任村人。西江讲武堂肄业，黄埔军校第二期炮科毕业。1926年起历任黄埔军校第六期炮兵大队少校队附、国民革命军第十六师连长、营长。1931年起任第十八军第五十二师独立团上校团长。第十八军参谋处处长。1935年任第八十三军警备旅旅长。1936年任广东保安团团长。1937年任广东保安旅旅长。1939年起任暂编第二军暂七师少将师长、广东保安副司令兼第二旅旅长、肇清师管区司令。1945年任第四军副军长。1946年5月任整编第四师师长。1948年恢复军制后任第四军军长。1949年4月所部在渡江战役中于安徽广德被解放军全歼，王作华躲在床下待解放军撤走后买通一个船东送他到上海，只身化装逃走；同年秋到达台湾。1971年离世。

（七）最后的第四军军长薛仲述

薛仲述，字力生，号觉非，出生于1908年，广东省乐昌县（今九峰镇）人，薛岳胞弟。1927年从黄埔军校第五期步科毕业后，在薛岳帮助下赴法国多佛尔航空学校留学。学成归国后被安排在广东的航空学校任教。因受陈济棠排挤，回到薛岳所在的第四军，历任连长、营长，第四军补充团副团长、团长。1938年在薛岳鼓励下成功考上了陆军大学正则班16期。1940年9月陆大毕业后，历任第九战区司令长官部参谋处上校作战课长、战区直属特务旅少将旅长、第四军第九十师参谋长，旋升副师长。1944年长衡会战结束后师长陈侃因为增援衡阳不及时及失守长沙等数罪并罚被撤职，薛仲述接任师长。1946年改称整编旅旅长。1949年夏随薛岳赴海南，被任命为省府干训团教育长；11月，薛仲述和薛叔达（薛岳三弟）又被提拔为暂编第五军和暂编第六军军长。1950年1月，升任海南防卫总司令的薛岳将暂五、暂六2个军和葛先才的暂七军并编为新的第四军，由薛仲述出任军长。4月底前往台湾。1996年在台北病逝。

综　述

本系一是出身较为单一。几乎所有骨干成员（早期军师级干部中12人）皆为广东陆军小学第五期→武昌陆军第二预备学校第二期→保定陆军军官学校第六期毕业，是新粤军三大派中最为团结、最有活力、最忠于孙中山"三大政策"的左派团体。二是整体成绩斐然。不单在北伐中铸就了"铁军"品牌，抗战中占据二大战区的掌门人，构建了南方抗日的风骨，其中获颁"青天白日勋章"就有5

人（张发奎、薛岳、黄琪翔、吴奇伟、黄镇球）；任过上将的有6人，其中一级上将2员（薛岳、黄镇球），二级上将2员（张发奎、欧震），中将加上将衔2员（黄琪翔、李汉魂），名将特别多。

第二节　第十九路军系统

一、十九路军的精神领袖陈铭枢 [1]

陈铭枢，字真如，出生于 1889 年，广东省合浦县璋嘉村（今属广西合浦县曲樟乡）人，自幼丧母。

1906 年入读广东陆军小学第二期，加入中国同盟会。1909 年考入南京陆军第四中学第一期。武昌起义后，从南京前往武昌加入起义军总司令部学生队，半个月后到上海参加广东革命军任连长。1912 年 10 月入读保定陆军军官学校第一期。1913 年夏在广州参与谋刺广东督军龙济光事泄被捕；10 月因参加"二次革命"到广州策动民军被捕被陆军部开除学籍，获释后东渡日本，进革命党主办的军事学校和政治学校学习。1916 年初返保定陆军军官学校就读；同年毕业后加入护国滇军方声涛部任上尉副官、连长。1918 年方奉命带兵援闽，陈铭枢转投陈耀汉肇军任游击营第三营副营长、营长。1919 年肇军解体整编后，所部编入桂军林虎第二军林虎兼统（后帮统杨鼎中代统）的第四十三营。

1920 年 8 月粤军回粤驱桂，肇阳罗镇守使署帮统杨鼎中自动弃职，把 3 个营的部队交由陈铭枢统率；9 月陈铭枢联络陈济棠、李昆岩 2 个营长在阳江起义，编为粤军第九支队，任司令；部队旋又改隶为李耀汉粤军第六军，编为第二支队第一纵队，陈铭枢仍任司令；11 月率部进军西江，占领肇庆；不久粤军第六军裁撤，第一纵队改为粤军第五十四统领部。1921 年 2 月经邓演达和魏邦平推荐，所部被邓铿改编为粤军第一师四团，陈任团长，戴戟任团副，陈济棠、李昆岩分任第一、二营营长。第四团是全师训练的模范，是全师最有朝气的团，也是以后第四军 2 个师、以后陈铭枢和陈济棠两大派别部队的源头。1922 年"六一六兵变"后粤军分裂，第一师回到广州，陈铭枢是大家熟知的亲孙派，估计难为陈炯明容纳而辞职前往南京钻研佛学，故后来在内部被称为"佛爷"。

---

[1] 参朱宗震编：《陈铭枢回忆录》，中国文史出版社 1997 年版；王成斌、刘炳耀、叶万忠、范传新主编：《民国高级将领列传》（第五集），解放军出版社 1990 年版，第 187 页。

1924 年冬被邀请回来任建国粤军第一师参谋长兼第一旅旅长。他原来的第四团已是陈济棠第二旅所属，只得将第一师补充团蔡廷锴营编为第一营，从第四团抽调干部招募 2 营新兵合成第二团，任蒋光鼐为团长，与张发奎第一团组成第一旅。自此，陈铭枢、蒋光鼐、蔡廷锴三人正式聚集在同一支部队中，逐渐结成日后的"三位一体"。

1925 年 1 月率部参加第一次东征，在兴宁县大败老长官林虎所部；6 月回师参加平定"刘杨叛乱"；9 月替蒋介石送信并"护送"许崇智到上海；10 月任国民革命军第四军第十师师长，以"南路各军指挥"名义率领十师和梁鸿林十二师南征邓本殷，不料梁鸿林率部 2 团叛变，只好苦守开平单水口待援。1926 年 7 月率部参加北伐，一路所向披靡；10 月攻克武汉后因是所部二十八团首先入城，兼任武汉卫戍司令。陈铭枢与叶挺、张发奎并称"北伐铁军三战将"。

1926 年 11 月被任命为第十一军军长。1927 年 1 月第十师扩编为第十一军，正式上任军长；3 月武汉召开批判蒋介石大会后弃军出走；4 月任蒋介石国民革命军总政治部副主任；6 月任总政治训练部主任；8 月"宁汉合流"蒋介石下野，陈铭枢跟着离职，赴日本考察。

第十一军参加南昌起义后，第十师由蔡廷锴带领开到赣东重新扩编成军，后在蒋光鼐接应下开往福州。陈铭枢于 11 月回来复任军长，并应李济深邀请率部回师广东驱逐张发奎。1928 年 3 月兼任广东南区善后公署善后委员，率部进驻南路钦州、廉州、雷州和海南岛；12 月 19 日代理广东省政府主席，旋辞去第十一军军长职务。

1929 年 3 月任国民党第三届中央执行委员；7 月正式就任广东省政府主席。

1931 年 2 月因胡汉民被扣引起"宁粤分裂"，陈铭枢只好离职出走香港。后东渡日本。

因陈济棠派人到江西劝说十九路军联合反蒋，在蒋介石催促下陈铭枢于 1931 年 6 月初秘密回国入京见蒋，受指示到江西吉安重领十九路军。

九一八事变爆发后宁粤谈判，陈铭枢赴广州调解，汪精卫提出开会地点在上海，宁沪警备部队需由中立的十九路军来担任；10 月和谈成功，促和有功的陈铭枢被蒋介石任命为京沪卫戍司令长官，率十九路军进驻宁沪。12 月 15 日蒋介石下野，陈铭枢去找蒋介石要求释放邓演达，蒋介石回答说正在办理，其实已另行下令将邓枪杀。因惧与邓演达有密信来往迟早会被蒋报复，陈铭枢遂萌生反蒋之意。国民政府改组后，陈铭枢当选国民党第四届中央执行委员，任行政院副院长兼交通部部长，并一度代理行政院院长。

1932 年 1 月日军登陆上海，"一·二八事变"爆发，陈铭枢与蒋光鼐、蔡廷锴等人一起指挥第十九路军奋起抵抗。因淞沪抗战中受到蒋介石的制约，陈铭枢及十九路军都失去了对蒋介石的信任，陈铭枢的思想正式结束七年的"拥蒋"转化到"反蒋"，并开始策划"反蒋"行动。

得知侵华日军司令白川义则大将要在 4 月 29 日日本"天长节"于上海日租界举行"中日淞沪战争胜利祝捷大会"，陈铭枢指示淞沪警备司令戴戟抗议无效后，找到"暗杀大王"王亚樵要求进行破坏。王亚樵组织朝鲜革命党人，在活动现场炸死白川义则大将，还炸伤其他包括 2 个中将在内的 12 人。

5 月蒋介石复职后，先撤销陈铭枢的京沪卫戍司令长官公署，再下令十九路军调离宁沪。陈铭枢只好于 6 月辞去交通部部长职务出国游历。

1933 年 5 月，陈铭枢回到国内，说服实际掌握十九路军的蔡廷锴，并联合李济深、黄琪翔等反蒋人士，于 11 月在福州组成"中华共和国人民革命政府"，任文化委员会主席；组织新党"生产人民党"，并任主席，正式与蒋介石政府决裂，史称"福建事变"或"闽变"。事变失败后到香港。

1935 年 7 月以参加闽变人员为主在香港组织"中华民主革命同盟"；11 月，通过王亚樵、华克之等人组织策划了原十九路军排长孙凤鸣在国民党四届六中全会上刺杀蒋介石，因蒋介石不出席合影仪式而改将汪精卫打成重伤（这次刺杀子弹留在汪精卫体内造成他日后旧病复发而死）。

1936 年游欧洲。1937 年抗日战争全面爆发后回国，任国民政府军委会参议。1947 年底参与组织成立"中国国民党革命委员会"，任中央常务委员；6 月被授予陆军上将衔，并退为备役。

1949 年 9 月出席新政协会议。新中国成立后历任政务院政法委员会副主任、法制委员会主任、中南行政委员会副主席、农业部部长等。1957 年被划为"右派"分子，被罢黜各职。1965 年因病在北京逝世，终年 76 岁。其故居新中国成立后因修水库被毁，2003 年在其老家附近重建纪念故居。

陈铭枢是佛学高徒，于 1953 年发起成立中国佛教协会，还著有《佛学总论》；也是书法高手，笔法挺拔遒劲，有"隶中草书"之韵。

二、十九路军总指挥蒋光鼐 [1]

蒋光鼐，原名㼛，读书时改为光鼐，字憬然，出生于 1888 年，广东省东莞县（今东莞市虎门镇）南栅村人。祖父是进士，父亲是举人，15 岁时父母相继去世。1904 年，他考入东莞师范学堂。1906 年，考上广东陆军小学第二期，后经同学陈铭枢介绍加入同盟会。1909 年与陈铭枢同时升入南京陆军第四中学。1911 年 10 月武昌新军起义后，南京陆军第四中学的同盟会会员们决定到武昌参加起义队伍，蒋光鼐在陈铭枢带领下于 10 月下旬到武昌都督府报到，被编为中央第二敢死队，随即参加了汉口龙王庙的登陆作战。11 月作为督战队员随军从汉阳向汉口进攻，进攻受挫后仍坚持战斗。1912 年南北和议签订后开始遣散军队，蒋光鼐恰好收到保定陆军军官学校第三期骑兵科的入学通知书，得以继续学习。

1913 年 6 月，江西李烈钧准备讨袁的消息秘密传到保定陆军军官学校，蒋光鼐与同学 30 多人毅然离开学校（因此没有毕业证），奔赴江西。蒋光鼐任方声涛右翼军司令部的少校参谋，失败后到上海。10 月因参加"二次革命"被陆军部开除学籍；年底通过关系在一艘开往长崎的货轮上充当锅炉工抵达日本，到黄兴、李烈钧等创办的东京大森浩然庐军事学校与陈铭枢等一起学习。1914 年加入中华革命党，返回广东从事策反。1915 年初与张廷辅、李章达三人离开家乡到香港靠种植与贩卖花卉来维持生活。1916 年春绕道越南进入广西参加护国军，到老上司方声涛手下担任第二梯团少校参谋。到达广州后发现广东的实权落在广西军阀陆荣廷手中，在颇感灰心的情况下与好友李章达等人一起住进六榕寺拜师学佛，不久陈铭枢加入进来。1917 年 9 月，国会非常会议选举孙中山为中华民国军政府大元帅，以方声涛为大元帅府卫戍司令。蒋光鼐离开寺院，出任警卫营第一连少校连长，后改任参谋。

1917 年底组建援闽粤军时，蒋光鼐任总司令部少校参谋。1919 年 6 月，他随朱执信到香港设立讨桂办事处，配合援闽粤军回粤的军事行动。1920 年夏，蒋光鼐受朱执信派遣，与统率 4 营桂军驻守阳江的陈铭枢联络，鼓动他将部队开赴虎门，后因朱执信在调解虎门驻军与民团的纠纷中遇害使计划终止；11 月邓铿组建粤军第一师时，蒋光鼐任师部参谋。1921 年 5 月任总统府警卫团少校副官。1922 年 6 月拟升任警卫第二团中校团附，遇"六一六兵变"发生而未成，

---

[1] 参詹谷丰：《喋血淞沪：蒋光鼐将军传》，广西师范大学出版社 2008 年版；广东省军区军事志办公室编：《广东军事人物志》，广东人民出版社 2001 年版，第 228—230 页。

后又奉孙中山委派到香港等地去招抚被打散的官兵；年底改派到许崇智东路讨贼军任护士团（即警卫团）第一营营长。1923年7月任粤军第一师第二旅（旅长陈济棠）第四团（团长缪培堃）第三营营长。

1924年10月陈铭枢受命重建第一师第一旅，要新建第二团，陈铭枢推荐有五年同学关系且一直以兄长视之的蒋光鼐出任团长。陈铭枢、蒋光鼐抽调师补充团第一营蔡廷锴部编为第二团第一营，从此开始了他们三人长达数十年的合作。1925年1月蒋光鼐率领第二团参加第一次东征；6月率部参加回师广州平定"杨刘叛乱"；8月受命率部将驻中山的收编纵容土匪的粤军第三警备司令吴泽理部缴械。

1925年9月建国粤军第一师扩编为第四军，陈铭枢为第十师师长，蒋光鼐任副师长兼第二十八团团长。10月南征邓本殷，蒋光鼐率领二十八团作为南征军的先锋，与十二师一道前进。当得知十二师师长梁鸿林与敌方勾结时，蒋光鼐临危不惧，率部扼守通往江门的咽喉要地开平县单水口，抗击五倍于己的敌军，激战三昼夜。最后在友军的协助下，一举将敌军击溃。后又率部作为全军前卫，继续追击，终于全部肃清南路残敌。

1926年7月9日，国民革命军正式出师北伐，蒋光鼐不再兼任二十八团团长，举荐蔡廷锴接任团长。蒋光鼐率部参加了进攻平江、岳州的战役。攻克武昌后稍事休整，蒋光鼐受命与张发奎率军支援江西南浔路作战，在马回岭、德安一线大败孙传芳军主力。1927年1月，第四军第十师扩编为第十一军，陈铭枢升任军长，蒋光鼐任副军长兼第十师师长，蔡廷锴为二十四师副师长。国民政府迁到武汉后，与蒋介石的矛盾不断加剧，陈铭枢于3月从武汉辞职出走投向蒋介石；蒋光鼐一度代理军长，不久亦跟随而去。5月，被任命为第一军副军长兼第二十二师师长；8月，因旧属第十师参加南昌起义而被免职。当蔡廷锴率部行军到进贤时脱离起义队伍开拔到河口镇时，蒋光鼐自沪携带现金10万元抵达河口，解决部队最急需的伙食费用，并决定服从宁汉合流后的南京中央政府，恢复第十一军建制，蒋光鼐仍任副军长并代理军长。蒋、蔡率部队进入福建。10月到达福州后，应当地民众要求，将祸害百姓的新编第一军谭曙卿部驻省城的3个团缴械。福州局势稳定后，蒋、蔡去电欢迎在日本的陈铭枢回军复职，迎接其回国复任第十一军军长职。11月张发奎等发动"张黄事变"后，蒋光鼐与陈铭枢一起率部回师广东，配合新编第四军和桂系黄绍竑部在五华和龙川一带击退张发奎第四军。1928年12月，陈铭枢辞去第十一军军长兼职后，蒋光鼐代理军长职务。

1929年3月，第十一军缩编为广东编遣区第三师，蒋光鼐任第三师师长。5

月第一次新粤桂战争爆发，蒋光鼐指挥本师（缺1个旅）和蔡廷锴旅一起攻打响应桂军的徐景唐部，将其全歼。8月粤军整编，使用全国陆军番号，第三师改为第六十一师，蒋光鼐任第八路军前敌总指挥兼第六十一师师长。年底，张发奎联桂反蒋，进逼广州，爆发第二次新粤桂战争。蒋光鼐任右翼军指挥，击退张、桂联军，并乘胜追击到广西梧州。1930年2月，蒋光鼐率部与张桂联军在北流展开激战，想出了所有阵地都构筑纵深壕堑并加设各种障碍物的防御战术，重创张桂联军。6月初，张桂联军攻陷长沙后继续北进；蒋光鼐受命率六十、六十一、六十三师入湘截断其后路，并在衡阳击败回师的张桂联军。因津浦线战局危急，蒋介石以蒋光鼐为第一纵队司令，率六十、六十一师等部火速增援。蒋光鼐率军迂回到阎锡山晋军后方，击溃泰安周边晋军，并截断大汶河等处晋军的后路，致该处晋军不战而溃，迅速攻占济南。8月17日，蒋介石下令六十、六十一师组建第十九路军，任命蒋光鼐为上将总指挥。蒋介石亲临济南进行嘉奖，并调十九路军到陇海线进攻冯玉祥部。蒋光鼐率领十九路军攻击位于汝南、新郑一带的冯玉祥部队，切断冯军的退路，迫使3万余冯军向十九路军投诚。至此，蒋光鼐率部在两年内与李宗仁桂军、阎锡山晋绥军、冯玉祥西北军及张发奎铁四军的交战中连续取胜，第十九路军成为当时中国战斗力最强的部队之一。蒋光鼐因此获二等宝鼎勋章。

1930年底，十九路军奉调到江西。1931年3月蒋光鼐因病离开部队，到上海同济医院治疗。5月因蒋介石扣押胡汉民，汪精卫在广州另行成立国民政府，形成宁粤对立局面。九一八事变后陈铭枢力主统一对外出面调解宁粤双方矛盾，十九路军也应粤方要求调到宁沪一带，以保障粤方代表的安全。12月，蒋光鼐被选为国民党第四届中央执行委员。

1932年1月19日，蒋光鼐回军主持召开十九路军驻上海部队营以上干部紧急会议，布置应战的方案和措施。"一·二八事变"爆发后，日军凭借陆海空三军优势，发动了四次总攻，均遭败绩，四易主帅，死伤累万。蒋光鼐和蔡廷锴指挥部队在武器装备落后的情况下，奋战月余，沉重打击了日本帝国主义的侵华气焰，鼓舞了全国人民的抗日斗志。蒋光鼐也因此成为驰名中外的抗日名将，获颁"青天白日勋章"。

1932年5月十九路军调驻福建，蒋光鼐被任命为驻闽绥靖公署主任，不就，回老家疗养；12月改任福建省主席。1933年11月与李济深、陈铭枢、蔡廷锴等发动反蒋的"福建事变"，任"中华共和国人民革命政府"财政部部长，失败后去香港。

1937年抗日战争全面爆发后，他回到家乡组织抗日自卫团，任广东省第四区民众抗日自卫团主任统率委员；1939年2月任第四战区参谋长，10月辞职。1940年9月任第七战区副司令长官兼参谋长。1943年9月授中将军衔。1945年5月当选国民党第六届中央监察委员。

1946年3月至1948年8月任第七战区改编的衢州绥靖公署上将副主任。1946年参与发起成立"中国国民党民主促进会"。1948年参与组建"中国国民党革命委员会"。

除"青天白日勋章"外，还获颁过一等大绶宝鼎勋章、忠勤勋章、胜利勋章、国民革命军誓师十周年纪念勋章、陆海空军奖章甲种一等奖章、甲种一等干城奖章、甲种一等光华奖章、美国自由奖章等。

新中国成立后，历任纺织工业部部长等。1967年病逝于北京。骨灰先存放在北京八宝山革命公墓，1997年与蔡廷锴一同迁葬于广州十九路军淞沪抗日阵亡将士陵园将军墓。其东莞市虎门故居——荔荫园于2002年被广东省人民政府列为重点文物保护单位。

蒋光鼐从入读广东陆军小学结识陈铭枢后，基本上就成为"命运共同体"，是十九路军精神领袖陈铭枢与军事核心人物蔡廷锴之间的联络调和人，也是陈、蒋、蔡"三位一体"的中间人。相比蔡廷锴的带队冲杀，蒋光鼐更长于运筹帷幄，淡定指挥。

三、十九路军的军事核心蔡廷锴[1]

蔡廷锴，字贤初，出生于1892年，广东省罗定县罗镜墟（今罗定市罗镜镇龙岩村）人。因家贫只入学3年。

1910年加入新军，后返家；1911年底入贺蕴珊警卫军，1914年退伍；1915年入新会警卫军，1917年转宝安游击军，当班长。1918年在宝安县大鹏警察所当警长；1919年回到家乡任罗定县罗镜商团副队长。因长得高大，被称为"高佬蔡"；后因缴到龙济光溃兵30多支步枪而名声大振。适逢李耀汉肇军扩编，商团遂编入肇军陈铭枢第三营一个连，蔡廷锴任一连一排中尉排长。1919年肇军解体后改属于林虎部第二军第四十三营，不久被陈铭枢选入广州的护国第二军陆军讲武堂（堂长林虎，教育长胡谦）学习。

---

[1] 参蔡廷锴：《蔡廷锴自传》，黑龙江人民出版社1982年版；贺朗：《蔡廷锴》，广东人民出版社1991年版。

因粤军回粤驱桂，蔡廷锴于 1920 年 9 月提前毕业，回到部队不久随陈铭枢起义加入粤军，任纵队司令部上尉副官。1921 年 2 月编入粤军第一师后，降为四团中尉掌旗官，不久又自请到陈济棠营第四连任二排排长；接着由陈铭枢介绍加入中国国民党；6 月参加"援桂"讨伐陆荣廷战役后部队扩编第三营，蔡廷锴因功升任新编的第三营第十一连上尉连长。1922 年 5 月，参加孙中山组织的北伐，蔡廷锴连是全师先锋，在江西率全连日行军 50 多公里，俘虏方本仁部一支收容队，攻占了信丰城，获记功一次。北伐军攻打赣州时 3 天没打下来，令各团选出敢死队百余人归邓演达指挥，蔡廷锴出任第四团敢死队队长。1923 年 5 月攻打肇庆沈鸿英部，仍任先锋队队长，战后升少校连长；6 月在英德县城拉锯中被打断手筋。7 月底第四团团长戴戟调任西江讲武堂堂长，第三营营长缪培堃接任第四团团长，所遗营长空缺，几乎全团上下都以为是蔡廷锴接任，因当时蔡廷锴已经记功三次，军衔又为少校，是全团最老资格连长，但最后却是东路讨贼军的蒋光鼐任营长。蔡廷锴遂辞职，从此与时任旅长陈济棠结怨。

1924 年初，蔡廷锴本已应邀去一师三团邓演达部任职，后碰上在肇军游击三营时的教练、时任一师补充团第一营营长、正在极力寻找人才的邓世增，遂改去该营任连长。不久率部到郁南县都城镇参加与桂军刘玉山、陈天太部作战，以 1 连部队歼敌五六百人，缴枪 400 多支。邓世增见蔡廷锴能干，由其推荐于 8 月接任营长，带兵往郁南剿匪练兵。10 月陈铭枢回一师任第一旅旅长并组建（新）第二团，调蒋光鼐任团长，调补充团第一营作为骨干，编为第二团第一营，陈、蒋、蔡三人正式聚集在一面旗帜下。1925 年 1 月广州革命政府组织第一次东征时，蔡廷锴仍跟随黄镇球的补充团和陈济棠的第二旅去广西帮助新桂系统一广西；在攻打贺县战役中，因勇猛冲破沈鸿英防线，并跟踪追击连夜占领贺县，收编敌机关枪 1 个连，缴枪 800 多支；2 月受命归建，率部经梧州、广州、惠州淡水、海丰、追到梅县才归建。6 月从潮州回师平定杨希闵、刘震寰叛军的战斗，又缴枪三四百支。9 月第一师改编为国民革命军第四军，陈铭枢以第一旅（欠第一团）为基础组建第十师。10 月蔡廷锴率部南征，在开平县单水口与数倍于己的邓本殷叛军激战三昼夜，缴枪千余支。

1926 年 7 月北伐前夕，蒋光鼐辞去团长职务专任十师副师长，所遗二十八团团长由蔡廷锴接任。在基层反反复复历练了 16 年的蔡廷锴，终于走上了团长这个比较重要的岗位。在平江战役中，蔡廷锴在冲锋时左手被打断了神经线，被抬到湘雅医院治疗；康复后参加了武昌战役，10 月二十八团利用一部敌军投诚机会率先攻入武昌城（宾阳门）。年底十师扩编为第十一军，蔡廷锴升任二十四师少将副师长，担任戴戟的副手。

1927 年 3 月第十一军主要领导人相继从武汉出走，蔡廷锴从二十四师调回老部队第十师任师长，正式步入了高级将领的行列。4 月跟随张发奎参加武汉政府组织的第二期北伐。7 月，蔡廷锴所部归第十一军副军长叶挺将军指挥，参加东征。8 月，听从叶挺建议参加了南昌起义，被任命为第十一军副军长兼第十师师长；南下时他作为前卫率部先行出发。8 月 6 日，部队到达进贤县城，擅自将部队开往赣东就食。10 月蒋光鼐来到十师休整地河口（今铅山县），二人商量重建第十一军，由蒋光鼐复职任副军长并代理军长，蔡廷锴仍任第十师师长，并从十师分编出二十四师。共同率部于 10 月 9 日抵达福州，几天后将谭曙卿的新编第一军及驻省城的 3 个团缴械，将谭曙卿俘虏并押解出境。蒋、蔡电请陈铭枢回来复任军长。11 月张发奎发动"广州事变"后，陈铭枢应李济深之邀率领第十一军回粤。1928 年 1 月率部在五华岐岭与张发奎部大战。

　　1929 年初编遣时，第十一军缩编为广东编遣区第三师，第十师缩编为第七旅；因蔡廷锴力争，第七旅另改编为独二旅，蔡廷锴任中将旅长。5 月，蔡廷锴率独二旅在东江讨伐附桂反蒋的徐景唐广东编遣区第二师，最后在友军配合下于赣南将其全歼。7 月，战役结束后独二旅扩编为广东编遣区第二师，蔡廷锴任师长。9 月广东第二师改成中央番号第六十师。从 1929 年 12 月至 1930 年 7 月，蔡廷锴连续参与了对张发奎和桂系联军的广东花县、广西北流、湖南衡阳三次战役，打败张桂联军。

　　1930 年 7 月，第六十师和第六十一师在蒋光鼐带领下调往山东津浦路，打击阎锡山的晋绥军。8 月 15 日攻克济南后，接蒋介石命令将 2 个师编成十九路军，由蒋光鼐任总指挥、蔡廷锴任十九军军长的命令；蔡廷锴另获二等宝鼎勋章一枚。接着，蔡廷锴又马不停蹄赶到河南支援陇海路作战，击败冯玉祥西北军，迫使其 3 万多人投降。1931 年 1 月，获三等"宝鼎勋章"；6 月宁粤对立，粤方派李章达到赣州策动十九路军联合反蒋，蒋光鼐、蔡廷锴意欲响应，被日本回来的陈铭枢阻止。

　　1931 年 11 月，十九路军奉命调防宁沪沿线担负警卫。1932 年 1 月下旬，日军要十九路军后撤 15 公里，南京政府派军政部部长何应钦到沪向蔡廷锴转达。蔡当即表示拒绝，他反复申明："上海是中国领土，十九路军是中国军队，有权保卫上海；如果日军胆敢来犯，我军决心迎头痛击。"1 月 28 日，日军悍然进攻上海，蔡廷锴下令反击，并同蒋光鼐和戴戟联名通电全国，表示"尺地寸草，不能放弃"。蔡廷锴率十九路军，与装备有飞机、军舰、坦克的六七万日军血战33 天，迫使日军四度易帅，死伤万余人，也无法攻占上海。蔡廷锴从此深得全国人民和海外华侨、港澳同胞的拥护和爱戴，被誉为"一代名将""抗日民族英雄"。战后获颁"青天白日勋章"。

1932年5月《淞沪停战协议》签订后，十九路军调往福建；8月蔡廷锴升任第十九路军总指挥。蔡廷锴主动与红军达成停战协议。12月，蔡廷锴兼任驻闽绥靖公署主任。

1933年初，蔡廷锴带领各师抽调的志愿官兵编成的援热抗日先遣军2个旅北上，他同时也是西南执行部推选的闽粤桂三省援热抗日先遣军总指挥。当率部到达湖南郴州时，因《塘沽协定》签订并在报上发表，被蒋介石电令回驻原地。5月，被任命为浙闽赣粤湘五省"剿匪"南路军前敌总指挥。

1933年11月18日，陈铭枢联合一批人士准备在福州立即发动反蒋事变，蔡廷锴认为条件不成熟不同意立即发动。最后陈铭枢威吓说："丢那妈几大就几大，尽地一煲（粤语拼命之意），如再拖下去，不同意立刻通电的话，只好把我们送南京立功去。"蔡廷锴只好同意。20日，蔡廷锴与李济深、陈铭枢、蒋光鼐等人宣布成立"抗日反蒋联共"的中华共和国人民革命政府，任人民革命军第一方面军总司令兼十九路军总指挥，将部队扩成5个军10个师33个团5万多人。两个月后失败，蔡廷锴出洋游历。

1936年两广"六一事变"爆发，蔡廷锴应邀入桂，重建十九路军，任总指挥。9月"两广事变"和平解决，蔡廷锴与桂系协商保留1个师，将其余部队解散后离桂。

1937年9月，蔡廷锴被蒋介石召见并委任为大本营特任参议官。1938年广州沦陷后，蔡廷锴被推举为广东民众抗日自卫团统率委员。1939年初任第十六集团军副总司令、总司令；10月，调任第二十六集团军总司令。1940年，蔡廷锴率部参加了著名的昆仑关战役，战后改任粤桂边区总司令部总司令。不久辞职，以上将参议官的名义闲居桂林。

1946年成立"中国民主促进会"，蔡廷锴代理主席。1947年1月被授任陆军上将，并退为备役。1948年1月，蔡廷锴与李济深等人在香港发起组织"中国国民党革命委员会"，任中央常务委员兼财政部部长。新中国成立后，先后任国防委员会副主席、民革副主席、全国政协副主席。

1968年4月，蔡廷锴病逝。其罗定故居1989年被广东省人民政府公布为文物保护单位，是云浮市、罗定市革命历史教育基地。

四、第十一军参谋长戴戟 [1]

戴戟，原名光祖，字孝悃，原籍安徽省旌德县，1895 年出生于江苏省苏州市。小学毕业前父母先后去世，1910 年到一家商店去当学徒，因不堪老板虐待于 1911 年去上海参加沪军都督陈其美的学生军。

1912 年编入南京临时政府入伍生团，南北议和成功后入武昌第二陆军预备学校。1914 年考入保定陆军军官学校第三期步兵科。1916 年毕业后被派到安徽倪嗣冲安武军任见习官。1917 年因"府院之争"时倪嗣冲支持段祺瑞率军北上而借故离开，南下广东，经同学介绍加入方声涛的护国滇军第四师辎重营，历任排长、连长。该部在闽南被打败溃散后，戴戟辗转返回广东。

1921 年，戴戟应陈铭枢邀请入粤军第一师第四团任少校团副。1922 年 5 月参加孙中山组织的北伐。1923 年 1 月初，一师被陈炯明调到封川防御滇桂军，邓演达率工兵营首先起义响应，戴戟闻讯后趁团长陈济棠去开会之机带队反陈起义。4 月一师重组，陈济棠升任旅长，戴戟接任第四团团长。5 月在该旅讨伐沈鸿英的英德大坑口之役中，被敌军反击败退至连江口，旅参谋主任牺牲，团长戴戟"失踪"。之后两军又在英德县城拉锯三次，直到粤军扫平北江沈军残部后，戴戟才脱险归来。7 月底李济深在肇庆设西江讲武堂，戴戟调任堂长。1924 年 6 月黄埔军校开办后只办了一期的讲武堂停办。

1925 年 10 月，粤军第一师改编为国民革命军第四军，戴戟调任第四军第十师（师长陈铭枢）第三十团团长，下辖只有 1 个营，以后在南路作战中编足 3 个营。1926 年 7 月，参加北伐，战斗中戴戟都身先士卒，勇猛异常。其中汀泗桥战役中，戴戟亲冒矢石，屡次率部冲杀，激战中身负重伤。不久，第十师在武汉扩编为第十一军，辖第十、第二十四 2 个师，戴戟升为二十四师师长。1927 年 3 月武汉召开批判蒋介石大会后陈铭枢、蒋光鼐相继出走投蒋，戴戟也借口创伤复发辞去军职，寓居上海。

1928 年初，戴戟接受陈铭枢、蒋光鼐邀约回到第十一军任参谋长；年底调任第二十六师师长。1929 年 1 月第十一军缩编后任广东编遣区第三师副师长兼第九旅旅长，9 月改用中央番号后任第六十一师副师长，参加了两次新粤桂战争。1930 年 5 月参加中原大战，7 月第十九路军组建后代理第六十一师师长，率部分别在山东和河南打败了晋绥军和西北军。1931 年 1 月，获三等"宝鼎勋

---

[1] 参韦大林：《门前老将识风云——戴戟传略》，载《人物春秋》，安徽人民出版社 1987 年版，第 63—67 页。

章"；不久戴戟正式接任第六十一师师长。7月调任陈铭枢集团军的参谋长；11月十九路军调戍宁沪线后，由京沪卫戍司令长官陈铭枢推荐，戴戟任淞沪警备司令。

1932年1月日军阴谋侵占上海。戴戟召开紧急军事会议，号召"天下兴亡，匹夫有责，成败何足计，生死何足论。我辈只有尽军人守土御侮的天职，与倭奴一决死战"，并写下遗书准备与上海共存亡。1月28日夜，日军突然袭击上海闸北地区，中国驻军奋起反击。蒋光鼐、蔡廷锴、戴戟连夜步行赶到真如车站，设立临时指挥部，命令后方部队火速向上海集结参战，向世界发出的共同通电中有"为救国保种而抗日，虽牺牲至一卒一弹，绝不退缩。"打得日军屡遭败绩，三易主帅。10月获颁"青天白日勋章"。

1933年11月下旬，在陈铭枢、蒋光鼐、蔡廷锴在福州成立反蒋的"中华共和国"革命政府前，戴戟辞去淞沪警备司令职务前往福州，被安排担任人民政府委员兼兴泉省省长、军事委员。1934年初"闽变"失败后戴戟流亡香港，不久又冒险返回上海。1936年，蒋介石为拉拢戴戟，委其安徽省政府委员；戴戟为生活计，接受了这一虚职，仍长期闲居上海。

1937年抗日战争全面爆发，戴戟到南京请缨，被任命为第三战区司令长官部中将高参、总参议。1938年4月，应第五战区司令长官兼安徽省政府主席李宗仁邀请出任皖南行署主任。戴戟对新四军友善相处，与叶挺军长常有书信往返。因与继任安徽省政府主席李品仙不合，托词于1940年4月辞职。

1945年5月在江西省河口任后方勤务总司令部东南补给区司令，并兼任运输统制局东南分处处长。年底因不愿参加内战而辞职。1946年获忠勤勋章和胜利勋章，并被授予少将军衔。1947年1月被任命为中央训练团中将团员，一直不肯报到，拖到5月获准退役。1948年冬参加陈铭枢等人领导的"三民主义同志联合会"。1949年春，戴戟牵线接头，协助中共对国民党陈瑞珂、廖运泽两部队进行策反工作，使廖部官兵在浙江义乌起义成功。

新中国成立后，戴戟历任华东军政委员会委员、安徽省体委主任、省政协副主席、副省长、民革安徽省主任委员等。1973年因患癌症辞世，享年78岁。2016年骨灰迁葬广州十九路军淞沪抗日阵亡将士陵园。

五、继承十九路军余脉的兵团司令区寿年[1]

区寿年，字介眉，出生于 1902 年，广东省罗定县罗镜墟（今罗定市罗镜镇）人，是蔡廷锴的外甥。曾入私塾，后入罗镜墟小学，读完高小后家贫无力升学。

1921 年冬入粤军第一师第四团第三营第十一连蔡廷锴部任文书，后经蔡廷锴保送入粤军阳江军事教习所学习，结业后任十一连司务长、排长；1924 年底，因补充团第一营改编为第二团第一营时留下 1 个连，区寿年被营长蔡廷锴委任为第三连连长，受命回罗定募兵。1925 年 6 月在平定杨、刘叛乱中受伤，9 月任国民革命军第四军第十师第二十八团第一营连长。1926 年 6 月参加北伐。

1927 年 3 月任第十一军第十师二十八团三营营长，8 月参加著名的南昌起义，但在南下途中跟随蔡廷锴率部脱离起义军。9 月蔡廷锴率第十师在河口（今铅山县）重建第十一军，抽调部队组建二十四师时，任命区寿年为七十团团长。随后率部进军福建、打回广东。1929 年初十一军缩编为广东编遣区第三师，区寿年任第八旅十五团团长。第一次新粤桂战役胜利后，蔡廷锴独二旅扩编为广东编遣区第二师，区寿年升任旅长；9 月第二师改用中央番号第六十师，区寿年任第六十师一二〇旅旅长；12 月率部参加第二次新粤桂战争。1930 年 5 月率部参加中原大战，率部分别在山东和河南打败了晋绥军和西北军。1931 年 6 月十九路军扩编，新组建第七十八师，区寿年升任师长；年底获"四等宝鼎勋章"。

1931 年九一八事变后，十九路军调防上海南京一带。1932 年"一·二八事变"时，区寿年指挥驻闸北的官兵，打响了淞沪抗战的第一枪，战后获颁"青天白日勋章"。1933 年 11 月，"福建事变"爆发，区寿年任人民革命军第一方面军第三军军长。事变失败后于 1934 年赴香港居住，不久赴德国学习军事。

1936 年 6 月"两广事变"发生后，李宗仁将广西籍第十九路军旧部编成 1 个师，任命翁照垣为师长。7 月，重建第十九路军 3 个师。9 月，"两广事变"完全解决，第十九路军只保留翁照垣新一师（后改编为广西第二十六师）。"北海事件"后第十九路军 3 个师缩编成 1 个师，区寿年担任师长。1937 年 3 月该师改用中央番号一六二师。

1937 年抗战全面爆发后一六二师改称一七六师，隶属第四十八军。区寿年率部参加淞沪会战、徐州会战与武汉会战。1938 年 5 月，被授予中将军衔；9

---

[1]参王成斌、刘炳耀、叶万忠、范传新主编：《民国高级将领列传》（第四集），解放军出版社 1990 年版，第 91—102 页。

月，任第四十八军副军长兼一七六师师长。1939年11月，升任第四十八军军长。1943年3月，升任第二十六集团军副总司令。

抗战胜利后，任第六绥靖区副司令官。1946年2月，获颁"胜利勋章"。1948年6月，任第七兵团中将司令官。7月6日，在豫东战役中兵败被俘。

1950年获释。1954年任广州市政协常委。1957年在广州病逝。

附：人物录

（一）名将翁照垣 [1]

翁照垣，名锦，字辉腾，族号嘉添，祖籍广东省惠来县华湖镇华英村，1892年出生于惠来县葵潭镇吉成村石匠家庭中。少年时曾进私塾，12岁时开始学习打石；因参加舞狮队学会拳术，喜欢舞枪弄棒。1908年因被诬为拳匪全家到陆丰县。1909年到澄海县（今汕头市澄海区）一个退役排长家当勤杂。1910年在澄海县的警察局当伙夫。1911年转入潮阳县峡山新军当兵。1912年转入地方警卫军，因剿匪有功提为排长。

1918年初，翁辉腾在汕头参加陈炯明"援闽粤军"，任排长，在进军福建战斗中因功提拔为连长。1920年8月粤军回粤，翁辉腾因功升任陈炯光第二路第二统第四营营长。1921年参加"援桂"战役。1923年该营改编为第一支队，升任司令。1925年任"定粤军"第五军熊略部第一支队司令，在东征军攻入海丰县时向建国粤军参谋长蒋介石投降；6月东征军回师广州后与其他陈军一起重占韩江地区，年底被再次东征的国民革命军打败，最后在龙川县被收编，编为"潮梅军"一个支队。

1926年初率部叛乱回师海陆丰，所部被包围后改编为国民革命军第十七师独立团；冬，翁辉腾在其义父、汕头商会会长郭华堂的资助下，东渡日本，改名翁照垣。1927年夏考入日本陆军士官学校骑兵科。1929年夏毕业后，在陈铭枢帮助下，又前往巴黎摩拉纳航空学校就读，翁照垣好胜心强，非常用功，飞完了40多小时便毕业了，并加入了国际飞行协会。这时他收到广东省主席陈铭枢来信，外附了一笔旅费，要求他尽快回国。1930年11月，翁照垣回到国内，就任

---

[1] 参广东省军区军事志办公室编：《广东军事人物志》，广东人民出版社2001年版，第240—241页；惠来县地方志编纂委员会编：《惠来县志》，新华出版社2002年版，第761—762页。

广东省政府保安第四团团长，驻广州黄埔。1931年5月，陈济棠反蒋，陈铭枢出走，翁照垣所部被缴械，出走香港。后与陈铭枢一起到南京进见蒋介石，被任命为中央警卫军第二师第四旅旅长；1个月后由陈铭枢推荐到江西的十九路军，任七十八师一五六旅旅长，驻守吉安。1931年11月，十九路军被调到南京、上海一线防守。1932年1月，翁照垣奉命接替上海市的吴淞至嘉定一带防务。

"一·二八"淞沪抗战爆发后，翁照垣率部与敌展开肉搏战，打响"一·二八"淞沪抗战第一枪；后移防吴淞继续与日军恶战，直到3月2日撤防到嘉定城，持续与敌人血战月余。战后获"青天白日勋章"。国学大师章炳麟赠翁照垣一联，他用西汉两位抵御匈奴的名将赞誉翁照垣在沪战中的功绩："李广从来先将士，卫青未肯学孙武。"5月十九路军调防福建，翁照垣因不愿与红军作战，于9月辞职，赴南洋号召华侨抗日。1933年1月应张学良邀请到热河出任一一七师师长。4月翁照垣率部开赴前线，在庐龙、迁安一带布防，但他们只打过一场仗，此后便没有正面接触，一路撤退下来，还被任命为六十七军副军长。因没有达到打一场好仗的愿望，加上担任无实权的副职，翁照垣心里不痛快，终于辞职回到香港。

1933年11月，陈铭枢、蒋光鼐、蔡廷锴等人发动"福建事变"，翁照垣在成立大会上任主席团成员，新政府还采用了他亲自设计的"国旗"；后准备担任闽南地方武装编成的第六军军长，失败后避往香港。1936年6月，"两广事变"发生后，李宗仁将广西籍第十九路军旧部编成抗日救国军新编第一师，翁照垣任师长，驻防北海。9月3日夜间，翁照垣派了5名便衣人员诈称买药，潜入丸一药房，将日本间谍中野顺三刺死。消息传出，群众无不拍手称快。日军派了2艘军舰开到北海海面，要登岸调查。翁照垣义正词严，不仅不让敌军上岸，而且下令限时撤离，否则，开炮射击。蒋介石、李宗仁十分震惊，蒋着余汉谋派广州外交特派员公署秘书到北海调查，李宗仁也从南宁发来电报了解真相，并指责翁照垣"抗不从命"。因"北海事件"让蒋介石承受了日本的巨大压力，客观上促成了蒋介石早日结束与广西的军事对峙，使"两广事变"最后得以政治解决。9月中旬，十九路军缩编成1个师，翁照垣不愿就职返回香港。

1937年全面抗战开始后，翁照垣任程潜第一战区前敌总指挥兼津浦线督战司令，指挥东北军的万福麟、吴克仁两军。抵达邢台时，遇敌机跟踪轰炸，翁照垣右腿被炸伤，回到汉口医治，伤好回到香港。1938年夏，翁照垣拜访余汉谋将军，余即派他为广东省第八区民众抗日自卫团统率委员会主任委员。1939年初任第四战区总参议。

日寇投降后，翁照垣从事实业。1949年初避往香港；5月，指示听命他的葵潭联运队及区联防大队武装配合人民解放军闽粤赣纵队和平解放葵潭；9 月，将他经营的葵潭农场和矿山全部捐给人民政府。1972 年病逝。1999 年他近 30 万字的"阵中日记"和"生平回忆"手稿，在比利时由他的孙女送给安特卫普大学留学生李韧之（后为汕头大学副教授）。

（二）老将谭启秀 [1]

谭启秀，出生于 1887 年，广东省罗定县黎少区（今罗定市黎少镇）隆九村人。1908 年加入广东新军，在炮兵营当炮手。1910 年初广东新军起义时，不顾长官反对参加哗变，跟随倪映典攻城。1911 年追随陈炯明参加辛亥革命，1912年进广东陆军将校团炮科学习。1913 年龙济光统治广东后心灰意冷解甲归田，在广州养蜂。1914 年，养蜂失败后，与革命党人范其务等人分赴潮汕钦廉等地，联络军民反袁讨龙。

1920 年随陈炯明回到广州，任粤军第二路第三统领，后任陈炯光独立旅团长。1923 年 1 月滇桂粤联军攻克三水迫近广州时，受过邹鲁策反的谭启秀率部反陈举事响应，任讨贼粤军第一路军司令，促使陈炯明逃离广州；1 周后在观音山（今越秀山）大部被沈鸿英部李易标师缴械；后带余部回罗定任警备司令，不久由桂军刘震寰收编。1924 年 3 月再改编为建国粤军许崇智第二军第三路，任司令；后又编为桂军第五师第十旅，任旅长，驻东莞太平。1925 年 9 月因涉嫌"廖案"被扣押撤职。1926 年应范其务邀请任汕头市公安局局长。

1928 年初开始追随老乡蔡廷锴，召集旧部组成新二师并任师长，旋缩编为第十一军第十师独立团，任团长，年底所部因裁军被解散。1929 年 8 月第一次新粤桂战争结束后，蔡廷锴广东编遣区独二旅成立补充团，谭启秀担任团长；9月独二旅改编成第六十师后改称一二〇旅二四〇团团长。1931 年夏任第十九路军七十八师副师长，年底获"五等宝鼎勋章"。1932 年 1 月"一·二八"淞沪抗战爆发，日军进攻吴淞要塞，击毁炮台，要塞司令邓振铨弃职潜逃，谭启秀临危受命兼任要塞司令。谭带上 1 个旅即日上任，竭力整顿炮台防务，伪装好残存的几门克虏伯海岸炮，利用伏击战术击沉击伤日本军舰 4 艘，打死日军近千人，至 3 月 3 日停战，吴淞炮台始终屹立不动。十九路军退守二线时，谭启秀被派去广东招收新兵 3 个团，编成补充旅后任旅长；曾协助陈济棠部驻防韶关，8 月带领补充旅到达福建。1933 年 1 月获"青天白日勋章"；不久，蔡廷锴将各师抽

---

[1] 参广东省军区军事志办公室编：《广东军事人物志》，广东人民出版社 2001 年版，第 517 页。

调的志愿官兵编成抗日先遣军 2 个纵队，谭启秀被推定为第一旅旅长；5 月当到达湖南郴州时因"塘沽协定"签订并在报上发表，只好罢休。7 月蔡廷锴将谭启秀补充旅和陈维远保二旅、司徒非特务团合编成补充第一师，谭启秀任师长。11 月发动"福建事变"前，补充第一师扩编成第五军，谭启秀任军长，防守闽北。蒋介石曾指使宋子文去做谭的工作，谭启秀不为所动，但手下 2 个师长很快投降，谭启秀只剩一个团驻守水口，被敌军击破，谭只身乘木筏逃出重围，成为"光棍"军长。不久跟随蔡廷锴到欧美游历，后返乡闲居。

1937 年 5 月授陆军少将。抗日战争全面爆发后，任军事参议院中将参议。1939 年跟随蔡廷锴一起回到家乡罗定，组织抗日武装，任第四战区西江挺进队司令、南路第一游击司令兼第八游击司令，归属蔡廷锴第二十六集团军指挥；1940 年底任第七战区司令部高参、两阳守备区指挥等职。1946 年授陆军中将，同年冬退役返乡居住。

1948 年初由蔡廷锴推荐为民革广东筹委会召集人。1949 年 3 月任罗定县县长，4 月兼任广东第十二区行政督察专员兼保安司令。10 月初弃职装成病人前往广州治病，很快传出突然逝世消息，终年 62 岁。

据养蜂业界考证，谭启秀是广东采用科学养蜂第一人。所谓科学养蜂，就是改之前的笼养为箱养。1913 年他托人到加拿大购得意大利黄金蜂种 200 群，请东莞养蜂能人祈自强做技术顾问，在广州花地放养。因祈自强开始时不了解意蜂的习性，不久那 200 箱意蜂就因养分不足而大部分四散逃去。剩下的意蜂，后来经祈自强转给了当时广州著名儒商江孔殷，因此后来与江成了忘年之交。抗战胜利后，谭启秀又斥资购进一批花白奶牛，在广州石牌开设奶牛场，取名撷园（其故居楼名，陈铭枢题，李济深、陈铭枢、蔡廷锴等人皆居住过）奶牛场。广州解放后，撷园奶牛场的牛奶因品质上乘，曾一度专供中南局及省市机关干部。

（三）降将毛维寿 [1]

毛维寿，字祺勋，号考三，出生于 1892 年，江西省峡江县人。

1912 年入陆军第八师当兵，次年被遣散回家。后因生意亏损，流落于湘西，时见招兵告示，遂报名入伍。1921 年随军转战至粤，适其老师毛世俊在驻粤赣军指挥部任秘书长，遂转入赣军特务连任见习官。

1922 年 1 月，入粤军第一师任见习官。1923 年随军参加进攻陈炯明的东

---

[1] 参吉安市地方志办公室编：《吉安人物》，方志出版社 2004 年版，第 126 页。

江作战，在惠州之役中负伤，伤愈后入西江讲武堂学习，1924年结业后升任新成立的第一旅第二团蔡廷锴营连长。1925年参加两次东征，以及平定"杨刘叛乱"。

1926年任国民革命军第四军第十师三十团第二营营长，参加北伐战争。在武昌战役中，率部与叶挺独立团担任首战前锋；10月10日，率部首先入武昌城。11月，随第四军入赣征讨孙传芳，在德安马回岭战斗中腰部中弹受重伤，送往武汉协和医院治疗。1927年春伤愈归队，升任新组建的第十一军二十四师第七十一团团长，旋弃职到南京任国民政府训练总监部部长陈枢铭的副官长；年底随陈铭枢到福州，任十一军军部副官长。1928年，十一军驻防广东南路后，恢复第二十六师建制，毛维寿改任该师第七十八团团长。1929年初编遣时，第二十六师缩编为广东编遣区第三师第九旅，毛维寿任十八团团长；5月，参加反击张桂联军的花县战役。9月广东编遣区第三师改称第六十一师，毛维寿升任第八旅（是原第九旅）旅长；12月率部参加广西北流战役。1930年7月，随蒋光鼐驰赴山东津浦路；8月编入第十九路军，再调河南陇海路参战。

1931年2月，获"四等宝鼎勋章"；6月在蒋光鼐和戴戟两任师长推荐下接任第六十一师师长；11月奉调驻防京沪。1932年1月28日，日军进攻上海，十九路军奋起抵抗，毛维寿率六十一师扼守江湾、大场一线，与日军激战，并取得庙行大捷。战后获颁"青天白日勋章"。

7月，随军调驻福建。1933年11月20日，十九路军参与发动"福建事变"，改编为"人民革命军第一方面军"，六十一师扩编第二军，毛维寿被任命为军长。1934年1月17日，毛维寿被蔡廷锴委任为第一方面军代理总指挥。次日毛维寿召开各军、师长会议，宣布接任代理总指挥，遂派军参谋长赵锦雯向卫立煌接洽投降。蒋介石马上委任毛维寿为十九路军总指挥，几天后改任第七路军总指挥，加上将军衔。1935年，被委任为第二路军总指挥，因迟未就职遭蒋介石免职。1936年1月，被授陆军中将军衔，任军事参议院参议。1937年8月日军进攻上海后，多次向蒋请缨抗日均遭拒绝。同年冬，病逝于上海。

"福建事变"后，蒋介石曾亲自问过毛维寿，你一个江西人为何在粤军中能提拔如此之快呢？毛维寿答之全凭英勇奋战，冲锋在前而得厚爱。

（四）主将沈光汉[1]

沈光汉，字无畏，出生于 1887 年，广东省罗定县泗纶区（今罗定市泗纶镇）同益村人。1909 年在罗阳公立学校毕业。

早年投笔从戎，后入粤军第一师军官补习训练班受训。1924 年结业后任新成立的第一旅第二团蔡廷锴营连长。1925 年 6 月由老同事蔡廷锴推荐，任粤军第一师第一旅第二团第三营上尉营副，1926 年任国民革命军第四军第十师二十八团第三营营长，参加北伐。1927 年 8 月"进贤送客"后任二十八团代理团长。1929 年 3 月，任广东编遣区第三师第七旅十三团上校团长，旋改任独立第二旅上校副旅长兼第一团团长。9 月任第六十师一一九旅少将旅长。1930 年升任十九路军六十师副师长。1931 年初获"四等宝鼎勋章"，7 月升第六十师中将师长。在与红军第一、三军团恶战的高兴墟战役中，因战败后情况不明撤走，致使军指挥部差点被歼灭，被蔡廷锴记过 2 次。1932 年 1 月率部参加淞沪抗战，沈光汉率所部及配属部队与敌浴血战斗 30 多天，八字桥等全部阵地始终屹立不动，仅 2 月 7 日一天，就歼日军千余人，击伤日军前敌指挥雨田大佐（随即因伤而死）。因功于 10 月获"青天白日勋章"。1933 年 11 月"闽变"爆发，任福建人民革命军第一方面军第一军军长。失败后避往香港。

1937 年抗战全面爆发后，出任军事参议院中将参议。香港沦陷后回家乡定居，发起创办泗水中学。1947 年当选为第一届国民大会代表。1948 年移居香港，1951 年移居澳洲。1972 年病逝于香港，终年 85 岁。

（五）衰将黄质胜[2]

黄质胜，字秩文，出生于 1882 年，广西灵山县人。

1905 年从军，在前清巡防营当兵，后当班长。辛亥革命后一直在肇军中任职。1917 年入广东肇庆讲武堂第四期学习，毕业后在护国军林虎部任排长、连长。

1920 年 10 月随陈铭枢脱离林虎部加入粤军。1921 年，该部改编为粤军第一师第四团，任二营三连连长。1921 年参加"援桂"讨伐陆荣廷战役，1922 年参加孙中山组织的北伐战争。1924 年 10 月，陈铭枢从南京回来任一师参谋长兼第

---

［1］参陈予欢编著：《黄埔军校将帅录》，广州出版社 1998 年版，第 631 页。

［2］参蔡廷锴：《蔡廷锴自传》，黑龙江人民出版社 1982 年版。

一旅旅长，新成立第二团，以蒋光鼐为团长，从第四团抽调干部，再招募新兵组建第二、三营，以黄质胜任第三营营长。1925年参加第一次东征、平定杨刘叛乱；8月所部改属国民革命军第四军十师二十八团，仍任营长；10月参加南征邓本殷战役。1926年7月参加北伐。1927年1月，第十师扩编为第十一军，黄质胜升任该军第十师第二十八团上校团长。

1927年4月参加第二次北伐；7月升任十师副师长，参加东征。8月1日随军参加南昌起义。10月上旬在河口（今铅山县）重建第十一军后分设第二十四师；接着开抵福州，将谭曙卿的新编第一军3个团缴械，所获枪械充实二十四师，黄质胜正式出任二十四师少将师长。1928年1月在广东五华县与张发奎四军激战后，二十四师奉命调驻广州，收编民军宁克烈部为该师独立营。5月，又奉命调防高雷地区负责"清乡"，因属下宁克烈部的2个连及驻山口范德星团的1个连，相继投奔共产党，而特务营营长、学兵营营长及驻山口连的连长，又分别被乱兵击毙。基于这一严重事件，黄质胜以失职电请辞职。

1932年任十九路军总部参议。1933年4月，他受十九路军委派任淞沪抗日残废军人教养院院长。1934年任第一集团军总部参议，第二军垦区主任。1938年出任灵山县抗日自卫统率委员会主任委员。1939年任广东南路第三游击队司令，在桂南会战中率部俘日军数名。

1948年1月至1949年7月任广东省第八"清剿"区副司令兼灵山县县长。1950年6月被捕入狱。1951年11月被灵山县人民法院判处死刑枪决。

（六）败将黄固[1]

黄固，字志坚，出生于1891年，广西桂林市临桂县（今临桂区）人。1906年考入广西桂林陆军小学，1909—1911年入武昌陆军第二预备学校。辛亥革命爆发后以学生军代理排长身份参加武昌战斗。1912年入保定陆军军官学校第一期骑兵科，1914年毕业。

在粤军第一师历任排长、连长、营长，参加系列战役。1924年冬，陈铭枢被邀请回来任第一师参谋长兼第一旅旅长，黄固调任第二团第二营营长，从此加入陈铭枢的团体。1925年9月所部改编为国民革命军第四军第十师二十八团二营，仍任营长。1926年7月调任第十师中校作战参谋，参加北伐。1927年回广州任第八路军新编第二师第二团团长。1928年2月任第八路军干部学校筹备委

---

[1] 参尤小明主编：《广西民国人物》，广西人民出版社2008年版，第221页。

员。1929年3月任广东编遣区第三师第八旅副旅长，10月辞去军职，改任汕头公安局局长。1930年任广东省保三团团长，驻惠州。1931年5月陈济棠反蒋时该团被缴械；两个月后到江西吉安任保安团官兵余部编成的十九路军补充旅旅长；11月，进驻江苏昆山，不久担任七十八师一五五旅旅长。1932年1月参加了"一·二八"淞沪抗战，10月任该师第二三二旅旅长（即一五五旅）。1933年3月任七十八师副师长，11月"福建事变"爆发，任人民军第三军副军长，失败后避居香港。

1936年"六一事变"后蔡廷锴重建十九路军，不久整编，仅保留一七六师，黄固任副师长。抗战全面爆发后参加了"八一三"淞沪抗战、徐州会战和武汉会战。1938年任桂系第八十四军新十九师少将师长。1939年升任副军长。1940年在桂南会战中因战败被蒋介石撤职，转任蔡廷锴的粤桂边区总司令部高参。1946年任广州行营少将参议。1947年，任"民革"中央团结委员。

1953年任广东文史馆馆员，1955年任广东省政府参事，1957年被划为"右派"，1962年病逝。2006年，获中央军委颁发的"纪念中国人民抗日战争胜利六十周年"奖章。

（七）悍将张世德[1]

张世德，字作仁，别号金，出生于1893年，广东省吴川县（今吴川市塘㙍镇）樟山村人。

辛亥革命爆发，张世德投身军旅，参加光复广东战斗。因供养其母，此后有时在军旅服役，有时辞军返家。1916年投廉江县邹武旗下参加讨龙。1919年春，考上阳江军官教练所。

1921年随部队编入粤军第一师，在第四团蔡廷锴连任中尉排长。1922年参加北伐。1923年在攻打沈鸿英部的肇庆战役中，张世德参加敢死队冲锋被击中，弹从背出，忍痛带队首冲入城，受到师长李济深亲自到广州医院慰问，并奖赏毫银150元；出院后，被擢升为机关连连长。1925年所部编入国民革命军第四军第十师，参加东征陈炯明和南征邓本殷战斗。1926年春，团长蒋光鼐以其骁勇善战，推荐晋升为第二十九团第一营营长，驻防钦州。7月，参加北伐，在平江血战后，配合叶挺独立团攻克汀泗桥，接着率部参加攻克贺胜桥。1927年1月，第四军第十师扩编为十一军，张世德晋升为第十师第二十九团团长。4月率部参

---

[1] 参李以劻：《高州籍将军简介：北伐、抗日战争时期》，《茂名文史》1989年第十一辑，第23页。

加了第二次北伐。

1927年8月率部参加南昌起义，张世德率部缴获朱培德部大批枪械。10月重建第十一军后，任第二纵队队长，指挥2个团。1928年1月与张发奎第四军在五华、龙川一带激战三昼夜，全团伤亡惨重。战后驻防广州大沙头整训，张世德派人回家乡吴川招收大批新兵补充，使该团成为吴川的兄弟军。4月随部调防海口，不久升为第十师副师长。1929年3月，第十一军缩编，张世德任广东编遣区独二旅副旅长。5月参与率部参加了第一次新粤桂战争，追击联桂的徐景唐部到江西，将其缴械。7月战争结束后调任第三师独立团少将团长。9月，升任第六十一师第九旅旅长。12月率部参加广西北流对张（发奎）桂（系）联军的第二次新粤桂战争。

1930年6月，张世德奉命出师湖南截击张桂联军，在衡阳大败敌军后，亲带卫队巡视战场时，被桂军收容队击中阵亡，年仅37岁。广东军政当局下令将其灵柩运返吴川原籍安葬，并呈报南京政府及军委会批准谥为陆军中将。

张世德但风格与蔡廷锴十分相似，被蔡廷锴视为"患难相随"，是十九路军系统战死疆场的最高职务者。

（八）参将黄强[1]

黄强，字莫京，出生于1887年，广东省龙川县老隆镇水贝村人。先在广东惠州初级中学堂肄业，后入广州圣心书院法文班学习。

1905年结业后任圣心书院教习，1906年入滇越铁路公司任翻译。1906年考入广东水师提督李准倡办的虎门陆军速成学校步兵科。1907年考入保定陆军速成学堂第一期炮科，1909年任陆军第二镇炮兵第二标见习官。1910年任广东督练公所委员。1911年任广东新军陆军第二十五镇炮兵第二十五标二营排长、四营队官。1911年广东光复时，率兵占造币厂。1912年任广东陆军第一师炮兵第一团团附、惠州绥靖处中校参谋、东江安抚使、和（平）龙（川）司令。1913年任广东全省绥靖处副官长、广东都督府军务课课长。因参加"二次革命"失败遭通缉，亡命巴黎，经李石曾介绍入法国昂德农业学校，肄业后赴英习航空学校学习。1916年袁世凯称帝后返国，跟随陈炯明在惠州举义。

1917年朱庆澜任广东省长后，被聘为省府咨议、广东工艺局局长、甲种工业学校校长；因援闽事务奔走各方，兼任粤军兵站总监。1920年任潮州海关监

---

[1] 参龙川县地方志编纂委员会编：《龙川县志》，广东人民出版社1994年版，第548—549页。

督兼汕头交涉员。

留学法国回来的黄强，是广东青年留法勤工俭学和赴法俭学的三人发起人之一，兼任广东留法勤工俭学学会会长，在1919年3月至1920年底，亲自组织12批广东青年留法勤工俭学，达251人，仅次于湖南，名列全国第二。

1921年起任粤海关监督、粤军总司令部军务处处长，1922年任第七路少将司令兼雷属剿匪司令，驻防高雷；后任广东兵工厂厂长。1922年4月陈炯明下野后二人分道扬镳。

1926年北伐开始后从香港回广州参与策划进攻福建事宜，1927年10月任北伐东路军福建漳泉留守处主任。

1928年3月任陈铭枢的广东南区善后公署参谋长，并兼琼崖实业专员，进入十九路军系统。1930年任广东省保安队筹备处主任兼第十九路军教导队主任，训练干部千余人，并编练保安队4个团。1931年任"剿匪军"右翼集团总司令部总参议、行营军路工程处处长、广州国民政府军事委员会委员。1932年由陈铭枢介绍任第十九路军参谋长，参加"一·二八"淞沪抗战（后作《十九路军淞沪战斗详报》）。1933年11月任福建人民政府军委会参谋团主任，后任漳厦警备司令兼厦门特别市市长。"福建事变"失败后避居香港。

1936年秋任广东第九区（海南岛）行政督察专员兼保安司令。抗日战争全面爆发后，任西南运输处河内及海防分处处长、中国战区昆明指挥部高级参谋、第二方面军总部第五处副处长。1945年9月作为行政院特派员，参加在越南河内的卢汉主持的日军投降仪式。1947年8月至1949年5月，任台湾省高雄市市长。1974年在马达加斯加逝世。

黄强也是一位社会学学者，著有《五指山问黎记》《台湾别府鸿雪录》等著作，并有译著《西沙群岛》。

（九）叛将范汉杰 [1]

范汉杰，原名其迭，字汉杰，出生于1896年，广东省大埔县（三河镇）梓里村人。

少年时在其父创办的梓里公学就读，后在广州理工学堂格致班肄业。1911年夏，考入广东陆军测量学院第五期学习。1913年毕业后任职广东陆军测量局。

1918年后历任援闽粤军测量队队长、总司令部军事委员、兵站所长、第二

---

[1] 参广东省军区军事志办公室编：《广东军事人物志》，广东人民出版社2001年版，第251—253页；黄羡章：《潮汕民国人物评传》，广东人民出版社2008年版，第100页。

支队营长、第二军副团长、代理团长等职。1920年调任两广盐运使署缉私总稽九江缉私船管带，后又升任江平舰舰长。1923年任桂军刘震寰部中校参谋、作战科长、第三路支队长、第六路少将司令，兼三水县县长等职。

1924年春，由邹鲁、刘震寰保荐报考黄埔军校；5月入黄埔学校第一期第四队，是带着少将军衔上学的唯一学员，与曾扩情、李仙洲因年纪最大被称为"三老"。毕业后在教导一团中担任排长、副连长，粤军第一师少校参谋、一旅中校参谋主任、国民革命军第四军第十师第二十九团第一营营长，参加了东征陈炯明和南征邓本殷的战斗。1926年6月北伐前被提任第二十九团团长，为黄埔一期生中最早升任团长的三人之一。率部参加汀泗桥战役和德安马回岭战役。1927年1月升任第十师副师长。

1927年4月随军长陈铭枢投奔蒋介石，后任浙江省浙东警备师师长，是黄埔同期最早升任师长的人。是年8月蒋介石下野，浙江警备师被改编，范汉杰任第八路军总指挥部高级参谋。后由李济深派往日本考察政治、军事，接着又转赴德国见习，直到1931年九一八后才回国。

1932年初，范汉杰应陈铭枢邀请任十九路军参谋处处长，参加"一·二八"淞沪抗战；后十九路军又调驻福建，范担任驻闽靖公署参谋处处长。1933年11月，陈铭枢、蒋光鼐、蔡廷锴率十九路军发动反蒋抗日的"福建事变"，蔡廷锴以范汉杰有联络蒋介石嫌疑，遂将其"提拔"为副参谋长。但范汉杰还是将自己掌握的电报密码密告蒋介石当局，使蒋军及时得悉闽方的军事部署和兵力实际情况。于是蒋军采取分割包围、各个击破的战术，不到1个月，闽方全线崩溃。

事变结束后，范汉杰被委为南昌行营中将高参。1935年后历任第二师参谋长、税警总团参谋长、第一军少将副军长、中央军校教育处处长、军事委员会政治部第一厅厅长、第二十七军军长兼郑州警备司令、三十四集团军中将副总司令、三十八集团军总司令、第一战区副司令长官兼参谋长。1945年陆军大学将官班毕业，3月被授予陆军中将军衔，5月当选国民党第六届中央监察委员。1946年后历任国防部参谋次长、徐州"剿总"副总司令、陆军副总司令、山东第一兵团司令官、冀热辽边区司令官兼热河省政府主席、东北"剿总"副总司令兼锦州指挥所主任等。

1948年10月14日，在辽沈战役锦州攻坚战中被人民解放军所俘。1960年11月，被最高人民法院特赦获释。在范汉杰被特赦之前，周恩来曾找蔡廷锴做工作，周恩来认为当年十九路军失败的原因是多方面的，不能全部责怪范汉杰。蔡廷锴表示"同意"周恩来的意见。随后，周恩来将中央统战部写的把范汉杰在"闽变"中的行为列为罪恶的材料撤掉，使范汉杰顺利得到特赦。

1962 年，任全国政协文史资料研究委员会委员。1964 年，任第四届全国政协常委。1976 年在北京逝世，终年 80 岁。后来，他在海外的子女回到北京，将放在八宝山的骨灰取出一半，带往台湾安葬。

（十）偏将陈维远 [1]

陈维远，字近思，出生于 1890 年，福建省闽侯县人。福建陆军小学毕业后入北京清河陆军第一预备学校就读。

1914 年从保定陆军军官学校第一期步科毕业后，分发到福建陆军。1918 年 10 月加入征闽滇军，任连长。1923 年任福建盐运使署缉私帮统。1924 年任建国粤军陈铭枢旅部参谋。1925 年 1 月参加东征，12 月任国民革命军第一军第三师第三团团副。1926 年 10 月任第一军第二十二师参谋长，参加北伐；11 月任第四军第十师三十团团长。1927 年 1 月任第十一军参谋长。1928 年初任第二十四师副师长。年底因师长黄质胜因失职辞职后，陈维远顺利转正。1929 年 3 月，任第八路第三师第八旅（后改为第七旅）旅长；5 月，在师长蒋光鼐带领下与蔡廷锴独二旅共同在东江讨伐附桂反蒋的徐景唐第二师，最后将徐部歼灭在江西信丰。

因在与东江红军的作战中损失较大，加上非粤籍关系等原因，陈维远此后离开了主力部队，回到家乡转入闽军，先任闽粤边区"剿共"指挥官，后任福建省保安处参谋长，在十九路军入闽前夕被代主席方声涛任命为民军编成的省防军第三旅旅长，后兼闽南警备司令等职，暂时偏安一方。

1932 年 5 月十九路军入闽后对地方军进行整顿，因其本人受民众控告较少、又与陈铭枢、蒋光鼐同学且曾在十一军任职，故所部能保留下来整编为保二旅。1933 年 7 月保二旅被编入补充第一师后任副师长。事变失败后离职闲居老家。

1941 年 12 月病逝。

（十一）义将张炎 [2]

张炎，又名巨炎，字光中，广东省吴川县（今吴川市塘㙍镇）樟山村人，是

---

［1］参李苏鸣：《荷载独彷徨：方幼璇传略》，福建海峡文艺出版社 2021 年版；徐天胎编著：《福建民国史稿》，福建人民出版社 2009 年版，第 351 页。

［2］参广东省军区军事志办公室编：《广东军事人物志》，广东人民出版社 2001 年版，第 181—183 页；张海赴、佟佳凡、公方彬编：《中华英烈词典（1840—1990）》，军事译文出版社 1991 年版，第 442 页。

张世德胞弟。1902 年出生于越南。民国初年随父归国，读过两三年私塾，旋即到广州湾（今湛江市）赤坎打工。

1922 年加入粤军第一师，在兄长张世德连当勤务兵。后被送第一师教导队学习，结业后当班长。1925 年任国民革命军第四军第十师特务长，随军东征陈炯明、南伐邓本殷，升任连长。1926 年参加北伐。

1927 年 4 月参加第二期北伐；8 月参南昌起义。"进贤分共"时其兄张世德团长有功，乘机提议将其升任第二十九团第一营营长；10 月随军进军福州。1928 年 1 月随军回粤，驻防海南岛。1929 年 9 月升任第六十一师第九旅第十七团团长；12 月在广西北流战役中负重伤，回广州留医。1930 年 7 月其兄长第六十一师第九旅旅长张世德在湖南衡阳七塘战役后阵亡，因蔡廷锴要褒奖"患难相随"的张世德，张炎伤愈归队后即被提拔接任第九旅旅长。8 月，编入第十九路军，北上山东和河南，讨伐阎锡山和冯玉祥，参加中原大战。1931 年 2 月，获"四等宝鼎勋章"；8 月升任六十一师副师长兼第九旅旅长，代行师长职务。11 月下旬，十九路军调戍京沪。1932 年 1 月淞沪抗战爆发，张炎率部到达吴淞要塞布防，与日军浴血奋战一个多月；战后被授予"青天白日勋章"。5 月调防福建。1933 年 1 月长城抗战爆发，在蔡廷锴召集的漳州会议上，拟组建志愿军北上援热，张炎和谭启秀一起被公推为旅长；5 月到达湖南时因得知塘沽协定已签订公布而停止。7 月，蔡廷锴将张贞四十九师裁并成 2 个团，与抗日先遣军张炎旅重组成新的四十九师，张炎升任中将师长。11 月"福建事变"爆发，张炎出任人民革命军第四军军长。1934 年 1 月，因受蒋介石的秘书长杨永泰收买，张炎跟着毛维寿"归顺中央"，被任命为第七路军副总指挥，但张炎没有接受新职，而是出国去欧美和苏联等国考察。1936 年秋回国，入陆军大学受训。

1937 年七七事变后，张炎历任军委会中将参议、广东省民众抗日自卫团第一区统率委员会主任委员。1938 年 10 月，由蔡廷锴请委为广东省第十一区游击司令。1939 年 1 月，任广东省第七区行政督察专员兼保安司令、第四战区南路特别守备司令部副司令兼任广东第七区游击司令。1940 年 6 月，因释放散发传单的共产党员而被迫弃官前往香港；年底香港沦陷后返回家乡，后任张发奎第四战区中将参议，不久又返回南路组织力量抗日。

由于国民党消极抗日积极反共，与中共合作的张炎决定举行武装起义。1945 年 1 月 14 日，张炎率领自卫队 400 余人和詹式邦警备大队 400 余人，在中共南路特委王国强大队 400 多人配合下，攻陷吴川县政府所在地塘墟，接着与南路游击队联合解放吴川全境。19 日张炎将起义部队组成"高雷人民抗日军"，任军长。因受国民党军队围攻，1945 年 1 月下旬，张炎率部向廉江、化县转移，部队被打散。2月，张炎拟去广西找张发奎、李济深，在广西博白被自卫大队逮捕。3月，被玉林行署专员梁朝玑根据蒋介石密令杀害于玉林东岳岭。

张炎是十九路军中牺牲的最高级别的将领！他于1958年被中华人民共和国追认为革命烈士。

（十二）保全气节的孙绳 [1]

孙绳，又名华佛，出生于1887年，湖北省黄冈县（今黄冈市黄州区）人。

1903年考入黄冈县城高等小学堂，后入黄州府中学。1907年入湖北陆军小学第二期，加入共进会。1910年参加武昌起义，被推为湖北军政府书记部长和学生军队长。汉阳失守后随黄兴抵沪，入南京陆军中学（后并入武昌陆军第二预备学校）。1913年参加"二次革命"。1914年12月入保定陆军军官学校第三期步兵科。1916年毕业后加入中华革命党，在汉口被推为陆军同学会会长。旋赴云南参加护国军方声涛部，任排长、连长。后转投粤军，任总统府警卫团第一营第二连连长、警卫二团少校团副。1923年转投新桂系，任李宗仁部参谋。1924年，以桂军代表身份去云南调和云贵势力。

1925年10月任国民革命军第四军第十师第二十九团团长，参加北伐。

1928年4月任国民党汉口特别市党部指导委员会成员兼训练部部长，后任湖北省政府委员兼民政厅厅长。1929年5月任广西省政府驻上海办事处主任，从事反蒋活动。1933年入闽参与"福建人民革命政府"工作，并作为十九路军的代表去联络冯玉祥。"闽变"失败后寓居上海。

抗战全面爆发后上海、武汉相继沦陷，日本人要其回湖北任维持会会长，遭断然拒绝。日方再三纠缠，限一星期答复。孙愤懑不已，不思饮食，于1939年1月猝死。

综　述

十九路军系统里，一是速成班和行伍出身军官比例高。主要将领和参谋长中，占比最高的是以陈铭枢、蒋光鼐、戴戟为代表的保定军校生（至少16个），

---

[1] 参湖北省地方志编纂委员会编：《湖北省志人物志稿》（第三卷），光明日报出版社1989年版，第1127—1128页。

其次是以蔡廷锴为代表的讲武堂、教习所等各种速成生（至少 13 个），这两类是主体。此外还有云南讲武堂毕业生有 4 个（李扩、赵一肩、符岸云和曾粤汉），黄埔军校毕业生有 2 个（范汉杰和张君嵩），日本士官学校毕业生 1 个（翁照垣）。二是后期速成生任主官比例高。越往后比例越高，特别是发动"福建事变"前，5 个军长清一色由速成生担任，这与速成生蔡廷锴升任总指挥完全执掌十九路军有关。三是在全面抗战和解放战争时期还掌握实权的军官比例不高。这与十九路军被完全肢解有关。

第三节　第八路军至第十二集团军系统

一、"南天王"陈济棠 [1]

（一）起家

陈济棠，字伯南，1890 年出生于广东防城县河洲恫望兴村（今广西防城港市东兴市马路镇），汉族客家人。6 岁入私塾，8 岁丧母。后考入钦州优等师范学习。1907 年考入钦县警察讲习所，半年毕业后又考入广东陆军小学第四期。1908 年由邓铿介绍加入同盟会。辛亥革命后，他转入广东陆军速成学校步兵科，与同班同学李扬敬和胡翼中最为投缘。

1913 年毕业后，到琼崖督办陈荣廷处任中尉差遣员。不久，辞职转到广东陆军第一师第二团苏汝森处任机枪连排长。苏汝森团长被龙济光杀害后，潜伏于海军宝璧舰大副丁守臣家中。1915 年在邹鲁领导下参加讨袁（世凯）倒龙（济光）工作。1916 年到驻肇庆的林虎广东护国军第六军第八旅第十六团任少校团副。讨龙战争结束后，任钦廉道尹成桃的公署观察委员。1917 年任成桃"援赣军"第一军的少校副官，旋辞职闲居广州。1918 年受陈得平邀请到林虎部混成旅步兵第二团黄任寰部陈得平营任连长，率部在阳江剿匪。1919 年升任游击第四十二营营长，率部到阳春剿匪。

1920 年 8 月粤军回粤时，率部由阳春县开到阳江县，与陈铭枢等人会合，宣布与林虎脱离关系，组成粤军第九支队，由陈铭枢任支队司令，陈济棠任第一统领，共同率部向西江进发，参加莲塘堵截桂军战役。10 月，第九支队由郁南移驻肇庆，缩编为粤军第五十四统，陈济棠改任营长；在阳山县追击沈鸿英部时，陈济棠以 1 营打败其 1 旅，从此扬名。1921 年 2 月第五十四统被改编为粤军第一师第四团，陈铭枢任团长，陈济棠为一营营长。1922 年 5 月，参加孙中山组织的北伐，在江西战场上因作战不力差点被撤职；9 月回师广州后，因团长

---

[1] 参钟卓安：《陈济棠传》，广东省地图出版社 1999 年版；中国社会科学院近代史研究所编：《民国人物传》（第三卷），中华书局 1981 年版，第 191—199 页。

陈铭枢弃职，陈济棠升任第四团团长。1923年1月初，一师全部调到封川防御滇桂军，邓演达工兵营起义后，因四团团附戴戟趁陈济棠去开会也带队起义，陈济棠差点被旅长枪毙，努力要求回去追回部队才被放回，但他出来追上部队后也参加起义，率部打到广州，再移驻江门整训。不久，受命率第四团将驻江门之声称投效孙中山的原陈炯明部陈德春旅解决。3月，部队扩编，陈济棠升任第二旅旅长，辖邓演达第三团和戴戟第四团。4月，桂军沈鸿英部进攻广州，第一师奉命讨伐，陈济棠率部参加了肇庆战役和英德战役。7月，两广革命势力在梧州会师，成立西江督办公署，李济深任督办，陈济棠兼任督办公署参谋长。此后，他奉命率领第二旅和徐景唐补充团及蔡廷锴营3次入广西，五战五捷，协助新桂系统一广西。10月率第二旅赶到泰美、柏塘一带与林虎部展开激烈战斗，援助东路讨贼军。1925年6月，率第二旅由西江回师参与平定"杨刘叛乱"。

1925年9月，粤军第一师扩编为国民革命军第四军，陈济棠升任第十一师师长。10月，率部参加第二次东征。11月率部参加南征，一直打到海南岛。因邓本殷部下多是钦廉子弟，陈济棠利用五同（同乡、同窗、同族、同袍、同姓）关系大量收编，并接收步枪3000多支。1926年初，三十二团团长邓世增升任该师副师长（遗缺由香翰屏接任），邓世增利用关系将流窜在钦县十万大山的邓本殷残部张瑞贵旅收编为第十一师补充团。7月国民政府誓师北伐后，陈济棠兼任钦廉警备司令。1926年冬，他便请准去苏联和一些欧洲国家进行考察。1927年6月回国。一面以他的心腹李扬敬、林翼中、林时清等向各方疏通，一面请广东省财政厅厅长古应芬向李济深进言，他得于复任第十一师师长职务，并仍兼任钦廉警备司令；接着，把与他有矛盾的副师长邓世增调离，提任三十一团团长余汉谋为副师长，并把所属各团、营长换成亲信人物。陈济棠还出资9500元购买青翠玉石一块，送往南京，供刻制国民政府和国民党中央党部印章。

1928年1月中旬，率部与张发奎部在五华县岐岭激战。当李济深回广州复职后整编军队时，陈济棠反对徐景唐并争取自己升任第四军军长，后兼广东西区善后委员；将第十一师扩编为第四军，驻扎广州，成为广东举足轻重的军事实权人物。1929年初整编时任广东编遣区第一师师长；3月"蒋桂战争"起，李济深被蒋介石扣押在南京汤山，陈济棠由古应芬和胡汉民向蒋介石推荐取代李济深，被任命为广东编遣特派员，不久又兼任第八路军总司令。

（二）扩军

陈济棠刚刚掌握广东军权，在蒋桂战争中失利退回广西的新桂系便倾全桂之兵,向广东进攻;拥护李济深的广东编遣区第二师师长徐景唐也举兵响应。陈济棠以保境安民为号召,动员全部粤军参加同桂军决战,以一部兵力牵制徐景唐部,集中主力于花县的赤坭、白坭地带向桂军进行全力反攻,将李、白部战败。然后增兵粤东反攻徐景唐部,将徐部全部歼灭。陈济棠取得了第一次新粤桂系战争的胜利。他趁机将自己的一个师扩编成 3 个师,以余汉谋、香翰屏、李扬敬分任师长;同时为了平衡关系,也将陈铭枢系统的蔡廷锴独二旅扩编成师。

1929 年 12 月初,张发奎与李宗仁、白崇禧联合成立了"护党救国军",分路进攻广东。陈济棠分路阻击,待中央来的援军朱绍良第六路军 3 个师到达时即展开全线反攻。在争夺两龙墟的激战中,陈部以主力于正面,配属空军支援,连续挫败张发奎部多次冲锋,予张部以重创。张部溃败后,李宗仁部也全线后撤。陈济棠当即督部长驱直入,占领了广西梧州,并在梧州设总指挥部。1930 年 3 月,陈济棠指挥粤军继续向广西腹地进攻,在北流与黄绍竑部及赶来支援的张发奎部恶战两昼夜,双方伤亡重大。5 月,中原大战全面爆发。6 月,张桂联军攻占长沙;陈即任命蒋光鼐为前敌总指挥,率 3 个师入湘作战,把张桂军拦腰斩断;并与张桂联军在衡阳展开决战,至 7 月 1 日打得张桂联军全线溃退。因陈济棠听说云南的龙云兵分两路进攻广西,担心广西的张桂联军一旦被解决,广东将受到滇军的威胁;陈济棠遂下令停止追击,派信使与新桂系联系,表示修好,让李、白集中兵力向南宁城外龙云部猛攻。

收到蒋介石要求抽调粤军继续北上作战的命令后,陈济棠趁机命令陈铭枢的旧部蒋光鼐、蔡廷锴两师北上,使广东驻军成为他清一色的嫡系部队。1930 年冬,陈济棠以与张桂联军作战兵力不足为借口,经请准蒋介石,增编了 2 个直属独立旅、3 个直属独立团、3 个师属教导团、6 个旅属特务营。

1931 年 2 月,蒋介石将胡汉民扣留于南京汤山,汪精卫、孙科等在广州通电反蒋。陈铭枢弃职逃走后,陈济棠乘机夺取广东政权,一面发兵收缴陈铭枢驻扎黄埔和海南岛的 4 个保安团的军械,以绝后患;一面派香翰屏前往赣州,游说蒋光鼐、蔡廷锴,劝其勿为陈铭枢、蒋介石所利用,得到了蒋、蔡的同情和答允。为了壮大反蒋力量,陈济棠派林翼中、香翰屏为和谈代表,迅速与李宗仁、白崇禧达成妥协,将驻广西的粤军撤回,组成了两广联合反蒋阵线。5 月 26 日,陈济棠与李宗仁、白崇禧、张发奎等两广将领 20 余人联衔通电,限蒋介石 48 小时内下野,并发表了出师讨蒋通电。27 日,召开了国民党中央执监委员会非常会议,发表讨蒋宣言,另组一个与南京对抗的国民政府,陈济棠被选为广州国民政府委员、军事委员会常委,并担任第一集团军总司令。不久,九一八事变爆发,全国一致要求团结御侮,宁、粤双方议和,达成了蒋介石下野、广州非常会议结束、设立"国民党中央执监委员会西南执行部"和"国民政府西南政务委员会"（以下简称"西南两机关"）的协议。从此两广维持半独立局面，胡汉民只主持西南政务，陈济棠实际上已成为握有军政大权的"南天王"。1931年12月和1935年5月，连任国民党第四届和第五届中央执行委员。1935年4月，被授予陆军一级上将。

作为第一集团军总司令，他将余汉谋、香翰屏、李扬敬3个师扩编为3个军，各辖2个师，另增编教导师1个、独立师2个、独立旅5个、独立团8个和炮兵团、战车营等，使陆军兵力猛增至15万人。

在军事工业方面，通过引进德国设备建立了制造重炮的湛江兵工厂，新建了当时中国最大的手榴弹制造厂，扩建了洋务运动时创办的石井兵工厂。在军事人才方面，一是大力建设"燕塘军校"；二是大胆延揽和重用参加过北伐或抗日的原本属于第四军与第十九路军的流落军官补入他的新粤军。

1932年4月下旬，他又突然下令撤销陈策的海军司令部和张惠长的空军司令部，并以他的亲信张之英和黄光锐分任海、空军司令，独揽了广东海、空军大权。接着他购买了4艘鱼雷快艇装备海军；将空军扩充为4个飞行大队，计有各种飞机130余架，在全省各要地分建中型飞机场10多个，大大加强了海空军实力。

陈济棠在统治广东期间，因时刻担心被蒋介石搞掉，所以，他一面利用国民党内反蒋的元老派与蒋介石之间的矛盾，作为自己的政治屏障。1932年陈派余汉谋指挥6个师又1个旅担任福建、赣南、粤北地区的"清剿"，但对余汉谋交代"以固守为主，非有必要不能派大部队出击'扫荡'。"1933年9月，陈济棠被任命为"南路军"总司令，指挥11个师又1个旅，构筑碉堡固守。

1933年11月，"福建事变"发生，李济深、陈铭枢、蒋光鼐、蔡廷锴电请粤桂方面一致行动。陈济棠怕失掉广东地盘，表示"不忍苟同"。1934年1月事变失败后，他派兵入闽把十九路军最后编成的黄和春旅缴了械。

1934年10月初，陈济棠与红军达成了"借道"的协议。10月上旬中央红军已开始长征时，陈济棠害怕蒋介石乘机进兵广东，一面令余汉谋的第一军由东向西追击红军；一面命李扬敬纵队在赣部队立即撤回粤境，并在广州近郊和粤东各要点赶筑半永久防御工事或野战工事，以准备抗日为名，积极防备蒋介石攻粤。他还以粤北缺乏防御兵力为由，将在与红军作战中已残破的范德星旅，扩充为独三师。不久，又将3个独立师分别调配3个军，让3个军充实为3师制；把驻琼崖的警卫旅调驻从化。

陈济棠主粤时期对蒋介石的"蓝衣社"特务也是毫不手软；手下人马只要

和蒋稍有牵连，即使是高级军官也从严处理，如独立第三师参谋长吴沧桑、前第十六师师长练炳章，都被他枪杀。

（三）治粤

1931年秋，陈济棠着手整理行政基层组织，改革民政机构。他认为"为政在人"，规定甄别、考试、训练、奖惩诸项，审核全省机关公务人员，分别去留。设立公务人员考绩委员会，对县长、局长等人员实行考试，以资选拔。他主张"军民分治"，把广东省划分为五个绥靖区，分兵驻守。每区设立一绥靖公署，以当地驻军高级将领一人任委员；令各县、市设警卫队，不仅增强了对各地的控制，同时也扑灭了匪患。

1932年，陈济棠颁布了《广东三年施政计划》，明确规定"三年计划系以经济为重心"。大量引进国外先进技术和设备，制订了一系列保护工商业的法规。8年间全省新建省营现代企业20多家，为全国各省同类企业之冠；民营企业也从几百家发展到2000余家。还兴办了一批与国计民生关系密切的基础工业、军事工业。基础工业中较具影响的有钢铁厂、火力电厂、自来水厂、造纸厂等。陈济棠很注意谋求侨商的支持，1933年广东经官办银行汇入的侨汇就达粤币2.5亿元，占全国侨汇总额的84%；1935年，广东侨汇及华侨投资达5.5亿元。渔业方面，兴建了上川岛渔场，并筹建广海、闸坡、北海等十几个渔业区。林业方面，省府办了5个模范林场，植树面积3万余亩；另有30多个县开办了林场，全省植树总面积达20万亩。农业方面，垦荒4.9万余亩，设立实验研究所改良和引进优良种子，使广东粮食连年增产。

陈济棠尊重知识分子，重视教育，广东的教育经费占全省预算的10.8%。他确定乡村教育实施强迫国民教育，扩充平民学校及成年男女补习学校，实行学校农场化和设立图书馆，城市教育为职业化，学生劳动化。在施政计划实行的三年中，全省小学增加了400余所，学生人数增加14万余人，中学增加64所，学生人数增加16000余人；又兴建了华南著名学府中山大学，筹办了勷勤（其恩师古应芬字）大学的工学院、师范学院和商业学院，开办了一所相当于大学的广东陆军军医学校和陆军总医院。修筑了广州港，修建了壮丽可观的中山纪念堂和当时闻名全国的海珠大铁桥。1932年夏成立西南航空公司，从国外购置了一批飞机，增开国内和国际航线。制定了大规模的公路建设规划，至1935年，广东公路计有干线17条，支线326条，总长度达4000多公里，居全国之冠。当时广东全省共有1278辆汽车从事客运和货运。

陈济棠主政期间对广东发展有建树，被称为广东经济发展的黄金时代。1980年邓小平在接见他的儿子陈树柏博士时说："令尊治粤八年，确有建树。"[1]

（四）事变

1936年6月，陈济棠联络李宗仁、白崇禧，以抗日为名，发动了反蒋的"两广事变"。因蒋介石高唱"攘外必先安内"，决心结束两广半独立局面。陈济棠也已派其兄陈维周到南京刺探到蒋对西南的新政策，探悉了蒋解决西南独立局面的三大原则。1936年5月12日，胡汉民在广州病死，白崇禧由广西来到广州吊丧，陈济棠就两广共同反蒋问题同白崇禧密商。白崇禧表示广西方面决以全力支持，坚定了他的反蒋信心。陈济棠占得了"洪福贵重，机不可失"的吉言，更受到煽惑。5月26日，陈济棠又召集余汉谋、缪培南、张达、黄任寰、李汉魂等20余名将领开会，重申他的反蒋主张。

6月1日，他指使"西南两机关"作出决定，委他与李宗仁组织"抗日救国军西南联军"，并任他与李为正副总司令，公开揭起抗日反蒋旗帜。此时，陈济棠已将第一集团军扩编成5个军、15个师，约20万兵力，李宗仁的第四集团军扩编成4个军，约10万人，两广的兵力合计约30万人，飞机190余架，江防舰艇数十艘。他命刘斐和白崇禧到东江、北江等边境地区，视察地形，拟定作战计划。确定对福建和贵州方面采取守势；对江西和湖南方面取攻势，粤军主力集中大庾、韶关地区，准备进攻江西；桂军主力集中在全州、桂林地区，准备进攻湖南。9日，其先遣部队进入湖南，分别占领了永州、郴州。

7月4日，陈部第一军军长余汉谋由广州回到大庾，召集第一军将领商议，一面打电报向蒋介石报告请示，一面集中兵力准备回师广东，对陈济棠进行兵谏。6日，第二军副军长兼东区绥靖委员李汉魂挂印离职赴香港，翌日通电反陈。此时，肖佛成和广东省主席林云陔、广州市市长刘纪文等纷纷出逃，陈济棠借以发号施令的"西南两机关"随即解体。13日，陈济棠被南京国民党政府免除本兼各职。14日，余汉谋在大庾宣誓就任蒋介石任命的第四路军总司令和广东绥靖主任，并发表通电，敦促陈济棠于24小时内离开广东；同日，第二军军长张达也声明服从中央，并着手迎接余汉谋。18日，空军司令黄光锐、参谋长陈卓林分乘三架飞机到香港机场降落，各种飞机72架先后飞到南昌机场投蒋。陈济棠见众叛亲离，大势已去，只得于18日通电"棠诚信未孚，现决摆脱仔肩，

---

[1] 中共中央党史研究室科研部编：《朱德人生画卷》，中共党史出版社1996年版，第99页。

此后对于报国责任、广东治安、袍泽维系，偏劳吾兄独负其责，望善为之，以补吾过。"随后挟 2600 万元私产悄然潜往香港。

（五）余生

1936 年 8 月底，陈济棠在胡翼中等亲信陪同下从香港启程，开始了历时整整 1 年的欧洲之旅。这年冬天，南京政府发起对蒋"献机"祝寿。陈济棠把从前购买军火、机器的 200 万元订单和 1000 万银圆费用献给南京政府。

1937 年抗战全面爆发后，陈济棠由欧洲回国，任国民政府委员、最高国防委员会委员和战略委员会委员。1940 年春任国民政府农林部部长。1942 年又被任命为国民党中央执行委员会常务委员。1945 年 5 月继续连任国民党第六届中央执行委员。

日本投降后，陈济棠奉命为两广宣慰使，由重庆回到广州。1949 年初，任海南行政长官兼海南警备司令。1950 年初到台湾，任"总统府"战略顾问。

（六）身故

1954 年突发脑出血卒于台湾。

陈济棠陵墓在北投丹凤山，被视为与陈诚墓园、于右任墓园相并列的台北市三大堪舆胜地。

1993 年清明节，陈济棠家属按照他的遗愿，特地派人将其骨骸捡拾迁回广东省湛江市湖光岩风景区与妻莫漱英（也作莫秀英）合墓。莫秀英 1948 年初在广州病逝后，陈济棠因爱湖光岩的山水，把其遗体运到湖光岩安葬，并为自己预留了穴位。这样既实现了他叶落归根的愿望，又满足了他们永恒的爱情之梦。

陈济棠故居位于广西东兴市区中心、中越界河北仑河畔，2008 年已成为防城港市国家 3A 级景区，主要景观有陈济棠陈列室、陈济深雕像馆、中越友谊馆、炮楼等。

陈济棠公馆位于广州市越秀区中山一路梅花村，1993 年被公布为广州市市级文物保护单位。

陈济棠别墅是 1936 年在从化温泉旁边建的一幢二层中国传统宫殿式房子，是从化区重点文物保护单位，现作为宾馆对外营业。

二、"笑面虎"余汉谋[1]

余汉谋，字幄奇，祖籍广东省曲江县（今韶关市曲江区），出生在高要县肇庆镇（今肇庆市端州区）。因头长得大，被他小学同学、原国民党宣传部部长梁寒操起绰号为"大头鱼（余）"。靠已出嫁姐姐的资助读到高小毕业，1912 年考上了广东陆军小学第五期，1915 年入读武昌陆军第二预备学校第二期。1916年加入中华革命党，赴山东潍坊参加居正的中华革命军。1917 年入读保定陆军军官学校第六期步科。1919 年秋毕业后，被分配到"参战军"（不久改"边防军"）曲同丰部任少尉排长、连长。

1920 年直皖战争后回到广东，由在粤军第三师第六旅第十二团任团长的李如枫同学介绍担任排长，年底升任连长。1921 年参加了"援桂"讨伐陆荣廷战役，升任第二营少校营长。1923 年 2 月"江防事变"后粤军第三师被缴械，余汉谋到广东宪兵司令部任参谋、副官长。7 月，余汉谋由邓演达推荐，到粤军第一师第二旅任中校主任参谋，开始跟随陈济棠。1924 年，他与叶挺、李振球同在邓演达团分任营长，陈诚、李洁之都是手下的连长。1925 年先后参加了东征陈炯明、平定杨刘叛乱、入桂讨伐沈鸿英等战役；9 月在第一师改编成国民革命军第四军时，余汉谋升任第十一师三十一团团长，后参加了第二次东征陈炯明和南征邓本殷战役。

1927 年 4 月李济深在广东清党，余汉谋秘密通知中共南路方面负责人黄学增。6 月，在陈济棠回任师长后，升任副师长兼团长。1928 年 1 月，陈济棠第十一师扩编为第四军，三十一团扩编为第十一师，余汉谋升任师长。1929 年 1月编遣会议后，第四军缩编为广东编遣区第一师，余汉谋任第一旅旅长。3 月，李济深被蒋扣押，余汉谋等旅长都力主起兵救李济深，并推举徐景唐为总指挥，准备出兵讨蒋，但被陈铭枢和陈济棠制止。之后，余汉谋奉命接任王应榆的北江善后委员职务，驻守清远。

1929 年 5 月蒋桂战争爆发后，桂军向广东进攻占领了西江各县，拥护李济深的广东编遣区第二师师长徐景唐在东江举兵响应。陈济棠以蔡廷锴旅牵制徐景唐部，集中主力于花县的赤坭、白坭一带向桂军全力反攻。余汉谋当时把兵力布置在北江东岸潖江口，打算以逸待劳迎战桂军，但陈济棠要求主动出击，要把防线推进到四会、清远一带。余汉谋怀疑陈济棠故意让其背水一战，借刀杀人，死

---

[1] 参王成斌、刘炳耀、叶万忠、范传新主编：《民国高级将领列传》（第四集），解放军出版社 1989年版，第 184—202 页。

活不肯过江。此时陈铭枢说余汉谋有通徐景唐的嫌疑，打算与徐的铁杆部下李务滋一同起兵反蒋。陈济棠便立即赶赴浔江口，以"通敌"等五条罪名把余汉谋抓回广州，对外说调任参谋长，同时调参谋长李扬敬代理指挥第一旅。几天之后，粤军大败，退回到清远军田车站一线。李振球副旅长与黄涛、叶肇2个团长领头致电陈济棠，再不放余汉谋则全旅官兵"罢战"。余汉谋得以回任第一旅旅长。

第一次新粤桂战争胜利后，广东编遣区第一师3个旅扩编为3个师，余汉谋升任第五十九师师长，下辖2个旅。1929年12月，率部参加了对张发奎和新桂系联军的防守反击，并乘胜攻入广西。1930年又入湘作战，在衡阳打败张桂联军后，任第二纵队司令，带领3个师一路虚张声势追击至广西宾阳为止。1931年5月，陈济棠反蒋，在广州另立国民政府，余汉谋任西南政府军事委员会委员兼第一集团军第一军军长，下辖2个师。1931年12月和1935年5月，当选国民党第四届中央执行委员和第五届中央候补执行委员。

1932年2月，余汉谋率领第一军进驻赣南。在赣三年，他一直恪守陈济棠"以固守为主，非有必要不能派大部队出击"的原则。1934年10月余汉谋奉命将第一师撤回大庾、南雄布防。

1936年1月被授予陆军中将军衔。5月19日，陈济棠在燕塘军校召集在穗粤军高级将领余汉谋等20余人密谈，白崇禧应邀列席，商议反蒋。余汉谋派亲信杨锡禄经香港转赴南京参见蒋介石，蒋即赠送200万银圆及决定派遣5个师协助他反陈。在广州被陈济棠软禁的余汉谋被部下"骗"回大庾后，于7月6日飞往南京见蒋介石，随即被任命为第四路军总司令兼广东绥靖公署主任，当即晋升加上将军衔。7月13日，余汉谋回到大庾军部，命令部队向南雄、韶关推进，实行兵谏。很快，第二军跟着归附，陈济棠被迫下野。

七七事变后，余汉谋任第四战区副司令长官兼第四路军总指挥；1937年8月，广东部队编成第六十二至六十六5个军，10月又抽调2个师组建八十三军，并调叶肇六十六、邓龙光八十三2个军北上参加淞沪会战，其余4个军编成第十二集团军，由余汉谋自兼任总司令。1938年又增调李汉魂六十四军北上参加武汉会战（调邓龙光、李汉魂军北上是因为他俩是张发奎的老部下）。

10月12日，日军以7万兵力，在海空军配合下在惠州大亚湾登陆。10月13日，日军全力扑向惠州、博罗。余汉谋命令莫希德死守惠州，但整个惠州城只有罗懋勋团的残兵及师部直属队。14日惠州城和博罗城相继被敌军占据。10月15日下午，日军在空军掩护下沿增博公路进犯。19日晚上，余汉谋带着参谋长王俊一起到达增城县中新墟一五四师师部，召开紧急作战会议。20日下午，余汉谋接到前线惨败消息后在家中召开军事会议，晚上打电话请示蒋介石，得到马上将广州附近部队转移到粤北的指示。21 日清晨，余汉谋下令向清远撤退。

战后军委会进行责任追究，余汉谋"革职留任"第四战区副司令兼十二集团军总司令（仍兼广东绥靖公署主任）。

余汉谋退守粤北后，决心厉行整军，向八路军驻粤办事处提出给他输送一些人才，以"帮助他整顿部队、训练干部"。中共广东省委派 200 多名党员加入政工总队帮助他。1939 年 12 月，日军用 7 万兵力分三路北进，翁源失陷，韶关告急，余汉谋在 12 月 26 日率部全线反攻，至 1940 年 1 月连克翁源官渡、从化、花县，取得了第一次粤北会战胜利，余汉谋因广州失陷时的记过处分因此被国民政府撤销。5 月上旬，日军 2 万多人再次进犯粤北，两军在从化至良口一线战斗十分激烈，最后粤军取得了良口大捷，第二次粤北会战胜利结束。经此二役，余汉谋一雪前耻，升任第七战区司令长官。1945 年 5 月任国民党第六届中央执行委员。8 月，被任命为负责惠州以东地区的汕头受降区主官。

抗日战争结束后，第七战区司令长官部及十二集团军总部撤销，余汉谋出任衢州绥靖公署主任。1946 年余汉谋获"青天白日勋章"，晋升二级上将。1948 年 5 月升任陆军总司令。1949 年 1 月，余汉谋出任广州绥靖公署主任。在广州时他对朋友说："我从前没有做过京官，很少接触党国要人，总以为他们对国家大事会有一套办法。去年我在南京担任陆军总司令，才使我认识到这班官僚饭桶，二三十年来，他们除了树立私人势力，争权夺利，对国家大事确实毫无办法，根本谈不上为国家人民做好事。照我看，只要共军渡过长江，势必马上解体，可以肯定是无法再支持下去了。我这次回来为桑梓服务，希望同广西合作，支持李宗仁收拾残局。如果不能成功，只好认输。决不陈兵边境作最后挣扎，使广东同胞重受战祸，加重我的罪责。"10 月上旬，他又自掏腰包发了 3 个月的工资遣散广州绥靖公署人员。10 月 14 日任海南行政公署副长官。1950 年 4 月前往台湾。

在台湾，余汉谋充任闲职。搬到了台湾北投郊区住下，每天以欣赏字画、读书看报打发时日。

余汉谋夫人上官德贤，是他保定陆军军官学校同学上官云相的胞妹。1981 年，癌症晚期的余汉谋安排他 98 岁高龄的姐姐余淑贤回到广州住进东山百子横路的旧居后，没有几天即在台湾病逝，终年 85 岁。

余汉谋 1934 年捐款建立高要中学图书馆，内有藏书 2 万多册。

三、李济深嫡系掌权人徐景唐 [1]

徐景唐，原名协和，字庚陶，1895 年出生于广东省东莞县城郊（今东莞市东城区）书香门第之家，从小就受到良好教育，东莞县立中学毕业。

1910 年考入广东陆军小学，1913 年入读武昌陆军第二预备学校，1915 年考入保定陆军军官学校第四期，1917 年（尚未毕业）被选送日本陆军士官学校辎重科学习。毕业典礼时，主持的天皇御弟特意从日本学生中挑选精通剑术的人与中国留学生比武，徐景唐被推为中国留学生代表，登台挥剑，连斗数十回合，乃至日本学生渐露败迹，天皇御弟赶紧登台宣布双方并列冠军，各赠指挥剑一把。

1919 年徐景唐从日本学成归国，担任北洋政府陆军部编译员、三等科员，曾在南苑航空学校学习半年，其间认识了在陆军大学任教并兼任军事编辑局编修的李济深，并结为至交。1920 年 11 月，李济深应粤军参谋长兼第一师师长邓铿邀请回粤担任第一师副官长。在李济深引荐下，1921 年徐景唐担任该师少校参谋，1922 年升中校参谋。1923 年 4 月李济深升任第一师师长后，徐景唐接任上校参谋长，不久兼任李济深的西江善后督办公署参谋长；10 月成立师补充团后，兼任团长。1924 年 8 月邓演达到黄埔军校任职后，徐景唐继任第三团团长。1925 年 8 月，粤军第一师扩编为国民革命军第四军，徐景唐升任第十一师副师长；10 月兼国民革命军第四军军官学校校长。但四军军校招生甫竣，旋归并于黄埔军校。1926 年 2 月南征结束后，李济深将南路作战中收编的军队组建第十三师，徐景唐升任师长。

1926 年 7 月，大军北伐，徐景唐率第十三师留守广东，驻防四邑、西江，兼任肇罗阳五邑警备司令。他调派三十九团团长谭邃部深入新会、台山县直捣土匪巢穴，先后歼灭土匪 1300 余人；又招抚了东莞、增城土匪袁华照部 1000 余人，加以教育改造编为 1 个补充团。1927 年 6 月，广东省政府改组，李济深任省主席，徐景唐为省府委员兼军事厅厅长；11 月张发奎、黄琪翔发动"张黄事变"，他率部参加讨伐。1928 年 1 月，在五华县潭下墟等地激战。2 月，李济深回广东重掌军政大权，将在粤部队整编为 3 个军，徐景唐升任第五军总指挥兼东区善后委员，在汕头设立善后公署。1929 年 2 月粤军缩编为 3 个师，他任广东编遣区第二师（不久按全国番号编为第五十八师）师长。3 月李济深被蒋介石软

---

［1］参广东省军区军事志办公室编：《广东军事人物志》，广东人民出版社 2001 年版，第 527 页；东莞市地方志编纂办公室编：《东莞人物录》（第一辑），东莞市地方志编纂办公室 1988 年，第 161—164 页。

禁于南京汤山后,粤军多数将领均主张武力解救,徐景唐被推举为第八路军代总指挥,但被陈济棠和陈铭枢说服化解,陈只好辞职赴香港。5月发生蒋桂战争,新桂系向广东进攻,徐景唐在香港遥控指挥第二师在东江举兵响应,但所部先被蔡廷锴旅牵制,桂军败退后遭陈济棠和蒋军联合围攻,至7月在江西信丰县被全歼。

1932年4月,任国民政府训练总监部副监。1933年11月,任福建"中华共和国人民革命政府"军事委员会参谋团副主任。1934年1月,"福建事变"失败逃至香港,并将李济深收留家里居住。1936年2月,他应浙江省主席黄绍竑之邀,出任省保安司令部参谋长;7月,陈济棠发动"两广事变"失败,徐景唐被邀请出任第四路军参谋长,10月被授予陆军中将。1937年3月,因蒋介石为削弱余汉谋下令将徐景唐调任中央训练总监部副总监,徐景唐不愿离开广东,遂由余汉谋推荐于4月改任广东省政府委员兼建设厅厅长。1938年10月广州沦陷后被派任广东绥靖公署西江行署主任。1939年1月到重庆入中央训练团受训。1940年5月回广东任第十二集团军副总司令。1945年9月任广州行营中将副主任。1947年10月任广东省政府委员兼民政厅厅长。1948年6月辞职赴港闲居。

新中国成立后任"民革"中央团结委员。1967年,徐景唐在香港病逝,享年72岁。

四、第八路军参谋长邓世增 [1]

邓世增,字益能,出生于1886年,广东省合浦县(今广西北海市铁山港区南康镇)岳塘村人。

1907—1910年在廉州中学读书,1911年加入同盟会。辛亥革命爆发后参加苏慎初的合浦反清暴动队。1912年向时任广东陆军第二师师长的苏慎初要求读军校,得以入广东陆军速成学校第四期炮兵科。1913年10月毕业后正逢"二次革命"失败,到兵站服务。1914年春到阳江入济军第一师第一旅第二团苏汝森部机关枪连任排长,苏汝森被龙济光杀害后邓逃香港。1915年回乡任合浦县珠江高等小学教员。1916年到钦廉道尹成桃部任委员。1918年任肇军游击营第三营陈铭枢部教官。1919年到杨鼎中部任帮统部执事长。1920年跟随陈铭枢起义

---

[1] 参广东省军区军事志办公室编:《广东军事人物志》,广东人民出版社2001年版,第199—200页。

后加入粤军，任陈部参谋长。1921年编入粤军第一师。1922年1月由师长邓铿发枪200支去合浦县办理保安团，任团长。

1923年6月合浦县县长被迫卸任后，邓世增率部200多人、山炮2门赴肇庆，所部由粤军第一师师长李济深收编为炮兵营，任营长。1924年调任师军械处处长；8月第四团团长病故后接任团长。参加了东江讨伐陈炯明、入桂支持新桂系、广州平定杨刘叛乱等战役。1925年8月粤军第一师改编为国民革命军第四军，任十一师三十二团团长，参加第二次东征和南征。1926年2月继徐景唐任十一师副师长，以"剿抚兼施"的办法将八属联军残部张瑞贵旅收编为十一师补充团；师长陈济棠辞职赴苏联考察后，邓世增被各团、营长推举为师长，但他力辞不受。

1927年4月邓世增奉命率部进驻广州，兼任广州警备司令；6月陈济棠回来复职后，邓世增升任第四军参谋长；8月李济深就任第八路军总指挥，邓世增升任总指挥部参谋长。1928年1月驱逐张发奎部出广东后，邓世增任第八路军参谋长兼任广州卫戍司令和广州市公安局局长。1929年1月编遣时兼任独立旅旅长，3月李济深被囚禁后参与反蒋，失败逃香港。1931年11月陈铭枢因调解"宁粤对立"出任京沪卫戍司令长官，邓世增应合浦老乡邀请出任长官公署参谋长。1932年参加了"一·二八"淞沪抗战；5月十九路军调往福建，邓世增出任京沪卫戍司令改称的福建绥靖公署参谋长。1933年11月参与组建"中华共和国人民革命政府"工作，邓世增为军事委员会委员兼第一方面军参谋长。事败后逃往香港。1937年5月授予中将。1938年春任钦廉地区游击队中将司令，9月任广东省第八区行政督察专员兼保安司令。其间尽力为李济深筹款支持他从事民主运动。1943年任军事委员会桂林办公厅高等顾问。

1946年2月任广州行营日本官兵管理处处长。1948年5月任立法院立法委员。同年在北海协助民革组织起义活动，8月因起义事泄逃往香港。

新中国成立后，邓世增赴京会见李济深，被选为"民革"中央团结委员，被派回"民革"广东省委员会工作。1954年5月在广州病逝，葬十九路军陵园。

五、陈济棠系"二号人物"香翰屏[1]

香翰屏，字墨林，出生于 1890 年，广东省合浦县（今广西浦北县石埇镇）人。1895 年开始入私塾。1912 年到广州入法政学校攻读，加入国民党。

1916 年毕业后在广东海防司令部任文职。1918 年，香翰屏在讨龙（龙济光）之际，认为在海军服役难以施展自己才能，因而后来转入广东护国军第五军军官讲武堂学习，毕业后到阳江广东护国军第二军任下级军官。1921 年随所在部队编入粤军第一师第四团（团长陈铭枢是香的表兄）任连长。香翰屏爱护士兵，纪律严明，为 1922 年新上任的团长陈济棠所赏识，二人密切关系由此开始。1923 年初升任第二旅少校副官，不久调任第四团一营营长，10 月在博罗泰美、柏塘一带与陈炯明部激战受重伤。

1925 年 9 月粤军第一师第二旅和师属补充团、工兵营编为国民革命军第四军第十一师时，仍任营长。1926 年 2 月，第三十二团团长邓世增升任副师长后，遗缺由香翰屏继任。时邓本殷、申葆潘旧部张瑞贵率残部潜藏于十万大山，香翰屏和邓世增各派出一员干将，成功劝说张瑞贵率部归顺。1928 年 1 月参加了驱赶张发奎部第四军的五华潭下战役。李济深回到广州复职后，第十一师扩编为第四军，第三十二团扩编为第二师，香升任师长，驻江门。1929 年春第四军缩编为广东编遣区第一师，香任该师第二旅旅长；5 月，李济深被蒋介石扣留于南京汤山，香等 8 个旅长主张"以武力救任公"（李济深字任潮），拥戴徐景唐代第八路军总指挥出师讨蒋，后被陈济棠分化。香翰屏率部在北江抗击桂军的进攻后，配合倒戈桂军一直追击到南宁。7 月陈济棠取得第一次新粤桂战争的胜利后，将嫡系广东编遣区第一师 3 个旅扩编为第八路军 3 个师，香任第六十二师师长，下辖 2 个旅。1929 年底李宗仁、白崇禧的桂军与张发奎部联合犯粤，粤军几乎无法支撑，香组织敢死队开赴第一线，才将战局转危为安，并追击至广西梧州。1930 年初，香率部参加了在广西北流的恶战；5 月，又率部北上在衡阳第三次将张、桂联军击败。

1931 年 2 月蒋介石在南京汤山囚禁胡汉民后，广州成立国民政府。陈济棠派香翰屏赴桂与李宗仁、白崇禧讲和，重修旧好，调粤军回粤，联合反蒋；受到欢迎。香翰屏还被派往赣州说服蒋光鼐、蔡廷锴勿为陈铭枢、蒋介石所利用，得到同情和答允。5 月 3 日，陈济棠领衔香翰屏、余汉谋等广东 10 名高级将领通

---

[1] 参广东省军区军事志办公室编：《广东军事人物志》，广东人民出版社 2001 年版，第 248—250 页。

电反蒋。5 月 15 日，蒋介石密电香翰屏，谓陈济棠举兵反对中央，请香继陈济棠任第八路军总指挥之职。香复"驳斥蒋中正之要电"公开发表。陈济棠随即任命香为惠州河源警备司令，实行军事戒备，以防陈铭枢的十九路军回粤。陈济棠将第八路军扩编为第一集团军，将 3 个师扩编为 3 个军，其中第六十二师扩编为第二军，香任军长。10 月，香任广州市公安局局长并兼戒严司令。1932 年春西南政务委员会作出决议，在广东省设置五个区绥靖公署；香兼任广东中区绥靖委员，所属第二军在广州府属各县及恩平、开平一带布防。

这段时期香在粤系的地位如日中天，可以说当时陈济棠以外的最大实权人物，有新粤系"二号人物"之称。香颇有书生气息，自恃与陈济棠同属钦廉籍关系很深，敢于进言议事。但陈反而偏信陈维周等的谗言，说香以儒将自居，爱与无聊文人往来，不管军务，且与陈铭枢、李济深暗中勾结，图谋不轨。陈济棠将香的亲信第四师师长张枚新调离。香于 1933 年春经与余汉谋商谈后，再度向陈提出整顿官场、修明政治、逐步禁烟禁赌为民除害的建议，并要陈立即罢免陈维周、林翼中、李扬敬的职务以示决心，结果触犯陈怒。香见屡劝无效，便以"识浅量狭"为辞，提出辞去本兼各职。11 月 8 日，西南政务委员会在陈济棠的授意下，准予香辞去第二军军长职务，仍保留广东中区绥靖委员一职。

1936 年 6 月陈济棠反蒋失败下野，蒋介石旋即任命香翰屏为广东绥靖副主任兼第四路军副总司令，香即复出。10 月被授中将军衔（后加上将衔）。

1937 年抗战全面爆发后，任第九集团军副总司令，率部参加淞沪会战。1938 年因徐州会战指挥失当，被记大过一次。1939 年 11 月回粤复任由广东子弟兵组建的第九集团军副总司令，兼第四战区挺进纵队东江指挥所主任，组织训练民团，于惠阳一带开展游击战争。1940 年任广东民众抗日自卫团统率委员会主任委员，后任闽粤赣边区总司令部上将总司令，协调三省兵力部署作战和负责叛军的策反工作，直至抗战结束。1945 年 5 月当选国民党第六届中央监察委员。

1945 年抗战胜利后，改任广州行辕副主任。1947 年 7 月正式退役。1949 年 2 月任广东省政府委员；同年夏卸任，举家移居香港，后经商。1978 年在香港病逝，享年 89 岁。

香翰屏将军素爱读书练字，故有"儒将"和"半个书生"之称。其毛笔字以大草书驰名于世，1966 年出版了《香翰屏将军草书初集》。1933 年主导联合钦廉籍旅居广州、香港的名人创办了"广东省立合浦县农业职业学校"。

六、陈济棠的"武胆"李扬敬 [1]

李扬敬，字钦甫，出生于 1894 年，广东省东莞县（今东莞市莞城区）后坊人。

1907 年从东莞高等小学堂毕业后，考入广东陆军小学第四期就读，与陈济棠同学；1912 年入广东陆军速成学校步科，1913 年毕业后到广东陆军任见习官，由于待遇不佳，他决心再度深造。1915 年入武昌第二预备学校学习。1917 年进入保定陆军军官学校第六期辎重科学习，1919 年毕业又入北京大学预科就读。

1920 年加入粤军第一师，任独立营中尉副官，旋升工兵营（营长是其族兄李章达）上尉连长。1921 年 5 月工兵营改编为总统府警卫团第一营后任第四连连长。1922 年 6 月"六一六事变"时，率部力拒叛军负伤，掩护孙夫人脱险；年底被孙中山派到许崇智部效力，任少校参谋，后任中校营长。1923 年回到粤军第一师军械处任中校处长，后任西江善后督办公署副官，第一师第二旅中校参谋长等。1925 年 8 月成立国民革命军第四军，陈济棠任十一师师长，李扬敬被提拔为该师参谋长，随部参加了第二次东征和南征讨伐邓本殷的战役。1926 年 7 月兼任广东守备军干部教导队少将主任。1927 年 6 月陈济棠从苏联回来谋求复职十一师师长，李扬敬与林翼中等为之出谋划策，使陈得以顺利复职。1927 年 7 月，李扬敬被李济深推荐，任命为黄埔军校教育长。

1928 年 3 月兼任第八路军军官教导团团长。1929 年 5 月，陈济棠接受蒋介石的任命回粤担任广东编遣区主任，当时拥护李济深的徐景唐等极力反对，派人日夜监视码头，故此陈济棠在"海虎"号军舰上徘徊多日不敢上岸。李扬敬灵机一动，率领黄埔学生在码头迎接陈济棠凯旋，使陈顺利任职。陈济棠接任第八路军总指挥后，任命李扬敬为第八路军总指挥部参谋长，被誉为陈济棠的"武胆"。在随即发生的第一次新粤桂战争期间余汉谋被陈济棠软禁时，李扬敬曾代理第一旅旅长。8 月，广东编遣区第一师扩编为 3 个师，李扬敬调任第六十三师师长。12 月，他率部参加驱逐张桂联军的第二次新粤桂战争，从清远打到广西，一路上捷报频传。陈济棠对其赞誉有加，先后任命他为梧州行营主任。1930 年 6 月率部入湘作战，在衡阳大败张桂联军。1931 年 5 月"宁粤分立"后，率部回北江布防，兼任韶关行营主任。不久升任第六十三师扩编的第一集团军第三军军长，不久兼任第一集团军军事政治学校副校长。12 月当选国民党第四届中央执

---

[1] 参东莞市政协编：《李扬敬》，广东人民出版社 2017 年版。

行委员。1932 年，兼任东区绥靖委员，驻汕头。

1934 年夏天，任南路军第二纵队司令官。10 月初，受命在其辖区与红军代表谈判，达成五项协议，为红军长征突围提供了便利。1935 年 11 月当选为国民党第五届中央执行委员。1936 年 1 月晋升陆军中将。6 月陈济棠发动"两广事变"举兵反蒋时，李扬敬正在香港养病，闻讯后立即回穗劝陈改变初衷。

抗日战争全面爆发后，李扬敬赴南京任中央训练团中将副教育长。1939 年 1月，任湖南省府委员、秘书长和代理省长等，1943 年辞职。1945 年 5 月任国民党第六届中央执行委员。抗战胜利后任广东省政府委员兼民政厅厅长、广东省政府秘书长。1949 年广州失守前夕，任广州市市长，后任海南防卫总司令部副总司令兼参谋长。

1950 年 5 月到台湾。1989 年在台北逝世，享年 96 岁。

七、"穷将军"张达 [1]

张达，原名文淦，字豫达，出生于 1895 年，广东省东莞县莞城博厦（今东莞市莞城区）人。自幼家贫，无以就读。因经常在私塾门外偷听被老师发现，遂以帮忙扫地等给予免费就读；后又以聪敏过人，得该老师专心培养，并以女儿许之。1912 年考入广东陆军小学第五期，1915 年入武昌陆军第二预备学校，1917年入保定陆军军官学校第六期步科。

1919 年军校毕业后历任粤军排长、副连长。1923 年在郑润琦第三师某团任少校团副。1925 年第一师改编为国民革命军第四军后，任第十一师中校参谋。1926 年秋，任第十一师军官教导大队上校主任。1927 年初任第十一师军官教导队队长，到合浦县北海市（今广西北海市）为陈济棠培养连排基层干部；6 月接任第十一师参谋长。

1928 年 3 月第十一师扩编成第四军，张达转任第四军第十一师（师长余汉谋）三十二团团长。1929 年第四军缩编为广东编遣区第一师时，张达任师教导团团长。在第一次新粤桂战争期间，旅长余汉谋有"通敌"嫌疑被陈济棠软禁，张达因与前来代理的旅长李扬敬是同学加老乡，在副旅长与其他 2 个团长领头反对李扬敬要求余汉谋复职的事件中保持中立。7 月陈济棠取得第一次新粤桂战争

---

[1] 参张磊：《张达将军小传》，《东莞文史资料选辑》1989 年第 15 辑。

胜利后，将嫡系广东编遣区第一师 3 个旅扩编成 3 个师，张达任第六十二师（师长香翰屏）一八五旅旅长。1931 年 5 月陈济棠通电反蒋组织广州国民政府后，将 3 个师扩编为 3 个军，其中第六十二师扩编为第一集团军第二军（军长香翰屏），张达任第二军第五师师长，不久兼虎门要塞司令。1933 年 10 月任副军长兼师长。1934 年 12 月，因香翰屏辞职而兼军长一年多的陈济棠不再兼职，张达遂升任第二军军长。

1936 年 1 月授予少将军衔。7 月"两广事变"后，张达宣布支持余汉谋，使得陈济棠只好下野。8 月事变结束后，调任广东第一军区司令官，9 月晋升中将。

抗战全面爆发后，张达任第六十二军军长兼琼崖守备司令，率一五二师进驻海南岛，兼任琼崖守备司令。在海南驻守期间，张达收了很多假"广东双毫"银币丢入海中，时海南人说"张达是忠官，不扒不贪"，尊称他为"张贤人"。1938 年 10 月广州沦陷后率部回到西江。1939 年 9 月，任为第十二集团军参谋长。1942 年 7 月升任第十二集团军副总司令兼参谋长。

抗战胜利后跟随余汉谋去衢州绥靖公署任副主任兼参谋长。1947 年初退役。1948 年，任东莞明伦堂董事长，关注莞邑文教、慈善事业。1949 年初余汉谋任广州绥靖公署主任后，张达应邀担任副主任。

1949 年 10 月广州解放前夕，张达携同家眷移居香港。后在香港从事饲养畜牧。1975 年在香港病逝。

张达在香港生活无着，死后房子被家人卖掉以维持生计，是个穷将军。

八、"生张飞"张瑞贵 [1]

张瑞贵，字玉麟，名园亚，出生于 1891 年，广东省钦县（今广西钦州市钦北区贵台镇）那统村人，壮族。后因家庭生活困难，随父母前往南宁谋生打工，晚上常与同伴到武术馆学武术。

1909 年受孙中山两次组织领导钦州反清武装起义的影响，加入同盟会。1910 年弃工从军，投入旧桂系部队当兵。由于作战有功，提任伍长、十长、排长。1916 年随护国军林虎部入粤，任连长。1919 年，改属广东江防司令申葆藩（钦州人）部；1920 年 11 月升任马济部第一团营长。1921 年任广西自治军刘日

---

[1] 参翁宽：《"生张飞"张瑞贵》，《文史春秋》2005 年第 1 期，第 50—64 页。

福部游击统领。1923 年 1 月任广西自治军陆云桂旅第一团团长；2 月入钦防军官讲习所学习；8 月升任第一师陆云桂部第一旅少将旅长。1925 年底"八属联军"被国民革命军打败，张率残部 400 余人退回贵台马山负隅顽抗。

1926 年底张接受陈济棠改编，任第十一师补充团少将团长。1928 年 3 月升任第四军十二师（由三十二团和补充团扩编）副师长。1929 年任第六十二师一二三旅旅长、独一旅旅长，在 12 月第二次新粤桂战争中，广东部队阵势不支，张闻讯请战，挑旧部钦廉子弟兵 200 人，一丝不挂，奋勇冲杀，击退张发奎军，从此成为陈的心腹爱将。1932 年任第一集团军独二师师长。

1932 年 1 月，《汕报》社长兼总编辑张怀真针对不久前朝鲜义士行刺日本天皇失败以身殉国的事件，发表《惜乎不中》的社论，倡议民众向朝鲜义士学习。日本驻汕头总领事以"侮辱日皇"为由向汕头市政府抗议，要求查封《汕报》并扣留张怀真。汕头市市长许予劝告各报嗣后登载新闻加以慎重，而日本领事及日本舰长仍不满意，声称如 2 月 1 日以前不予圆满答复，日本海军即取断然行动。1 月 29 日和 30 日，日本炮舰即施放空枪示威，并以探海灯探照险要各地点。当时张瑞贵独立第二师正好驻防汕头，毅然采取了军事措施严密布防。报告称："我军业已积极准备，倘有暴行，定与竭力周旋，决不屈服。"后经汕头市市长从容折冲据理抗辩，最后与日方商定由张怀真致函日本领事进行道歉，《汕报》照常出版，"汕头事件"和平解决，张瑞贵"生张飞"的英名扬四方。

1933 年 3 月 4 日，第一集团军总司令陈济棠率各将领巡视潮汕到达揭阳县码头时，冒充国民党军班长的凌风借送信接近陈济棠，手握俄式手榴弹，在陈跟前拉开保险栓，但手被陈死死扭住，在此千钧一发之际，张瑞贵猛冲上去，将那刺客连同手榴弹掷出数米外，刺客倒地后被陈卫兵乱枪打死，而陈济棠仅足部受轻伤。为感谢张救命之恩，陈济棠除赠送洋房和金钱外，许诺把张提升为军长。10 月，张瑞贵任第三军九师师长。

1936 年 2 月授陆军少将。8 月陈济棠反蒋失败后，粤军被蒋介石收编，张瑞贵任第四路军一五三师师长，10 月授陆军中将。

1937 年 7 月抗战全面爆发后任第六十三军军长。1939 年秋和 1940 年 5 月率部参加了二次"粤北会战"。1940 年冬，国民党中央军事委员会给张瑞贵考核评语"英勇有余，远见不周"。在 1944 年冬第三次粤北会战中，张以据点式的部署，将兵力分布于山地，由始兴、南雄延伸至赣边；敌被缠于山地，无法前进。

1946 年 4 月，调任广东第八区行政督察专员兼保安司令，同年 10 月退役。

1950 年 5 月海南岛解放时，张瑞贵随陈济棠飞往台湾。1977 年病逝于台北。

九、"足球将军"黄任寰 [1]

黄任寰，字旭南，出生于 1888 年，广东梅县（今梅州市梅江区西阳镇黄坊村）人。广东武备学堂第二期毕业后，在清军中工作。1909 年加入同盟会。

1911 年春参加民军，后在广东陆军混成协任排长、连长。1916 年加入林虎率领的广东护国军第二军，任第二混成旅第二团团长，后兼两阳警备司令。

1920 年 10 月桂军战败退回广西时，经林虎同意脱离桂军投靠粤军。旋因浙军陈肇英从龙岩南下占领潮安造成后方告急，黄任寰随即受命从广州火速增援，围攻潮安并迫使陈肇英率部缴械投降。因善战被邓铿选中准备编入第一师，但被陈炯明拨归其老乡钟景棠第五路，任第一统领部统领。1922 年升任第一军独五旅旅长，年底拨回林虎统辖，调往三罗地区。1923 年 1 月滇桂粤联军沿西江东下，黄任寰率部随林虎退往兴宁、梅县；5 月任第一军第一师师长。1924 年率部参加反攻广州。黄任寰是当时林虎军中著名的"三黄散"之一。1925 年 2 月在揭阳棉湖战役中给予黄埔校军教一团重大杀伤；10 月在五华县华阳歼灭东征军第三师大部；11 月在五华双头（今双华）被打败，往上海闲居。

1928 年应老部下、时任第四军军长兼西区绥靖公署主任陈济棠邀请返粤，任西区绥靖公署参谋长。1929 年陈济棠接任第八路军总指挥后升任参谋长，1930 年兼任教导旅旅长。1931 年任第一集团军第三军独一师师长。1936 年 6 月任第一集团军第四军军长。在 7 月"两广事变"中极力拥护陈济棠，8 月余汉谋上台后转任空头的广东第二军区司令，10 月被授予陆军中将军衔。

抗战时期曾任广东省民众抗日自卫团统率委员会副主任兼参谋长、平蕉饶埔四县中将总指挥。1947 年当选国民政府监察委员。1948 年移居香港。1952 年在香港去世。其西阳镇故居郁卿黄公祠是梅州市文物保护单位。

黄任寰是梅州"足球之乡"的积极推动者之一。20 世纪 30 年代在他任师长率部驻防梅州期间，为蕉岭县兴建蕉岭公共体育场，同时组建独一师足球队；为兴建梅县东校场体育场派出所部士兵义务修筑，倡捐部分经费，并请陈济棠拨助 5000 元；出资 1000 毫洋给梅县强民足球队，支持其远征汕头，击败英国舰队足球队；再捐出 1000 毫洋资助强民足球队积极训练夺得 1934 年广东省运动会足球冠军。

---

[1] 参广东省军区军事志办公室编：《广东军事人物志》，广东人民出版社 2001 年版，第 517—518；刘奕宏：《足球将军黄任寰》，《梅州日报》2013 年 1 月 10 日。

十、热心家乡文化教育的将军黄延桢 [1]

黄延桢，1899 年 10 月出生于广东镇平县（今蕉岭县南礤镇）世家大族中。父亲黄祖铎曾在家乡南礤镇创建小学并亲自任教，后任河南陈留盐务局局长、广东隆井兼小江盐场知事等。黄延桢自幼随母亲郭氏在乡耕读，后考入梅县松源成达高等小学堂。

1915 年，16 岁的黄延桢随舅父前往潮州，后从父命转赴北京（时其父正在跟随黄延桢的族叔祖父、袁世凯总统府礼官黄开文），就读于汇文中学。黄延桢认识到国家军事屡弱带来的屈辱，立志投笔从戎，于 1917 年 8 月考进北京清河陆军预备学校，1919 年初毕业后分配到边防军中实习。因 1920 年 7 月直皖战争后驻军哗变保定军校遭洗劫一空，黄延桢推迟至 1921 年 10 月初学校复课才入学，被编入步科九期。

1923 年 8 月毕业后，黄延桢为师兄、时任粤军团长的邓演达所罗致，在粤军中初任粤军第一师任排长，后任副连长。1925 年初任黄埔军校少校战术教官，入伍生部学员队长；年底转入国民革命军陈济棠第十一师三十一团（团长余汉谋），参加平定邓本殷部的南征。1926 年 7 月北伐战争开始后，任驻守高州之第十一师三十一团第二营营长。1928 年初，黄延桢随第十一师调防广州。1929 年 3 月任广东编遣区第一师第三旅第六团团长，后率部参加第一次新粤桂战争；同年 9 月，升任国民革命军第六十三师一二五旅少将旅长。12 月，率部参加第二次新粤桂战争，随军出发至梧州参加讨伐张桂联军，在北流一带激战。1930 年 6 月入湘，率部在衡阳再次大败张桂联军。1931 年 5 月，广东独立，成立广州"国民政府"；6 月陈济棠部改编为国民革命军第一集团军，黄延桢任第三军（军长李扬敬）第七师师长。

1934 年 9 月 27 日，陈济棠授意驻守筠门岭的黄延桢致电朱德："为适合环境，应付时局计，先行商定军事，以免延误时机，希派军事负责代表前来会商军事，以利进行，并盼赐复。"双方通过协商，同意用电讯联络，陈方由在筠门岭的第七师转达；中共方则以在会昌前线的八军团转达。经双方沟通后，决定派代表至江西省寻乌县罗塘谈判。10 月 5 日，为了顺利进入黄延桢的防区进行谈判，由周恩来起草，朱德签署了给黄延桢的信。双方代表进行了三天三夜的秘密谈判，最后达成五项协议。协议签订后，陈济棠派黄延桢将 10 万余发子弹及大量

---

[1] 参陈予欢编著：《黄埔军校将帅录》，广州出版社 1998 年版，第 1378—1379 页；何晴云口述，黄勉香笔录：《黄延桢将军生平二三事》，《蕉岭文史》1986 年第三辑，第 13—16 页。

食盐、布匹运至笏门岭让红军过来搬运。

1934年12月，黄延桢任第一集团军第三军副军长。1936年1月，被颁授陆军少将军衔；5月，陈济棠发动"两广事变"，并派兵北上抗日；因李扬敬在香港养病，黄延桢代理第三军军长。陈济棠下野后，黄延桢任第四军区司令官。同年9月，被授予陆军中将军衔。

1937年7月"卢沟桥事变"爆发；12月，黄延桢调至第十二军集团军总部任副官长。1939年8月，黄延桢因过度劳累，在集团军总部所在地翁源县三华去世。

黄延桢生前热心家乡教育事业，重视培养人才。他捐资在家乡南礤镇创建道南小学新校（今南礤小学前身），并设立奖学金，赠送运动场地及体育设备和"小学生文库"，并教具、风琴等器材，还聘请名师任教，使道南学校成为设备完善的一所高等小学。为了改变其母校梅蕉六甲联立中学（前身为松源成达高等小学堂，即今松源中学）校舍及教学设备落后的状况，黄延桢于1934年捐银币4000元办学，且资助南礤、北礤、松源贫苦学生就读，还赠送"万有文库"，并长期赠送《良友画报》一份及一批教学设备等。黄延桢还参与创办省立第三农业学校（今梅州农业学校的前身），并在1933年联络社会贤达强烈反对，迫使以经费不够为由撤销梅县县立女子中学的省当局收回成命。

黄延桢去世后，其夫人何晴云（大埔翰林何如璋侄孙女）将上级拨给刊印《黄延桢将军哀思录》之款2000元捐赠给道南学校作奖学金。改革开放后，何女士秉承黄将军遗愿，关心乡梓教育、卫生等公益事业，先后捐资梅州农校、明德学校（大埔）、南礤中学及南礤小学、南礤医院的黄延桢医院大楼、蕉岭县中医院的黄延桢纪念大楼，还有南礤镇文化活动中心延公楼等项目，累计捐资近400万元。

十一、勇于担当的军长李振球 [1]

李振球，字旋空，出生于1894年，广东省兴宁县（今兴宁市新陂镇）人。县立新陂小学堂毕业，1912年入广东陆军小学第五期，1915年入武昌陆军第二预备学校、1917年考入保定陆军军官学校第六期工兵科。

---

[1] 参广东省军区军事志办公室编：《广东军事人物志》，广东人民出版社2001年版，第520页；兴宁县志编修委员会编：《兴宁县志》，广东人民出版社1992年版，第878页。

1919 年毕业后在西北边防军任见习官、排长。1921 年 7 月返广东，任孙中山大本营警卫团第二营（营长叶挺）第二连连长。1922 年"六一六事变"中率部在总统府与洪兆麟部喋血死战，失败后回乡。1923 年初粤军第一师反陈起义后整编，其中邓演达工兵营扩编为第二旅第三团，李振球加入邓演达第三团任连长。5 月粤军第一师奉命进攻盘踞肇庆的沈鸿英部，以邓演达为攻城指挥官，李振球为地雷队长，蔡廷锴为先锋队队长。最后攻克肇庆，将沈军全部歼灭，取得肇庆大捷。由于第三团第三营营长谭邃负重伤，遂由李振球接任营长。以后随军参加了驰援博罗、平定商团叛乱、支援统一广西、平定杨刘叛乱诸役。1925 年 2 月，在援助新桂系进攻沈鸿英的贺县的一次战役中，率部二连潜入敌后，配合正面部队一举破敌。

1925 年 9 月，粤军第一师第二旅第三团改编为国民革命军第四军第十一师三十一团，团长余汉谋。自此，李振球跟随余汉谋打仗、升迁。李振球率部参加了第二次东征和南征，后驻南路剿匪。1926 年 1 月率部在电白县将作恶多端、为害地方多年的悍匪徐东海当场击毙。

1928 年 1 月第四军第十一师三十一团扩编为第十一师，李振球升任第十一师三十一团上校团长。1929 年第四军第十一师缩编为广东编遣区第一师第一旅，李振球任副旅长。5 月蒋桂战争爆发后，陈济棠便立即赶赴浈江口以"通敌"等五条罪名把余汉谋抓回广州，调李扬敬代理指挥第一旅。几天之后，粤军大败退回到清远军田车站一线。李振球遂与黄涛、叶肇 2 个团长带头，发动全旅军官借此机会致电陈济棠，再不放余汉谋则全旅官兵"罢战"，迫使陈济棠放余汉谋回任第一旅旅长。7 月陈济棠取得第一次新粤桂战争的胜利后，将嫡系广东编遣区第一师扩编，李振球升任第五十九师（师长余汉谋）一七五旅旅长。1931 年 5 月陈济棠通电反蒋组织广州国民政府后扩军，李振球任第一集团军第一军（军长余汉谋）第一师中将师长。

1932 年率部进驻赣州。主持赣州军政三年却有大成绩，留下政声与蒋经国齐名，包括派遣官兵和拨款修筑了赣州至大余公路，修建了赣州公园（还亲笔撰写公园门联和题写北门横匾），拓修了 20 多条马路，兴建了 6 个农贸市场，其所建市政设施几十年后仍为赣州城市筋骨。更大的贡献还有，通过兴宁商人曾伟仁在赣州开的大百货商店"广裕兴"，让革命根据地以钨砂、粮食等物品和"广裕兴"交换红军急需的西药、盐、布匹等，占当时红军所需物品百分之六十以上。

1934 年 12 月升任第一军副军长。1936 年 1 月被授予陆军中将军衔。7 月陈济棠发动"两广事变"，军长余汉谋被陈济棠留在广州。李振球与同乡罗梓材和惠州人李煦寰等，先借口第一军军士教导队即将毕业要求余汉谋回赣出席毕业典礼。几天后又伪造军情说红军已经逼近赣南，需要余汉谋回来主持军务大局，终将余"骗"回大余军部，随后余汉谋到南京取得中央政府支持后宣布率部反正。事变结束后，李振球任广东第五军区司令官，享受与其他军军长一样的待遇。1936 年 1 月授陆军中将军衔。

1937 年 7 月抗战全面爆发后，余汉谋将原有 10 个师组编为 5 个军，其中将一五七师和一五八师合编为第六十五军，任命李振球为军长。1938 年 10 月日军在大亚湾登陆攻下博罗后，李振球临危受命为战区前敌总指挥，仅率步兵一连赴前线，至增城县朱村时为敌军包围，仍以一连人据险抵抗，从容应战，幸敌军不知虚实，始得突围而出。广州沦陷追究责任时，李振球默默替主官余汉谋承担领导责任，1939 年 4 月被免职，从此赋闲担任参议，淡出军政。

1941 年起任中央训练团第二大队队副，第七战区司令部中将高参。1942 年夏辞职返乡，与其他乡贤一起兴办兴宁县立第四中学（今兴宁新陂中学）。1949 年初李振球全力助推粤东和平起义，随后默默移居香港。1956 年逝世。

十二、被俘逃回的军长叶肇[1]

叶肇，原名赓泮，号伯芹，1892 年出生于广东省新兴县船岗乡（今六祖镇）水湄村。1912 年考入广东陆军小学第五期，1915 年升武昌陆军第二预备学校，1917 年考入保定陆军军官学校第六期。

1919 年毕业后在北洋军阀吴佩孚部当见习排长。1920 年 12 月回广东，在粤军第三师任排长、连长。1923 年 7 月任粤军第四军第六警备司令部训练员；年底任粤军第一师补充团（团长黄镇球）中校营长、团副。1925 年 9 月粤军第一军编为国民革命军第四军，补充团改编为该军第十一师（师长陈济棠）第三十三团，叶肇转任该团中校参谋长。1926 年初第十一师南征邓本殷部后驻南路，9 月第三十三团接替三十四团进驻海南岛。

1927 年春，第三十三团团长黄镇球调回广州升任新编第四师（师长黄慕松）副师长，叶即代理第三十三团团长职务。9 月陈济棠带第十一师到东江，第三十三团留驻海南岛。

---

[1] 参广东省地方史志编纂委员会编：《广东省志·军事志》，广东人民出版社 1999 年版，第 561—562 页。

1928年3月调防罗定，叶肇正式升任第三十三团团长。1929年第四军第十一师缩编为广东编遣区第一师第一旅，叶肇任第一旅第二团团长；5月，在第一次新粤桂战争中，参与致电要挟陈济棠，放言再不放余汉谋则全旅官兵"罢战"，迫使陈济棠释放余汉谋；7月，广东编遣区第一师3个旅扩编3个师，叶肇升任第五十九师（师长余汉谋）部一七六旅旅长。1931年5月，组织广州国民政府后将第五十九师扩编为第一集团军第一军（军长余汉谋），叶肇升任该军第二师师长。

1936年8月所部改编为中央番号第一五二师，仍任师长，不久改任一六〇师师长。9月擢升陆军中将。

1937年7月抗战全面爆发后，余汉谋将原有10个师组编为5个军，其中一五九师和一六〇师合编为第六十六军，叶肇任军长兼一六〇师师长。"八一三"淞沪抗战爆发后，六十六军北上参战，开赴上海刘家行一带对敌作战，伤亡惨重。后经过苏州、锡澄、江阴、汤山等与敌作过短时阻击战斗后退入南京城，参加南京保卫战。12月12日唐生智下令突围后，六十六军从太平门向安徽宁国突围。叶肇于突围中被日军俘获，乃伪扮伙夫，帮敌运输弹药，然后伺机逃脱，潜入上海某外国租界，以后乘轮返香港，回到广州后在中山纪念堂曾作了被俘脱险经过的报告。1938年夏任第九集团军副总司令兼第二十八军团军团长兼军长，率部参加南浔线作战，先后在德安、庐山、万家岭等处与敌人进行过激烈战斗。1938年10月广州失守后改任第十二集团军副总司令兼六十六军军长；11月在南岳军事会议上被蒋介石称赞为"模范军人"。1939年春奉命调回粤北的新丰、龙门一带驻防整训。同年秋末因在南浔线作战有功提升为第三十七集团军总司令，所辖六十六军军长以副军长谭邃升充。是年冬奉调广西柳州参加第一次桂南会战，所部第一五九师四七七团在第五军指挥下攻克天险昆仑关。但在日军反攻时错误判断敌情而迟迟未开拔。而日军因未受阻击很快攻陷宾阳，造成后方大受威胁，秩序紊乱，损失惨重。1940年2月桂南会战结束后，白崇禧在柳州军事会议指认叶肇"违命避战"证据确凿，把他扣留撤职查办，解重庆军法审判；后来通过余汉谋向何应钦说情，判处七年徒刑。再由第九战区司令长官薛岳向蒋介石请准保释，叶肇被任命为该战区战干团教育长，戴罪服役。

1947年任粤北"清剿"司令。1948年2月，任粤赣湘边区"剿总"总指挥。1949年3月任国民党广州市警备司令部司令；8月任广州绥靖公署副主任兼西江指挥所主任。12月底叶肇经新兴只身潜往肇庆，乘船逃往香港，再转赴台湾。1953年于台湾病逝。

十三、绰号"李迟"的兵团司令李振[1]

李振，原名晋堃，1900年出生于广东省兴宁县（今兴宁市刁坊镇）农民家庭。

1918年9月，为解决温饱到汕头应募，入粤军当运输兵。不久，遇桂军汕头镇守使刘志陆招收学兵，他报考成功，入队受军事训练5个月，毕业后分配到桂军林虎部任排长。

1920年8月粤军回粤驱桂时，他转投粤军，任总部独立营班长。1921年4月，粤军第一师成立学兵营，他入营学习工兵技术6个月。1922年5月北伐江西时因表现勇敢升为排长。1924年升任连长。1925年参加两次东征。1927年9月因随第四军十一师陈济棠部在汤坑与南昌起义军叶挺、贺龙两部作战有功升为营长。1928年1月和张发奎部第四军在五华县岐岭大战中负伤，回到广州后十一师扩编为第四军时升为第十一师第三十一团团长。1931年改为第一集团军第一军第一师第一团团长。1935年任独立第一旅旅长。1935年余汉谋安排李振投考陆军大学特别班第三期，没有进过正规军校的李振凭自己的努力竟然报考成功。

1937年10月，在惠州将3个补充团组成一八六师，陆大毕业的李振出任师长，隶属于第六十三军。1938年6月授陆军少将。10月在广东省增城、从化等地与日军作战，阵地被突破，广州失守。1939年3月被追究责任卸去兵权，调任军事委员会高级参议，中央训练团大队副。1940年在军政部的推荐下李振重新回到粤军任第六十五军副军长。1944年9月在第三次粤北会战中指挥第一八七师和另外2个团固守韶关，多次打退日军进犯。

1945年9月抗战胜利后，经过四年卧薪尝胆的李振终于升任第六十五军军长。1946年所部整编为第六十五师后任师长，归第一绥靖区李默庵指挥。1948年9月被授予陆军中将军衔。11月被胡宗南升为十八兵团司令，他怕被架空，坚决要求兼任六十五军军长。1949年率部入川，参加大西南战役。

1949年冬，叶剑英派自己的弟弟到香港找到李振的妻子，要她转达意见："如要起义就要及时起义，过后就没有机会了。"有部下担心他起义后安全无保障，李振对部下说："起义不是为我个人，起义后如果共产党不信任我，则杀我一个人而救了大多数人，又何乐而不为呢！"在他酝酿起义期间，蒋介石由

---

［1］参王成斌主编：《民国高级将领列传》（第六集），解放军出版社1993年版，第374—385页；兴宁县志编修委员会编：《兴宁县志》，广东人民出版社1992年版，第899—900页。

重庆到成都召见他，对李勉励有加，但李不为所动。12月25日，李振率国民党第十八兵团残部在川东起义。后任川东军区第二副司令员、西南军区高参室副主任。

1955年4月转业。1958年后任四川省人民政府参事室主任，四川省政协副主席。1988年病逝。

附：人物录

（一）六十二军第二任军长黄涛[1]

黄涛，又名荣福，号肇坤，出生于1900年，广东省镇平县高思乡（今蕉岭县蓝坊镇）程官村人。经过肇创初级小学、高思公学后，1916年以优异成绩考上蕉岭县立中学。

1919年云南督军唐继尧决定大量招募华侨学生，因黄涛堂叔与招生代表相熟，遂冒充华侨生到昆明入伍。1920年入云南讲武堂第十五期炮科。1921年冬毕业后返回广东。

1922年春，参加孙中山在韶关设立的北伐军大本营"将校团"；8月将校团解散后加入许崇智部，到福州后在沈应时炮兵营第二连任中尉排长。1923年返粤后加入粤军第一师，历任第二旅（旅长陈济棠）第三团（团长邓演达）第一营（营长余汉谋）上尉副官、炮兵连长，参加入桂帮助新桂系统一广西和平定"杨刘叛乱"等战役。1925年10月参加第二次东征和南征邓本殷战役。1926年初任第十一师炮兵营营长，后升任师部中校参谋。1927年9月被任命为团参谋长代团长。1928年1月在东江大战中受伤，伤愈后第十一师扩编为第四军，遂正式就任第四军第十一师三十一团团长。1929年部队编遣后任余汉谋第一旅第一团团长；5月第一次新粤桂战争中余汉谋在清远前线被陈济棠扣押，黄涛参与一起要挟陈济棠释放了余汉谋；7月被剥夺实权调任石井兵工厂副厂长，不久又因公平处理厂中废料与厂长黄骚意见分歧而被排挤为第八路军总指挥部少将高参。1930年趁陈济棠派人赴德国学习参观之机主动要求前往。1932年8月因父亲去世回国，10月任广东南区绥靖公署参谋长。1933年3月被陈济棠派往欧洲十余

---

[1] 参广东省地方史志编纂委员会编：《广东省志·军事志》，广东人民出版社1999年版，第242—244页。

国参观考察军械装备；10 月任石井兵工厂厂长，主持军械制造和采购，成为粤系高级将领中的军备专家。1936 年 7 月被任命为第一五七师少将师长，驻福建漳州。

1938 年 4 月任国民革命军第六十五军一五七师师长兼厦门警备司令，7 月派兵 1 连附义勇军战士共 300 多人渡海克复南澳县城，打响了广东抗日第一仗。1939 年 9 月升任第六十二军中将军长。10 月率部参加第一次粤北会战，在接到余汉谋撤退电话时大胆建议乘虚直取广州或攻击牛背脊拦断敌腰，获同意后命令一五七师攻下牛背脊，迫敌仓皇逃窜，促成了第一次粤北会战的胜利。1940 年率部参加第二次粤北会战，其中第六十二军一五二师在良口制高点石榴花山顶住日军三天的进攻，迫使日军因受态势不利且粮弹不足自行撤退。因在第一、二次粤北战役中士气旺盛、战斗力较强，第六十二军在 1942 年被军委会给予"突击军"称号。1944 年 6 月黄涛率部入湘参加长衡会战，在衡阳城外与日军连续奋战 40 多天；9 月率部入桂参加桂柳会战。1945 年 7 月率部进驻越南河内、海防，接受日军投降；11 月底率部开往台湾。

1946 年 2 月被蒋介石电召到重庆，一直待到 5 月才被接见，被告知等候另行安排工作。黄涛随即返回广东汕头闲居。1947 年 4 月被授予陆军中将军衔。1949 年 1 月任广东绥靖公署中将高参，但没到广州就职；8 月在香港起义。广州解放后回到广州，1951 年被捕判刑 8 个月。1952 年入政协学习班。1955 年起连任 3 届广东省政协常委。1973 年在广州病逝。

（二）六十二军第三任军长林伟俦 [1]

林伟俦，又名济泉，出生于 1905 年，广东省台山县（今台山市水步镇）人。1919 年入台山县立师范学校，1922 年毕业后到本县小学任教师。

1925 年 7 月，考入黄埔军校第四期步兵科；10 月参加第二次东征。1926 年 7 月毕业后分配到国民革命军第四军第十二师第三十四团第一营第一连任见习排长，随即随师部先行出发参加北伐。1927 年春升任第三十四团第一营第四连上尉连长，第二期北伐回来后任第三十四团少校团副，以后随部队东征九江、回师广州、发动事变、参与东江大战、北撤。1928 年 4 月在徐州整训时调任第三十四团三营少校营长，参加第二次北伐，进军山东。在打到济南时，遭日军飞机轰炸，想起孙中山先生倡议"航空救国"遂向上级提出出国留学学航空技术的

---

［1］参广东省地方史志编纂委员会编：《广东省志·军事志》，广东人民出版社 1999 年版，第 545 页。

要求，几经转折，终获批准。1929年底到香港学法文，1930年1月去法国学习飞行技术，学会驾驶水陆续种飞机，1932年9月学成回国。1933年春到广东空军第一队任飞行员。

1934年3月，老长官缪培南邀他重返陆军，林伟俦见广东空军机少人多，无作战任务，于是重回陆军，到教导师第二团第二营任中校营长。1935年升任教导师第四团上校团长。1936年8月部队整编后任一五九师四七五旅少将副旅长兼九五○团团长。

1937年"八一三"淞沪抗战爆发后，林伟俦奉命率一五九师四七五旅为先遣部队日夜兼程开往上海，战斗中左腿中弹受伤。撤退到南京外围汤水镇后，因减员严重，一五九师受命缩编为1个旅，12月9日宣布林伟俦升任整编六十六军四七五旅少将旅长，率部参加南京保卫战，在雨花门、水西门、中华门一带接防；12月12日受命带领部队从太平门突围，在冲破敌军层层截击中右腿部中弹受伤，到达九华山收容整编了部队，最后到达宁国，旋奉命到湖南茶陵整训。由于腿伤未愈，他将部队交由副旅长带领，自己转到武汉医治。当时正值在汉口召开全国参谋长会议，林伟俦受命把该旅从南京突围经过用书面写出来向大会宣读，并到大会介绍见面，后因此获得"青天白日勋章"。1938年6—10月，参加武汉会战的庐山和万家岭战斗。1939年初回到广东，2月任第六十六军一五一师中将师长，驻新丰。不久前进到增城派潭，与日军多次作战。后参加了1939年12月和1940年5月2次粤北会战，战后改为第六十二军一五一师师长。1944年7月率队入湘参加长衡会战，攻至衡阳西站，虽未能为衡阳解围，但因行动迅速，受军委会传令嘉奖，林伟俦记大功一次；后入桂参加桂柳会战。

1945年8月日军投降后率部进越南、海防等地受降，11月奉令继续赴台湾受降，在高雄登陆，占领了台南、台中。1946年夏所部调往河北唐山。1947年春升任六十二军中将军长兼天津警备司令。1948年底升任十七兵团副司令兼六十二军军长兼天津防守副司令。1949年1月在天津战役中下令部下停止抵抗后不久被俘。

1961年获特赦释放，回到广东任省政协文史专员、常委。1980年移居加拿大。1998年病逝。

（三）整编六十三师师长林湛 [1]

林湛，字照然，生于 1901 年，广东省高要县（今肇庆市高要区禄步镇）人。

粤军西江讲武堂毕业后，历任粤军第四军第二十五师独立团军需主任、少校参谋。1929 年任广东编遣区第一师四旅八团中校营长。1929 年至 1931 年去日本陆军士官学校骑兵科学习。1934 年任第七十八师二六九旅参谋主任、团长。1936 年任骑兵师参谋长、副师长。

抗日战争全面爆发后，任骑兵第二军参谋处处长、副军长兼骑兵一师师长。1938 年入南京陆军大学特别班第三期学习。1939 年 6 月任中央军校第四分校军官团教育长，授陆军少将。1945 年任军训部骑兵监。

1946 年 12 月任整编第六十三师师长。1948 年 2 月授陆军中将，10 月转任国防部中将部员。1949 年前往台湾，1955 年退役。1969 年去世。

（四）六十三军第四任军长陈章 [2]

陈章，原名陈豪章，字戎光，出生于 1902 年，广东省罗定县（今罗定市围底镇）人。曾入广东省立第八中学。

1918 年参加民军，1920 年调入粤军第一师炮兵连，1921 年考入漳州粤军炮兵讲习所学习。1923 年毕业后回到第一师任炮兵排长。1926 年任国民革命军第四军第十一师补充营黄涛部连长。1926 年任北海军官教导队队长。1927 年底任第十一师补充团第一营营长。1928 年升任第四军教导团第一营营长，不久调任第十一师第三十三团第二营营长，负责监视团长叶肇。在罗定剿匪时被打断二根手指，但一战全歼悍匪八百多人。1929 年 5 月花县白坭战役后升任第五十九师一一八旅二三五团团长、第一军第二师第四团团长。1931 年 7 月升任第一集团军独立第二旅旅长。1936 年 2 月授予少将。6 月在广州接受第五军第十四师师长任命后，得知余汉谋已从南京飞回赣南准备反陈，遂星夜借用修路工人脚踏车赶到曲江（因火车晚上停开），然后转乘汽车赶到大庾向余汉谋表忠心。"六一事变"结束后任第一五二师旅长，不久升任第一五二师中将师长。

抗战全面爆发后，所部编入第六十二军。1938 年 10 月在从化县抗击日军北犯韶关，陈章亲手用自动步枪击伤日机 1 架，获上级传令嘉奖。1939 年 12 月率

[1] 参广东省地方史志编纂委员会编：《广东省志·军事志》，广东人民出版社 1999 年版，第 529 页。

[2] 参广东省地方史志编纂委员会编：《广东省志·军事志》，广东人民出版社 1999 年版，第 515—516 页。

部参加第一次粤北战役，因与军长黄涛不合，战后自请调离第六十二军转入第六十三军。1940年5月，在第二次粤北战役中，率部死守从化石榴花顶，顶住了日军的疯狂进攻，战后获上级传令嘉奖。1941年1月，升任六十三军中将副军长。1942年进陆军大学特别班第七期深造。

1948年10月晋任六十三军军长，11月率部参加淮海战役，在新安县（今邳州市）窑湾全军覆没，兵败自杀。

（五）六十四军第三任军长陈公侠 [1]

陈公侠，字丹白，别号虚白，出生于1898年，广东省南海县（今佛山市南海区丹灶镇）上良村人。1912年考入广西陆军小学堂，1915年升入武昌陆军第二预备学校，1917年入保定陆军军官学校第六期步兵科，1919年毕业。

1921年入大元帅警卫团第三营任排长，1923年任粤军第三师少校副官，后在中央直辖第三军任第一独立梯团长；1925年9月任国民革命军第四军第十一师第三十三团三营营长，后任中校副团长。1927年6月后任新编第二师第三团团长、教一师上校团长。1930年任广东军事政治学校教育科科长。1931年任第一集团军第三军独立旅参谋长、旅长。1935年任第一集团军第五军第十一师副师长。1936年任第四路军第一五五师参谋长。1938年任第六十四军第一五五师师长，参加武汉会战。1939年1月升任第六十四军副军长，授予少将军衔，参加桂南战役。1940年3月升任第六十四军军长。1944年6月因肺病休养，后任第三十五集团军参谋长。1945年初集团军撤销后任第二方面军高参，7月任广东省第八区行政督察专员兼保安司令。1948年任粤桂南边区"清剿"指挥部副指挥。

关于其下落近期仍有两种说法：一说是1949年死于广州，葬在粤军第一师坟场；另一说是1949年前往台湾，后来自行创业出任钢铁厂董事长。

（六）六十四军第四任军长张弛

张弛，字勉中，1891年出生，江西省九江县（今九江市）人。1908年考入江西陆军小学，1911年入南京陆军第四中学。

辛亥革命后任九江军政府参谋，（安徽）大通军政分府参谋。1912年赴德

---

[1] 参广东省地方史志编纂委员会编：《广东省志·军事志》，广东人民出版社1999年版，第521页。

国学习陆军，后到英国航空学校学习。1920年任军政府参谋部中校随员。1922年5月在李烈钧赣军李明扬梯团卓仁机支队任营长，参加孙中山组织的北伐。7月卓仁机支队参加回师讨陈，9月被梁鸿楷师长和李济深参谋长收编为粤军第一师第二团第一营，卓仁机任团长，张弛任第一营营长。1923年1月，在西江参加反陈起义；4月起义的粤军第一师扩编，卓仁机升任第一旅旅长，张弛接任第二团团长。9月率部开赴博罗增援，10月与友军一起打败林虎部取得柏塘、泰美大捷。年底回到江门后，第一旅改称独立第十二旅脱离第一师，张弛仍任团长。1925年9月独立第十二旅被国民革命军第四军第十二师梁鸿林部（原第一旅同事）缴械，张弛受伤，得第四军独立旅旅长张发奎（原第二团同事）收容并送到香港。

1926年任张发奎第十二师副官处处长，参加北伐。1927年1月任张发奎第四军之二十五师七十四团团长，参加第二期北伐；6月升任二十五师副师长。1929年第四军缩编后入陆军大学特别班第一期学习。1931年毕业后回江西，任陆军第五师独立第三团团长、江西保安处参谋长。1933年任军事委员会委员长南昌行营少将高参、江西省第十一区兼第十三区行政督察专员。

1937年10月任第八十三军第一五四师参谋长。1938年任之一五六师副师长。1939年1月接任第六十四军一五五师师长。1940年2月参加桂南会战昆仑关之役，3月升任副军长。1943年调任第三十五集团军参谋长。1944年6月接任军长。

1946年5月，第六十四军改为整编第六十四师，张弛任师长；秋天被调离。1949年前往台湾。1967年在台湾病逝。

（七）六十四军第六任军长刘镇湘[1]

刘镇湘，又名浓奋，字涵伟，祖籍广东省兴宁县（今兴宁市黄陂镇），1906年出生于广东防城县（今广西防城港市港口区光坡镇）。

1927年从黄埔军校第五期步兵科毕业，在第二方面军任队长、连长。1927年8月参加南昌起义，南下广东后在揭阳负伤掉队，历尽艰辛回到老家。后来应老乡陈济棠邀请到陈部任营长。1935年9月任第一集团军第三军第九师第二十六团团长。1936年9月任第四路军总部参谋。

1937年抗战全面爆发后，他以黄埔学生身份，带着毕业时颁发的中正剑，

---

[1] 参广东省地方史志编纂委员会编：《广东省志·军事志》，广东人民出版社1999年版，第540页。

去拜见昔日的校长蒋介石。蒋介石对他说，你的名字叫镇湘，那你就去湖南抗战吧。先出任湖南省政府办公室主任。1938年历任珞珈山军官训练团教材科科长、第九战区司令长官部参谋兼任第二志愿兵团团长、第七十三军第十五师步兵指挥官、军政部第三补训处附员。1941年1月任第六十四军一五六师四六八团团长，1943年9月任一五六师副师长，1945年任一五六师少将师长。1946年任整编第六十四师副师长兼一五六旅旅长。1947年9月任整编第六十四师师长。

1948年6月改任第六十四军军长，9月被授予中将军衔。11月参加淮海战役；12月20日战败被俘。

1975年3月获特赦，后任广西区政协专员。1986年去世。

（八）六十五军第三任军长黄国梁 [1]

黄国梁，号日如，1900年出生于广东省增城县（今广州市增城区小楼镇）黄村，祖籍广东省兴宁县（今兴宁市）。早年赴南洋，在新加坡华文育群学校、益智学校毕业。1917年考入云南讲武堂第十二期步科，1918年毕业。

1921年起历任粤军第一师教导队教官、师独立营排长、副连长。1923年任东路讨贼军第八旅连长。1924年任建国粤军第二师师部参谋、参谋处处长。1925年任国民革命军第二独立师第一团（团长薛岳）团附、第一军第十四师四十团副团长，参加二次东征。1926年参加北伐战争，任第一师三团团长、第十四师副师长。1928年任第九军第十四师师长，部队缩编后任第二师第四旅旅长。1929年起历任第八路军总指挥部参事、武汉行营参议、第十七军总指挥部参议。1931年9月任第四集团军教导大队大队长。1932年任广东第一集团军总部参议、直属警卫旅副旅长兼团长。1935年8月应薛岳邀请到第二路军总指挥部任少将参谋。1936年2月任第十八军第六十七师副师长等职。1936年授予少将。

1937年8月参加淞沪会战，10月升任第六十七师师长，后调任第四十六军第九十二师师长。1938年4月参加徐州会战，8月任第三十七军军长，参加武汉会战。1939年初回广东任第六十五军副军长，4月授予中将军衔。1940年3月升任第六十五军军长。参加了三次粤北战役。

1946年6月转任整编第六十四师师长。1948年春升任整编第二军军长，后任第七兵团副司令。1949年1月任广东省保安副司令，7月任海南警备司令部副

---

[1] 参广东省地方史志编纂委员会编：《广东省志·军事志》，广东人民出版社1999年版，第535页。

司令。

1950 年前往台湾，1959 年退役。1978 年病逝。

（九）六十六军第二任军长谭邃 [1]

谭邃，乳名子淳，字君密，别号时亮，出生于 1895 年，广东省开平县（今开平市长沙街道办事处）人。自幼体弱多病，7 岁丧母。

1912 年考入广东黄埔陆军小学第五期，1915 年入武昌陆军第二预备学校，1917 年入保定陆军军官学校第六期步科。1919 年毕业后回到广东，加入粤军任一师司令部副官、排长、连长。1923 年 3 月升任粤军第一师陈济棠第二旅邓演达第三团之第三营营长；5 月在讨伐沈鸿英的肇庆战役中身负重伤。1924 年任建国粤军第四军随营学校教官、总司令部参谋、团副。1926 年初任国民革命军第四军第十三师三十九团团长。1927 年 11 月任副师长兼三十九团团长。1929 年 3 月任广东编遣第二师第四旅副旅长；5 月，第一次新粤桂战争爆发后，受命将广东编遣区第二师退到粤东的残部与潮梅警备司令部新编部队整编成 3 个旅 6 个团，成立"护党讨贼军南军第三路总指挥部"，担任代总指挥；后率部退入闽南上杭，后又回梅州，再经兴宁北上赣南，7 月在信丰投诚。1931 年 6 月"宁粤对立"后，任广东第一集团军第二军司令部参谋长，10 月任教导师副师长、代师长。1936 年 5 月任第五军第十三师师长。1936 年 8 月，第一集团军整编成中央番号，谭邃被委任为第四路军一五九师师长。

1937 年抗战全面爆发后，一五九师编入第六十六军，谭邃带病率军北上参加淞沪会战；在南京保卫战失败后，谭邃因病特准随唐生智搭电船过河撤退。1938 年 2 月调升第六十六军副军长兼一五九师师长，参加武汉会战。1939 年 4 月接任军长，7 月授予中将军衔。同年夏天谭邃辞职到香港养和园医院治肺病，健康有所好转；张发奎及余汉谋派人到香港敦请他回粤北共赴国难，他以国家民族兴亡为重，带病启程回韶关。10 月在粤北翁源前线病逝，终年 44 岁。谭邃死后葬于曲江县乌石区。1984 年曲江县人民政府拨出专款为谭邃修葺陵墓。

谭邃治军 20 多年，不谋私利，甚至在淞沪会战中犒奖的 2 万元，自己也分文不取，全部用来购买急需物资发给士兵。他去世时无积蓄，还欠下香港养和园医院药费港币数万元。当时该医院医生见其家境如此贫困，乃写信向张发奎及余汉谋索取，得款后全数赠给谭邃遗留的孤儿寡妇作生活费。

---

[1] 参广东省地方史志编纂委员会编：《广东省志·军事志》，广东人民出版社 1999 年版，第 514 页。

谭邃为叶挺荐"位"又赠枪！1938 年 8 月，时任新四军军长叶挺经第三战区司令长官顾祝同批准"给假一月休养"，11 月在韶关见到了当年在保定陆军军官学校的老同学、时任六十六军副军长兼一五九师师长谭邃。谭邃说余汉谋决定在东江地区成立"东路守备区总指挥部"开展敌后抗战，要他任副总指挥，但此时因病要前往香港治疗不愿出任。当叶挺表示拟回广东抗日的意愿后，谭邃立即向余汉谋推荐并很快获得任命，分手时谭邃将自己随身携带的白金左轮手枪赠予叶挺留念。后来余汉谋又保荐叶挺当第十二集团军副总司令兼东路守备区总指挥部副指挥，但蒋介石严令余汉谋撤销原任命并要叶挺立即离开东江回新四军去。叶挺遂在 12 月底离开深圳前往重庆，临行前把该把手枪转送曾生同志。

（十）六十六军第三任军长陈骧 [1]

陈骧，字骧衢，出生于 1890 年，广东省顺德县（今佛山市顺德区）人。考入广东陆军小学第三期、南京第四陆军中学。1916 年 5 月从保定陆军军官学校第二期步科毕业。

历任粤军第四路军游击营排长、连长。1923 年始任西江讲武堂教官、学兵营营长。1926 年任国民革命军第四军第十一师团副。1929 年任第八路军教导大队大队长。1931 年任第一集团军总司令部参谋，后任教导第一师第三团团长。1936 年"六一事变"后任广东省保安第四旅旅长。

1937 年 8 月任六十六军一五九师四七七旅旅长，参加淞沪会战；撤到南京后部队整编，师缩编为旅，陈骧带领全师编余军官回粤接收新兵。1938 年任副师长；1939 年 4 月升任师长，6 月被授予少将军衔；7 月任副军长兼师长；10 月，接任六十六军军长，参加桂南会战，因集团军司令叶肇判断失误，造成重大失利。1940 年 3 月，蒋介石追究昆仑关战役失利责任，陈骧被撤职，六十六军也被取消了番号。1940 年夏任第三十五集团军高级参谋，1940 年初任第七战区高级参议。1941 年 3 月任广东第四区行政督察专员兼保安司令。1942 年 4 月任第七战区惠淡指挥所主任，1943 年免职。

1947 年 7 月被授予中将，办理退役。1948 年 5 月任顺德县县长。1949 年 3 月移居香港；4 月被任命为海南警备总司令部副总司令，未到职。1950 年初被任命为海南防守总司令部第四路司令，后赴南洋。

1974 年去世。

---

[1] 参广东省地方史志编纂委员会编：《广东省志·军事志》，广东人民出版社 1999 年版，第 531 页。

（十一）八十三军第二任军长莫希德^[1]

莫希德，字道明，出生于 1896 年，福建省武平县人。1915 年到广东梅县私立乐育中学读书。

1923 年毕业于云南讲武堂第十五期炮科。1924 年加入建国粤军张民达第二师，任排长、连长。1925 年转入吴铁城警卫旅任连长。不久调国民革命军第四军十一师三十一团任连长，参加第二次东征攻克惠州等战役。1926 年升任第六军炮兵营营长，后任步兵团团副。1929 年 3 月任广东编遣区第一师第一旅参谋长；7 月，在取得第一次新粤桂战役胜利后，任第五十九师一一七旅二三三团上校团长。1931 年秋升任第一集团军第一军第一师少将副师长。1932 年率部进入江西参加"围剿"红军。1934 年红军长征后调回广东肇庆驻防，升任第一师中将师长。1936 年 6 月，陈济棠发动"六一事变"，莫希德鼓励余汉谋赴京向蒋介石告发；7 月余汉谋被任命为广东绥靖公署主任暨第四路军上将总司令后，莫希德率部为先锋开进广州控制局势；8 月所部改编为中央番号一五一师，仍任师长。

1938 年 9 月莫希德被提升为八十三军中将军长，但尚未真正接任就遇日军于 10 月 12 日在大亚湾登陆，莫希德率一五一师在惠州抵抗，受命死守惠州，但因上级战略失误，惠州城只有师直属队和 1 个团残部，略作抵抗后率部撤离，致惠州沦陷。11 月 15 日，蒋介石以莫希德作战不力，丧师失地，予以撤职查办，并下手谕："着将莫希德一名枪决。"后经军界人物出面周旋，处分由枪决改为判刑 5 年，再改为保释，于 1941 年冬出狱。出狱后回武平岩前老家闲居。

1948 年 10 月出任闽粤赣湘边区"剿总"副总指挥兼潮安行政区督察专员兼保安司令。1949 年 6 月，相约起义的惠州行政区督察专员兼保安司令廖鸣欧因部下出卖被薛岳枪决于惠州，莫希德闻讯后慌忙潜往香港。

1950 年在香港病逝，终年 54 岁。

（十二）出生在台湾追赠上将的暂二军军长邹洪^[2]

邹洪，原名德宝，字若虚，1897 年出生于新竹，祖籍广东省五华县华阳镇龙湖村，其高祖父于道光年间迁居至台湾。幼年时期就读于竹东国民学校，常听

［1］参陈予欢编著：《云南讲武堂将帅录》，广州出版社 2011 年版，第 215 页。

［2］参阳文整理：《抗日爱国的邹洪将军》，《阳山县文史资料》1987 年第五辑，第 3—9 页；广东省地方史志编纂委员会编：《广东省志·军事志》，广东人民出版社 1999 年版，第 514 页。

他的父亲讲民族英雄故事。后由长兄带到日本读书，完成学业后跟着回到上海，先后就读南京、南昌和常州的中学。

民国肇建，军阀乱政，邹洪决定弃文从武，于1919年考入保定军官学校第八期炮兵科，与陈诚、罗卓英成为同学。1922年毕业后，历任中央陆军第二师排、连长。1924年起任湖南陆军第四师唐生智部参谋、团副、炮兵营营长。

1926年随唐生智加入国民革命军，升任炮兵团团长。1928年任第四集团军第三十军炮兵团团长。参加第二次北伐，驻防北平。

1929年蒋桂战争期间，到第一集团军陈诚第十一师任参谋长。由于邹洪在战场上身先士卒，因此下能得部属爱戴之殷，上能获腹心之任。1930年中原大战后升任副师长。1932年参加江西"剿共"之役。1933年8月因乐安战役战功升为第四十三师中将师长。1935年被授予陆军少将军衔。1936年6月调任粤汉铁路护路警备司令部司令，获四等云麾勋章；12月任广东省保安处处长，兼广东省学校集训总队长。

抗战全面爆发后，兼任潮（汕）嘉（应）惠（阳）指挥部指挥官。广州沦陷前夕，率五千大中学生撤退连县。为加强广东的兵力，1939年11月，广东和江西的8个保安团及广东税警总团组建暂编第二军，邹洪任军长，先后隶属于第十二、第三十五集团军指挥，驻防西江。邹洪率部参加了第一、二次粤北战役。1940年授陆军中将军衔。1941年率部北上参加第二次长沙战役，胜利后兼任长沙警备司令。驻防期间，构筑了坚固的工事，为第三次长沙战役第十军坚守长沙奠定了基础。太平洋战争爆发后，日军急攻香港。邹洪率部南下，军次惠州而香港已失，于是留守曲江。1942年4月升任第三十五集团军副总司令和集团军北江西岸指挥所主任，并获颁四等云徽勋章和宝鼎勋章。其间在家乡捐资修建华阳中学，并督师修通韶关—阳山—连县公路。1945年1月，任粤桂边区总指挥部总指挥，驻阳山县城。不久，日军从乳源进迫阳山，邹洪率军于汤盆水阻击三日三夜，击退日寇。战后于阳山城郊、小江墟各建一座抗日阵亡将士纪念碑。因积劳成疾，4月邹洪于阳山县城病逝，5月葬于城南宝鸭塘。

1945年7月，国民政府对邹洪明令褒扬，追赠陆军上将，10月追授忠勤勋章。1948年，其捐款建设的华阳中学改名"邹洪纪念学校"（新中国成立后改为五华县华阳中学）。

（十三）经历很风光的暂二军军长古鼎华 [1]

古鼎华，原名尧偕，别号勋铭，1898 年出生于广东省香山县（今中山市），祖籍广东省五华县华阳镇莲塘浦。

1914 年入广东陆军小学，1917 年入武昌陆军第二预备学校，1919 年考入保定陆军军官学校第八期工兵科。1922 年毕业后，到粤军第一师任排长、连附、参谋等。1925 年 10 月到黄埔军校任入伍生部步兵科第十队队长、大队附。1925 年底，去湖南找到在唐生智部任职的同学兼老乡、结拜兄弟邹洪，在同学王东原介绍下在长沙橘子洲中的公馆里谒见了湘军第四师师长唐生智，然后化装由水路经汉口、上海回到广东。1926 年 6 月任第四军第十师三十团团副，参加北伐。1927 年 1 月第十师扩编为第十一军时，任第二十四师第七十团团长。4 月率部参加武汉国民政府举行的第二期北伐。6 月攻克河南后班师武汉，7 月又参加东征"讨蒋"。1927 年 8 月参加南昌起义后升任第二十四师师长。10 月暴动失败后脱离部队。

1928 年 2 月任第八路军第十一军第二十六师参谋长。1929 年 3 月任广东编遣区第三师第八旅（旅长戴戟）参谋长，后任第六十一师参谋长。1929 年底到九江任财政部税警总团第二总队总队长。1930 年调驻上海，改称税警总团第二分团团长，参加"一·二八"淞沪抗战。

1937 年 9 月率部参加淞沪会战。后回广东任保一旅旅长。1939 年 2 月任广东第一区行政督察专员兼保安司令。1939 年 12 月转到邹洪任军长的暂编第二军担任副军长。参加了第一、二次粤北会战。1940 年 12 月授陆军少将军衔。1941 年率部参加第二次长沙会战。1942 年 5 月接任暂编第二军军长。1943 年任第三十五集团军北江西岸指挥所副主任兼暂编第二军军长。1943 年 11 月率部参加常德会战。1944 年 4 月任粤桂边区总指挥部副总指挥。1945 年 4 月邹洪去世后接任总指挥。

抗日战争胜利后分别获颁忠勤勋章、胜利勋章。1946 年 1 月所部机构撤销后转任国防部高级参谋。7 月退为备役。

先赴澳大利亚定居，后返香港居住。1985 年病逝于香港。

---

[1] 参广东省地方史志编纂委员会编：《广东省志·军事志》，广东人民出版社 1999 年版，第 532 页；中山市人民政府地方志办公室编：《中山市人物志》，广东人民出版社 2012 年版，第 163 页。

（十四）重建六十二军军长张光琼 [1]

张光琼，别字戡，出生于 1902 年，广东省文昌县（今海南省文昌市）人。

1924 年 10 月考入云南陆军讲武堂第十八期炮科，1925 年 10 月毕业后任黄埔军校潮州分校教官，后到国民革命军第一军第一师任连附。1927 年任第四军第十一师炮兵营连长。1929 年任第五十九师一一七旅二三三团营长。1931 年起任第一集团军第一军第一师第二团中校营长、上校团长。1936 年 8 月任第一五五师四六五旅九二六团上校团长。不久改任四六五旅副旅长。

1938 年初升任四六五旅旅长，1939 年任第六十五军第一八七师副师长。1940 年 3 月接任师长，并兼任惠淡守备司令。1941 年底日军占领香港时，驻香港英军以及政府官员、难民等纷纷向东江地区撤退，张光琼奉命率领所部执行掩护任务，并提供物资支援。抗战胜利后获忠勤勋章、胜利勋章和英国 OBE 勋章。

1946 年 5 月部队整编时又任第六十五师副师长；7 月回任第一八七旅旅长。1947 年 1 月主动报名入陆军大学进修，结业后转任衢州绥靖公署中将高参。1948 年 9 月任惠阳行政督察专员兼"清剿"区司令。1949 年 2 月任重建第六十二军军长。4 月解放军强渡长江并占领首都南京后，张光琼同意中共广东粤桂边地下党要他准备在解放军攻入广东后率部起义的要求。因发现被保密局特务跟踪，张光琼为免遭杀身之祸，于 7 月借口"探亲"请假举家迁居香港。9 月解放军逼近广东时，中共地下党催促张光琼回部队主持起义，可张光琼只答应写信要部队起义。10 月军直属队在湛江西营起义，800 多人投奔解放区，但 2 个师退往海南。张光琼见起义没能成功，在粤军旧部的动员下，于 1950 年 2 月发出了起义通电。

由于对返回内地有所犹豫，而且又受到香港国民党特务的暗杀威胁，干脆移居乌拉圭。1975 年病逝。

（十五）重建六十二军第二任军长李铁军 [2]

李铁军，1901 年出生，字虞午，广东梅县人。家境殷实，早年受过良好的教育。1924 年考入了黄埔军校第一期，跟胡宗南、陈赓等人为同学。黄埔军校毕业后，历任军校教导第一团排长、连长，国民革命军第一军第一师连长、营

---

［1］参胡博编：《哀将》，贵州人民出版社 2012 年版，第 156—158 页。

［2］参广东省地方史志编纂委员会编：《广东省志·军事志》，广东人民出版社 1999 年版，第 544—545 页。

长，第二十二师（师长胡宗南）第四团团长。参加二次东征和北伐战争。1928年7月部队整编后，任第一师第二旅（旅长胡宗南）第三团团长。1930年5月中原大战中，胡宗南升任副师长代理师长，李铁军接任第一旅（是胡宗南第二旅改称）旅长。1932年6月，李铁军任第一师副师长兼第一旅旅长。1936年2月，升任陆军第九十五师师长。1937年4月，胡宗南辞去第一师师长兼职后，李铁军调回老部队第一师任师长。

1937年8月率部参加淞沪会战。1938年5月胡宗南辞第一军军长兼职后，李铁军升任第一军军长，率部参加兰封会战。7月调任第七十六军军长，以后驻守河南、陕西一带。1939年7月任被授予陆军中将。1942年6月升任第三十七集团军副总司令兼第七十六军军长。1944年3月，升任第二十九集团军中将总司令兼新二军军长，率军入疆。

1946年4月接任河西警备总司令部总司令。1947年胡宗南抽调3个师8个旅组成第五兵团，李铁军经过大力争取担任司令官；12月辞职闲居南京。1949年11月任海南防卫总司令部副总司令兼第二路司令、第六十二军军长。

1950年5月到达台湾，1954年退役。后移居美国。1998年曾应邀回广州过节。2002年病逝。

（十六）重建六十二军第三任军长李宏达 [1]

李宏达，字作述，出生于1903年，五华县周江镇黄布村人。曾就读于中山大学。1926年考入黄埔军校第六期步科，1929年2月毕业后，任国民革命军第四军排长，后历任连长、第八路军空军掩护队上尉队长。1932至1935年入陆军大学正则班第十一期学习。

1936年后任一五七师四六九旅九三七团中校团副、第四路军上校参谋、一五七师参谋处处长。1937年抗战全面爆发后任一五七师四六九旅九三八团团长。1939年8月升任第六十二军一五七师少将参谋长。1940年冬奉调国民革命军第六十二军参谋长。先后两次参加粤北战役，抵御日军北犯。1943年初调任六十二军一五七师副师长。1944年5月调任一五七师师长，6月率部由广东英德出发疾驰湖南衡阳，参加长衡会战，与日军恶战一个多月；9月撤往广西，参加桂柳会战。1945年8月抗日战争胜利后，率部赴台湾接受驻台日军投降。

1946年5月，部队整编为第六十二师后，任副师长兼第一五一旅旅长。

---

[1] 参陈予欢编著：《黄埔军校将帅录》，广州出版社1998年版，第475页。

1947 年 10 月率部到达天津，恢复军番号后李宏达只担任副军长。1948 年 9 月授陆军少将。1949 年 2 月任重建第六十二军第一五三师师长。7 月升任副军长。1950 年 2 月接任中将军长。4 月底，被俘虏。1951 年 2 月被判处死刑。

（十七）重建六十三军军长刘栋材[1]

刘栋材，别名道中，出生于 1898 年，广西省桂平县人。黄埔军校长沙分校毕业。

1930 年任第六十师中校参谋，教导团团副。1933 年任广东北区绥靖公署上校科长。抗日战争全面爆发后，以第六十六军一六〇师九六〇团团副身份参加了南京保卫战，突围时主动提出率领 1 个营担任掩护。1938 年初战后整编中提任一六〇师上校团长。1939 年以一六〇师步兵指挥官身份参加桂南会战，因提出合理建议（未获采用）升任第六十五军一五七师副师长。1942 年任一五七师少将师长。1945 年调任一五八师师长。

1945 年 9 月抗战胜利后一五八师被裁编，刘栋材一度失业。1946 年由余汉谋保送到陆军大学将官班乙级第三期深造。1948 年毕业后派任第六十二军副军长兼广东罗云师管区司令。1949 年 2 月任重建的第六十三军军长，4 月授予中将军衔；10 月受命撤往海南崖县；12 月将部队交给副军长郭永镳后去了香港。1950 年 5 月前往台湾。1977 年病逝。

（十八）重建六十三军第二任军长莫福如[2]

莫福如，出生于 1906 年，广东省茂名县（今高州市分界镇）人。

1922 年投入粤军第一师当兵，当过张发奎的卫兵。1924 年入粤军西江讲武堂学习。毕业后历任粤军第一师排长，国民革命军第四军连长、少校副官。1930 年后转投堂姐夫陈济棠，任警卫旅第一团营长、团长。1936 年 8 月任一六〇师四八〇旅第九六〇团团长，不久整编成 2 团制旅时任副旅长。1937 年抗日战争全面爆发后，所部编入六十六军，参加了淞沪会战和南京保卫战。撤退后负责殿后任务，战后整编时因功升任一六〇师四八〇旅旅长。1939 年取消旅编制时任一六〇师副师长。1939 年参加了昆仑关战役。1940 年 3 月，对桂南会战失责人

————————
［1］参胡博编：《哀将》，贵州人民出版社 2012 年版，第 159—160 页。
［2］参胡博编：《哀将》，贵州人民出版社 2012 年版，第 161—162 页。

员进行追责，一六〇师划入六十五军建制，莫福如接任师长；后率部回师广东，兼南韶师管区司令。

1946 年 5 月整编时调任广州行营中将高参。1948 年 12 月任广东第三区行政督察专员兼"清剿"区司令。1949 年 4 月任广东第十一区行政督察专员兼"清剿"区司令。陈济棠复出主政海南后莫福如被荐任海南保安第二旅旅长。由陈济棠推荐于 12 月接任第六十三军军长。

1950 年 4 月底到台湾。1956 年退役后定居美国。1969 年去世。

（十九）重建六十四军军长容有略 [1]

容有略，字天硕，别号建雄，出生于 1906 年，广东香山县（今珠海市香洲区南屏镇）人。父早亡，早年随兄当海员。1920 年从南屏乡甄贤高小毕业，1921 年往香港入私立英文专科学校。1922 年因经济拮据辍学，以街头画像谋生半年，后返广州于香山会馆任办事员。

1924 年初由杨殷、杨匏安介绍加入国民党，4 月蒙孙中山与廖仲恺特准考入黄埔军校第一期学习，毕业后任教导团少尉排长。1925 年参加第一、二次东征及平定"杨刘叛乱"诸役，升教导第二团二连副连长、连长，编入国民革命军第一军第一师第二团。1926 年参加北伐，在浙江讨伐孙传芳战役中受伤。1927 年升任中校营长。1928 年离开军队到江苏省赣榆县任公安局局长。1930 年回到广东投入陈济棠系统任补充团团长。1933 年投奔福建的十九路军，"福建事变"前扩编时任第五军参谋处处长。后进军校学习。1938 年再入陆军大学特别班第四期学习。1940 年 4 月任军事委员会少将参议，旋被广东老乡薛岳招募至麾下，任第九战区干部训练团大队长。1942 年 1 月被薛岳派到第十军任参谋长，曾参加指挥所部驰援常德与日军作战。1944 年任第十军一九〇师师长，参加衡阳保卫战，与日寇奋战 47 天，后获"青天白日勋章"，成为抗日名将。

抗战胜利后，出任国民党军委会少将参议兼上海保卫总团总团长。1946 年 5 月，到薛岳的老部队整编第四师任副师长。1948 年 9 月授陆军中将军衔，任徐州"剿总"总司令部军务处处长；10 月任第四军副军长。1949 年 2 月调回广东任重建的第六十四军军长。1950 年初升任第三路司令官。5 月到台湾。

1961 年退役。1982 年病卒。

---

[1] 参广东省地方史志编纂委员会编：《广东省志·军事志》，广东人民出版社 1999 年版，第 538—539 页。

（二十）重建六十四军第二任军长张其中 [1]

张其中，字持正，祖籍五华县安流镇五联村，1908 年出生于镇平县兴福（今蕉岭县三圳镇）张吊村。1923 年入读梅县乐育中学。

1925 年考入黄埔军校潮州分校第二期（等总校第四期）炮科。1926 年毕业后任国民革命军第一军补充团第二营第二连排长。1927 年 10 月，转入李济深第四军教一师（不久转入张发奎系统）第二团特务连，仍任排长。1928 年初随军北上山东参加第二次北伐，因功升任上尉营附；整编后任教导旅第一团第二营营附。参加了张发奎第四军攻桂、联桂攻粤一系列战斗。1931 年 7 月，转入陈济棠系统缪培南教导师，任第一团第一营第八连连长。1933 年调入邓龙光独四师，任第一团第一营第三连连长。1934 年 10 月升为少校营长。后部队番号改为第三军九师二十五团、第一五六师四六六旅九三一团，仍任营长。1936 年入中央军校校官研究班培训。

1937 年抗日战争全面爆发后，任第八十三军一五六师九三一团中校团副，参加了淞沪会战撤退阶段的战斗，并在南京保卫战突围时足部负伤。1938 年参加江西南浔路等作战，年底调任一五六师四六六旅中校参谋主任。1939 年初回师广东，4 月调任第六十四军第一五六师四六六旅九三一团上校团长，后参加第一次粤北战役。1940 年率部在昆仑关参加桂南会战。1941 年 1 月任第一五六师野战补充团团长，10 月调任第一五六师上校参谋主任。1942 年 8 月被保送到陆军大学参谋班第八期培训。1943 年 4 月回任一五六师上校参谋长，8 月调任一五五师上校参谋长。1944 年参加桂柳会战。1945 年部队改番号为第六十四军第一三一师后仍任参谋长。参加率部挺进广州湾，收复广东沿海城市。

1946 年 1 月，获陆海空军甲种一等勋章。5 月部队整编为整编六十四师一三一旅后仍任参谋长，旋入陆军大学将官班第二期受训 1 个月。10 月获颁胜利勋章。1947 年 5 月，入中央军官训练团第三期受训，6 月结业回来升任一三一旅少将旅长。10 月部队整编，一三一旅被改为后调旅。12 月，获四等云麾勋章。1948 年初，奉命率领部分人员回广东海南编练新兵。3 月，获颁干城甲种一等勋章。

1949 年 5 月，获颁四等宝鼎勋章；9 月升任六十四军副军长；年底升任第六十四军长。

1950 年 4 月底抵达台湾。他的部队因为缺员严重被缩编为第六十四师，本

---

[1] 参徐志超：《蕉岭人新传》，人民日报出版社 2004 年版，第 104—105 页。

人也被降为师长。1952年3月，被授予少将军衔。1967年限龄退役。

1983年，病逝于台北。

（二十一）广州绥署参谋长梁世骥 [1]

梁世骥，字倜凡，出生于1897年，广东省梅县（今梅州市梅县区松口镇）人。8岁在家乡上小学，12岁到汕头读书，14岁弃文就武。

1912年考入广东陆军小学第五期，1915年入武昌陆军第二预备学校，1917年入保定陆军军官学校第六期炮科。1919年毕业被派到北洋陆军第十三师炮兵团见习，随后调任排长，参加过直奉之战。

1920年回广东，由邓演达介绍到粤军第一师机枪连任连长，1921年任孙中山总统府警卫团第一营第二连连长。1922年6月叶举发动"六一六兵变"后，在华振中团副带领下投靠陈炯明，后升为营长、团长。

1927年退出军队，在上海闲居。1931年10月投身第十九路军，任第六十一师教导团团长。1931年改称第一二一旅第一团团长，参加了"一·二八"淞沪抗战。1933年升任人民革命军第二军第六十一师师长。1934年"福建事变"失败后回到广东，历任陈济棠第一集团军总司令部参谋、第二军司令部副参谋长、参谋长。1936年8月军队改编后任第一五四师第四六〇旅旅长。1937年5月被授予少将军衔；抗战全面爆发后任六十三军一五四师副师长，参加淞沪会战；1938年7月接任中将师长。参加了抗击日军的惠广作战和2次粤北会战。1940年任六十三军副军长。1943年任闽粤赣边区总司令部参谋长，后被派往美国驻印度兰姆伽基地高级将官班受训。1945年1月结业回国后任第七战区中将高参兼干训团中将教育长。

1946年被任命为衢州绥靖公署中将高参，未赴任，请假回到家乡松口闲居两年多。1948年10月在香港加入中国农工民主党。1949年3月应广州绥靖公署主任余汉谋邀请出任参谋长；10月国民政府命令广州绥靖公署撤退前要炸毁广州发电厂和自来水厂，梁世骥得悉后设法从正、侧两方面劝阻余汉谋取消了这一计划。后接受中共华南分局去海南岛策反余汉谋、薛岳未成，前往香港。1950年应广东省主席叶剑英邀请返回广州，任广东任省人民政府参事室副主任、中国农工民主党广东省副主任委员兼秘书长、广东省政协第一至三届常委。1977年在广州逝世，享年80岁。

---

[1] 参中国人民政治协商会议广东省梅县委员会文史委员会编：《梅县将帅录》（第一卷），《梅县文史资料》1997年第29辑，第183—185页。

（二十二）近代军人的缩影——师长彭智芳 [1]

彭智芳，出生于 1887 年，广东钦县傍城乡竹山村（今广西钦州市钦南区康熙岭镇），是客家人。家有薄田，幼年上学。

1905 年加入清军，在广东西路巡防营当兵。1907 年考入广东钦廉教练所学习一年，毕业回营任教官。1910 年辞去军职，寻找革命党。1911 年 10 月结伴前往广州，11 月到达，被革命政府派往罗定策动清军统领陈均义和贺缊珊起义。部队起义成功后，彭任陈均义改编的广东陆军第三标第一营教练，后任排长，并加入同盟会。1912 年升任连长。1913 年龙济光入粤后随部调驻省城。1914 年升任肇军副营长，驻云浮。1917 年升任营长，跟随李耀汉驻扎广州。1916 年 6 月翟汪去职后改隶申葆藩江防司令部。

1920 年 8 月，粤军回粤驱桂，时任第一路游击司令申葆藩部第十营营长的彭智芳率部向粤军第六支队陈修爵部投诚，不久再编入邓铿粤军第一师之第二旅第三团，任第三营营长。1921 年参加讨伐陆荣廷的"援桂"战役。1922 年，参加孙中山组织的北伐军。1923 年 1 月在德庆被沿西江东下的滇桂粤联军围攻，因能坚持到最后才突围，回到肇庆后被旅长陈修爵升为第三团上校团长，收容残部撤往东江。1924 年底任陈炯明救粤军第五军第十一师陈修爵部少将旅长，驻龙门。

1925 年连续被国民革命军二次东征打败，年底在福建省武平县与其他残部一起决定投奔吴佩孚，时任团长，不久任粤军第二路旅长。1926 年 9 月在江西莲花与北伐军激战。失败后于 1927 年北上山东，投直鲁联军张宗昌，任第十三军六十二师第一二一旅旅长，率部在安徽合肥与蒋介石第一集团军激战半个月，后又与冯玉祥第二集团军激战近 1 个月。7 月被北洋政府授予陆军少将。部队扩编后任第十八军第四支队中将司令。1928 年 4 月，所部被第二次北伐的国民革命军打败，退往胶东。6 月，随部向国民革命军投诚，任第十三路军第四十九军第一师中将师长，不久代理军长。1929 年编遣部队后，任旅长，不久脱离军职，前往澳门定居。

1930 年应老乡陈济棠邀请回粤，出任第八路军总部少将参议。1931 年出任补充团团长；1932 年调任第一集团军警卫旅第三团团长。1934 年升警卫旅副旅长。1936 年 6 月，任警卫旅改编的第四军第十二师副师长；9 月部队整编后任第一五三师四五七旅旅长。1937 年抗战全面爆发后，任第六十三军第一五三师副

---

[1] 参尤小明主编：《广西民国人物》，广西人民出版社 2008 年版，第 251 页。

师长。1939年春升任中将师长，参加抗击日军的惠广作战和第一次粤北会战。1940年调任第七战区长官司令部中将参议。1941年任南韶师管区司令。1944年秋主动退役经商。1949年秋赴澳门。1950年1月在香港、钦廉参加策反粤军旧属。不久到广州市任政协委员。1968年在广州病逝。

彭智芳经历了清军，到广东陆军，再到陈炯明粤军，再到吴佩孚直军、张宗昌直鲁联军，最后回到陈济棠国民革命军参加抗战，是中国近代军人的一个缩影。

综　述

一是这个系的总司令的传承很容易使人联想到"犯上"，陈济棠通过"三陈反李"接任第八路军总指挥，后来余汉谋又借"六一事变"上位，出任第四路军总指挥，看似都是下属抢夺上级职务，其实陈和余都是蒋介石手上的一颗棋子而已。二是这个系像是一个"大熔炉"，李济深时期是没得选择，陈济棠是由于该部扩编过快，且本身没有出省参加过北伐和抗日的经历，所以对粤籍的各派将领兼收并蓄，包括陈铭枢第十师系、张发奎第十二师系、徐景唐第十三师系，甚至还有陈炯明系，不少是曾经战场上的死敌或手下败将，但都受到重用；当然地域主义还是相当明显，军师长中陈济棠家乡的钦廉籍占近半。余汉谋时期整编是有偏心，但控制力度已弱，中央干预的程度很大。三是从出身看，军长以上的高级将领中，保定军校和速成系占绝大多数。

第五章　红色系统将领

第一节　"叶挺独立团"团长叶挺 [1]

叶挺，原名叶为洵，字希夷（语出《老子》，"听之不闻名曰希，视之不见名曰夷"），出生于 1896 年，广东省归善县（今惠州市惠阳区秋长街道办事处）周田村人。1903 年入私塾腾云学校。1911 年到惠州府立蚕业学校学习，临行前其老师根据"人要上行，叶要上挺"和"挺身而出，拯救中华"的含义帮他改名叶挺。黄花岗起义后官府镇压革命，剪掉了辫子的叶挺被开除学籍；回家自学一段时间后又进入惠州中学堂学习。

1912 年春节后由其在广东测绘学校读书的七哥带到广州，以优异成绩考入广东陆军小学。1915 年初升入武昌陆军第二预备学校。1917 年初升入保定陆军军官学校工兵科。

1919 年初毕业后被批准留学德国，因筹款无着，只好按照保定陆军军官学校同学、惠阳老乡邓演达的约定，去福建漳州加入援闽粤军，任第一支队副官，不久加入国民党。1920 年 8 月参加粤军回粤驱桂战役，11 月任粤军第一师少校参谋，旋改任工兵营营附。1921 年 10 月，调任孙中山大总统警卫团第二营营长，随护至桂林、韶关等地。1922 年 6 月，叶举叛变攻打总统府，叶挺奉命率部守卫总统府前院，后掩护孙夫人宋庆龄脱险；8 月初孙中山离开广州赴上海后，叶挺避居香港。1923 年 2 月孙中山回到广州重组军政府后，任命李章达和

---

[1] 参成金：《铁将军叶挺》，中国戏剧出版社 2011 年版。

叶挺分任宪兵司令和参谋长，令他们从速组织宪兵部队，因无钱无枪未成。叶挺想领兵打仗，到江门找到一师三团团长邓演达，出任第二营营长，因嫌无仗可打40天后辞职。1924年7月叶挺赴苏联，入东方大学学习，10月加入中国共产主义青年团，12月加入中国共产党。1925年2月入红军学校中国班学习，8月毕业回国。

1925年9月到国民革命军第四军任参谋处处长，参加第二次东征。11月受命赴肇庆，以大本营铁甲车队为基础组建第四军十二师三十四团，任团长。1926年1月三十四团改制为第四军独立团后仍任团长；5月，率领独立团作为先遣队北伐，在湖南汝城首战，打败了原陈炯明部谢文炳部。6月5日，指挥独立团击溃投靠吴佩孚的赣、粤部队4个团，攻占湖南攸县城。7月率部参加攻克醴陵战役，8月中旬参加攻克平江战役。8月下旬参加著名的汀泗桥战役，在猛攻一天又无进展，有人建议暂时退军整补后再攻时，叶挺坚决反对，要求次日拂晓集中全力总攻，如果无人愿去，他愿打先锋。次日如期攻破后，叶挺马上令独立团一鼓作气，不顾作战疲劳，奔袭数十里，夺占咸宁城。在30日贺胜桥会战中，独立团和三十五团猛攻冲入敌阵，经过恶战最终打败了吴佩孚，取得了决定性胜利。在9至10月的武昌围城战中，独立团经过苦战付出重大牺牲后攻克了湘门，攻占了蛇山炮台。在北伐中，独立团成为"铁军的铁拳头"，从此"叶挺独立团"誉满全国。

1927年1月，叶挺被任命为第四军第二十五师副师长；4月调任十一军二十四师师长，负责留守武汉；5月临危受命担任平叛总指挥，带着2个正在组建的团，及军校师生临时编成的独立师，打败了叛变袭击武昌的夏斗寅部，让武汉转危为安。6月任第十一军副军长兼第二十四师师长，率部东征。

1927年8月1日参与领导南昌起义，任前敌总指挥兼第十一军军长，率部经过二次会昌恶战，然后经闽西南下粤东，占领潮汕，最后在揭阳汾水战役与强敌激战4天后因伤亡大且弹药缺乏被迫撤退。失败后护送周恩来转移到了香港。12月11日，参与领导广州暴动，任工农红军总司令。失败后又撤退到香港。

因被李立三为首的中共广东省委给予撤职并留党察看的处分，叶挺向中央申诉后改为"表现消极、指挥动摇"；因大多数中央负责人已赴苏联参加"六大"，想继续申诉的叶挺只好前往苏联，但受到共产国际的冷遇和米夫、王明等人的歧视，一气之下去了德国。过段时间回到苏联找共产国际时，仍受排斥，有党难归，加上在国内又受通缉，有国难回，叶挺只好流亡德国、法国等地。1932年回到澳门隐居。1933年底受蒋光鼐、蔡廷锴邀请去福州参加了"福建事变"。1934年加入李济深等人组织的中华民族革命同盟。

1937 年 9 月，叶挺根据周恩来授意，找到第三战区前敌总指挥陈诚，建议改编中共领导的南方游击队，组建"国民革命军新编第四军"共同抗日；经陈诚向蒋介石保荐下获同意，叶挺被"委员长核定"为军长。10 月，叶挺到达延安，受到毛泽东主席接见后，被宣布担任新四军军长。1938 年 1 月，在南昌正式就任军长，被授予中将军衔。

1941 年 1 月皖南事变中奉命与国民党军交涉时被扣押，被判处无期徒刑，先后被囚于江西上饶、广西桂林、重庆集中营、湖北恩施等地，其中 1942 年在重庆写下著名的《囚歌》。1946 年 3 月 4 日，经中共中央多方的努力（包括与邯郸战役中被我军俘虏的国民党战区副司令长官马法五交换）下重获自由；3 月 4 日，致电中共中央申请重新加入中国共产党；3 月 7 日，获中央批准。4 月 8 日乘飞机回延安在山西兴县黑茶山附近失事遇难。

根据《炎黄春秋》刊文，1951 年 6 月，周恩来对叶挺之子叶正大说，"四八"空难是国民党特务所为。

位于惠州市惠阳区秋长周田村的叶挺故居，"叶挺将军故居"牌匾由江泽民题写，是全国重点文物保护单位；旁边建成的叶挺纪念馆，馆名由叶剑英元帅题写，是中央宣传部评定的中国爱国主义教育示范基地；澳门叶挺故居位于澳门贾伯乐提督街，"叶挺故居"牌匾由中国人民政协副主席马万祺题写。

叶挺是 1989 年公布的中央军委确定的中国人民解放军 33 位军事家之一，称作"中国人民解放军的创建人和新四军领导人，杰出的军事家"。毛泽东早在 1938 年在延安接见叶挺时，就表扬他说："共产党的第一任总司令，人民军队的战史要从你写起。"叶挺独立团是中共领导、组建的第一支正规军，它在北伐中发展壮大，最少派生出 6 个团，成为中共组织南昌起义和秋收起义的骨干力量，培养的干部如种子一样撒到全国各地，经过起义组织起强大的红军。抗战全面爆发后叶挺又受命把南方八省的游击队整编成新四军，至抗战胜利时发展到十几万人，以后发展成近百万人的第三野战军。所以叶挺被民间称为"无衔元帅"，如果他 1955 年评军衔时仍活着，我军就会有两位"叶帅"。

叶挺是"铁军精神"的主要开拓人。他率领独立团作为先遣队首先出发，先独立作战，后与友军协同作战中，都是作为主攻部队担负最艰巨最危险的任务，攻无不克，战无不胜，一路上付出最大牺牲，在北伐的第四军 6 个团中功劳最大，因此可以说叶挺是使第四军成为"铁军"的最主要贡献者。

第二节　铁军"参座"叶剑英[1]

　　叶剑英，原名宜伟，字沧白，出生于 1897 年，广东省梅县（今梅州市梅县区）雁洋镇人。7 岁入小学，1914 年入梅县东山中学，毕业后曾任教。1916 年到马来西亚的伯父家，1917 年考入云南讲武堂第 12 期炮科，1918 年入读，并改名叶剑英。

　　1919 年底叶剑英以优异成绩毕业后回到广东。1920 年初，叶剑英拒绝了桂系军长兼潮州镇守史刘志陆的挽留，前往漳州投奔"援闽"粤军，先在粤军总司令部任见习参谋，后主动要求下到熊略支队任教官。8 月粤军发动回粤驱桂战役，叶剑英到汕头策动了云南讲武堂同学赖顺成等 2 个炮兵连连长率部起义；粤军攻下汕头之后又奉命先后赴香港、江门等地，策动桂系护国军第二军营长陈得平（云南讲武堂校友）倒戈。孙中山回到广州重组军政府后，叶剑英应吴铁城邀请留在军政府副官处做事，并由吴铁城介绍加入中国国民党。1922 年 2 月任护航第二营营长，4 月任海军陆战队营长，随江防舰队护卫孙中山从桂林经梧州，东下广州。1922 年 6 月 16 日叶举叛变后，叶剑英奉江防司令陈策之命，护卫孙中山前往黄埔，一直忠贞不渝地保卫孙中山的安全，直至孙中山于 8 月 9 日离开广州。因海军被勒令缴械，叶剑英避往香港；10 月听到讨贼军组建的消息后，立即赶赴福州，被委任为东路讨贼军总部参谋；不久被梅县老乡、第八旅旅长张民达要去任旅参谋长。1923 年 4 月在广东丰顺，张民达、叶剑英指挥八旅取得言岭关大捷，为东路讨贼军回师广州打开了通道，叶剑英从此扬名。1924 年 3 月，张民达擢升为建国粤军第二师师长，叶剑英升为师参谋长，不久兼任独立营营长；5 月兼任黄埔军校教授部副主任；7 月献计奇袭连平城，击毙陈炯明部师长麦胜芳；10 月参加平定广州商团叛乱。

　　1925 年 1 月参加第一次东征，右路军总指挥张民达和参谋长叶剑英提出了猛进、猛攻、猛追、猛扑的"四猛"作战方针，指挥所部很快占了东莞，在新墟大败熊略部。后因黄埔军加入，张民达和叶剑英分别改任右路军前敌总指挥和参

---

[1]　参中央文献研究室编：《叶剑英传》，当代中国出版社 1995 年版。

谋长，在淡水战役中歼灭马雄韬旅并俘获旅长。在白芒花军事会议上，张民达、叶剑英坚决反对先打坚固的惠州城，被总指挥部接纳。接着在多祝打败洪兆麟，乘胜追击，直抵汕头，然后向潮州、梅州追击，直至将残敌赶出广东，取得了第一次东征的胜利。3月兼梅县县长；4月回中山平息香洲兵变。5月叶剑英兼由独立营与二师缉私营合并成立的二师新编团团长。7月兼两广盐务缉私处代办；10月率部参加第二次东征，任第二师新编团改编的党军第一支队司令。

1926年1月党军第一支队改编为国民革命军教导师二团，2月编为第一军第二十师五十九团，叶剑英升任副师长。7月誓师北伐，任北伐军总预备队（第一军）指挥部参谋长。所部2次进攻南昌，皆因指挥者王柏龄、王俊不接受叶剑英的正确意见而损失惨重。蒋介石得知后严厉训斥二王，特意允许叶剑英佩剑晋见，并委派叶剑英任一师师长，叶剑英考虑到一师是蒋嫡系，同二王也很难相处，遂婉言拒绝。11月，蒋介石任命叶剑英为江西战役中收编的孙传芳部赣军组成的新编第二师代师长，带队前往吉安训练。1927年初正式任新编第二师师长。蒋介石发动四一二政变后，叶剑英亲自起草并领衔签发了反蒋通电，并与左派军官秘密商议，决定二师举行武装暴动，投向武汉国民政府；作出部署后叶剑英秘密前往武汉。二师于5月13日夜举行了武装暴动，由于孤军无援被朱培德第三军包围缴械。

6月底第二方面军东征，由梅县老乡、第四军军长黄琪翔推荐，叶剑英在九江被任命为第四军参谋长。7月上旬经梅县同乡李世安介绍，周恩来同意，中共中央批准，秘密入党。7月底将黄琪翔透露的汪精卫同张发奎将命令贺龙、叶挺上庐山开"分共"会议的绝密消息，连夜转告叶挺，次日在甘棠湖上的召开的"小划子"会议，终于引发了南昌起义。暴动发生后张发奎在九江召开高级军官会议，立即派兵追击的意见占了上风。叶剑英巧妙说服张发奎放弃追击，打起"援师讨逆"的旗号，直趋广州，避免两败俱伤，使南昌起义部队减少了被追击的压力。

8月，由中央军事政治学校武汉分校的师生改编的第二方面军军官教导团，因有"赤化"嫌疑在九江被缴械，叶剑英主动要求兼任团长，并建议改名为第四军教导团，亲自组织整训，带领南下花县。叶剑英到了广州后不久与广东省委军委负责人黄锦辉秘密接上头，向他汇报了准备在广州暴动的设想。10月说服张发奎同意将教导团调入广州，并发还武器装备。11月设法扩编和控制警卫团。12月11日以这2个团为基础发动了广州暴动，任工农红军副总指挥。

1928年12月赴苏联共产主义劳动大学特别班学习。1931年到江西中央革命根据地，历任中央革命军事委员会委员兼总参谋部部长、中央军委总参谋部部长兼红一方面军参谋长等职。1937 年任国民革命军第八路军参谋长。1941 年任中央军委参谋长兼第十八集团军参谋长。1949 年后任中共中央华南分局第一书记、华南军区司令员等职。1954 年后任中央人民政府革命军事委员会副主席，国防委员会副主席，兼中国人民解放军武装力量监察部部长。1955 年被授予元帅军衔。1965 年 1 月当选为第四届全国政协副主席。1966 年任中央军委副主席兼中央军委秘书长，主持军委日常工作。1973 年，中共十大后任中共中央副主席。1975 年兼任国防部部长。1978—1983 年任全国人大常委会委员长。1986 年病逝。

叶剑英被誉为"红军参谋事业的奠基人"。毛泽东赞他"诸葛一生唯谨慎，吕端大事不糊涂"[1]。叶剑英故居位于梅县区雁洋镇虎形村，藏有大量江泽民等党和国家领导人及老一辈无产阶级革命家的签名或题词字画，是全国重点文物保护单位。在故居右侧建立的叶剑英元帅纪念馆，馆名原国家主席杨尚昆亲笔题写，是中央宣传部评定的全国爱国主义教育示范基地。

---

[1] 古越作：《毛泽东与十大元帅》，四川人民出版社 2021 年版，第 278 页。

第三节 铁军师参谋长张云逸 [1]

张云逸，原名张运镒，又名张胜之，1892 年出生于广东文昌（今属海南省）头苑区（镇）上僚村。7 岁时开始读私塾，12 岁考入本乡启明高等小学。高小毕业后在县城打工，后由日本士官学校毕业的老乡赵士槐带到广州做勤杂工。

1908 年，在赵士槐支持下考入广东陆军小学堂第四期。1909 年，加入中国同盟会。1910 年 2 月，参加广州新军起义。1911 年 4 月，参加黄花岗起义，担任炸弹队队长，在黄兴率领下与清军激战一个晚上，撤出战斗后与战友隐蔽在民宅中，翌日早晨因外出侦察躲过清军搜捕，而留宅中战友则全部牺牲。

辛亥革命中参加光复广州活动。1912 年，由广东军政府送入广东陆军速成学校学习。1914 年毕业后，被国民党南方支部派到海南岛杨锦龙旅任排长、连长。1915 年，参与反对袁世凯的斗争。1917 年在大元帅府参谋处任上校参谋。

1921 年，任广东香山护沙营营长，粤军第三师第五旅第十团第一营营长。1924 年，加入粤军，在建国粤军独立第八旅杨锦龙部参谋长。1925 年 2 月，参加东征讨伐陈炯明的战斗。后转到他的广东陆小同学张发奎部队。

1926 年 7 月，任国民革命军第四军第十二师参谋处处长，参加北伐战争。10 月，在武汉加入中国共产党。先后参加了汀泗桥、贺胜桥、武昌和河南等战役。1927 年 6 月，任国民革命军第二方面军第四军第二十五师少将参谋长，并力荐卢德铭任第二方面军总指挥部警卫团团长。7 月底，在九江秘密掩护周士第等共产党员脱险并支持他率部参加南昌起义。

11 月"张黄事变"后，张云逸按照中共《经营琼崖计划》，向张发奎建议批准带几百人去海南岛招兵，成立部队驻守海南岛，并将李济深第四军的第十一师三十三团调回广州，然后招收岛内中共党员、革命农民成立部队，改称工农革命军，割据海南。该建议得到张发奎批准，张云逸并任命为琼崖绥靖专员并准备接任三十三团团长，但当他带领 800 多人在海口港分批上岸后，却被三十三团代团长叶肇带队设计缴械。张云逸只好撤离海南岛，离开第四军，经香港前往上

---

[1] 参温瑞茂等编：《张云逸传》，当代中国出版社 2012 年版。

海，与中共中央取得联系，随即被派回广州参加广州暴动。

1928年上半年，等待中共中央安排去苏联学习，后又接到通知准备改派去广西。

1929年5月，张云逸从上海出发去香港，然后转往广州。在广州找到老朋友、时任广东海军司令的陈策，由他写一封给广西省政府主席兼广西省警备军司令俞作柏的推荐信，于7月到达南宁。由俞作柏弟弟俞作豫建议下，张云逸开始创办广西军官教导总队，先任副总队长，旋任总队长，并兼广西警备第四大队大队长。大力改造并扩编教导总队和警备第四大队这两支旧式部队。

10月，俞作柏誓师反蒋，张云逸兼任南宁警备司令。俞作柏反蒋仅十几天就失败，张云逸率领教导总队八九百人和警备第四大队2000多人，押送着从军械库取出来的五六千支步枪以及机枪、迫击炮、山炮和大批弹药，前往右江地区，以右江督办名义积极进行武装起义准备，消灭了企图阻止起义的警备第三大队。

12月11日，与邓小平等领导百色起义，创建中国工农红军第七军并任军长。

1931年7月，同邓小平等率部转移到中央苏区。后历任红七军参谋长、军长、中革军委副参谋长兼作战局局长、粤赣军区司令员、红军总司令部和红一方面军司令部副参谋长兼作战部部长等。1933年11月曾作为中共中央全权代表前往福建，同国民革命军第十九路军建立联系。1934年10月长征后，历任红八军团参谋长、中革军委副参谋长兼作战局局长、红一方面军副参谋长、军委后方办事处参谋长、中革军委委员、红军后方司令部代理司令员等。抗战全面爆发后任新四军参谋长兼第三支队司令员、新四军江北指挥部指挥等。1941年1月皖南事变后，任新四军副军长兼第二师师长、淮南军区司令员等。1943年1月专任新四军副军长，11月代理新四军军长。1946年起任新四军第一副军长兼山东军区第一副司令员、华东军区副司令员等。1949年9月起任中共中央华南分局第二书记、中共广西省委书记兼广西省人民政府主席、中央军事委员会委员、广西军区司令员兼政委、中共中央中南局委员、中南行政委员会副主席。1952年后，因地方主义问题遭到批判，加上体弱多病，遂辞去领导职务。是中共第七至第十届中央委员，第一至第三届全国人大常委会委员，第一至第三届国防委员会委员。1962年10月任中共中央监察委员会副书记。1974年在北京病逝。

1955年被授予大将军衔，获一级八一勋章、一级独立自由勋章和一级解放勋章。但因他的年龄不但是大将中最大，而且与十大元帅相比也仅仅小于朱德，甚至他加入同盟会还比朱德早二年，资历实在太深，所以经毛泽东主席特批，享受元帅级别的工资待遇。

张云逸戎马一生，身经百战，却从未负过伤，这不能不说是一个奇迹。张云逸在军中"老成持重，威望颇高"。陈毅称他"既是一个好主角，也是一个好配角"。"有大海容人之量，高山仰止之德"。毛泽东称赞他"数十年如一日奋斗不息，是模范的共产党员"[1]。

张云逸将军是辛亥元勋，差点成为"黄花岗起义第 73 位烈士"；"张云逸纪念馆"由聂荣臻元帅题写，位于海南省文昌市文城镇文建路 51 号，张云逸全身铜基座上面的"张云逸大将"则由彭真题写。

---

[1] 史全伟：《风范：共和国开国将帅的故事》，现代出版社 2022 年版，第 462 页。

第四节 "叶挺独立团"继任团长周士第[1]

周士第，1900年出生于广东省乐会县（今海南省琼海市）新昌村。他7岁读私塾，11岁进小学，14岁考入府城琼崖中学，20岁中学毕业。1920年进入本县第二高等小学当了教员，一年便辞职回家。不久海南岛瘟疫流行，他的母亲和两个弟弟先后都染病去世，本人也曾重症缠身。

1923年春周士第病好后北上广州，投入了滇军杨希闵部当兵。在此期间，他结识了海南同乡、共产党员徐成章和徐坚，参加了他们发起的中共外围组织"新琼崖评论社"。1924年5月，经中共两广区委派遣的徐成章推荐，考入了黄埔军校第一期。11月毕业后，参与组建"大元帅府铁甲车队"，12月经徐成章、廖乾吾介绍加入了中国共产党。1925年2月，担任铁甲车队副队长，参与带领铁甲车队支持广宁农民减租斗争、平定商团和滇桂军阀叛乱的一系列战斗。6月，接任队长，同时还兼任在大沙头铁甲车队附近驻扎的飞机掩护队队长。10月底，带队前往沙鱼涌地区支援罢工工人纠察队战斗中英勇负伤。11月，以铁甲车队为基础组建国民革命军第四军第十二师三十四团（后改为第四军独立团），周士第任第一营营长。

1926年4月，调任独立团参谋长。5月，配合叶挺率独立团作为北伐先遣队率先进军湖南，先后参加安仁、醴陵、平江、汀泗桥、贺胜桥、武昌城等战斗。1927年1月，升任第四军第二十五师七十三团团长。4月，率部参加第二期北伐进军河南，参加了与奉系军阀的血战。6月，率部参加武汉政府的东征。8月1日，将驻在马回岭的第二十五师七十三团、七十五团3个营和七十四团直属重机枪连共3000余人拉到南昌参加起义。随后被任命为第十一军第二十五师师长。南下到广东大埔时由朱德率领留守三河坝，后撤退到赣南安远县天心圩。在党委会上，他被同意派去香港找上级党组织汇报。

1928年1月，周士第到达香港找到了广东省委，在等待上级指示期间患上了疟疾无钱治疗，后得到张云逸帮助才得以住进医院治疗。由于广州起义失败后

---

[1]参杨弘:《周士第将军》，解放军出版社2003年版。

在香港也不安全，在一个从马来西亚华侨同乡劝导下，周士第遂未向党组织请示就跟随去了南洋，造成了脱党。在南洋辗转治好了病后，于1929年秋回到上海，经余洒度介绍加入了第三党组织"黄埔革命同学会"（后改为"中国国民党临时行动委员会"），从事反蒋斗争。1931年夏，周士第在西安活动时被国民党特务逮捕。由于宋庆龄积极营救，1932年被释放。适逢"一·二八"事变爆发，周士第被任命为抗日义勇军队长，在闸北一带配合第十九路军抗日。1933年夏，"临委会"派遣周士第去福建找第十九路军，被蔡廷锴任命为闽西善后委员会特派员。周士第到闽西后协助张炎收编改造第四十九师，担任师参谋处处长。11月"福建事变"发生后，周士第担任了第四军第四十九师第二十一团团长（时用名周力行），负责镇守漳州。在接待路过漳州的作为红军军事联络员去福州接洽的红军总司令部作战部部长张云逸，得知中央希望他能回归党的怀抱，最好还能拉出一支部队来。1934年1月，十九路军在中央军进攻下分崩离析，周士第的二十一团编入第一集团军独立第三旅，但随即遭到陈济棠部包围缴械，军官被安排送往广州。2月，周士第在途经苏区附近时单人独马逃进苏区，后到达瑞金。

周士第从中国工农红军大学军事教员做起，长征中任"干部团"上干队军事指挥科科长、上干队队长。长征结束后重新入党。后历任红十五军团参谋长、中国人民抗日红军大学第二队队长兼军事教员、红二方面军参谋长；抗战期间任八路军第一二〇师参谋长、第一二〇师兼晋西北军区（后改为晋绥军区）参谋长兼任抗大第七分校校长、第一二〇师兼晋绥军区副司令员；抗战胜利后历任晋绥军区副司令员、晋北野战军司令员兼政治委员、晋绥军区军事政治干部学校副校长及党委书记、华北军区第一兵团副司令员兼副政委、第十八兵团司令员兼政委。1950年2月，任西南军区副司令员；10月任解放军防空军司令员。1955年，任训练总监部副部长兼军外训练部部长，被授予上将军衔，获一级八一勋章、一级独立自由勋章和一级解放勋章。是第一至第三届国防委员会委员。1979年病逝，享年79岁。

"周士第将军纪念馆"位于海南省琼海市嘉积镇，馆名由江泽民题写。

南昌暴动时已是第二十五师师长的周士第，在1955年被授予上将军衔。他阴差阳错离开了红军创建时期最重要的那6年，走了一段与叶挺类似的曲折经历。他原来的部下继续革命，英雄辈出，有元帅2位、大将3位。

第五节　二次重伤的铁军团长许继慎 [1]

许继慎，原名许绍周，乳名双喜，别名旦如，又字谨生，1901 年出生于安徽省六安县（今六安市裕安区）青山乡。1909 年入私塾。1920 年到安庆，考入安徽省立第一甲种工业学校。不久，转入安徽省立第一师范。

1921 年 4 月，许继慎加入中国社会主义青年团；6 月，被选为安徽省学生联合会常委兼联络部部长；先后参加和领导了一系列反帝反封建的革命运动。1923 年秋，因领导学生痛打贿选的省议员遭通缉逃亡上海，进入上海大学学习。1924 年春许继慎由薛子祥、岳相如推荐去广州投考黄埔军校。5 月，入黄埔军校第一期，当年转为中共党员；后加入"中国青年军人联合会"并担任主要领导人之一。年底毕业后任军校教导团排长。1925 年 2 月，参加第一次东征，在淡水战役后因功升任连党代表；在棉湖战役后，因作战勇敢转任连长。同年 10 月，参加第二次东征，调任国民革命军第一军第三师第七团少校干事、团代理党代表。1926 年 3 月"中山舰事件"后，被调往政治训练班第二中队任队长。5 月初，到第四军独立团任第二营营长，参加了北伐战争平江、汀泗桥、贺胜桥等著名战役。8 月底，在贺胜桥战役中身负重伤。同年冬伤愈归队后，任第四军第二十五师第七十三团参谋长。1927 年 4 月调往叶挺任师长的第二十四师任第七十二团团长。5 月，率部参加反击叛军夏斗寅部的战斗，被子弹击中胸肋身负重伤。

1927 年 5 月往上海医治，后从事秘密工作。1930 年 3 月，被党中央派往鄂豫皖苏区，任中共鄂豫皖特委委员、中国工农红军第一军军长，与其他战友共同开创了鄂豫皖根据地。1931 年被张国焘被诬陷为"改组派""第三党"杀害，年仅 30 岁。

许继慎将军陵园位于安徽省六安市裕安区青山乡许继慎故居，"中国工农红军第一军军长许继慎同志之墓"由徐向前元帅题写。

1945 年，在中共第七届党代会上，许继慎的冤案得到平反昭雪，被追认为"早年为党为国捐躯的人民军队的杰出将领"。1989 年，许继慎被公布为中央

---

[1] 参鲍劲夫：《许继慎将军传》，解放军出版社 1986 年版。

军委确定的中国人民解放军33位军事家之一。2009年，许继慎评为"100位为新中国成立作出突出贡献的英雄模范人物"。

第六节 "黄埔三杰"之蒋先云 [1]

蒋先云,字湘耘,别号巫山,1902年出生于湖南省新田县大坪塘乡。早年入保合小学读书,1917年因"禀赋聪颖"跨过高小而被湖南省立第三师范学校破格收为学生而免费入学。1919年任湘南学生联合会第一届总干事,领导湘南25个县学生罢课,组织革命团体"心社",创办月刊《嶷麓警钟》,传播新文化和马克思主义。1920年冬,经毛泽东、何叔衡介绍,参加了社会主义青年团。1921年10月,经毛泽东介绍并经中共湘区委员会审查,加入中国共产党。

1922年从师范学校毕业后,被派至江西安源路矿,与李立三、刘少奇共同组织、领导了安源路矿大罢工,任安源路矿工人俱乐部党支部书记兼文书股长。接着又被派到湖南水口山组织领导水口山矿工人大罢工,成长为工人运动领袖。

1924年,由毛泽东介绍,以第一名成绩考入黄埔军校第一期,任中共黄埔特别支部第一任书记,被称为"黄埔三杰"之一。11月,又以第一名成绩毕业,被选派到军校教导团第一连任党代表,1925年1月,在廖仲恺、周恩来的帮助下,创建"中国青年军人联合会",被选为执行委员会常务委员(即主席)。2月,跟随周恩来参加第一次东征,负责政治处宣传及组织民众的工作。5月,调任蒋介石侍从参谋。6月,升任国民革命军第一师第二团第二营营长,奉命率部回师广州,参加镇压杨希闵、刘震寰叛乱的战斗。9月任国民革命军第一军第三师第七团党代表,参加第二次东征,组织并带领敢死队攻克了惠州城。同年冬,被任命为第一军第三师政治部主任。

1926年7月,北伐战争开始后,任北伐军总司令部机要秘书,"北伐文告,多出其手"。9月,任补充第五团团长,授陆军少将军衔。1927年2月,接到周恩来密信后离开南昌来到武昌,担任中共湖北省军委委员、武装部部长兼湖北省总工会工人纠察总队总队长。他积极将工人纠察队壮大到5000余人,3000多支枪,成为中共掌握的一支重要武装力量。4月,武汉国民政府决定继续北伐,被任命为第十一军第二十六师七十七团党代表兼团长;5月28日,在河南临颖战

[1] 参中华人民共和国民政部编:《中华著名烈士》(第二卷),中央文献出版社2000年版,第630—638页。

役中，率全团官兵冲锋在前，最后身负重伤，不幸英勇牺牲。

6月8日，中共中央在武昌为蒋先云烈士举行追悼大会，周恩来亲自主持。国民革命政府追赠其为中将军衔。2011年蒋先云故居被列为湖南省"重点文物保护单位"，"蒋先云烈士纪念馆"则由中国人民解放军开国上将萧克同志题词。

蒋先云聪明绝顶，文武双全！创造了黄埔军校历史上一个空前绝后的纪录：在黄埔一期开学考试拿了第一，毕业考试又拿了第一，而且在校期间还囊括了所有考试的第一。有同学感慨："蒋先云犹如恒星一般，无论身在何处都不减其光辉，他是天然的领袖，好像天生就是人中龙凤。"蒋先云得到两党的器重。蒋介石曾声言："将来革命成功后解甲归田，黄埔军校这些龙虎之士只有蒋先云才能指挥。"国民党军名将张发奎发表文章说："此种健儿，天下能有几人？"郭沫若曾评价说："他率领士卒有一种天才的手腕，无论怎样的新兵，只要经他训练一两礼拜，使人人都变为效命。"徐向前元帅后来回忆说："蒋先云是我的良师益友，他斗争坚决，作战勇敢，头脑敏捷，堪为青年军人的模范。"蒋先云这个最堪造就之才，可惜出师未捷身先死，年仅25岁便血洒疆场！

第七节　国民政府警卫团团长卢德铭[1]

卢德铭，又名继雄，字邦鼎，号又新，1905 年出生于四川省宜宾县双石乡（今自贡市自流井区仲权镇）。幼年受良好的私塾教育，1919 年入读小学堂。1921 年考入成都公学。其间阅读了《新青年》等进步书刊。

1924 年初，卢德铭到广州投考黄埔军校，因路途遥远错过考期，通过老同盟会员李筱亭推荐，见到了孙中山。孙中山看到举荐信后直接出考题"当今国民革命之首要任务"。卢德铭即席应试，文章激情飞扬，有理有据，忠胆毕露。孙中山阅后满意之极，当即推荐入学并提点他务必言行一致。最终，卢德铭被破格批准入黄埔军校第二期。在黄埔军校典礼上受到孙中山称赞："革命需要大批有为青年，大家要以卢德铭为楷模。"后又受到黄埔军校总教官何应钦赞扬："这个卢德铭，文武兼备，将来会是一个将才。"在军校学习期间加入中国共产党。1925 年 2 月，卢德铭任东征学生军侦探长，率学生军数次化装潜入敌军阵地侦察情报。6 月毕业后留校，在政治部组织科当科员。

1925 年 11 月，国民革命军第四军第十二师第三十四团（不久改叶挺独立团）在广东肇庆成立，卢德铭任该团第二营第四连连长，后参加了反击地主武装战斗。

1926 年 5 月，叶挺独立团担任先锋出师北伐，卢德铭在平江、汀泗桥、贺胜桥战斗中战功卓著，升任为第二营营长。1927 年 1 月，独立团改编为第四军第二十五师第七十三团，卢德铭调任参谋长。4 月，参加第二期北伐战争。6 月，在武昌成立国民政府警卫团（7 月改称国民革命军第二方面军总指挥部警卫团），卢德铭受中共委派担任团长，从二十五师七十三团抽调大批干部参与改编，并根据上级党组织决定把从湖南因"马日事变"撤出的一批领导骨干如宛希先、何挺颖、何长工等人安排在警卫团担任各级干部。

1927 年 8 月 1 日南昌起义发生后，卢德铭奉命响应，利用张发奎的调令率领警卫团 2000 多名官兵沿长江东下前往江西南昌。乘船到黄石时下船登岸，追

---

[1] 参郭慧峰、文兆仁编著：《文明中国书典：英雄中国》，山西教育出版社 2012 年版，第 39—42 页。

到奉新县时得知南昌起义部队已南下远去，且赣江对岸有朱培德部队堵截，又接到中共江西省委负责人夏曦来信，命令他们三位团领导人放弃部队绕道武汉、上海去广东东江或闽南找南昌起义军；当途经武汉时，中共湖北省委的向警予请示中央，否定了夏曦的命令，令其返回掌握部队继续待命准备参加秋收起义。卢德铭在农协干部护送下返回修水时，部队已经被组织湘赣边界秋收起义的前委书记毛泽东整编成工农革命军第一军第一师，师长已由原负责人余洒度担任，卢德铭只好改任总指挥。

9月9日，卢德铭指挥第一团参加湘赣边秋收起义，遭到挫折后在9月19日的文家市前委会议上，坚决支持毛泽东放弃攻击长沙转向南下的主张。9月25日，部队在江西省萍乡县芦溪遭江西保安部队尾击，卢德铭从前队折回亲率一个连抢占高地阻击，不幸中弹牺牲，年仅22岁。

1982年在卢德铭牺牲地江西省萍乡市芦溪县修建了卢德铭烈士革命陵园，是江西省重点烈士纪念建筑物保护单位。1987年，中国人民解放军总参谋长杨得志上将为"卢德铭烈士纪念碑"题词并揭牌。

叶挺在第一次北伐成功后称赞："德铭身先士卒，有勇有谋，实为我军栋梁之材。"毛泽东在他牺牲后赞道："德铭同志为革命保留了火种，他是一名出色的军事指挥员。"[1] 2009年，卢德铭被评为"100位为新中国成立作出突出贡献的英雄模范"之一。

---

[1] 郑宽学主编：《一方人》，四川文艺出版社2021年版，第44页。

第八节　铁军代师长吴仲禧[1]

吴仲禧，1895 年生于福建省闽侯县一个破落小商人家庭。辛亥革命时尚未小学毕业就投身福建北伐学生军，开赴南京，同浙江学生军合编为陆军入伍生团。1912 年 8 月入伍生团解散后入读武昌陆军第二预备学校。1914 年 12 月入读保定陆军军官学校第三期。1916 年毕业后被派回福建宁德的地方团队当候补员。因无法维持生计还办私塾。

1922 年 10 月，投身东路讨贼军，任第一军第四旅龚师曾部参谋；1923 年 6 月，所部在厦门被臧致平旅缴械后逃回福州。1924 年初与同学陈维远、方玮到广东找工作，4 月应戴戟邀请任西江讲武堂教官；12 月任粤军第一师第二旅第三团余汉谋营任连长。1925 年 5 月，部队开往广西贺县作战时因病加肇庆就医，辞去连长职务。后由戴戟介绍到徐汉臣旅任参谋主任，参与平定杨刘叛乱。因父丧请假回福建老家，再回来时徐旅已被缴械，遂应戴戟邀请到国民革命军第四军第十师第三十团任团副。1926 年 6 月参加北伐，在汀泗桥战役中因团长戴戟负伤而代团长。1927 年 1 月任第十一军二十四师戴戟师长的参谋长；4 月升任二十六师副师长，在师长杨其昌离职后代理师长职务，率部参加第二期北伐。6 月准备东征时调任第二方面军副官处处长。因对打胜仗被调离不满，且不愿回广东，于 8 月初部队要从九江南下时辞职返乡。

1928 年 3—9 月在南京任第四军新兵训练处少将副主任。1929 年 3 月任第八师朱绍良部二十四旅参谋长。1930 年 6 月任朱绍良第六路军副官处处长。1932 年返乡，任福建内河护运处少将主任、保一旅上校参谋长、团长等职。1933 年参加了"福建事变"，失败后流亡到广州。1934 年 4 月到广东任第一集团军第一军高参，不久帮助季方介绍的中共地下党员王绍鏊来广州会见了陈济棠，进行互不侵犯的谈判。

1937 年春任张发奎苏浙边区绥靖公署参谋处作战科长。七七事变前，通过王绍鏊等人介绍，吴仲禧在嘉兴加入中共。此后，吴仲禧长期隐蔽在国民党军队

---

[1] 参广东省政协文史资料研究委员会编：《吴仲禧诞辰百年纪念》，广东省政协文史资料研究委员1995 年。

的高层从事统战和情报工作，并与潘汉年、王绍鳌一直保持单线联系。抗战时期，他任张发奎第八集团军、第二兵团司令部高参，第六十四军第一八七师参谋长，第四战区长官司令部少将军务处处长，韶关警备司令，第四战区长官司令部和第二方面军司令部中将军法执行监等职，与时任战区参谋长的同宗、同乡（闽侯县人）、战友（福建北伐学生军）、同学（保定陆军军官学校第三期）吴石来往密切。

1946年春，吴仲禧奉调军事参议院任中将参议，9月由吴石介绍出任国防部监察局中将首席监察官。年底被军统蔡劲军控告贪污，后由吴石以国防部史料局局长身份营救他出狱。1947年，吴石介绍他的学生、白崇禧华中"剿匪"总部情报科科长胡宗宪给他认识后，胡每周寄送《敌我双方兵力位置要图》给他。1948年6月，吴仲禧改任国防部中将部员，被派往"徐州剿匪总司令部"服务。吴石开介绍信给刘峙的参谋长李树正，遂在李陪同下获取了东起海州、西至商丘的徐蚌战场军事情报。1949年3月，将汤恩伯江防总部里一名中共地下党员获得的汤给沿江守备10个军军长的作战命令专程乘飞机带到香港转交，此后辞职居香港。7月，在香港与中共华南分局人员一起接收国防部次长吴石提供的国民党军西北部队番号、驻扎地点、部队长姓名、现有人数与配备、整编计划等文件以及川滇湘粤闽各省的部队建制、兵力等几十页文件。

1949年10月广州解放后从香港回来，历任广东省人民法院副院长、代院长，省司法厅厅长兼党组书记，省参事室副主任，省政协副主席，民革广东省委副主任委员等。1983年在广州病逝，终年88岁。

附：粤军败类人物录

1.从东路讨贼军军长到伪集团军总司令的黄大伟[1]

黄大伟，字子荫，号毅孙，出生于 1886 年，湖北省黄陂县（今武汉市黄陂区）人。自幼聪明，13 岁中秀才；后进张之洞两湖书院读书，被清政府挑选去比利时皇家军官学校炮科留学，毕业后又入日本明治大学。在欧洲留学时加入同盟会。

1911 年回国参加辛亥革命。1912 年任总统府参军，授予陆军炮兵上校加陆军少将衔。1916 年任黎元洪（黄陂老乡）大总统侍从武官。1917 年 9 月，任大元帅府参军；10 月代理大元帅府参军长。

1920 年底任粤军第一路司令。1921 年 5 月率部参加讨伐陆荣廷的援桂战役。

10 月 29 日，在梧州设大本营拟督师北伐遭陈炯明反对的孙中山，愤然表明："我已立誓不与竞存（陈炯明字）共事。我不杀竞存，竞存必杀我。"（见《华字日报》1922 年 6 月 24 日）以手枪授黄大伟，命杀竞存，黄不肯受命。（见章太炎：《威将军陈君墓志铭》，亦经黄大伟本人撰文证实），说明深受孙中山信任。1922 年 5 月 8 日，孙中山在韶关誓师北伐，黄大伟任右翼指挥，率部从仁化进攻崇义，会攻赣州。

1922 年叶举发动"六一六兵变"后，许崇智、李烈钧等闻变即在赣州开会，决定回师靖难。出乎孙中山意料的是黄大伟军也参与回师。原来黄大伟企图投靠北洋军阀，但他给北洋军阀王占元和沈鸿英的密信被部下统领陈得平侦获，陈得平即代表第一路军全体官兵面见黄大伟，要求立即回师广州靖难。面对属下官兵

---

[1] 参湖北省地方志编纂委员会编：《湖北省志人物志稿》（第四卷），光明日报出版社 1989 年版，第 1721 页。

的指责，黄大伟不得不下令回粤。7月份双方军队在韶关、翁源方面激战，8月初失利后黄大伟率部跟随许崇智撤至赣东。

9月上旬根据孙中山指示联合王永泉部一起驱逐福建督军李厚基，黄大伟和李福林两部从间道直窥福州，进至洪山桥时，因李厚基猝不及防仓皇出走，二部遂先入福州，缴获械弹、物资甚多。

孙中山在沪闻捷，任命许崇智为东路讨贼军总司令兼第二军军长，黄大伟为第一军军长。第一军下辖4个旅，旅长分别为王懋功、陈得平、丘鸿钧、龚师曾。黄大伟是留学欧洲和日本的军官，自视甚高，所部团以上军官不是日本士官学校便是保定军官学校出身，许多还是南京第九镇的老军官，营以下很多云南陆军讲武堂毕业的华侨子弟，在整个东路讨贼军系统中素质最优。他对出身早资格老、但旧军队习气十分严重的许崇智十分看不惯，竟自封为国民军总司令，脱离东路讨贼军的番号，将新的旗帜、关防统统做好颁发下去，准备宣布独立；同时决定把四个旅长晋升师长，弄到部下也莫名其妙。蒋介石抵福州任总部参谋长后，认为黄大伟恃功骄纵不听指挥，于1923年1月下旬赴沪谒见孙中山，力陈必须撤换黄大伟。孙中山卒从蒋议下令撤黄职，电令黄大伟速回上海。黄大伟接令后召集会议，3个旅长和炮兵团长均不附和，见无可挽回只好离职。

黄大伟离开福州后，受到老上司陈炯明邀请，秘密前往粤东，召集部分旧部，重组部队；1923年1月，被北京政府授予"伟威将军"；2月被孙中山任命为中国国民党军事委员会委员。4月许崇智率部从潮汕回师广州时，黄大伟部参加了在揭阳的伏击，后被孙中山明令通缉。1923年6月任陈炯明粤军第七军军长，下辖张毅和赖世璜2个师；1924年2月张赖2师脱离，只剩下本部1000余人。1925年兵败后隐居香港。

1939年8月，黄大伟出任汪伪国民党中央委员，沦为汉奸；11月，在广东汕头、潮安一带组成伪和平建国军第一集团军，自任总司令。1940年5月，任汪伪军事委员会委员；7月，和平建国军第一集团军改组为伪闽粤边区绥靖总司令部，仍任总司令，部队扩大到6000人。1944年5月31日在上海被军统人员刺杀毙命，年58岁。

2. 从讨贼军师长到伪中将总司令的吕春荣[1]

吕春荣，出生于1887年，广东省高州县（今高州市）人，钦廉讲武堂毕业，1910年加入同盟会。

---

[1] 参钟启河：《孙大元帅东征暨国民革命军东征》，广东人民出版社2007年版。

1917 年底参加援闽粤军。1918 年参加援闽战役。1920 年 8 月参加回粤驱桂战役，11 月粤军整编时任粤军第二军独四旅（旅长关国雄）第二团团长。1921 年 6 月参加"援桂"讨伐陆荣廷战役，战后驻防梧州。1922 年 8 月关国雄病逝后，独四旅改称为第四师第八旅，吕春荣升任第八旅旅长。

1922 年 12 月，由滇桂军组成的西路讨贼军讨伐陈炯明，吕春荣在梧州响应讨贼军，被刘震寰委为讨贼军第四师师长。1923 年 2 月，被孙中山委任为东路讨贼军第四师师长的吕春荣奉命进驻罗定、高州，指挥莫雄第三独立旅改称的第七旅，以及中央直辖讨贼军梁若谷部编成的第八旅。

同年 8 月，邓本殷、申葆藩宣布成立"八属联军"指挥部，联合出兵高雷，吕春荣投降，后被孙中山明令通缉（莫雄、梁若谷两旅撤回广州）。10 月，邓本殷委任吕春荣为八属联军第二师师长，高州善后绥靖处处长，将原第四师余部扩编成 4 个旅。1924 年 7 月，被授予陆军中将衔。1926 年 1 月，八属联军被国民革命军击败，吕春荣回乡潜居。

1938 年 10 月广州沦陷后，吕春荣立即投敌。12 月任伪广东治安维持会副会长兼保安处处长。1939 年春任汪伪军事委员会委员，11 月改任伪广东省政府副主席，兼伪广东和平救国军中将总司令。抗战后期任军事参议院中将参议。1945 年 8 月潜逃清远，9 月被逮捕押回广州，被第二方面军军事法庭判处死刑，于 10 月被张发奎下令执行枪决。

3. 从铁军团长到伪西江绥署副主任的范德星[1]

范德星，字聚奎，出生于 1882 年，广东省合浦县（今广西合浦县）人。与陈铭枢是公馆文治书院同窗学友。

从广东陆军速成学堂第五期毕业后，任粤军第一师第一团二营连长。1925 年 8 月粤军第一师改编为国民革命军第四军，任陈铭枢第十师之三十团中校营长。1927 年初任第十一军第二十四师七十一团上校团长。1928 年任第十一军二十四师七十二团团长，不久因部属一个连投奔中共而辞职。1931 年投奔老乡陈济棠，任第一集团军第三独立旅旅长。1932 年 2 月，率部跟随余汉谋到赣南"围剿"红军，第三独立旅在赣州新城被红军歼灭一个团。6 月第三独立旅扩编为独三师，由李汉魂任师长，范德星调任总部参议。1936 年 2 月，被授予陆军少将军衔；8 月任广东第三军区司令部少将参谋处处长，不久改任第四路军少将参议。

1938 年初，成立广东省民众抗日自卫团统率委员会，范德星任第五区委员。

---

[1] 参李淞甫：《抗战营垒的蛀虫范德星》，《新会文史资料选辑》1985 年第 18 辑，第 54—55 页。

1938年10月，第四战区第五游击纵队成立，范德星兼纵队司令，管辖新会、台山、赤溪3县的民众抗日武装，司令部驻江门。12月，因贪腐被撤职。1939年在蔡廷锴二十六集团军总司令部任中将参议。

1940年春降日，任伪广东绥署参议、伪西江绥署副主任，后兼任伪西江政府军务处处长。1945年9月在肇庆西门一家民房内被抗日军民搜出来，解交到第二方面军前进指挥所。不久被张发奎下令依法判处死刑，执行枪决。

4. 从南昌起义军团长到伪军少将专员的刘明夏[1]

刘明夏，别字禹平，1905年出生于湖北省京山县。

1914年随老同盟会员父亲刘英往日本读小学，1916年回到北京入私立圣心小学毕业。1919年到上海入教会办澄阳中学学习；1921年因其父亲在武昌牺牲后无经济援助辍学。1924年春由湖北省出席国民党一大的代表詹大悲和孙镜推荐投考黄埔军校，5月入黄埔军校第一期第四队学习，其间加入中国共产党。

1924年底毕业后任黄埔军校教导二团排长。1925年任国民革命军第一军第二师第六团连党代表，参加了2次东征。1927年4月任第十一军二十四师七十一团参谋长。8月参加南昌起义，在南下作战中提任团长。1928年受党委派赴海南，任琼崖工农革命军总指挥部东路军总指挥。

1929年脱离中共组织关系，追随邓演达"第三党"。1930年4月，与同期同学韩浚、陈烈等人在上海组织"黄埔革命同学会"，准备武装反蒋。不久与邓演达同日被捕。1931年"悔过自新"后投靠蒋介石，到中央训练团将校训练班受训。毕业后任国民革命军独立第二旅参谋长，第十师二十八旅副旅长、五十七团团长、旅长。抗日战争全面爆发后，任第三军第十二师副师长，后任第十四军第九十四师师长。1939年7月授少将军衔。

1941年5月中条山战役失利被日军俘虏，曾任汪伪少将参赞武官，汪伪财政部税警总团副总团长和上海特别市第一区行政督察专员等。他的名字和事迹被日军印在归降票上到处宣传。1943年10月被汪伪军事委员会授予陆军少将军衔。抗战胜利后，被国民党当局逮捕入狱，不久保释出狱，旋营商。

1951年春在"镇反"运动中被处决。

这4人（其中2个是广东人）在粤军历史上都曾占有一席之地，有的甚至举足轻重，但投靠日军成为汉奸，最后都死于非命，罪有应得！

---

[1] 参考湖北省京山县县志编纂委员会编纂：《京山县志》，湖北人民出版社1990年版，第717页。

参考资料

一、文史资料

1. 政协广东省委员会办公厅、广东省政协文化和文史资料委员会编：《广东文史资料精编》，中国文史出版社，2005 年。

2. 广州市政协文史资料研究委员会编：《广州文史资料存稿选编》，中国文史出版社，2008 年。

3. 广东省政协文史资料研究委员会编：《广东文史资料》，广东人民出版社，2008 年。

4. 丁身尊主编：《广东民国史》，广东人民出版社，2004 年。

5. 广东省政协文史资料研究委员会编：《广东辛亥革命史料》，广东人民出版社，1981 年。

6. 广州市政协文史资料研究委员会编：《浩气长存》，广州出版社，2011 年。

7. 汕尾市人物研究史料编纂委员会编：《陈炯明和粤军研究史料》，1994 年。

8. 广东省政协文史资料研究委员会编：《粤军史实纪要》，广东人民出版社，1990 年。

9. 钟启河编著：《孙大元帅东征暨国民革命军东征》，广东人民出版社，2007 年。

10. 广东省政协文史资料委员会编：《张民达烈士纪念集》，1996 年。

11. 广州市政协文史资料研究委员会编：《南天岁月——陈济棠主粤时期见

闻实录》（广州文史资料第三十七辑），广东人民出版社，1987年。

12.广东省、广州市、英德县政协文史资料研究委员会合编：《莫雄回忆录》，广东人民出版社，1991年。

13.万高潮、王健康、魏明康编：《血战潇湘》，中国文史出版社，2005年。

二、军史类书籍

1.广东省地方志编辑委员会编：《广东省志·军事志》，广东人民出版社，1999年。

2.海南省地方史志办公室编：《海南省志·军事志》，南海出版公司，1998年。

3.丁文江：《广东军事纪》，中华书局，2007年。

4.李培生：《桂系据粤之由来及其经过》，中华书局，2007年。

5.汤锐祥：《护法舰队史》，中山大学出版社，1992年。

6.汤锐祥编：《护法运动史料汇编（一）》，花城出版社，2003年。

7.丁中江：《北洋军阀史话》，中国友谊出版社，1964年。

8.曹剑浪：《国民党军简史》，解放军出版社，2003年。

9.戚厚杰等编著：《国民革命军沿革实录》，河北人民出版社，2001年。

10.张明金、刘立勤主编：《国民党历史上的158个军》，解放军出版社，2007年。

11.姜克夫：《民国军事史》，重庆出版社，2009年。

12.谢本书：《民国劲旅滇军风云》，云南人民出版社，2004年。

13.胡博、王戡编著：《抗日战争时期国民党陆军通览》，中国文史出版社，2019年。

14.韩真：《民国福建军事史》，中国言实出版社，2000年。

15.文公直：《最近三十年中国军事史》，太平洋书店（上海）出版社，1930年。

16.张发奎编：《第四军纪实》，文海出版社，1949年。

三、专著

1. 余炎光、陈福霖主编：《南粤割据——从龙济光到陈济棠》，广东人民出版社，1989年。

2. 伊妮：《千秋家国梦》，广东人民出版社，1994年。

3. 许锡缵：《黄埔恩怨——许崇智与蒋介石》，中国友谊出版公司，1994年。

4. 卢延光编著：《广州第一家族》，岭南美术出版社，2004年。

5. 孙中山大元帅府纪念馆编：《广州许氏六昆仲与近代中国民主革命》，广州出版社，2015年。

6. 莫华生、梁小娟：《广州国民政府南征》，线装书局，2008年。

7. 刘志强：《国共交恶：中国1927年纪实》，河北人民出版社，1997年。

8. 刘汉升：《南昌起义之后》，解放军文艺出版社，2006年。

9. 《东江革命根据地史》编写组编：《东江革命根据地史》，中共党史资料出版社，1989年。

10. 尚明轩主编：《孙中山全集》，人民出版社，2015年。

11. 段云章、倪俊明编：《陈炯明》，广东人民出版社，2009年。

12. 中山大学历史系孙中山研究室、广东省社会科学院历史研究所、中国社会科学院近代史研究所中华民国史研究室合编：《孙中山全集》，中华书局，1981年。

13. 段云章、倪俊明：《陈炯明集》，中山大学出版社，2007年。

14. 段云章：《孙文陈炯明史料编年》，广东人民出版社，2003年。

四、人物志

1. 广东省军区军事志办公室编：《广东军事人物志》，广东人民出版社，2001年。

2. 黄羡章：《梅州民国人物评传》，广东人民出版社，2015年。

3. 陈予欢编著：《民国广东将领志》，广州出版社，1994年。

4. 陈予欢编著：《保定军校将帅录》，广州出版社，2006年。

5. 陈予欢编著：《黄埔军校将帅录》，广州出版社，1998年。

6. 陈予欢编著：《云南讲武堂将帅录》，广州出版社，2011年。

五、个人传记

1. 尚明轩：《孙中山传》，北京出版社，1981年。

2. 段云章、陈敏、倪俊明：《陈炯明的一生》，河南人民出版社，1989年。

3. 肖杰：《胡汉民传》，团结出版社，2011年。

4. 黄振位：《民主党派的开创者邓演达》，广东人民出版社，2008年。

5. 刘冠贤主编：《邓演达研究概览》，广东人民出版社，2011年。

6. 李敖、汪荣祖：《蒋介石评传》，中国友谊出版公司，2005年。

7. 李烈钧：《李烈钧将军自传》，中华书局，2007年。

8. 姜平、罗克祥：《李济深传》，档案出版社，1993年。

9. 李宗仁口述，唐德刚撰写：《李宗仁回忆录》，广西人民出版社，1988年。

10.《叶剑英传》编写组编：《叶剑英传》，当代中国出版社，1995年。

11. 成金：《铁将军叶挺》，中国戏剧出版社，2011年。

12. 政协惠州市委员会编：《叶挺将军史料集》，惠州日报印务公司承印，2010年。

13. 张发奎口述，夏莲瑛访谈及记录：《张发奎口述自传》，当代出版社，2012年。

14. 王大鲁、刘清云：《黄琪翔传》，中国文史出版社，1994年。

15. 王心纲：《薛岳传》，珠海出版社，2008年。

16. 贺朗：《蔡廷锴》，广东人民出版社，1991年。

17. 蔡廷锴：《蔡廷锴自传》，黑龙江人民出版社，1982年。

18. 陈铭枢：《陈铭枢回忆录》，中国文史出版社，1997年。

19. 詹谷丰：《蒋光鼐将军传》，广西师范大学出版社，2008年。

20. 钟卓安：《陈济棠传》，广东省地图出版社，1999年。

21. 钟启河、姚晓菲主编：《李扬敬》，广东人民出版社，2017年。

22. 欧大雄：《独脚将军陈策传》，海南出版社，1993年。

23. 康普华主编：《李汉魂将军文集》，中国社会出版社，2015年。

24. 陈鸿远、吴钟英：《琼籍民国将军吴道南风云录》，海南出版社，2005年。

25. 陆君田、苏书选编著：《陆荣廷传》，广西民族出版社，1987年。

26. 梁越：《陆荣廷评传》，广西民族出版社，2011年。

27.陈红民：《朱培德传》，中国青年出版社，2007 年。

28.帅文清：《民国第一谋士何成浚》，湖北人民出版社，2014 年。

后　记

　　我选题粤军，源于初中开始喜欢历史，后来兴趣逐步集中到民国时期的国共两党军史。再后来有专家建议，历史研究要与地方相结合，因身居惠州，所以最后锁定惠州府陈炯明创建的粤军。

　　我搜集资料的渠道主要有：一是尽力购买孔夫子旧书网上与粤军有关的书籍；二是通过百度和读秀搜索网上与粤军有关的各种文章；三是通过热心研究粤军的专家教授、民间学者和粤军后人寻求与粤军有关的各种资料。

　　我编辑撰写本书的方法是：先把所有有关历史资料"过滤"一遍，遇到记载有异时，秉承严格尊重历史的原则，根据手中掌握资料反复查证，再加上合理推理，去伪存真；如遇到只有一家之说的"孤证"无法求证的，一般备注"待考"当作重要线索供感兴趣的人员深入研究；如果两家以上意见相矛盾且无法裁断的，或采取谨慎态度不予采用，以"×××"形式存疑处理，或采取大胆态度采用其一，另附上他说供读者参考。由于编撰中综合资料过多，且加入了我个人的推断成分，所以难以一一备注来源，只能采用书末统一列出"主要参考资料"的方式。

　　我从2014年5月开始撰写本书，是年年底完成初稿。后来一边联系出版事宜，一边进行内容修改。先后五次联系了合作出版的单位，书稿也从30多万字充实到50多万字。其间也曾有人建议从比较有趣味性的"粤军将帅"中挑出部分将领传记单独出版，我以书稿影响完整性为由没有接受。

　　中山大学历史系教授、孙中山研究所研究员李吉奎先生对本书"粤军沿革"的第一章陈炯明粤军、第二章许崇智粤军（民间学者统称之为旧粤军）和"粤军将帅"（第一章第七节李济深和第五章红色人物除外）进行了审读；中共广东省委党史研究室巡视员、广东叶剑英研究会荣誉会长、历史学研究员陈弘君先生对

"粤军沿革"第三章李济深铁军，"粤军将帅"第一章第七节李济深和第五章红色人物进行了审读。

在本书付梓之际，我衷心感谢所有关心、帮助和支持我的人。感谢广东省广州市民间军史研究学者陈重阳先生介绍我加入民间中国近现代军史研究群，拓宽了我的的交际圈；感谢江苏省昆山市民间军史研究学者吴勇先生无私提供了大量的资料并进行了研究和编写方法上的指导，还有上海市民间军史研究学者瞿元超先生为书稿补充了部分资料；感谢中山大学教授李吉奎先生悉心指导修改书稿并为书稿作序，还和陈弘君先生一起为书稿出具了宝贵的审读意见；感谢广东嘉应学院教授林振武先生、原农业银行惠州分行副行长廖汉辉先生、广州人保财险公司丁馥琼女士，以及惠州文化学者蔡楚标先生、牟建新先生、李景文先生、蒋勤国先生等为本书的撰写和出版提供了不少指导和帮助；特别感谢我的妻子、惠州市第一中学历史高级教师卢秋梅给予全方位支持。

由于本人水平有限，加上多是引用文史资料写成，而文史资料本身互相矛盾甚至错误的都不少，所以书中难免出现错漏和谬误，敬请知情者指正，以便日后再版时更正。

杨广盐

2024 年 5 月

粤军沿革图

```
惠州 1911 年底循军 7 个旅
        │ 精锐
        ▼
广州 1911 年底广东革命陆军第一混成协 3 个标
        │ + 新军第九十九标 + 香字顺军 + 建字营民军 + 广东北伐军一部
        ▼
广州 1912 年初广东陆军 2 师又 1 旅共 5 个旅
        │ 陆军部分军官 + 广东警卫军部分官兵
        ▼
惠州 1915 年底讨逆共和军共 10 路 18 个支队
        │ + 起义警卫军编成
        ▼
惠州 1916 年底广东警卫军和东路警卫军共 22 个营
        │ 留粤的龙济光警卫军 18 个营
        ▼
广州 1917 年广东省长公署警卫军共 40 个营
        │ 其中 20 个营
        ▼
广州 1918 年 1 月援闽粤军共 20 个营
        │ 攻占闽南后扩编
        ▼
福建漳州 1920 年 8 月粤军共 35 个统 145 个营
```

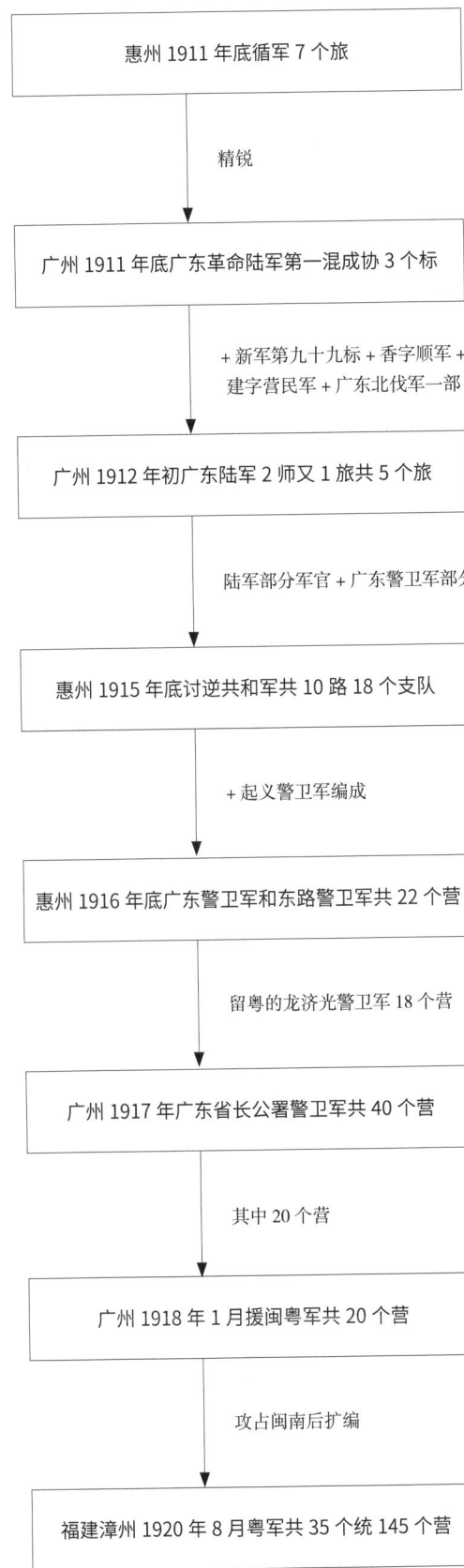

1921 年 8 月广州完成整编

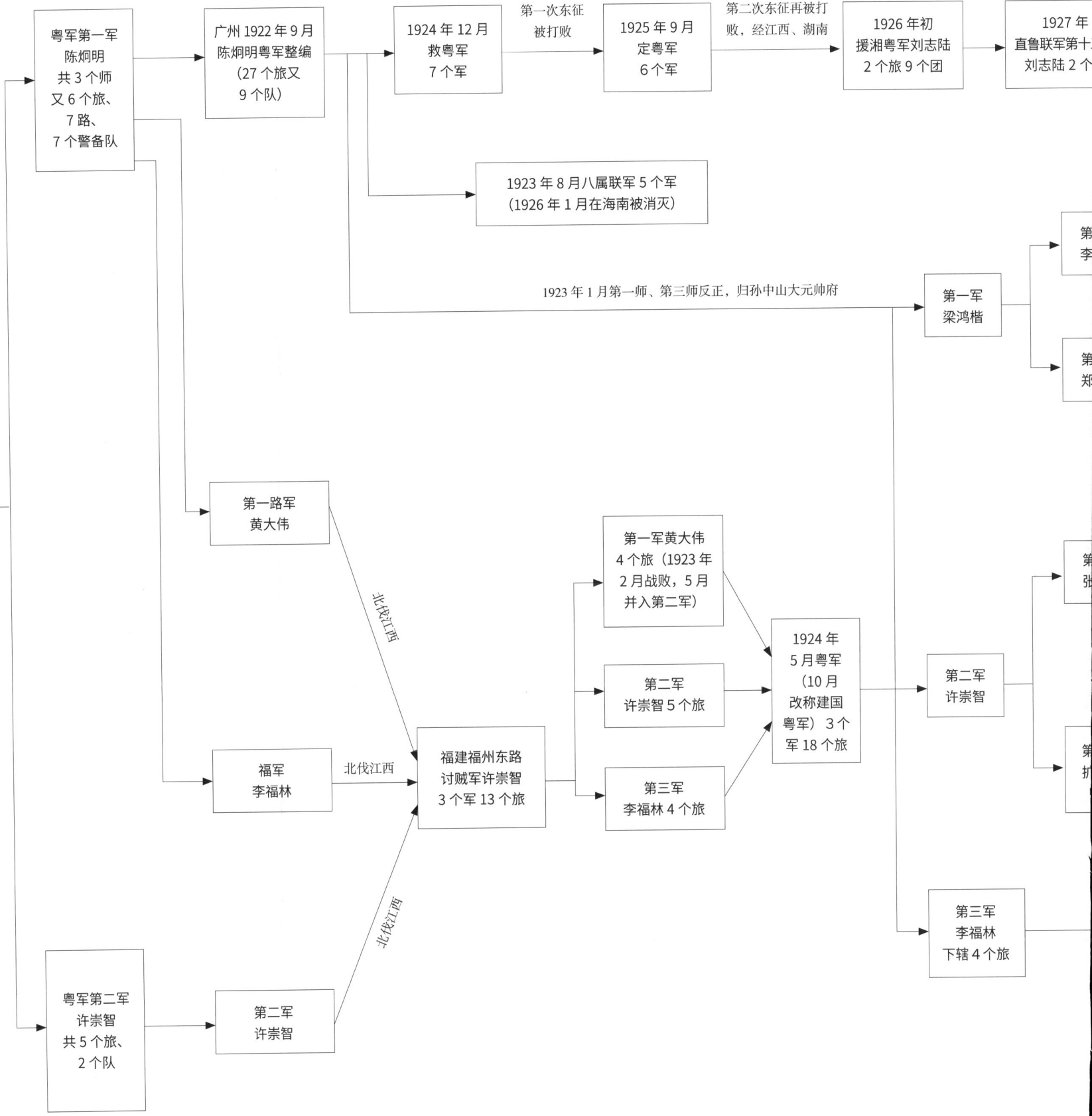

- 粤军第一军 陈炯明 共 3 个师又 6 个旅、7 路、7 个警备队
- 粤军第二军 许崇智 共 5 个旅、2 个队

```
粤军第一军 陈炯明 → 广州 1922 年 9 月陈炯明粤军整编（27 个旅又 9 个队）
    → 第一次东征被打败 → 1924 年 12 月救粤军 7 个军
        → 第二次东征再被打败，经江西、湖南 → 1925 年 9 月定粤军 6 个军
            → 1926 年初援湘粤军刘志陆 2 个旅 9 个团
                → 1927 年 直鲁联军第十三… 刘志陆 2 个…
    → 1923 年 8 月八属联军 5 个军（1926 年 1 月在海南被消灭）
```

1923 年 1 月第一师、第三师反正，归孙中山大元帅府 → 第一军 梁鸿楷
- 第…李…
- 第…郑…

```
粤军第一军 → 第一路军 黄大伟 ──北伐江西──┐
粤军第一军 → 福军 李福林 ──北伐江西──────┤
粤军第二军 许崇智 共 5 个旅、2 个队 → 第二军 许崇智 ──北伐江西──┘
                                          ▼
                        福建福州东路讨贼军许崇智 3 个军 13 个旅
                                ├ 第一军黄大伟 4 个旅（1923 年 2 月战败，5 月并入第二军）
                                ├ 第二军 许崇智 5 个旅
                                └ 第三军 李福林 4 个旅
                                          ▼
                    1924 年 5 月粤军（10 月改称建国粤军）3 个军 18 个旅
                                ├ 第二军 许崇智
                                └ 第三军 李福林 下辖 4 个旅
```

（右侧）
- 第…张…
- 第…扩…

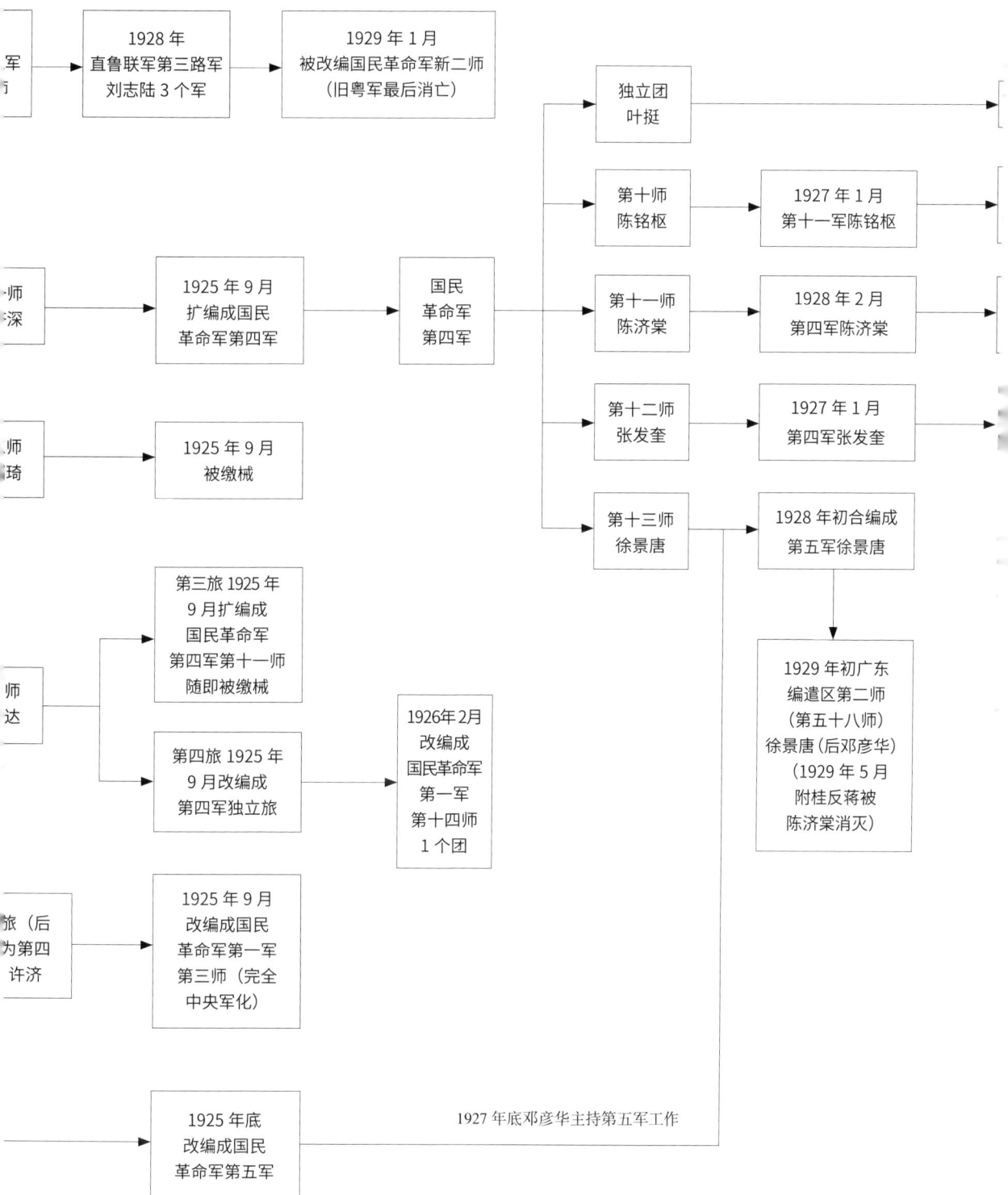

```
┌────────┐   ┌──────────────────┐   ┌────────────────────┐
│  军    │→  │    1928 年        │→  │    1929 年 1 月      │
│  市    │   │ 直鲁联军第三路军   │   │ 被改编国民革命军新二师 │
└────────┘   │ 刘志陆 3 个军      │   │ （旧粤军最后消亡）    │
             └──────────────────┘   └────────────────────┘
```

```
                                              ┌──────────┐
                                              │ 独立团    │→
                                              │ 叶挺      │
                                              └──────────┘

                                              ┌──────────┐   ┌──────────────┐
                                              │ 第十师    │→  │  1927 年 1 月 │→
                                              │ 陈铭枢    │   │ 第十一军陈铭枢 │
                                              └──────────┘   └──────────────┘

┌──────┐   ┌──────────────┐   ┌──────┐      ┌──────────┐   ┌──────────────┐
│ 一师  │→  │ 1925 年 9 月  │→  │ 国民  │→    │ 第十一师  │→  │  1928 年 2 月 │→
│ 深    │   │ 扩编成国民     │   │ 革命军 │      │ 陈济棠    │   │ 第四军陈济棠   │
└──────┘   │ 革命军第四军   │   │ 第四军 │      └──────────┘   └──────────────┘
           └──────────────┘   └──────┘
                                              ┌──────────┐   ┌──────────────┐
┌──────┐   ┌──────────────┐                   │ 第十二师  │→  │  1927 年 1 月 │
│ 师    │→  │ 1925 年 9 月  │                   │ 张发奎    │   │ 第四军张发奎   │
│ 琦    │   │ 被缴械         │                   └──────────┘   └──────────────┘
└──────┘   └──────────────┘
                                              ┌──────────┐   ┌──────────────────┐
                                              │ 第十三师  │→  │ 1928 年初合编成     │
           ┌──────────────┐                   │ 徐景唐    │   │ 第五军徐景唐        │
           │ 第三旅 1925 年 │                   └──────────┘   └──────────────────┘
           │ 9 月扩编成     │                                          │
           │ 国民革命军      │                                          ↓
           │ 第四军第十一师   │                        ┌──────────────────────┐
           │ 随即被缴械      │                        │ 1929 年初广东           │
           └──────────────┘   ┌──────────────┐       │ 编遣区第二师            │
┌──────┐                      │ 1926年 2月    │       │ （第五十八师）          │
│ 师    │→                     │ 改编成        │       │ 徐景唐（后邓彦华）       │
│ 达    │   ┌──────────────┐   │ 国民革命军     │       │ （1929 年 5 月          │
└──────┘   │ 第四旅 1925 年 │→  │ 第一军        │       │ 附桂反蒋被             │
           │ 9 月改编成     │   │ 第十四师       │       │ 陈济棠消灭）           │
           │ 第四军独立旅    │   │ 1 个团         │       └──────────────────────┘
           └──────────────┘   └──────────────┘

┌──────┐   ┌──────────────┐
│ 旅（后 │→  │ 1925 年 9 月  │
│ 为第四 │   │ 改编成国民     │
│ 许济   │   │ 革命军第一军    │
└──────┘   │ 第三师（完全    │
           │ 中央军化）      │
           └──────────────┘

           ┌──────────────┐
           │ 1925 年底      │        1927 年底邓彦华主持第五军工作
        →  │ 改编成国民      │
           │ 革命军第五军    │
           └──────────────┘
```